SPRINGER COMPASS

Herausgegeben von
M. Nagl   P. Schnupp   H. Strunz

Manfred Nagl

Softwaretechnik:
Methodisches Programmieren im Großen

Mit 136 Abbildungen und 13 Tabellen

Springer-Verlag
Berlin Heidelberg New York
London Paris Tokyo Hong Kong Barcelona

Prof. Dr. Manfred Nagl
Lehrstuhl für Informatik III
RWTH Aachen, Ahornstr. 55
D-5100 Aachen

ISBN-13: 978-3-642-95625-6   e-ISBN-13: 978-3-642-95624-9
DOI: 10.1007/978-3-642-95624-9

CIP-Titelaufnahme der Deutschen Bibliothek
Nagl, Manfred: Softwaretechnik : methodisches Programmieren im Grossen /
Manfred Nagl. - Berlin; Heidelberg; New York; London;
Paris; Tokyo; Hong Kong; Barcelona: Springer, 1990
(Springer compass)
ISBN-13: 978-3-642-95625-6

Vorwort

Dieses *Buch wendet sich an* alle, die größere Softwaresysteme erstellen oder warten oder an der Erstellung bzw. Wartung beteiligt sind und sich über die Struktur des betreffenden Softwaresystems Gedanken machen wollen. Somit wendet sich dieses Buch in erster Linie an *Software–Praktiker* im Berufsleben oder an Studenten, denen diese Tätigkeit bevorsteht, und die sich das hierzu nötige Rüstzeug aneignen wollen. Es setzt dabei nicht unbedingt ein Informatik-Studium an einer Hochschule voraus. Der Stil der Erläuterungen ist so gehalten, daß das Buch auch Praktikern, die sich autodidaktisch Kenntnisse erwerben wollen und hierfür das nötige Interesse aufbringen, verständlich sein sollte.

Die *Zielsetzung* des *Buches* besteht darin, geeignete *Konzepte* einzuführen, mithilfe derer über die *Architektur* von *Softwaresystemen* nachgedacht und diskutiert werden kann. Hierfür wird eine *Architekturbeschreibungssprache* eingeführt, die diese Konzepte widerspiegelt, es wird der methodische Umgang mit ihr anhand vieler Beispiele eingeübt, und es wird diskutiert, wie solche Konzepte in die tagtägliche Arbeitswelt übertragen werden können, die von Programmiersprachen wie FORTRAN, Cobol, C oder sogar Assemblersprachen geprägt ist.

Die durch eine Architekturbeschreibung festgehaltene Struktur eines bestehenden oder sich in der Entwicklung befindlichen Softwaresystems ist *Grundlage* dafür, daß über die *Struktur* dieses *Softwaresystems* nachgedacht werden kann. Auch die *Wartungsüberlegungen* finden zum großen Teil auf der Architektur des Softwaresystems statt und nicht auf dem ausformulierten Programmsystem. Insbesondere kann anhand der Architektur über *Qualitätseigenschaften* dieses Systems diskutiert werden. Die Flexibilität, d.h. die Anpaßbarkeit an veränderte Anforderungen und die Übertragbarkeit auf neue Maschinen, stehen dabei im Vordergrund. Erst eine flexible Architektur ermöglicht die Wartung des entsprechenden Softwaresystems! Ferner können anhand der Architekturfestlegung immer wiederkehrende Teilarchitektursituationen erkannt werden, d.h. es können allgemeine, wiederverwendbare Architekturbausteine in Form von Modulen oder Teilsystemen identifiziert werden. So wird die fortschreitende wissenschaftliche Diskussion über solche Fragen hoffentlich dazu führen, daß in Zukunft bei der Erstellung eines größeren Softwaresystems nicht tagtäglich das "Rad neu erfunden wird". Man wird dann vielleicht in der Lage sein, für bestimmte Klassen von Problemen auch zugehörige Standardarchitekturen anzugeben. Kurzum, auf der Architektur finden auch alle fundierten Überlegungen zur *Wiederverwendbarkeit* statt.

Die hier eingeführten *Konzepte* auf Architekturebene haben ihren gedanklichen Ursprung in klassischen Sprachen moderner Ausprägung wie Ada, Modula-2 bzw. in eingeschränkterem Maße aber auch in objektorientierten Sprachen wie Smalltalk. Die Diskussion in diesem Buch geht aber hauptsächlich um die Frage, wie man mit solchen Konzepten sinnvoll und methodisch umgehen sollte. Diese Erkenntnisse können somit nicht Büchern über die obengenannten Sprachen entnommen werden, sie sind z.B. für einen Ada-Programmierer keineswegs selbstverständlich. Trotz der gedanklichen Nähe zu obigen Sprachen ist dieses Buch *programmiersprachenunabhängig*. Aus diesem Grunde wird die Übertragung der hier vorgestellten Konzepte in die heute üblichen Programmiersprachen auch vorgeführt.

Dieses Buch spiegelt einen Zwischenzustand wider, da die *Diskussion* über und die Suche nach *Konzepten* für *Programmsystemstrukturen* in der Wissenschaft noch *voll im Gange* ist. Insbesondere nach Erscheinen der Sprachen Ada und Smalltalk-80 hat hier eine breite Diskussion eingesetzt (was nicht bedeuten soll, daß die als neu empfundenen Konzepte in diesen Sprachen zuerst auftauchten). So ist die Frage, einen einheitlichen gedanklichen Rahmen für Architekturbeschreibungen zu finden, der die Ideen aus klassischen, objektorientierten, aber auch weiteren Sprachen vereint, m.E. zur Zeit noch nicht befriedigend gelöst. Wenn dieses Buch auch einen einigermaßen breiten Rahmen spannt, so bleiben doch bestimmte Softwareerstellungs-Paradigmen (wie etwa die logische Programmierung) hier außer acht. Der Leser ist aufgefordert, sich mit solchen Ansätzen, entsprechenden Programmiersprachen und ihren Auswirkungen auf der Ebene von Softwarearchitekturen auseinanderzusetzen (vgl. Literaturabschnitt 5).

Die in diesem Buch vorgestellten *Ideen* und *Erkenntnisse* haben eine lange *Vorgeschichte*, die hier nicht unerwähnt bleiben soll, um auch den Beitrag anderer zu dokumentieren. Diese Vorgeschichte ist am Anfang des Kapitels 4 aufgeführt. Ferner sei darauf hingewiesen, daß es gerade in neuerer Zeit eine Reihe ähnlicher Ideen in der Literatur gibt (vgl. Literaturabschnitt 4). Die *Diskussion* um Konzepte und Sprachen für Architekturen und deren methodische Anwendung wird auch mit Sicherheit *weitergehen*. Das hier vorgestellte didaktische Konzept der Vermittlung von Architekturüberlegungen ist ebenfalls über lange Jahre, anhand einiger Vorlesungen und etlicher Industrieseminare, gereift. Es hat damit einen Teil seiner Bewährungsprobe bereits hinter sich.

Dieses *Buch* setzt *keine Kenntnisse* der oben erwähnten Programmiersprachen Ada, Modula-2, Smalltalk etc. oder Kenntnisse über Softwaretechnik *voraus*. Solche Kenntnisse sind aber natürlich sehr nützlich und werden das Verständnis erleichtern und vertiefen. Programmiersprachenkenntnisse auf der Basis von Pascal oder C sollten aber vorhanden sein. Wie die Praxis gezeigt hat, geht es auch mit Erfahrungen in FORTRAN, Cobol oder Assembler. Als nützlich für die Bereitschaft zur Aufnahme der hier vorgestellten Ideen hat sich die Erfahrung im Umgang mit großen Softwaresystemen und ihrer Wartungsproblematik erwiesen. Je nach Vorkenntnissen sollte dieses Buch auch unterschiedlich gelesen werden. Bei Vorliegen von Erfahrung in neueren Programmiersprachen und Softwaretechnik genügt es, die ersten zwei Kapitel zu überfliegen und dann das intensive Studium zu beginnen. Liegt beides nicht vor, so ist, vom Umfang her, für einen ersten Durchgang Kapitel 1 bis 4, 6 und der Anfang von Kapitel 7 ausreichend. Die restlichen Kapitel sollten erst nach einer Phase der Nacharbeit und der Anwendung des in diesen Kapiteln präsentierten Stoffs gelesen werden.

Nun zur *Gliederung* des *Buches*: Kapitel 1 dient der Einordnung der hier vorgestellten Problematik der Architekturmodellierung in den Gesamtzusammenhang der Softwaretechnik. Kapitel 2 erläutert die Wichtigkeit der Architekturmodellierung, grenzt sie gegenüber anderen, hier nicht behandelten Gebieten ab und zeigt die Zusammenhänge auf. In Kapitel 3 wird ein Beispiel in der heute noch üblichen funktionsorientierten Zerlegung angegeben, wobei sich viele Fehler ergeben, die wir später im einzelnen diskutieren und korrigieren. Kapitel 4 führt die Architekturbeschreibungssprache in einer zunächst einfachen Form ein, in der Bausteine verschiedener Arten, Beziehungen verschiedener Arten zwischen Bausteinen und Konsistenzbedingungen eingeführt werden. Dies ist das erste Hauptkapitel des Buches. Das nächste Kapitel dient zum einen der Erweiterung der Architekturbeschreibungssprache um weitere Konzepte und zum anderen dem Einüben des Umgangs mit dieser Sprache, indem bestimmte Teilarchitektursituationen studiert werden. Kapitel 6 führt vor, wie die hier vorgestellten Konzepte in die heute gängigen Programmiersprachen übertragen werden können, wobei wir durch die Transformation diese Konzepte noch einmal, und zwar aus einem anderen Blickwinkel, kennenlernen und damit vertiefen werden. Wir haben in diesem Buch darauf verzichtet, Werkzeuge für die Architekturmodellierung vorzustellen, die unter anderem diese Transformation übernehmen könnten. Kapitel 7 führt größere Architekturbeispiele vor und dient damit dem Nachweis der Bedeutung der Architekturüberlegungen. Kapitel 8 stellt einige Regeln vor, die bei der Architekturmodellierung zu beachten sind, wenn "intelligentere" Softwaresysteme bezüglich Wartbarkeit und Wiederverwenbarkeit entstehen sollen. Im letzten Kapitel skizzieren wir schließlich die noch offenen Probleme der Architekturmodellierung und ihre Vernetzung mit anderen Arbeitsbereichen, die in diesem Buch nicht erörtert werden. Ein umfangreiches, in Abschnitte eingeteiltes Literaturverzeichnis soll das weiterführende Studium erleichtern, und ein detailliertes Stichwortverzeichnis das Nachschlagen ermöglichen.

An dieser Stelle möchte ich allen herzlich danken, die zu diesem Buch beigetragen haben. Das sind zunächst diejenigen, die über den hier präsentierten Inhalt mitdiskutiert haben, nämlich die Herren Dr. G. Engels, Dr. C. Lewerentz, Dr. W. Schäfer, A. Schürr und B. Westfechtel sowie ungenannte Teilnehmer von Vorlesungen oder Seminaren. Über diese Diskussionen hinaus haben die Herren J. Börstler, Th. Janning und G. Metzen mit sehr viel Engagement die hier vorgestellte Präsentation nachhaltig und positiv beeinflußt. Schließlich haben Frau A. Fleck, Frau M. Hirsch und Frau M. Schiermeyer mit großer Geduld und viel Geschick das Manuskript in eine druckreife Form gebracht.

Aachen, im März 1990   *Manfred Nagl*

Inhalt

1 Der Kontext:
Softwaretechnik–Grundlagen

Die Zielsetzung dieses Kapitels ist eine *Einführung* in die *Softwaretechnik* und dabei eine *Klärung* der wichtigsten *Begriffe*, die für die in diesem Buch behandelte Problematik von Bedeutung sind und die im folgenden verwendet werden. Diese Klärung ist schon deshalb nötig, weil es in der Softwaretechnik keine einheitliche Begriffswelt gibt. Es ist klar, daß ein solches Einleitungskapitel eine allgemeine Softwaretechnik–Einführung in Form eines oder mehrerer Lehrbücher nicht ersetzen kann (vgl. Literaturabschnitt 2 und 3). Für den Leser ist es deshalb von Vorteil, eine allgemeine Einführung gelesen zu haben, es ist aber nicht zwingend notwendig. Das Kapitel kann andererseits, eben wegen der uneinheitlichen Begriffswelt, von einem kundigeren Leser nicht einfach überschlagen werden.

Dieses kurze Einleitungskapitel legt somit insbesondere die *Grundlage* dafür, daß wir im nächsten Kapitel in der Lage sind, die in diesem Buch behandelte *Problematik* innerhalb der gesamten Problematik der Softwareerstellung *einzugrenzen* und die *Beziehungen* zu anderen, hier nicht behandelten Bereichen *aufzuzeigen*.

1.1 Softwarekrise und Softwaretechnik

Der Begriff "*Softwarekrise*" wurde etwa 1965 geprägt und sollte die Probleme bei der Softwareerstellung kennzeichnen. Er beschrieb eine als nahezu ausweglos erkannte Situation, daß die Softwareersteller mit den bis zu diesem Zeitpunkt vorhandenen Konzepten, Sprachen, Techniken, Werkzeugen und Vorgehensweisen die Aufgaben bei der Erstellung großer Programmsysteme nicht zu lösen vermochten, ja nicht einmal einen Ansatz für eine Lösung sahen.

Wenn man nach den *Gründen* für diese *krisenhafte Situation* fragt, so bieten sich einige Antworten sofort an:

(1) Die mithilfe von Programmsystemen zu lösenden *Aufgaben* hatten sich enorm *ausgeweitet*. War eine typische Situation der 50er Jahre die, daß etwa ein bestimmtes mathematisches Verfahren (z.B. die numerische Lösung einer Differentialgleichung) programmiert wurde, so wurden in den 70er Jahren Programmsysteme für komplexe Aufgaben, wie die Steuerung der Mondfahrt, entwickelt.

(2) Für diese komplexen Aufgaben gab es *kein Zergliederungsschema* mit entsprechenden Überlegungen vor der Realisierung und klaren Aufgabenplanungen. Es war so, als wollte man sofort die Erstellung einer komplizierten Maschine angehen, ohne diese zu planen.

(3) Für die bei der Softwareerstellung auftretenden schwierigen Probleme gab es *kein* hinreichend *ausgebildetes Personal*. In dieser Zeit und für lange Zeit danach war es alltäglich, daß man sich die Kenntnisse zur Softwareerstellung nebenher erwarb. Es gab zu dieser Zeit auch keinerlei einschlägige Ausbildungsgänge.

(4) Bei Projekten, wie der Softwareerstellung für das Mondfahrtprogamm, waren viele Personen beteiligt. Es gab jedoch *keine* gesicherten Erkenntnisse für die *Organisation* des *Projektablaufs*, nämlich wie diese vielen Einzelschritte zu planen, zu überwachen und zu führen sind.

(5) Es entstanden komplexe Produkte, *ohne* daß irgendwelche systematischen Erkenntnisse über *Qualitätssicherung* vorhanden gewesen wären. Ein komplexes technisches Produkt wird aber sonst nie ohne aufwendige Abnahmeprüfungen ausgeliefert.

(6) Die zu dieser Zeit vorhandenen, und leider auch heute noch oft benutzten *Programmiersprachen* waren dem umfassenden Charakter und dem Niveau der Aufgaben *nicht angepaßt*.

(7) Zu dieser Zeit gab es eine *falsche Auffassung* von der *Bedeutung* von *Effizienz* und eine von dieser falschen Auffassung abgeleitete Skala der Bewertung von Programmen und Programmierern: Geachtet war, wer irgendeinen dubiosen Trick erfand, der die Einsparung einer Millisekunde oder einiger Bytes erbrachte.

Entsprechend war die entstandene *Software*: Sie war *undurchsichtig*, weil unstrukturiert, wurde deshalb auch von den eigenen Entwicklern nach kurzer Zeit nicht mehr verstanden. Sie war *kaum änderbar*, da schon die Konsequenzen einer Änderung nicht vorhergesehen werden konnten.

Die krisenhafte Situation hielt noch lange an und ist auch heute noch weitgehend anzutreffen. Um die *Größenordnung* des *Problems* richtig einschätzen zu können, sei auch hier die in den meisten Softwaretechnik–Büchern zitierte Graphik der Fig. 1.1 nach /2. Boe 76/ erläutert. Sie beschreibt die prozentualen Kostenanteile, die bei einer EDV–technischen Lösung in Hardware bzw. Software flossen, und zwar im Zeitraum 1953 bis 1985. Die Angaben bis 1976 beruhen auf Erhebungen, die im Folgezeitraum gemachten sind lediglich extrapoliert. Der Prozentsatz der Kosten für Software beginnt mit unter 20% der Gesamtkosten und steigt auf über 70% im Jahre 1976 an. In diesem Jahr wurden 20 Mrd. $ oder 2% des Bruttosozialprodukts der USA für Software ausgegeben. Glaubt man der Extrapolation, so war dieser Anteil 1985 bei etwa 80% und müßte heute noch darüber liegen. *Software* wird also *immer teurer*! Entsprechend verringerte sich der Hardwareanteil. Gründe für das letztere liegen auf der Hand: höhere Produktionszahlen und dadurch mögliche Rationalisierung, steigende Miniaturisierung und dadurch weniger Materialverbrauch usw.

Auf der Seite der Software gab es keine entsprechenden Rationalisierungserfolge. Ein Grund liegt darin, daß die Aufgaben immer komplexer wurden, die Kenntnisse zur Lösung solcher Aufgaben zwar wuchsen, den gestellten Problemen aber stets hinterherhinkten. Insbesondere aber belasteten die *Wartungsprobleme* die Bilanz. Wie der Fig. 1.1 zu entnehmen ist, nahmen diese am Anfang etwa 1/3 der Softwarekosten ein

und stiegen *auf mehr als 60%*. Gibt es aus dieser Situation, daß Software immer teurer
wird, einen Ausweg oder hält die Entwicklung an, und nahezu alle Programmierer
sind über kurz oder lang mit Wartung von Software beschäftigt?

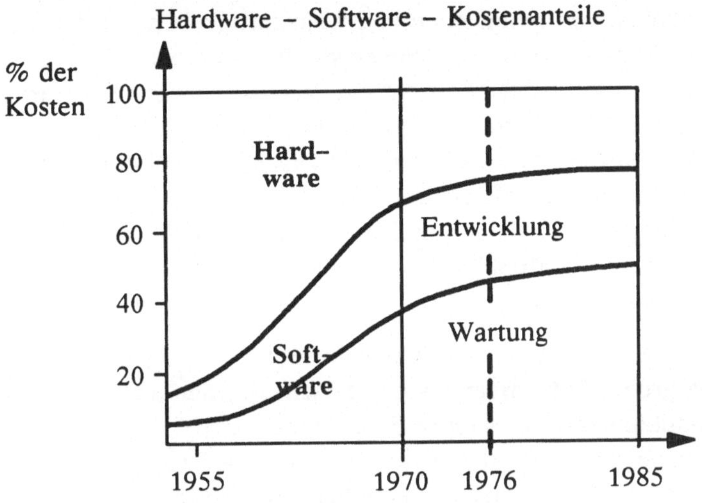

Fig. 1.1: Softwarekosten und Wartungsproblem

Wenn auch die obigen Prozentzahlen nicht genau sein mögen (es gibt eine Reihe
anderer Autoren, die Zahlen ähnlicher Größenordnung angeben), die Tendenz dürfte
jedoch stimmen. Es ist auch nicht bekannt, ob die Situation nach 1976 so eingetreten
ist. Es gibt zwar Gründe für einen anderen Verlauf der beiden Kurven, nämlich daß
(1) das Auftreten der Personalcomputer und Arbeitsplatzrechner und die damit verbundene Standardsoftware den Trend verändert haben oder daß (2) die inzwischen
gewachsenen Erkenntnisse, wie man Programmsysteme zu schreiben hat, die Kosten-
problematik entschärft haben. Es ist jedoch zu befürchten, daß die Situation von Fig.
1.1 auch nach 1976 gültig blieb, und daß der *negative Trend heute noch anhält*. Die
Summen, die heute in die Wartung fließen, sind immer noch enorm. Die Softwarekrise ist also keineswegs abgewendet!

Die Antwort auf die Softwarekrise sollte ein *neuer Ansatz* zur Erstellung von Software sein. Die Zielsetzung war, Erkenntnisse zu gewinnen, die unabhängig von einem
speziellen Problem sind. Man stellte fest, daß das Problem der Softwareerstellung bezüglich seiner Komplexität mit anderen Aufgaben verwandt ist, die im Bereich einzelner Ingenieurwissenschaften auftauchen. Dort praktizierte man bereits seit einiger
Zeit gewisse geregelte Vorgehensweisen zur Lösung komplexer Probleme. Dieser
neue Ansatz zur Softwareerstellung wurde 1968/69 auf NATO-Konferenzen vorgestellt /2. NR 68/, /2. BR 69/. Er erhielt den Namen Software-Engineering, auf deutsch
Softwaretechnik. Diesem neuen Ansatz, die Softwareerstellung ingenieurmäßig zu betreiben, stellten allerdings einige Autoren, wie D. Knuth /1. Kn 73–81/, eine andere
Vorstellung gegenüber, nämlich daß das Erstellen guter Software eher eine Kunst sei.

Wir wollen nun einige *Definitionen* des Begriffs *Softwaretechnik* zusammentragen, um diesen zu präzisieren. Die folgenden drei Definitionen charakterisieren ihn aus unterschiedlichen Perspektiven. Nach Dennis /2. De 75/ ist Softwaretechnik "... die Anwendung von Prinzipien, von Fähigkeiten und Kunstfertigkeiten auf den Entwurf und die Erstellung von Programmen und Systemen von Programmen". F. L. Bauer /2. Ba 75a/ formuliert knapp: "Softwaretechnik hat das Ziel, ökonomisch Software zu erhalten, die zuverlässig und effizient auf realen Maschinen arbeitet". W. Hesse u.a. /2. HKLR 84/ charakterisieren die Softwaretechnik als Disziplin der Informatik: "Softwaretechnik ist das Fachgebiet der Informatik, das sich mit der Bereitstellung und systematischen Verwendung von Methoden und Werkzeugen für die Herstellung und Anwendung von Software beschäftigt".

Die folgenden *Thesen zur Softwaretechnik* geben einige Charakterisierungen der Softwareproblematik, die über die obigen ersten Definitionen hinausgehen:

(1) Die Erstellung großer Softwaresysteme unterscheidet sich nicht nur quantitativ, sondern auch qualitativ von der kleiner Programme.

(2) Probleme treten bei der Softwareerstellung erst dann auf, wenn (a) viele Personen bei der Entwicklung/ Weiterentwicklung beteiligt sind und (b) wenn es mehr als eine Version des bearbeiteten Programmsystems gibt.

(3) Softwaretechnik heißt geregelte Zusammenarbeit einer Mannschaft. Die Zusammenarbeit betrifft
– die Planung, Verteilung und Überwachung der einzelnen Arbeitsschritte,
– die Lösung der einzelnen Arbeitsschritte und ihres Zusammenspiels,
– die Sicherung der Qualität der Zwischenergebnisse und des Gesamtergebnisses und
– die Verteilung von Informationen über Schritte und Ergebnisse.

(4) Softwaretechnik heißt, daß auf allen diesen Ebenen Komplexität bewältigt werden muß. Dies geschieht dadurch, daß komplexe Probleme in einfachere aufgeteilt werden, diese strukturiert werden und das Ganze geeignet zusammengefügt wird. Diesen Vorgang nennt man Modellierung. Sie ist die Hauptbeschäftigung eines jeden Softwaretechnikers.

Mit dem Begriff *Software–Lebenszyklus* verbindet man einerseits die Vorstellung von der Zeitspanne, in der Software entsteht, existiert, bis hin zu dem Punkt, wo sie völlig veraltet ist und weggeworfen wird. Andererseits verbindet man damit die Vorstellung von einer Strukturierung dieses Zeitraums in Aktivitäten und Ergebnisse und die Festlegung von Beziehungen zwischen diesen. Das Suffix "Zyklus" deutet hier bereits darauf hin, daß einzelne Aktivitäten wiederholt auftreten. Wir werden uns damit später beschäftigen.

Für die Beschreibung des Lebenszyklus wurden sogenannte *Lebenszyklusmodelle* entwickelt. Es gibt hiervon beliebig viele Varianten, von denen wir einige besprechen werden. Sieht diese Strukturierung des Lebenszyklus eine Abfolge einzelner Phasen vor, so spricht man von *Phasenmodellen*. Fig. 1.2 zeigt ein sehr einfaches und weitverbreitetes, aber auch idealisiertes Phasenmodell, in dem die erwähnten Zyklen zunächst weggelassen sind. Dieses Modell wird, diagonal aufgetragen, auch Wasserfallmodell genannt /2. Bo 82/. Die Doppelpfeile deuten hier auf eine Verbindung zu anderen Arbeitsbereichen hin, die bei der Softwareerstellung bestehen, und auf die wir erst später eingehen. Wie wir dieser Figur entnehmen, wird die Gesamtaktivität der Erstellung und der Weiterentwicklung von Software in *Einzelaktivitäten* aufgeteilt (Rechtecke). Diese Aktivitäten liefern Ergebnisse (Lochkartensymbol), die Ausgangspunkt der nächsten Einzelaktivität sind. Die Ergebnisse werden im folgenden *Softwaredokumente* oder einfach Dokumente genannt. Die Zielsetzung dieser Aufteilung in Einzelaktivitäten ist zunächst, den komplizierten Prozeß der Erstellung bzw. Weiterentwicklung von Software in überschaubare Teile zu zerlegen, die man von ihrer Komplexität her bewältigen kann. Die Dokumente dazwischen legt man zum einen deswegen fest, weil sie die Schnittstelle zwischen den einzelnen Aktivitäten sind, die i.a. von unterschiedlichen Personen ausgeführt werden und zum anderen, weil mit ihnen eine Überprüfung der bisher ausgeführten Tätigkeiten möglich ist. Lebenszyklusmodelle der Art, wie in Fig. 1.2 angegeben, sind typisch für den ingenieurmäßigen Ansatz der Softwareerstellung.

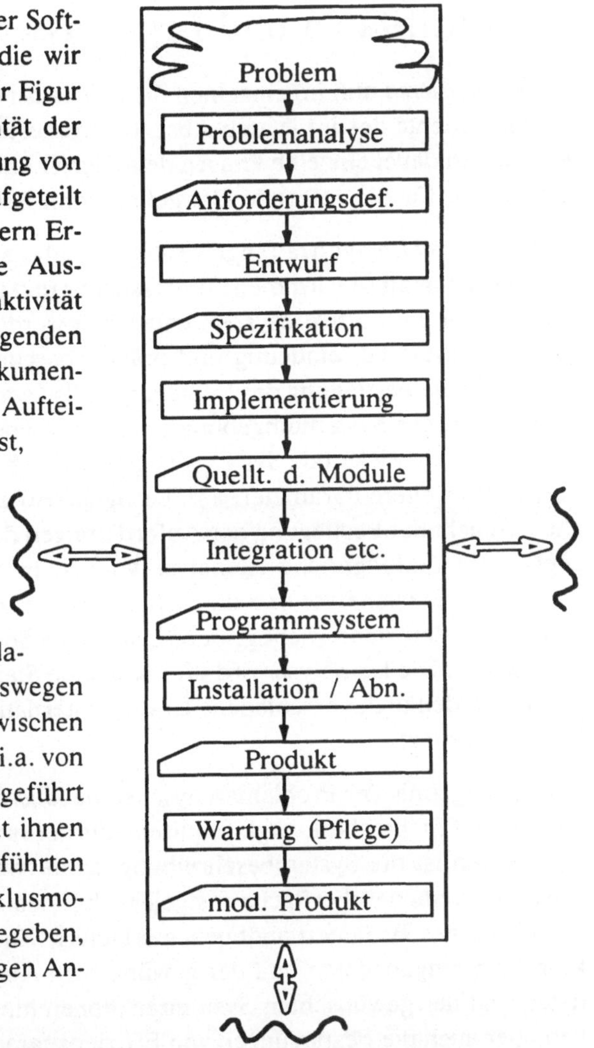

Fig. 1.2: Ein vereinfachtes Phasenmodell

Das hier vorgestellte Phasenmodell wird im nächsten Abschnitt diskutiert. Nur soviel sei bereits vorab erwähnt: In der Problemanalyse wird das zu entwickelnde Softwaresystem von außen beschrieben, es werden also die *Anforderungen* festgelegt. In der Entwurfsphase entsteht ein *Bauplan*, ohne daß Details fixiert werden. In der Implementierung werden diese *Einzelkomponenten* im Detail realisiert. Danach wird das Ganze in der Integrationsphase Stück für Stück zusammengefügt und beim Kunden installiert. Schließlich beschreibt die Wartung die Fortentwicklung des Produkts und aller begleitenden Softwaredokumente.

Das so entstandene Softwaresystem ist Teil eines *Anwendungssystems*. Dieses besteht neben der Software auch aus der Hardware, auf der das Softwaresystem läuft. Beides zusammen ist eingebettet in ein organisatorisches System, nämlich eine Betriebsorganisation, in der diese fertige Lösung eingesetzt wird (Abteilung, Firma etc.).

1.2 Aktivitäten und Ergebnisse einzelner Phasen

Wir *skizzieren* nun im einzelnen die *Aktivitäten* der Phasen und die *Inhalte* der Softwaredokumente des im letzten Abschnitt vorgestellten vereinfachten Phasenmodells. Wir werden dabei einzelne Phasen detaillierter oder kursiver behandeln, abhängig davon, ob sie für die folgende Darstellung von Bedeutung sind.

In der *Problemanalyse* (engl. problem analysis, system analysis, der deutsche Begriff Systemanalyse wird meist umfassender und unpräziser gebraucht) wird das Problem, wofür ein Softwaresystem entwickelt werden soll und seine Umgebungsbedingungen vollständig, eindeutig und präzise beschrieben. Diese Beschreibung umfaßt zum einen die Festlegung des Bedienerprofils (Art, Anzahl und Eigenschaften der Bediener) und der Systemumgebung (Hardware und vorgefundene Software). Danach wird das zu entwickelnde System festgelegt durch eine Beschreibung (a) seiner Funktionen, (b) weitere Parameter, z.B. bezüglich Effizienz sowie (c) der Bieneroberfläche. Oft geht der Festlegung der Anforderungen des neuen Systems, d.h. des Sollkonzepts, eine umfangreiche Istanalyse voraus. In bestimmten Anwendungsbereichen gibt es für die Istanalyse und das Sollkonzept vorgefertigte Prüflisten. Eine Istanalyse ist insbesondere dann wichtig, wenn schon eine Softwarelösung vorhanden war, die zu ersetzen ist. Die Istanalyse wird oft durch eine Stark-/ Schwachstellenanalyse ergänzt und es werden u.U. verschiedene Lösungsalternativen erarbeitet, bevor man das Sollkonzept festlegt.

Das Ergebnis der Problemanalyse ist die *Anforderungsdefinition* (Anforderungsspezifikation, Pflichtenheft, engl. requirements definition oder specification). Der Hauptteil hiervon ist die Systembeschreibung. In ihr werden die gewünschten Funktionen sowie die Bedieneroberfläche festgelegt. Im Idealfall wird beides bereits ausführlich in Form eines Bedienerhandbuches erläutert. Zu diesen kommt die Festlegung der korrekten Eingabedaten und der gewünschten Ausgaben bzw. der falschen Eingabedaten und der gewünschten Systemreaktionen hinzu. In die Systembeschreibung gehen aber auch die Festlegungen von Effizienzparametern (Reaktionszeit, Speicherbedarf, maximale Last etc.) oder von Vorkehrungen zur Ausfallsicherheit ein. Über diese Systembeschreibung hinaus sind auch andere Dinge festzulegen, wie der Umfang der zu erstellenden Dokumentation, der Personalaufwand für die Einführung und den Betrieb beim Auftraggeber usw.

Nach dieser Festlegung der Anforderungsdefinition schließt sich die *Durchführbarkeitsstudie* an, die in unserem Phasenmodell nicht auftaucht, da sie meist der Problemanalyse zugeordnet wird. Diese umfaßt die Frage der technischen, der personellen und der ökonomischen Durchführbarkeit. Für ersteres ist zunächst die Frage der prinzipiellen Lösbarkeit zu entscheiden, also etwa, ob es sich bei dem vorgefundenen Problem um ein nicht berechenbares oder nicht entscheidbares handelt, von denen es durchaus einige von praktischer Relevanz gibt (vgl. etwa /1. Bi 76/, /1. KMA 82/). Danach wird die Frage der Lösbarkeit unter den vorgegebenen Umgebungsbedingungen (Hardware, Software, Verfügbarkeit von Eingabedaten o.ä.) geklärt. Die personelle

Durchführbarkeit versucht des weiteren, die Frage zu beantworten, ob für die Entwicklung, die Einführung, den Betrieb und die Wartung Fachkräfte in genügender Qualität und Quantität zur Verfügung stehen. In der ökonomischen Durchführbarkeit wird schließlich der Gesamtaufwand finanziell abgeschätzt, es wird ein Zeitplan festgelegt, und es wird der Personaleinsatz geplant. Nachdem alle diese Teile der Durchführbarkeitsstudie ausgearbeitet sind, wird eine Kosten-/ Nutzen-Analyse durchgeführt, und es werden die Risiken des Projekts ermittelt.

Die nun fertiggestellte Durchführbarkeitsstudie ist Grundlage für die unternehmerische Entscheidung über die Durchführung des Projekts. Nicht selten führen die ermittelten Gesamtkosten zu einer Revision der Aufgabenstellung, was eine Aktualisierung der Anforderungsdefinition zur Folge hat. Diese ggf. revidierte Anforderungsdefinition ist die *Basis* eines *juristischen Vertrags* zwischen Auftraggeber und Auftragnehmer. Wegen dieser juristischen Bedeutung ist die Anforderungsdefinition selten formal abgefaßt. Sie sollte aber präzise genug sein, um juristische Streitigkeiten zu minimieren.

Falls nicht bereits bei der Erstellung der Anforderungsdefinition geschehen, sollte spätestens jetzt über *zukünftige Erweiterungen des Systems*, die ggf. nicht Gegenstand der vertraglichen Abmachung sind, *nachgedacht* werden. Hierzu hat es sich bewährt, einige Entwickler und Bediener zusammenzurufen, und diesen Gelegenheit zu geben, ihren Gedanken freien Lauf zu lassen. Die geeignete organisatorische Form dieses Zusammentreffen ist das *Brainstorming*, dessen wesentliches Kennzeichen darin besteht, daß zunächst keine Kritik an den spontan gemachten Vorschlägen geübt wird, um die Kreativität nicht zu behindern. In einem zweiten Durchlauf wird dann die Spreu vom Weizen getrennt. Die dabei erarbeiteten zukünftigen Erweiterungen sollten in den nun folgenden Phasen bereits mitbedacht werden, auch wenn sie nicht realisiert werden können, damit das zu entwickelnde System später mit vertretbarem Aufwand geändert werden kann.

Während die Aufgabe der Problemanalyse darin besteht, ein Modell des Systems bezüglich seines Außenverhaltens zu erstellen, geht es in der *Entwurfsphase* um ein Modell des Gesamtsystems, indem dessen Innenleben auf einer groben Ebene festgelegt wird. Dies ist mit der Erstellung eines Bauplans für ein Haus vergleichbar. Somit ist die Zielsetzung der Entwurfsphase, die Systemarchitektur des zu entwickelnden Softwaresystems festzulegen. Natürlich sollte diese Architektur konsistent zur Anforderungsdefinition sein, und sie sollte auch realisierbar sein.

Diese *Festlegung* der *Architektur* bedeutet insbesondere, daß das System in einzelne Komponenten (auch Module oder Bausteine genannt) zerlegt wird, für die man festlegt, welche Aufgabe sie im Gesamtzusammenhang der Architektur haben (Export-Schnittstellen), und daß die Beziehungen zwischen diesen Komponenten fixiert werden (z.B. Festlegung der Import-Schnittstellen). Die Zielsetzung ist dabei, das System unter statischen Gesichtspunkten zu zerlegen, d.h., was die einzelnen Komponenten tun, aber nicht, wie sie es tun.

Das Ergebnis dieser Phase ist die *Entwurfsspezifikation* (*Softwarearchitektur*, oft nur Spezifikation genannt), die in irgendeiner Notation festgehalten ist. Bei der Entwurfsspezifikation handelt es sich um eine statische Beschreibung der Gesamtlösung, die, wie bereits gesagt, mit dem Bauplan für ein Haus vergleichbar ist. Da diese später sehr detailliert von denjenigen betrachtet werden muß, die die Einzelteile realisieren, sollte sie formal sein. Sie ist später auch Grundlage der Überprüfung, ob die Architektur mit der Anforderungsdefinition verträglich ist sowie der späteren Überprüfung, ob sich die fertigen Einzelkomponenten in den Bauplan einfügen. Das Ziel dieses Buches ist, Hinweise zu geben, wie eine Softwarearchitektur zu erstellen ist, und eine passende Notation hierfür einzuführen.

Wir werden später begründen können, daß gründliche *Überlegungen* in den *ersten Phasen längerfristig* große *Vorteile* bieten. Das Problem ist nur, daß dabei eine längere Zeit vergehen kann, bis die erste Programmzeile geschrieben ist. Die Vorgesetzten der Software–Entwickler besitzen aber oft nicht die Einsicht, diesen langfristigen Nutzen zu erkennen. Die Konsequenz hieraus sind nicht sauber festgelegte Anforderungen, die zu Auseinandersetzungen führen und eine zusammengeschusterte Architektur, die bei der ersten Änderung enorme Probleme verursacht.

In der *Implementierung* werden die einzelnen Architekturbausteine (Module) ausprogrammiert, verschiedene Module in der Regel von verschiedenen Personen. Der Ausgangspunkt ist die Entwurfsspezifikation, d.h. für einen Modul der entsprechende Teil dieser Spezifikation. Im Inneren des Moduls ist das zu realisieren, was der Modul zur Verfügung stellt (exportiert) und zwar unter Zuhilfenahme der Dinge, die dem Modul zur Verfügung gestellt werden (Importe). Den auf einen Modul entfallende Anteil der Gesamtaktivität der Implementierung nennt man Modulimplementierung und das Ergebnis dieser Aktivität die Modulimplementation. Obwohl dies nicht zentraler Gegenstand des Buches ist, werden wir später einigen Modulimplementationen begegnen. Bei der Modulimplementierung werden die geeigneten Daten– und Ablaufstrukturen festgelegt. Hierfür bieten heutige Programmiersprachen eine Fülle von Möglichkeiten an. Erfolgt die Implementierung in einer niedrigen Programmiersprache (z.B. FORTRAN oder Assembler), so empfiehlt es sich, eine abstrakte Implementation in einer neuen Programmiersprache oder in Pseudocode vorzuschalten und diese mechanisch zu übertragen. Das Ziel der Modulimplementierung sollte eine leicht verständliche, überprüfbare und änderbare Modulimplementation sein, also nicht in erster Linie eine optimierte. Zur Implementierung rechnet man i.a. auch die Überprüfung der Modulimplementation, die in der Regel durch einen Modultest erfolgt.
Das Ergebnis dieser Phase ist eine *Ansammlung von Einzelmodulen* in Form von Quelltext in einer Programmiersprache. Diese sind einzeln überprüft, ergeben zusammen aber i.a. noch kein funktionsfähiges Programmsystem.

Ist die Entwurfsspezifikation formal und konsistent gegenüber der Anforderungsdefinition und wurde in der Implementierung die Korrektheit jedes Moduls formal mit mathematischen Methoden bewiesen (verifiziert, vgl. z.B. /3. FBB 82/, /3. LS 84/), so sind wir mit der *Integration* und dem größten Teil der *Funktionsüberprüfung* bereits fertig. Voraussetzung ist, daß man bei diesen formalen Modulverifikationen keine Fehler gemacht hat. Die Praxis sieht heute anders aus: Es werden Module zu Teilsystemen integriert, Teilsysteme getestet, bis man am Ende der Integration das Gesamtsystem erfaßt hat. Die zugehörigen Testfälle hat man im Idealfall während der vorangegangenen Phasen bereits festgelegt und systematisch ermittelt. In der Integrationsphase werden natürlich vielerlei Fehler erkannt, die das Zusammenspiel der Module betreffen. Zu dem Themenkomplex Test auf Modul– oder Systemebene und zu den Vorgehensweisen gibt es eine Fülle von Literatur (vgl. z.B. /3. Be 83, 84/, /3. Ho 87/, /3. My 79/).

Durch *Leistungsmessungen* vergewissert man sich anschließend, daß die in der Anforderungsdefinition festgelegten Leistungsparameter erfüllt sind. Ist dies nicht der Fall, so müssen einzelne Module, Teilsysteme oder das Gesamtsystem modifiziert werden. Das gleiche geschieht bei der Erkennung von Fehlern.

Das Ergebnis dieser Phase ist ein bezüglich Funktionen und Leistung *überprüftes Gesamtsystem*. Erst jetzt steht also ein ausführbares Programmsystem zur Verfügung, das außerhalb der Entwicklermannschaft, also z.B. dem Auftraggeber, gezeigt werden kann.

Die Installationsphase dient der Übertragung des Gesamtsystems in seine reale Umgebung und damit evtl. auf eine andere Hardware. Danach erfolgt die Abnahme der *Installation* durch den Auftraggeber. Diese Phase ist nicht Gegenstand des Buches, auch wenn die Frage der Übertragbarkeit von Softwaresystemen von bestimmten Architekturüberlegungen abhängt, die wir hier behandeln.

Selten führt eine Änderung eines Softwaresystems dazu, daß dieses völlig neu geschrieben wird. Änderungen ergeben sich aufgrund der Notwendigkeit der Anpassung und zwar wegen aufgefundener Fehler oder wegen veränderter Anforderungen. Wir werden dies im nächsten Abschnitt detailliert behandeln. Die Phase der Durchführung solcher Änderungen heißt *Wartung* oder *Pflege*. Wie wir aus Fig. 1.1 entnommen haben, umfaßt diese Aktivität über 60% der Gesamtkosten eines Softwaresystems. In dieser Zahl spiegelt sich der heutige Stand der Praxis der Systemerstellung und Wartung wider: Die Anforderungen werden ungenau erhoben, es wird zu wenig über vorhersehbare Änderungen nachgedacht, der Entwurf erfolgt unter Zeitdruck und entsprechend schlampig und Wartungsmaßnahmen werden eher durch "Anbau von Erkern" als durch gründliche Systemmodifikation gelöst. Die Zielsetzung, die Softwarekrise zu überwinden, läßt sich nur dann realisieren, wenn das Wartungsproblem entschärft werden kann.

Das Ergebnis der Wartung ist ein *verändertes Softwaresystem*, das nach einigen Veränderungen meist keine klare Struktur mehr besitzt und somit eher einem Teller mit Spaghetti ähnelt. Leider läßt sich der Wunsch, ein Softwaresystem wegen dieser Strukturlosigkeit neu zu schreiben, oft wegen finanzieller Überlegungen nicht durchsetzen.

1.3 Diskussion von Lebenszyklusmodellen

Die Softwareentwicklung läuft nicht streng sequentiell ab, wie dies Fig. 1.2 glauben macht. Die Darstellung stimmt mit der Realität so gut wie nie überein! In verschiedenen Phasen sind *Rückgriffe* auf vorhergehende *Phasen* und entsprechende *Modifikationen* der zugehörigen *Softwaredokumente* nötig. Der Begriff Lebenszyklus bringt dies zum Ausdruck.

Es ist klar, daß auch sorgfältigere Überlegungen diese Rückgriffe nie verhindern werden. Die Anzahl dieser Rückgriffe kann aber sicher vermindert, und die Weite eines Rückgriffs kann verkürzt werden. Die Kosten eines Rückgriffs hängen nämlich insbesondere von dieser Weite und von den Kosten der im einzelnen neu anzugehenden Aktivitäten ab. Verständlich ist, daß mit Rückkehr von einer Phase A_j zu einer Phase A_i auch alle dazwischenliegenden Aktivitäten erneut aufgegriffen werden müssen.

Wir wollen nun im folgenden einige alltägliche Rückgriffe aufführen (vgl. Aufgabe 1.). Rückgriffe, die nur eine Phase zurückreichen, sind etwa: Wiederaufnahme der Problemanalyse im Entwurf, nach dem Erkennen von Mißverständnissen oder Lücken in der Anforderungsdefinition; Rückkehr von der Implementierung zum Entwurf, nachdem entdeckt wurde, daß ein Modul mit der für ihn gültigen Schnittstelle und mit den angegebenen Hilfsmitteln überhaupt nicht oder nur ineffizient implementiert werden kann. Ein Beispiel für einen Rückgriff über mehrere Phasen ist, wenn während der Integration entdeckt wird, daß ein Teil der Architektur revidiert werden muß. Der komplexeste Fall eines Rückgriffs ist der, daß sich nach der Einführung eines Softwaresystems die Aufgabenstellung verändert.

Das in Fig. 1.2 eingeführte *Phasenmodell* ist sehr *vereinfacht* und deshalb weit entfernt von einer in der Praxis anwendbaren Vorgehensweise. Zum einen sind die einzelnen Phasen keine monolithischen Blöcke, sondern haben eine Feinstruktur, wie wir später am Beispiel des Entwurfs sehen werden. Zum zweiten müßten die Rückgriffe eingezeichnet werden, die fast immer stattfinden. Später wird sich zeigen, daß es neben den Rückgriffen auch Vorgriffe gibt. Zum dritten ergibt sich die Frage, ob die Wartung überhaupt eine Phase ist, da dort nur Tätigkeiten zusammengefaßt sind, die in anderen Phasen angegangen wurden und jetzt teilweise neu aufgegriffen werden müssen. Man kann die Wartung also auch als Menge von Rückgriffen auffassen. Deswegen unterscheiden einige Autoren auch zwischen Softwareentwicklungs- und Softwarelebenszyklusmodellen. Andererseits sollte die Gesamtheit aller Aktivitäten, die in der Wartungsphase entsteht, in dem Phasenmodell als Block erkennbar sein. Eine genauere Betrachtung zeigt (vgl. Aufgabe 2), daß ein praxisnahes Phasenmodell zu unübersichtlich wird, als daß es als gemeinsame Kommunikationsgrundlage dienen könnte. Wir bleiben deshalb bei dem vereinfachten Modell von Fig. 1.2, sind uns im folgenden allerdings der oben festgestellten und noch festzustellenden Vereinfachungen bewußt.

Wenn wir auch bei dem vorangegangenen groben *Phasenmodell* von Fig. 1.2 bleiben wollen, so ist es doch nützlich, sich zu vergegenwärtigen, daß es davon vielerlei *Varianten* gibt. Einige wollen wir nun charakterisieren:

(1) Einzelne der oben aufgeführten Phasen werden genauer strukturiert, d.h. *verfeinert*, oder es werden benachbarte der oben angegebenen Phasen *zusammengelegt*. Trägt man im Fall eines verfeinerten Modells diese Strukturierung der Phasen in das oben angegebene Modell ein, so ergibt sich leicht ein Phasenmodell mit 10 oder mehr Phasen, das von seiten der Entwickler als zu detailliert oder zu einengend empfunden wird, da mit Phasenmodellen stets die Vorstellung verbunden wird, daß die dazwischenliegenden Softwaredokumente alle erstellt und überprüft werden müssen.

(2) Betrachtet man *eingebettete Systeme*, d.h. Systeme, in denen eine Software–Lösung nur einen Teil einer Gesamtlösung darstellt (wie z.B. bei der Steuerung einer Walzstraße durch einen oder mehrere Rechner), dann besteht diese Aufgabe darin, das gesamte technische System zu realisieren. Auch dieses Gesamtsystem muß analysiert und entworfen werden, so daß das in Fig. 1.2 angegebene Phasenmodell in ein umfassenderes Phasenmodell einzufügen ist. Zuerst muß das Gesamtsystem nämlich von außen festgelegt werden, es muß entworfen werden und danach werden die Hardware– oder Softwarekomponenten im einzelnen realisiert. In diesem Fall ist der Entwurf des Gesamtsystems erst auf einer vergröberten Ebene durchzuführen, bis auf die Stufe, auf der man unterscheiden kann, was in Hardware und was in Software zu realisieren ist. Somit liefert der erste Teil der Entwurfsüberlegungen des Gesamtsystems die Anforderungen für die Softwareteile. Für diesen Bereich gibt es entsprechend *erweiterte Phasenmodelle*.

(3) Ein Problem der Phasenmodellvorstellung von Fig. 1.2 ist, daß erst nach der Integration bzw. Funktions– und Leistungsüberprüfung eine vorweisbare Lösung entsteht, die sich z.B. der Auftraggeber ansehen kann. In vielen Fällen sind aber trotz der Einigung auf eine gemeinsame Anforderungsdefinition unterschiedliche Auffassungen zurückgeblieben, die jetzt erst zutagetreten. Das entstandene Softwaresystem hat dann aber bereits viel Geld verschlungen und die nun zu vollziehenden Änderungen sind teuer. Um dies und die sich daraus ergebenden juristischen Streitigkeiten von vornherein zu vermeiden, erstellt man nach der Festlegung der Anforderungen einen Prototypen (schnell erstellter Prototyp, engl. rapid prototype), der somit früh dem Auftraggeber vorgezeigt werden kann. Diese Aktivität *Prototyp erstellen* und sein Ergebnis (vgl. /3. BKMZ 84/, /3. SBZ 82/) führen im Modell von Fig. 1.2 zu einer weiteren Phase nach der Problemanalyse. Dieser Prototyp wird später i.a. weggeworfen.

(4) Eine andere Erweiterung des Phasenmodells geht von der Kritik aus, daß in den obigen Phasen nur die Entwickler und der Auftraggeber, nicht aber die späteren Bediener zu Wort kommen. Diese sind bei der Erstellung der Anforderungsdefinition mit zu berücksichtigen, was noch mit obigem Modell verträglich ist. Ebenso kann der schnell erstellte Prototyp dazu dienen, nicht nur das Außenverhalten des Systems auf grober Ebene zu zeigen, sondern die Gestaltungswünsche der späteren Bediener umzusetzen. Vorher muß bereits eine Umgestaltung des organisatorischen Systems erarbeitet werden. Es muß begleitend zur Erstellung des Produkts das organisatorische System vorbereitet werden. Auch die Benutzung der Software ist eine Aktivität, die in

einem Phasenmodell erscheinen sollte. Solche Modelle versuchen also, die betriebsorganisatorischen, psychologischen und sozialen Aspekte der Softwareerstellung und –nutzung zu berücksichtigen und heißen deshalb *partizipativ* oder ähnlich (vgl. /3. Cu 86/, /2. FGHW 88/, /2. Fl 89/, /2. KS 82/).

Die oben festgestellten Erweiterungen gehen in die Richtung, das einfache Phasenmodell um technische Aspekte zu erweitern, oder sie fügen einen weiteren Kontext, wie etwa den sozialen, hinzu. Damit stellen sie das Modell von Fig. 1.2 nicht prinzipiell in Frage. Dieses Modell ist dadurch charakterisiert, daß seine Aufgabe in einfache Schritte zerlegt wird, die nacheinander bzw. zeitlich verzahnt und i.a. von verschiedenen Personen ausgeführt werden. Da die Lösung der Gesamtaufgabe somit aus einzelnen, wohldefinierten Portionen besteht, wollen wir dieses Modell auch *diskret* nennen. Wir werden im folgenden ein Lebenszyklusmodell kennenlernen, das von einem anderen, nämlich einem *kontinuierlichen* Ansatz (vgl. /2. Ag 86/, /2. CJ 82/, /2. Me 86/) ausgeht. Hier hat es keinen Sinn mehr, von einem Phasenmodell zu sprechen.

In neuerer Zeit erleben "alternative Programmiersprachen" (die meist schon lange existieren) eine Renaissance. Diese Sprachen werden oft und dann ausschließlich dem Bereich Künstliche Intelligenz zugeordnet. Dort herrscht eine völlig andere Vorstellung von einem Lebenszyklus, die sich aus einem *anderen Softwareerstellungsparadigma* als dem ingenieurmäßigen ergibt. Dieses andere Verständnis geht von der Überzeugung aus, daß ein völlig neuer Ansatz gesucht werden muß, um die Softwarekrise zu bewältigen, und daß der ingenieurmäßige Ansatz mit Phasen und festgelegten dazwischenliegenden Dokumenten keine Lösung sei. Wir wollen, obwohl wir dem ingenieurmäßigen Ansatz in diesem Buch treu bleiben wollen, eines dieser Modelle erörtern (vgl. Fig. 1.3 und /2. BCG 83/).

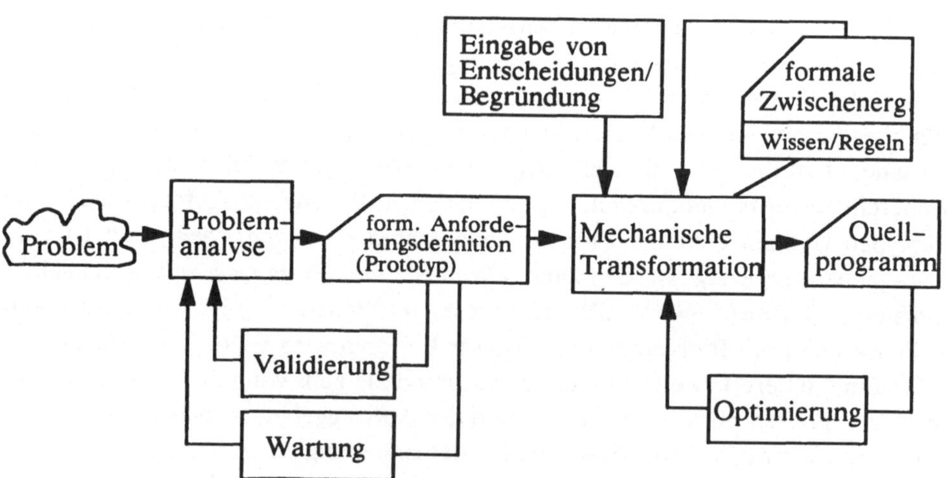

Fig. 1.3: Ein alternatives Lebenszyklusmodell

Ein Ansatzpunkt dieses Paradigmas ist, das Wartungsproblem zu vermeiden, indem das gesamte *Wissen* des *Entwicklungsprozesses* eines Programmsystems *aufgehoben* wird und damit bei der Veränderung des Systems benutzt werden kann. Ein zweiter

Ansatzpunkt ist der, daß aus der Problemanalyse eine formale und *ausführbare Anforderungsdefinition* hervorgeht. Diese Anforderungsdefinition ist zugleich ein schnell erstellter Prototyp, der mit dem Auftraggeber abgestimmt werden kann (linke Seite des Bildes, 1. Zyklus). Jede Veränderung der Aufgabenstellung führt zu einer Veränderung dieser formalen Anforderungsdefinition (2. Zyklus).

Der *Realisierungsprozeß* kann verschieden aussehen: Entweder wird (1) die Compilertechnik eines Tages so weit entwickelt sein, daß eine solche formale Anforderungsspezifikation *automatisch* in ein effizientes Programm übersetzt werden kann, oder (2) der Entwickler gibt Entwurfsentscheidungen und entsprechende Begründungen *interaktiv* ein. Dies führt dazu, daß das Entwicklungssystem in vielen Schritten aufgrund formaler Transformationen die Anforderungsdefinition in ein effizientes, ausführbares Programm transformiert (rechter Teil, oberer Zyklus). Anfangs muß der Entwickler diese *Transformationen* selbst eingeben, danach braucht er sie nur noch anzustoßen. Die Vorstellung ist nun, daß das System diese Transformationen *erlernt*, so daß nach einiger Zeit diese vom System selbständig angewandt werden. *Analog* sieht die *Optimierung* aus (unterer Zyklus). Auch hier sind zunächst Regeln einzugeben, die das System erlernt, um dadurch mit der Zeit die Optimierung zu automatisieren. Das hier angestrebte System zur Programmerstellung ist also nicht eine Ansammlung passiver Werkzeuge, sondern gibt aktive Hilfestellung (Stichwort: Programmierassistent, engl. programmer's apprentice).

Ließe sich dieser *Ansatz* realisieren, so wären die *Vorteile* eines solchen automatischen Entwicklungssystems enorm: (1) Das Wartungsproblem wird vermieden, da nur noch die Anforderungsdefinition verändert werden muß. (2) Die intern abgelegten Verfeinerungen stellen eine Dokumentation der Entwicklungsgeschichte des Systems dar. (3) Die Korrektheit der erstellten Programme in Bezug auf die eingegebene Anforderungsdefinition ist stets gesichert, wenn die eingegebenen Transformationen korrekt sind. (4) Die Wiederverwendbarkeit äußert sich weniger in der Wiederverwendbarkeit von Komponenten eines Softwaresystems, als in der Wiederverwendbarkeit von Wissen über eine Anwendung und über den Entwicklungsprozeß.

Natürlich sind wir noch weit von dieser reizvollen *Vision* entfernt. Der Leser ist aufgefordert, sich zu den Problemen Gedanken zu machen (vgl. Aufgabe 3.). In das Schema von Fig. 1.3 lassen sich viele aktuelle Ansätze der Forschung über Softwareerstellung einfügen (vgl. Aufgabe 4.).

1.4 Zum Problem der Wartung

Die Hauptaufgabe bei der Überwindung der Softwarekrise ist die Reduktion der Kosten für die Wartung, die nach Fig. 1.1 mehr als 60% der Softwarekosten ausmacht. Dabei verschleißt Software nicht, sie ist kein materielles Produkt. Insoweit ist der *Begriff "Wartung"* eigentlich nicht zutreffend. Pflege, Weiterentwicklung o.ä. sind hier schon passender. Da sich der Begriff Wartung aber eingebürgert hat, wollen auch wir ihn weiterverwenden. Der hohe Anteil der Wartungskosten ergibt sich aus der

Langlebigkeit einiger Softwaresysteme, die in einzelnen Fällen 20 oder mehr Jahre ausmacht.

Was sind die *Gründe* für *Veränderungen* an einem *Softwaresystem* in der Wartungsphase und damit die Gründe für die Größe des Wartungsproblems? Die folgende Liste faßt die wichtigsten zusammen, die oft in einer Kombination auftreten:

(1) Erweiterung der Systemfunktionen (hauptsächlich für Bediener, in kleinerem Maße für Wartungsingenieure oder Operateure),

(2) Veränderungen der Systemfunktionen (ebenfalls wieder für diese verschiedenen Gruppen),

(3) Bau spezieller, abgemagerter Systeme (z.B. PC– oder Arbeitsplatzrechner–Teillösung),

(4) andere Möglichkeiten der Gestaltung der Bedieneroberfläche (z.B. Umsetzen zeilenorientierter Schnittstellen auf Fenster, Menüs und Maus),

(5) Übertragung auf eine andere Basismaschine (anderer Prozessor, Compiler, anderes Betriebssystem, Dateiverwaltungssystem, Datenbanksystem),

(6) Beseitigung von Fehlern,

(7) Steigerung der Effizienz.

Die folgenden Angaben aus /2. Ra 84/ von Fig. 1.4 geben die Größenordnung des Aufwands in den einzelnen *Problemklassen* der *Wartung* an. Die Zahlen sind eher als Schätzung zu verstehen. Demnach geht der Hauptanteil von 42% in die Veränderung des Systems zum Zwecke der Änderung seines Außenverhaltens ((1) bis (4) von oben), 25% entstehen durch Übertragung auf eine andere Basismaschine (5), 20% entstehen durch Fehlerbeseitigung (6), 4% durch Effizienzsteigerungen (7) und 9% für andere Aktivitäten, wie etwa Veränderung der Dokumentation usw. Während Maßnahmen, die im Rahmen der Übertragung von Softwaresystemen oder der Beseitigung von Programmierfehlern entstehen, die Struktur eines Softwaresystems in etwa unverändert lassen, ist dies bei der Veränderung des Außenverhaltens eines Softwaresystems nicht unbedingt der Fall. Nicht selten entsteht aus einer Keimzelle mit der Zeit ein riesiges System, das mit dem Anfang der Entwicklung nicht mehr viel gemein hat. Der hohe Prozentsatz von 42% deutet darauf hin.

Warum ist die *Wartung* so problematisch, welche *spezifischen Probleme* tauchen hier auf? Wir wollen wieder die wichtigsten Gründe auflisten, die wiederum kombiniert auftreten können:

(1) Der Aufbau eines Programmsystems ist schwer zu verstehen, zu modifizieren und zu überprüfen. Dies liegt daran, daß der Entwurf selten in einer passenden Notation zu Papier gebracht wurde, daß die Systemarchitektur statt dessen oft nur mühsam aus dem fertigen Programm ermittelt werden muß, und daß die Entwurfsentscheidungen nirgendwo festgelegt und begründet sind.

(2) Die Wartungsgeschichte eines Softwaresystems findet sich nicht explizit, sondern nur indirekt in dem bestehenden System. Meist sind die Modifikationen nicht gründlich durchgeführt worden, statt dessen wurde eine Vielzahl von "Erkern" angefügt. Somit wird die Systemarchitektur durch längerwährende Wartungsmaßnahmen völlig undurchsichtig, soweit sie jemals durchsichtig war.

(3) Ein Softwaresystem ist oft nur dann verständlich, wenn man einen bestimmten Firmen- oder Abteilungskontext bzw. eine entsprechende Historie und Denkweise berücksichtigt.

(4) Es existieren vielerlei Inkonsistenzen zwischen den einzelnen Softwaredokumenten, soweit überhaupt alle existieren. Die Anforderungsdefinition, die Entwurfsspezifikation, die Modulimplementationen, die Integrations- und Testdokumente spiegeln nicht unbedingt den gleichen Ausbaustand wider.

(5) Die technische Dokumentation zu den Lebenszyklusdokumenten ist unvollständig, oder sie ist inkonsistent zu dem Zustand dieser Dokumente. Das gleiche trifft auf andere lebenszyklusbegleitende Dokumente zu, die wir später kennenlernen werden.

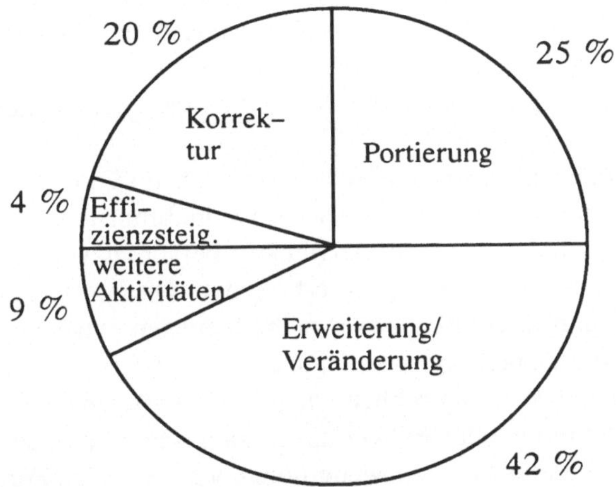

Fig. 1.4: Aufgabengebiete in der Wartungsphase

Zusammengefaßt *resultieren* obige *Probleme* also aus einer Vielzahl *technischer Fehler*, die die Erstellung der Softwaredokumente und die konsistente Veränderung derselben (einschließlich der Dokumentation) in der Wartungsphase betreffen. Darüber hinaus gibt es auch *Fehler auf Seiten der Projektorganisation*, z.B. die, daß den Entwicklern zu wenig Zeit und Ressourcen zur Verfügung gestellt werden, um über Softwaredokumente gründlich nachzudenken und diese systematisch zu verändern, damit in der Wartung eben nicht überall ''Erker'' angefügt werden. Letztlich ist die Wartung meist auch eine *wenig beliebte Aufgabe*, hauptsächlich deswegen, weil man sich in von anderen vorgegebene Strukturen hineinversetzen muß und nicht einfach die festlegen kann, die man für sinnvoll und angemessen hält.

Ein Vorschlag aus der Literatur (z.B. /2. Ra 84/), um diese Probleme zu verringern oder zu vermeiden, ist die *präventive Wartung*. Dieser Vorschlag ist z.Z. eher ein Ziel, als daß man eine konkrete Handlungsanleitung hierfür besäße. Im einzelnen werden die folgenden Forderungen erhoben, um dieses Ziel zu erreichen:

(1) Man entwickle ein System so, daß die zukünftigen Wartungsüberlegungen bereits mit berücksichtigt werden.

(2) Man warte ein System so, daß zukünftige Wartungsmaßnahmen mit berücksichtigt werden, was insbesondere heißt, daß die Softwaredokumente auch nach einem Wartungsschritt eine übersichtliche Struktur behalten.

(3) Man entwickle ein System ständig fort, um mit dem Stand der Technik Schritt zu halten. Dies kann sich auf dessen Funktionalität, auf dessen Bedienerschnittstellengestaltung, auf dessen Softwarearchitektur beziehen, bis hin zur betreffenden Hardware, auf der das System läuft.

Insbesondere (3) ist eine hochgesteckte Forderung. Ein trivial klingender und dennoch wichtiger Schritt, um der Forderung (1) der präventiven Wartung näherzukommen ist der, sich zu einem geeigneten Zeitpunkt *Gedanken über Systemveränderungen* zu machen. Bei der Entwicklung eines Systems sollte, wie in Abschnitt 1.2 bereits ausgeführt wurde, nach der Festlegung der Anforderungsdefiniton und vor dem Entwurf ein Brainstorming stattfinden, welche zukünftigen Änderungen denkbar sind. Dieses wird in erster Linie mögliche Änderungen des Außenverhaltens des Systems zutage fördern.

Ein entsprechendes Brainstorming sollte aber auch am Ende des Entwurfs und vor der Implementierung angesetzt werden. Dieses zweite Brainstorming bringt dann eher Möglichkeiten zu Veränderungen der Architektur hervor, soweit nicht Nachträge zur Veränderung des Außenverhaltens geliefert werden. Diese möglichen Systemveränderungen müssen dann in die Realisierungsüberlegungen eingehen. Wir werden den Nutzen solcher Diskussionen und Überlegungen in diesem Buch an einem Beispiel vorführen. Sind bei der Wartung schließlich größere Änderungen durchzuführen, die die Anforderungsdefinition oder Entwurfspezifikation berühren, so sind diese Änderungsüberlegungen entsprechend zu wiederholen, was die obige Forderung (2) unterstützt.

In der Wartungsphase treten keine eigenständigen Aktivitäten auf, es werden lediglich die Aktivitäten anderer Phasen neu aufgegriffen. Insoweit gibt es eine gezielte Unterstützung für die Wartung nur in Grenzen (/3. MM 83/, /3. PZ 83/). Es sind eben die vorangegangenen Aktivitäten so auszuführen und die entsprechenden Softwaredokumente so zu gestalten, daß eine (präventive) Wartung möglich ist. Alle *Hilfsmittel anderer Phasen* sind demnach *auch* Hilfsmittel *für* die *Wartung*.

Obwohl wir in diesem *Buch* das *Wartungsproblem* nur an wenigen Stellen explizit ansprechen, so ist es dennoch ein *zentraler Gegenstand*. Wir hatten eben betont, daß die anderen Phasen vor der Wartung geeignet zu unterstützen sind. Die wichtigste Phase bezüglich einer präventiven Wartung ist dabei die Entwurfssphase. Diese ist aber der zentrale Gegenstand des Buches. Hier werden wir auch zu zeigen haben, wie eine Systemarchitektur so zu gestalten ist, daß präventive Wartung möglich ist. Das betrifft hauptsächlich die Frage von Systemerweiterungen, die Frage der Übertragung auf eine andere Basismaschine und die Frage der Handhabung von Fehlerbeseitigung. Den ersten und wichtigsten Punkt, nämlich die Handhabung von Systemerweiterungen, werden wir an einem praktischen Beispiel vorführen, das mehrere Wartungszustände durchläuft.

1.5 Zusammenfassung der Aktivitäten in Arbeitsbereiche

Phasenmodelle, wie das in Fig. 1.2 dargestellte, unterteilen die Gesamtaktivitäten des Software–Lebenszyklus in einzelne Aktivitäten A_i, die über die Dokumente D_i miteinander verbunden sind. Die dazwischenliegenden Kanten $A_i \rightarrow D_i$ haben die Semantik "ist Ergebnis von" bzw. $D_i \rightarrow A_{i+1}$ "wird benötigt für" oder "ist Ausgangspunkt von". *Phasenmodelle* geben also den *zeitlichen Verlauf* wieder.

Eine andere Einteilung als die zeitliche ist die *Zusammenfassung* der *Aktivitäten in Arbeitsbereiche*, auch Problembereiche genannt, in denen Aktivitäten nach dem Gesichtspunkt zusammengefaßt werden, an welchen Stellen des Phasenmodells auf gleichem logischen Niveau modelliert wird. Es ist für eine Veränderung der Architektur beispielsweise ohne Bedeutung, ob diese bereits in der Entwicklung oder in der Wartung stattfindet. Die Zielsetzung ist also, alle Aktivitäten zusammenzufassen, die in Phasenmodellen zeitlich verstreut sind, aber inhaltlich zusammengehören. Der Grund für diese Zusammenfassung liegt darin, daß Zusammenhänge innerhalb eines Arbeitsbereichs klargemacht werden soll, daß aber insbesondere die Zusammenhänge zwischen verschiedenen Arbeitsbereichen geklärt werden sollen.

Man unterscheidet hier drei große Arbeitsbereiche, die wir in diesem Absatz zunächst grob anreißen wollen, um sie in den darauffolgenden Absätzen genauer zu betrachten:

(1) *Definieren* oder Spezifizieren *der Anforderungen*: Alle Aktivitäten zur Erstellung und Wartung der Anforderungsdefinition. Diese Aktivitäten finden auf dem Niveau statt, auf dem das Außenverhalten des Systems oberhalb von Entwurfsüberlegungen festgehalten wird. Alle dabei angewandten Hilfsmittel fassen wir zu dem Begriff *Anforderungstechnik* (engl. *requirements engineering* (vgl. /3. AM 81/, /3. Ro 85/, /3. MM 88/) zusammen.

(2) *Programmieren im Großen* oder Entwerfen eines Softwaresystems: Alle Aktivitäten oberhalb der Realisierung von einzelnen Modulen, d.h. insbesondere die Festlegung und die Veränderung einer Gesamtstruktur (Gesamtarchitektur) des Softwaresystems gemäß der Anforderungsdefinition. Die Zusammenfassung der zugehörigen Hilfsmittel nennen wir *Entwurfstechnik*.

(3) *Programmieren im Kleinen*: Alle Aktivitäten zur Realisierung und Veränderung der einzelnen Module. Die Zusammenfassung der eingesetzten Hilfsmittel nennen wir *Programmiertechnik*.

Der *sprachliche Gebrauch* dieser Begriffe ist *nicht* immer *sauber*. So wird meist nicht zwischen Arbeitsbereich und Technik unterschieden. Man spricht z.B. von dem "Requirements–Engineering–Niveau" oder den "Requirements–Engineering–Aktivitäten", wobei bei sauberem Umgang mit der Sprache das "Engineering" weggelassen werden müßte. Wie man diesen Beispielen entnehmen kann, hat sich der deutsche Begriff Anforderungstechnik nicht gegenüber dem englischen Begriff Requirements Engineering durchgesetzt, so daß wir diesen auch im folgenden benutzen werden.

Wo treten im *Lebenszyklus Tätigkeiten* dieser *Arbeitsbereiche* auf (vgl. Fig. 1.2)? Nach der Problemanalyse gibt es Requirements–Engineering–Aktivitäten beim Entwurf, die wir gleich genauer kennenlernen werden, bei der Integration, weil hier das fertige System mit der Anforderungdefinition verglichen und ggf. verändert wird, desgleichen bei der Installation und Abnahme, insbesondere aber bei der Wartung, wo die Anforderungsdefinition oft modifiziert wird. Ähnliches gilt für das Programmieren im Großen, das nach dem Entwurf in der Implementierung, der Integration und der Installation teilweise und in der Wartung verstärkt aufgegriffen wird. Schließlich gibt es Programmieren–im–Kleinen–Aktivitäten ebenfalls nach der Implementierung in allen folgenden Phasen.

Um eine genauere Definition des Begriffs Programmieren im Großen geben zu können, betrachten wir die *Feinstruktur* der *Entwurfsphase*. Dies könnten wir für die anderen Phasen ebenfalls tun und kämen dann zu einem detaillierten, aber unübersichtlichen Lebenszyklusmodell. Die folgenden Nummern korrespondieren zu den Pfeilen der Fig. 1.5.

(1) Zuerst muß die Anforderungsdefinition, die Ausgangspunkt der Entwurfsüberlegungen ist, analysiert und verstanden werden.

(2) Darauf folgt die schrittweise Konstruktion der Entwurfspezifikation, wobei die fertiggestellten Teile auch gleich darauf überprüft werden, ob sie zusammenpassen.

(3) Die fertiggestellte Entwurfspezifikation wird auf Implementierbarkeit hin untersucht. Das gleiche gilt bezüglich Integrierbarkeit, aber insbesondere Wartbarkeit.

(4) Die fertiggestellte Entwurfspezifikation wird gegen die Anforderungsdefinition überprüft.

Natürlich erfolgt ein Überprüfen gegen die Anforderungsdefinition nicht erst am Ende der Entwurfsphase. Das gleiche gilt für die Überprüfung auf Implementierbarkeit, Integrierbarkeit und Wartbarkeit. Auch diese Überprüfungen beginnen bereits beim schrittweisen Erstellen der Entwurfspezifikation ((5)und (6)). Die Entwurfsphase – und das gleiche gilt auch für andere Phasen – ist also inkrementell in dem Sinne, daß Ergebnisse stückweise entstehen und auch stückweise intern, sowie nach oben gegen die Anforderungsdefinition und nach unten auf Implementierbarkeit überprüft werden.

(7) Stellt sich nach der Überprüfung der Entwurfspezifikation gegen die Anforderungsdefinition heraus, daß diese geändert werden muß, so muß zur Problemanalyse zurückgegangen werden.

Zusammenfassend können wir feststellen, daß *jede Lebenszyklusphase* aus der *Analyse* des vorangegangenen Dokuments, aus stückweisen *Konstruktions*- und Überprüfungsschritten und aus einer abschließenden *Überprüfung* gegen das Dokument der vorangegangenen Phase besteht. Ferner enthält sie einen *Prognose*schritt nach vorn, wobei das Ergebnis der Phase daraufhin überprüft wird, ob die nächsten Aktivitäten anwendbar sind. Die Feinstruktur wird noch komplizierter, wenn wir noch weitere Arbeitsbereiche außerhalb des bisherigen Lebenszyklusmodells berücksichtigen, die erst unten eingeführt werden.

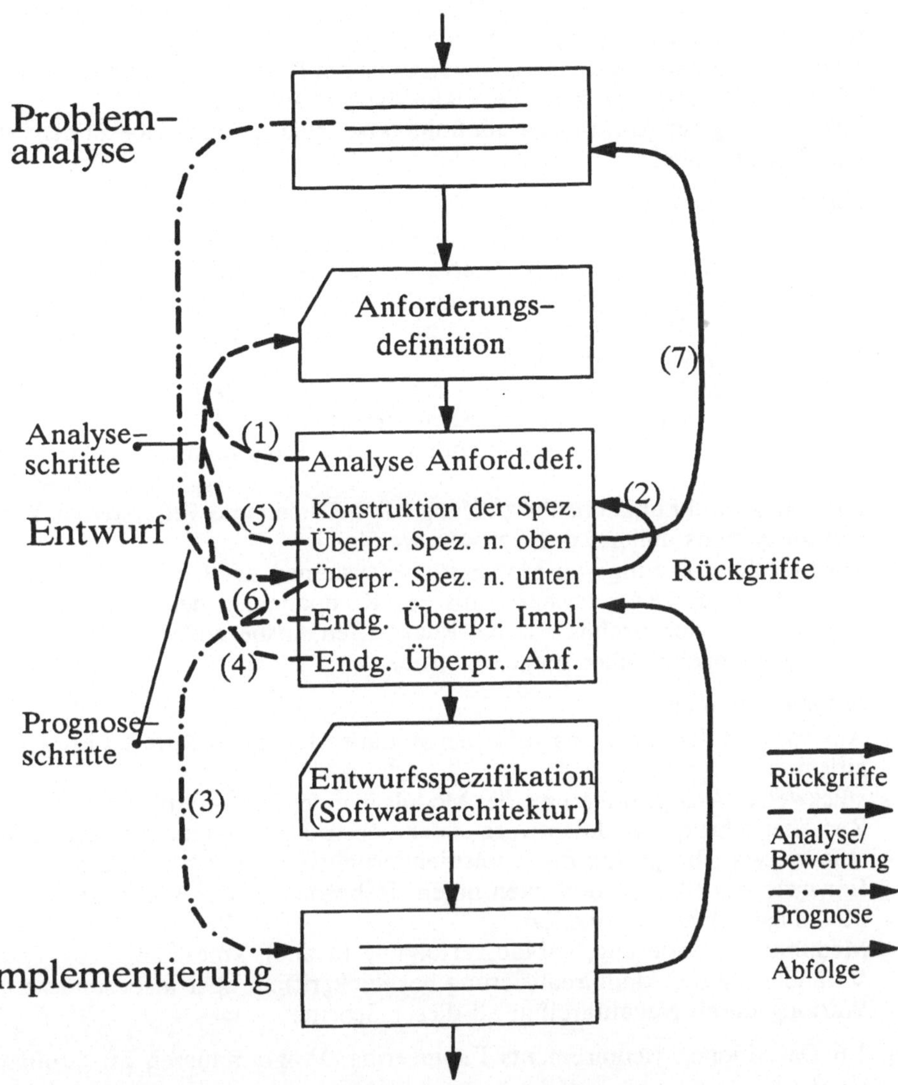

Fig. 1.5: Einzelaktivitäten (Feinstruktur) der Entwurfsphase

Aus diesen Vorüberlegungen über Arbeitsbereiche und deren Feinstruktur ergeben sich folgende aufzählende *Definitionen* für Requirements Engineering, Programmieren im Großen und Programmieren im Kleinen (vgl. Tabelle 1.6), aus denen auch
die Verflechtung der Arbeitsbereiche untereinander sichtbar wird:

Requirements Engineering:
  - Erfragen der gegebenen Situation (Ist–Analyse): Festlegung des Ist–Zustandes,
    Überprüfung desselben gegen die vorgefundene Situation
  - Erfragen der gewünschten Situation und das Erstellen eines Soll–Konzepts:
    Überprüfung desselben intern, gegen die Auftraggeberwünsche und auf Reali-
    sierbarkeit

- abschließende Überprüfung der Anforderungsdefinition mit dem Auftraggeber und endgültige Festlegung derselben
- Überprüfung der Anforderungsdefinition auf Realisierbarkeit (technische Durchführbarkeit): bezieht alle zukünftigen Phasen mit ein
- Veränderung der Anforderungsdefinition bei Rückgriffen, insbesondere aber in der Wartungsphase

Programmieren im Großen:

- Analyse der Anforderungsdefinition unter Aspekten des Entwurfs
- stückweiser Entwurf eines Softwaresystems aus Modulen und Teilsystemen
- stückweise Übrprüfung der entstehenden Entwurfsspezifikationskomponenten: intern, gegen die Anforderungsdefinition und auf Implementierbarkeit, Integrierbarkeit sowie Wartbarkeit
- abschließende Überprüfung gegen die Anforderungsdefinition
- abschließende Überprüfung auf Realisierbarkeit
- Übertragung der Entwurfsspezifikation in eine Programmiersprache: Codieren im Großen
- Integration und Funktionsüberprüfung von Modulen und Teilsystemen bzw. des Gesamtsystems anhand der Softwarearchitektur
- Leistungsüberprüfung von Modulen, Teilsystemen des Gesamtsystems
- Installation des Gesamtsystems aus den Komponenten der Architektur
- Veränderung der Architektur bei Rückgriffen, insbesondere in der Wartung, durch Neuangehen aller obigen Schritte

Programmieren im Kleinen:

- Analyse und Verstehen des auf einen Modul entfallenden Teils der Entwurfsspezifikation
- stückweises Ausformulieren eines Moduls in einer Programmiersprache ggf. mit Zwischenschritt, ”Modulentwurf” oder ”abstrakte Implementierung” genannt
- stückweises Überprüfen der Implementierungsüberlegungen: intern, gegen die Entwurfsspezifikation und nach unten, insbesondere auf Wartbarkeit
- Modultest, Modulverifikation
- Modulinstrumentierung, –ablaufverfolgung (Trace), –messung
- Veränderung der Modulrealisierung bei Rückgriffen, aber insbesondere in der Wartung durch Neuaufgreifen all dieser Schritte

Tab. 1.6: Definitionen Requirements Engineering, Programmieren im Großen und Programmieren im Kleinen

Neben den oben eingeführten Arbeitsbereichen gibt es weitere (vgl. Fig. 1.7), die wir im folgenden erläutern wollen. Auch hier entsteht eine Fülle von Dokumenten, die wir ebenfalls, wie die im Lebenszyklus entstehenden, Softwaredokumente nennen wollen. Zusätzlich zu den Softwaredokumenten im bisherigen Sinne sind z.B. *Dokumentationen* zu *erstellen* (vgl. /3. BW 82/). Zu den Softwaredokumenten sind die Entscheidungen zu begründen und zu erläutern, es sind die Dokumente bezüglich ihrer Struktur zu erklären. Solche Dokumentationen faßt man unter dem Begriff Entwicklungsdokumentation oder technische Dokumentation zusammen. Darüber hinaus ist das Gesamtsystem für die zukünftigen Bediener zu beschreiben, was Bedienerdokumentation, Benutzerhandbuch o.ä. genannt wird. Schließlich faßt man invariante Teile eines Projekts oder verschiedener Projekte in einem Projekthandbuch zusammen. Hier werden z.B. die eingesetzten Sprachen, Methoden, Werkzeuge o.ä. festgelegt.

Ein weiterer Bereich, der zu den obigen hinzukommt, ist die *Qualitätssicherung* (/3. Ch 86/, /3. EM 87/). Qualitätssicherung kann man auf verschiedenen Ebenen betreiben. Einmal kann man dies mit mathematischen Methoden tun (formale Verifikation, vgl. z.B. /3. FBB 82/, /3. LS 84/) oder eher experimentell (Test), wobei auch letzteres systematisch betrieben werden muß (vgl. /3. Be 83, 84/, /3. Ho 87/, /3. My 79/), was leider selten geschieht. Schließlich gibt es Überprüfungen durch einzelne Personen oder durch Personengruppen. Zum Test gehören z.B. die Erstellung der Testdaten, die Testplanung und –überwachung auf Modul- oder Teilsystemebene.

Alle bisher angesprochenen Aktivitäten müssen als Arbeitsschritte organisiert werden. Man nennt den zugehörigen Arbeitsbereich *Projektorganisation* (vgl. /3. Gi 88/, /3. Re 86/).

Hierzu muß das Gesamtprojekt in einzelne Arbeitsschritte zerlegt werden. Diese müssen geplant werden, was ihren Kostenaufwand, die Zeit und den Personaleinsatz angeht. Diesen Bereich nennt man *Projektplanung*.

Wird ein Projekt durchgeführt, so muß es eine kontrollierte Aufgabenverteilung geben, damit Verantwortlichkeiten festgelegt werden können, damit auf Abstimmungsprobleme aufmerksam gemacht wird, Information ausgetauscht wird, Dokumente vor falschem Zugriff geschützt werden, damit die Freigabe veränderter Dokumente erst nach einer Qualitätsüberprüfung erfolgt etc. Dabei gibt es Module und Teilsysteme nicht nur in einem Zustand, da diese modifiziert oder Alternativen ausprobiert werden, die alten dabei bestehen bleiben (Versionen, als Oberbegriff von Revisionen und Varianten). Aus solchen Versionen werden Systeme zusammengebaut (Konfigurationen). Alle diese Aufgaben fallen in den Teilbereich *Projektführung* oder *Projektmanagement*, im Englischen manchmal Programming–in–the–Many genannt.

Schließlich dient die *Projektüberwachung* dazu, daß das durchgeführte Projekt von den Daten der Planung nicht allzusehr abweicht und daß im Falle von unvorhersehbaren Situationen Abhilfen angestoßen werden bzw., daß alternative Wege eingeschlagen werden.

Es sei darauf hingewiesen, daß der Begriff Projektmanagement auch manchmal synonym zum Begriff Projektorganisation gebraucht wird, also nicht so eingeschränkt, wie wir ihn hier eingeführt haben.

Eine *andere Einteilung* des Bereichs *Projektorganisation* im Vergleich zur obigen (Planung, Führung und Überwachung) ist umfassender und berücksichtigt, daß verschiedene Gegenstandsbereiche berührt sind. Man unterscheidet zum einen in Aufgaben zur Verteilung, Durchführung und Kontrolle von Teilaufgaben (*Management* of *Tasks*), was in etwa unserem obigen Begriff von Projektorganisation entspricht. Hierzu kommt die Organisation des Entwicklungsprozesses mit seiner Festlegung in Phasen oder Arbeitsbereiche, mit seiner Festlegung zugehöriger Methoden und mit seiner Festlegung der Beziehungen zwischen Dokumentklassen (*Management* of the Development *Process*). Schließlich betrachtet man die Organisation der Fülle entstandener Dokumente in Zwischenzuständen, Endzustand und Ausprägungen (*Management* of *Products*), wozu insbesondere die Versions- und Konfigurationskontrolle (/3. Ba 86/, /3. BHS 80/, /3. Wi 88/) gehört.

In Fig. 1.7 gibt es zusätzlich zu den *Arbeitsbereichen* von Tab. 1.6, die in ihrer Gesamtheit den *Lebenszyklusaktivitäten* entsprechen, noch *weitere*. Die Dokumentationserstellung und die Projektorganisation sind Tätigkeiten, an die wir bisher nicht gedacht haben und die deshalb neu hinzukommen. Bei der Qualitätssicherung ist dies nicht so. Bei der Erstellung oder Modifikation der Softwaredokumente im Lebenszyklus wird zwar auch geprüft, getestet oder verifiziert. Bei großen Projekten hat es sich aber eingebürgert, eine eigene Qualitätssicherungabteilung einzurichten, die noch einmal und systematisch Qualitätssicherungsmaßnahmen durchführt. Letzteres ist in Fig. 1.7 mit Qualitätssicherung gemeint. Somit sind *allen* obigen *Arbeitsbereichen Rollen* bei der Softwareerstellung und –wartung zugeordnet. Es gibt den Anforderungstechniker, den Entwurfstechniker oder Entwerfer, den Programmierer, den Projektplaner, –überwacher und –manager, den Qualitätssicherungsingenieur und verschiedene Dokumentatoren.

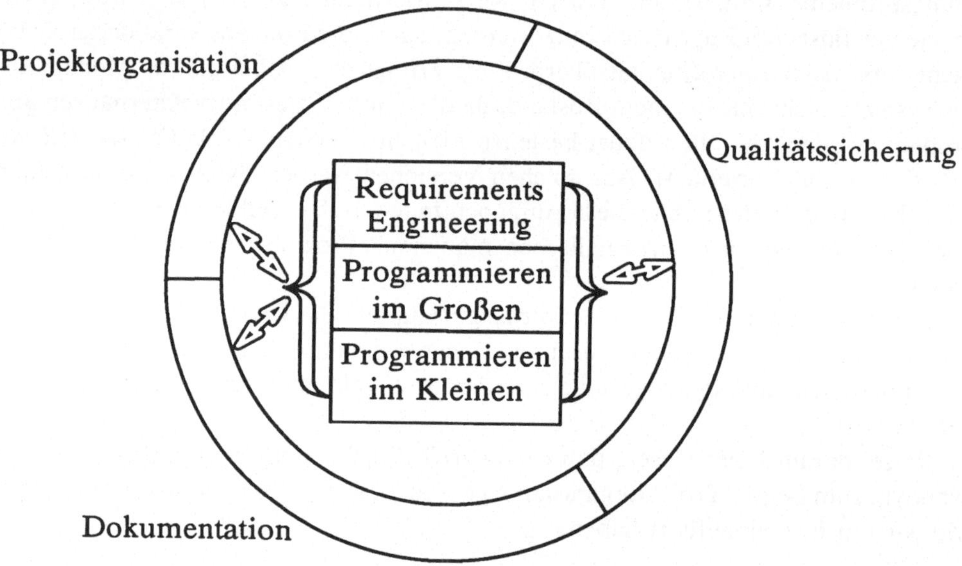

Fig. 1.7: Arbeitsbereiche der Softwareerstellung

Natürlich hängen alle diese *Arbeitsbereiche* sehr eng zusammen, wie dies Fig. 1.7 zum Ausdruck bringen soll. Diese *Verzahnung* kann sich in enger Zusammenarbeit verschiedener Personen äußern (z.B. wird die Projektplanung beim Erstellen der Durchführbarkeitsstudie nicht ohne enge Zusammenarbeit des Projektplaners mit den Entwerfern gehen), sogar bis dahin, daß Tätigkeiten kaum auf verschiedene Personen aufgeteilt werden können. So läßt sich eine gute technische Dokumentation kaum von anderen erstellen als denjenigen, die die eigentlichen Softwaredokumente gemacht haben, schon gar nicht von fachfremden Personen.

Wir wollen diesen Abschnitt beschließen, indem wir auf einige *Begriffe* hinweisen, die in der Literatur extrem *mehrdeutig* gebraucht werden. Der wichtigste hiervon ist der Begriff der Spezifikation. Viele Autoren meinen mit Spezifikation die Anforderungsspezifikation und nicht die Entwurfsspezifikation, oder sie meinen eine interne, d.h. von Entwicklern vorgenommene Präzisierung als Vorstufe vor dem Entwurf, die von beiden verschieden ist. Ebenso wird der Begriff Implementierung verschieden von dem hier eingeführten gebraucht, indem die Gesamtaktivitäten des Lebenszyklus gemeint sind. Schließlich mögen manche Leser bei dem Begriff "Softwaredokumente" eher an Dokumentation denken als an die Gesamtheit aller Ergebnisse von Aktivitäten.

1.6 Eigenschaften von Programmsystemen

Die *Zielsetzung* der Softwareerstellung ist, von einer *Anforderungsdefinition* zu einem ihr *entsprechenden Programmsystem* zu kommen. Dieser Vorgang ist in der Wartungsphase teilweise zu wiederholen. In der Anforderungsdefinition werden die Funktionen des Softwaresystems sowie die Reihenfolge ihrer Aktivierung festlegt. Auf der anderen Seite ist das Ergebnis des Entwicklungs- oder Wartungsprozesses ein Programm in einer höheren Programmiersprache, also etwa ein Ada- oder C-Programm. Dieses muß die funktionalen und nichtfunktionalen Festlegungen der Anforderungsdefinition erfüllen.

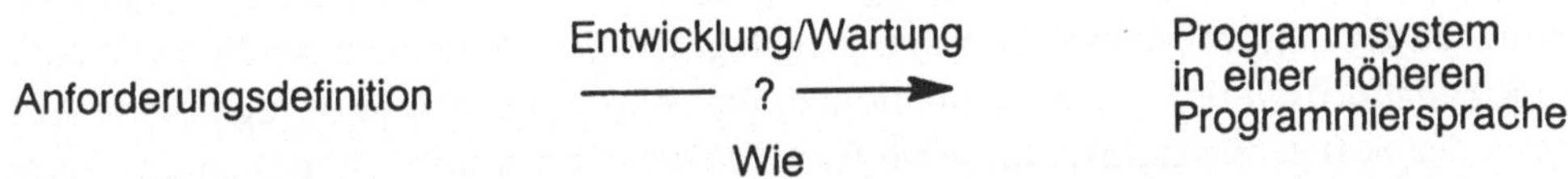

Fig. 1.8: Softwareentwicklungsprozeß als Transformation

Bei diesem Prozeß der *Softwareerstellung* bzw. *–wartung* gibt es nun *viele Möglichkeiten*, von einer festgelegten Anforderungsdefinition zu einem Programmsystem zu kommen. Die Vielfalt der Möglichkeiten folgt daraus, daß es viele mögliche Programmsystemstrukturen (Software-Architekturen) gibt, daß für jede dieser Strukturen das Innenleben der Module (Daten- und Ablaufstrukturierung) verschieden sein kann, bis hin zu dem eher nebensächlich erscheinenden Punkt, daß man bezüglich der Wahl von Bezeichnern in einem Programmsystem völlig freie Hand hat. Nach welchen Gesichtspunkten soll nun unter dieser Vielzahl von Möglichkeiten ein Programmsystem ausgewählt werden, d.h., was sind die *Eigenschaften*, die wir von einem *Softwaresystem* fordern, um es anderen vorzuziehen? Oder anders ausgedrückt, auf welche Ziele hin muß der Prozess der Erstellung bzw. Weiterentwicklung gerichtet sein, damit man ein Programmsystem mit diesen gewünschten Eigenschaften erhält? Wir wollen nun einige der wichtigsten dieser Ziele im einzelnen vorstellen (für eine umfangreiche Diskussion von Eigenschaften vgl. /2. BBL 76/).

Einige dieser *Eigenschaften* können bereits in der *Anforderungsdefinition festgelegt* sein, wie z.B. die Gestaltung der Bedieneroberfläche (z.B. /3. NV 83/, /3. Sh 86/) oder die Festlegung bestimmter Effizienzparameter. In diesem Fall hat man keine Wahlfreiheit bezüglich dieser Eigenschaften. In vielen Fällen ist es aber so, daß diese Eigenschaften überhaupt nicht oder nur teilweise festgelegt sind und daß noch volle oder teilweise Wahlmöglichkeit bezüglich Erfüllung oder Nichterfüllung der zu diskutierenden Einzelziele besteht.

Die wichtigste Eigenschaft, die ein Programmsystem erfüllen sollte, ist die *Zuverlässigkeit*. Damit Zuverlässigkeit im Sinne der Aufgabenstellung (Anforderungsdefinition) vorliegt, muß das System zunächst die Anforderungsdefinition genau erfüllen: *Korrektheit*. Korrektheit heißt hier, daß die Implementation der Module den entsprechenden Teil der Entwurfsspezifikation erfüllt, daß diese Module wie gewünscht zusammenarbeiten und daß die Entwurfsspezifikation der Anforderungsdefinition genügt. Ein weiterer wichtiger Aspekt der Zuverlässigkeit ist der der *Robustheit*. Darunter versteht man, daß ein Softwaresystem falsche Eingabedaten (bezüglich Anzahl, Aufbau, Wertebereich und gegenseitigen Abhängigkeiten) verträgt und sinnvoll darauf reagiert. Letztendlich ist auch die *Ausfallsicherheit* (bezüglich Hardware– oder Softwarefehlern, seien diese reproduzierbar oder sporadisch) ein wichtiger Aspekt der Zuverlässigkeit. Dem Leser wird aufgefallen sein, daß die beiden letzten Aspekte bei einer vollständig abgefaßten Anforderungsdefinition bereits festgelegt sein sollten und somit hier eigentlich nicht mehr zur Disposition stehen.

Das nächste Ziel, das völlig auf das Außenverhalten des Softwaresystems abzielt, ist die *Bedienerfreundlichkeit*. Wie gesagt, es geht hier nur um den Spielraum, der nicht bereits in der Anforderungsdefinition festgelegt ist. Zur Bedienerfreundlichkeit zählt die *Verständlichkeit* der Bedienerfunktionen, ihre *Angemessenheit* in Bezug auf die Aufgaben des Softwaresystems, ein *vernünftiges Fehlerverhalten* und schließlich die *Uniformität*. Letzteres bedeutet, daß etwa ein Kommando nicht einmal auf diese und einmal auf jene Art aktiviert werden muß und daß ein Fenster einmal so oder anders aussieht usw. Alle diese Ziele faßt man so zusammen, daß die Bedieneroberfläche das "Prinzip der geringsten Verwunderung" erfüllen sollte, ein Prinzip, das niemand präzise definieren kann, aber das doch jeder versteht.

Die weiteren Ziele richten sich an das Innenleben eines Softwaresystems. Eine wichtige Forderung, die hier, insbesondere im Zusammenhang mit der Wartung, erhoben wird, ist die der *Flexibilität*. Unter Flexibilität versteht man zum einen die Anpaßbarkeit oder *Adaptabilität*, d.h. die Veränderbarkeit eines Softwaresystems, deren Notwendigkeit sich insbesondere bei Veränderungen der Funktionalität eines Softwaresystems ergibt. Der zweite Aspekt ist der der Übertragbarkeit oder *Portabilität* auf eine andere Basismaschine.

Schließlich sollte das Softwaresystem die Forderungen der *Lesbarkeit* (Verständlichkeit) und *Einfachheit* erfüllen. Diese Forderungen richten sich zum einen an die Entwurfsspezifikation, d.h. an die Zerlegung und an das Erstellen einer Softwarearchitektur. Sie richten sich aber auch an die Sprachkonstrukte der Programmiersprache, die zur Implementierung verwandt werden, und sie setzen eine bestimmte Programmierdisziplin voraus.

Letztlich ist der Gesichtspunkt der *Effizienz* hier aufzuführen, der in der Vergangenheit überbewertet wurde (vgl. Abschnitt Softwarekrise). Unter Effizienz versteht man meist nur mechanische Aspekte wie die Forderung an das Laufzeitverhalten oder den (Daten–)Speicherbedarf eines Programmsystems. Diese Parameter kann man zur Laufzeit messen oder man kann sie ausrechnen. Letzteres beschränkt sich meist auf die Angabe von Schranken (i.a. nur obere Schranken für den ungünstigsten Fall und diese auch nur größenordnungsmäßig). Es gibt in der Komplexitätstheorie (z.B. /1. Me 84/) Untersuchungen und damit auch Schranken für viele Algorithmen.

Was den Speicherplatzbedarf und die Laufzeit angeht, so gibt es den wohlbekannten Tradeoff, daß man das eine nur zu Lasten des anderen verbessern kann (vgl. z.B. /1. AHU 86/). Bei der Laufzeit–Effizienzbetrachtung läßt man in der Regel den Platz für den Programmspeicher außer acht (ein schnelleres Programm ist aber i.a. länger), man vernachlässigt den Übersetzungs– und Neuübersetzungsaufwand, und man vernachlässigt insbesondere den Programmerstellungsaufwand. Effizienz wird also nur auf die dynamischen Effizienzeigenschaften des entstandenen Produkts (Softwaresystems) bezogen. Dessen statische Effizienzeigenschaften (z.B. die Länge des Programmspeichers) werden außer acht gelassen, ebenso wie die Effizienzüberlegungen für den Software–Erstellungsprozeß (Beispiel Erstellungsaufwand). Bei der Güte heute verfügbarer optimierender Compiler muß man sich effizienzsteigernde Maßnahmen (das sogenannte Tuning) sehr sorgsam überlegen, da die Rechenzeit und der Speicherplatz immer billiger werden, dies aber keineswegs für den Erstellungsaufwand der Software gilt.

Die oben angegebenen *Ziele* lassen sich *nicht* immer *gleichermaßen erfüllen*, oft ist statt dessen ein *Kompromiß* zu suchen. Die Korrektheit sollte stets erfüllt sein und bleibt bei dieser Abwägung außer acht. Die meisten der oben angegebenen anderen Ziele stehen mit der Effizienz in Widerspruch, insbesondere wenn man Effizienz auf Laufzeit– und Speicherplatzbedarf reduziert. Dies betrifft die Robustheit, die Ausfallsicherheit, die Verständlichkeit, das vernünftige Fehlerverhalten, die Adaptabilität, die Portabilität und die Lesbarkeit/ Einfachheit. Es ist klar, daß z.B. Abfragen bei der Eingabe Programmspeicher und Laufzeit kosten, daß Ausfallsicherheit bedeutet, daß zu bestimmten Zeitpunkten Zwischenergebnisse gesichert werden und daß Möglichkeiten zum Aufsetzen geschaffen werden, was wiederum Programmspeicher, Laufzeit und Sekundärspeicher kostet usw. Da die maschinelle Effizienz aber an Bedeutung verliert, ist den anderen Zielen bei dieser Abwägung der Vorzug zu geben. Dies ist keine Argumentation für die Mißachtung der Effizienzparameter, die in der Anforderungsdefinition festgelegt sind.

Neben Eigenschaften, die man von einem ganzen Programmsystem fordert, kann man auch Forderungen an seine *Teile* (Module, Teilsysteme) erheben. Hier kommen in erster Linie drei Eigenschaften in Frage: Zum einen wird man *Wiederverwendbarkeit* fordern, damit diese Teile auch in anderen Programmsystemen möglichst unverändert eingepaßt werden können. Die zweite Forderung ist die der *Kombinierbarkeit*. Sie besagt, daß diese Teile oder gegebenenfalls ganze Programmsysteme mit anderen kombiniert werden können. Der dritte Aspekt ist der der *Generierbarkeit*, damit solche Teile nach Möglichkeit nicht per Hand zur erstellen sind, sondern durch einen Generierungsprozeß erzeugt werden. Dieser kann verschiedene Formen annehmen, wie wir später sehen werden. Für die Wiederverwendbarkeit kommen, wie wir ebenfalls später genauer sehen werden, in erster Linie bestimmte Teile eines Softwaresystems in Frage (Eingabeteil, Ausgabeteil, Datenhaltung, Bedienerschnittstellenkomponente etc.). Die Generierbarkeit beschränkt sich auf solche Teile, deren Verhalten formal beschrieben werden kann.

Alle die oben aufgeführten *Ziele*, für das ganze Softwaresystem oder für Teile hiervon, haben – mit Ausnahme der maschinellen Effizienz – viel mit der *Zielsetzung* des *Buches zu tun*. Für die Korrektheit wollen wir dies im nächsten Kapitel zeigen, auf die Lesbarkeit/ Einfachheit und auf die Flexibilität gehen wir in sämtlichen folgenden Kapiteln ein. Für die Robustheit, Ausfallsicherheit, Benutzerfreundlichkeit ergibt sich indirekt ein Zusammenhang dadurch, daß diese Aspekte bei der ersten Entwicklung eines Softwaresystems oft übersehen werden oder in ihrer Bedeutung unterschätzt werden und deswegen nachträglich hinzugefügt werden müssen. Damit müssen entsprechende Ergänzungen an einem Softwaresystem vorgenommen werden. Das setzt aber eine ausreichende Flexibilität des Softwaresystems voraus, deren Behandlung ein zentraler Punkt des Buches ist. Selbst für die Effizienz ergibt sich dieser Zusammenhang, wenn man neben Laufzeit und Speicherplatz auch Übersetzungs-/ Neuübersetzungsaufwand bzw. insbesondere aber den Programmerstellungs- und –änderungsaufwand berücksichtigt. Alle diese Aspekte hängen von der Strukturierung und von der Flexibilität eines Softwaresystems ab.

Die Wiederverwendbarkeit von Teilen eines Softwaresystems ist ebenfalls ein zentrales Anliegen dieses Buches. Wiederverwenbarkeit, wie auch Kombinierbarkeit und Generierbarkeit setzen neben der Überlegung zur Strukturierung dieser Teile (Module, Teilsysteme) das Denken in gesamten Softwarearchitekturen voraus, damit solche wiederverwendbaren oder generierten Teile kombiniert und eingepaßt werden können.

1.7 Die Modellierungsproblematik: Allgemeines

Wie schon ausgeführt, ist das *Modellieren* eine der wichtigsten *Aufgaben des Softwaretechnikers*. Dieses Modellieren findet in allen Problembereichen von Abschnitt 1.5 statt, nämlich auf der Requirements-Engineering-, der Programmieren-im-Großen- und der Programmieren-im-Kleinen-Ebene, aber auch bei der Projektorganisation, Qualitätssicherung und Dokumentationserstellung. Da aber das Modellieren, d.h. der Vorgang, einem komplexen Sachverhalt eine angemessene Struktur zu geben, eine schwierige Aufgabe ist, sucht man seit längerer Zeit nach Prinzipien, die für die Modellierung (für den Prozeß) oder für dessen Ergebnisse (die Softwaredokumente) gelten (vgl. /1. BMS 84/, /1. SMS 84/).

Eine geeignete *Modellierung* ist *Voraussetzung* für das Erzielen von Qualitätsmerkmalen beliebiger Softwaredokumente. Beispielsweise sind die *speziellen Qualitätsmerkmale* des letzten Abschnitts, die ein fertiges Softwaresystem erfüllen soll, abhängig von einer geeigneten Modellierung auf der Requirements-Engineering-Ebene (Bedienerfreundlichkeit; Korrektheit, letzteres insoweit, als eine einfache Festlegung bei der Realisierung leichter erfüllbar ist) bzw. auf der Entwurfsebene (alle anderen, bis auf maschinelle Effizienz).

Eine geeignete Modellierung ist stets eine Voraussetzung für *allgemeine Eigenschaften* von *Softwaredokumenten*, wie Verständlichkeit, Überprüfbarkeit und Veränderbarkeit. Diese Eigenschaften fußen wiederum auf weiteren allgemeinen Eigenschaften wie Vollständigkeit, Widerspruchsfreiheit und Minimalität. Letzteres bedeutet, daß bestimmte Sachverhalte nicht mehrfach festgelegt werden. Diese allgemeinen Eigenschaften können für spezielle Softwaredokumente eine spezielle Ausprägung besitzen. Sie können auch mit verschiedenen Modellierungsebenen zusammenhängen. Beispielsweise hat die Forderung der Vollständigkeit für ein fertiges Programmsystem etwas mit der Vollständigkeit auf der Requirements-Engineering-, der Programmieren-im-Großen- und der Programmieren-im-Kleinen-Ebene zu tun. Analog sieht es mit der Widerspruchsfreiheit und Minimalität aus.

Letztlich ist die geeignete Modellierung auch Voraussetzung für die *Arbeitsteilung* gem. Fig. 1.7, beispielsweise für eine geeignete Projektorganisation und für eine geeignete Dokumentation.

Komplexe Sachverhalte werden auf Übersichtsebene oft durch *Graphen*, d.h. als mathematische Strukturen, die aus Knoten und Kanten bestehen, modelliert. Diese Graphen werden meist graphisch durch *Diagramme* dargestellt, wobei Knoten durch Kästen, Kreise oder Ovale und Kanten durch Pfeile repräsentiert werden. In der Softwaretechnik spielen Diagramme in allen Arbeitsbereichen von Fig. 1.7 eine Rolle (Beispiele: SA-Diagramme, Architekturdiagramme, Flußdiagramme, Netzpläne, Überdeckungsgraphen etc.). Will man eine geeignete Sprechweise für einen Modellierungsbereich einführen, d.h. eine geeignete Klasse von Graphen, so sind zunächst geeignete Elementar- oder atomare Objekte festzulegen, die man nicht weiter strukturieren will. Diese werden als *Knoten* eines Graphen dargestellt. Da es in der Regel verschiedene solcher Objekte gibt, teilt man diese in Arten (Typen, Sorten, Klassen) ein und gibt durch eine geeignete Kennzeichnung, eine *Markierung*, zu erkennen, zu welcher Art ein Knoten gehört. Diese Objekte stehen mit anderen in *Beziehungen*, die durch Kanten, die zwei Knoten verbinden, ausgedrückt werden. Da man auch hier wieder verschiedene Arten von Beziehungen unterscheiden will, werden diese ebenfalls *markiert*. Mit dieser Festlegung ist klar, welches Objekt als atomar und welches als zusammengesetzt betrachtet wird. Letztlich kann man Bedingungen festhalten, die zulässige von nicht zulässigen Graphen unterscheiden. Oft versieht man Knoten und Kanten noch mit *Werten* (Attributen).

Es muß hier betont werden, daß es eine große *Wahlfreiheit* gibt, für einen *Sachverhalt* eine geeignete *Graphenklasse* festzulegen. Dies hängt beispielsweise vom Niveau der Betrachtung ab, von der Frage, welchen Aspekt des Sachverhalts man modellieren oder nicht beachten will etc. Ebenso hat man bei einer festgelegten Graphenklasse i.a. noch viele Möglichkeiten, einen speziellen Sachverhalt als Graphen dieser Graphenklasse anzugeben. Schließlich gibt es auch für einen festgelegten Graphen viele Möglichkeiten, diesen graphisch, d.h. in Form eines Diagramms, zu repräsentieren.

Bei der *Modellierung* gibt es bestimmte *Prinzipien* zu beachten, die wir kurz skizzieren wollen. Es soll dabei nicht verschwiegen werden, daß es im Einzelfall schwierig sein kann, die Anwendbarkeit eines Prinzips zu erkennen und die geeignete Stelle der Anwendung zu ermitteln. Ein Prinzip, das bei jeder Modellierung eine große Rolle spielt, ist das der *Abstraktion,* d.h. das Vernachlässigen von Details. Ein zweites, das damit in enger Wechselwirkung steht, ist das der *Strukturierung,* d.h. das Ziel, einem zu modellierenden Sachverhalt eine übersichtliche Struktur aufzuprägen. Dieses Prinzip hat im einzelnen mit den Prinzipien der Modularisierung, Hierarchiebildung, Lokalität und Mehrfachverwendung zu tun sowie schließlich auch mit dem Einsatz von Redundanz. Wir werden diese Prinzipien in dem Bereich Programmieren im Großen detailliert studieren. Schließlich soll das entstandene Dokument dem Prinzip der *geringsten Verwunderung* genügen, was nichts anderes heißt, als daß dieses augenfällig und eingängig sein soll.

Obige Prinzipien beziehen sich auf das Ergebnis der Modellierung. Bei dem Prozeß des Erstellens eines Dokuments sind ebenfalls Prinzipien zu beachten, die wir *Vorgehensprinzipien* nennen wollen. Hierzu zählt im Fall der Softwareerstellung, daß man beim Modellieren eines Dokuments den Zusammenhang mit anderen Dokumenten beachtet, daß man das Modellieren eines Lebenszyklusdokuments im Zusammenhang mit Projektorganisation, Dokumentationserstellung und Qualitätssicherung sieht und daß man, soweit dies geht, auf Standards und Normen Rücksicht nimmt usw.

1.8 Allgemeine Begriffe der Softwaretechnik

Die bei der Softwareerstellung auftretenden *Dokumente* werden in einer Sprache notiert. Dies ist meist eine *formale Sprache* oder Kunstsprache im Gegensatz zu einer natürlichen Sprache wie etwa dem Deutschen. Synonym zum Begriff formale Sprache verwenden wir den Begriff *Notation.* Wir wollen in diesem Buch ein weites Verständnis von Sprache zugrundelegen. So können auch Graphen oder Diagramme zu einer Sprache gehören (vgl. z.B. /1. Na 79/). Wir werden uns auch deshalb bei den Bemerkungen über Sprachen auf diesen allgemeineren Fall beziehen.

Bei der Festlegung einer formalen Sprache hat man es mit drei Problembereichen zu tun (vgl. Literaturabschnitt 5, z.B. /5. Sc 81/). Zum ersten ist die *Syntax* dieser Sprache festzulegen. Die Syntax legt bei Textsprachen fest, welche Zeichenfolgen oder Sätze als zur Sprache gehörend betrachtet werden bzw. welche nicht. Hier unterscheidet man die *kontextfreie* Syntax, die den Aufbau "an einer Stelle" beschreibt und die *kontextsensitive* Syntax, die festlegt, welche Querbeziehungen es zwischen einzelnen Sprachelementen gibt, die u.U. beliebig weit voneinander entfernt im Text stehen können. Bei Diagrammsprachen legt die kontextfreie Syntax fest, wie etwa ein Teildiagramm aufgebaut sein darf, und die kontextsensitive Syntax bestimmt, daß zwischen bestimmten Teilen Zusammenhänge bestehen oder daß bestimmte Strukturen verboten sein können.

Die *Semantik* legt zum zweiten die Bedeutung einzelner Sprachelemente fest und die Bedeutung des Zusammenbaus von Sprachelementen zu größeren Einheiten. Handelt es sich bei den Diagrammen etwa um die Architektur eines Softwaresystems, so legt die Semantik dieser Diagramme fest, welche Bedeutung ein Baustein in der Architektur hat, was seine Beziehungen zum Rest der Architektur sind, oder welche Entwurfsentscheidung er repräsentiert.

Die *Pragmatik* legt schließlich das Verhältnis der Sprache zu ihrer Umwelt fest. Hier unterscheidet man die *mechanische* Pragmatik, die Fragen wie Übersetzbarkeit von Programmen, automatische Auftragbarkeit von Diagrammen oder mögliche Werkzeugunterstützung von Sprachen behandelt. Die *menschliche* Pragmatik einer Sprache klärt, wie gut diese Sprache zur Modellierung geeignet ist oder ob dies nur für bestimmte Bereiche gilt etc. Letztlich legt die *ökonomische* Pragmatik fest, welchen Wert Dokumente dieser Sprache haben oder ähnliches.

Wir wollen im folgenden noch einige allgemeine *Begriffe der Softwaretechnik* (vgl. /2. HKLR 84/) einführen, die zum Teil in der Literatur sehr unterschiedlich und auch unpräzise gebraucht werden. Wir gehen dabei in der Erläuterung Top–down vor:

Unter einem *Prinzip* versteht man einen Grundsatz, den man dem Handeln zugrunde legt. Ein Prinzip ist dabei immer etwas fachübergreifendes. Als Beispiel verweisen wir auf die Modellierungsprinzipien des letzten Abschnitts, die allgemeine Gültigkeit haben, selbst über den Bereich der Softwaredokumente hinaus.

Unter *Techniken* versteht man alle möglichen Hilfen, um ein vorgegebenes Ziel schneller, sicherer und effizienter zu erreichen. Der Bereich Softwaretechnik handelt somit von Techniken zur Erstellung von Software. Man unterscheidet solche Techniken in nichtautomatisierte und teilweise oder vollständig automatisierte. Zur ersten Gruppe zählen Methoden, Verfahren sowie Lehr- und Lernmaterial. Damit ist auch dieses Buch ein Teil der nichtautomatisierten Softwaretechnik. Zu den automatisierten Techniken zählen Werkzeuge, Geräte, Dienstprogramme o.ä.

Unter einer *Methode* versteht man eine planmäßig angewandte, begründete und zielgerichtete Vorgehensweise zur Erreichung eines Ziels. Im allgemeinen bewegt man sich dabei in einem Rahmen, der von bestimmten Prinzipien vorgegeben ist.

Ein *Verfahren* ist eine ausführbare Vorschrift zum gezielten Einsatz einer Methode.

Ein *Werkzeug* dient der automatisierten Unterstützung von Verfahren, von Methoden, von Notationen und evtl. Prinzipien.

Eine *Notation* ist eine formale Sprache, in der eine Klasse von Softwaredokumenten festgelegt wird. Diese Notation kann das Ergebnis eines Verfahrens sein, das einer Methode folgt, die wiederum von bestimmten Prinzipien beeinflußt ist. In der Regel spiegelt eine Notation solche methodische oder prinzipielle Beeinflussung wider.

Nach der damit festgelegten Sprechweise sind z.B. SADT und SA (vgl. /3. MM 88/) Notationen und keine Methoden, obwohl sie meist so genannt werden. Hingegen ist die Bezeichnung Methode im Zusammenhang mit JSP /4. Ja 83/ sprachlich richtig. Diese Aussage bezieht sich ausschließlich auf die sprachliche Ebene und stellt kein Werturteil dar.

1.9 Werkzeuge zur Softwareerstellung

Die *Bedeutung* der *Unterstützung* der *Softwareerstellung durch Werkzeuge* wurde erst verhältnismäßig spät erkannt. Insbesondere im Bereich der klassischen Programmiersprachen gibt es auch heute noch keine Unterstützung, die den Stand der Technik widerspiegelt und für den Softwaretechniker in der Praxis verfügbar ist. In den interpreterorientierten Programmiersprachen, die seit einigen Jahren eine Renaissance erleben, sieht dies etwas anders aus. Allerdings sind auch diese Werkzeuge meist eher dem Programmieren im Kleinen zuzuordnen. Uns interessiert jedoch die Werkzeugunterstützung für das Erstellen großer Programmsysteme mit dem softwaretechnischen Ansatz und dabei insbesondere die Ebene des Programmierens im Großen.

Das bescheidenste Arbeitsumfeld, unter dem Softwaresysteme erstellt werden können, ist die Verwendung einer *Sprachimplementation* einer höheren Programmiersprache. Dazu zählt man einen Editor, um Quelltexte überhaupt eingeben zu können, einen Compiler zusammen mit seinem Laufzeitpaket sowie Binder und Lader und einen vordefinierten Sprachstandard, nebst einer verfügbaren Basismaschine, auf der Programme dieser Programmiersprache übersetzt und ausgeführt werden können.

Die nächst komfortablere Ausbaustufe eines Arbeitsumfeldes nennt man ein *Programmiersystem*. Dieses ist eine Sprachimplementation, die um weitere Hilfsmittel wie Ablaufverfolger (Trace) und Speicherauszugsmöglichkeit (Dump) erweitert ist. Gegebenenfalls unterstützt ein Programmiersystem mehrere Programmiersprachen, so daß Teile eines Softwaresystems in verschiedenen Sprachen geschrieben werden können, oder es enthält verschiedene Varianten von Compilern (einen "Studentencompiler", der schnell übersetzt; einen optimierenden Compiler, der laufzeiteffizienten Code erzeugt; einen inkrementellen Compiler, der die Neuübersetzung auf einen kleinen Bereich um die Änderung herum beschränkt).

Seit etwa 1980 ist die Frage der Unterstützung der Entwicklung und Wartung von Softwaresystemen durch Werkzeuge sehr stark in den Vordergrund gerückt. Diese Frage ist heute eines der Hauptarbeitsgebiete der Softwaretechnik. Die Gründe für diese verstärkte Aufmerksamkeit liegen insbesondere darin, daß (1) die Qualität von Software und insbesondere ihre Zuverlässigkeit erhöht werden sollte, indem Werkzeuge zur Überprüfung dieser Qualitätseigenschaften bereitgestellt werden, oder daß Werkzeuge bereits das Erstellen und Verändern von Softwaresystemen so unterstützen, daß diese Qualitätseigenschaften erfüllt sind. Eine weitere Motivation besteht darin, (2) den Softwareentwicklungsprozeß so zu unterstützen, daß der Softwareentwickler beispielsweise von überflüssigen Details entlastet wird, um auf diese Art die Produktivität von Softwareingenieuren zu steigern. Diese beiden Aspekte lassen sich in allen Arbeitsbereichen anwenden. Ausgehend vom Arbeitsbereich Programmieren im Kleinen wurden aufeinander abgestimmte Werkzeuge entwickelt, die Programmierumgebungen genannt wurden. Nach Ausdehnung dieser Werkzeuge auf andere Arbeitsbereiche wie Programmieren im Großen, Requirements Engineering, Projektorganisation und Qualitätssicherung spricht man von *Softwareentwicklungs–Umgebungen* oder *Softwareproduktions–Umgebungen* o.ä. (vgl. Literaturabschnitt 6).

Das Hauptkennzeichen dieser neuen Softwareentwicklungsumgebungen ist, daß die Werkzeuge die einzelnen Dokumente nicht als Text oder Graphik sehen, sondern die "logische" Struktur dieser Dokumente berücksichtigen. Man spricht dann von *strukturbezogenen* oder *syntaxorientierten* Werkzeugen. Diese Strukturbezogenheit sollte neben der kontextfreien Syntax auch die kontextsensitive Syntax eines Dokuments mit einschließen, was bei den heute industriell angebotenen Werkzeugen nur selten der Fall ist. Beispielsweise sollte bei der Verwendung eines Bausteins der Architektur überprüft werden, ob dieser Baustein an anderer Stelle überhaupt definiert ist. Eine weitere Forderung ist die, daß die Werkzeuge in einer Softwareentwicklungsumgebung *integriert* zusammenarbeiten, was zunächst einmal heißt, daß sie aufeinander abgestimmt sind, so daß beispielsweise der Benutzer einen Werkzeugwechsel nicht bemerkt. Schließlich ist die Lehre aus den Erfahrungen mit interpreterorientierten Programmiersprachen hauptsächlich die, daß Werkzeuge zur Softwareentwicklung flexibel einsetzbar sein sollen, daß sie z.B. *inkrementell* arbeiten. Diese Forderung schließt eine sofortige Reaktion ein, eine Vermeidung überflüssigen Neuerstellungsaufwands (z.B. Übersetzungsaufwand), sowie die Eigenschaft, daß eine Entwicklungsumgebung stets unter voller Ausnutzung der bisher in einem Dokument verfügbaren Information reagieren sollte.

Es ist in diesem Buch nicht genug Platz, um alle *Werkzeuge* zu skizzieren, die man sich für die verschiedenen Arbeitsbereiche vorstellen kann. Zum gegenwärtigen Zeitpunkt gibt es keine verfügbare Softwareentwicklungs–Umgebung, die eine vollständige Ansammlung von Werkzeugen enthält, welche eng aufeinander abgestimmt sind. Wir wollen uns auf die Erläuterungen von Werkzeugen für den Bereich *Programmieren im Großen* beschränken, der Gegenstand dieses Buches ist. Tab. 1.9 führt einige mögliche Werkzeuge auf, die zur Unterstützung dieses Arbeitsbereichs vorhanden sein sollten und die zum Teil auch andere Arbeitsbereiche berühren. Ähnliche Werkzeuge kann man sich für die anderen Arbeitsbereiche Programmieren im Kleinen, Requirements Engineering, Projektorganisation, Qualitätssicherung und Dokumentation vorstellen.

- Browser (Werkzeug zum "Schmökern") für das Lesen der Anforderungsdefinition, z.B. um die für den Entwurf eines Teilsystems relevanten Teile anzuzeigen oder ein Werkzeug, das die Information aus der Anforderungsdefinition für einen Teil der Entwurfsaufgabe gezielt zusammenstellt

- strukturbezogener Editor zur Eingabe und zur Veränderung von Softwarearchitekturen, wobei die Softwarearchitekturen einer bestimmten Syntax genügen
  müssen
- strukturbezogener Editor, der darüber hinaus eine bestimmte "Entwurfsmethode" unterstützt und damit eine bestimmte Vorgehensweise oder das Einhalten
  bestimmter Strukturierungsprinzipien etc.
- Analysen einer Softwarearchitektur auf Vollständigkeit, Konsistenz, Minimalität, bezogen auf die Syntax und Semantik von Architekturdokumenten
- Analysen, die des weiteren noch die Strukturierungsprinzipien einer Methode
  berücksichtigen
- Anzeige wiederverwendbarer vordefinierter Module und Teilsysteme
- Werkzeug zur Ersetzung einer Teilarchitektur durch eine andere mit gleichem
  "Außenverhalten"
- Werkzeug zur Überprüfung der Konsistenz einer Architektur mit der Anforderungsdefinition
- Erzeugung von Modulrahmen für eine bestimmte Programmiersprache (Codieren im Großen)
- Werkzeug zur getrennten Übersetzung
- Werkzeug zur Qualitätssicherung, z.B. Testwerkzeug für sog. Blackbox–Test–
  Methoden
- Werkzeug zur Ausführung eines noch unvollständigen Programmsystems (einige Module sind fertig, andere teilweise ausprogrammiert, andere noch nicht
  angefangen)
- Werkzeug zur Unterstützung der Integration, z.B. für die Reihenfolgebestimmung zu integrierender Module
- Werkzeug zur Messung eines Programmsystems oder teilweise fertiggestellten
  Programmsystems, z.B. für Laufzeit oder Speicherplatz
- Werkzeug zur Versionskontrolle (Bausteine einer Architektur existieren in verschiedenen Zuständen, diese nennt man Revisionen; von Teilarchitekturen gibt
  es unterschiedliche Realisierungen, diese nennt man Varianten)
- Werkzeug zur Konfigurationskontrolle (Zusammenbau einer Gesamtarchitektur
  aus bestimmten Varianten und Revisionen von Modulen und Teilsystemen)

Tab. 1.9: Einige mögliche Werkzeuge für das Programmieren im Großen

Betrachtet man die Werkzeuge für das Programmieren im Großen, soweit sie auf
einer Softwarearchitektur arbeiten, genauer, so stellt man fest, daß diese in bestimmte *Werkzeugklassen* eingeordnet werden können. Es gibt *Editor*werkzeuge, *Analyse*werkzeuge, *Transformations*werkzeuge sowie *Ausführungs*werkzeuge. Es sei noch einmal
hervorgehoben, daß diese Werkzeuge die Strukur einer Softwarearchitektur kennen
und beachten sollten.

Neben diesen Werkzeugen, die auf die Struktur einer Dokumentenklasse eines
Arbeitsbereichs abgestimmt sind, gibt es noch Werkzeuge, die die *Verzahnung* der
unterschiedlichen Arbeitsbereiche *unterstützen*: Analyse des übergeordneten Arbeitsbereichs Requirements Engineering, Mitbeachtung des untergeordneten Arbeitsbereichs Programmieren im Kleinen, Vergleich eines fertigen Dokuments eines Arbeitsbereichs mit dem entsprechenden Dokument des übergeordneten Arbeitsbereichs etc.
Dabei wurde in Tab. 1.9 die Verzahnung des Bereichs Programmieren im Großen mit
der Projektorganisation und der Dokumentationserstellung noch nicht angesprochen.

Die *Werkzeugunterstützung* ist *nicht Gegenstand* dieses Buches, das sich eher mit der Modellierungsproblematik auf gedanklicher Ebene im Bereich der Erstellung von Softwarearchitekturen beschäftigt. Wir können hier lediglich auf die Literaturabschnitte 6 und 7 verweisen und den Leser zum Selbststudium auffordern.

Wir wollen diesen Abschnitt abschließen, indem wir auf einige *Probleme* hinweisen, die der *Werkzeugunterstützung* gegenwärtig anhaften und die Gegenstand weltweiter Forschungsaktivitäten sind:

1) Zunächst ist die Entwicklung von Methoden und Notationen für Arbeitsbereiche keineswegs abgeschlossen. Dieses Buch gibt beispielsweise eine Reihe von Hinweisen zur Erstellung von Architekturen, die u.W. in dieser Form nirgendwo aufgefunden werden können. Zukünftige Werkzeuge müssen dieser *Fortentwicklung* von *Methoden* und *Notationen* Rechnung tragen.

2) Heutige Werkzeuge unterstützen hauptsächlich das Bearbeiten eines bestimmten Dokuments eines Arbeitsbereichs, die Verzahnung der Arbeitsbereiche untereinander ist weitgehend der gedanklichen Arbeit des Softwareingenieurs vorbehalten. Insbesondere die Frage, was in einem anderen Dokument zu ändern ist, wenn sich ein Dokument (wie z.B. die Systemarchitektur) ändert, wird kaum durch Werkzeuge überwacht. Zukünftige Werkzeuge werden also die *Konsistenz* zwischen *verschiedenen Dokumenten* zu überprüfen haben.

3) Die oben angedeutete *Inkrementalität* von Werkzeugen sollte auch *dokument-* und *arbeitsbereichsübergreifend* vorhanden sein. Es ist beispielsweise nicht nur nötig, daß nach Durchführung aller Änderungen der Systemarchitektur zwischen diesem Dokument und allen abhängigen Dokumenten die Konsistenz festgestellt wird. Noch wichtiger ist statt dessen, daß diese Änderungen bereits während der Durchführung von Änderungen der Systemarchitektur aufgezeigt werden und damit auch bereits die Änderungen in abhängigen Dokumenten begonnen werden könnten. In vielen Fällen möchte man sogar die Folgewirkungen einer einzelnen Änderung der Architektur in anderen Dokumenten vollständig kennen, bevor man sich entschließt, diese Änderung endgültig anzugehen oder zu verwerfen.

4) Für die einzelnen Arbeitsbereiche gibt es keineswegs nur eine Methode oder Notation. Statt dessen gibt es einen ziemlichen Methoden– und Notationenwirrwarr, woraus sich der berechtigte Wunsch ergibt, diese *Methoden* für einzelne Arbeitsbereiche geeignet kombinieren zu können. Für die Werkzeuge ergibt sich daraus die Forderung, daß sie *austauschbar* sein sollen. Es ist klar, daß dieser Wunsch mit der oben genannten Verzahnung nicht einfach in Einklang zu bringen ist.

5) Ein in der wissenschaftlichen Diskussion als bedeutend erkanntes Problem ist die Unterstützung des Bereichs der *Wiederverwendbarkeit* von Software. Die Zielsetzung ist hier, das Know–how bestehender Software wiederzuverwenden. Somit kann die Wiederverwendung auf einem Niveau stattfinden, daß man Konzepte oder Strukturen bestehender Software übernimmt, bis hin zur Wiederverwendung von Quelltext für Komponenten eines Programmsystems. In allen Fällen ist Werkzeugunterstützung denkbar.

6) Von Seiten der Werkzeugunterstützung wurde bisher der Bereich der schnellen *Erstellung* eines *Prototyps* (rapid prototype) weitgehend außer acht gelassen. Schnelle Erstellung bedeutet insbesondere, daß Spezifikationen direkt ausführbar sein sollen (auf dem Niveau der Anforderungsdefinition, auf einem internen Niveau als Vorstufe für Entwurfsüberlegungen bzw. auf dem Niveau der Entwurfsspezifikation, wenn die Semantik aller Komponenten festgelegt wurde) und daß man sich andererseits auf bestimmte Basiskomponenten bei der Entwicklung des Prototyps abstützen kann (Ein-Ausgabe–System, sogenannte User–Interface–Management–Systeme, Datenhaltung etc.).

7) Sollen die oben aufgeführten Problembereiche eine merkliche Unterstützung durch Werkzeuge erfahren, so setzt dies eine *Standardisierung* von *Werkzeugen* voraus. Diese Standardisierung wird zum einen das Außenverhalten von Werkzeugen betreffen (einheitliche Bedieneroberfläche o.ä.) sowie ihren internen Aufbau (Standardarchitekturen von Softwareentwicklungs–Umgebungen).

Ein Arbeitsumfeld, das bestimmte Methoden und Notationen (unter Umständen verschiedene Alternativen für bestimmte Arbeitsbereiche), Werkzeuge einer im obigen Sinne umfassenden Softwareentwicklungs–Umgebung sowie Maßnahmen zur Schulung der Softwareingenieure mit einbezieht, wird in der Literatur auch manchmal eine *Softwaretechnik–Umgebung* /2. ST 83/ genannt. Die Zukunftsvorstellungen gehen hier soweit, daß man solche Softwaretechnik–Umgebungen für einen jeweiligen Kontext leicht schaffen können soll. Da die Softwareerstellung in Zukunft eher fabrikationsmäßig als – wie dies heute erfolgt – handwerklich erfolgen soll, nennt man solche Softwaretechnik–Umgebungen auch manchmal Software–Fabriken.

1.10 Zum Stand der Softwaretechnik

Wenn man den heutigen *Stand der Softwaretechnik* mit der Aufbruchstimmung der 70er Jahre, in denen der Begriff geprägt wurde vergleicht, so muß man leider feststellen, daß die Softwareerstellung und –wartung selbst heute noch ein wenig systematischer Prozeß ist, der sich der wissenschaftlichen Durchdringung und einer ingenieurmäßigen Handhabung bisher weitgehend entzogen hat. Um die Gründe hierfür klarer zu sehen, werden wir in der folgenden Diskussion die Softwaretechnik anderen Ingenieurdisziplinen gegenüberstellen.

Die nachfolgend aufgeführte Liste von Gründen soll den unbefriedigenden Stand der Softwaretechnik nicht verharmlosen oder dramatisieren sondern erklären. Sie beschränkt sich auf die Angabe der wichtigsten Gründe. Sie ist keineswegs das Ergebnis einer tiefen Reflexion, sondern eher einer spontanen Diskussion. Die Gründe sind in einzelne Gruppen eingeteilt, aufgrund der starken Verflechtung taucht das eine oder andere Argument mehrfach auf.

Hektik der Entwicklung
Softwaretechnik ist eine junge Disziplin, deren praktische Auswirkungen weniger

als 10 Jahre alt sind. Von den Programmiersprachen weiß man aber, daß Ergebnisse erst mit einer Zeitverschiebung von 10 Jahren wirksam werden.

Diese Disziplin ist von der ständigen Entwicklung neuer Paradigmen und Notationen geprägt, die sich so schnell ablösen, daß die Zeit kaum reicht, mit ihnen fundierte Erfahrungen zu gewinnen.

In der Softwaretechnik ausgebildete Mitarbeiter sind auch heute selten: Einen größeren Ausstoß von Informatik–Absolventen aus Universitäten und Fachhochschulen gibt es erst seit 1980, wobei der Anteil derjenigen, die in der Softwaretechnik ausgebildet wurden, gering sein dürfte. Somit ist auch heute die Situation oft noch die, daß komplexe Systeme von Fachfremden erstellt werden.

Die Komplexität typischer Anwendungen hat sich in den letzten 10 Jahren beträchtlich erhöht (etwa batchorientierte, kommerzielle Anwendungen in den siebziger Jahren gegenüber transaktionsorientierten Online–Systemen von heute).

Softwareentwickler wechseln das Einsatzgebiet zu oft. Dadurch kann sich kein Standardwissen in einem Anwendungsbereich entwickeln.

Aufgrund der Konkurrenzsituation ist der Druck des Marktes sehr groß. Dadurch kommen Softwareprodukte zu schnell auf den Markt, manchmal mit der Zielsetzung, ihre Verbesserung durch die Wartung zu erzielen.

Breite der Anwendungen
Software wird für viele verschiedene Bereiche erstellt. Einige Beispiele sind betriebswirtschaftliche Software (Lohnabrechnung), Büroanwendung (Textsystem), mathematisch–techn. Berechnungen (Festigkeitsrechnung), sequentielle Systemsoftware (z.B. Compiler), nebenläufige Systemsoftware (Betriebssystem), Prozeßsoftware (Walzstraßensteuerung, Robotersteuerung), künstliche Intelligenz (Übersetzung natürlicher Sprachen, Expertensysteme) usw.

Damit ist ein Anspruch an eine allgemeine Softwaretechnik vergleichbar mit einem Anspruch an eine "allgemeine Ingenieurwissenschaft".

Diese Breite verhindert spezifische Aussagen. Ausgefeilte Techniken finden sich dagegen in speziellen Anwendungsbereichen, wie z.B. dem Compilerbau, den Betriebssystemen und den Datenbanksystemen.

Probleme der Software werden nicht verstanden oder akzeptiert
Bei Auftraggebern ist ein mangelndes Bewußtsein von den längerfristigen Problemen von Software vorhanden. Dadurch wird eher die billige anstelle der technisch guten Lösung bevorzugt.

Ein nicht unerheblicher Teil der Komplexität der Software–Erstellung steckt in der Tatsache, daß mit dem Auftraggeber erst ein gemeinsames Modell des Softwaresystems im Sinne einer präzisen Anforderungsdefinition erarbeitet werden muß. Dieser Dialog mit den Anwendern ist, aufgrund des unterschiedlichen Kenntnisstands und der unterschiedlichen Denkgewohnheiten, sehr aufwendig.

Von seiten des Managements des Auftragnehmers wird der Aufwand für die vorderen Phasen (Problemanalyse und Entwurf) zu niedrig angesetzt.

Das Management scheut Risiken. So ist es erklärlich, daß heute in größerem Maße fast ausschließlich veraltete Programmiersprachen (FORTRAN, Cobol etc.) und veraltete Werkzeuge eingesetzt werden.

Die Komplexität des Software–Erstellungsprozesses, der Softwaredokumente und die Komplexität ihrer Verflechtung wird sowohl von seiten der Manager als auch von seiten der Entwickler des Auftragnehmers unterschätzt.

In einigen Anwendungsbereichen liegt die Erstellung der Software ausschließlich in den Händen von Anwendern. Welchen Informatiker läßt man die Statik eines Wolkenkratzers berechnen? Solche Anwendungssysteme erreichen aber ebenfalls einen großen Umfang und eine große Komplexität, ohne daß der Umfang oder die Komplexität jemals hinterfragt oder durchdrungen werden.

Ein nicht unerheblicher Teil des Codes eines Softwaresystems hängt mit der Gestaltung der Bedieneroberfläche bzw. mit dem Einsatz oder mit dem Entwicklungsumfeld des Softwaresystems zusammen. Diese Teile sind kaum formal überprüfbar.

Software und Softwareentwicklung wirken auf die Umgebung zurück: Beispielsweise verändert ein fertiges Produkt den Einsatzkontext, oder die Vergabe von Qualitätsmerkmalen für die Programmierung ändert den Programmierstil.

Softwareerstellung ist fast ausschließlich eine planerische Arbeit. Dies gilt auch bei Massenprodukten wie Betriebssystemen, da der Aufwand des Vervielfältigens sehr gering ist. Dies ist anders bei klassischen Ingenieurwissenschaften, z.B. dem Automobilbau, wo die Produktion mehr Aufwand als die Planung verschlingt. Den Planungsanteil vor der Produkterstellung haben aber auch andere Ingenieurwissenschaften nicht richtig im Griff.

Immaterialität von Software

Erfahrungen mit Software können nur durch Beschreibungen derselben oder durch das Ausprobieren eines Produkts gewonnen werden. Software kann man nicht durch Sinneswahrnehmung erfahren.

Software hat eine unglaubliche "Wandelbarkeit". Dies ist ein Vorteil, aber auch ein gravierender Nachteil. So manches Programmsystem ist in der Wartungsphase von einem Küstenmotorschiff zu einem Mammuttanker geworden.

Unterschiede der Realisierung kann man bei Software kaum feststellen, man muß hierzu schon ein Fachmann des Anwendungsgebietes sein. Qualitätsmerkmale sind also schwer überprüfbar. Der Software ist von außen nicht anzusehen, ob sie solide entwickelt oder zusammengeschustert worden ist.

Mit der Schwierigkeit, eine Realisierung einzuschätzen, ist die Schwierigkeit verbunden, den Wert von Software zu bestimmen.

Software altert nicht und unterliegt keinem Verschleiß. Dadurch ist man nicht gezwungen, Software, die dem Stand der Technik nicht mehr entspricht, wegzuwerfen. Andererseits verhindert langandauernde Wartung, daß ein Softwaresystem funktionsfähig bleibt.

Die Zerstörung der Struktur von Software durch Wartung ist von außen schwer feststellbar. Dadurch wird auch wenig Nachdruck auf Wartung gelegt, die die Struktur des Produkts erhält. Dies ist einer der wesentlichen Gründe dafür, daß ein großer Teil der Software–Entwickler mittlerweile mit Wartung beschäftigt ist.

Softwaretechniker gehen ausschließlich mit geistigen Produkten um, d.h. der Kernpunkt der Softwareentwicklung liegt in der Modellierungsproblematik. Wegen der Breite der Anwendungen, für die Software entwickelt wird, ist dies die Modellierungs- oder Strukturierungsproblematik schlechthin. Für diese wird man in keiner Wissenschaft tiefschürfende Ergebnisse finden.

Mangelndes Übereinkommen

Für den Erstellungs- und Wartungsprozeß gibt es unterschiedliche Phasenmodelle, Arbeitsbereichseinteilungen und Programmierparadigmen. Diese repräsentieren unterschiedliche Denkwelten. Damit sind die Arbeitsumgebungen eines Softwaretechnikers entsprechend vielfältig (Sprachgebrauch, Methoden, Notationen und Werkzeuge). Dies behindert die Übertragung und schnelle Verbreitung von Softwaretechnik. Die Arbeitsumgebung eines Softwaretechnikers ist also durch einen Mangel an Standards und Normen geprägt.

In der Softwaretechnik fehlt bisher ein Studium bestimmter Problemklassen und das zugehörige Auffinden von Standardstrukturen (Batchsysteme, interaktive Systeme, Realzeitsysteme, verteilte Systeme etc.).

Für einzelne Anwendungsbereiche gibt es keine "Standardsysteme", also keine Übereinkunft über deren Funktionsumfang. Somit entsteht eine Vielzahl meist maßgeschneiderter Einzellösungen, die im wesentlichen das gleiche tun.

Abgesehen vom Funktionsumfang ergeben sich schon aufgrund der unterschiedlichen Auffassungen von Bedieneroberflächengestaltung eine Vielzahl von Möglichkeiten für maßgeschneiderte Systeme.

Es gibt keine Übereinkünfte über Standardbausteine bzw. Standardteilarchitekturen für bestimmte Problemklassen und Anwendungsbereiche. Dadurch geht jede Realisierung bis auf die Tiefe der Basismaschine.

Es gibt keine allgemein verbindliche Qualitätsbeurteilung von Software. Daraus resultiert der Mangel eines allgemein akzeptierten Prüfverfahrens.

Die Arbeitsteilung bei der Softwareerstellung ist nicht fest verabredet. Beispielsweise ist es unklar, welcher Teil der Qualitätssicherung in der direkten Entwicklermannschaft und welcher in der Qualitätssicherungsmannschaft ausgeführt wird.

Die gesetzlichen Grundlagen der "Auswirkungen" von Software sind nicht klar genug oder sie sind unzureichend formuliert: Datenschutz, Eigentumsrecht und Verbraucherschutz.

Schwierige Randbedingungen

Effizienz- oder andere nicht funktionale Parameter der Anforderungsdefinition schränken die Möglichkeiten der Modellierung ein.

Die Struktur des zugrundeliegenden Rechners, der zugrundeliegenden Programmiersprache, des zugrundeliegenden Betriebssystems oder Dateiverwaltungssytems schlagen in die Struktur der Softwaredokumente durch, obwohl sie dem vorliegenden Problem oft nicht angepaßt sind.

Die Arbeit des Softwaretechnikers erfolgt häufig mit einer veralteten und uneinheitlichen Arbeitsumgebung: Paradigmen, Methoden, Programmiersprachen, Werkzeuge und Basisbausteine.

Spezielle Randbedingungen in einzelnen Anwendungsbereichen, z.B. im Bereich der Erstellung und Pflege eingebetteter Systeme, verhindern die Klarheit, die eine saubere Lösungsstruktur erfordert.

Als *Resümee* ergibt sich damit, daß die Hektik der Entwicklung bisher ein tieferes Durchdringen des Gegenstands der Softwaretechnik behindert hat, daß die Breite der Anwendungen es schwermacht, allgemeine und fundierte Aussagen zu gewinnen, daß die Software–Problematik auch heute noch weitgehend unverstanden ist, daß die Flexibilität von Software auch den Wildwuchs ermöglicht, den wir beklagen, daß das Rad in der Softwaretechnik tagtäglich neu erfunden wird und daß die Randbedingungen oft den Blick auf das Wesentliche verstellen. Es ist die Überzeugung des Autors, daß man hier nur vorankommt, wenn man sich auf bestimmte Problemklassen beschränkt und deren Struktur genauer durchleuchtet. Dies setzt eine geeignete Sprache für die Struktur von Dokumenten einzelner Arbeitsbereiche voraus. Dieses Buch ist ein bescheidener Versuch, die Softwaretechnik auf der Ebene des Programmierens im Großen ein Stück voranzubringen. Es muß festgestellt werden, daß bislang Umgebungen, in denen technisch fundierte Software entsteht, eher durch Überschaubarkeit und individuelle Leistung gekennzeichnet sind, als durch große Mannschaften. Dies spricht dafür, daß die Erstellung von Software noch ein Stück vom Stand klassischer Ingenieurwissenschaften entfernt ist.

1.11 Zusammenfassung

Dieses Kapitel enthält *allgemeine Abschnitte*, wie den motivierenden über die Softwarekrise, den relativierenden über den Stand der Softwaretechnik und den klärenden Abschnitt, in dem allgemeine Begriffe eingeführt wurden.

Die Grundlage für das folgende ist die Einführung eines *Phasenmodells,* das als Basis der Betrachtungen dieses Buches dient. Aus Gründen der Einfachheit ist dieses bewußt idealisiert. So sind die Feinstrukturen der einzelnen Phasen sowie die Rückgriffe und Vorgriffe, die in der Praxis stattfinden, weggelassen. Verschiedene Phasenmodellvarianten wurden diskutiert, um die Vielfalt der Vorstellungen sowie die Idealisiertheit des hier eingeführten Phasenmodells anzudeuten.

Orthogonal dazu ist die Aufteilung in *Arbeitsbereiche* nach dem logischen Niveau der Modellierung. Aus diesen Arbeitsbereichen Requirements Engineering, Programmieren im Großen, Programmieren im Kleinen, Qualitätssicherung, Dokumentation und Projektmanagement, die untereinander verzahnt sind, wird im folgenden der Bereich Programmieren im Großen und seine Verzahnung betrachtet. Jedem Arbeitsbereich ist eine *Rolle* zugeordnet, die von einer oder mehreren Personen ausgeführt werden kann, sowie *Werkzeuge,* die diesen Arbeitsbereich unterstützen. Natürlich wirkt sich die Verzahnung dahin gehend aus, daß Kommunikation zwischen Personen verschiedener Rollen nötig wird bzw. daß die Werkzeuge der verschiedenen Arbeitsbereiche zusammenarbeiten sollen.

Diese *Aufteilung* in Phasen, Arbeitsbereiche, Rollen und die Einführung eines *Sprachgebrauchs* allein *nützt noch nicht viel*, solange für die Aktivitäten der Phasen und Arbeitsbereiche und die dabei entstehenden Dokumente keine geeigneten Notationen, Methoden, Hinweise oder Vorgehensweisen erarbeitet bzw. Werkzeuge zur Verfügung gestellt werden, die diese unterstützen. Zentraler Ansatzpunkt für die Probleme der Softwaretechnik ist dabei nicht so sehr die Erstellung als die Wartung. Diese ist auch der Prüfstein für dieses Buch, das den Bereich Programmieren im Großen der Softwaretechnik mit Leben füllen soll.

Aufgaben zu Kapitel 1

1. Stellen Sie in Form einer Matrix, mit den Phasen der Softwareerstellung in den Zeilen und Spalten, Beispiele für Rückgriffe im Softwarelebenszyklus zusammen. Jeder Eintrag der Matrix sollte mindestens ein Beispiel enthalten. Jede Zeile steht für die Phase, von der der Rückgriff ausgeht und jede Spalte für die Phase, auf die zurückgegriffen wird.

2. Versuchen Sie, gemäß Fig. 1.5, die Feinstruktur der Problemanalysephase zu formulieren sowie deren Rückgriffe und Vorgriffe, soweit diese vorhanden sind.

3. *Betrachten Sie das in Fig. 1.3 eingeführte alternative Softwareerstellungs–Paradigma und versuchen Sie, aufgrund der folgenden Fragen, die Schwierigkeiten, die bei der Realisierung eines Softwaresystems nach diesem Paradigma entstehen, zu ergründen:
   a) Welche Teile einer Anforderungsdefinition sind überhaupt nicht/ zur Zeit nicht formal beschreibbar?
   b) Was kann man über den Detaillierungsgrad einer Anforderungsdefinition im Sinne von Fig. 1.3 aussagen?
   c) Halten Sie es für realistisch, daß eine so detailliert beschriebene komplexe Aufgabenbeschreibung, die einem Programm in einer sehr hohen Programmiersprache entspricht, ohne Vorüberlegungen (Anforderungsdefinition bzw. Entwurf der so detailliert festgelegten Aufgabenbeschreibung) erstellt werden kann?
   d) Wie schätzen Sie die Chance ein, daß – selbst wenn man sich einen bestimmten Anwendungsbereich auswählt – das gesamte Wissen über den Entwicklungsprozeß aller Programme dieses Bereichs sich in Transformationen gießen läßt und ein System in der Lage ist, automatisch die eigenen Kombinationen der Transformationen herauszufinden?
   e) Für welche Aufgabenbereiche und in welchem Zeitrahmen ist eine Vorgehensweise gemäß Fig. 1.3 denkbar?

4. *Wenn man eine Lösung eines Problems in einer hohen oder sehr hohen Programmiersprache als Anforderungsdefinition akzeptiert, was z.Z. nur für kleine und überschaubare Probleme geht, dann fügen sich viele der aktuellen Softwareerstellungs-Paradigmen in die Vorstellung von Fig. 1.3 ein. Solche Paradigmen sind:
   a) Programmieren ist Transformieren, z.B. /5. Ba 85, 87/,
   b) Programmieren ist Erstellung von Regelsätzen, z.B. /5. Br 86/, /5. Wa 86/,
   c) Programmieren ist Festlegen von Objekten, Botschaften, Klassen und Vererbung, z.B. /5. Co 86/, /5. GR 83/,

d) Programmieren ist Spezifizieren, z.B. /5. DGLS 79/.
Wie fügen sich diese Vorstellungen in Fig. 1.3 ein? Welche Aufgaben übernimmt der Compiler/ Interpreter und welche der Softwareentwickler?

5. Versuchen Sie, ein Beispiel einer Aufgabe der Softwareerstellung zu finden, bei der alle Arbeitsbereiche angesprochen sind, und versuchen Sie, anhand dieses Beispiels, die Vernetzung der Arbeitsbereiche aufzuzeigen.

6. Stellen Sie sich bitte vor, Sie seien ein Ingenieur einer klassischen Disziplin, wie etwa des Automobilbaus. Versuchen Sie, die Probleme der Softwaretechnik von Abschnitt 1.10 in der Vorstellungs– und Begriffswelt dieser Disziplin auszudrükken.

7. Schreiben Sie in Form zweier Listen zusammen, welche Erwartungen Sie an dieses Buch haben bzw. was Sie von diesem Buch nicht erwarten. Wir werden am Ende des Buches hierauf wieder zurückkommen.

* schwierige Aufgaben

2 Das Problem:
Modellieren auf Entwurfsebene

Die erste Zielsetzung dieses Kapitels ist es, zu *motivieren*, warum die Beschäftigung mit *Software–Architekturen wichtig* ist. Dies zeigen wir einmal durch den Nachweis, daß alle wichtigen Qualitätseigenschaften des letztlich entstehenden Programmsystems von entsprechenden Überlegungen auf der Architekturebene abhängen, und zum anderen dadurch, daß die Eigenschaften nahezu aller weiterer Softwaredokumente von denen der Architektur bestimmt sind. Dieses Kapitel dient also der Erläuterung der Bedeutung des Programmierens im Großen.

Zum zweiten wird hier die *Zielsetzung des Buchs* erläutert, die darin besteht, eine geeignete Sprache für Architekturen einzuführen und zu erklären, wie man mit dieser Sprache umgeht, indem entsprechende Beispiele vorgeführt werden.

Darüber hinaus soll das Kapitel den gedanklichen *Rahmen* festlegen, in dem sich dieses Buch bewegt. Dieser Rahmen folgt dem ingenieurmäßigen Ansatz der Softwareerstellung. Dem werden andere Ansätze gegenübergestellt. Innerhalb dieses ingenieurmäßigen Ansatzes wird das *Modellierungsproblem* auf Entwurfsebene dargestellt und es werden die *Zusammenhänge* mit anderen Arbeitsbereichen der Softwaretechnik aufgezeigt, die nicht Gegenstand des Buches sind.

Spätestens nach dem Lesen dieses Kapitels sollte dem *Leser* klar sein, was sich genau hinter dem Titel des Buches verbirgt, welche *Erwartungen* er an dieses haben darf, und wie der hier behandelte Gegenstand im Gesamtzusammenhang der Softwareerstellung und Wartung einzuschätzen ist.

2.1 Zur Korrektheit von Programmsystemen

Dieser Abschnitt dient, wie später folgende, die aber weiterer Vorarbeit bedürfen, der Motivation, d.h. der Frage, warum Programmieren im Großen wichtig ist. Beginnen wir ihn mit einem einfachen *Gedankenspiel* zur *Korrektheit* von *Programmsystemen*, das auf Dijkstra /1. Dij 72/ zurückgeht. Sei N die Anzahl der Komponenten (der Module) eines Softwaresystems und sei p die Wahrscheinlichkeit, daß jede einzelne Komponente korrekt ist. Unter vereinfachenden Annahmen kann man dann für die Korrektheit P des Gesamtsystems die folgende Formel annehmen:

$$P = p^N .$$

Die folgende Tabelle 2.1 spielt nun für die Werte N = 10 und 100 bzw. p = 0.9 und 0.99 alle Möglichkeiten durch.

N	p	$P = p^N$
10	0.99	0.9
10	0.9	0.35
100	0.99	0.37
100	0.9	0.000027

Tab. 2.1: Korrektheit eines Programmsystems: ein Gedankenspiel

Die Ergebnisse sind erschreckend! Selbst bei der in der Praxis verhältnismäßig
kleinen Zahl von 100 Modulen und der ziemlich hoch angesetzten Wahrscheinlichkeit
der Korrektheit jedes Moduls mit 90% ergibt sich eine Wahrscheinlichkeit von 0.027
Promille. Die *Schlußfolgerung* hieraus kann nur lauten: *Kein* größeres *Programmsystem*
ist *richtig!* Diese Meinung wird heute von allen Fachleuten geteilt.

Dabei ist obige *Formel* noch viel zu *optimistisch*. Sie geht nämlich zum einen davon
aus, daß die Wahrscheinlichkeit der Korrektheit aller Module gleich ist. Das ist in der
Praxis selten der Fall. Hier wird es immer schwer zu realisierende Module geben, deren Korrektheitswahrscheinlichkeit deutlich geringer ist. Selbst wenn man die Wahrscheinlichkeit einiger anderer Module erhöht, ergibt sich dann i.a. ein noch kleineres
Endergebnis. Noch wichtiger ist zum anderen aber, daß die obige Formel davon ausgeht, daß sich die einzelnen Module gegenseitig nicht beeinflussen, also isoliert voneinander zu betrachten sind. In allen bestehenden Softwaresystemen hängen aber bestimmte Module mit anderen zusammen, so daß das Funktionieren des einen ohne
das des anderen nicht möglich ist. In der obigen Formel müßte somit noch ein Faktor
hinzukommen, der der Vernetzung der Module entspricht. Diese reduziert die Wahrscheinlichkeit für die Korrektheit eines Gesamtsystems noch einmal deutlich.

Wie ist die obige *Aussage*, daß alle Programmsysteme falsch sind, *zu verstehen?*
Steht dies nicht im Widerspruch zu der alltäglichen Erfahrung, daß Softwaresysteme
doch über längere Zeit zuverlässig laufen? Obige Überlegungen sind prinzipielle Aussagen: Jedes Programmsystem ist irgendwo falsch und der Fehler wird irgendwo und
irgendwann auftreten. Daß Systeme in der Praxis einigermaßen zuverlässig laufen,
liegt daran, daß sich solche Systeme zur Laufzeit hauptsächlich auf bestimmten Aus-
führungspfaden aufhalten, andere Pfade selten oder so gut wie nie durchlaufen werden. Die obige Aussage bedeutet nun, daß die Gewißheit besteht, daß irgendwann,
nämlich wenn z.B. aufgrund veränderter Eingabedaten ein anderer Ausführungspfad
durchlaufen wird, ein Fehler auftreten wird.

Die Frage, die sich im Zusammenhang mit den in diesem Buch angestellten Betrachtungen ergibt, ist die, ob sich die obigen Aussagen über Korrektheit durch gründliches Modellieren auf Entwurfsebene verändern. Das ist wohl nicht der Fall, auch
dann bleiben größere Programmsysteme falsch. Gegebenenfalls sind sie "weniger
falsch" und Fehler treten seltener auf, weil die Beziehungen der einzelnen Teile eines
Gesamtsystems untereinander gründlich überlegt wurden. Der größere Vorteil fun-
dierter Entwurfsüberlegungen besteht darin, daß auftretende Fehler einfacher lokali-

siert, erkannt und behoben werden können, weil eine geeignete Modellierung auf Entwurfsebene abgeschlossene Einheiten schafft und ihr Zusammenwirken klärt. Gründliche Entwurfsüberlegungen erleichtern also *Programmsystemmodifikationen aufgrund aufgetretener Fehler*.

Die oben betrachteten Fehler sind Fehler des gesamten Programmsystems, die sich aus Fehlern beim Programmieren im Großen und beim Programmieren im Kleinen zusammensetzen. Neben diesen Fehlern gibt es aber auch solche, die sich auf die *Anforderungsdefinition* beziehen, d.h., die beim Erkennen oder beim Umsetzen der Wünsche des Auftraggebers gemacht werden oder Fehler, die auf der *Architekturebene* gemacht werden, z.B. wenn die Architektur nur schwer an neue Anforderungen angepaßt werden kann. In diesem Falle kann ein Programm im Sinne der oben geführten Diskussion richtig, die Architektur aber trotzdem falsch sein. Alle diese Fehler pflanzen sich natürlich auf das fertige Programmsystem fort. Die Korrektur aller hier diskutierten Fehler setzt eine Modifikation des Programmsystems voraus. Diese Modifikation wird durch geeignete Entwurfsüberlegungen beträchtlich erleichtert, sie wird in vielen Fällen durch solche überhaupt erst möglich gemacht.

Die Quintessenz dieses Abschnitts ist also die folgende: Die *Beseitigung* von *Fehlern*, welcher Art auch immer, hat also stets mit der *Anpaßbarkeit* von *Softwaresystemen* zu tun. Wir gehen hierauf und auf die Erfüllung anderer Qualitätskriterien für Programmsysteme (als der Korrektheit) später in diesem Kapitel ein.

2.2 Die Festlegung der Entwurfsspezifikation

Erinnern wir uns: Die Zielsetzung des Entwurfs ist es, eine *Beschreibung* eines *Softwaresystems* auf einer *groben Ebene* zu geben. Das bedeutet, daß einerseits das Innenleben des Softwaresystems betrachtet wird – im Gegensatz zur Anforderungsdefinition, die das Außenverhalten beschreibt – daß aber andererseits die Realisierungsbetrachtungen auf der Ebene der Festlegung von Modulen enden, weil deren Realisierung wiederum dem Programmieren im Kleinen vorbehalten bleibt. Das Ergebnis ist die Entwurfsspezifikation, ein statisches Bild des Gesamtsystems. Hierfür sind auch die Namen Softwarearchitektur, Modulgeflecht, Bauplan o.ä. verbreitet.

Diese *Entwurfsspezifikation* muß *in einer Sprache* festgehalten werden. Diese Sprache kann formal, informal oder ein Gemisch aus beiden sein, und sie kann nach unserem weiten Verständnis von Sprache aus Kap. 1 aus Text, Graphik oder, wie in diesem Buch, aus beidem bestehen. Insbesondere muß diese Sprache für Entwurfsspezifikationen die einzelnen Bausteine (Module) eines Softwaresystems beschreiben, was zum einen bedeutet, daß für ein solches Softwaresystem klargelegt werden muß, was ein Modul für andere leistet (Export). Andererseits muß aber auch das Zusammenspiel dieser Module beschrieben werden können, d.h. daß für jeden Modul festgelegt werden muß, auf welche anderen man sich bei seiner Realisierung abstützen kann (Importe). Für diese Beschreibungen muß die Sprache entsprechende Hilfsmittel anbieten. Wie wir ebenfalls aus dem letzten Kapitel wissen, ist für jede Sprache die Syntax, die Semantik und die Pragmatik festzulegen. Wir wollen auf diese drei Aspekte der Sprache für Softwarearchitekturen nun im folgenden etwas genauer eingehen.

Bei der Syntax einer Sprache haben wir zwischen der kontextfreien und der kontextsensitiven unterschieden. Mit der *kontextfreien Syntax* wird der *Aufbau* eines Softwaredokuments "an einer Stelle" festgehalten. Es wird somit festgelegt, daß z.B. die Schnittstelle eines Moduls aus bestimmten Bestandteilen mit bestimmtem Aufbau besteht, oder es wird die Festlegung getroffen, daß nur bestimmte Beschreibungselemente in einer Entwurfsspezifikation möglich sein sollen. Beispielsweise werden wir später für die *Module* einer Systemarchitektur *verschiedene Arten* betrachten, je nach grobem Verwendungszweck. Ebenso werden wir nicht nur *Importe* zwischen Modulen betrachten, sondern auch diese wieder in verschiedene Arten unterteilen. Alle diese Festlegungen gehören zur kontextfreien Syntax, unabhängig davon, ob Softwarearchitekturen textuell oder graphisch notiert werden.

Die kontextsensitive Syntax dient der Festlegung des *Zusammenspiels verschiedener Teile* eines Dokuments in einer Sprache. Für Softwarearchitekturen ist dies z.B. das Zusammenspiel zwischen dem Export- und dem Importteil von Modulen. Schließlich sind auch Regeln, die globale Situationen charakterisieren, die also eine beliebige Zahl von Modulen betreffen können, nur innerhalb einer kontextsensitiven Syntax angebbar. Solche Regeln können beispielsweise bestimmte *Strukturen verbieten*, z.B. daß für bestimmte Importbeziehungen keine Zyklen auftreten dürfen. Auch hier gilt wieder, daß diese Festlegungen sowohl in einer textuellen als auch in einer graphischen Notation ausgedrückt werden können.

Was die Möglichkeit der Angabe einer *Semantik* einer *Entwurfsspezifikation* angeht, so wollen wir erst einmal klarlegen, daß sich diese von einer Semantik eines fertigen Programmsystems unterscheiden muß. Nach unserer Vorstellung geben wir hier lediglich die Architektur eines Softwaresystems an, d.h. die Bausteine und ihre statische Verbindung und nicht die Rümpfe der Module. Das bedeutet, daß wir hier, was die Semantik des Zusammenspiels einzelner Module angeht, keine formalen Angaben im Sinne einer dynamischen Semantik (d.h., was bei Programmausführung passiert) machen können. Die Semantikangaben für das Zusammenwirken der Module beschränken sich damit auf statische Angaben, die wir innerhalb der kontextsensitiven Syntax ausdrücken können und auch werden. Aus diesem Grunde verwenden wir im folgenden lieber den Begriff *Softwarearchitektur* als Entwurfsspezifikation, um die Einschränkung auf statische Aspekte zu betonen.

Die *Semantik* der einzelnen *Module* kann formal definiert werden. Wir werden solche Ansätze in Kap. 4 kurz streifen. In der in diesem Buch eingeführten Sprache für Softwarearchitekturen ist eine solche Semantikangabe jedoch nicht vorgesehen. Wir nehmen statt dessen an, daß diese umgangssprachlich vom Entwerfer in Kommentarform eingegeben wird. Damit beschränken wir uns also, was die Definition einzelner Module angeht, ebenfalls auf syntaktische Angaben.

Andererseits ist die Syntax der in diesem Buch eingeführten Sprache sehr stark von der *Semantik* des Anwendungsbereichs, hier also des *Entwerfens von Softwaresystemen*, geprägt. Die im folgenden eingeführten Module und Beziehungen zwischen Modulen setzen nämlich eine bestimmte Denkwelt des methodischen Erstellens von Softwarearchitekturen voraus. Ferner enthält jede Teilarchitektur einer Gesamtarchitektur auch eine Entwurfsentscheidung, die in der Architekturnotation zum Ausdruck kommt. Somit enthält eine in der hier vorgestellten Sprache notierte Softwarearchitektur, trotz der obigen Einschränkungen, eine Fülle implizit definierter Semantik. Wir werden dies an einigen Stellen in diesem Buch klarmachen können.

Die *Pragmatik* der Sprache für Softwarearchitekturen hat verschiedene Aspekte. Beispielsweise ist die Frage der prinzipiellen Implementierbarkeit einer Architektur oder speziell die Übertragbarkeit einer Architektur in eine bestimmte Programmiersprache ein pragmatischer (aber auch semantischer) Aspekt. Zum anderen ist die Lesbarkeit einer Softwarearchitektur, die in einer formalen Sprache festgehalten ist, ein Aspekt der Pragmatik dieser Sprache. Natürlich ist die Lesbarkeit nur für sinnvolle ”Architekturen” gegeben, und keine Sprache kann den Ausschluß ”nicht sinnvoller” erzwingen. Auf einer ähnlichen Ebene liegen die pragmatischen Aspekte, nämlich daß aufgrund einer Architektur in einer Sprache Arbeitsteilung, Überprüfbarkeit, Kostenermittlung o.ä. möglich sein sollte. Die Pragmatik betrifft aber auch mechanische Aspekte, wie z.B. die leichte Auftragbarkeit, wenn, wie dies bei uns der Fall sein wird, die Architektur graphisch, d.h. in einer Diagrammsprache, angegeben wird.

Wir haben bereits in Kap. 1 erwähnt, daß der Begriff *Spezifikation* in der Softwaretechnik *mehrdeutig* verwandt wird. Dort ist insbesondere auf die mangelhafte Unterscheidung zwischen der Requirements-Engineering- und der Programmieren–im–Großen–Ebene verwiesen worden. Aber auch auf der Programmieren–im–Großen–Ebene wird der Begriff verschieden gebraucht. Zum einen kann eine Entwurfsspezifikation die Semantik und auch die Pragmatik des Entwurfsergebnisses enthalten oder sich im obengenannten Sinne auf die Syntax beschränken, wie wir dies hier tun. Zum zweiten spricht man auch von Spezifikation, wenn man den auf einen Modul entfallenden Anteil der Entwurfsspezifikation meint, wobei dies wiederum umfassend gemeint oder auf die Syntax eingeschränkt sein kann. Für die Sprache, in der Spezifikationen festgelegt werden, gibt es umgekehrt verschiedene *gleichbedeutende Bezeichnungen*. Man spricht von einer Spezifikationssprache, einer Architekturnotation, einem Modulkonzept o.ä.

Wir werden im Abschnitt 2.4 die Bedeutung der *Programmieren–im–Großen–Ebene* und damit einer entsprechenden formalen Sprache für diese Ebene herausarbeiten. In diesem Bereich gibt es bisher erstaunlicherweise, trotz seiner Bedeutung, *keine* geeignete und in der Softwaretechnik *allgemein akzeptierte Notation,* sondern nur Ansätze hierzu (vgl. /4. Bo 87/, /4. Me 88/, /4. HO 89/. Wir hoffen, durch das vorliegende Buch, einen Beitrag zur Verbesserung zu leisten. Für die Arbeitsbereiche Requirements Engineering bzw. Programmieren im Kleinen sieht es besser aus. Im ersten Fall sind eine Reihe von Notationen weltweit üblich, meist ”Methoden” genannt, wie z.B. SA /3. MP 84/, SADT /3. MM 88/ usw. Im letzteren Fall gibt es wenigstens weitverbreitete oder weit beachtete Programmiersprachen wie C /5. KR 78/ oder Ada /5. DoD 83/, /5. Na 88/. Nun lassen sich moderne Programmiersprachen wie Ada in gewisser Weise auch als Spezifikationssprachen benutzen, da sie ebenfalls über Module verfügen. Die in diesem Buch eingeführte Sprache ist jedoch semantisch höher anzusiedeln, was wir im einzelnen nachweisen werden. Sie entspricht in etwa einer methodischen und disziplinierten Verwendung einer Sprache wie Ada. Das hier eingeführte Modulkonzept läßt nämlich gar nicht alles zu, was man prinzipiell in Ada mit Programmstrukturen machen kann, aber aus später noch zu erläuternden Gründen unterlassen sollte.

Die hier einzuführende *Architektur–Notation* besteht aus *Text und Graphik* (vgl. Kap. 4 und folgende). Jeder Modul wird durch Text beschrieben. Das betrifft nicht sein Innenleben, sondern sein Außenverhalten innerhalb der Softwarearchitektur (detaillierte Beschreibung des Exports und des Imports des Moduls). Damit enthält die Gesamtheit dieser Angaben für die einzelnen Module bereits die vollständige Information der Softwarearchitektur. Um andererseits eine Gesamtarchitektur überblicken zu können, hat sich die Einführung von Diagrammen bewährt. In diesem wird jeder Modul durch einen "Knoten" repräsentiert. Verschiedene Arten von Knoten, die unterschiedlich gezeichnet sind, dienen der Unterscheidung verschiedener Modularten. Ebenso werden wir verschiedene Arten von Importen einführen, die in der Zeichnung durch verschiedenartige Kanten erscheinen. Mit diesen beiden Notationen, nämlich einerseits der detaillierten, textuellen und andererseits der übersichtsartigen graphischen, wollen wir Softwarearchitekturen beschreiben. Wie oben bereits gesagt, wird die Semantik der einzelnen Module durch Kommentar beschrieben. Auch die Semantik der textuellen oder graphischen Architektur–Notation wird in diesem Buch umgangssprachlich eingeführt.

Im Titel dieses Buches ist von "methodischem" Programmieren im Großen die Rede. Nach dem in Kap. 1 eingeführten Sprachgebrauch, ist eine Methode "ein zielgerichtetes Verfahren zur Erlangung eines Ziels". Es muß bezweifelt werden, daß es eine Methode gibt, mit deren Hilfe man zu stets guten (d.h. übersichtlichen, wartbaren etc.) Architekturen kommt. Das Erstellen einer solchen Architektur ist eine geistig anstrengende Tätigkeit und wird es auch nach dem Lesen dieses Buches bleiben. Das *Buch* gibt lediglich *Hilfestellung* in dem Sinne, daß es Hinweise auf zu vermeidende Fehler gibt und Standardstrukturen aufzeigt, die in Architekturen immer wiederkehren und aus denen sich Gesamtarchitekturen zusammensetzen. In diesem Sinne ist "Methodisches Programmieren im Großen" berechtigt, "eine Methode zum Programmieren im Großen" wäre gegenwärtig vermessen.

Wir beschäftigen uns im folgenden hauptsächlich mit der Beschreibung von *Architekturen* und *Teilarchitekturen*. Damit geben wir *Momentaufnahmen* des Entwurfs oder der Wartung an. Es werden somit die Ergebnisse oder Teilergebnisse des Entwurfs beschrieben und *weniger* der *Prozeß*, durch den eine solche Architektur Stück für Stück entsteht. Nach der eben gemachten Aussage läßt sich allgemein über diesen Prozeß auch nicht viel aussagen. Allerdings bestimmen die Regeln oder die Hinweise für die

Architekturzustände in gewissen Grenzen auch den Prozeß. Ebenso gehen wir in diesem Buch wenig auf die Verbindung dieses Prozesses nach oben (Übergang Requirements Engineering zum Programmieren im Großen) bzw. nach unten (Übergang Programmieren im Großen zum Programmieren im Kleinen) ein.

2.3 Das Architekturparadigma

Das Ergebnis der Entwurfsphase ist eine Softwarearchitektur. Die Realisierung der Module dieser Architektur, das heißt das Ausprogrammieren der Rümpfe, erfolgt in der darauffolgenden Implementierungsphase. Fig. 2.2 deutet diese Situation an. Dabei müssen zur Erstellung der Gesamtarchitektur bereits alle Niveaus des Programmsystems bedacht werden, denn es müssen alle für die Realisierung nötigen Module aufgeführt sein und ihr Zusammenspiel muß geklärt sein. Hierbei wird das Innenleben der betreffenden Module zunächst noch außer acht gelassen. Wir wollen diese Sichtweise als *Architekturparadigma* bezeichnen. Dieses Architekturparadigma folgt einer *diskreten* Vorstellung, weil es zwei voneinander getrennte Zustände des Entwicklungsprozesses beinhaltet, nämlich die Erstellung der Architektur und die Realisierung der Module.

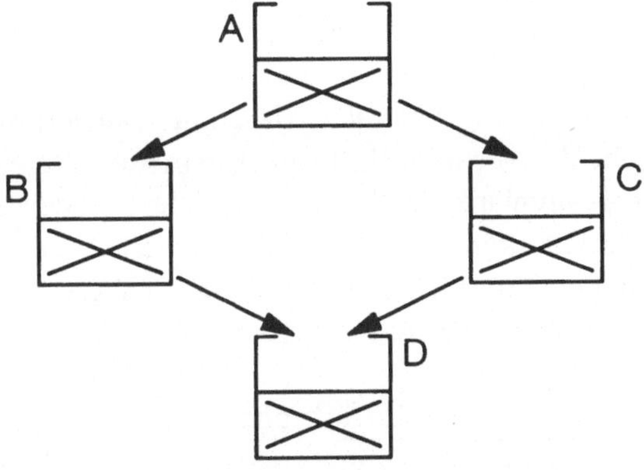

Fig. 2.2: Die Erstellung einer Architektur ohne Betrachtung von Modulrümpfen

Diese *Sichtweise der Entwicklung* eines *Softwaresystems* ist *idealisiert:* (1) Es fällt schwer, über alle Niveaus eines Programmsystems "gleichzeitig" nachzudenken, da die Niveauunterschiede zwischen den unteren, in der Nähe der Basismaschine anzusiedelnden Modulen und den oberen, die mit dem Außenverhalten des Systems zu tun haben, beträchtlich sein können. Die Schwierigkeit ergibt sich daraus, daß dieses Nachdenken stattfinden muß, ohne daß die Bausteine realisiert werden können. (2) Wenn von einem Modul A eine Kante zu einem Modul B läuft, so heißt dies i.a., daß sich die Implementierung des Rumpfes von A auf den Modul B abstützen kann, d.h. ihn verwenden kann. Wie soll aber die Notwendigkeit des Moduls B erkannt werden, ohne daß über die Realisierung von A nachgedacht wurde? (3) Selbst wenn darüber nachgedacht wird, wird dieses Nachdenken fehlerhaft sein. Später, bei der Realisierung von A wird sich oft herausstellen, daß es nötig ist, weitere Hilfsmittel in Form von Modulen zur Verfügung zu stellen, weil sonst die Realisierung von A zu kompliziert wird, oder es zeigt sich, daß die Realisierung von A so einfach ist, daß die Notwendigkeit des Abspaltens eines Hilfsmittels in Form eines Moduls B überflüssig war.

In beiden Fällen modifiziert man die Architektur, d.h. wir haben einen Rückgriff von der Implementierung zum Entwurf. Kurzum, um eine Architektur zu erstellen, die Bestand hat, müssen die Modulrümpfe überlegt sein, d.h. es muß in die Implementierungsphase vorgegriffen werden. Trotzdem werden einige Fehler gemacht werden, die später zu Rückgriffen, nämlich zur Veränderung der Architektur, zwingen.

Wie wir somit gesehen haben, sind das Programmieren im Großen und das Programmieren im Kleinen eng miteinander verzahnt. Ist es da nicht sinnvoll, das diskrete *Erstellungsparadigma* aufzugeben und zu einem *kontinuierlichen* überzugehen, wie es Fig. 2.3 für das obige Beispiel wiedergibt? Nach der Festlegung eines Moduls erfolgt die Realisierungsüberlegung und damit das Erkennen notwendiger Hilfsmittel in Form weiterer Module und damit das Erweitern der Architektur. Bei der Realisierung dieser Bausteine werden wiederum neue Hilfsmittel erkannt usw. Es ist jeweils ein *Implementierungs–* und ein *Entwurfsschritt* miteinander *verzahnt*. Man sagt auch, daß dieser Schritt eine abstrakte Maschine realisiert mithilfe weiterer, die er einführt. So entsteht das gesamte Softwaresystem schichtenweise, Programmieren im Großen und Programmieren im Kleinen sind nicht voneinander zu trennen /4. SB 82/. Übrigens folgt das alternative Lebenszyklusmodell von Fig. 1.3 des letzten Kapitels ebenfalls einer kontinuierlichen Vorstellung. In diesem Fall werden nicht einmal verschiedene Arbeitsbereiche unterschieden.

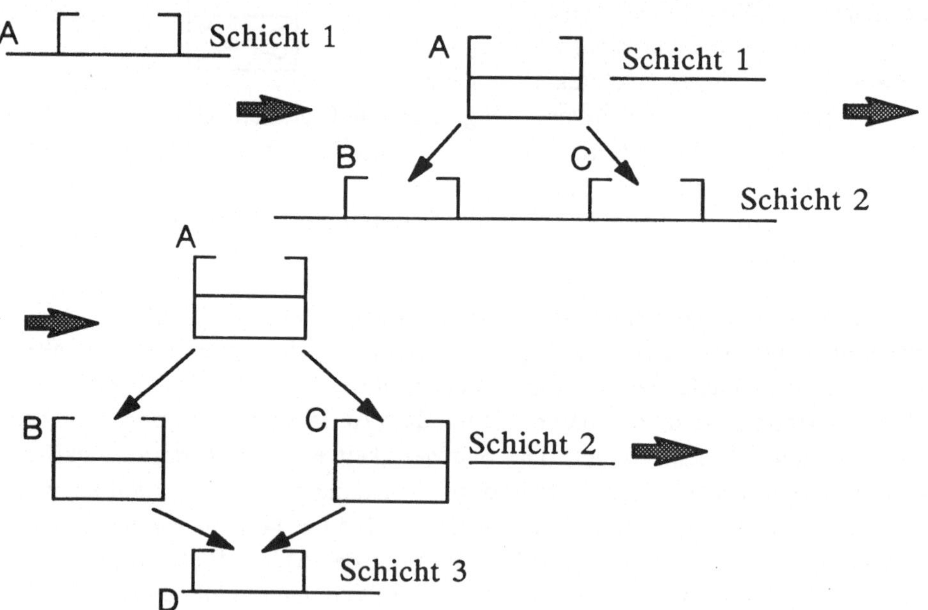

Fig. 2.3: Eine andere Betrachtungsweise: Implementierung und Entwurf werden verzahnt

Die Situation, die wir durch den Begriff *Architekturparadigma* charakterisiert haben, ist zwar *idealisiert*, dennoch ist sie *unvermeidlich*. Bei dem kontinuierlichen Paradigma sind nämlich zum einen (1) der Arbeitsteilung (Entwickler, Implementierer,

Tester etc.) enge Grenzen gesetzt. Ferner besteht die Gefahr, daß (2) aufgrund der Verzahnung überhaupt keine Architektur entsteht oder daß in dieser die logischen Ebenen Architektur und Implementation durcheinandergehen. (3) Dadurch wird, da jeder Implementierer auch Entwerfer ist (es sei denn, eine Entwerfergruppe begleitet den gesamten Realisierungsprozeß und wird bei jeder Entwurfsentscheidung gerufen), die gesamte Architektur das Erkennen von Gemeinsamkeiten vermissen lassen. Das Erstellen einer Architektur setzt nämlich eine besondere Schulung, Denkweise und ferner Erfahrung voraus, die nicht alle an der Erstellung von Software Beteiligten erfüllen. (4) Schließlich sollte eine Architektur überprüft werden können, bevor man sie realisiert, was nur möglich ist, wenn sie in Gänze vor der Realisierung zur Verfügung steht. So spricht allein schon das Argument der Arbeitsteilung für das Architekturparadigma, trotz seiner Idealisierung. Das Architekturparadigma setzt vielfältige Erwartungen an den Entwerfer, z.B. die, daß er dauernd die erst in Zukunft stattfindende Implementierung mitbedenken muß.

Angesichts der Tatsache, daß für die Erstellung einer Softwarearchitektur gemäß dem Architekturparadigma nicht programmiert wird, ist der *Name Programmieren im Großen* eigentlich unangebracht. Der Name könnte in die Irre führen, indem man an das Programmieren von größeren Programmstücken denkt, d.h., daß ''im Großen'' mit Menge gleichgesetzt wird. Statt dessen sind geeignete Architekturüberlegungen als Vorstufe der Programmierung gemeint. Da sich der Name Programmieren im Großen eingebürgert hat, wollen wir ihn hier ebenfalls beibehalten. Andererseits hatten wir oben bereits ausgeführt, daß Architekturüberlegungen ohne Vorüberlegungen zur Implementierung, d.h. ohne ''Programmieren im Hinterkopf'', nicht möglich sind.

Eine *Architektur* eines Softwaresystems beschreibt das Wesentliche des zu erstellenden oder zu verändernden Softwaresystems und vernachlässigt damit Details, die für die Gesamtbetrachtung unwichtig sind. Sie stellt damit eine *Abstraktion* gegenüber dem fertigen Softwaresystem dar. Andererseits tauchen in einer Architektur alle Bausteine auf, auch solche, die sich tief unten nahe an der Basismaschine befinden. Damit ist die Abstraktion, die von einer Softwarearchitektur geliefert wird, wohl zu unterscheiden von der Abstraktion im Sinne einer Schicht abstrakter Programme und Maschinen von Fig. 2.3. Im ersten Fall betrachtet man das gesamte System (mit allen seinen Abstraktionsschichten) und vernachlässigt die Realisierungsdetails der Module, im zweiten Fall betrachtet man bestimmte Abstraktionsschichten in einer Architektur oder in einem fertigen Softwaresystem.

Bei großen Systemen sind sogar die Architekturüberlegungen arbeitsteilig zu erledigen. Die *Gesamtarchitektur* wird erst auf einer groben Ebene *in Teilarchitekturen zerlegt*. Erst danach werden die Teilarchitekturen bis auf Modulebene entworfen. Diesen Bereich könnte man, in Analogie zu Programmieren im Großen, ''Programmieren im Größten'' nennen. Auch hier müssen die Entwurfsüberlegungen auf der Teilarchitekturenebene abgeschlossen sein (die obengenannten Argumente gelten auch hier entsprechend), bevor der Entwurfsprozeß der Teilarchitekturen beginnt. Hier haben wir die obengenannte Idealisierung gleich zweifach: Der Gesamtsystementwerfer muß bereits den Teilsystementwurf mitbedenken und der Teilsystementwerfer die spätere Implementierung der Module. Rückgriffe können hier sowohl zum erneuten Entwurf der Teilsysteme als auch zum Entwurf des Gesamtsystems zurückführen.

Die Erstellung eines Programmsystems kann auf verschiedene Arten erfolgen. Beginnt man von oben und setzt die Entwicklung stets nach unten fort bis man auf der Programmiersprachenebene ankommt, so spricht man von *top–down–Entwicklungsstrategie*. Bei umgekehrter Richtung heißt die Entwicklungsstrategie *bottom–up*, die in der Praxis häufig vorkommende Mischform nennt man gelegentlich *jo–jo*. Gehen wir vom Architekturparadigma aus, dann bedeutet dies, daß sich die jeweilige Strategie auf den Entwurf allein beziehen muß, weil die Realisierung der Module erst nach der Erstellung der Gesamtarchitektur erfolgt. Für das Beispiel von Fig. 2.2 und für die top–down–*Entwurfsstrategie* (vgl. Fig. 2.4) heißt dies, daß man mit dem Modul A beginnt, daß man bei den Vorüberlegungen zur Realisierung dieses Moduls (die Realisierung erfolgt erst nach Abschluß der Architekturüberlegung) die Notwendigkeit für Module B und C entdeckt, und daß bei deren Realisierungsvorüberlegungen die Notwendigkeit eines gemeinsamen Moduls D festgestellt wird. Bei den anderen Strategien ist dies entsprechend anders.

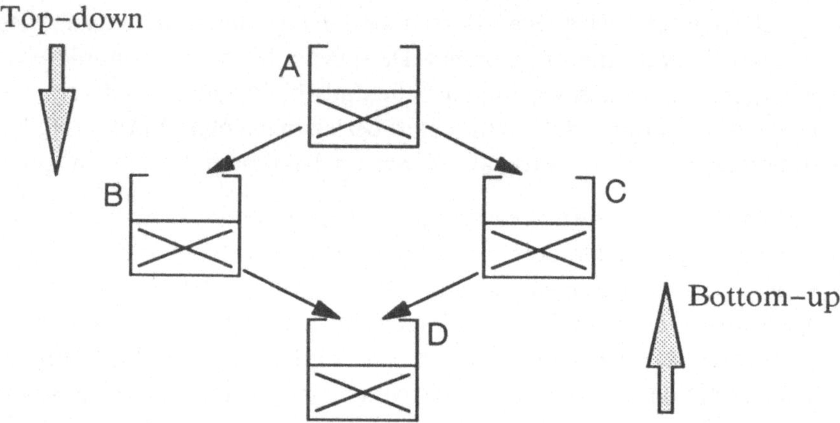

Fig. 2.4: Entwurfsstrategien

2.4 Zur Bedeutung des Progammierens im Großen

Wir wollen anhand einiger Graphiken aus der Literatur den *Aufwand* betrachten, der in einzelnen *Phasen* des Lebenszyklus betrieben wird, und die daraus folgenden *Konsequenzen* diskutieren. Die Angaben der Graphiken sind als größenordnungsmäßig zu betrachten. Es spielt deshalb keine Rolle, daß die zugrundeliegenden Lebenszyklusmodelle leichte Varianten des von uns in Fig. 1.2 eingeführten Modells sind.

Fig. 2.5 aus /2. Ze 79/ zeigt das Ergebnis einer Erhebung, deren Ziel es war, den *Aufwand* für die einzelnen Phasen des Lebenszyklus in Prozenten des Gesamtaufwands anzugeben. Wir sehen, daß für die Problemananalyse, die Erstellung der Anforderungsdefinition sowie für den Entwurf insgesamt nur 11% des gesamten Aufwands angesetzt wurden. Das ist sehr wenig angesichts der Tatsache, daß Fehler in den vorderen Phasen sich auf alle weiteren Phasen und, wie wir später sehen werden, auch auf alle Arbeitsbereiche (vgl. Fig. 1.7) auswirken. So ist der *hohe Wartungskostenanteil* von Fig. 1.1 teilweise eine Konsequenz dieser mangelhaft und oberflächlich ausgeführten Tätigkeiten in den ersten Phasen. Fig. 2.6 aus /2. Ra 84/ bestätigt dies. Wir sehen nämlich, daß die mit Abstand häufigsten *Fehler* auf *Requirements–Engineering–Niveau* und *Entwurfsniveau* auftreten.

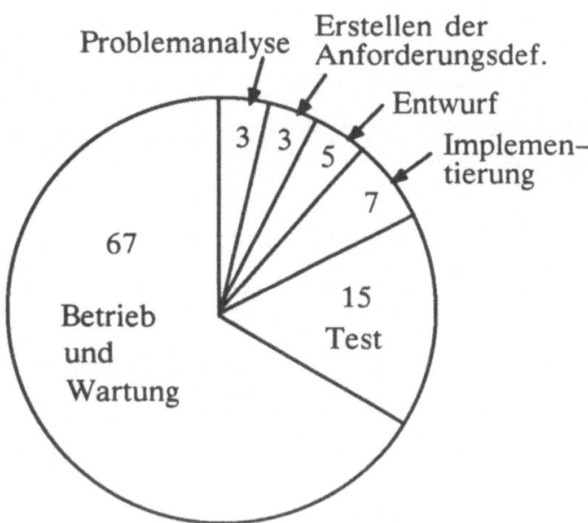

Fig. 2.5: Aufwand für verschiedene Phasen

Fehlerarten:

Anforderungen falsch oder falsch verstanden

Funktionaler Teil der Anforderungsdefinition falsch oder falsch verstanden

Entwurfsfehler mehrere Komponenten betreffend

Fehler im Entwurf oder der Implementierung einzelner Komponenten

Programmierfehler

Fehler bei der Fehlerbeseitigung

andere

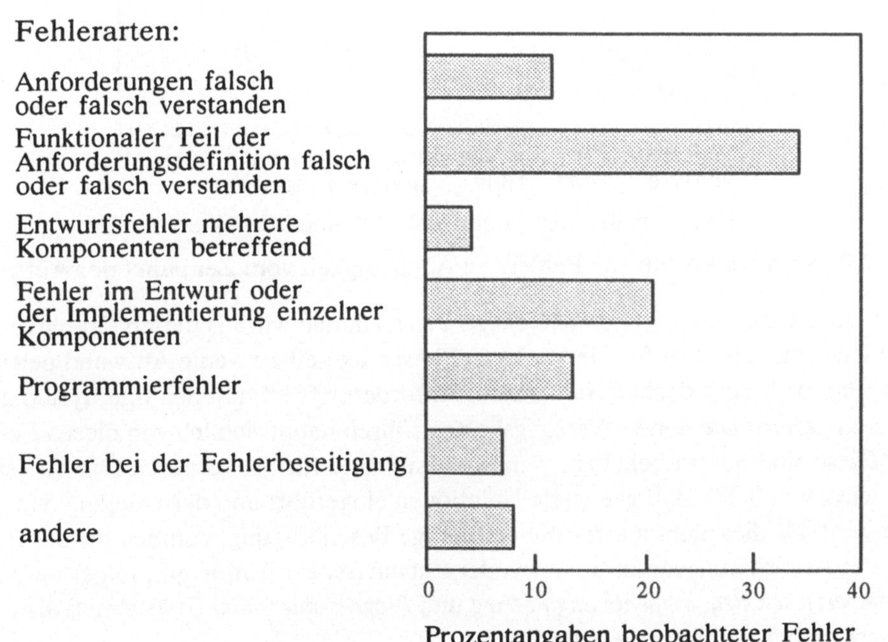

Fig. 2.6: Fehlerzuordnung zu Lebenszyklusaktivitäten

Fig. 2.7 aus /3. Bo 84/ gibt die relativen Kosten von Fehlern für verschiedene Projekte an, je nachdem in welcher Phase sie aufgetreten sind. Fig. 2.7 macht keine Aussage, wann diese Fehler entstanden sind. Wir sehen für verschiedene Projektgrößen ungefähr den Verlauf von Geraden, bei logarithmischer Auftragung auf der Ordinate, d.h. wir haben exponentiellen Anstieg. *Fehler*, die gleich in den *vorderen Phasen* des

Lebenszyklus erkannt werden, verursachen bei größeren Projekten nur etwa *1/100 der Kosten* gegenüber *Fehlern*, die erst im *Betrieb* der Software erkannt werden. Da ein großer Teil der Fehler, wie wir Fig. 2.6 entnommen haben, in den vorderen Phasen gemacht werden, sind für diese hohen Kosten in erster Linie Fehler dieser Phasen verantwortlich.

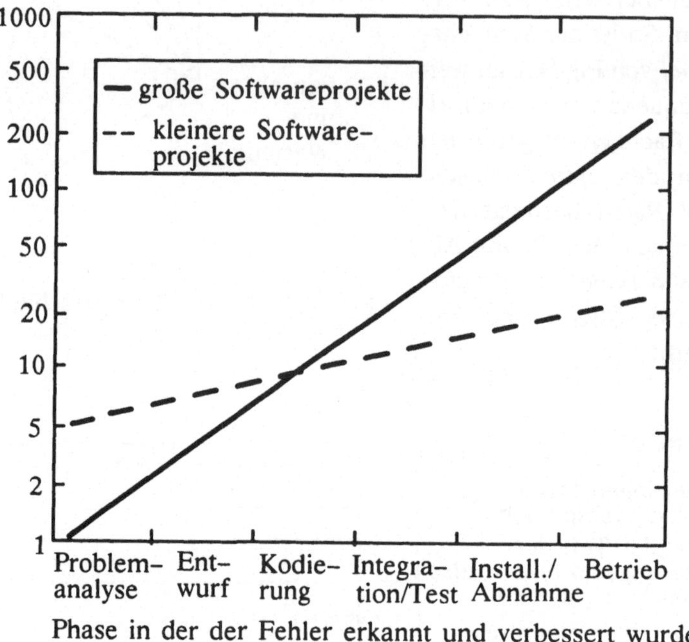

Fig. 2.7: Relative Kosten von Fehlern in Abhängigkeit vom Zeitpunkt des Auftretens

Welche Erkenntnisse und *Schlußfolgerungen* können wir aus diesen Graphiken ziehen? Zunächst die, daß für die vorderen Phasen aktuell zu wenig Aufwand betrieben wird, und daß diese deshalb fehlerhafte Anforderungsdefinitionen und Systemarchitekturen liefern. Die hohen Wartungskosten rühren hauptsächlich von diesen Fehlern her. Diese sind nur zu beheben, wenn der Aufwand für die vorderen Phasen vergrößert wird, was heißt, daß geeignete Notationen eingeführt und der Umgang damit gelehrt wird. Da dies nicht nur für die erstmalige Beschäftigung, nämlich bei der Erstellung der Anforderungsdefinition bzw. der Entwurfsspezifikation gilt, folgern wir: Den *Arbeitsbereichen Requirements Engineering* und *Programmieren im Großen* muß also *mehr Aufmerksamkeit* geschenkt werden!

Die Bedeutung des Bereichs Requirements Engineering ergibt sich aus der Tatsache, daß er Voraussetzung für alle weiteren Bereiche der Softwareerstellung ist. Das Requirements Engineering ist aber nicht Gegenstand dieses Buches. Beschränken wir uns im folgenden also auf die Bedeutung, die das Programmieren im Großen für die Softwareproblematik hat. Natürlich sind *alle Arbeitsbereiche* der *Softwareerstellung* eng miteinander *verzahnt* (vgl. Fig. 2.8). Um hierfür ein Beispiel zu geben: Ändert sich in der Wartungsphase die Aufgabenstellung, so führt dies zu einer Änderung der Anforderungsdefinition (Requirements Engineering) und diese zu einer Änderung der Softwarearchitektur (Programmieren im Großen). Daraus leiten sich organisatorische Tätigkeiten ab: Die Änderung muß geplant, die Kosten müssen geschätzt und die Aufgaben müssen verteilt werden (Projektorganisation). Die in der Architektur festgelegte Änderung muß durchgeführt werden (Programmieren im Kleinen). Durch die Veränderungen ergeben sich Überprüfungen (Qualitätssicherung) und letztlich muß die Dokumentation, insbesondere auch die technische Dokumentation, nachgefahren werden. Was wir eben erläutert haben, ist in Fig. 2.8 dargestellt: Das *Programmieren im Großen* ist das *Zentrum* der Verzahnung der Arbeitsbereiche.

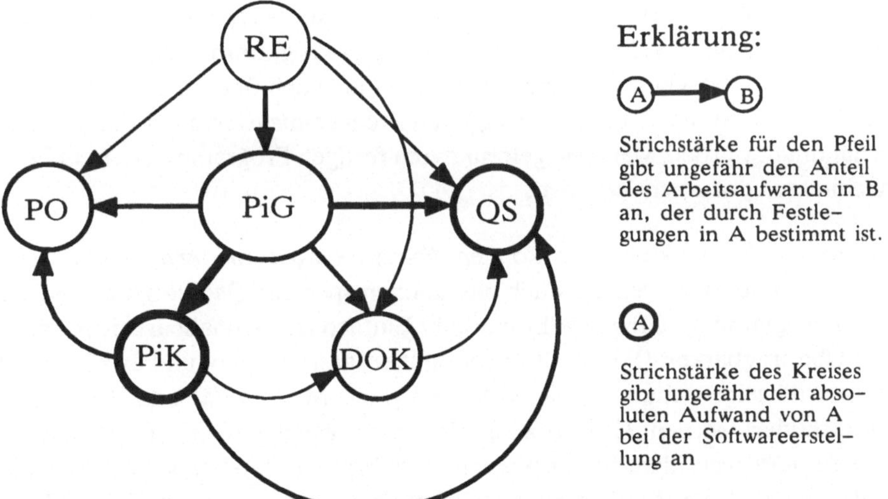

Fig. 2.8: Programmieren im Großen als Zentrum der Aktivitäten der Softwareerstellung

Die meisten *Arbeitsbereiche* sind also *vom Programmieren im Großen abhängig*. Das heißt, daß (1) diese erst nach dem Programmieren im Großen angegangen werden können, nämlich erst dann, wenn die Systemarchitektur vorliegt. Der größte Teil des Personalaufwands beginnt also erst nach dem Programmieren im Großen. Daraus ergibt sich (2) eine teilweise Abhängigkeit der Dokumente, die in diesem Bereich entstehen, von der Softwarearchitektur. Die Fehler der Softwarearchitektur pflanzen sich in diese Bereiche fort. Entsprechend sind (3) Fehler auf der Programmieren-im-Großen-Ebene teuer, weil sie einen hohen Personalaufwand, der nachher folgt, z.T. nutzlos machen. Wir haben in Fig. 2.8 durch die Dicke der Pfeile den Grad der Festlegung in abhängigen Arbeitsbereichen in Abhängigkeit von Festlegungen "übergeordneter" Arbeitsbereiche dargestellt und durch die Dicke der Knoten den absoluten Arbeitsaufwand des jeweiligen Arbeitsbereichs.

Als Konsequenz aus diesen Überlegungen ergibt sich, daß insbesondere der Arbeitsbereich Programmieren im Großen viel stärker als bisher unterstützt werden muß. Wie bereits gesagt, führen wir hier eine Notation ein, mit der man Softwarearchitekturen präzise und augenfällig notieren kann. Wichtig ist insbesondere die *graphische Notation* als *Überblicksdarstellung*. Hinzu kommt die *textuelle Notation*, die jeden einzelnen *Modul* der Graphik *im Detail* beschreibt. Schließlich sollen die Entscheidungen des Entwurfs mit entsprechenden Begründungen in der technischen Dokumentation in einem *Design–Rationale* (Entwurfsbegründungspapier) festgehalten werden. Alle drei Dokumente zusammen bilden eine geeignete *Grundlage*, über *Softwarearchitekturen* zu kommunizieren. Die Vorabüberlegungen zur Implementierung können ebenfalls in Pseudocode festgehalten werden und erleichtern das Verständnis der Architektur.

Diese Softwarearchitektur ist die *wesentliche Struktur* des später entstehenden fertigen *Programmsystems*. Im Gegensatz zu dem fertigen Programm, das auf Grund seiner Größe kaum zu übersehen ist, kann die Architektur noch überblickt und verstanden werden. Somit kann die Struktur eines großen Programmsystems nur dann überblickt und gehandhabt werden, wenn sie getrennt vom fertigen Programmsystem in Form einer Architektur dokumentiert wird.

Auf dieser Architekturebene können *Folgewirkungen von Änderungen* des Programmsystems überlegt werden, auch hier können spezielle *Qualitätseigenschaften* des gesamten Programmsystems, wie Lesbarkeit/ Einfachheit, Anpaßbarkeit (Adaptabilität) und Übertragbarkeit (Portabilität) sehr gut erkannt werden, und es können allgemeine Qualitätseigenschaften, wie Vollständigkeit, Minimalität und Widerspruchsfreiheit diskutiert werden. Dies ist auch die Ebene, wo allgemeine Teilstrukturen sowie *Standardlösungen* identifiziert werden. Die Frage der *Wiederverwendbarkeit*, die heute als eine zentrale Problematik der Softwaretechnik erkannt ist /3. Fr 87/, /3. Tr 86/, muß auf der Architekturebene geklärt werden. Dort lassen sich die Wiederverwendbarkeitseinheiten in Form von Standardstrukturen oder Standardbausteinen erkennen. Schließlich beginnen auf dieser Ebene auch die *Wartungsüberlegungen*, die selbst bei anpaßbaren und portablen Architekturen i.a. mit Programmstrukturmodifikationen verbunden sind. Es ist die Überzeugung des Autors, daß wir heute deshalb so wenig über die Strukturen von Programmsystemen wissen, weil die Mehrzahl der Softwareentwickler keine geeignete Sprache kennt, solche Strukturen auszudrücken.

Aufgrund der oben beschriebenen zentralen Rolle des Programmierens im Großen ist die Softwarearchitektur Basis der Aktivitäten für die anderen Arbeitsbereiche. Die *logischen Einheiten* der *Architektur*, wie Module, Teilarchitekturen etc., sind die *Grundlage* der *Überlegungen* in *anderen Arbeitsbereichen*. So wird bei der Aufteilung der Implementierungsarbeiten von Modulen als Einheiten ausgegangen, die zu realisieren und zu testen sind. Die Dokumentation beschreibt Module und Teilsysteme und begründet diese. Beim Funktionstest werden Überlegungen angestellt, in welcher Reihenfolge Module und Teilsysteme getestet werden und welche anderen hierfür zur Verfügung stehen müssen. Bei der Projektorganisation wird man den Aufwand von Teilsystemen schätzen, bei der Projektüberwachung sind Module und Teilsysteme die festgelegten Meilensteine usw.

Die *Abgrenzung* des Bereichs *Programmieren im Großen* von anderen Bereichen, insbesondere solchen des Projektmanagements, ist in der Literatur sehr uneinheitlich geregelt. Oft wird der Bereich Programmieren im Großen (Programming-in-the-Large) mit dem Problembereich Projektmanagement (Programming-in-the-Many) in einen Topf geworfen. Letzterer beschreibt die Probleme, die sich dadurch ergeben, daß bei der Erstellung großer Programmsysteme mehrere Entwickler zusammenwirken müssen. Dies setzt geregelte Arbeitsaufteilung, Übermittlung von Informationen, Absprachen etc. voraus. Diese Bereiche haben wir in Abschnitt 1.5 zum Projektmanagement als Teil der Projektorganisation gezählt.

Die folgenden Problemkreise werden einmal zum Programmieren im Großen gezählt oder zum anderen dem Projektmanagement zugeschlagen: (1) Versions- und Konfigurationskontrolle: Einheiten der Architektur leben in verschiedenen Zuständen der Entwicklung (Revisionen). Es gibt von Architektureinheiten auch verschiedene Ausprägungen (Varianten). Architektur-Konfigurationen werden nach bestimmten Gesichtspunkten zusammengebaut. (2) Verantwortlichkeits- und Zugriffskontrolle: Es müssen Verantwortlichkeiten für Dokumente festgelegt werden und in Abhängigkeit davon muß geregelt sein, wer welches Dokument lesen oder verändern darf. (3) Freigabekontrolle: Nach Vollzug einer Änderung eines Dokuments wird ein spezielles Überprüfungsverfahren angestoßen, bevor dieses Dokument der Allgemeinheit zur Verfügung gestellt wird. (4) Nachrichten- und Dokumentverteilungskontrolle: Nachrichten über Veränderungen werden an bestimmte Entwickler geschickt, die entsprechenden Dokumente in unterschiedlichen Ausprägungen ebenfalls. (5) Erfolgskontrolle: Zu realisierende oder zu ändernde Teile des Gesamtsystems müssen irgendwann zur Verfügung stehen. Dies muß übersehen und überwacht werden, ein Bereich, den wir nach der Einteilung von Abschnitt 1.5 der Projektkontrolle zuordnen würden.

Die Schwierigkeit der Abgrenzung aller dieser Bereiche vom Programmieren im Großen resultiert aus der Tatsache, daß es hauptsächlich Architektureinheiten (Module, Teilsysteme) sind, die die Grundlage für die eben aufgezählten Aktivitäten darstellen.

2.5 Überblick über das folgende

Dieser Abschnitt dient der *Erläuterung* des weiteren *Inhalts* des Buches: Wir wollen dabei klarmachen, was im folgenden kommt und wie sich dies auf die einzelnen Kapitel verteilt. Zum anderen werden wir die Bereiche erläutern, die mit dem Inhalt des Buches zwar zusammenhängen, die aber nicht Gegenstand der nachfolgenden Darstellungen sind.

Wie bereits des öfteren angedeutet, werden wir ein *Modulkonzept* einführen, d.h. eine bestimmte Denkweise zur Architekturmodellierung. Für dieses wird eine bestimmte Sprache, d.h. eine syntaktische Notation für Architekturen, festgelegt, die zum einen graphische Überblicksdarstellungen und zum anderen textuelle Detaildarstellungen der Module enthält. Dabei werden die Module verschiedenen Modularten zugeordnet, die Modulbeziehungen nach verschiedenen Arten von Importen unterschieden und schließlich verbotene Situationen auf Architekturebene durch Konsistenzbeziehungen ausgeschlossen. Dies geschieht in einer einfachen Form mit zugehöriger gründlicher Erläuterung in Kap. 4. In Kap. 5 werden wir diese Diskussion um weitere Konzepte anreichern, die über das einfache Modulkonzept hinausführen. Diese Weiterführung ist jedoch eher als eine Einführung weiterer Möglichkeiten zu verstehen und nicht als bereits vollzogene konsistente Erweiterung des im Kap. 4 vorgestellten Modulkonzepts. Diese verschiedenen weiterführenden Gedanken befinden sich nämlich noch in wissenschaftlicher Diskussion, und es ist bisher noch kein einheitlicher Rahmen in der Literatur aufgetaucht, der alle diese Konzepte zusammenfügt.

Danach war ein kurzer Ausblick geplant, der *Werkzeuge* für den Bereich Programmieren im Großen vorstellen sollte. Es sind einige Werkzeuge für das Modulkonzept von Kap. 4 am Lehrstuhl des Autors (vgl. /7. Le 88a/) erarbeitet worden. Da dieses Kapitel eher Ausflugscharakter gehabt hätte – das Buch dient im wesentlichen der Einführung neuer Konzepte auf gedanklicher Ebene – und da der Umfang des Buches den geplanten ohnehin überschritt, haben wir dieses Kapitel weggelassen. In der Forschung bzw. auf dem industriellen Markt ist eine Vielzahl von Werkzeugen für die Architekturmodellierung vorhanden (vgl. Literaturabschnitte 6 und 7), die sich bezüglich der zugrundeliegenden Gedankenwelt z.T. sehr stark von den hier vorgestellten Konzepten unterscheiden.

Das folgende Kap. 6 dient der *Übertragung* des einfachen Modulkonzepts aus Kap. 4 und seiner Erweiterungen aus Kap. 5 in *verschiedene Programmiersprachen*. Es ist aus drei Gründen interessant: Zum einen wollen wir demjenigen Hilfestellung geben, der in diesen Programmiersprachen Programmsysteme erstellt und keine Werkzeuge zur Verfügung hat, die diese Übertragung unterstützen. Zum zweiten werden wir uns bei dieser Übertragung mit der Notation für Softwarearchitekturen erneut auseinanderzusetzen haben, und zwar jetzt unter dem Gesichtspunkt der Übersetzbarkeit. Übersetzen kann man aber nur etwas, was man verstanden hat! Damit dient dieses Kapitel der Vertiefung der Kenntnisse über das Modulkonzept. Zum dritten lernen wir dabei kennen, wie die Strukturvorstellungen des Modulkonzepts mit den in verschiedenen Programmiersprachen eingeführten Konzepten zur Programmstrukturierung zusammenpassen bzw. von diesen abweichen.

Der wichtigste Beitrag dieses Buchs, neben der Einführung des Modulkonzepts, ist dessen *Einübung*. Das beginnt in Kap. 4 mit der Vorstellung von Beispielen. Das erste Hauptkapitel dieser Einübung ist jedoch Kap. 5. Hier werden wir den *methodischen Umgang* mit dem Modulkonzept des Kap. 4 für überschaubare Situationen vorführen, insbesondere aber Architekturbeispiele geben, die in vielen Softwaresystemen als *Teilarchitekturen* auftauchen. Schließlich dient Kap. 7 der Diskussion einiger größere Beispiele und damit auch der Anwendung des Modulkonzepts. Diese Beispiele sind in gewisser Weise repräsentativ für viele üblicherweise auftretenden Programmstrukturen.

Eines der Beispiele von Kap. 7 wird in verschiedenen Ausbaustufen vorgeführt. Damit soll ein Beispiel gegeben werden, daß eine geeignet festgelegte *Architektur* auch leicht *verändert* werden kann, wenn diese in einer hinreichend übersichtlichen und einleuchtenden Form notiert ist und wenn Überlegungen zur Anpaßbarkeit von vornherein berücksichtigt wurden. Diese Veränderung von Architekturen ist das wesentliche Problem der Wartung von Softwaresystemen. Damit dient Kap. 7 auch dem Beweis, daß die Festlegung einer Programmstruktur in Form einer Architektur Voraussetzung für deren *Modifikation* in der *Wartung* ist.

In Kap. 8 schließlich werden einige *allgemeine Hinweise* zur *Adaptabilität* und *Wiederverwendbarkeit* angegeben, d.h. Hinweise, die man bei der Erstellung größerer Programmsysteme beachten sollte, wenn diese Programmsysteme kostengünstig erstellt und gewartet werden können sollen. Dabei finden sich auch einige Bemerkungen, wie man von der am Einzelfall orientierten Erstellung eines Programmsystems wegkommt und statt dessen *allgemeinere Erzeugungsmechanismen* einsetzt.

Fassen wir zusammen: Das Buch dient somit insbesondere der Einführung einer *Gedankenwelt* zur *Modellierung* auf *Architekturebene* und der Einführung einer Notation, diese Gedankenwelt auszudrücken. Wie schon des öfteren gesagt und hier noch einmal wiederholt, ist das *Erstellen* einer guten *Architektur* in dieser Notation *keineswegs ein Kinderspiel*. Eine solche Architektur kann nicht aus anderen Dokumenten automatisch erzeugt werden, eine Vorstellung, die in einigen Softwareerstellungs–"Methoden" auftaucht. Die Beschäftigung mit diesem Buch ist keineswegs nur dann sinnvoll, wenn man in einer neuen Programmiersprache wie z.B. Ada implementieren kann. Kap. 6 zeigt, daß man auch dann sorgfältige Architekturüberlegungen anstellen kann, wenn man z.B. auf FORTRAN abbilden muß. Die Ergebnisse sind insoweit verblüffend, als ein so erstelltes Programmsystem eine völlig andere Struktur bekommt, als dies von den Möglichkeiten einer alten Programmiersprache her nahegelegt wird.

Es ist *keineswegs* so, daß *alles*, was im folgenden auftaucht, für den Leser *neu* sein wird. So kommt in Lehrveranstaltungen, insbesondere vor Praktikern, des öfteren der Hinweis "Das haben wir doch schon immer so gemacht". Zum Teil stimmt diese Aussage, zum Teil ist sie jedoch falsch. Es mag zwar sein, daß manche der folgenden Konzepte in der industriellen Praxis bereits früher eingesetzt wurden, genaueres Analysieren von Beispielen zeigt dann aber, daß sie einmal angewandt worden sind, ein anderes Mal nicht. Insoweit dient die folgende Erläuterung auch dem Bewußtmachen von einigen Ideen, die bisher implizit und deshalb nicht konsequent angewandt wurden. Dem Entwerfer soll klarwerden, wann er sie einsetzt, bzw. es soll ihm klarwerden, wann er sie verletzt.

Wir wollen nun im folgenden die *Arbeitsbereiche* aufführen, die mit dem Programmieren im Großen zusammenhängen und die deshalb *nicht oder* nur *am Rand zur Sprache* kommen (vgl. Literaturabschnitt 3 bzw. 5). Beginnen wir mit dem *Programmieren im Kleinen:* Wir setzen hier entsprechende Kenntnisse voraus, die sich der Leser aus Büchern, Veranstaltungen oder aus der beruflichen Praxis erworben haben sollte. Wir

nehmen somit an, daß die üblichen Hilfsmittel zur Datenstrukturierung (Datentypkonstruktoren) und zur Ablaufstrukturierung (Kontrollstrukturen) von gängigen Programmiersprachen sowie der Umgang damit klar sein sollte. Andererseits werden wir
uns in Kap. 4 einige Module ansehen und damit auch deren Realisierung kennenlernen. Insoweit haben wir mit dem Programmieren im Kleinen am Rand zu tun. Wir
werden aber kein einziges Beispiel dieses Buches soweit ausformulieren, daß ein lauf-
fähiges Programmsystem entsteht. Schließlich kommen wir in Kap. 6, nämlich bei der
Übertragung der hier vorgestellten Konzepte in verschiedene Programmiersprachen,
erneut mit dem Programmieren im Kleinen in Berührung.

Wie im letzten Abschnitt erläutert, ist neben dem Programmieren im Großen das
Requirements Engineering der wichtigste Arbeitsbereich zur Behebung der Probleme
der Softwaretechnik. Auch dieser Arbeitsbereich wird in diesem Buch nicht erläutert.
Es wird auch nicht der *Übergang* zwischen dem *Requirements Engineering* und dem *Programmieren im Großen* betrachtet, obwohl dieser Übergang ein bedeutsames Thema
ist. Die mit diesem Thema verbundenen Fragen sind, wie man bei der Softwareentwicklung aus der fertiggestellten Anforderungsdefinition zu einer Softwarearchitektur
kommt bzw. wie man in der Wartung nach der Veränderung der Anforderungsdefinition die veränderte Architektur erhält. Hierzu müßte man zum einen einige Requirements–Engineering–Notationen einführen, wofür kein Platz ist, und zum anderen
kann man über diesen Übergang z.Z. wenig Allgemeingültiges aussagen.

Neben dem Requirements Engineering und dem Programmieren im Kleinen haben
wir im letzten Abschnitt auch die Arbeitsbereiche *Projektorganisation*, *Qualitätssicherung* und *Dokumentationsunterstützung* als mit den Programmieren im Großen verzahnt
erkannt. Auch diese werden wir aus Aufwandsgründen nicht behandeln. Beispielsweise gibt es allein zu dem Bereich Testen, einem Teil des Arbeitsbereichs Qualitätssicherung, genügend Literatur, um ein Buch des hier vorgelegten Umfangs zu schreiben. Alle diese Arbeitsbereiche werden in diesem Buch also *nicht* detailliert *erläutert*.
Über Versions–/ Konfigurationskontrolle, Freigabekontrolle, Nachrichten– und Doku-
mentationsverteilungskontrolle werden wir uns überhaupt nicht äußern.

Im Abschnitt Architekturparadigma dieses Kapitels haben wir erläutert, daß bei
großen Softwaresystemen der Entwurf mindestens zweistufig verläuft. Zuerst wird eine *Architektur* bis auf *Teilarchitekturebene* entworfen (vom ”Chief-Designer”; wir haben dafür den Begriff ”Programmieren im Größten” eingeführt), danach werden die
Teilsysteme modelliert. Diese *Ebene* oberhalb des Programmierens im Großen kommt
hier *nur am Rand* zur Erläuterung. In Kap. 7, bei der Behandlung einiger Beispiele,
klingt das ”Programmieren im Größten” insoweit an, als dort einige Teilsysteme erscheinen, die nicht durchstrukturiert werden.

Weitere Bereiche, die nicht im Zentrum der Erläuterung stehen, sind die aktuellen
Arbeitsgebiete *Softwaremetriken* und *Wiederverwendbarkeit*. Beide Bereiche werden dadurch indirekt unterstützt, daß mit dem Modulkonzept eine Notation eingeführt wird,
auf der man Metriken für Softwaresysteme definieren bzw. auf der man über Konzep-

te von Wiederverwendbarkeit sprechen kann. Allerdings lernen wir in Kap. 5 mit Teilsystemen, Generizität und Objektorientiertheit drei wichtige Konzepte kennen, die z.Z. die Wiederverwendbarkeits–Diskussion beherrschen. Sie sind, noch stärker als das einfache Modulkonzept von Kap. 4, Grundlage für Wiederverwendbarkeit, da ihre Anwendung, sei es gedanklich oder mit Werkzeugen, die Wiederverwendbarkeit von Modulen, Teilsystemen oder Schablonen für beide Arten von Komponenten unterstützt.

Wir hatten in diesem Abschnitt bereits anklingen lassen, daß es bestimmte Repräsentanten von *Softwaresystemen* gibt, die für eine *Klasse* von Problemen stehen. Wir wollen nun klären, welche Klassen wir hier sehen und *welche* wir hiervon in diesem Buch *erläutern* bzw. *welche nicht.* Hier gibt es (1) die Klasse der Transformations- oder Batch-Probleme, für die in Kap. 7 ein größeres Beispiel auftaucht. Ferner gibt es (2) die Klasse der interaktiven Systeme, die ebenfalls mit einem Beispiel in verschiedenen Ausbaustufen in Kap. 7 gründlich erläutert wird. Hier kann man noch einmal unterteilen in interaktive Systeme, die vollständig zu realisieren sind und solche, die sich auf eine Datenbank abstützen. Im letzteren Fall ist die Vorgehensweise und auch die Architektur i.a. anders. Dies sind Beispiele für sequentielle Probleme und Systeme. Die Problemklasse (3) nebenläufige Systeme wird in diesem Buch lediglich durch ein Beispiel gestreift, die Problemklasse (4) verteilte Systeme (Mehrprozessorsysteme, Rechnernetze) wird überhaupt nicht angesprochen. Schließlich kommt auch (5) der Bereich der eingebetteten Systeme nicht vor, der sich von den nebenläufigen Problemen allgemeiner Art insoweit unterscheidet, als ein gesamtes technisches System und nicht nur Software entworfen wird. Dabei sind die in Software zu realisierenden Teile manchmal so klein, daß für diese kein großer Planungs- und Entwurfsaufwand entsteht. Schließlich gibt es (6) noch die KI-Probleme, die durch "Unschärfe" im Sinne von Durchprobieren, Unvollständigkeit etc. geprägt sind. Auch diese werden hier nicht diskutiert. Wenn auch die Problemklassen (4), (5) und (6) nicht angesprochen werden, so hat der Autor die Hoffnung wenn auch nicht den Beweis, daß die vorgestellten Entwurfskonzepte auch darauf anwendbar sind.

2.6 Zum Einfluß des Softwareerstellungs–Paradigmas und der Programmiersprache

Im letzten Abschnitt haben wir eine Reihe von *Arbeitsbereichen* diskutiert, die mit dem Programmieren im Großen zusammenhängen und die wir deshalb für wichtig halten, aber aus Gründen des Umfangs dieses Buches nicht besprechen werden. Die dort betrachteten Probleme sind als Ergänzung des hier Diskutierten zu verstehen, denn sie *fügen sich* in den in dieser Darstellung gewählten *Ansatz ein.*

Dieser Ansatz beruht auf zwei Grundannahmen: Zum einen gehen wir von der ingenieurwissenschaftlichen Aufteilung in Phasen und von der Unterscheidung zwischen verschiedenen Ebenen der Betrachtung und Detaillierung aus, die wir Arbeitsbereiche genannt haben, und die wir gedanklich sauber auseinanderhalten wollen. Wir haben diesen Ansatz *diskretes Softwareerstellungs-Paradigma* genannt. Das schließt auch die Idealisierung mit ein, daß man bei Erstellung einer Architektur das Programmieren im Kleinen auf grober Ebene bereits mitüberlegen muß. Zum zweiten sind die im folgenden angestellten Überlegungen durch die Welt der *"klassischen"*, imperativen *Programmiersprachen* (prozedurale Sprachen, von-Neumann-Sprachen) geprägt. Diese Sprachfamilie schließt fast alle heute in der Praxis bedeutsamen Programmiersprachen mit ein. Sie reicht von Assembler über FORTRAN, Cobol und Pascal bis zu Modula-2 und Ada.

Eine grundsätzlich andere Klasse von Ansätzen der Softwareerstellung wurde durch Fig. 1.3 charakterisiert. Viele "alternative" Ansätze fügen sich in das Schema dieser Figur ein. Alle diese Ansätze gehen eher von einem *kontinuierlichen Softwareerstellungs-Paradigma* aus, d.h., daß die einzelnen Niveaus der Betrachtung, sofern sie überhaupt unterschieden werden oder soweit die Notwendigkeit der Unterscheidung überhaupt gesehen wird, eher "gleitend" auseinander hervorgehen. Besonders ausgeprägt ist dies beim Ansatz "Softwareerstellung durch Transformieren", z.B. /5. Ba 85, 87/, bei dem in einer Folge inkrementeller Schritte aus einer Problembeschreibung das fertige Programm entsteht.

Die zweite Annahme, deren Veränderung zu prinzipiell anderen Ansätzen führt, ist die Verwendung einer Programmiersprache, die nicht der obigen klassischen "Sprachfamilie" angehört. So führen die funktionale Programmierung (beispielsweise Lisp /5. WH 84/), die objektorientierte Programmierung (/5. Co 86/, /5. WS 87/, etwa in Smalltalk /5. GR 83/) oder die logische Programmierung (etwa in Prolog /5. CM 84/, /5. Br 87/) zu anderen Vorstellungen und in der Folge zu anderen Programmsystemen. In den ersten beiden Fällen sind die isolierbaren Einheiten eines Programmsystems ausschließlich von einer bestimmten Art, nämlich einmal funktionale Bausteine und das andere Mal Klassen. Im Fall von Prolog gibt es überhaupt keine Einheiten oberhalb der "Programmieren-im-Kleinen-Ebene". Wir wollen diese *Sprachen* als *interpreterorientiert* bezeichnen, weil ihre Ausführung in der Regel (einigermaßen) direkt durch einen Interpreter zur Laufzeit bewerkstelligt wird. Im Gegensatz dazu stehen die compilerorientierten Sprachen der obigen Sprachfamilie, bei denen ein komplizierter Übersetzungsvorgang der Ausführung vorangeht.

Bisher ist die Notwendigkeit von *Überlegungen auf Architekturebene* mit einer entsprechenden *Fixierung* der Architektur in vielen Darstellungen zu diesen alternativen Ansätzen nicht gesehen worden, oder diese Ansätze gehen bewußt von einem "gleitenden" Paradigma aus. Die Autoren von Smalltalk beispielsweise bezeichnen ein Programmsystem als "moving target", d.h. in ständiger Veränderung begriffen, die im Extremfall sogar zur Laufzeit eintreten kann. Dieser Mangel an Architekturüberlegungen bzw. an Fixierung derselben kommt daher, daß Sicherheitsaspekte, die man in Programmsystemen zur Erstellungszeit festlegt und die möglichst spätestens zur Compilezeit abgeprüft werden sollten, *nicht als wichtig angesehen* werden. Das kann teilweise damit erklärt werden, daß in den meisten der obigen Sprachen nur wenige wirklich große Programmsysteme erstellt wurden, die beim Kunden und nicht in einem Laborkontext eingesetzt werden, und an deren Erstellung viele Personen beteiligt waren. Zum Teil tritt also die Softwaretechnik–Problematik dort überhaupt nicht auf oder sie wird als nicht so wichtig angesehen. Damit bezieht dieses Buch seine Motivation aus der Verwendung des ingenieurmäßigen Ansatzes und aus dem Einsatz klassischer Programmiersprachen.

Dies soll keineswegs als Werturteil gegen diese interpreterorientierte Sprachfamilie verstanden werden. Diese enthält andere und neue Ideen, die interessant sind. Darüber hinaus sieht man nach einer Beschäftigung mit ihr die Welt der klassischen Sprachen in einem anderen Licht. Eine Diskussion des Spannungsgefälles compilerorientierte versus interpreterorientierte Sprachen im Sinne einer Skala, mit Sicherheit und Effizienz einerseits bzw. Flexibilität und Freiheit andererseits, ist in Form der Gegenüberstellung Smalltalk–Ada in /5. Na 83/ skizziert. Dem Leser wird also dringend empfohlen, sich insbesondere mit den Ideen der interpreterorientierten Programmiersprachen und der Gegenüberstellung zu den klassischen Programmiersprachen zu beschäftigen (vgl. Literaturabschnitt 5).

Dort, wo die Notwendigkeit von Architekturüberlegungen und von Überprüfungen vor der Programmlaufzeit eingesehen wurde, wird versucht, die Gedankenwelt der *Modularisierung*, wie sie in diesem Buch eingeführt wird, in diese obigen alternativen Sprachen zu *übertragen* (z.B. Modulkonzept für Prolog und Lisp, Typisierung in Smalltalk /5. BI 82/, /5. DT 88/, /5. Su 81/). Dadurch entstehen dann keine prinzipiell neuen Ansätze.

Andererseits kommen aus einigen dieser Sprachen einige Anregungen, die Auswirkungen auf das Architekturniveau haben. Dies betrifft insbesondere die objektorientierten Sprachen bzw. Ansätze, die seit dem Erscheinen von Smalltalk–80 sehr intensiv in der Literatur diskutiert werden. Die Idee der *Objektorientierung* wird heute als bedeutsam angesehen, wenn auch z.Z. noch niemand genau weiß, wie diese Idee mit der Ideenwelt der klassischen Sprachen in Form eines einheitlichen Modulkonzeptes zu vereinen ist, das auf klassische Sprachen abgebildet werden kann. Wir werden diese Ideenwelt in Kap. 5 erörtern.

2.7 Zusammenfassung

Neben der Klärung wichtiger Begriffe und der Darstellung des Modellierungsproblems auf Architekturniveau im Rahmen des softwaretechnischen Ansatzes, haben wir in diesem Kapitel hauptsächlich die *Notwendigkeit* der *Einführung geeigneter Sprachen* betont. Eine Graphik soll die Softwarearchitektur als Übersicht festhalten und eine Textdarstellung soll für jeden Modul detailliert angeben, welche Rolle er im Gesamtzusammenhang spielt. Neben diesen beiden formalsprachlichen Dokumenten ist ein umgangssprachliches Design–Rationale zu erstellen. Ferner können die Programmieren–im–Kleinen–Überlegungen, die zum Teil angestellt werden müssen, ebenfalls skizzenhaft festgehalten werden.

Im folgenden sind hauptsächlich die beiden *formalsprachlichen Darstellungen* von Interesse. Von beiden legen wir die *Syntax* fest, während die Semantik der Module bzw. Teilsysteme lediglich als umgangssprachliche Kommentare erscheint. Allerdings ist die Syntax der Diagrammsprache für die Übersichtsdarstellungen sowie die Syntax der Textsprache für die Detailinformationen zu den einzelnen Modulen sehr stark von der Semantik des Entwerfens geprägt. Dadurch gehen sämtliche statisch–semantischen Aspekte des zukünftigen Programmsystems in diese beiden Darstellungen ein. Auf die pragmatischen Aspekte beider Darstellungen kommen wir im folgenden Buch insoweit zurück, als die Frage der Übersichtlichkeit von Notationen an der einen oder anderen Stelle diskutiert wird.

Die Kernaussage dieses Kapitels ist, die *Bedeutung* eines geeigneten *Sprachniveaus* zu betonen. Da aus einem fertigen oder teilweise fertigen Programmsystem die Struktur desselben, aufgrund der vielen hinzugetretenen Details, nicht mehr sichtbar ist, gilt es, das strukturell Wesentliche in Form einer kompakten Notation festzuhalten. Die Architekturebene ist deshalb das richtige Sprachniveau, um über Programmsysteme zu argumentieren und zu kommunizieren. Mithilfe eines Architektur–Diagramms kann über Programmstrukturen, Entwurfsentscheidungen sowie über Programmeigenschaften wie Adaptabilität und Portabilität gesprochen werden. Alles dies läßt sich bereits in dieser kompakten Darstellung erkennen. Die textuelle Darstellung ist Grundlage der Abbildung auf eine bestimmte Programmiersprache, in der implementiert werden soll. Die Diagramm– bzw. Textsprache muß für diese Aussagen über Strukturen, Entwurfsentscheidungen und Programmeigenschaften natürlich *geeignete Ausdrucksmittel* besitzen.

Die Festlegung einer wohldurchdachten Architektur ist auch in einer Sprache mit geeigneten Ausdrucksmitteln keineswegs leicht, wie wir noch nachzuweisen haben. Trotzdem lohnt sich der Aufwand, da ein Großteil der Aktivitäten bei der Softwareerstellung erst nach der Architekturfestlegung in Angriff genommen wird und somit *Fehler* bei den Architekturüberlegungen "viele andere Fehler" nach sich ziehen. Die Einheiten des Programmierens im Großen sind Grundlage anderer Überlegungen im Bereich Programmieren im Kleinen, Qualitätssicherung, Dokumentation sowie Projektorganisation.

Aufgaben zu Kapitel 2

1. Charakterisieren Sie die Bottom–up–Entwurfsstrategie anhand des Beispiels von Fig. 2.3. Was sind die Aufgaben eines jeden Schrittes?

2. Gehen Sie noch einmal die Eigenschaften von Programmsystemen aus dem Abschnitt 1.5 durch, und überlegen Sie grob, wie sich diese Eigenschaften auf das Architekturniveau auswirken könnten.

3 Ein erstes Beispiel: Ohne Vorüberlegung

Zielsetzung dieses Kapitels ist die Erarbeitung eines Beispiels, ohne lange darüber nachzudenken. Dieser "Schnellschuß" erstreckt sich auf verschiedene Ebenen: Wir werden weder über die Aufgabe lange diskutieren noch über eine geeignete Notation für Lösungen oder über die hier zu erstellende Beispielarchitektur. Deshalb werden wir schwerwiegende Fehler bei der Erstellung dieser Architektur machen. Diese Fehler sind didaktisch erwünscht, geben sie uns doch später Gelegenheit, sie zu diskutieren und andere Vorgehensweisen vorzuschlagen, um sie zu vermeiden. Das Beispiel ist aus Übungsaufgaben zu einer Vorlesung hervorgegangen.

3.1 Die Aufgabenstellung

Wir geben im folgenden eine knapp gefaßte *Anforderungsdefinition* für das zu erstellende Beispiel an. Das Beispiel ist ein kleines *interaktives System*. Die Bedieneroberfläche wird zunächst der Einfachheit halber als zeilenorientiert angenommen. Wenn wir später das Beispiel in Kap. 7 wieder aufgreifen, dann wird eine der Veränderungen darin bestehen, eine wie üblich gestaltete Fensterschnittstelle vorzusehen. Wir charakterisieren im folgenden das zu entwickelnde System und geben danach die Gestaltung der Bedieneroberfläche vor.

a) Zielbestimmung

Es soll ein interaktives Karteikastensystem (KKS) entwickelt werden, das eine Menge von Karteikästen verwaltet. Jeder Karteikasten besteht aus einer Folge von Karteikarten, die nach einem festen Schlüssel sortiert gehalten wird. Jede Karte enthält neben dem Schlüssel einen unstrukturierten Text mit fester Maximalgröße.

b) Rahmenbedingungen

Anwendungsbereiche: Das System dient dazu, Karteikarten beliebigen Inhalts zu verwalten. Es kann eingesetzt werden, um Adressen von Personen, Literaturverzeichnisse oder ähnliches zu verwalten.

Benutzerprofil: KKS soll von EDV-Laien benutzt werden können. Dies ist sowohl in der Festlegung der Funktionalität als auch in der Bedienerschnittstellengestaltung zu berücksichtigen.

Umgebung des Produkts: Das System soll auf Personal-Computern laufen. Dies ist zugleich auch die Umgebung, in der KKS entwickelt werden soll. Die Implementierungssprache kann für die Überlegungen, die hier angestellt werden, noch offenbleiben.

c) Beschreibung des Gesamtsystems

In diesem Unterabschnitt wird zunächst die Struktur von Datenobjekten aus der Sicht des Benutzers beschrieben. Anschließend werden die Funktionen des Systems unabhängig von der Benutzerschnittstelle erläutert.

c.1) Struktur der Objekte

KKS verwaltet eine Menge von Karteikästen, die jeweils durch einen Namen (Kastenschlüssel) identifiziert werden. Jeder Karteikasten besteht aus einer Folge von Karteikarten. Jede Karte besteht aus einem Namen (Kartenschlüssel) und einem Inhalt, der aus einer Folge von Textzeilen zusammengesetzt ist. Jeder Karteikasten wird nach den Kartenschlüsseln sortiert gehalten. Alle Objekte sind in ihrer Größe beschränkt. Die Namen der Karteikästen sowie die Namen der Karten eines Karteikastens müssen jeweils eindeutig sein. Für beide Schlüsselarten sind Zeichenketten bestimmter Länge vorzusehen.

c.2) Bedienerfunktionen

Dem Bediener werden zwei Gruppen von Funktionen angeboten: *Verwaltungsfunktionen* dienen dazu, Karteikästen zu verwalten und *Inhaltsfunktionen* ermöglichen die Bearbeitung des Inhalts eines Karteikastens. Dabei unterscheidet man die Funktionen, die auf einer einzelnen Karte arbeiten von denen, die eine Ansammlung solcher Karten zum Gegenstand haben.

Folgende Verwaltungsfunktionen für Karteikästen werden angeboten:
- Anzeigen aller Kästen
- Erzeugen eines leeren Kastens
- Ändern des Namens eines Kastens
- Löschen eines Kastens
- Öffnen eines Kastens
- Schließen eines Kastens.

Folgende Inhaltsfunktionen werden für jeden Karteikasten angeboten:
- Anzeigen einer bestimmten Karte
- Erzeugen und Ausfüllen einer Karte (mit automatischem Einsortieren)
- Löschen einer Karte
- Ändern des Schlüssels einer Karte
- Ändern des Inhalts einer Karte.

Folgende Inhaltsfunktionen werden auf einer Ansammlung von Einzelkarten eines Kastens angeboten:
- Anzeigen aller Kartennamen
- Suchen nach einem Schlüssel (dabei wird nach Karten gesucht, in deren Schlüssel eine vorgegebene Zeichenkette enthalten ist)
- Suchen nach einem Inhalt (analog zu Suchen nach einem Schlüssel: Die Suche

erfolgt allerdings nur innerhalb einzelner Zeilen des Inhaltes, also nicht über Zeilengrenzen hinweg)
- Ausgeben aller Karten auf Papier in einer auf bestimmte Weise aufbereiteten Form.

d) Bedienerschnittstellengestaltung

Wir nehmen hier eine einfache zeilenorientierte Schnittstelle an. Das bedeutet, daß der Benutzer nur in der letzten Zeile des Bildschirms etwas eingeben kann und die Reaktionen des Systems nur in die letzte Zeile geschrieben werden können. Natürlich ist es möglich, daß der Benutzer mehrere Zeilen nacheinander ein- oder das System mehrere Zeilen ausgeben kann. Nach der Ein- bzw. Ausgabe einer neuen Zeile rückt der bisherige Bildschirminhalt um eine Zeile nach oben.

d.1) Verwaltungskommandos

Nach Aufruf von KKS wird ein Menü auf dem Bildschirm ausgegeben und der Benutzer wird aufgefordert, seine Eingabe nach dem Zeichen "< " zu tätigen, hier durch die Angabe eines Zeichens ein Kommando auszuwählen (vgl. Fig. 3.1). Nach der Ausführung des Kommandos erfolgt i.a. eine Bestätigungsmeldung des Systems, wenn nicht vorher eine Fehlermeldung ausgegeben wurde, die anzeigt, warum das Kommando nicht ausführbar war.

Bei der Auswahl des Kommandos Alle Kästen anzeigen bekommt der Bediener den ersten Abschnitt der Liste der vorhandenen Kästen angezeigt, der noch auf den Bildschirm paßt. Mit den folgenden Kommandos kann auf der Liste gerollt werden. Es kann damit auf den Anfang der Liste sowie zum nachfolgenden bzw. vorangehenden Listenabschnitt gegangen werden. Die Bewegungskommandos werden mit den Cursortasten angestoßen, falls vorhanden, ansonsten mit anderen Tasten.

Kasten öffnen und bearbeiten ist die Operation, mit der die Bearbeitung des Inhalts eines Kastens begonnen werden kann. Kasten ausgeben gibt nach Eingabe des entsprechenden Kastennamens sämtliche Karten dieses Kastens in sortierter Reihenfolge in eine Textdatei aus.

Bei der Eingabe des Namens eines neuen Kastens, beim Löschen eines Kastens, beim Eröffnen eines Kastens und bei der Änderung eines Kastennamens wird nach der Eingabe des Namens durch den Bediener vom System abgeprüft, ob der neue Name bereits vergeben ist, bzw. ob der Name des Kastens überhaupt existiert (vgl. Fig. 3.1.b für den Fall des Löschens).

Das Kommando Ende Dialog beendet die Sitzung.

d.2) Inhaltsfunktionen

Nach dem Öffnen eines Karteikastens werden dem Bediener die in Fig. 3.2 aufgeführten Kommandos angezeigt.

Bei der Auswahl von Alle Kartennamen anzeigen wird ein Abschnitt der Namensliste der vorhandenen Karten auf dem Rest des Bildschirms nach dem Menü angezeigt. Mit entsprechenden Kommandos (analog zu d.1) kann hierauf geblättert werden. Da die zeilenorientierte Schnittstelle keine komfortable Bedienerführung bei der Gestaltung eines anderen Kommandos mit einer zusätzlichen Anzeige der Kartenliste zuläßt, gehen wir davon aus, daß der Bediener eine Liste der Karten eines Kastens neben sich auf dem Schreibtisch liegen hat. Diese hat er sich vorher mit dem Verwaltungskommando **Kasten ausgeben** erzeugt.

```
--------------- Verwaltung der Kaesten ---------------
Bitte geben Sie ein Kommando ein (Buchstabe in Klammern):

(a) alle Kaesten anzeigen
(b) leeren Kasten erzeugen
(c) Kastennamen aendern
(d) Kasten loeschen
(e) Kasten oeffnen und bearbeiten
(f) Kasten ausgeben
(g) Ende Dialog

< a

Kaestenliste - Anfangsabschnitt:
Adressen Kunden-Nord
Adressen Kunden-Sued
Literatur Betriebssysteme
Literatur Softwaretechnik
```
a)

```
--------------- Verwaltung der Kaesten ---------------
Bitte geben Sie ein Kommando ein (Buchstabe in Klammern):

(a) alle Kaesten anzeigen
(b) leeren Kasten erzeugen
(c) Kastennamen aendern
(d) Kasten loeschen
(e) Kasten oeffnen und bearbeiten
(f) Kasten ausgeben
(g) Ende Dialog

< d

Name des zu loeschenden Kastens:
< Adressen Kunden

Kasten existiert nicht!
```
b)

Fig. 3.1: Bedienerschnittstelle: Verwaltungskommandos

Will der Bediener eine neue Karte erzeugen, so wird er nach der Eingabe von Alternative (b) aufgefordert, zuerst den Schlüssel und danach den Inhalt einzugeben. Die Inhaltseingabe wird beendet, wenn entweder die maximale Zeilenzahl erreicht wird oder die letzte Zeile eine Leerzeile ist.

Eine einzelne Karte, deren Namen bekannt ist, kann mit dem Kommando nach Schlüssel suchen aufgefunden werden. Diese ist dann die aktuelle Karte und wird

vollständig angezeigt. Existiert keine Karte mit diesem Namen, so erscheint wieder eine entsprechende Meldung und die alte Karte bleibt die aktuelle Karte.
Alle weiteren Kommandos gehen davon aus, daß es bereits eine aktuelle Karte gibt, auf die sich das Änderungs-, Lösch- oder Suchkommando bezieht.

```
------------------- Bearbeitung eines Kastens -----------
Bitte geben Sie ein Kommando ein (Buchstabe in Klammern):

    (a)  alle Kartennamen anzeigen
    (b)  Karte erzeugen und ausfuellen
    (c)  Karte loeschen
    (d)  Schluessel aendern
    (e)  Inhalt aendern
    (f)  nach Schluessel suchen
    (g)  nach Inhalt suchen
    (h)  Suche fortsetzen
    (i)  naechste Karte
    (j)  Ende Bearbeitung eines Kastens

< b

Schluessel der Karte:

< Kloebner
```
a)

```
    (f)  nach Schluessel
    (g)  nach Inhalt suchen
    (h)  Suche fortsetzen
    (i)  naechste Karte
    (j)  Ende Karteninhaltsbearbeitung

< b

Schluessel der Karte:

< Kloebner

Inhalt der Karte:

< Dr. Erwin Kloebner
< Entenpfuhl 38a
< 5000 Koeln
<
Karte wurde abgelegt!
```
b)

Fig. 3.2: Bedienerschnittstelle: Inhaltsfunktionen

Der Bestand eines Kastens kann Karte für Karte durchgegangen werden. Hierfür wird das Kommando naechste Karte benutzt. (Nach Öffnen des Kastens ist die erste Karte die aktuelle.) Die nächste Karte wird vollständig angezeigt. Dieses Kommando rückt auch die aktuelle Karte weiter, sofern nicht bereits das Ende eines Kastens erreicht ist, was durch eine Meldung angezeigt wird.

Mit dem oben beschriebenen Kommando nach Schlüssel suchen kann auf eine beliebige Karte positioniert werden und somit bei Eingabe des ersten Kartennamens auch
auf den Anfang. Die Karte wird wiederum vollständig angezeigt.
Schließlich gibt es die Möglichkeit, einen Teilbestand der Karten auszuwählen, um
ihn bearbeiten zu können, wenn man nur einen Teil der Schlüssel- bzw. Inhaltsinfor-
mation kennt. Hierzu wählt man nach Schluessel suchen bzw. nach Inhalt suchen aus
und gibt den bekannten Teil in Form einer Zeichenkette ein, die als Teilzeichenkette
im Schlüssel oder in einer Inhaltszeile vorkommen soll. Das Ergebnis ist die erste
Karte nach der aktuellen Karte, bei der die Suche erfolgreich ist. Die Karte wird wieder vollständig angezeigt. Mit dem Kommando Suchen fortsetzen wird die nächste
Karte im Sinne der Sortierung geliefert und angezeigt, falls sie vorhanden ist. Diese ist
dann die aktuelle Karte.
Die aktuelle Karte ist diejenige, auf die sich die Kommandos (c), (d), (e) beziehen
bzw. bei (h), (i) insofern, als sie von der Stelle der aktuellen Karte ausgehen. Die
Kommandos (f) und (g) sind nicht auf die aktuelle Karte bezogen. Sie beginnen die
Suche stets am Anfang eines Kastens, liefern aber eine neue aktuelle Karte als Resultat, falls die Suche erfolgreich ist.
Das Löschen einer Karte und das Ändern eines Kartenschlüssels wird analog zu Fig.
3.1 behandelt. Dabei gibt es eine entsprechende Fehlermeldung, wenn der Schlüssel
nicht oder der neu eingegebene Schlüssel bereits existiert. Soll der Inhalt einer Karte
geändert werden, so muß zuerst der Schlüssel eingegeben werden. Anschließend wird
der alte Inhalt ausgegeben und der Benutzer aufgefordert, wie beim Einfügen einer
neuen Karte den neuen Karteninhalt einzugeben.
Nach Eingabe des Kommandos Ende Bearbeitung eines Kastens kehrt der Dialog zu
den Verwaltungskommandos zurück.

3.2 Eine erste Lösung

   Wir wollen nun eine *erste Lösung* angeben, wie sie aufgrund der Erfahrung aus
Vorlesungen oder Seminaren nach einer kurzen Diskussion in dieser oder in ähnlicher
Form entsteht. Die Ähnlichkeit dieser "Schnellschußlösungen" ist frappierend. Die
Lösung ist durchaus mit einiger Überlegung aufbereitet, es ist also keine absichtlich
"dumme" Architektur. Die Diskussion "Was kann sich ändern?", die nach der Erstellung der Anforderungsdefinition stattfinden sollte, haben wir ausgelassen (vgl. Aufgabe 1). Die Diskussion zu dem gleichen Thema nach Erstellung der Architektur fehlt
hier ebenfalls (vgl. Aufgabe 2 und das Wiederaufgreifen des Beispiels in späteren Kapiteln).

   Wir geben im folgenden die *Architektur* in Form eines Übersichtsdiagramms (vgl.
Fig. 3.3) an, wobei wir die Bedeutung der Elemente in der Graphik im nächsten Abschnitt genauer erklären werden. Diese Grobübersicht wird ergänzt durch eine Skizze
eines *Design-Rationales*, die für jeden Modul die Entwurfsentscheidung aufführt. Darüber hinaus sind, wie dies im letzten Kapitel begründet wurde, auch *Überlegungen* zur

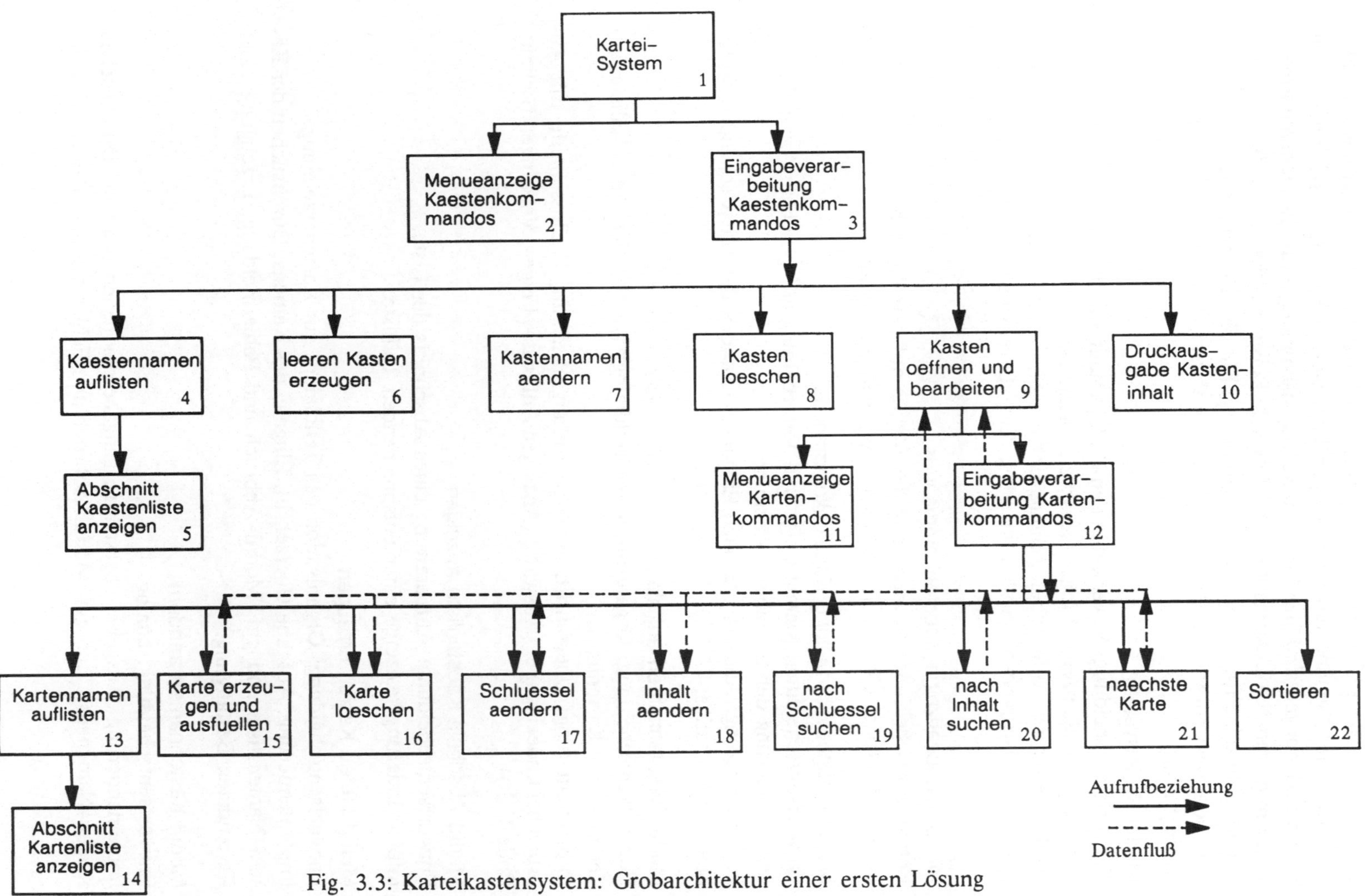

Fig. 3.3: Karteikastensystem: Grobarchitektur einer ersten Lösung

Implementierung nötig, um festzustellen, ob die angegebenen Bausteine nötig sind und keine fehlen. Diese Überlegungen zu jedem Modul werden jeweils umgangssprachlich in Form einer Pseudocode-Notiz festgehalten. Design-Rationale und Implementierungsüberlegungen sind hier für jeden Modul zusammengefaßt. Sie stehen normalerweise in getrennten Dokumenten. Das folgende Beispiel enthält somit für die einzelnen Module keine formalsprachliche Festlegung. Für die Art von Modulen, die bei einem deratigen Entwurf entsteht, ist das für das Verständnis der Architektur nicht unbedingt nötig.

Modul Karteisystem
Entwurfsentscheidung: Er verwaltet den Dialogablauf auf oberster Ebene und steuert dabei den Menüanzeige-Eingabeverarbeitungszyklus.
Implementierung: Anfangsbehandlung; Endlosschleife mit Abbruch bei Endeeingabe: (Anzeige Kästenverwaltungskommandos; Eingabeverarbeitung); Abschlußbehandlung.

Modul Menueanzeige Kaestenkommandos
Entwurfsentscheidung: Aufbereitung des Menüs auf dem Bildschirm.
Implementierung: Überschrift; Sequenz: Alternativenausgabe.

Modul Eingabeverarbeitung Kaestenkommandos
Entwurfsentscheidung: Menüanzeige und Verarbeitung auf gleichem Architekturniveau, Steuerung der Eingabeverarbeitung.
Implementierung: Auswahl: Je nach Eingabe, Anstoßen der entsprechenden Verarbeitungsalternative.

Modul Kaestennamen auflisten
Entwurfsentscheidung: Organisation des Teildialogs zur Anzeige einer Teilliste aus der Liste der Kastennamen.
Implementierung: Überschrift; Anzeige Anfangsabschnitt; Endlosschleife mit Abbruch bei Endeeingabe: (Auswahl: (Anzeigen Anfangs-, Folge-, Vorgängerabschnitt, Ende Exit)).

Modul Abschnitt Kaestenliste anzeigen
Entwurfsentscheidung: Aufbereitung eines Abschnitts der Liste.
Implementierung: Anzeige einer entsprechenden Teilliste.

Modul leeren Kasten erzeugen
Entwurfsentscheidung: Organisation des Teildialogs zur Kastenerzeugung.
Implementierung: Ausgabe Überschrift; Eingabe des Namens; Durchsuchen der Kästen-Namensliste und ggf. Modul-Abbruch und Fehlermeldung; Erzeugung einer Kartendatei; Bestätigung.

Modul Kastennamen aendern
Entwurfsentscheidung: analog.
Implementierung: Ausgabe Überschrift; Eingabe des neuen Namens; Durchsuchen Kästen-Namensliste und ggf. Modul-Abbruch und Fehlermeldung; Ändern des Na-

mens in der Kästen-Namensliste; Ändern des Namens in der Kartendatei; Bestätigung.

Modul Kasten loeschen

Entwurfsentscheidung: analog.
Implementierung: Ausgabe Überschrift; Eingabe des Namens des zu löschenden Kastens; nochmalige Bestätigung erfragen und ggf. Abbruch und Fehlermeldung; Löschen der Kartendatei; Bestätigung.

Modul Druckausgabe Kasteninhalt

Entwurfsentscheidung: Druckaufbereitung für den Inhalt des Kastens.
Implementierung: Ausgabe Überschrift; Eingabe des Kastennamens; Durchsuchen der Kästen-Namensliste und ggf. Modul-Abbruch und Fehlermeldung; Druckausgabe-Überschrift; Schleife bis Ende: Ausgabe der einzelnen Karten; Abschlußbehandlung; Bestätigung.

Modul Kasten oeffnen und bearbeiten

Entwurfsentscheidung: Organisation des Teildialogs Eröffnung Kasten, Anzeige der Kartenoperationen, Verarbeitung der Benutzereingabe.
Implementierung: Ausgabe Überschrift; Eingabe des Kastennamens; Durchsuchen der Kästen-Namensliste und ggf. Modul-Abbruch und Fehlermeldung; Ablage Kastenname als globales Datum; Anfangsbehandlung; Endlosschleife mit Abbruch bei Ende der Bearbeitung: (Anzeige Kartenbearbeitungskommandos; Verarbeitung); Abschlußbehandlung.

Modul Menueanzeige Kartenkommandos

analog zu Menueanzeige Kaestenkommandos

Modul Eingabeverarbeitung Kartenkommandos

analog zu Eingabeverarbeitung Kaestenkommandos

Modul Kartennamen auflisten und Modul Abschnitt Kartenliste anzeigen

analog zu Kaestennamen auflisten und Abschnitt Kaestenliste anzeigen.

Modul Karte erzeugen und ausfuellen

Entwurfsentscheidung: Organisation des Teildialogs zum Erzeugen und Ausfüllen einer Karte.
Implementierung: Ausgabe Überschrift; Eingabe Kartenname; Durchsuchen der Karten-Namensliste und ggf. Modul-Abbruch und Fehlermeldung; Erzeugung Dateieintrag; Ablage des Schlüssels als Karteneintrag; Eingabeaufforderung Inhaltseingabe; Zählschleife mit Exit bei Endekennung: Eingabe Zeile und Ablage in Karteneintrag; Abspeichern Karteneintrag in Datei mit Kastennamen; Ablage des Schlüssels der aktuellen Karte als globales Datum; Sortieren der Kartendatei; Bestätigung.

Modul Karte loeschen

Entwurfsentscheidung: Organisation des Teildialogs.
Implementierung: nochmalige Bestätigung erfragen und ggf. Modul-Abbruch und

Fehlermeldung; Löschen des Eintrags der aktuellen Karte in Datei; Ablage des Schlüssels der Nachfolgerkarte als globales Datum, falls vorhanden; Sortieren der Kartendatei; Bestätigung.

Modul Schluessel aendern
Entwurfsentscheidung: analog.
Implementierung: Ausgabe Überschrift; Eingabe eines neuen Schlüssels; Durchsuchen Karten-Namensliste und ggf. Modul-Abbruch und Fehlermeldung; Ändern des Kartennamens der aktuellen Karte; Ablage des neuen Schlüssels als globales Datum; Sortieren Kartendatei; Bestätigung.

Modul Inhalt aendern
Entwurfsentscheidung: analog.
Implementierung: Ausgabe Überschrift; Zählschleife mit Exit bei Endekennung: zeilenweise Eingabe des neuen Inhalts; Abspeichern der aktuellen Karte in der Kartendatei mit Kastennamen; Bestätigung.

Modul nach Schluessel suchen
Entwurfsentscheidung: analog.
Implementierung: Ausgabe Überschrift; Eingabe eines Teils des Schlüssels; Ablage des Flags Schlüsselsuche und des Suchkriteriums in globalen Daten von Kasten oeffnen und bearbeiten; Schleife erste bis letzte Karte mit Abbruch: Textsuche nach Teilstring in Schlüssel einer Karte; Ausgabe erste zutreffende Karte, ansonsten Meldung; Ablage des Schlüssels der aktuellen Karte als globales Datum.

Modul nach Inhalt suchen
Entwurfsentscheidung: analog.
Implementierung: Ausgabe Überschrift; Eingabe Teil des Inhalts; Ablage des Flags Inhaltssuche und des Suchkriteriums in globalen Daten von Kasten oeffnen und bearbeiten; Schleife erste bis letzte Karte mit Abbruch: (Zählschleife mit Exit bei Endekennung: Suche Teilstring in den einzelnen Zeilen); Ausgabe der ersten zutreffenden Karte, ansonsten Meldung; Ablage des Schlüssels der aktuellen Karte als globales Datum.

Modul naechste Karte
Entwurfsentscheidung: analog.
Implementierung: Aufsuchen der nächsten Karte von der aktuellen Karte aus; Ausgabe der zutreffenden Karte, falls nicht Ende, ansonsten Meldung; Ablage des Schlüssels der aktuellen Karte als globales Datum.

Modul Sortieren
Entwurfsentscheidung: Einsatz eines effizienten Sortierverfahrens für einen vorsortierten Bestand.
Implementierung: Je nach Dateiverwaltungssystem, auf das man sich abstützen kann.

Damit sind alle Module erläutert. Wir haben hier eine nahezu *eineindeutige Korrespondenz* zwischen Kommandos und den jeweiligen Modulen. Lediglich der Modul Suche fortsetzen taucht nicht auf und einige weitere Module kommen hinzu, u.a. der Modul Sortieren. Daß Suche fortsetzen nicht auftaucht, liegt daran, daß, je nachdem, ob es sich um einen Schlüssel- oder Inhaltssuche handelt, die wiederholt werden soll, in Eingabeverarbeitung Kartenkommandos, der Modul nach Schluessel suchen bzw. nach Inhalt suchen erneut aktiviert wird. Welcher Modul angestoßen wird, ergibt sich aus der im Modul Kasten oeffnen und bearbeiten abgelegten Information.

3.3 Charakterisierung der Lösung

Wir wollen im folgenden die *Struktur* der ersten *Lösung* beschreiben und bereits jetzt *erkennbare Fehler* auflisten. Weitere Fehler werden wir erst dann erkennen, wenn wir im nächsten Kapitel die hierfür nötige Gedankenwelt und Notation eingeführt haben.

Charakterisieren wir zunächst die Lösung von Fig. 3.3:

1) Alle dort eingeführten *Module* haben funktionalen Charakter, denn sie tun etwas. Genauer gesagt, sie realisieren genau *eine Funktion* im Gesamtzusammenhang des Programmsystems.

2) Die in Fig. 3.3 eingeführten durchgezogenen *Kanten* haben alle die Bedeutung, daß ein *übergeordneter Baustein*, der eine Aufgabe zu erfüllen hat, einen *Unterauftrag* erteilt. Er verharrt im Zustand der Ruhe, bis der untergeordnete Baustein den Auftrag erfüllt hat. Die untergeordneten Module realisieren also Teile der Aufgaben des übergeordneten. Wir sehen damit, daß sich die hier gewählte Zerlegung am dynamischen Ablauf der Gesamtaufgabe orientiert.

3) Die in Fig. 3.3 angegebene Architektur hat eine *Baumstruktur*. Dies rührt daher, daß wir bestimmte Dinge übersehen haben (wie später erläutert wird), daß solche Schnellschüsse in der Regel top–down entwickelt werden und auch daher, daß wir nach dem Schema denken, Aufgaben in Unteraufgaben aufzuteilen.

4) Der Baum ist *teilweise geordnet*, d.h. bei den Söhnen eines Knotens gibt es zum Teil eine Reihenfolge. So ist es nicht zufällig, daß Menueanzeige Kaestenkommandos links neben und damit bei schichtenweisem Lesen vor Eingabeverarbeitung Kaestenkommandos auftaucht. Die Reihenfolge ist in der Regel die Reihenfolge, in der die untergeordneten Module im übergeordneten aktiviert werden, soweit überhaupt eine solche Reihenfolge existiert. Unser Beispiel ist im wesentlichen durch zwei große Fallunterscheidungen geprägt, bei deren Söhnen keine feste Ordnung existiert.

5) Die Struktur der angegebenen Lösung ergibt sich nahezu eins–zu–eins aus der Aufgabenstellung. Die Tatsache, daß die *Bedienerschnittstelle* hierarchisch ist, führt zu einer entsprechenden *Modulhierarchie*.

6) Die hier angegebene Lösung *stützt sich* direkt auf bestimmte *Hilfsmittel, ohne daß diese in der Architektur erscheinen*. Dies betrifft die Anzeige der Kästen–Namensliste, die Anzeige der einzelnen Karten–Namenslisten und insbesondere die Handhabung

der Gesamtheit der Karten eines Kastens. Wir sprechen in der Erläuterung z.B. direkt von Dateien. Ähnliches gilt für den Zeichenkettenvergleich.

7) An einigen Stellen tauchen Daten auf, die für mehrere Module *global* sind. Dies betrifft z.B. die Informationen der aktuellen Karte bzw. die Information, welche die aktuelle Karte ist bzw. die Informationen, ob Schlüssel- oder Inhaltssuche angestoßen wurde und welches das Suchkriterium war. Diese Daten werden, wie wir Fig. 3.3 entnehmen, von einem Großteil der Module unter dem Modul Kasten oeffnen und bearbeiten benutzt und aktualisiert.

8) Diese Handhabung globaler Daten führt natürlich zu *Datenflüssen* zwischen den jeweiligen Modulen.

Die oben angegebene Lösung hat einige Fehler, die wir bereits jetzt erkennen können, ohne daß es einer Einführung eines Modulkonzepts bedarf. Diese Fehler bestehen darin, daß wir *Gemeinsamkeiten nicht erkannt* haben, und daß wir damit die gleichen Teilaufgaben mehrfach programmiert haben. Diese Mehrfachprogrammierung betrifft an zwei Stellen die Menüaufbereitung und die Kommandoeingabe und, ebenfalls an zwei Stellen, das Ausgeben von Listen und das Blättern darauf. An vielen Stellen taucht ferner die Überprüfung auf, ob etwas in einer Liste bereits enthalten ist und die Ausgabe einer Meldung mit Abbruch, falls dies der Fall ist. Diese Mehrfachprogrammierung betrifft auch die ziemlich ähnliche Struktur des Aufbaus der Kommandoteildialoge und letztlich die Tatsache, daß Schlüssel- und Inhaltssuche Gemeinsamkeiten besitzen.

Wir werden noch weitere und schwerwiegendere Fehler erkennen. Hierzu brauchen wir aber zuerst die Notation aus Kap. 4. Darüber hinaus werden wir entdecken, daß die in Fig. 3.3 auftauchenden Module bzgl. ihres *Realisierungsaufwands* sehr *unterschiedlich* sein können. Dies deutet darauf hin, daß wir ggf. einen Architekturbaustein vergessen haben (wenn die Realisierung eines Moduls sehr lang ist), bzw. daß wir einen zuviel angegeben haben (wenn die Realisierung eines Bausteins trivial ist).

3.4 Zusammenfassung

Wir haben hier ein Beispiel aus der Klasse der interaktiven Programmsysteme betrachtet. Für dieses haben wir, ohne lange Vorüberlegungen auf der Requirements-Engineering-Ebene und ohne Kenntnis der folgenden Architekturüberlegungen, eine Softwarearchitektur angegeben. Diese Architektur besitzt eine Reihe von Charakteristika, die bei "Schnellschußlösungen" immer wieder auftaucht. Es herrscht eine rein funktionale Dekomposition vor und die Architektur hat die Struktur eines Baumes. Darüber hinaus gibt es globale Daten und Datenflüsse. In dem hier angegebenen Beispiel ergibt sich die Struktur des Baums aus der Hierarchie des Bedienerdialogs.

Wir haben dabei eine Reihe von Fehlern gemacht, insbesondere wenn wir die Zielsetzungen Adaptabilität und Portabilität des Programmsystems oder den Aspekt der Wiederverwendbarkeit im Auge haben. Wir werden dies später diskutieren, wenn wir uns das nötige Rüstzeug für diese Diskussion erarbeitet haben.

Aufgaben zu Kapitel 3

1. In den vorangegangenen Kapiteln wurde angeregt, daß nach der Erstellung der Anforderungsdefinition ein Brainstorming mit dem Thema "Was kann sich an der Anforderungsdefinition ändern?" stattfinden sollte. Schreiben Sie mögliche Änderungen des in 3.1 beschriebenen Systems auf! Vergleichen Sie die einzelnen Punkte dieser Liste mit der Architektur von Fig. 3.3. Sind diese Änderungen leicht durchzuführen?

2. Nach der Erstellung einer Systemarchitektur sollte noch einmal eine Diskussion mit der Frage "Was kann sich ändern?" geführt werden. Diese liefert dann, im Gegensatz zu der von Aufgabe 1, Änderungen, die nicht von der Aufgabenstellung her kommen (soweit sie nicht Nachträge zu oben sind), sondern die durch die Architektur bedingt sind. Schreiben Sie mögliche Änderungen auf und prüfen Sie anhand der Architektur von Fig. 3.3 den Änderungsaufwand für diese Architektur.

3. Ein Beispiel eines einfachen Batch–Systems aus /2. KKST 79/ lautet:
   In einem Telegrammabrechnungssystem treffen die Daten zu einzelnen Telegrammen in rechnerlesbarer Form als Zeichenstrom ein. Die Abrechnung erstellt eine Druckliste, die für jedes Telegramm Wortzahl und Preis sowie die Gesamtzahl der Wörter aller Telegramme und den Gesamtpreis enthält.

   Die Eingabe hat die Form $(d^6 b^+ (c^+ b^+)^+ \text{STOP } b^+ \text{STOP } b)^{++}$, wobei $d \in \{0,..., 9\}$. b das Leerzeichen und c ein beliebiges druckbares Zeichen ohne Leerzeichen darstellt. Das hochgestellte + bedeutet ein– bis beliebig oftmalige Wiederholung. Die sechsstellige Zahl am Anfang ist der Telegrammidentifikationscode. Die c–Folgen sind die Wörter des Telegramms einschließlich STOP und die Zeichenkette $\text{STOP } b^+ \text{STOP}$ ist die Telegrammendekennung.

   Der Preis berechnet sich folgendermaßen: Ein Wort kostet 0,60 DM, jedes Telegramm mindestens 4,20 DM. Ein postalisches Wort enthält kein Leerzeichen und ist höchstens 12 Zeichen lang, ansonsten wird ein weiteres Wort gezählt. STOP wird nicht gezählt.

   Die Ausgabe liefert eine nach aufsteigendem Telegrammidentifikationscode geordnete Liste mit Einträgen (Telegrammcode, Wortzahl, Preis) pro Zeile und in der letzten Zeile den Eintrag (Gesamtzahl, Gesamtpreis).

   Machen Sie einen Entwurf des entsprechenden Systems nach Art des Beispiels aus diesem Kapitel.

4. In Abschnitt 3.2 taucht für jeden Modul eine Notiz in einem nicht formalisierten Pseudocode auf. Formalisieren Sie die Syntax dieses Pseudocodes in einer Ihnen bekannten Notation (EBNF oder Syntaxdiagramme).

4 Die Notation:
Ein einfaches Modulkonzept

Wir führen in diesem Kapitel zwei formale Sprachen für *Softwarearchitekturen* ein, eine *Diagrammsprache* für Übersichtsdarstellungen und eine *textuelle* und Ada–ähnliche, um die Detailinformation für die einzelnen Module im Gesamtzusammenhang einer Architektur festzuhalten. Über die Syntax und Semantik dieser Sprachen haben wir uns im vorletzten Kapitel bereits geäußert. Wir erläutern in diesem Kapitel lediglich kleine Beispiele, die einzelne Bausteine einer Architektur darstellen. Insoweit ist in diesem Kapitel die Angabe von Erläuterungen im Sinne eines Entwurfsbegründungspapiers (Design–Rationales) überflüssig. Ferner betrachten wir hier auch teilweise das Programmieren im Kleinen insoweit, als wir bei der Vorstellung von Modulen beispielhaft einige Rümpfe angeben.

Das hier eingeführte Modulkonzept, d.h. der gedankliche Rahmen hinter den beiden formalen Sprachen für Softwarearchitekturen, besteht aus der Einführung verschiedener *Modularten*, verschiedener *Arten* von *Modulbeziehungen* und von *Konsistenzbedingungen*. Mithilfe dieser Sprachbestandteile wird festgehalten, was für uns eine zulässige Softwarearchitektur ist. Die wesentlichen Bestandteile einer Architektur können sowohl aus der Diagrammdarstellung als auch aus der textuellen Darstellung abgelesen werden. Das hier eingeführte Modulkonzept hat zunächst eine einfache Form. Über mögliche Erweiterungen diskutieren wir im nächsten Kapitel.

Dieses Modulkonzept hat eine lange *Vorgeschichte*. Es war Gegenstand mehrmaliger Festlegung, Anwendung, und es wurde aufgrund der gewonnenen Erfahrungen jeweils modifiziert. Diese Entwicklungslinie wird durch /4. Al 78, 79/, /4. Ga 82, 83/, /4. Na 82/, /4. LN 85/, /4. Le 88/ beschrieben. Es gibt in der Literatur zu diesem Thema eine Reihe ähnlicher Ansätze (vgl. Literaturabschnitt 4). Konzepte, Sprachen und Methoden für Architekturüberlegungen von Softwaresystemen finden nämlich neuerdings ein starkes Interesse. Wie im nächsten Kapitel dargestellt wird, sind Erweiterungen dieses Modulkonzepts denkbar und wünschenswert. Die Gedankenlinie der Darstellung dieses und des nächsten Kapitels hat sich durch eine Reihe von Vorlesungen und Industrieseminaren entwickelt.

4.1 Module als Bausteine der Architektur

Der *Begriff* des *Moduls* hat in der Softwaretechnik keineswegs eine allgemeingültige Bedeutung. Ähnlich zu den anderen Begriffen, die wir in den Eingangskapiteln eingeführt haben, besteht auch hier die Gefahr, daß unterschiedliche Personen unter einem Modul völlig unterschiedliche Dinge verstehen. Dieser Abschnitt dient deshalb der Klärung dieses Begriffs.

Wir können hierzu keineswegs eine präzise Definition abgeben. Statt dessen folgt eine Liste von mehr oder minder aussagekräftigen *Charakterisierungen* dieses Begriffs, die aus einigen spontanen Diskussionen hervorgegangen ist (vgl. Fig. 4.1 für die Charakterisierungen (6) bis (8)). Diese einzelnen Charakterisierungen werden sich im Verlauf dieses Kapitels mit Inhalt und Leben füllen.

(1) Ein Modul ist eine *logische Einheit* mit einer klar begrenzten Aufgabe in einem Gesamtzusammenhang. Eine Kennzeichnung für diese vage Charakterisierung "logische Einheit" ist die, daß man in der Lage sein muß, die Aufgabe mit einem Satz zu beschreiben.

(2) Ein Modul ist eine *abstrakte Maschine* oder ein Hilfsmittel, um eine solche zu erzeugen. Einer Schicht einer Softwarearchitektur entsprechen oft mehrere abstrakte Maschinen. Das Abstraktionsniveau dieser Maschinen hängt von der Höhe der Schicht in der Architektur ab.

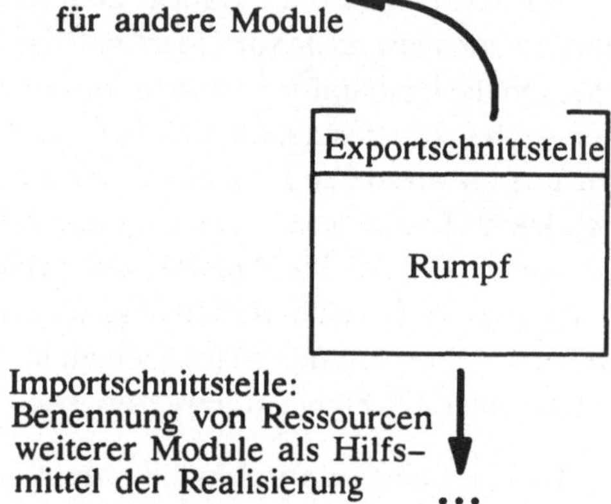

Fig. 4.1: Bestandteile eines Moduls

(3) Ein Modul repräsentiert eine *Entwurfsentscheidung*. Die Gesamtheit aller Entwurfsentscheidungen kann aus der Softwarearchitektur abgelesen werden.

(4) Ein Modul ist eine Einheit aus *Daten* und *Operationen*.

(5) Ein Modul ist ein Baustein einer gewissen *Komplexität* (bestimmte Anzahl von Spezifikationszeilen, von Quelltextseiten nach Realisierungen o.ä.).

(6) Ein Modul stellt Ressourcen nach außen zur Verfügung, die andere Module verwenden können. Diese Ressourcen heißen Schnittstelle oder präziser *Exportschnittstelle*. Diese Ressourcen sind einfach (bezüglich Anzahl und Aufbau) und orthogonal, d.h. keine Ressource ergibt sich aus der Kombination von anderen.

(7) Die Interna eines Moduls sind verkapselt. Diese Interna heißen auch *Rumpf* oder Implementation.

(8) Bei der Implementierung eines Moduls, d.h. beim Ausprogrammieren seines Rumpfes, stützt man sich i.a. auf andere Module. Die Auflistung der benötigten Ressourcen dieser Module heißt *Importschnittstelle* eines Moduls. Die Import–Schnittstelle gibt die Beziehung eines Moduls zu anderen Modulen in der Architektur an.

(9) Ein Modul sollte *keine Nebeneffekte* zulassen, d.h., daß im Rumpf des Moduls nur die Verwendung und ggf. die Änderung der Parameter der Exportschnittstelle bzw. nur die Verwendung der in der Importschnittstelle angegebenen Ressourcen zulässig ist.

(10) Ein Modul ist *ersetzbar* durch einen anderen Modul mit gleicher Export-

schnittstelle. Das hat keinen Einfluß auf die Semantik eines Programmsystems, i.a. aber auf dessen Pragmatik. Der andere Modul kann z.B. schneller, speicherplatzeffizienter o.ä. sein.

(11) Die *Korrektheit* eines Moduls ist ohne Kenntnis seiner Verwendung an anderer Stelle in einem Programmsystem nachweisbar. Man überprüft hierzu die Realisierung des Moduls gegen die Export- bzw. die Importschnittstelle.

(12) Die *"Korrektheit"* der Entwurfsspezifikation eines Programmsystems, d.h. der *Architektur*, ist ohne Kenntnis der Implementationen der einzelnen Module nachweisbar. Die Überprüfung der "Korrektheit" ist selten formal, weil i.a. weder die Anforderungsdefinition noch die Entwurfsspezifikation vollständig formal angegeben werden.

(13) Ein Modul ist *unabhängig* von anderen Modulen *entwickelbar*. Das schließt die Realisierung, die Überprüfung und die Dokumentation mit ein. Somit ist ein Modul eine Arbeitseinheit oder eine Grundlage hierfür in verschiedenen Arbeitsbereichen.

(14) Diese unabhängige Bearbeitung sollte dadurch unterstützt werden, daß die Module von seiten der zugrundeliegenden Programmiersprache *getrennt übersetzbar* sein sollten. Bei dieser getrennten Übersetzbarkeit sollten ebenso viele Überprüfungen durch den Compiler stattfinden, als wenn das ganze Programmsystem auf einmal übersetzt wird.

(15) Die Module sind wesentliche Einheiten der Wiederverwendbarkeit von Software. Viele Module können nämlich in einem anderen Zusammenhang eingesetzt werden, als in welchem sie entwickelt wurden.

Wenn wir diese Liste ansehen, so stellen wir fest, daß Module aus unterschiedlichen Blickwinkeln charakterisiert wurden. Die Charakterisierungen (1) bis (4) sehen einen Modul als *gedankliche Einheit*, die beim Entwurfsprozeß aufgrund einer bestimmten Zielsetzung entsteht. Die Charakterisierungen (3) bis (8) sehen Module als *Architektureinheiten*. Hier wird geklärt, was ein Modul für andere leistet, was andere Module für ihn zur Verfügung stellen, und daß eine jede solche Einheit eine bestimmte Größe nicht überschreiten sollte. Die Charakterisierungen (9) bis (12) betonen die Eigenschaften eines jeden Moduls, als *unabhängige semantische Einheiten* zu fungieren. Ferner erlauben Sie die Möglichkeit der *Überprüfbarkeit* einer nach dem Architekturparadigma von Abschnitt 2.3 zusammengefügten *Gesamtarchitektur*. Schließlich betreffen (13) bis (15) die Charakterisierung eines Moduls als *Arbeitseinheit* bei der Entwicklung und Wartung.

Wenn die obigen Charakterisierungen auch unvollständig und nicht sehr präzise sind, so beziehen sie sich doch auf das richtige Betrachtungsniveau, nämlich *Module* als *Einheiten* der *Architekturmodellierung* zu sehen. In einigen Darstellungen über Programmsystemstrukturen findet man Charakterisierungen von Modulen, die sich statt dessen auf die Implementierungsebene beziehen. So wird unterschieden, ob die Module als Unterprogramme oder Makros realisiert werden, ob sie sequentiell oder nebenläufig aktiviert werden, ob sie reentrant sind usw. Derartige Unterscheidungen spielen für unsere Architekturüberlegungen zunächst keine Rolle, denn sie stellen Details dar, die erst bei der Modulrealisierung ins Spiel kommen.

In Fig. 4.1 haben wir angedeutet, daß ein *Modul aus verschiedenen Teilen* zusammengesetzt ist und ferner *mit anderen* Modulen einer Architektur *in Verbindung* steht. Diese Verknüpfung ergibt sich daraus, daß der Modul selbst an verschiedenen Stellen verwandt wird (hierfür exportiert er etwas), und daß er aber auch andererseits Ressourcen anderer Module verwendet (hierfür importiert er diese). Letzteres muß nicht sein: Die Realisierung kann so einfach sein, daß sie vollständig im Rumpf abgehandelt werden kann. Dann braucht ein Modul keine Importe. In diesem Fall besteht seine Realisierung nur aus dem Rumpf. Wir kommen auf den allgemeinen Fall, daß eine Realisierung andere Module benötigt, später zurück. Es wird sich später zeigen, daß wir auch für die Definition der Schnittstelle eines Moduls Importe benötigen, was in Fig. 4.1 nicht eingezeichnet ist.

Der *Unterschied* zwischen *Schnittstelle* und *Rumpf* eines Moduls soll nun genauer diskutiert werden. In Fig. 4.2 ist ein Beispiel in einer Ada–ähnlichen Notation angegeben. Es handelt sich hier der Einfachheit halber um ein Beispiel, bei dem die Realisierung vollständig im Rumpf abgehandelt wird. Wir betrachten in diesem Beispiel nicht nur den für das Programmieren im Großen wichtigen Teil des Moduls, nämlich die Schnittstelle, sondern auch den Rumpf, der eigentlich zum Programmieren im Kleinen gehört.

Die *(Export–)Schnittstelle des Moduls* von Fig. 4.2 ist folgendermaßen zu verstehen: Der Modul realisiert eine Datenstruktur, die wie ein Bücherstapel auf einem Schreibtisch organisiert ist. Man kann ein Element des Typs ITEM_TYPE auf dem Stapel ablegen (Operation PUSH(...)), ein Element wegnehmen (Operation POP), und man kann nachsehen, welches Element zuoberst auf dem Stapel liegt (Operation READ_TOP). Alles weitere der (Export–)Schnittstelle hat damit zu tun, daß mit diesem Modul in anderen Modulen auf sichere Art und Weise umgegangen werden soll. Wir werden dies, sowie die Art des hier vorgestellten Moduls, später besprechen. Bei solchen Modulen unterscheidet man an der Schnittstelle zwischen verändernden und abfragenden Operationen. Die hier angegebene Datenstruktur, man nennt sie Keller oder Stapel (engl. stack), spielt in der Informatik eine große Rolle (nämlich für Übersetzungen, für die Laufzeitverwaltung von Programmen etc.). Es handelt sich also keineswegs um ein unwichtiges Beispiel. Dieses Beispiel ist darüber hinaus sehr gut untersucht und einfach zu verstehen. Es taucht deshalb in der folgenden Erläuterung auch des öfteren auf.

Für jeden Modul einer Architektur gibt es eine solche *formalsprachliche textuelle Angabe*, die den Modul und seine Aufgaben für eine Gesamtarchitektur erläutert. Wir hatten in Kap. 2 angegeben, daß wir uns bei der Definition eines Moduls auf *syntaktische Angaben* beschränken wollen. Wir sehen dies aus Fig. 4.2. Die Semantik der einzelnen Operationen ist hier nicht angegeben, sondern sie taucht lediglich als Kommentar auf. Der formalsprachliche Teil enthält in der hier eingeführten Notation nämlich keine Bestandteile, um die Semantik von Operationen auszudrücken. Wir werden im nächsten Abschnitt kurz erläutern, daß es hierfür Notationen gibt. Die syntaktische Festlegung besteht aus der Art des Moduls, der Angabe der Namen der Operationen sowie der Formalparameter einschließlich ihres Typs und aus weiteren Angaben.

Programmieren-im-Großen-
Anteil des Moduls

```
abstract data object module ITEM_STACK is --****Export-Schnittstelle***--
...                                                                       --
   procedure PUSH (X: in ITEM_TYPE);        --Zugriffsoperationen einer  --
   procedure POP;                           --FIFO-Datenstrukt. beste-   --
   function READ_TOP return ITEM_TYPE;      --hend aus Veraenderungen--
   function IS_EMPTY return BOOLEAN;        --und Abfragen. Die Bedeu---
   function IS_FULL return BOOLEAN;         --tung der einzelnen Opera---
   ST_UNDERFLOW, ST_OVERFLOW: exception;--tionen ist die folgende:    --
   --PUSH legt ein Element auf dem Keller ab. POP loescht das oberste Ele- --
   --ment. Mit READ_TOP kann das oberste Element abgefragt werden, mit   --
   --IS_EMPTY, ob der Keller leer ist, mit IS_FULL, ob er voll ist.       --
   --ST_UNDERFLOW und ST_OVERFLOW sind Ausnahmen (Fehleranzeigen).--
   --Die erstere wird erweckt, wenn versucht wird, mit POP das "oberste Ele- --
   --ment" eines leeren Kellers zu loeschen, die zweite, wenn mit Hilfe von   --
   --PUSH ein weiteres ELement auf einem vollen Keller abgelegt wird.      --
end  ITEM_STACK; -------------------------------------------------------
--= = = = = = = = = = = = = = = = = = = = = = = = = = = = = = = = = = = = =--
module body ITEM_STACK is ------------------- Rumpf des Moduls---------
   SIZE: INTEGER := 100;                                                 --
   SPACE: array (1..SIZE) of ITEM_TYPE;                                  --
   INDEX: INTEGER range 0..SIZE := 0;                                    --
   procedure PUSH (X: in ITEM_TYPE) is begin ... end;                    --
   ...                                                                   --
   function IS_FULL return BOOLEAN is begin ... end;                     --
   ...                                                                   --
end ITEM_STACK;   --**************************************************--
```

Programmieren-im-Kleinen-
Anteil des Moduls

Fig. 4.2: Unterscheidung zwischen (Export-)Schnittstelle und Rumpf

Bevor wir in der Erläuterung fortfahren, geben wir noch einige *Bemerkungen* an, die *für alle folgenden Beispiele* gelten. Für jeden Modul ist ein Kommentar anzugeben, der die Semantik der Operationen "festlegt". Wir werden dies bei den folgenden Beispielen aus Platzgründen nicht mehr tun, weil diese Erläuterung bereits im Text des Buches zu finden ist. Ferner gilt, daß die Module für die Definition der Schnittstelle andere Module brauchen können, z.B. zur Definition von ITEM_TYPE von Fig. 4.2. Wir kommen hierauf später bei den Modulbeziehungen zurück. Damit sind alle Beispiele bis dorthin unvollständig. Ebenso wollen wir die Erläuterung von Ausnahmen, wie ST_OVERFLOW und ST_UNDERFLOW, verschieben, bis wir etwas Genaueres über die Anwendung derselben wissen.

Skizzieren wir für dieses Beispiel den *Rumpf* des Moduls, d.h. den Programmieren–im–Kleinen–Anteil (für die Ausformulierung vgl. Aufgabe 1). Die Realisierung ist sehr einfach: In einem Behälter SPACE einer bestimmten Größe SIZE werden die Elemente nacheinander abgelegt. Ein INDEX verwaltet, wie weit der Behälter gefüllt ist. In der Realisierung von PUSH wird der Index um 1 erhöht und ein Element abgelegt und in der von POP wird der Index erniedrigt, das "gelöschte" Element ist dann nicht mehr zugreifbar. In der Realisierung von READ_TOP wird das Element, auf das INDEX zeigt, ausgegeben. Der Rumpf in Fig. 4.2 ist in Ada formuliert, es könnte genausogut eine andere Programmiersprache sein.

Zwischen der *Export–Schnittstelle* und dem *Rumpf* muß es folgende *Übereinstimmung* geben: Alle an der Schnittstelle aufgeführten Ressourcen – in unserem Fall die Veränderungs– und Abfrageoperationen, auf die Ausnahmen kommen wir später zu sprechen – müssen im Rumpf natürlich auch realisiert sein. Für unser Beispiel heißt dies, daß es zu jeder Spezifikation einer Operation der Modulschnittstelle einen entsprechenden Rumpf für diese Operation im Rumpf des Moduls geben muß (vgl. Aufgabe 1). Diese Übereinstimmungen zwischen der Schnittstelle und dem Rumpf gilt für alle Module, auch wenn sie einer anderen Art als ITEM_STACK angehören. In dem fertigen Programmsystem wird bei dem Aufruf einer Schnittstellenoperation dieser entsprechende Rumpf durchlaufen.

Der Unterschied zwischen der (Export–)Schnittstelle und dem Rumpf wird dadurch charakterisiert, daß die *Schnittstelle sichtbar* ist und der *Rumpf nach außen verborgen* bleibt. Das heißt keineswegs, daß ein anderer Programmierer nur die Schnittstelle eines Moduls sehen kann, und daß der Rumpf seinen Blicken entzogen ist. Es heißt vielmehr, daß er den Rumpf zwar sehen kann, aber daß er von dessen Innenleben keinen Gebrauch machen darf. Er kann beispielsweise nicht selbst ein neues Kellerelement im Behälter SPACE ablegen, da er die Kenntnis, daß es SPACE gibt, nicht verwenden darf. Er muß statt dessen hierfür die Schnittstellenoperation PUSH nehmen. In einer Programmiersprache, die Module kennt, prüft bereits der Compiler oder ein anderes Werkzeug ab, ob eine eventuell mißbräuchliche Verwendung von Modulinterna stattfindet.

Was ist der Sinn dieses *Verbergens* des *Rumpfs*? Hinter diesem Verbergen steht ein Prinzip, das uns in diesem Buch noch mehrfach begegnen wird, nämlich das der Informationsverbergung (engl. *Information Hiding*). Dieses Information Hiding garantiert die Einhaltung des Abstraktionsschritts, der mit der Einführung eines Moduls verbunden ist. Die Fülle der unwichtigen Details des Rumpfes wird abgeschottet, die Schnittstelle charakterisiert den Modul losgelöst von den Realisierungsdetails. Dieser Ab-

straktionsschritt für die einzelnen Module ist die Grundlage für das Architekturparadigma und damit auch für die Möglichkeit, das Wesentliche eines Softwaresystems in
einer Übersichtsdarstellung verstehen zu können. Aus diesen Gründen will ein Programmierer i.a. den Rumpf eines Moduls, den er verwenden will, auch gar nicht sehen. Die Schnittstelle enthält die gesamte für ihn wichtige Information. Der Abstraktionsschritt zwischen Schnittstelle und Rumpf ist auch die Grundlage für Überlegungen zur Austauschbarkeit und zur Wiederverwendbarkeit von Modulen.

Wir haben oben mehrfach den *Begriff Schnittstelle* gebraucht. Auch dafür gibt es
keinen klaren Sprachgebrauch. Es gibt zwei Bedeutungen von Schnittstelle, die in Fig.
4.3 skizziert sind. Die erste geht von der Unterscheidung zwischen Export und Realisierung aus. Hier wird die Realisierung, die aus der Modulimplementation unter der
Nutzung anderer Module besteht, als verborgen betrachtet, also wird Schnittstelle mit
Exportschnittstelle gleichgesetzt (vgl. Fig. 4.3.a). Die zweite schneidet einen Modul
aus einer Architekturfestlegung heraus und bezeichnet als Schnittstelle alles, was für
den Modul auf der Programmieren–im–Großen–Ebene festgelegt werden muß, damit
z.B. seine Implementierung als getrennter Arbeitsschritt vollzogen werden kann. Diese zweite Bedeutung von Schnittstelle umfaßt sowohl die Exporte als auch die Importe
(vgl. Fig. 4.3.b). Wir werden im folgenden der ersten der beiden Definitionen von
Schnittstelle folgen, d.h. Schnittstelle mit Exportschnittstelle gleichsetzen. Die Importe tauchen später unter dem Aspekt der Modulbeziehungen auf.

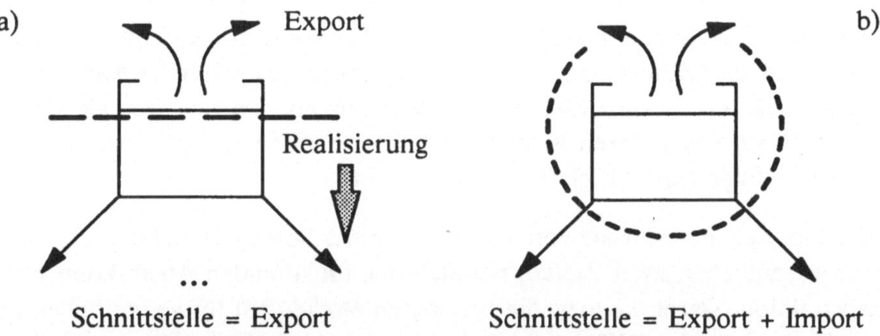

Fig. 4.3: Verschiedene Bedeutungen des Begriffs Schnittstelle

In der Diagramm–Übersichtsdarstellung für Softwarearchitekturen tauchen zwar
alle Module auf, und es sind durch Verbindungen zwischen Modulen auch alle Importe festgelegt. Die *Details* der (Export–)Schnittstelle, z.B. aus welchen Operationen
diese besteht, welche Parameter diese haben etc., müssen der *textuellen Festlegung* eines *Moduls* entnommen werden. Das gleiche trifft für die Importe zu. In der textuellen
Festlegung eines Moduls wird im Importteil festgelegt, welche Ressourcen eines anderen Moduls importiert werden sollen.

Gibt es neben der (Export–)Schnittstelle und den Importen *weitere Informationen*
über einen *Modul,* die für das Verständnis einer Softwarearchitektur von Wichtigkeit
sind? Dazu zählen sicherlich die Semantik der (Export–)Schnittstelle, die Begründung
der Entwurfsentscheidung, die Festlegung von Effizienzparametern, die Benennung

von Autor, Freigabedatum, Version, der Verweis auf Testdaten o.ä. Wo soll diese Information stehen? Einige tendieren dazu, dies alles zur Schnittstellenbeschreibung hinzuzunehmen. Dies führt zu langen Beschreibungen. Wir schlagen deshalb vor, alle diese Angaben in die technische Dokumentation aufzunehmen und in der Modulschnittstelle lediglich einen Verweis auf den entsprechenden Abschnitt der technischen Dokumentation unterzubringen. Die Semantik der Exportschnittstelle sollte allerdings in der Modulschnittstelle in knapper Form als Kommentar erscheinen.

Wir haben in diesem Abschnitt einen Modulbegriff eingeführt, der *Module* als logische Einheiten sieht und *nicht* in erster Linie als *Einheiten* der *Programmiersprache,* die wir zur Implementierung verwenden, oder als Einheiten der getrennten Übersetzbarkeit. Später werden wir feststellen, daß es in alten Programmiersprachen kein entsprechendes Hilfsmittel zur Zusammenfassung (von Ressourcen der Schnittstelle) und der Abschottung (von Details der Realisierung) gibt. Das zwingt uns in solchen Programmiersprachen dazu, einen Modul als *gedankliche Einheit* aufzufassen. Auch bei der neueren Programmiersprache Modula-2 wird von Modulschnittstelle und Modulrumpf als Definitions- und Implementationsmodul gesprochen, was nicht zum Ausdruck bringt, daß beide Bestandteile einer logischen Einheit sind.

4.2 Modularten und Funktionsmodule

Dieser *Abschnitt* dient der *Klassifizierung* der für Softwarearchitekturen benötigen *Modularten* und der *Erläuterung* einer dieser Modularten, nämlich der *funktionalen Module.* Diese Erläuterung kann hier bereits abschließend erfolgen, weil sie verhältnismäßig einfach ist. Die anderen Arten brauchen eine gründlichere Erörterung, die wir in den beiden folgenden Abschnitten vornehmen.

Betrachtet man den Einsatz von Modulen in einer Softwarearchitektur, so dienen diese im wesentlichen zwei Zielen, nämlich der funktionalen Abstraktion bzw. der Datenabstraktion. Damit können die benötigten *Modularten* im wesentlichen in *zwei Klassen eingeteilt* werden. Während wir in diesem Abschnitt für die funktionale Abstraktion eine einzige Modulart kennenlernen, nämlich die funktionalen Module, führen wir in den nächsten Abschnitten zwei Arten von Modulen ein, nämlich die abstrakten Datenobjektmodule und die abstrakten Datentypmodule.

Funktionale Abstraktion heißt, daß die zu dieser Abstraktionsart gehörenden Module ein *Transformationsverhalten* besitzen. Die Eingabedaten werden in Ausgabedaten transformiert, wobei i.a die Ein- bzw. Ausgabedaten in jeder der Operationen der Schnittstelle des funktionalen Moduls erscheinen. Ein funktionaler Modul besitzt oftmals mehr als eine Operation an der Schnittstelle (vgl. Fig. 4.4). Wichtig ist, daß solche Module *kein Gedächtnis* besitzen. Ruft man die gleiche Operation an der Schnittstelle mit den gleichen Eingabeparametern erneut auf, so ist die Wirkung stets die gleiche.

Will man die Wirkung eines solchen Moduls formal beschreiben, so kann für jede der Operationen eine Vorbedingung bzw. eine Nachbedingung (vgl. etwa /3. Jo 86/) angegeben werden, die vor bzw. nach dem Aufruf der Operation erfüllt sein muß. In dem Beispiel von Fig. 4.4 sind solche *Vor- und Nachbedingungen* angegeben, allerdings in einer halbformalen Schreibweise, die in der hier eingeführten Modulbeschreibung lediglich als Kommentar auftauchen.

Modularten der *Datenabstraktion* dienen dem sogenannten Datenabstraktions- oder Datenverkapselungsprinzip. Wir werden dieses Prinzip und die entsprechenden Modularten sehr detailliert besprechen. Soviel sei hier als Gegenüberstellung zur funktionalen Abstraktion bereits erwähnt: Die Datenabstraktionsmodule behandeln Strukturen *mit Gedächtnis,* d.h. Strukturen, die eine Zustandsinformation besitzen. Ein einfaches Beispiel für einen Modul dieser Art, nämlich für ein abstraktes Daten- objekt, haben wir bereits in Fig. 4.2 kennengelernt. Wird bei einem solchen Modul die gleiche Zugriffsoperation mit den gleichen Parametern erneut aufgerufen, so ist das Ergebnis verschieden. Es ist beispielsweise ein Unterschied, ob in einem Bücherstapel das gleiche Buch zweimal abgelegt wird oder nur einmal.

Will man die Semantik der Operationen solcher Module beschreiben, so gibt es zwei Möglichkeiten: Man kann diese wieder durch Vor- und Nachbedingungen für jede der Operationen angeben, wobei hier in jeder Vor- und Nachbedingung ein inter- ner Zustand auftauchen muß, da solche Module ein Gedächtnis besitzen. Eine andere Art der Beschreibung geht davon aus, daß zwischen den einzelnen Operationen Bezie- hungen in der Weise bestehen, daß diese durch *algebraische Gleichungen* beschrieben werden können (vgl. Fig. 4.18 des übernächsten Abschnitts). Für unser Beispiel von Fig. 4.2 lautet eine solche Gleichung etwa POP $\circ$ PUSH $\equiv$ ID, d.h. wird POP nach PUSH angestoßen, so ist der Zustand der gleiche, wie vor der Anwendung von PUSH.

Das Datenabstraktionsprinzip kommt aus der Theoretischen Informatik (vgl. /3. EM 85,89/, /3. Kl 83/, /3. LG 86/). Dort werden in erster Linie formale Semantikspezi- fikationen mit algebraischen Gleichungen behandelt. Wir werden die algebraische Spezifikation in diesem Buch nur streifen. Statt dessen wollen wir die *softwaretechni- sche Bedeutung* des *Datenabstraktionsprinzips* gründlich erläutern. In dieser Beziehung enthält dieses Buch bezüglich der der Betrachtungssicht und der Betonung einiger Aspekte dieses Prinzips eine Reihe neuer Akzente. Wir werden beispielsweise zeigen, daß die Modifikation von Softwaresystemen aufgrund von Fehlerbeseitigung oder von Anpassung des Softwaresystems, z.B. wegen neuer Anforderungen, durch die Anwen- dung der Datenabstraktion wesentlich vereinfacht wird.

Die fortschreitende Diskussion um Modulkonzepte hat gezeigt, daß sowohl die Module der funktionalen Abstraktion als auch die der Datenabstraktion, d.h. also *bei- de Abstraktionsprinzipien,* wichtig sind, falls eine Softwarearchitektur einsichtig und anpaßbar sein soll. Für spezielle Probleme mag das eine oder das andere Prinzip ge- nügen. Im allgemeinen erhält man durch die Modellierung von Architekturen mit aus- schließlicher Verwendung eines der beiden Prinzipien unübersichtliche Architekturen und/oder solche, die nicht anpaßbar sind.

Wir wollen nun für den Rest dieses Abschnitts *funktionale Module* (auch Funktionsmodule genannt) erläutern. Funktionsmodule "tun" etwas, d.h. sie sind *aktiv* oder aktionsorientiert. Die Zerlegung einer komplexen Aufgabe in einzelne Abschnitte im Sinne von Teiltätigkeiten, ist dem Menschen von Kindesbeinen an vertraut. Er hat damit in gewisser Weise das Prinzip der funktionalen Abstraktion verinnerlicht. Die Erfahrung mit Veranstaltungen zeigt deshalb, daß diese Erläuterung vergleichsweise kurz ausfallen kann. Das einzige, was funktionale Module, wie wir sie hier einführen werden, von funktionalen Modulen im intuitiven Sinne unterscheidet, ist, daß die funktionalen Module mehr als eine Operation an der Schnittstelle besitzen können. Dies ist dann der Fall, wenn eine Gruppe von Operationen logisch zusammengehört und deshalb in einem Modul vereinigt wird.

Die Fig. 4.4 enthält ein *Beispiel* eines *funktionalen Moduls*. Eine Gruppe von Plotterprozeduren wird zu einem Modul zusammengefaßt. Der Grund liegt darin, daß sie alle etwas ähnliches tun, nämlich Punkte in R x R nach geeigneter Skalierung auf ein Zeichenblatt bestimmter Größe aufzutragen. Deshalb ist auch die Realisierung dieser Routinen sehr ähnlich. Das kann innerhalb des Modulrumpfs durch geeignete lokale Prozeduren bzw. durch das Abstützen auf andere Module ausgedrückt werden. Der einzige Unterschied ist der, daß POLYGON_... die eingegebenen Punkte durch einen Polygonzug verbindet, daß INTPOL_... eine glatte Kurve durch die Punkte hindurchlegt und daß APPROX_... eine glatte Kurve zeichnet, die nicht durch die Punkte selbst hindurchgeht, sondern nur in deren Nähe vorbei. Diese Schnittstellenfunktion dient also dem Fall "ungefähr" ermittelter Meßpunkte. Die Prozeduren mit dem Suffix _LIN tragen beide Achsen linear, die mit _HLOG die x–Achse linear und die y–Achse logarithmisch, und die mit _DLOG beide Achsen logarithmisch auf.

Wir haben oben als Charakteristikum für *funktionale Module* deren Transformationsverhalten aufgeführt. Das äußert sich darin, daß *jede* der *Operationen Ein–* bzw. *Ausgabedatenstrukturen* besitzt. Wenn wir nun das Beispiel von Fig. 4.4 betrachten, so tauchen in der Tat überall Eingabedatenstrukturen auf, nämlich die Felder X, Y sowie die Zeichenketten X_TEXT, Y_TEXT und UE_TEXT. Eine Ausgabedatenstruktur kann nun ein entsprechender Parameter bei allen Operationen sein. In unserem Beispiel ist die Ausgabedatenstruktur das Zeichenblatt. Diese Datenstruktur ist an der Modulschnittstelle nicht zu erkennen. Lediglich im Kommentar, der die Semantik beschreibt, taucht sie auf. Eine Ausformulierung des Beispiels in dem Sinne, daß die gesamte, unterhalb des Moduls hängende Architektur entworfen wird, zeigt jedoch, daß diese Ausgabedatenstruktur als ein Architekturbaustein auftaucht. Wir werden solche Situationen im nächsten Kapitel erläutern. Die gleiche Situation kann auch bei einer Eingabedatenstruktur auftreten. Somit schlägt sich die Semantikbeschreibung des Moduls in der Architekturnotation nieder, obwohl diese im wesentlichen nur aus Syntax besteht.

Betrachten wir doch einige weitere *Beispiele funktionaler Module*: Sie treten gehäuft bei Batch– oder Transformationsproblemen auf. Ein typisches Beispiel hierfür ist ein Compiler. Dort sind im Fall eines mehrphasigen Compilers alle Phasen funktionale

```
functional module ZEICHNE_FUNKTION is  --***********************--
   --Eingabedaten jeweils in der Parameterliste, Ausgabedatum ist das    --
   --erstellte Plotterfile                                               --
   procedure POLYGON_LIN(X,Y: in FELD; X_TEXT, Y_TEXT, UE_TEXT:          --
                         in STRING);                                     --
   procedure INTPOL_LIN(X,Y: in FELD; X_TEXT, Y_TEXT, UE_TEXT:           --
                         in STRING);                                     --
   procedure APPROX_LIN(X,Y: in FELD; X_TEXT, Y_TEXT, UE_TEXT:           --
                         in STRING);                                     --
   -- alle weiteren Prozeduren mit der gleichen Parameterliste           --
   procedure POLYGON_HLOG(...);                                          --
   procedure INTPOL_HLOG(...);                                           --
   procedure APPROX_HLOG(...);                                           --
   procedure POLYGON_DLOG(...);                                          --
   procedure INTPOL_DLOG(...);                                           --
   procedure APPROX_DLOG(...);                                           --
   ...                                                                   --
   -- Angabe der Semantik von ZEICHNE_FUNKTION:                          --
   -- globale Vorbedingung, d.h. Vorbedingung für alle Operationen:      --
   --           Seien X, Y Parameter eines reellen Feldtyps FELD, d.h.   --
   --           Xi, Yi ∈ REEL, i = 1, ..., FELDGROESSE                   --
   --           X_TEXT, Y_TEXT, UE_TEXT ∈ STRING, d.h. Zeichenketten--
   -- globale Nachbedingungen:                                           --
   --           Es erfolgt die Ausgabe mit Hilfe eines Plotters auf ein  --
   --           Zeichenblatt wobei für die Abzissen- und Ordinatenwerte  --
   --           geeignet skaliert wird, und X_TEXT an der X–Achse,       --
   --           Y_TEXT an der Y–Achse und UE_TEXT als Bildueber-         --
   --           schrift erscheint.                                       --
   -- Nachbedingungen für einzelne Operationen:                          --
   -- POLYGON_LIN verbindet die eingegebenen Punkte durch einen Polygon --
   --           zug und traegt X- und Y-Achse linear auf.                --
   -- INTPOL_LIN verbindet die eingegebenen Punkte durch eine glatte     --
   --           Spline–Kurve und traegt X- und Y-Achse linear auf.       --
   ...                                                                   --
end ZEICHNE_FUNKTION; -----------------------------------------------------

module body ZEICHNE_FUNKTION is ------------------------------------------
   ...                                                                   --
begin                                                                    --
   ...                                                                   --
end ZEICHNE_FUNKTION; --***************************************--
```

Fig. 4.4:   Beispiel eines funktionalen Moduls: Exportschnittstelle (Syntax und Se-
            mantik), leerer Rumpf

Module. In der Phase lexikalische Analyse (Scanning) wird die Zeichenkette, die ein Programm repräsentiert, in eine Liste lexikalischer Einheiten (Tokens) transformiert, die Syntaxanalyse (Parsing) baut i.a. den Ableitungsbaum oder den abstrakten Syntaxbaum und die Symboltabelle daraus auf, die kontextsensitive Analyse überprüft beide auf kontextsensitive Fehler usw. Was wir an diesen Beispielen für funktionale Module sehen ist, daß es mehrere Ein- bzw. Ausgabedatenstrukturen geben kann, und daß die Eingabedatenstruktur eines Moduls mit der Ausgabedatenstruktur eines anderen übereinstimmen kann. Weitere Beispiele für funktionale Module sind eine Zusammenfassung mathematischer Funktionen oder das Hauptprogramm eines Programmsystems.

Fassen wir die Situationen zusammen, in denen *funktionale Module* auftreten: Es sind dies – mehrfaches Zutreffen ist möglich – (1) *Steuerungs-* und *Koordinationsaufgaben* (z.B. Hauptprogramm), (2) mehr oder minder komplexe *Transformationsprobleme* (z.B. Compilerphase), (3) *Auswertungen* (z.B. mathematische Routinen), die man als Spezialfall von Transformationen auffassen kann und schließlich (4) *Hilfsdienste* auf einer oder verschiedenen *Datenstrukturen* (z.B. Module oberhalb einer Schicht von Datenabstraktionsmodulen, was erst später verständlich werden wird). Das Charakteristikum funktionaler Module ist somit, daß sie eine Teilaufgabe einer Gesamtaufgabe lösen, was ihrem Aktionscharakter entspricht.

Wenn auch die der *funktionalen Abstraktion* zugrundeliegende Idee kurz erläutert werden kann, weil die meisten Entwerfer mit ihr bereits vertraut sind, so ist die *Anwendung* der funktionalen Abstraktion *keineswegs* immer *einfach*. Dies wird sich in erster Linie im nächsten Kapitel zeigen, das der Anwendung des Modulkonzepts dient. In diesem nächsten Kapitel werden wir auch feststellen, daß funktionale Module immer zusammen mit Datenabstraktionsmodulen auftreten, die wir in den beiden folgenden Abschnitten erläutern werden.

Worin besteht nun bei einem ausformulierten funktionalen Modul die *funktionale Abstraktion*? Die an der Schnittstelle stehenden Operationen mit Transformationscharakter sind zu realisieren. Dies geschieht im Modulrumpf unter Zuhilfenahme lokaler Prozeduren und/oder Zuhilfenahme der Hilfsmittel anderer Module. In dem obigen Beispiel der Plotterroutinen benötigen alle Operationen Hilfsdienste zum Skalieren, zum Achsenzeichnen und zur Auftragung von Kurven durch Polygonzüge. Im Fall der Interpolation oder Approximation benötigt man einen zusätzlichen Interpolations- bzw. Approximationsalgorithmus. Diese für alle bzw. für einige Operationen benötigten Hilfsmittel sind nun Kandidaten für andere Module. Vergleichen wir jetzt die Schnittstelle eines funktionalen Moduls mit seiner Realisierung (Rumpf des Moduls und weitere Hilfsmittel), so stellen wir fest, daß bei dem Übergang von der Realisierung zur Schnittstelle durch die funktionale Abstraktion eine Reihe von Details verborgen werden (Information Hiding). Diese können Details des Innenlebens des Rumpfes sein. In den meisten Fällen wird sogar die gesamte Teilarchitektur unter dem funktionalen Modul für den Verwender des funktionalen Moduls uninteressant sein.

Dadurch, daß die funktionalen Module oft für Steuerungs- oder Koordinationsaufgaben verwandt werden, kommt es nicht selten vor, daß ihr Verhalten durch eine einzige Operation beschrieben werden kann. Ein solcher Modul hat somit nur *eine einzige Operation* an der Schnittstelle. Diese Tatsache bedeutet keineswegs, daß der Modul einfach zu realisieren sein muß, und daß die Realisierung deshalb zu einfach für einen Modul ist. Solche Module können in Programmiersprachen direkt auf Prozeduren abgebildet werden. Wir wollen für diesen Fall keine spezielle Notation einführen, sondern bleiben auch hier bei der durch Fig. 4.4 eingeführten Schreibweise.

4.3 Datenabstraktionsprinzip und Datenobjektmodule

Wir wollen in diesem *Abschnitt* das *Datenabstraktionsprinzip* und seine softwaretechnische Bedeutung erläutern. Ferner werden wir die eine Art von Modulen zur Datenabstraktion, nämlich die *abstrakten Datenobjektmodule,* abschließend behandeln. Die Erörterung der abstrakten Datentypmodule erfolgt dann im nächsten Abschnitt. Da in diesem Abschnitt bereits alle Problemkreise der Datenabstraktion angesprochen werden sollen, werden wir auch solche Probleme diskutieren, für die sich die Datentypmodule des nächsten Abschnitts eigentlich besser eignen.

Die zentrale *Idee* der *Datenabstraktion* ist, daß auf eine Datenstruktur nicht direkt zugegriffen wird, indem etwa einzelne Komponenten gelesen oder verändert werden, sondern daß dieser Zugriff ausschließlich über Zugriffsoperationen erfolgt. Um einen ersten Eindruck zu geben, greifen wir auf das Beispiel von Fig. 4.2 zurück. An der Schnittstelle ist lediglich zu sehen, daß die Elemente durch die Operationen PUSH, READ_TOP, POP etc. nach dem Keller- oder Stapelprinzip abgelegt, aufgefunden und gelöscht werden sollen. Welche Art von Realisierung für den Keller gewählt wurde, ist vollständig im Rumpf des Moduls verborgen. Diese Zugriffsoperationen beschreiben somit das logische Verhalten der Datenstruktur und abstrahieren von unwesentlichen Details der Realisierung. Die Datenstruktur und die Zugriffsoperationen werden also zu einer unauflöslichen Einheit verschmolzen. Nur die Zugriffsoperationen erscheinen an der Schnittstelle, die von anderen Modulen benötigt wird, während die zum Teil willkürliche Realisierung der Datenstruktur und die davon abhängige Realisierung der Zugriffsoperationen verborgen bleibt. Damit haben wir eine weitere Anwendung des Prinzips des Information Hiding kennengelernt.

Nun könnte der *Begriff Datenabstraktion* oder abstraktes Datenobjekt zu der Vorstellung verleiten, daß ein solches Datenobjekt stets etwas Abstraktes im Sinne von "weit abgehoben von der Basismaschine" sein müsse. Das ist nicht der Fall! Die genauere Betrachtung in diesem Buch wird zeigen, daß die Datenabstraktionsbausteine in einer Softwarearchitektur eher gehäuft in den unteren als in den oberen Schichten auftreten. "Abstrakt" heißt hier lediglich, daß das Objekt von seiten seiner Zugriffsoperationen her als abstrakter betrachtet wird, als dies durch die Realisierung geschieht. Betrachten wir hierzu erneut das Beispiel von Fig. 4.2. Die Schnittstelle des Moduls mit den oben erwähnten Operationen ist sicher abstrakter als der Rumpf, der festlegt, daß der Keller sequentiell (mit einem Feld als Datenbehälter und einem Index) realisiert wird. Es ist klar, daß es eine Vielzahl unterschiedlicher Realisierungen für dieses abstrakte Datenobjekt ITEM_KELLER gibt (vgl. Aufgabe 2). Betrachtet man die Schnittstelle, so wird damit nicht nur von einer, sondern von einer Vielzahl möglicher Realisierungen abstrahiert.

Bevor wir in der Erläuterung fortfahren, wollen wir erst einige *Sprechweisen* einführen, die wir im folgenden verwenden wollen. Wir sprechen von dem *Datenabstraktionsprinzip*, das allen Modulen zur Datenabstraktion zugrunde liegt: Die Realisierungsdetails einer Datenstruktur, die ein Gedächtnis realisiert, werden verborgen, nur der relevante Teil der Struktur wird in Form von Zugriffsoperationen den Verwendern zur Verfügung gestellt. Ein *abstraktes Datenobjekt* ist eine Datenstruktur, die diesem Prinzip folgt. Schafft man sich in einer Architektur einen Baustein, der genau ein solches abstraktes Datenobjekt realisiert, so nennen wir diesen einen *abstrakten Datenobjektmodul* (vgl.Fig. 4.2). Unter dem Namen *abstrakter Datentyp* wollen wir eine Schablone verstehen, mit deren Hilfe man sich die abstrakten Datenobjekte erzeugt. Ein Modul, der genau eine solche Schablone realisiert, heißt deshalb ein *abstrakter Datentypmodul*. Die abstrakten Datentypen und die abstrakten Datentypmodule besprechen wir im nächsten Abschnitt.

Ein etwas umfangreicheres *Beispiel* eines *Datenobjektmoduls* in Ada–ähnlicher Notation (vgl. Fig. 4.5) soll das bisher über Datenabstraktion Gesagte vertiefen. Um den Datenabstraktionsschritt einschätzen zu können, werden wir den Rumpf des entsprechenden Moduls teilweise ausformulieren, uns also auf die Ebene des Programmierens im Kleinen begeben.

Wir betrachten ein sogenanntes Lexikon mit dem Namen AUSKUNFTEI, d.h. eine abstrakte Datenstruktur, in der zu einem bestimmten Suchbegriff Einträge abgelegt, aufgefunden und geändert werden sollen. Der Suchbegriff ist ein Personenkennzeichen, das z.B. aus Name, Vorname und Geburtsdatum gebildet und eindeutig ist. Dieses Personenkennzeichen, sowie die abgespeicherte zugehörige Information, werden der Einfachheit halber als Zeichenketten (vom Typ STRING_K bzw. STRING_I) angenommen. Mit FIND holt man sich die Information zu einem Kennzeichen, mit STORE legt man einen neuen Eintrag ab, und mit CHANGE kann das Kennzeichen oder die Information zu einem Eintrag abgeändert werden.

Vor einer Abfrage– bzw. Änderungsoperation wird der Verwender mithilfe von IS_EL_OF abfragen, ob es einen solchen Eintrag überhaupt gibt, und vor dem Abspeichern wird er sich mit IS_SPACE vergewissern, daß noch Speicherplatz zum Abspeichern vorhanden ist. Ansonsten werden Ausnahmen erweckt (Ausnahmen sind Hinweise, daß etwas schiefgegangen ist und daß eine Fehlerbehandlung, ein kontrollierter Programmabruch etc. angestoßen werden muß). Wir kommen auf das Zusammenspiel zwischen den Abfrageoperationen und den Ausnahmen später zurück.

Wir sehen, daß die *Schnittstelle* des Moduls AUSKUNFTEI völlig unabhängig von der Realisierung ist. Hier geht lediglich die für jede Realisierung geltende Einschränkung ein, nämlich daß jedes Lexikon eine beschränkte Speicherkapazität hat.

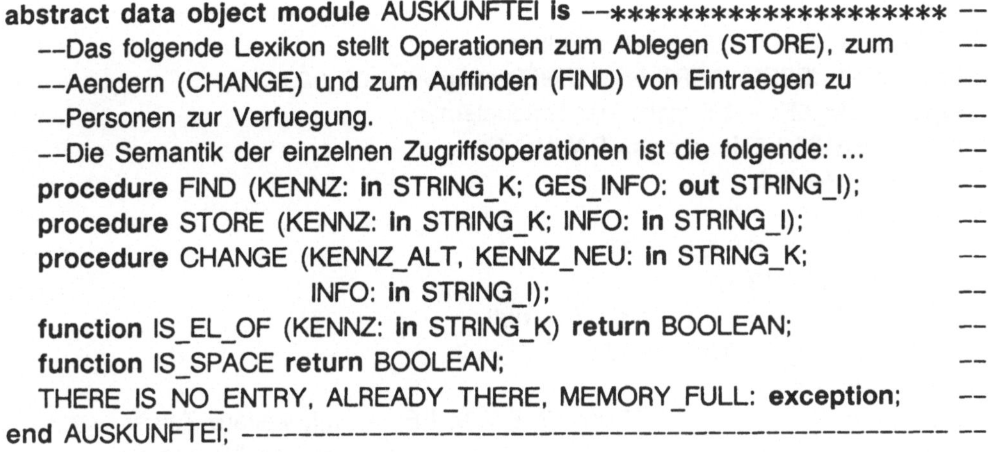

```
abstract data object module AUSKUNFTEI is --********************* --
  --Das folgende Lexikon stellt Operationen zum Ablegen (STORE), zum   --
  --Aendern (CHANGE) und zum Auffinden (FIND) von Eintraegen zu        --
  --Personen zur Verfuegung.                                           --
  --Die Semantik der einzelnen Zugriffsoperationen ist die folgende: ... --
  procedure FIND (KENNZ: in STRING_K; GES_INFO: out STRING_I);        --
  procedure STORE (KENNZ: in STRING_K; INFO: in STRING_I);            --
  procedure CHANGE (KENNZ_ALT, KENNZ_NEU: in STRING_K;                --
                    INFO: in STRING_I);                               --
  function IS_EL_OF (KENNZ: in STRING_K) return BOOLEAN;              --
  function IS_SPACE return BOOLEAN;                                   --
  THERE_IS_NO_ENTRY, ALREADY_THERE, MEMORY_FULL: exception;           --
end AUSKUNFTEI; ------------------------------------------------------- --
```

Fig. 4.5: Beispiel eines abstrakten Datenobjektmoduls: Schnittstelle

Werfen wir einen Blick in den *Rumpf* des *Beispiels* AUSKUNFTEI. Das Lexikon wird mit einem binären Suchbaum (z.B. /1. Me 84/, /1. AHU 87/) auf der Halde realisiert.

Am Anfang des Rumpfs steht die Typdeklaration für die einzelnen Haldenelemente und die Deklaration eines Zeigers auf die Wurzel des Baums. Im Suchbaum wird allerdings nicht mit dem von außen verwendeten Personenkennzeichen als Schlüssel verglichen, sondern mit einem numerischen vom Typ SCHLUESSELWERT.

Die modullokale Prozedur PRIMAERSCHLUESSEL ermittelt zu einem externen Personenkennzeichen den internen Schlüssel. Wir nehmen hierbei an, daß jeder interne Schlüssel genau einem externen zugeordnet ist. Die modullokale Prozedur SUCHE_IN_BAUM dient dem eigentlichen Suchen im Suchbaum. Von ihr wird in FIND, STORE, CHANGE und IS_EL_OF Gebrauch gemacht.

Danach folgen die Implementierungen der Zugriffsoperationen. In Fig. 4.6 ist nur die von FIND angegeben (vgl. Aufgabe 3).

Im Anweisungsteil des Modulrumpfs stehen Anweisungen, die nur einmal durchlaufen werden und die beispielsweise der Initialisierung dienen.

Fassen wir zusammen: In der *Schnittstelle* eines abstrakten Datenobjektmoduls stehen die eigentlichen *Zugriffsoperationen*, in unserem Beispiel sind dies FIND, STORE und CHANGE. Diese unterscheidet man in Abfrageoperationen, die den Zustand der abstrakten Datenstruktur nicht ändern (FIND) und Änderungsoperationen (STORE und CHANGE). Um mit dem Modul sicher umzugehen, kommen weitere Abfrageoperationen und Ausnahmen hinzu, die wir gleich genauer betrachten.

Im Rumpf des Moduls folgt die *Realisierung* der (konkreten) *Datenstruktur*, in unserem Beispiel ein binärer Suchbaum auf der Halde und die Realisierung der *Operationen* der *Schnittstelle*. Hierbei kann auf lokale Unterprogramme Bezug genommen werden. Wir sehen an diesem Beispiel auch, daß der Abstraktionsschritt vom Rumpf zur Schnittstelle enorm groß sein kann: Im Rumpf betrachten wir einen binären Suchbaum mit vielen Realisierungsdetails. An der Schnittstelle sehen wir eine Menge von Einträgen, auf die assoziativ, nämlich über einen Schlüssel, zugegriffen wird.

```
module body AUSKUNFTEI is------------------------------------------------------  --
  --Deklarationen für die Haldenstruktur:                                       --
  type SCHLUESSELWERT is INTEGER range 1..100_000;                              --
  type BAUM_LE; --LE steht fuer Listenelement                                   --
  type Z_BAUM_LE is access BAUM_LE;                                             --
  type BAUM_LE is                                                               --
    record                                                                      --
      KEY: SCHLUESSELWERT;                                                      --
      INFO: STRING_I;                                                           --
      LINKER_SOHN: Z_BAUM_LE := null;                                           --
      RECHTER_SOHN: Z_BAUM_LE := null;                                          --
    end record;                                                                 --
  ZEIGER_AUF_WURZEL, GEF_KN: Z_BAUM_LE;   --ggf. weitere Zeiger                 --
  ENTH: BOOLEAN;                          --zur Beschleunigung                  --
  ...                                                                           --
  --lokale Prozeduren:                                                          --
  function PRIMAERSCHLUESSEL(KENNZEICHNUNG: in_STRING_K)                        --
    return SCHLUESSELWERT is begin ... end;                                     --
  procedure SUCHE_IN_BAUM(GES_SCHLUESSEL: in SCHLUESSELWERT;                    --
    ANF_KNOTEN: in Z_BAUM_LE := ZEIGER_AUF_WURZEL;                             --
    ERFOLG: out BOOLEAN; ENDKNOTEN: out Z_BAUM_LE) is                           --
  begin ... end;                                                                --
  procedure AKTUALISIERE_BAUM(AKT_SCHLUESSEL:                                   --
    in SCHLUESSELWERT; AKT_INFO: in STRING_I) is                               --
  begin ... end;                                                                --
  ...                                                                           --
  --Realisierung der Schnittstellenoperationen:                                 --
  procedure FIND(KENNZ: in STRING_K; GES_INFO: out STRING_I) is                 --
    AKT_SCHLUESSEL:SCHLUESSELWERT:=PRIMAERSCHLUESSEL(KENNZ);                    --
  begin                                                                         --
    SUCHE_IN_BAUM(AKT_SCHLUESSEL,                                               --
                  ERFOLG=>ENTH,ENDKNOTEN=>GEF_KN);                              --
    if not ENTH then                                                            --
      raise THERE_IS_NO_ENTRY;                                                  --
    else                                                                        --
      GES_INFO: = LINKSBUENDIG (GEF_KN.INFO);--Fkt. sei geeignet def.           --
    end if;                                                                     --
  end;                                                                          --
  ...                                                                           --
begin -- Anweisungsteil von AUSKUNFTEI fuer Initialisierung                     --
  ...                                                                           --
end body AUSKUNFTEI; --*********************************************************--
```

Fig. 4.6:   Beispiel eines abstrakten Datenobjektmoduls: teilweise ausformulierter
             Rumpf

Sehen wir uns die oben betrachteten Beispiele für Datenobjektmodule von der softwaretechnischen Seite aus an. Im Rumpf des Moduls AUSKUNFTEI haben wir von einer Haldenstruktur zum Aufbau des Suchbaums Gebrauch gemacht. Hierzu ist der Umgang mit Zeigern nötig. Es ist aber bekannt, daß *Zeiger* nicht ungefährlich sind: Die Veränderung eines Objekts über einen Zugriffsweg verändert das gleiche Objekt auch über andere Zugriffswege (aliasing). Es besteht die Gefahr nicht mehr zugreifbarer Objekte (inaccessible objects) bzw. hängender Zeiger, die ins Nichts deuten (dangling references). Es gibt ernstzunehmende Stimmen, die die Zeiger als die gotos der Datenstrukturierung bezeichnen. Durch die *Datenabstraktion* haben wir diese *Gefahr lokalisiert*, nämlich auf den Rumpf eines Moduls. An der Schnittstelle des Moduls ist nichts mehr von Zeigern zu sehen. Die Datenabstraktion ist die einzige Möglichkeit, diese Lokalisierung vorzunehmen.

Kommen wir nun zum noch wichtigeren Argument der *Adaptabilität*. Wir greifen dabei zur Erläuterung auf das einfachere Kellerbeispiel zurück. In Fig. 4.7 ist eine Realisierung des Kellers angegeben, die dem Datenabstraktionsprinzip völlig zuwiderläuft. Wir zeigen, daß das Programm, das eine solche Realisierung enthält, sehr änderungsunfreundlich ist. An der Programmstelle (1) befindet sich die Realisierung der Datenstruktur, an den Stellen der Verwendung (2) und (3) finden sich die Realisierungen von POP bzw. von PUSH. Nun denke der Leser nicht, daß eine so ungeschickte Implementation nicht vorkommt. Die Konsequenz dieser Realisierung ist, daß für alle Stellen der Verwendung die Kenntnis der Implementation nötig ist, daß man also eine sehr enge logische Bindung verschiedenster Programmstellen erreicht. Dabei muß es nicht nur drei solcher Stellen geben. Diese können zudem in einem größeren Programmsystem viele Quelltextseiten auseinanderliegen und sich in unterschiedlichen "Modulen" befinden. Ein so geschriebenes Programm ist sicher änderungsunfreundlich: Will man die Realisierung des Kellers ändern (vgl. Aufgabe 2), so müssen alle diese Stellen herausgefunden und entsprechend konsistent geändert werden. Die Gefahr der direkten Manipulation der Realisierung der Datenstruktur ist auch dann nicht gebannt, wenn die Realisierung der Zugriffsoperationen an der Stelle (1) in Form von Unterprogrammen abgelegt wird. Die Datenstruktur bleibt global und damit direkt änderbar. Die Erfahrung zeigt, daß diese direkte Änderung dann auch stattfindet.

Die oben beschriebene enge Bindung ist keineswegs nötig: An den Stellen (2) und (3) werden nur die Eigenschaften des abstrakten Datenobjekts benötigt, d.h. die Operationen PUSH, POP, READ_TOP etc. Ersetzt man nun die Lösung von Fig. 4.7 durch diejenige mit Datenabstraktion, d.h. man setzt an der Stelle (1) den Modul von Fig. 4.2 ein und ruft an den Stellen (2), (3) und an evtl. weiteren Stellen lediglich die Zugriffsoperationen auf, so hat man die Bindung auf das logisch nötige Ausmaß reduziert: Die *Datenabstraktion* erzeugt also *lose gekoppelte Programmstellen*. Darüber hinaus ist alles, was eine logische Datenstruktur betrifft, in einem Programmbaustein konzentriert. Eine *Änderung* der Realisierung des Kellers schlägt sich jetzt lediglich *lokal* im Rumpf des Datenabstraktionsmoduls nieder. Dieser Rumpf kann durch einen anderen ersetzt werden, und der gesamte Rest des Programmsystems bleibt unverändert. Der an dieser Stelle der Diskussion des öfteren gebrauchte Einwand, daß eine direkte Veränderung der Datenstruktur laufzeiteffizienter sei als ein Unterprogramm-aufruf, ist angesichts der Wartungskostenproblematik nicht sehr überzeugend.

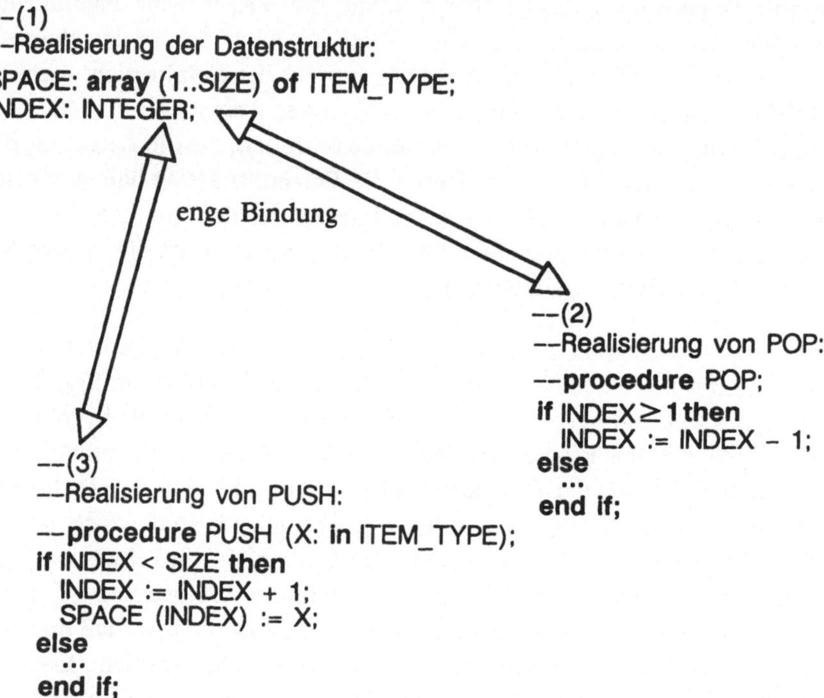

Fig. 4.7: Enge Bindung verschiedener, i.a. weit auseinanderliegender Programmteile bei Vermeidung der Datenabstraktion

Die *Bedeutung* der Datenabstraktion für die *Wartungsproblematik* ergibt sich nun aus der obigen Argumentation. Es kommt hinzu, daß solche Änderungen der Realisierung einer Datenstruktur nicht nur vorkommen können, sondern in praxi sogar recht häufig vorkommen. Man hat für Datenstrukturen viele Realisierungsmöglichkeiten und nicht selten hängt die Auswahl einer Möglichkeit eher von Willkür oder Zufall ab als von reiflicher Überlegung. Hat man Datenabstraktion angewandt, dann sind diese Realisierungsdetails an einer einzigen Stelle lokalisiert, und eine Änderung ist vom Aufwand her viel einfacher durchführbar. Spätere Diskussionen in diesem Buch werden die obige Aussage bestätigen, daß nämlich bei der Nichtbeachtung der Datenabstraktion beliebige Änderungen ziemlich weitreichend sind. Wir werden sogar feststellen, daß diese Änderungen Architekturänderungen nach sich ziehen können. Solcherart Veränderungen sind aber sehr teuer.

Um die *Spannweite* verschiedener *Realisierungen* für einen *Datenabstraktionsmodul* zu skizzieren, wollen wir einige verschiedene Implementierungen für das Lexikonbeispiel AUSKUNFTEI auflisten (für die verschiedenen Begriffe vgl. die Literatur aus Literaturabschnitt 5): Handelt es sich um ein kleines Lexikon, das nur zur Laufzeit eines Programms benötigt wird, so können wir das Lexikon (1) auf dem Laufzeitkeller oder

(2) im statisch adressierten Speicherbereich ablegen. Dabei können wir das Lexikon sequentiell, d.h. nacheinander in einem Feld, bzw. einfach oder mehrfach verkettet über Indizes realisieren. Schließlich kann das Lexikon auch (3) auf der Halde über Zeiger verkettet abgelegt werden. Ist (4) eine permanente Speicherung vorgesehen, so gibt es wieder eine Reihe von Möglichkeiten, etwa mithilfe von B- oder B*-Bäumen. Schließlich kann man auch daran denken, das Lexikon in einer verteilten Anwendung (5) auf einen Knoten eines Netzes zu legen, wobei die Operationen über Remote-Operation-Calls aktiviert werden. Im letzteren Fall unterstützt die lose Bindung, die durch Datenabstraktion erzeugt wird, direkt die Möglichkeit zur Verteilung. In allen diesen Fällen – es gibt noch eine Reihe weiterer – bleibt die Schnittstelle des Lexikon-Moduls gleich, lediglich seine Realisierung ist auszutauschen.

Ein weiterer softwaretechnischer Vorteil der Datenabstraktion ist der folgende: In der EDV spricht man oft von Programmen und Daten. Die Lösung eines Problems kann komplexe Programm- und Datenstrukturen/ Datenbeschreibungen erfordern. Bei strikter Anwendung von Datenabstraktion gibt es *keine Unterscheidung* mehr *zwischen Programmen und Daten*. Jedes komplexe Datum erscheint auf der Architekturebene als Baustein, nämlich als Datenabstraktionsmodul. Das gilt bei den abstrakten Datenobjektmodulen strikt, bei den abstrakten Datentypmodulen des nächsten Abschnitts erscheint ein Schablonenbaustein auf Architekturniveau. Diese einheitliche Betrachtung ist ein großer Gewinn, da jetzt an einem einzigen Softwaredokument, nämlich dem Architekturdokument, die Gesamtkomplexität einer Lösung abgelesen werden kann. Wir wollen diese Argumentation im nächsten Kapitel vertiefen. Der Leser wird sich vom Zutreffen dieser Aussage insbesondere dann überzeugen können, wenn wir das Beispiel von Kap. 3 in Kap. 7 später wieder aufgreifen.

Wir haben bei der Erörterung des Lexikonbeispiels (vgl. Fig. 4.5) von Abfrageoperationen (hier FIND) und Veränderungsoperationen (hier STORE, CHANGE) gesprochen. Hinzu kommen *weitere Abfrageoperationen*, auch *Sicherheitsabfragen* genannt (hier IS_EL_OF, IS_SPACE), und *Ausnahmen* (THERE_IS_NO_ENTRY, ALREADY_ THERE, MEMORY_FULL), die mit dem *sicheren Umgang von Datenabstraktionsmodulen* zusammenhängen. Diese wollen wir nun erläutern:

In Fig. 4.8, Spalte (a) ist vorgeführt, wie der sichere Umgang mit einer Veränderungsoperation, hier mit STORE, aussehen sollte: Der Verwender von AUSKUNFTEI bekommt weitere Operationen IS_SPACE und IS_EL_OF angeboten, mit deren Hilfe er sich vergewissern kann, daß die Abspeicherung gutgeht. Bei sorgfältigem Umgang steht also ein Aufruf von STORE stets innerhalb einer bedingten Anweisung mit den zugehörigen Sicherheitsabfragen als Bedingung.

Nun kann man sich aber nicht unbedingt darauf verlassen, daß jeder Programmierer, der von AUSKUNFTEI Gebrauch macht, so verfährt. Er könnte statt dessen auch die Sicherheitsabfragen vergessen und direkt STORE aufrufen (vgl. Spalte (b)). Dann kann die Situation eintreten, daß diese Operation nicht ausführbar ist, weil kein Platz vorhanden ist oder der Eintrag bereits vorhanden ist. Es wäre unsicher, hier einfach nichts zu tun, weil der anwendende Modul die Tatsache, daß etwas schiefläuft, nicht mitbekommt. Zu jeder Sicherheitsabfrage gibt es deshalb eine zusätzliche Ausnahme, die im Fehlerfall "erweckt" wird. Verfügt die zugrundeliegende Programmiersprache über eine Ausnahmebehandlung, so kann von diesen Ausnahmeerweckungen im Sinne einer Fehlerbehandlung, eines kontrollierten Programmabbruchs etc. Gebrauch gemacht werden. Ist dies nicht der Fall, dann muß im Rumpf der Zugriffsoperation (hier STORE) eine entsprechende Fehlerausgabe und gegebenenfalls ein Programmabbruch einprogrammiert werden.

(a)   (b)

Stelle der Anwendung der Zugriffsoperation	`if IS_SPACE and`
	`    not IS_EL_OF(...) then`
	`        STORE (...,...)`
	`end if;`
		`STORE (...,...);`

Ausführung der Zugriffsoperation	regulärer Ablauf	ggf. Ausnahmeerweckung von MEMORY_FULL oder ALREADY_THERE

Fig. 4.8: Zusammenspiel Abfrageoperationen, Veränderungsoperationen, Ausnahmen

Wir haben in der obigen Erläuterung zwischen den *Abfrageoperationen* (als logische Operationen) und den *Sicherheitsabfragen* (als sicherheitstechnische Operationen) unterschieden. Diese *Unterscheidung* ist manchmal schwer zu treffen, denn sie ist nicht immer so einfach wie bei der Operation IS_SPACE des letzten Beispiels. Beispielsweise kann in einer Ansammlung einzelner Einträge die Operation IS_EL_OF, die feststellt, ob ein einzelner Eintrag vorhanden ist, eine logische Operation sein, d.h. sie wird nicht im Zusammenhang mit Veränderungsoperationen verwendet. Sie kann aber auch eine Sicherheitsabfrage sein, z.B. um sicherzustellen, daß ein Eintrag nicht zweimal eingetragen wird, oder um zu gewährleisten, daß die Löschoperation normal abläuft. Halten wir also fest, daß es alle nötigen Sicherheitsabfragen geben muß und daß diese in den Abfrageoperationen enthalten sein müssen. Wird eine Abfrageoperation als Sicherheitsabfrage verwandt, dann muß es auch eine ihr entsprechende Ausnahme geben.

Eine Alternative zu den Sicherheitsabfragen in der Schnittstelle eines Datenabstraktions-Moduls (vgl. Fig. 4.5) besteht in der Aufnahme eines zusätzlichen Parameters, der mitteilen soll, ob eine Veränderungsoperation erfolgreich beendet wurde. Man nennt solche Parameter *Return-Parameter,* die damit zurückgelieferten Werte *Return-Codes.* Wir wollen diese Möglichkeit kurz diskutieren (vgl. Fig. 4.9).

In der Schnittstelle der Veränderungssoperation STORE gibt es jetzt einen weiteren Parameter. In unserem Beispiel sind nur zwei Werte nötig, weshalb wir den Typ BOOLEAN verwenden. Nach Aufruf der Operation wird, bei sorgfältigem Umgang mit einer Veränderungsoperation, stets abgefragt, ob alles gutging und gegebenenfalls entsprechend reagiert.

Der Unterschied zur Lösung des letzten Absatzes besteht darin, daß hier *keine weitere Vorsichtsmaßnahme* im Sinne einer Ausnahme eingebaut werden kann. Wenn an der Stelle der Verwendung vergessen wird, den Return–Code abzufragen, dann geht gegebenenfalls etwas schief, ohne daß dies gemerkt wird. In obigem Beispiel geht der Programmierer davon aus, daß abgespeichert wurde, obwohl dies nicht geschah.

```
-- veränderte Schnittstelle:
procedure STORE (KENNZ: in STRING_K; GING_GUT: out BOOLEAN;
                 INFO: in STRING_I);


-- Stelle der Anwendung:
STORE (AKT_KENNZ, IN_ORDNUNG, AKT_INFO);
if IN_ORDNUNG then
   -- weiter
   ...
else
   -- tue etwas anderes
   ...
end if;
```

Fig. 4.9: Return–Code: veränderte Schnittstellenoperation, Stelle der Anwendung

Wir wollen nun die hier gesammelten Erkenntnisse über Datenabstraktion und die Schnittstellengestaltung von Datenabstraktionsmodulen auf ein Beispiel anwenden: Wir greifen hierzu auf das *Kästen–Karten–Beispiel* von Kap. 3 zurück. Dieses Beispiel wird in Kap. 7 grundlegend überarbeitet, wobei dann die Architekturüberlegungen dieses Buches in die Lösung einfließen sollen. Wir betrachten *Teile* dieser *Lösung* bereits in diesem und im nächsten Kapitel, um zum einen Beispiele für die Architekturüberlegungen zu besitzen, zum anderen aber auch, um die Erörterung in Kap. 7 umfangmäßig zu begrenzen.

Wenn wir dieses Schnellschußbeispiel von Kap. 3 mit den bisherigen Erfahrungen erneut betrachten, so fällt auf, daß wir an mindestens zwei Stellen die *Datenabstraktion übersehen* haben. Das betrifft einmal die Kästenverwaltung, in der die Kästen–Namensliste als Datenabstraktionsbaustein in der Architektur hätte erscheinen müssen, sowie ferner die Kartenverwaltung mit der Karten–Namensliste. Im letzteren Fall ist die Verletzung der Datenabstraktion nicht nur dadurch gegeben, daß die Karten–Namensliste zu einem Kasten als globales Datum gehandelt wird, sondern daß beispielsweise auch Informationen über die aktuelle Karte, über das Suchkriterium und über das Suchmuster als globale Daten betrachtet werden. Globale Daten führen stets zu Datenflüssen. Dies ist ein Kennzeichen für die oben angesprochene enge Bindung verschiedener Programmstellen, die von der Aufgabe her völlig unnötig ist.

Wir wollen nun die *Schnittstelle* des Datenobjektmoduls für die *Kästen–Namensliste* genauer diskutierten (vgl. Fig. 4.10). Um von vornherein ein Mißverständnis zu vermeiden: Es handelt sich hier lediglich um eine Liste der Namen vorhandener Karteikästen, nicht um die Organisation der Karteikästen selbst. Dies wird durch die Namensgebung des Moduls und seiner Operationen zum Ausdruck gebracht.

Die Namensgebung bringt auch zum Ausdruck, welche der Operationen sich auf die Liste als Ganzes und welche sich auf einzelne Einträge beziehen. Da die Liste über mehrere Sitzungen hinweg gehalten werden soll, gibt es eine Öffne- und eine Schließ-operation. Die folgende Abfrage, ob die Liste leer ist, braucht man beispielsweise vor der Ausgabe der Liste. Die nächste Abfrage ist eigentlich keine Abfrage auf der Liste als logische Datenstruktur, sondern eine, die sich aus jeder Realisierung ergibt, da diese stets endlich und damit irgendwann erschöpft ist.

Eine Abfrage auf das Vorhandensein eines bestimmten Kastens – sein Name muß dann in der Namensliste vorhanden sein – braucht man für die Realisierung aller Kastenverwaltungs–Kommandos von Fig. 3.1 mit Ausnahme der Anzeige der vorhan-denen Kästen. Man braucht sie also für die Erzeugung eines leeren Kastens, für das Löschen eines Kastens, für die Namensänderung eines Kastens, für die Initialisierung der Kastenbearbeitung sowie für das Ausgeben eines Kastens.

Die weiteren zwei Operationen dienen der Manipulation der Kästen–Namensliste. Sie werden für die Kommandos (b), (c) und (d) der Kastenverwaltungs–Kommandos von Fig. 3.1 benötigt.

Mithilfe der folgenden Operationen kann die Ausgabe der Kästen–Namensliste bzw. das Vorwärts– bzw. Rückwärtsrollen oder –blättern auf dieser Liste realisiert werden. Durch die Ausgabe des aktuellen Namens, aktuell heißt in Bezug auf die Bewegungsoperationen auf der Liste, werden die anzuzeigenden Listenabschnitte zu-sammengestellt.

Die bisher noch nicht erläuterten Abfrageoperationen dienen der Sicherheitsab-frage vor der Ausführung von Änderungsoperationen auf der Liste bzw. vor der Ände-rung des aktuellen Listenelements. Zu jeder Abfrageoperation, die Sicherheitszwek-ken dient, gibt es eine entsprechende Ausnahme. Dies ist hier durch die Namens–Sy-stematik der Operationen und Ausnahmen sofort zu übersehen. Diese Ausnahmen sind bei der Ausprogrammierung des Rumpfs an den passenden Stellen zu erwecken und zwar für den Fall, daß der Verwender des Moduls die Veränderungsoperationen nicht nach dem Schema von Fig. 4.8 anwendet. Natürlich können die Sicherheitsab-fragen der Schnittstelle des Moduls im Rumpf des Moduls selbst verwandt werden.

Bei der Schnittstellengestaltung sollten die *Operationen* nach *logischen Gesichts-punkten gruppiert* werden. Dies betrifft natürlich nicht nur dieses Beispiel, sondern je-de Modulschnittstelle. In dem Beispiel von Fig. 4.10 dient die erste Gruppe den Ope-rationen auf der gesamten Liste, die zweite der Handhabung einzelner Elemente und die dritte der Bewegung auf einer Liste. Die Sicherheitsabfragen treten am Ende jeder Gruppe auf. Die Ausnahmen werden am Schluß en bloc aufgeführt und zwar in der Reihenfolge der Sicherheitsabfragen.

Die bisher betrachteten Beispiele der Datenabstraktion, nämlich Keller, Lexikon und Kästen–Namensliste haben alle gemeinsam, daß sie eine Ansammlung von Ein-trägen – wir sagen dazu im folgenden *Kollektion* – verwalten. In vielen Fällen hat auch ein *einzelner Eintrag*, der also als Individuum und nicht notwendigerweise im Verein mit anderen auftritt, eine so komplexe Struktur, daß auch hier Datenabstraktion angewendet werden muß, um so von der Willkür der Realisierung zu abstrahieren. Wir werden die verschiedenen Realisierungen solcher komplexer "Datensätze" gleich diskutieren. Es gibt also mindestens *zwei Klassen* von Anwendungen *für Datenabstraktion*, nämlich Einträge und Kollektionen. Wir wollen zunächst die bisher noch nicht kennengelernte Datenabstraktionsanwendung für komplexe Einträge studieren, um danach die beiden Anwendungen einander gegenüberzustellen. Im nächsten Kapitel werden wir sogar feststellen, daß die beiden Klassen von Datenabstraktionsanwendungen oft in Kombination auftreten. Diese beiden Klassen haben zunächst nichts mit den oben unterschiedenen Arten von Datenabstraktionsmodulen, nämlich abstrakter Datenobjekt- bzw. Datentypmodul zu tun: Einzeleintrag und Kollektion können sowohl als Datenobjekt- als auch als Datentypmodul auftreten, wie wir im nächsten Abschnitt sehen werden.

```
abstract data object module KK_Namensliste is --*****************  --
   --Dient der Handhabung einer Namensliste (abg. NL) von            --
   --Karteikaesten (abg. KK). Die Semantik ist die folgende: ...     --
   procedure oeffne_KK_NL;                                           --
   procedure schliesse_KK_NL;                                        --
   function ist_KK_NL_leer return BOOLEAN;                           --
   function ist_noch_Platz_in_KK_NL return BOOLEAN;                  --
   function ist_KK_Name_vorh (Name: in KN_Typ) return BOOLEAN;       --
   procedure einfuege_KK_Name (Name: in KN_Typ);                     --
   procedure loesche_KK_Name (Name: in KN_Typ);                      --
   procedure positioniere_Anfang_KK_NL;                              --
   procedure gib_akt_KK_Namen_aus (Name: out KN_Typ);               --
   procedure naechster_KK_Name;                                      --
   procedure vorausgeh_KK_Name;                                      --
   function ist_KK_Name_Nachf_vorh return BOOLEAN;                   --
   function ist_KK_Name_Vorg_vorh return BOOLEAN;                    --
   KK_NL_leer, kein_Platz_fuer_KK_NL, KK_Name_ex_nicht,              --
   KK_Name_Nachf_ex_nicht, KK_Name_Vorg_ex_nicht: exception          --
end KK_Namensliste; ------------------------------------------------ --
```

Fig. 4.10: Schnittstelle eines übersehenen Datenabstraktionsmoduls aus Kap. 3: Kollektionsbeispiel

   Um ein *Beispiel* für den zweiten Datenabstraktions-Anwendungsfall, nämlich für einen *komplex aufgebauten Eintrag,* anzugeben, greifen wir erneut auf das Kästen-Karten-Beispiel von Kap. 3 zurück. Nehmen wir nun an, daß in einer Karte die zugehörige Information nicht "unstrukturiert" als Zeichenkette abgelegt wird, sondern als eine Struktur mit verschiedenen Komponenten. Für das hier betrachtete Beispiel soll diese Information personenbezogene Daten enthalten: Name, Geburtsdatum, Anschrift, Familienstand o.ä. (vgl. Fig. 4.11). Das Beispiel ist als ein abstrakter Datenobjektmodul insoweit etwas praxisfern, da man in dem Kästen-Karten-Beispiel von Kap. 3 natürlich mehrere Karten braucht, sich also die Lösung anbietet, einen Datentypmodul für

Karten einzuführen. (Die Datentypmodule lernen wir aber erst im nächsten Abschnitt kennen.) Das ist aber nicht bei jedem komplex aufgebauten Eintrag der Fall. Beispielsweise kann eine zur Steuerung oder zur Koordination benötigte "Tabelle" aus vielen verschieden strukturierten Feldern durchaus nur einmalig benötigt und somit als ein Datenobjektmodul realisiert werden. Soll ein solcher Eintrag mehrfach verwendet werden in dem Sinne, daß er zu verschiedenen Zeitpunkten verschiedene Karteninhalte repräsentiert, so muß an der Schnittstelle eine Löschoperation angegeben werden. Es muß dann auch eine Ablageoperation (Druckausgabe, Abspeichern in Datei etc.) vorhanden sein, damit die verschiedenen Karteninhalte abgelegt werden können. Wir kommen auf letzteres im nächsten Kapitel zurück.

```
abstract data object module KARTE is --************************ --
   --Die Parametertypen KEY_T, NAME_T etc. muessen bekannt sein.       --
   procedure initialisiere_Karteninhalt;                              --
   procedure loesche_Karteninhalt;                                    --
   procedure eintrage_Schluessel (KEY: in KEY_T);                     --
   function lies_Schluessel return KEY_T;                             --
   procedure eintrage_Name (NAME: in NAME_T);                         --
   function lies_Name return NAME_T;                                  --
   ...                                                                --
   --Je eine Schreib- und eine Leseoperation fuer jede               --
   --Komponente des kompliziert aufgebauten Eintrags                 --
   function ist_konsistent (KEY: in KEY_T) return FALL_T;             --
end KARTE;  ------------------------------------------------------------
```

Fig. 4.11: Schnittstelle eines abstrakten Datenobjektmoduls für einen kompliziert
aufgebauten Eintrag

Neben dieser Erweiterung der Schnittstelle des Moduls KARTE um eine Ablageoperation, kann man die Schnittstelle um eine oder mehrere *Operationen* erweitern, die den gesamten Eintrag oder Teile desselben auf *Konsistenz* überprüfen. Beispielsweise könnten in einer Karte weitere Komponenten vorhanden sein, nämlich zur Speicherung für das Geschlecht einer Person, ob Schwangerschaft vorliegt, oder ob der Wehrdienst geleistet wurde usw. Dann überprüft diese Konsistenzoperation, ob eine unsinnige Wertebelegung vorliegt, wie etwa "männlich" und "schwanger" und liefert, je nach festgestellter Inkonsistenz, einen bestimmten Aufzählungswert zurück. Solche Konsistenzprüfungen treten in erster Linie bei der *Datenabstraktion* für komplexe *Einträge* auf.

Eine andere Möglichkeit, solche Inkonsistenzen zu vermeiden, ist, daß der Benutzer eines solchen Moduls bei jeder Operation einen "Diskriminanteneintrag", wie Geschlecht, belegen muß. Dann kann die obige Konsistenzüberprüfung im Modulrumpf für jede Veränderungsoperation intern und automatisch vorgenommen werden. Das Ergebnis wird über einen Return-Code zurückgeliefert. Diese Lösung hat jedoch den in der Erläuterung von Fig. 4.9 beschriebenen Nachteil und funktioniert außerdem nur für bestimmte Fälle von Inkonsistenzen, wie den obigen.

Nun ergibt sich die *Frage*, ob eine solche *Prüfung* auf Konsistenz *logisch etwas anderes* ist als die *bisher behandelten Operationen* eines Datenabstraktionsmoduls, der eigentlich nur der Datenablage dient. Diese Operation hat zweifellos mit Semantik einer anderen Ebene bzw. einer anderen Entwurfsentscheidung als der der Datenablage zu tun. Deshalb bietet sich die Lösung an, oberhalb des Datenabstraktionsmoduls zur Datenablage einen anderen anzusiedeln, dessen Aufgabe es ist, diese Konsistenz zu gewährleisten. Das Konsistenthalten von Daten in diesem Sinne kann auch zu den Aufgaben des Datenabstraktionsmoduls zur Datenablage gehören, z.B. wenn diese Prüfung zu einfach ist, so daß sich ein eigenständiger Modul nicht lohnt. Das Schema des Umgehens mit dem Modul gemäß Fig. 4.11 ist aber anders als wir es bisher kennengelernt haben: Wir verändern den Eintrag und prüfen dann auf Konsistenz. Besser ist es, die Inkonsistenz erst gar nicht eintreten zu lassen. Für die Inkonsistenzen der obigen Art (wenn eine Komponente einen bestimmten Wert hat, dann dürfen bestimmte Werte nicht vorhanden sein, und die entsprechenden Komponenten brauchen gar nicht zu existieren) werden wir in Abschnitt 5.8 über die Objektorientierung eine andere Modellierung kennenlernen, die die Abhängigkeit bestimmter Komponentenwerte wieder innerhalb der Syntax der Architektur ausdrückt.

Wenn wir das *Eintragsbeispiel* von Fig. 4.11 mit den Kollektionsbeispielen (etwa mit dem von Fig. 4.5) vergleichen, so fällt auf, daß hier an der Schnittstelle *keine* zusätzlichen *Sicherheitsabfragen* und Ausnahmen auftreten. Für jede der Komponenten ist eine entsprechende Lese- und Schreiboperation vorhanden, und im Rumpf ist für jede Komponente in dem verkapselten Datenobjekt Speicherplatz vorhanden. Insoweit sind die Sicherheitsabfragen und die Ausnahmen nicht nötig. Enthält eine Komponente eines komplex aufgebauten Eintrags eine Kollektion (z.B. die Angaben für die Daten von Kindern im Eintrag der Mutter), dann muß es für eine solche Komponente natürlich Sicherheitsabfrage(n) und Ausnahme(n) geben.

Besteht nun ein Eintrag aus sehr vielen Komponenten, dann wird die *Schnittstelle* eines entsprechenden Datenobjektmoduls sehr *umfangreich*. Für jede Komponente muß es nach dem Schema von Fig. 4.5 und 4.8 eine Lese- und eine Schreiboperation geben. Das ergibt bei 10 bis 20 Einträgen, die leicht erreicht werden, 20 bis 40 Zugriffsoperationen, die von ihrem syntaktischen Aufbau her sehr ähnlich sein können. Bei der Diskussion solcher Schnittstellen kommt deshalb regelmäßig der Vorschlag, die Schnittstelle auf zwei Operationen, nämlich *eine Lese-* und *eine Abspeicheroperation zu beschränken* und durch einen *zusätzlichen* Parameter zu kennzeichnen, auf welche Komponente man lesend oder schreibend zugreifen will. Eine entsprechende Lösung für die Schnittstelle ist in Fig. 4.12 skizziert.

Diese *Lösung* scheint einfacher, hat aber *zwei gravierende Nachteile*. Für denjenigen, der die Architektur des Softwaresystems festlegt, ist die Lösung zunächst einfacher, da der Schreibaufwand für die Schnittstelle des Moduls -- nennen wir ihn A - kleiner ist. Dafür erkauft man sich den Nachteil, daß an einer Stelle der Verwendung dieses Moduls - etwa in einem Modul B - nur undifferenzierter festgelegt werden kann, auf welche Komponenten lesend oder schreibend zugegriffen wird, da jede

Operation Zugriff auf alle Komponenten erlaubt. Zum zweiten kann der Parameter, in dem bei einer Leseoperation das Ergebnis abgeliefert wird bzw. in dem bei einer Schreiboperation die veränderte Information angegeben wird, jetzt nicht mehr auf den Typ der einzelnen Komponenten Bezug nehmen. Dieser Typ kann jetzt nur noch ein unspezifischer sein, wie etwa STRING, oder er ist ein Vereinigungstyp über alle Komponententypen (z.B. mithilfe eines varianten Verbundes). Beide obigen Argumente bedeuten einen *Sicherheitsverlust* auf der *Architekturebene*. Dieser Sicherheitsverlust äußert sich z.B. in der mangelnden Unterstützung, die man erhält, und in dem Aufwand, den man investieren muß, falls sich der Typ einer Komponente des kompliziert aufgebauten Eintrags ändert (vgl. Aufgabe 4).

Für denjenigen, der den Modul B realisiert, ist es zunächst gleich, ob er im Rumpf etwa READ (ADDRESS, ...) oder READ_ADDRESS (...) hinschreibt. Allerdings muß er sich die entsprechende Information evtl. erst aus dem unspezifischen Typ, etwa STRING, herausholen, was zusätzlichen Aufwand bedeutet. Für denjenigen, der den Rumpf für den Modul A realisiert, ist der Implementierungsaufwand in etwa gleich. Somit ist auch die *Implementierung* nicht einfacher, und ein gewisser *Sicherheitsverlust* stellt sich hier ebenfalls durch die Konvertierungsproblematik ein (vgl. Aufgabe 4).

Wenn die *Schnittstelle* eines *Moduls* zu *umfangreich* wird, sollte statt dessen überlegt werden, ob alle Komponenten des komplizierten Eintrags logisch zusammengehören oder ob diese hier nicht etwa nach bestimmten *Gesichtspunkten* auf verschiedene Module *aufgeteilt* werden müssen (Adreßangaben, persönliche Verhältnisse, Firmendaten etc.). Wir werden dies im nächsten Kapitel diskutieren. Für letzteres können auch andere Gründe, wie etwa der Datenschutz, sprechen.

Eine weitere Möglichkeit, die Schnittstelle kürzer zu machen, besteht darin, für Gruppen von Informationsfeldern je eine Lese- und Schreiboperation vorzusehen, etwa für die Adreßangaben. Das bedeutet allerdings, daß einige Aktualparameter auch dann angegeben werden müssen, wenn sie sich gar nicht ändern (z.B. bei der Änderung des Nachnamens, wenn alle anderen Adreßangaben unverändert bleiben).

```
abstract data object module COMPLEX_RECORD is --**************--
   procedure READ(COMP: in COMP_DENOTATION; INFO:              --
                  out INFO_TYPE);                               --
   procedure STORE(COMP: in COMP_DENOTATION; INFO:             --
                   in INFO_TYPE);                               --
   ...                                                          --
end COMPLEX_RECORD;  ------------------------------------------------
```

Fig. 4.12: Schnittstelle eines abstrakten Datenobjektmoduls für einen Eintrag:
eine Lese- und eine Speicheroperation mit Komponentenkennzeichnung

Wir wollen im folgenden klären, worin der *Datenabstraktionsschritt* bei den *beiden Klassen* von *Datenabstraktionsanwendungen besteht* (vgl. Fig. 4.13).

Dient die Datenabstraktion der Behandlung eines komplexen Einzeleintrags, so ist die logische Sicht die, daß wir einzelne "logische Komponenten" verändern (Speichern, Ändern, Löschen) oder abfragen wollen. Die Sicht der Schnittstelle ist also die eines zusammengesetzten Objekts, das aus einzelnen, unterschiedlichen Komponenten besteht, die wir durch die Zugriffsfunktionen verändern oder abfragen. Die Zusammenfassung der logischen Komponenten zu einem Ganzen ergibt sich durch das Hintereinanderschreiben der Zugriffsoperationen in der Schnittstelle des Moduls. Bei der Realisierung des Moduls ist die Sicht eine andere und konkrete: Hier muß festgelegt werden, wie die einzelnen Komponenten abzulegen sind, in welcher Reihenfolge dies geschieht, wie die Reihenfolge realisiert wird, ob zusätzliche interne Komponenten dazukommen etc.

Dient die Datenabstraktion der Handhabung einer Kollektion, so haben wir auf der Schnittstellenseite eine geordnete oder ungeordnete Menge von Einträgen eines hier zunächst nicht interessierenden Typs, verknüpft mit einer bestimmten Art des Zugriffs auf einzelne Elemente der Menge. Beim Kellerbeispiel haben wir eine geordnete Menge, die nach dem Prinzip Last–In–First–Out verwaltet wird. Beim Lexikonbeispiel betrachten wir eine ungeordnete Menge, auf die nach dem Random–Prinzip mithilfe eines externen Schlüssels zugegriffen wird. Die Menge, die Ordnung und die Zugriffsart werden durch die Schnittstellenoperationen bestimmt. Auf der Ebene der Realisierung haben wir festzulegen, wie die Menge, wie die Ordnung und wie die Zugriffsart realisiert wird, in welchem Speicherbereich die Menge abgelegt wird usw.

Wir sehen aus dieser Betrachtung, daß ein Datenabstraktionsschritt in den beiden Datenabstraktionsanwendungen eine ganze Reihe von Implementierungsdetails verschwinden läßt. Wir werden in den späteren Kapiteln noch weitere Datenabstraktionsanwendungen kennenlernen.

Datenabstraktion ist eine bestimmte Ausprägung des Prinzips des *Information Hiding*. Die Abstraktion besteht hier darin, daß beim Übergang von der Realisierung zur Schnittstelle eines Datenabstraktionsmoduls bestimmte Realisierungsdetails bewußt verborgen werden. Dieser Übergang stellt also den (Daten–)Abstraktionsschritt dar.

Die Realisierung kann im Rumpf des Datenabstraktionsmoduls vollständig abgehandelt sein (vgl. Fig. 4.14.a). Dies ist etwa bei dem Kellerbeispiel in der Realisierung von Fig. 4.2 der Fall. Dort haben wir vom Information Hiding zwischen der *Schnittstelle* und dem *Rumpf* eines Moduls auf eine *bestimmte Weise* Gebrauch gemacht, indem alle Realisierungsentscheidungen für das abstrakte Datenobjekt im Rumpf des Moduls verborgen werden.

Eine Realisierung kann sich aber auch auf andere Module abstützen (vgl. Fig. 4.14.b). Das ist bei dem Lexikonbeispiel von Fig. 4.5 und 4.6 der Fall, wenn wir uns dort auf einen selbstgeschriebenen Modul zur Haldenspeicherverwaltung stützen. Diese Realisierungsentscheidung ist dann auf der Architekturebene deutlich zu erkennen. Das läßt natürlich immer noch unterschiedliche Realisierungen zu. Der Realisierung des Datenabstraktionsschrittes entspricht hier also die Einführung einer Teilarchitektur. Will man die Gesamtarchitektur verstehen, so ist es nicht unbedingt nötig, die Interna dieser Teilarchitektur zu verstehen. In diesem Fall ist Datenabstraktion also mit *Information Hiding* auf der *Architekturebene* verknüpft. Wir werden solche Fragen im nächsten Kapitel diskutieren, nachdem wir in den weiteren Abschnitten dieses Kapitels die Möglichkeiten kennengelernt haben, Beziehungen zwischen den Modulen festzulegen.

Anwendungs-klasse der Datenabstraktion	Abstraktion: logische Sicht	Realisierung: physische Sicht
komplexer Einzeleintrag	Gesamtobjekt Komp 1 Komp n ... Lese- und Schreibzugriff auf die einzelnen "logischen" Komponenten	Komponentenreihenfolge hintereinander, verstreut Realisierung der Reihenfolge durch sequentielle Ablage, über Indizes oder Zeiger verkettet Einzelkomponenten verdichtet, einzelne Komponente muß erst berechnet werden o.ä. zusätzliche Komponenten für interne Zwecke, z.B. Statistik
Kollektion von Einträgen	Ablegen, Auffinden, Ändern und Löschen von Elementen der Kollektion Menge von Einträgen ⋮ + Zugriffsart Festlegung der Zugriffsart (FIFO, LIFO, RANDOM etc.)	Wie wird die Menge/geordnete Menge realisiert: sequentiell, über Indizes oder Zeiger verkettet, char. Speicherung etc. Wo wird die Menge abgelegt: im statischen Speicherbereich, im Laufzeitkeller, auf der Halde, auf dem Sekundärspeicher, auf einen Knoten im Netz o.ä. Wie wird die Zugriffsart realisiert: über Berechnung, Einrichtung von Zugriffspfaden Zusätzliche Komponenten für interne Zwecke, etc.

Fig. 4.13: Logische und physische Sicht auf Daten bei den beiden Anwendungsklassen der Datenabstraktion

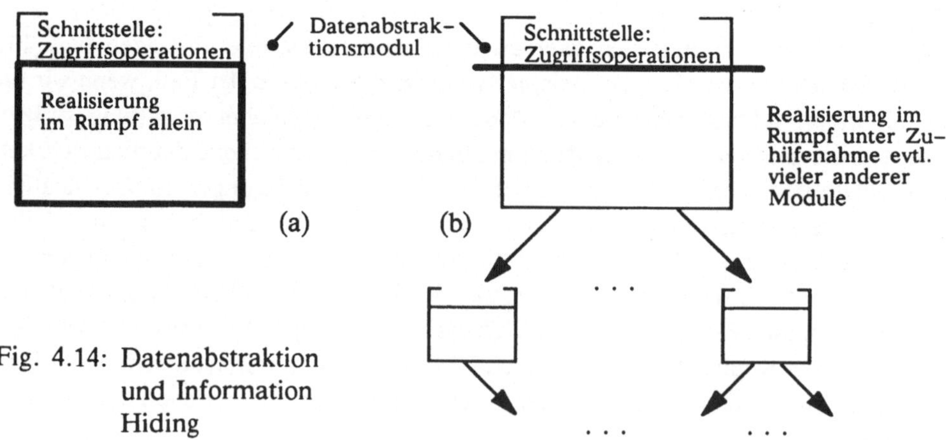

Fig. 4.14: Datenabstraktion und Information Hiding

4.4 Datentypmodule und sonstige Module

In vielen Fällen braucht man zur Lösung eines Problems nicht nur ein abstraktes Datenobjekt, sondern mehrere. Beispielsweise kann eine Anwendung mehrere Datenbestände halten, auf die jeweils mit einem Schlüssel zugegriffen werden soll. Diese sollen getrennt bleiben, weil sie unterschiedliche "logische Datenbestände" darstellen. Also braucht man mehrere abstrakte Datenobjekte nach der Art des Lexikonbeispiels aus dem letzten Abschnitt. Will man nicht beliebig viele identische Bausteine, nämlich hier abstrakte Datenobjektmodule, ausprogrammieren, dann ist also ein *Schablonenbaustein* als ein abstrakter Datentyp nötig, mit dessen Hilfe man mehrere solcher abstrakten Datenobjekte erzeugen kann. Solche Bausteine heißen, wie bereits erwähnt, *abstrakte Datentypmodule*. Wir wollen in diesem Abschnitt diese Modulart ausführlich diskutieren.

Bevor wir diese Art von Bausteinen erläutern, wollen wir uns den *Unterschied* bei der Verwendung eines abstrakten Datentyps und eines normalen Datentyps *klarmachen* (vgl. Fig. 4.15). Ein normaler Datentyp wird durch eine Typdeklaration eingeführt (vgl. (1)), die den Namen des Typs festlegt, hier SPACE_T, und die in der anschließenden Typdefinition seine Struktur angibt, hier ein N–komponentiges Feld irgendeines Komponententyps. Diese Struktur wird als offengelegt betrachtet, weshalb ein normaler Datentyp auch *offener* oder *transparenter Datentyp* genannt wird. Mithilfe des Typbezeichners, der die Strukturbeschreibung repräsentiert, kann nun in einer Datenobjektdeklaration (vgl. (2)) ein Datenobjekt dieses Typs deklariert werden. Da dessen Detailstruktur bekannt ist, kann bei der Manipulation dieses Datenobjekts darauf Bezug genommen werden (vgl. (3)). Es handelt sich also um ein transparentes Datenobjekt. Wir wollen transparente Datentypen im wesentlichen nur auf der Programmieren–im–Kleinen–Ebene, d.h. innerhalb von Modulen, verwenden.

```
--(a) Verwendung transparenter oder normaler Datentypen und Datenobjekte:
type SPACE_T is array (1..N) of ITEM_TYPE; -- (1)
SPACE_1 : SPACE_T; -- (2)
...
if ... then ... ; SPACE_1(INDEX) := X else ... end if; -- (3)
```

```
--(b) Verwendung opaker oder abstrakter Datentypen und Datenobjekte:
STACK_1: STACK_TYPE; -- (4)
...
if not IS_EMPTY (STACK_1) then -- (5)
   POP (STACK_1);
else ...
end if;
```

Fig. 4.15: Verwendung transparenter und abstrakter Datentypen und Datenobjekte

Bei einem *abstrakten Datentyp* (andere Sprechweise: opaker, verkapselter Datentyp) ist die Strukturbeschreibung der zugehörigen abstrakten Datenobjekte an anderer Stelle definiert und dem Verwender des Datentyps nicht zugänglich. Er verwendet nur den Namen des abstrakten Datentyps STACK_TYPE, um abstrakte Datenobjekte zu deklarieren (vgl. (4)). Der Zugriff erfolgt nun nicht dadurch, daß man Objekte direkt verändert oder liest, indem man die Kenntnis ihrer Detailstruktur benutzt, sondern ausschließlich Zugriffsoperationen benutzt (vgl. (5)). Wegen dieser Verborgenheit nennt man die abstrakten Datentypen und Datenobjekte auch manchmal opak, geschützt, verborgen o.ä. Diese sind nach dem Datenabstraktionsprinzip mit der Definition der Datenstruktur unauflöslich verbunden. Sowohl die Detailstruktur der Daten, als auch die Realisierung der Zugriffsoperationen sind an den Stellen der Anwendung verborgen. Auf der Programmieren–im–Großen–Ebene verwenden wir nach Möglichkeit ausschließlich abstrakte Datentypen.

Betrachten wir zunächst ein Beispiel eines abstrakten Datentypmoduls (vgl. Fig. 4.16), um danach solche Bausteine zu charakterisieren. Wir greifen hierzu wieder auf das bekannte Kellerbeispiel zurück, das jetzt als Datentypmodul angegeben ist. Die Notation der Schnittstelle und die des Rumpfs ist wieder an Ada angelehnt. Zunächst fällt die Ähnlichkeit der Schnittstelle mit der des entsprechenden Kellerdatenobjektmoduls aus Fig. 4.2 auf, was nicht verwunderlich ist, da eine Schablone ähnlich zu einem Exemplar sein muß. Ein Unterschied ist, daß jede Zugriffsoperation einen Parameter mehr hat, denn es muß das jeweilig angesprochene abstrakte Datenobjekt gekennzeichnet werden. Ferner wird hier eine Initialisierungsoperation eingeführt.

Es findet sich in der Schnittstelle von Fig. 4.16 allerdings eine Abweichung von der in Fig. 4.8 diskutierten Systematik des Zusammenspiels zwischen den Sicherheitsabfragen und den Ausnahmen: Es ist nämlich prinzipiell denkbar, daß ein Verwender von ITEM_STACK_STENCIL eine Veränderungsoperation auf einem noch nicht initialisierten Keller anwendet. Hierzu müßte es eigentlich eine passende Sicherheitsabfrage geben, die dann allerdings vor jeder Schnittstellenoperation anzuwenden wäre. Wir gehen davon aus, daß jeder Verwender des Moduls ein abstraktes Datenobjekt vorab initialisiert. Diese Sicherheitsabfrage ist deshalb nicht vorhanden.

Im Rumpf des abstrakten Datentypmoduls folgt die Beschreibung der für die Realisierung eingeführten Datenstrukturen. Diese Detailbeschreibung der transparenten Datentypen kann ein Modul, der ITEM_STACK_STENCIL verwendet, nicht nutzen, das Wortsymbol **private** bringt an der Schnittstelle bereits zum Ausdruck, daß diese Beschreibung modulprivat (verborgen, geschützt) ist. Wir haben diese Detailbeschreibung in den Rumpf des Moduls geschrieben, weil sie logisch dort hingehört. (In Ada steht diese im sogenannten physischen Teil der Schnittstelle, der eigentlich nur den Compiler interessiert. Wir haben uns die Freiheit dieser Veränderung genommen, da wir für die Architekturbeschreibung auch sonst eine zwar an Ada angelehnte, aber dennoch Ada–unabhängige Notation einführen.) Die (Export-)Schnittstellen und – soweit ausformuliert – die Rümpfe, sind allerdings reines Ada. Die Verwendung dieses Moduls am Ende von Fig. 4.16 ist so, wie bereits besprochen. Vorher muß dieser Modul allerdings erst an der Stelle der Verwendung eingeführt werden. Das werden wir in späteren Abschnitten erläutern.

Programmieren–im–Großen–Teil

```
abstract data type module ITEM_STACK_STENCIL is ****************--
   ...                                                            --
   type  ITEM_STACK_TYPE is private;                              --
   procedure INITIALIZE (ST: in out  ITEM_STACK_TYPE);           --
   procedure PUSH (EL: in ITEM_TYPE; ST: in out ITEM_STACK_TYPE); --
   procedure POP (ST: in out ITEM_STACK_TYPE);                   --
   function READ_TOP (ST: in ITEM_STACK_TYPE) return ITEM_TYPE;  --
   function IS_EMPTY (ST: in ITEM_STACK_TYPE) return BOOLEAN;    --
   function IS_FULL (ST: in ITEM_STACK_TYPE) return BOOLEAN;     --
   ST_UNDERFLOW, ST_OVERFLOW, ST_NOT_INITIALIZED: exception;     --
   -- Semantikbeschreibung: ...                                  --
end ITEM_STACK_STENCIL; ---------------------------------------------
module body ITEM_STACK_STENCIL is -----------------------------------
   --Festlegung der Repraesentation des Datentyps,               --
   --(in Ada im physischen Teil der Schnittstelle):              --
   SIZE: constant INTEGER := 100;                                --
   type  SPACE_T is array (1..SIZE) of ITEM_TYPE;                --
   type ITEM_STACK_TYPE is                                       --
      record                                                     --
         SPACE: SPACE_T;                                         --
         INDEX: INTEGER range 0..SIZE := 0;                      --
      end record;                                                --
   ...                                                           --
   -- Realisierung der Zugriffsoperationen (abhaengig von der    --
   -- gewaehlten Repraesentation des Datentyps):                 --
   ...                                                           --
end ITEM_STACK_STENCIL; --*****************************************  --
```

Programmieren–im–Kleinen–Teil

```
...
   --Anzeige, daß Modul ITEM_STACK_STENCIL in einem anderen Modul
   --verwendet werden soll (Import). Dies wird spaeter behandelt.
```

Programmieren–im–Großen–Teil

```
...
   --Verwendung im Rumpf dieses anderen Moduls:
      ST_1: ITEM_STACK_TYPE;
      EI_1 : ITEM_TYPE;
      if not IS_FULL (ST_1) then PUSH (EL_1, ST_1) else ... end if;
```

Programmieren–im–
Kleinen–Teil

Fig. 4.16: Beispiel eines abstrakten Datentypmoduls mit Typangabe:
         Definition und Verwendung

Die erste *Aufgabe* eines *abstrakten Datentypmoduls* ist also die *Deklaration* eines *abstrakten Datentyps*. Dies geschieht in der Schnittstelle in Fig. 4.16 dadurch, daß ein Typbezeichner für einen abstrakten Datentyp exportiert wird, sowie die für die Objekte des abstrakten Datentyps benötigten Zugriffsoperationen. Die zweite Aufgabe des Datentypmoduls besteht in der *Realisierung* des abstrakten Datentyps. Dazu werden die Details der konkreten Datenstruktur festgelegt, sowie anhand dieser Festlegung die Zugriffsoperationen implementiert. Für diese Realisierung ist der Rumpf des Moduls zuständig, wobei weitere Module verwendet werden können. Im Beïspiel von Fig. 4.16 wird die Realisierung vollständig im Rumpf abgehandelt, d.h. ohne die Verwendung weiterer Module. (Die Tatsache, daß wir die Detailstruktur der verkapselten Daten in den Rumpf schreiben, hat allerdings starke Konsequenzen auf die getrennte Übersetzbarkeit (vgl. Aufgabe 7). Die Programmiersprachen, die getrennte Übersetzbarkeit anbieten, lassen i.a. nicht nur die getrennte Übersetzung von Modulen zu, sondern gestatten darüber hinaus auch die getrennte Übersetzung von Schnittstellen und Rümpfen.)

Die Gemeinsamkeit der abstrakten Datenobjektmodule und der abstrakten Datentypmodule besteht darin, daß beide dem Datenabstraktionsprinzip dienen, d.h. daß sie die Realisierung von abstrakten Datenobjekten (Feinstruktur und Zugriffsoperationen) an der Stelle des Übergangs zwischen der logischen Schnittstelle und der Realisierung verbergen. Wir werden die Diskussion der Gemeinsamkeiten von beiden gleich noch einmal aufgreifen. Der *Unterschied* zwischen beiden besteht darin, daß ein abstrakter Datenobjektmodul genau ein abstraktes Datenobjekt repräsentiert, während ein *abstrakter Datentypmodul* eine *Schablone* darstellt, um *abstrakte Datenobjekte* über Objektdeklarationen zu *erzeugen*.

Das hat die folgende Konsequenz: Während die *abstrakten Datenobjekte*, die über abstrakte Datenobjektmodule eingeführt werden, in der *Architektur* eines Softwaresystems erscheinen, gilt dies *nicht* für solche, die über abstrakte *Datentypmodule erzeugt* werden. Die Erzeugung eines abstrakten Datenobjekts wird im Rumpf eines Moduls M durch eine einzige Zeile hingeschrieben und ist somit keine Programmieren–im–Großen–Einheit. Damit kann ein Speicher (ein Gedächtnis) in der Architektur–Übersichtsdarstellung selbst nicht zum Ausdruck gebracht werden. Man kann lediglich die Verwendung der Schablone ausdrücken. Dies kann aber bedeuten, daß man ein abstraktes Datenobjekt oder mehrere abstrakte Datenobjekte erzeugen will, oder daß man ein anderweitig erzeugtes Objekt manipulieren oder abfragen will. Die Möglichkeit, Gedächtnisbausteine in die Architektur einzufügen, war für uns der Grund für die Einführung von Datenobjektmodulen im letzten Abschnitt. Es ist trivial, daß die Datenobjektmodule als "Spezialfall" der Datentypmodule betrachtet werden können. Dabei gibt man eben diese Differenzierungsmöglichkeit auf der Architekturebene auf. Unser Bestreben muß es aber sein, eine Notation einzuführen, in der man alle Architekturüberlegungen auch zu Papier bringen kann. Für den Fall, daß man mehrere gleichartige oder ähnliche Gedächtnisse braucht, die in der Architektur verankert sein sollen, lernen wir im nächsten Kapitel mit der Generizität ein geeignetes Hilfsmittel kennen, um das mehrfache Programmieren solcher Bausteine zu vermeiden.

Die Abbildung von abstrakten Datentypmodulen der bisher eingeführten Form (vgl. Fig. 4.16) auf eine Programmiersprache ist *nicht möglich*, wenn diese Programmiersprache *nicht* über *Typdeklarationen* verfügt, d.h. daß einem (transparenten) Typ ein Name gegeben werden kann. Was tut man also, wenn man einen Schablonenmodul für abstrakte Datenobjekte braucht und diesen etwa in FORTRAN, Cobol oder Assembler realisieren will? Wir müssen uns also nach einer *Alternative* für die bisher eingeführten *Datentypmodule* umsehen.

Ein weiterer Grund, nach einer Alternative für die obigen Datentypmodule zu suchen, ist der folgende: Von abstrakten Datentypmodulen der Art von Fig. 4.16 wird dadurch Gebrauch gemacht, daß im Rumpf eines verwendenden Moduls eine Datenobjektdeklaration steht, die den Datentypbezeichner verwendet, der durch die Schnittstelle des abstrakten Datentypmoduls exportiert wird. Sieht man von den Spezialfällen ab, daß eine solche Datenobjektdeklaration z.B. in einer modullokalen rekursiven Prozedur steht, dann heißt dies, daß man dem Programmtext die Anzahl der benötigten und auftretenden abstrakten Datenobjekte zu einem abstrakten Datentyp entnehmen kann. Man braucht nur die Datenobjektdeklarationen in den Rümpfen anderer Module zu zählen. Nun gibt es aber Anwendungen, wo diese *Anzahl benötigter abstrakter Datenobjekte nicht* zur Programmerstellungszeit *beschränkt* werden kann.

Für diese beiden Probleme führen wir eine weitere Form von Datentypmodulen ein. Betrachten wir ein Beispiel eines solchen modifizierten Moduls und dessen Verwendung (vgl. Fig. 4.17). Der Unterschied der Form der Schnittstelle zur bisher kennengelernten Art erscheint unwesentlich. *Anstelle* des *Typbezeichners* eines abstrakten Datentyps wird hier eine *Erzeugungsoperation* (oder Kreierungsoperation) nach außen (zur Verwendung in den Rümpfen anderer Module) zur Verfügung gestellt. Für den Fall, daß man ein abstraktes Datenobjekt zur Laufzeit (nach einer Löschung) nicht mehrfach verwenden will, kann diese Erzeugungsoperation mit der Initialisierung zusammengefaßt werden. Auch in diesem Beispiel sind wir nicht konsequent bezüglich der Sicherheitsabfragen–Ausnahme–Systematik. Es müßte hier eine Sicherheitsabfrage geben, die sicherstellt, daß es zu einer Bezeichnung für einen Keller auch bereits einen Keller gibt, auf den die Bezeichnung verweist.

Im Rumpf des Moduls sind nun wieder die Zugriffsoperationen einschließlich der jetzt auftretenden Erzeugungsoperation zu realisieren. Für die letztere ergibt sich ein gewisser Realisierungsaufwand für hierzu nötige Datenstrukturen, wie wir später diskutieren werden, da die Gesamtheit aller erzeugten und gelöschten Objekte verwaltet werden muß.

Die Verwendung dieses Datentypmoduls im Rumpf anderer Module (vgl. Fig. 4.17) ist nun insoweit anders, als die *Erzeugung* eines abstrakten Datenobjekts nicht im Deklarationsteil in Form einer Objektdeklaration erfolgt, sondern im *Anweisungsteil*. Dies kann der Anweisungsteil des anderen Moduls sein oder es kann der Anweisungsteil der Realisierung einer Schnittstellenoperation dieses Moduls sein. Die Anzahl der zur Laufzeit erzeugten abstrakten Datenobjekte kann jetzt dem Programmtext nicht

```
abstract data type module ITEM_STACK_STENCIL is --*************--
    ...                                                              --
    type STACK_DENOTER_TYPE is private;                              --
    procedure CREATE_AND_INIT(ST: out STACK_DENOTER_TYPE);           --
    procedure DELETE(ST: in STACK_DENOTER_TYPE);                     --
    procedure PUSH(EL: in ITEM_TYPE; ST: in STACK_DENOTER_TYPE);     --
    procedure POP(ST: in STACK_DENOTER_TYPE);                        --
    function READ_TOP(ST: in STACK_DENOTER_TYPE)                     --
         return ITEM_TYPE;                                           --
    function ST_IS_EMPTY(ST: in STACK_DENOTER_TYPE)                  --
         return BOOLEAN;                                             --
    function ST_IS_FULL(ST: in STACK_DENOTER_TYPE) return BOOLEAN; --
    function ANOTHER_ST_POSSIBLE return BOOLEAN;                     --
    ST_UNDERFLOW, ST_OVERFLOW, NO_ST_AVAILABLE, ST_IS_NIL:          --
         exception;                                                  --
    -- Semantikbeschreibung:                                         --
    -- ...                                                           --
end ITEM_STACK_STENCIL; ---------------------------------------------
module body ITEM_STACK_STENCIL is ----------------------------------
    -- Beschreibung des Bezeichnertyps:                              --
    type STACK_DENOTER_TYPE is INTEGER;                             --
    ...                                                              --
    -- Realisierung der Zugriffsoperationen:                         --
    ...                                                              --
end ITEM_STACK_STENCIL; --*************************************  --


    ___________________________________

    ...
    -- fuer einen anderen Modul:
    -- Importteil (Programmieren-im-Gossen-Teil), kommt spaeter.


    ___________________________________

    ...
    -- Verwendung im Rumpf dieses anderen Moduls (Programmieren im Kleinen):
    ACT_ST: STACK_DENOTER_TYPE;  --ACT_ST kann bel. Keller bezeichnen
    EL1: ITEM_TYPE;
    ...
    if ANOTHER_ST_POSSIBLE then
         CREATE_AND_INIT (ACT_ST); -- im Anweisungsteil erzeugt, Wert von
    else ...                        -- ACT_ST ist jetzt bestimmter Keller
    end if;
    ...
    if not IS_FULL (ACT_ST) then PUSH (EL_1, ACT_ST) ... end if;
```

Fig. 4.17: Beispiel eines abstrakten Datentypmoduls mit Kreierungsoperation: Definition und Verwendung

mehr entnommen werden, weil nicht klar ist, wie oft eine solche Erzeugungsoperation zur Laufzeit durchlaufen wird. Eine solche Erzeugungsoperation kann beispielsweise in einer Schleife stehen.

Wir wollen nun versuchen, diese zweite Spielart von Datentypmodulen zu charakterisieren. Wir werden einen Modul der Art von Fig. 4.17 ebenfalls einen *abstrakten Datentypmodul* nennen, obwohl er keinen Typ für abstrakte Datenobjekte exportiert. Seine softwaretechnische Aufgabe ist jedoch die gleiche, nämlich eine Schablone in der Architektur eines Softwaresystems darzustellen, mithilfe derer man zur Laufzeit eines Programms abstrakte Datenobjekte erzeugt.

Diese zweite Art von Datentypmodulen exportiert zwar keinen Typ für abstrakte Datenobjekte, die Schnittstelle kann aber einen *Typbezeichner* für die *Bezeichnung* von *abstrakten Datenobjekten* enthalten, wie dies in Fig. 4.17 der Fall ist. Hier handelt es sich nicht um den Typ von abstrakten Datenobjekten, sondern um den von Bezeichnern für abstrakte Datenobjekte, wie wir an den Parametern der Zugriffsoperationen sehen. Da diese nur Verweise auf abstrakte Datenobjekte darstellen, handelt es sich stets um Eingabeparameter, auch wenn der Keller (den der Verweis identifiziert) selbst verändert wird. Lediglich bei CREATE_AND_INIT steht ein Ausgabeparameter, nämlich für die Bezeichnung eines erzeugten, abstrakten Datenobjekts.

Der Typ für die Bezeichnungen von abstrakten Datenobjekten kann verschieden sein. Es kann sich um einen Zeiger auf Haldenobjekte (vgl. Aufgabe 8) oder um eine ganzzahlige oder Zeichenketten–Kennzeichnung handeln. Deshalb *erscheint* in den beiden letzten Fällen dieser *Bezeichnertyp* oft *nicht* an der Schnittstelle, da er in der zugrundeliegenden Programmiersprache vordefiniert ist. Dann kann man den Modul als Datentypmodul nur noch an der Erzeugungsoperation der Schnittstelle erkennen.

Nun ergibt sich die Frage, ob der Verwender eines abstrakten Datentypmoduls wissen muß, ob es sich bei diesem Modul um einen handelt, der einen Typbezeichner (vgl. Fig. 4.16) oder einen, der eine Erzeugungsoperation (vgl. Fig. 4.17) exportiert. Zunächst muß er es wissen, weil er die Objekte unterschiedlich erzeugt. Er muß es aber insbesondere wissen, weil in den beiden Fällen mit den abstrakten Datenobjekten unterschiedlich umgegangen wird. Wir wollen diesen Unterschied mit den beiden Begriffen *Variablensemantik* versus *Zeigersemantik* bezeichnen, obwohl es sich im letzten Fall nicht notwendigerweise um Zeiger im eigentlichen Sinne, sondern um beliebige Bezeichnungen für Objekte handelt.

Im ersten Fall, daß ein abstraktes Datenobjekt über eine Datenobjektdeklaration erzeugt wird, die Bezug auf einen Typbezeichner eines abstrakten Datentypmoduls nimmt, wird die Verwaltung dieses Objekts automatisch vom Laufzeitsystem der zugrundeliegenden Programmiersprache vorgenommen. Das Objekt wird geschaffen, wenn die Datenobjektdeklaration abgearbeitet wird, und es wird gelöscht, wenn der Gültigkeitsbereich der Deklaration verlassen wird. Wird ein solches Objekt einem anderen zugewiesen, dann wird dieses Objekt *kopiert*. Dies alles sind Begriffe, die wir mit *Variablen* und der Verwaltung derselben mithilfe des *Laufzeitkellers* verbinden.

Im zweiten Fall geschieht die Erzeugung über eine Kreierungsoperation. Diese liefert nach der Ausführung eine Bezeichnung für ein neu geschaffenes abstraktes Datenobjekt. Die *Verwaltung* dieser Objekte (Erzeugen, Löschen) liegt in den Händen des *Verwenders*. Deshalb gibt es i.a. neben der Erzeugungs– auch eine Löschoperation (vgl. Fig. 4.17). Die abstrakten Datenobjekte existieren zudem in gewisser Weise als eigenständige Objekte, da bei einem Zuweisungsvorgang nicht das abstrakte Datenobjekt kopiert wird, sondern lediglich eine neue Bezeichnung auf das gleiche intern geschaffene abstrakte Datenobjekt eingetragen wird. Damit ergeben sich natürlich alle die Probleme, die wir von Zeigern kennen, und die im letzten Abschnitt bereits skizziert wurden. Zudem muß der Implementierer eines abstrakten Datentypmoduls noch die Gesamtheit der jemals erzeugten Objekte verwalten. Das läuft auf die Implementierung einer *"Haldenverwaltung"* für solche Objekte hinaus.

Der Unterschied zwischen Variablen– und Zeigersemantik wird im nächsten Kapitel noch einmal aufgegriffen. Dort werden wir auch erläutern, daß die Architekturüberlegungen nicht ganz ohne diese Unterscheidung durchgeführt werden können.

Die *unterschiedliche Art* eines *abstrakten Datentypmoduls* sollte an der *Schnittstelle* in Form des Semantikteils *abgelesen* werden können. In unserer formalen Sprache für Architekturen ist die Semantik zwar nur im Kommentarform vorhanden, da wir uns auf die Syntax von Architekturen beschränken. Allerdings haben wir des öfteren betont, daß diese Syntax viele semantische Aspekte beinhaltet, so daß dieser Unterschied auch aus der Syntax der Architekturebene abgelesen werden kann. Wir können dies in dem vorliegenden Fall aufzeigen: Zum einen ist die Syntax der Schnittstelle unterschiedlich, wie der detaillierte Vergleich der beiden Schnittstellen von Fig. 4.16 und 4.17 zeigt (Typangabe oder Erzeugungsoperation; erster Formalparameter vom abstrakten Datentyp oder Bezeichnertyp auf die abstrakten Datenobjekte; im ersten Fall steht ein Typ für die abstrakten Datenobjekte, während der Typ für Bezeichnungen auf abstrakte Datenobjekte fehlen kann).

Schließlich ist auch die *Realisierung* des Datentypmoduls *anders*. Wenn sich diese nicht auf den Rumpf beschränkt, was im Fall des Datentyps mit Zeigersemantik wegen der nötigen Haldenverwaltung nicht sehr übersichtlich ist, dann äußern sich die Unterschiede auch in Form einer unterschiedlichen Teilarchitektur unterhalb des abstrakten Datentypmoduls. Wir werden auch diese Aussage im nächsten Kapitel genauer erläutern.

Im letzten und in diesem Abschnitt haben wir eine Reihe von *Aussagen* zur *Datenabstraktion* gemacht, die sowohl auf die Datenobjektmodule des letzten Abschnitts als auch *auf* die *Datentypmodule* dieses Abschnitts *zutreffen*. Wegen der Wichtigkeit dieser Aussagen wollen wir sie hier noch einmal für die Datentypmodule zusammenfassen. Die softwaretechnische Begründung der Datenabstraktion des letzten Abschnitts über Datenobjektmodule gilt ebenso für die abstrakten Datentypmodule: Man kann mit Datentypmodulen Gefahr lokalisieren (z.B. bei Zeigern). Man erzeugt eine lose Bindung der Programmbausteine und fördert deswegen die Wartbarkeit. Für die Realisierung eines abstrakten Datentypmoduls ergibt sich eine riesige Spannweite von Möglichkeiten. Es gibt zwei Klassen von Anwendungen von abstrakten Datentypmodulen, nämlich zur Handhabung von komplexen Einträgen und von Kollektionen. Die Schnittstelle eines abstrakten Datentypmoduls muß sorgfältig überlegt werden, und man bezahlt für Abkürzungen (Operationen mit Return–Code bei Kollektions–Anwendungen, allgemeine Operationen bei Eintrags–Anwendungen) seinen Preis. Schließlich gelten auch hier die Aussagen über das Information Hiding: Die Abstraktionsentscheidung kann sich auf die Trennung zwischen Schnittstelle und Rumpf beziehen oder sie kann sich in einer Teilarchitektur unterhalb der Schnittstelle zeigen.

Für die Exportschnittstelle haben wir bisher bei Modulen und somit auch bei Datenabstraktionsmodulen ausschließlich formale Angaben auf syntaktischer Ebene gemacht: Wir haben die Operationen aufgeführt, ihre Parameter angegeben und bei den Datentypmodulen den Typ benannt. Die *Semantik* der Operationen tauchte lediglich als Kommentar, d.h. als nichtformaler, umgangssprachlicher Text, auf. Für diese Semantikfestlegungen gibt es nun verschiedene Formalisierungen, so zum Beispiel für die abstrakten Datentypen die *algebraische Spezifikation* (vgl. z.B. /3. EM 85, 89/, /3. KL 83/). Wir wollen eine solche algebraische Spezifikation für ein einfaches Beispiel besprechen, nämlich für den Datentypmodul aus Fig. 4.16, der einen Keller beschreibt (vgl. Fig. 4.18 und /4. Me 88/). Bei solchen formalen Festlegungen bereitet sowohl die Endlichkeit des Kellers als auch die formale Behandlung von Ausnahmen Schwierigkeiten. Um diese Schwierigkeiten zu vermeiden – die formale Semantikspezifikation stellt in diesem Buch eher einen Ausflug dar – legen wir gewisse Vorbedingungen fest. Die formale Semantikbeschreibung in Form algebraischer Gleichungen soll nur dann gelten, wenn diese Vorbedingungen jeweils erfüllt sind. Wir wollen dabei die in der algebraischen Spezifikation üblichen Bezeichnungen verwenden, woraus sich gewisse Unterschiede in der Notation von Fig. 4.18 und Fig. 4.16 ergeben. Die Beziehungen zwischen beiden werden aber trotzdem deutlich werden.

Die beiden oberen Teile der Spezifikation, nämlich der **sorts**– und der **operations**–Teil, entsprechen der bisherigen syntaktischen Festlegung der Exportschnittstelle. Es wird festgelegt, daß ein neuer Datentyp definiert wird, wie die Operationen heißen, und welchen Urbild– und Bildbereich diese besitzen. Letzteres entspricht der bisherigen Festlegung der Parametertypen. Man nennt diesen Teil der Spezifikation die *Signatur* des *abstrakten Datentyps*. Einige der Operationen sind partielle Funktionen, gekennzeichnet durch ↦, da sie nicht für alle Werte des Urbildbereichs definiert sind. Betrachten wir als Beispiel die dritte Zeile des Operationsteils: Die bisherige Zugriffsoperation PUSH eines abstrakten Datentyps wird jetzt zu einer partiellen Funktion. Sie macht aus einem Kellerobjekt und einem Eintragsobjekt ein neues Kellerobjekt, das diesen Eintrag zusätzlich enthält. Die Funktion ist partiell, da diese Abbildung nur auf die Kellerobjekte anwendbar ist, die noch nicht voll sind.

Man beachte den Unterschied zwischen der getroffenen Festlegung, beispielsweise von PUSH als eine mathematische Funktion, die aus einem Kellerobjekt und einem Eintrag ein neues Kellerobjekt macht, und der bisher kennengelernten Implementierung der Zugriffsoperation PUSH aus Fig. 4.16, die das Kellerobjekt durch die weitere Ablage eines Eintragselements verändert. Bis auf diesen für die formale Handhabung nötigen Unterschied entsprechen die hier auftauchenden mathematischen Funktionen eins–zu–eins den Zugriffsoperationen von Fig. 4.16, bis auf das NEW, das der Festlegung eines Objekts durch eine Objektdeklaration mit der entsprechenden Initialisierung, oder der Erzeugungsoperation von Fig. 4.17 entspricht. Wir beziehen uns in der Erläuterung auf Fig. 4.16 und nicht auf Fig. 4.17, da in letzterem Fall noch die Endlichkeit des Speichers für alle Kellerobjekte hinzukommt, die die algebraische Spezifikation noch einmal erschwert.

Der nächste Abschnitt der Spezifikation legt die *Vorbedingungen* fest, unter denen die formale Spezifikation gelten soll. So darf weder POP noch READ_TOP auf den leeren Keller angewandt werden. Im Fall einer Implementation des abstrakten Datentyps (vgl. Fig. 4.16) wird in beiden Fällen die Ausnahme ST_UNDERFLOW erweckt. Entsprechend muß vor der Anwendung von PUSH garantiert sein, daß der Keller nicht bereits voll ist. Wir gehen davon aus, daß es die Realisierung des Kellers gestattet, eine beschränkte, aber nicht explizit festgelegte Anzahl von Einzelelementen abzulegen, die größer als 1 ist.

```
spec ITEM_STACK_TYPE
      --gewisse Importe von anderen Spezifikationen sind noetig, z.B. von ITEM
      sorts ITEM_STACK_TYPE
      operations
            --Festlegung der Exportschnittstelle:
            NEW:  ──> ITEM_STACK_TYPE
            PUSH: ITEM x ITEM_STACK_TYPE  ├──> ITEM_STACK_TYPE
            POP: ITEM_STACK_TYPE  ├──> ITEM_STACK_TYPE
            READ_TOP: ITEM_STACK_TYPE  ├──> ITEM
            IS_EMPTY:  ITEM_STACK_TYPE  ──> BOOLEAN
            IS_FULL:  ITEM_STACK_TYPE  ──> BOOLEAN
      preconditions
            --Vorbedingungen für die Operationen, damit die algebraische
            --Spezifikation gueltig ist:
            pre POP(ST: ITEM_STACK_TYPE) = not IS_EMPTY(ST)
            pre READ_TOP(ST:  ITEM_STACK_TYPE) = not IS_EMPTY(ST)
            pre PUSH(EL:  ITEM; ST:  ITEM_STACK_TYPE) = not IS_FULL(ST)
      equations
            for all EL: ITEM, ST: ITEM_STACK_TYPE:
            IS_EMPTY(NEW())
            not IS_EMPTY(PUSH(EL, ST))
            not  IS_FULL(NEW())
            not IS_FULL(POP(ST))
            READ_TOP(PUSH(EL, ST)) = EL
            POP(PUSH(EL, ST) = ST
end spec ITEM_STACK_TYPE
```

Fig. 4.18: Algebraische Spezifikation des Kellerbeispiels

Der nächste Abschnitt enthält das eigentlich Entscheidende. Hier wird der Zusammenhang der einzelnen Operationen des abstrakten Datentyps durch *algebraische Gleichungen* (auch Axiome genannt) spezifiziert. Betrachten wir zuerst die beiden wichtigsten Zeilen, nämlich die beiden letzten. Sie besagen, daß das READ_TOP auf einen durch PUSH veränderten Keller, das gerade abgelegte Element liefert, und daß PUSH und danach POP den gleichen Zustand für den Keller liefert, der vor dem PUSH gegolten hat. Darüber hinaus wird in den ersten Zeilen festgelegt, daß ein gerade erzeugter Keller leer ist, daß ein mit PUSH veränderter Keller nicht leer sein kann, und daß ein neuer und ein gerade mit POP veränderter Keller nicht voll sein kann.

Die formale Semantikfestlegung eines Datenabstraktionsmoduls oder eines funktionalen Moduls (dann mit anderen Mechanismen, wie etwa /3. Jo 86/) ist eine sehr wertvolle Ergänzung zu den Betrachtungen dieses Buchs. Eigentlich ist es die zweite Hälfte der Problematik, Strukturen von Programmsystemen in den Griff zu bekommen. Die *Schwierigkeit* solcher *algebraischer Semantikfestlegungen* liegt darin, daß einerseits nur wenige Datenstrukturen der Praxis eine einfache algebraische Spezifikation besitzen und daß andererseits, wie wir bereits gesehen haben, Endlichkeit, Ausnahmen und sonstige Gegebenheiten der realen Welt diese Spezifikation noch einmal dramatisch erschweren. Ähnliche Probleme treten bei der formalen Spezifikation funktionaler Module auf. Nichtsdestotrotz ist diese zusätzliche Betrachtung wichtig und es gibt auch Softwaresysteme, die formal spezifiziert wurden bzw. Projekte, die die Unterstützung solcher formalen Spezifikationen durch Werkzeuge (z.B. /4. LG 86/) zum Ziel haben. In dem hier vorliegenden Buch werden solche Ansätze nicht weiter betrachtet. Hier kann auf die bereits gemachte Aussage verwiesen werden, daß sich Semantikaspekte von Softwaresystemen auch oft in der Syntax, nämlich auf der Architekturebene äußern.

Wir haben mit den funktionalen Modulen, den abstrakten Datenobjekt- und den abstrakten Datentypmodulen nun alle Modularten kennengelernt, die für die Modellierungsüberlegungen wichtig sind und die infolgedessen in diesem Buch eine Rolle spielen. Der Vollständigkeit halber wollen wir nun im folgenden diskutieren, welche *sonstigen Modularten* auftreten können.

Als Parameter von Operationen der oben diskutierten Modularten treten oft Typen auf, die zu einfach sind, als daß man diese verkapseln muß oder kann. Dazu zählen beispielsweise der Datentyp BOOLEAN, der als Ergebnistyp von Abfrageoperationen auftritt, oder sonstige in Programmiersprachen vordefinierte unstrukturierte Datentypen. Diese vordefinierten Datentypen stellen den Anschluß an die zugrundeliegende Programmiersprache dar. Sie sind aber zu einfach, als daß man daraus einen Datenabstraktionsmodul der Architektur macht. Andererseits möchte man aber solche Typen – seien sie unstrukturiert oder seien sie strukturiert – zusammenfassen, weil es evtl. viele von ihnen gibt, und weil sie nach Anwendungsbereichen, Projekten, Teilprojekten etc. unterschieden werden sollen. Analoges gilt für die einfachen Datentypen einer bestimmten Anwendung. Solcherart Module stellen also an der Schnittstelle verschiedene transparente Typen zur Verfügung. Dienen Module nur diesem Zweck, wollen wir sie *Datentypkollektionsmodule* nennen. Diese Module enthalten aber oft auch Operationen für Konvertierungen und Typumwandlungen. Beispielsweise haben wir in der Fig. 4.11, die einen Datenabstraktionsmodul für einen komplex aufgebauten Eintrag wiedergibt, an der Schnittstelle Typen für Schlüssel, Name etc. benötigt. Diese Typen sind jedoch zu einfach, als daß es sich lohnt, abstrakte Datentypmodule einzuführen. Sie können mit weiteren transparenten Datentypen in einem solchen Typkollektionsmodul zusammengefaßt werden.

Ähnliches trifft für *Konstantenansammlungen* zu (z.B. Zusammenfassungen bestimmter Konstanten eines Anwendungsbereichs). Oft gibt es auch Module, die sowohl transparente Typen als auch Konstanten zusammenfassen.

Wenn wir in unseren Überlegungen auch transparente Typen und Konstanten an der Schnittstelle in Sonderfällen zulassen, so gestatten wir dies *nicht* für *transparente* variable *Datenobjekte*. Die Gedächtnisse, an deren Handhabung mehrere Module beteiligt sind, wollen wir stets durch Datenabstraktionsmodule verkapseln.

Die Module der im vorletzten Absatz eingeführten Arten spielen deshalb für die folgenden Architekturüberlegungen keine große Rolle, weil mit solchen Modulen keine schwierigen Entwurfsentscheidungen verbunden sind, die in einer Architektur festgehalten werden müssen. Deshalb richtet ihre Nichtberücksichtigung auch keinen großen Schaden an. Zum zweiten – und das leitet bereits auf die Überlegungen der folgenden Abschnitte über – behindert das Einhängen solcher Module in eine Architekturdarstellung eher die Übersichtlichkeit, als daß diese gesteigert wird. Der Grund liegt darin, daß diese Module an so vielen Stellen gebraucht werden, daß die vielen einzutragenden Verbindungen das Architekturdiagramm unüberschaubar werden lassen. Wir werden die *Architekturüberlegungen* dieses Buches also stets mit der Ungenauigkeit der Nichtberücksichtigung solcher Module betreiben.

Eine andere Frage ist, ob es *zwischen* den funktionalen *Modulen*, den Datenobjektmodulen bzw. den Datentypmodulen irgendwelche *Zwischenformen* gibt. Die Zwischenformen von Datenobjekt- und Datentypmodulen besprechen wir im nächsten Kapitel. Sie sind in der Regel Vereinfachungen einer auf Architekturebene zu modellierenden Situation, die mehrere Module beinhalten sollte. Ein oft zitiertes Beispiel einer Zwischenform zwischen einem funktionalen Modul und einem Datenobjektmodul ist der Zufallszahlengenerator. Es handelt sich vom Charakter her, je nach Einschätzung, entweder um einen funktionalen Modul, da er einen Wert aus einem (leeren) Anfangswert liefert, oder um einen Datenobjektmodul, der eine Anfrageoperation hat, die einen Zufallswert liefert, und in dem die Veränderungsoperation des Gedächtnisses nicht auftaucht, weil sie von einem "Dämon" bewerkstelligt wird. Der Autor neigt der zweiten Auffassung zu. Ähnliches tritt auf, wenn man die Eingabe eines Softwaresystems, die über die Maus oder über die Tastatur erfolgt, auf der Architekturebene beschreibt. Auch hier kann man einen Zustand abfragen, dessen Setzen in der Architektur nicht auftaucht, weil der Bediener des Softwaresytems nicht mitmodelliert wird. Abgesehen von diesen Fällen, bei denen die Einordnung etwas schwierig erscheint, zeigt die Erfahrung, daß hinter den meisten Situationen, wo über Zwischenformen von Modulen diskutiert wird, falsche Entwurfsentscheidungen auf der Architekturebene stehen.

Wir wollen nun am Ende der Diskussion über die Modularten, die in den letzten drei Abschnitten abgehandelt wurde, die bisherigen *Anwendungsklassen* der verschiedenen, hier kennengelernten *Modularten zusammenfassen* (vgl. Fig. 4.19). Besonders wichtige Anwendungsklassen sind in der Zusammenfassung durch einen dicken Punkt hervorgehoben. Diesen Standardfällen, die sich in einer Architektur zum Teil nicht nur als Module, sondern sogar als Teilarchitekturen niederschlagen, gilt insbesondere die Erläuterung des nächsten Kapitels und des Architekturkapitels 7. Wir werden später auch weitere Anwendungsfälle des Datenabstraktionsprinzips kennenlernen.

Modulart	funktionale Module	abstr. Datenobjektmodule	abstr. Datentypmodule
Verwendungszweck	● Steuer– oder Koordinationsaufgabe ● Transformationsaufgabe ● komplizierte Auswertung Hilfsdienste auf versch. Datenstrukturen (funkt. Zwischenschicht zwischen Datenabstr. Schichten)	einzelner, komplex aufgebauter Eintrag ● einzelne Kollektion mit best. Zugriffsoperationen	● Handhabung von komplex aufgebauten Einzeleinträgen ● Handhabung von Kollektionen mit best. Zugriffsoperationen

Fig. 4.19: Zusammenfassung der Anwendungen von verschiedenen Modularten: Klassifikation nach Verwendungszweck, Hauptanwendungen

Wir haben in Abschnitt 4.2 den aktiven (aktionsorientierten, transformationsorientierten) Charakter der funktionalen Module betont. Dieser spiegelt sich in der Namensgebung eines Moduls (z.B. Dialogverwaltung) und seiner Operationen (z.B. Verwalte_Editorkommandos) wider. Hingegen haben die *Datenabstraktions–Module* eher einen *passiven Charakter*. Sie dienen lediglich der Ablage von Daten. Das kommt in der Namensgebung für den Modul (z.B. KELLER) und seiner Operationen (PUSH, POP etc.) zum Ausdruck. Der passive Charakter gilt für die Datenobjektmodule, aber insbesondere für die Datentypmodule, die nur Schablonen für abstrakte Datenobjekte darstellen. Erst in diesen Datenobjekten werden die Daten abgelegt. Wir kommen auf die Unterscheidung zwischen aktiven und passiven Modulen im nächsten Kapitel zurück.

4.5 Beziehungen zwischen Modulen

Erinnern wir uns an die Diskussion des Begriffs Schnittstelle von Modulen anhand der Fig. 4.3. Neben den Exporten eines Moduls ist festzulegen, auf welche anderen

Module sich dieser Modul abstützt, weil diese z.B. zu seiner Realisierung verwandt werden sollen. Damit ist festzulegen, wo und wie der Modul in die Gesamtarchitektur eingehängt wird. Wir kommen also nun nach der Erörterung der Module und ihrer (Export–)Schnittstelle zum zweiten Aspekt unseres Modulkonzepts, nämlich der *Festlegung* der *Modulbeziehungen* (oder der Importschnittstelle von Modulen), die sich in den Architekturdiagrammen in der Form von Kanten zeigen. Auch hier werden wir wieder, so wie wir verschiedene Modularten unterschieden haben, verschiedene Modulbeziehungen unterscheiden, je nach geplantem Zweck der Verwendung. Die Festlegung der Modulbeziehungen hat für die Gestalt einer Softwarearchitektur sogar eine noch größere Bedeutung als die Festlegung der unterschiedlichen Modularten. Andere Vorstellungen von Beziehungen führen nämlich zu völlig anderen Architekturen. Es sei betont, daß es uns hier um die Beziehungen zwischen den Modulen als logische Einheiten der Architekturüberlegungen geht, und daß hier nicht die Beziehungen zwischen "technischen" Einheiten der Programmiersprache, des Projektmanagements, der Qualitätssicherung usw. betrachtet werden. So bleiben etwa die Beziehungen zur getrennten Übersetzung, z.B. zwischen Schnittstelle und Rumpf, außer Betracht, da die Module für unsere Architekturüberlegungen atomare Einheiten sind.

Wir wollen zunächst überlegen, *auf welcher logischen Ebene* Beziehungen (Relationen) zwischen Modulen eingetragen werden können. Hier unterscheiden wir zunächst drei Ebenen (eine weitere wird im nächsten Kapitel hinzukommen).

Die erste Ebene ist die von Importen, in denen festgelegt wird, daß ein Modul einen anderen verwenden kann. Natürlich muß dies auch der passende Modul sein, d.h. er muß die richtige (Export–)Schnittstelle besitzen. Diese Ebene wollen wir *Benutzbarkeitsebene* nennen, da hier die Voraussetzung für die Benutzung geschaffen wird, indem die Erlaubnis zur Benutzung eingeräumt wird. Im folgenden verwenden wir "Import" als ein Synonym für "Benutzbarkeit". Diese Benutzbarkeit setzt ggf. andere Strukturbeziehungen zwischen den Modulen voraus, wie wir in diesem und im nächsten Kapitel sehen werden.

Die zweite Ebene ist die (statische) *Benutzt–* oder *Benutzungsebene*, daß nämlich bei der Ausgestaltung eines Moduls von einer eingeräumten Benutzbarkeit eines anderen Moduls tatsächlich Gebrauch gemacht wird. Dieser Gebrauch ist statisch, d.h. die entsprechende Benutzung taucht im Programmtext des Moduls (z.B. im Modulrumpf) auf.

Schließlich wird zur Laufzeit eines Programmsystems von der statischen Benutzung Gebrauch gemacht, etwa bei der Ausführung des Rumpfs einer Schnittstellenoperation. Dies nennen wir *dynamische Benutzungsebene*.

In der Literatur gehen diese Ebenen oft durcheinander. Man spricht von einer "Benutzt-Beziehung", ohne klarzulegen, ob die Benutzbarkeit oder die (statische) Benutztebene gemeint ist. Das hängt auch damit zusammen, daß viele Programmiersprachen auf der Benutzbarkeitsebene (Importebene) keine Konstrukte anbieten. Betrachtet man den Sachverhalt jedoch unabhängig von der Programmiersprache auf der Ebene der Architekturmodellierung, so ist klar – wir werden die Gründe gleich ausführlich diskutieren – daß die *Benutzbarkeitsebene* die für das Programmieren im Großen *interessante Ebene* darstellt. Es sei darauf hingewiesen, daß eine echte Inklusion der drei obigen Relationen gegeben ist: Die Benutzbarkeit ist Voraussetzung für die Benutzung und diese wiederum für das dynamische Benutzen.

Was kann eigentlich *benutzbar gemacht* werden? Das hängt natürlich von der Art des Moduls ab, den man benutzen möchte. Fassen wir dies noch einmal zusammen: Handelt es sich um (1) einen Funktionsmodul, so räumt man die Benutzbarkeit der Operationen der Schnittstelle ein, bei einem (2) abstrakten Datenobjektmodul wird die Verwendung der Zugriffsoperation möglich und bei einem (3) abstrakten Datentypmodul die Verwendung des Typs bzw. der Erzeugungsoperation jeweils zusammen mit den Zugriffsoperationen. Die Benutzbarkeit kann auch Einschränkungen vorsehen, daß nämlich nicht alle Ressourcen eines anderen Moduls importiert werden, sondern nur ein Teil derselben. Letzteres erlaubt eine feinere Kontrolle auf der Architekturebene, beispielsweise, wenn sich nur eine Schnittstellenoperation eines Moduls ändert.

Wir wollen nun diskutieren, warum allein die *Benutzbarkeitsebene* für das *Programmieren im Großen* in Betracht kommt und wie diese Ebene mit dem *Programmieren im Kleinen zusammenspielt* (vgl. Fig. 4.20). Zur Erläuterung sind zwei Module dargestellt, wobei hier die graphische Architekturnotation um einen Teil der textuellen Detailnotation der einzelnen Module angereichert ist. Die Module KELLER und LISTE exportieren jeweils Zugriffsoperationen, die neben der Textnotation ADD bzw. PUSH durch Halbkanten (Kanten, deren Ziel noch nicht fixiert ist) aufgetragen sind. KELLER soll nun mithilfe von LISTE realisiert werden, weshalb in KELLER eine entsprechende Importklausel eingetragen wird. Dies führt nun zu einer Benutzbarkeit von LISTE in KELLER (Kante (1) in der graphischen Darstellung). Jetzt ist die Berechtigung vorhanden, bei der Ausprogrammierung von KELLER, z.B. innerhalb des Rumpfs von PUSH, die Operation ADD hinzuschreiben (vgl. Kante (2)). Dies ist eine Kante, die den Übergang zwischen dem Programmieren im Großen und dem Programmieren im Kleinen berührt. Andererseits müssen die an der Schnittstelle vorhandenen Operationen in den Modulrümpfen auch realisiert sein (Kanten (3), Übergang Programmieren im Kleinen zu Programmieren im Großen). Die für das Programmieren im Großen allein entscheidende Kante ist also (1). Sie wird in der zukünftigen, graphischen Architekturnotation auftauchen, wobei wir die Benutzbarkeiten (d.h. Importkanten) allerdings nach verschiedenen Arten unterscheiden werden. In der textuellen Notation eines einzelnen Moduls taucht eine entsprechende Importklausel auf, die das gleiche zum Ausdruck bringt. Wenn in der Literatur von Benutzt-Beziehung die Rede ist, dann ist meist die Übereinstimmung von Export zu statischer Benutzung gemeint (Kante (4) von der Schnittstelle von LISTE in den Rumpf von KELLER).

Die *Benutzbarkeitsebene* ist die *einzige*, die wir auf der Ebene des *Programmierens im Großen abhandeln* können, d.h. ohne in die Rümpfe der beteiligten Module hineinzusehen. Dies ist uns nach dem Architekturparadigma auch gar nicht möglich. Die Benutzt-Beziehung hingegen verwischt beide Ebenen. Wie wir der Fig. 4.20 entnehmen, gibt es zwischen dem Programmieren im Großen und dem Programmieren im Kleinen gewisse Konsistenzbedingungen.

Es kann nämlich nur etwas benutzt werden, was benutzbar ist. Aus der Mehrstufigkeit, Import vor Benutzung, d.h. aus dieser Redundanz gegenüber der alleinigen Verwendung der Benutzt-Beziehung (4), ergeben sich nun die Möglichkeiten zur *Arbeitsteilung* und zur verstärkten *Sicherheit*. Die Architektur kann allein vom Entwerfer festgelegt werden, ohne daß in die Module hineingesehen wird. Die Benutzt-Beziehung spielt sich nur innerhalb des Programmierens im Kleinen ab, da der Implementierer den Import als Teil seiner Vorgabe erhält. Ferner kann bei der Benutzung abgeprüft werden, ob die Erlaubnis dazu vorliegt. Bei alleiniger Verwendung der Benutzt-Beziehung (4) gehen beide Vorteile verloren.

Auch die in Fig. 4.20 mit den Kanten (3) angedeutete Übereinstimmung zwischen der Schnittstelle und der Realisierung ist für Arbeitsteilung und Sicherheit wichtig. Sie ermöglicht es nämlich, die Realisierung des Rumpfs ausschließlich in die Programmieren-im-Kleinen-Ebene zu verlagern, und sie erlaubt Überprüfungen, ob die Schnittstelle überhaupt realisiert wurde.

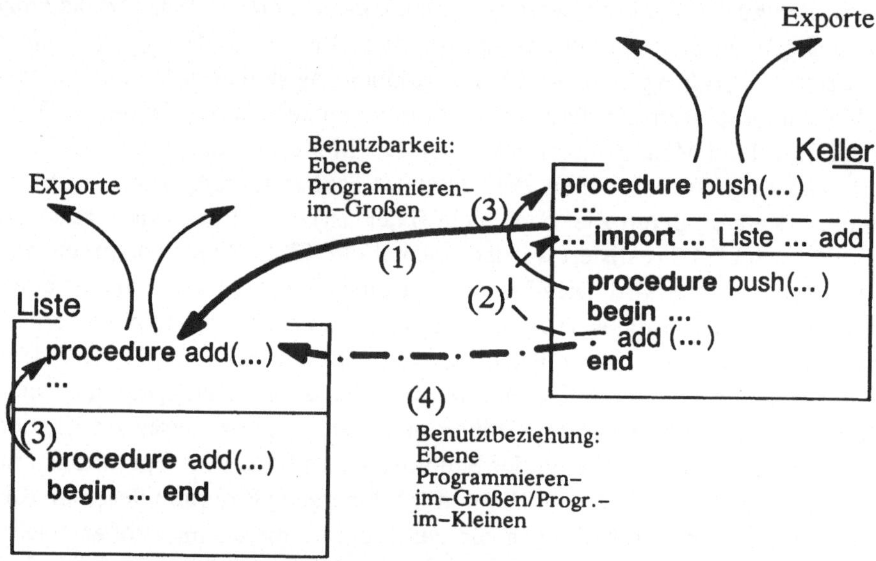

Fig. 4.20: Zur Bedeutung der Benutzbarkeitsebene

4.6 Die lokale Benutzbarkeit

Wir haben im letzten Abschnitt die Ebene der Benutzbarkeit als die wesentliche erkannt, auf der Beziehungen zwischen Modulen festgelegt werden müssen. Auf dieser Ebene wollen wir in diesem Kapitel *zwei verschiedene Arten von Modulbeziehungen* einführen, nämlich in diesem Abschnitt die lokale Benutzbarkeit und im nächsten die allgemeine Benutzbarkeit. Im nächsten Kapitel werden wir im Sinne einer Erweiterung des Modulkonzepts noch weitere Arten von Beziehungen kennenlernen.

Ähnlich wie bei der Einführung verschiedener Modularten, orientiert sich die Einführung verschiedener Modulbeziehungen nicht an irgendwelchen Konstrukten von Programmiersprachen, auf die wir später abbilden wollen. Die *Unterscheidung* kommt statt dessen von der Frage, was man auf der Architektur–Modellierungsebene ausdrücken möchte. Insoweit sind die folgenden Überlegungen, wie auch die entsprechenden des nächsten Abschnitts, programmiersprachenunabhängig. Es ist aber nicht zu bestreiten, daß jede dieser auf der *"logischen Ebene"* eingeführten Modulbeziehungen ihren Ursprung in Konzepten irgendeiner Programmiersprache hat. Der Vorteil, diese Konzepte auf eine logische Ebene im Sinne der Entwurfsmodellierung zu heben, besteht nun einerseits darin, daß wir sie von Programmiersprachendetails ablösen und damit verständlicher machen und zum anderen darin, daß wir sie auch auf Programmiersprachen abbilden können, die die entsprechenden Konstrukte überhaupt nicht kennen.

Die erste dieser beiden Beziehungen *rührt* vom *Schachtelungsprinzip* blockstrukturierter Programmiersprachen *her*, die mit Algol 60 beginnen und z.Z. mit Ada enden. Dort hat man die Möglichkeit, etwa eine Prozedur an einer bestimmten Stelle innerhalb der Schachtelungshierarchie zu deklarieren und damit die Benutzbarkeit auf einen bestimmten Teilbereich des Programmsystems, nämlich den Gültigkeitsbereich, einzuschränken. Dies nennt man auch das Lokalitätsprinzip. Wir wollen dieses Konzept auf die Architekturebene heben und es dabei aus softwaretechnischen Gründen abändern.

Eine *vorläufige Definition* der *lokalen Benutzbarkeit* lautet nun folgendermaßen: Ein Modul ist in einem anderen enthalten und damit nur in einem lokalen Kontext benutzbar. Es muß jedoch explizit festgelegt werden, wo er dort benutzbar sein soll. Wir werden im folgenden diskutieren, was "Enthaltensein", "Benutzbarkeit in einem bestimmten Kontext" und "explizite Festlegung" heißen soll.

Bevor wir diese Klärungen vornehmen, wollen wir die *Situation,* die man mit der *lokalen Benutzbarkeit modellieren möchte,* erst einmal *charakterisieren* (vgl. Fig. 4.21). Durch die Enthaltenseins-Beziehung wird ein Baum aufgespannt. Gegebenenfalls gibt es mehrere solcher Bäume, was man dann einen Wald nennt. Mit dem Einhängen eines Moduls in einen Baum wird festgelegt, daß dieser Modul nur in einem bestimmten Bereich des Baums (in welchem sehen wir gleich) benutzbar wird. So ist es nicht möglich, vom Modul A aus den Modul C zu benutzen oder etwa vom Modul D aus, der außerhalb des betrachteten Baums steht, den Modul B. Damit werden bestimmte Interna einer Baumstruktur nach außen hin verborgen, d.h. wir haben hiermit erneut eine Anwendung des Information–Hiding–Prinzips. Auch dieses werden wir gleich genauer diskutieren.

Was *bedeutet* nun die *Enthaltenseins–Beziehung*? Diese Bedeutung ist deshalb festzulegen, weil wir im nächsten Kapitel weitere Baumstrukturen kennenlernen werden, die eine völlig andere Bedeutung haben, d.h. bei deren Anwendung eine andere Entwurfsentscheidung ausgedrückt werden soll. Die Baumbeziehung "B ist in A enthalten" heißt zunächst, daß B ein Baustein ist, der zur Realisierung des übergeordneten Bausteins A nötig ist. Bei der Realisierung von A darf also von B Gebrauch gemacht werden. Die Enthaltenseins–Beziehung drückt insbesondere aus, daß der Modul B nur an dieser "Stelle" im Baum von Wichtigkeit ist, daß er also nur eine lokale Bedeutung hat. Wenn die Enthaltenseins–Beziehung auch von der Schachtelung in den blockstrukturierten Sprachen herrührt, so wollen wir sie hier als eine logische Beziehung auf Architekturebene verstehen. Beispielsweise wird sie in unserer textuellen Notation nicht durch Ineinanderschachtelung ausgedrückt. Dies ermöglicht uns beispielsweise eine einfachere Abbildung auf FORTRAN.

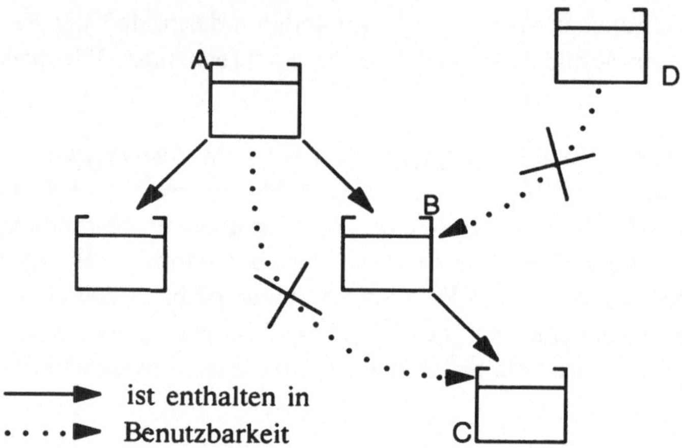

Fig. 4.21: Abschirmung aufgrund von Enthaltensein

Als nächstes wollen wir uns mit der Frage beschäftigen, was "Benutzbarkeit in einem bestimmten Kontext" bedeutet. Wir wollen die Erläuterung anhand der inversen Beziehung führen, nämlich wie der lokale Bereich von Modulen in einem Baum aussieht, dessen Benutzbarkeit für einen Modul M überhaupt möglich sein soll, wenn dieser an einer Stelle in den Baum eingehängt wird. Wir wollen diesen Bereich die potentiell benutzbaren Module nennen und die entsprechende Beziehung zwischen Modulen als die *potentielle lokale Benutzbarkeit* bezeichnen. Wir werden diese so festlegen, daß sich die gleichen Möglichkeiten ergeben, wie bei geschachtelten Prozeduren oder Modulen in blockstrukturierten Sprachen (wie etwa Ada). Diese dürfen in ihrem Gültigkeitsbereich beliebig verwendet werden (vgl. Aufgabe 9 und Fig. 4.22). So darf ein Modul M sich selbst, seine Söhne S_i, seinen Bruder B, seinen Vater V, einen beliebigen Urahnen U und dessen direkten Nachfolger NU verwenden. Die potentielle Verwendbarkeit ist also unsymmetrisch: Während sie nur eine Stufe nach unten geht, die Kinder der Söhne sind nämlich abgeschirmt, so ist nach oben eine weitreichende Benutzbarkeit möglich. Für die Realisierung eines Moduls können also nicht nur die dafür eingeführten Sohn-Module verwandt werden, sondern auch beliebige übergeordnete Module in der Baumstruktur. Eine entsprechende Unsymmetrie ergibt sich, wenn man nach der inversen Modulbeziehung fragt, d.h. nach der Beziehung "von welchen Modulen kann ein Modul M in einem Baum möglicherweise benutzt werden, wenn er an eine bestimmte Stelle eingehängt wird" (vgl. Aufgabe 10). Dies entspricht in block-strukturierten Programmiersprachen dem Gültigkeitsbereichs dieses Moduls.

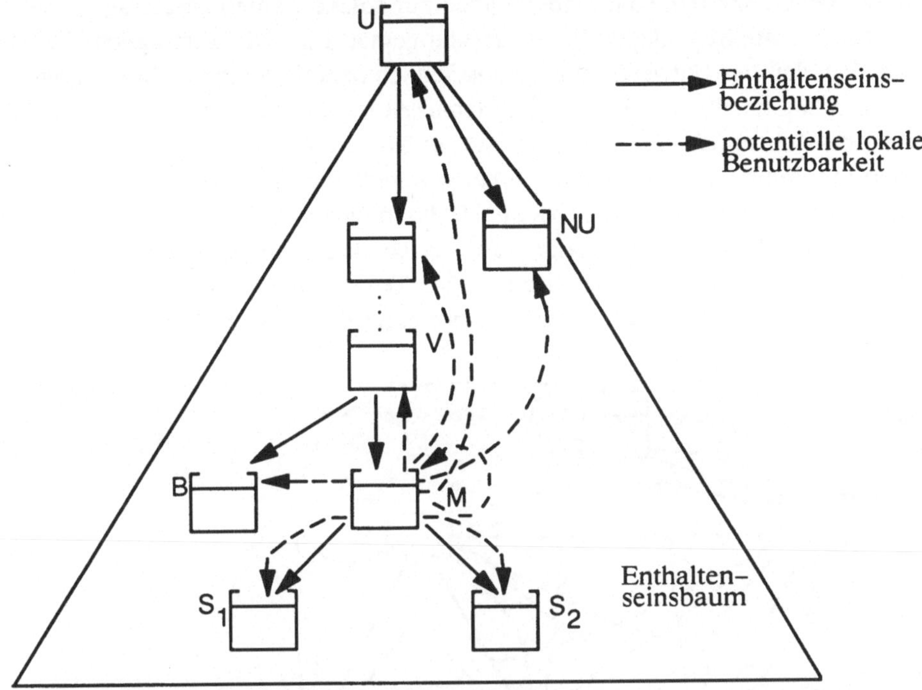

Fig. 4.22: Potentielle lokale Benutzbarkeit: Welche Module sind in einem
Enthaltenseinsbaum benutzbar

Wir wollen uns nun für ein einfaches *Beispiel* eines symmetrischen Baums mit 7 Modulen (vgl. Fig. 4.23) überlegen, welche Benutzbarkeiten sich aufgrund der *potentiellen lokalen Benutzbarkeit* ergeben, d.h. wenn wir alles das zulassen, was in block-strukturierten Sprachen aufgrund der Gültigkeitsbereichsregeln möglich ist. Wir tragen also in diesem Beispiel für jeden Modul die mögliche Benutzbarkeit von sich selbst, seiner Kinder, Brüder, seines Vaters, seines Großvaters und seiner Onkel ein. Das *Resultat* ist *chaotisch!* Der Leser ist aufgefordert, nachzuprüfen, daß hier nur die Kanten gemäß der obigen Regel eingetragen worden sind (vgl. Aufgabe 11). Es ist bereits aufgrund dieses einfachen Beispiels klar, daß wir die potentielle lokale Benutzbarkeit somit nicht für die Festlegung der Modulbeziehungen innerhalb eines Enthaltenseinsbaums verwenden können. Bei praxisnäheren Beispielen wäre die Anzahl der Knoten und damit auch der Kanten noch größer. Die gegenseitige Verflechtung könnte damit nicht mehr überblickt werden. Wie das linke Beispiel von Fig. 4.24 zeigt, das eine Standardsituation wiedergibt, ist diese Verflechtung auch gar nicht nötig. In dieser Standardsituation braucht man zur Realisierung eines Moduls jeweils nur dessen Söhne.

Wir wollen deshalb eine Beziehung innerhalb des Enthaltenseinsbaums eintragen, die festlegt, welche Benutzbarkeiten tatsächlich benötigt werden und deshalb eingeräumt werden müssen. Diese Beziehung heißt *lokale Benutzbarkeit*. Sie ist eine spezielle Importbeziehung, die festlegt, daß ein Modul M' eines Baums für einen anderen Modul M'' benutzbar sein soll. Dabei dürfen nur solche Kanten eingetragen werden, die mit der potentiellen lokalen Benutzbarkeit gemäß Fig. 4.22 verträglich sind. Der Sinn ist also, daß der Entwerfer nur die tatsächlich benötigten Importbeziehungen innerhalb des Baums einträgt. Lokale Benutzbarkeit ist also stets an einen zugrundeliegenden Enthaltenseinsbaum geknüpft. Sie ist eine Importbeziehung zwischen zwei Modulen innerhalb der Vorgabe der lokalen potentiellen Benutzbarkeit.

Die lokale Benutzbarkeit eines Moduls B durch einen Modul A erscheint in einem Architekturdiagramm als eine Kante von A nach B, die auf eine bestimmte Weise gezeichnet wird. In der später zu erläuternden Textnotation wird diese Kante durch eine bestimmte Importklausel in der Beschreibung des Moduls A ausgedrückt.

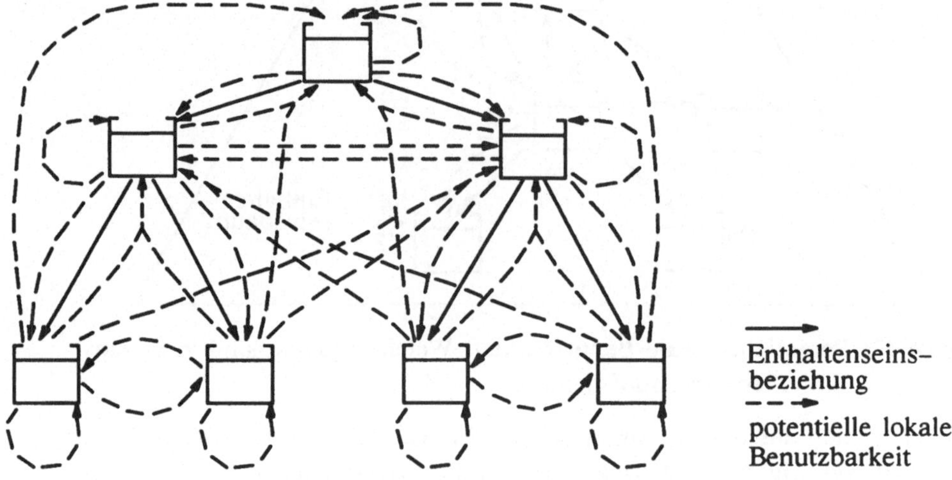

Fig. 4.23: Potentielle lokale Benutzbarkeit für ein einfaches Beispiel

Die Fig. 4.24 gibt zwei *Situationen* wieder, die oft auftauchen. Der weitaus überwiegende Anwendungsfall, man kann sagen der *Standardfall*, ist der auf der linken Seite. Ein Modul braucht zur Realisierung seine *Söhne* und sonst nichts. Deshalb muß eine lokale Benutzbarkeit für seine Söhne eingetragen werden. In diesem Fall ist die Enthaltenseins- und die lokale Benutzbarkeits–Beziehung stets gleich gerichtet. Hätte man immer nur diesen Fall, so müßten beide Beziehungen überhaupt nicht unterschieden werden.

Andere Situationen, die auftreten können, sind der *Bruderzugriff*, d.h. innerhalb des linken Baums von Fig. 4.24 wird etwa zwischen M_2 und M_3 eine lokale Benutzbarkeit eingetragen. Seltener ist die Benutzbarkeit eines Moduls auf sich selbst bzw. die lokale Benutzbarkeit *nach oben*. Diese ist immer dann nötig, wenn ein Problem durch direkte bzw. indirekte Rekursion gelöst wird.

Im rechten *Beispiel* von Fig. 4.24 zur *lokalen Benutzbarkeit* geht es um die Architektur eines Programms zur Übersetzung einfacher Ausdrücke nach der Methode des re-

kursiven Abstiegs (vgl. z.B. /1. Wi 84/): Zur Übersetzung von Anweisungen (syntaktische Kategorie stmt) muß man Ausdrücke (expr) übersetzen können, etwa um Zuweisungen abzuhandeln, ferner Bedingungen (cond), weil diese z.B. in bedingten Anweisungen auftreten (Kanten (1)). Innerhalb von zusammengesetzten Anweisungen treten wieder Anweisungen auf (Kante (2)). Zu der Übersetzung von Ausdrücken
braucht man die von Termen (term, Kante (3)) und zu dieser wiederum die Übersetzung von Faktoren (fac, Kante (4)). Ein Faktor kann aber auch ein geklammerter Ausdruck sein, weshalb man für die Übersetzung von Faktoren auch die von Ausdrücken
braucht, d.h. es muß eine Benutzbarkeit nach oben eintragen werden (Kante (5)). Wir
entnehmen dem Beispiel, daß jede Enthaltenseins–Beziehung eine gleichgerichtete lokale Benutzbarkeitskante besitzt. Es dürfen aber weitere lokale Benutzbarkeitskanten
auftreten, z.B. zu den Brüdern, zum Vater usw.

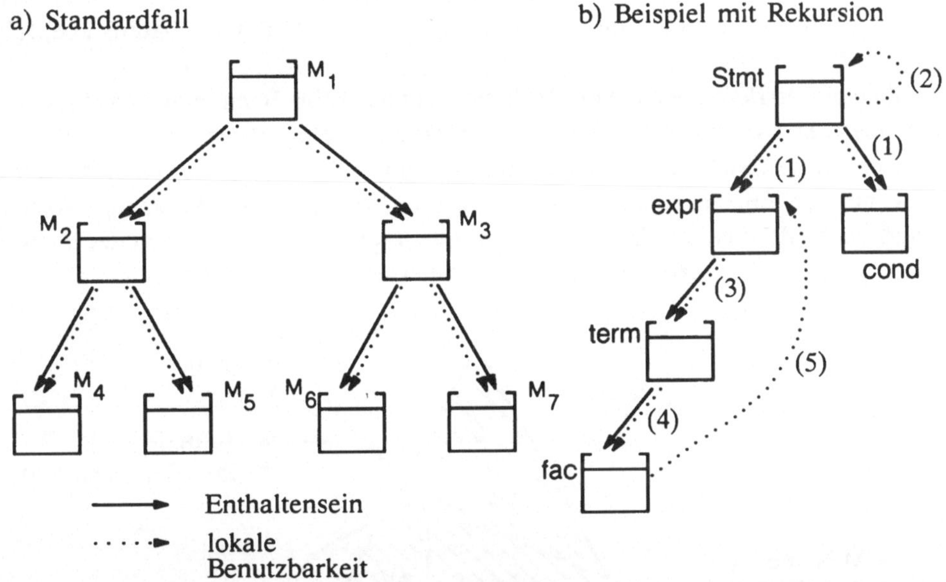

Fig. 4.24: Beispiele für die lokale Benutzbarkeit

Was haben wir durch die lokale Benutzbarkeit erreicht? Wir können die *Entwurfsentscheidung* ausdrücken, daß ein *Modul* M in einer Systemarchitektur nur eine *lokale
Bedeutung* hat. Dazu hängen wir ihn in einen Baum mit der Enthaltenseins–Beziehung
an einer bestimmten Stelle ein. Das schränkt seine Verwendbarkeit und damit seine
Bedeutung auf einen bestimmten Bereich innerhalb des Enthaltenseinsbaums ein (vgl.
Fig. 4.22). In diesem Bereich tragen wir die gewünschte lokale Benutzbarkeit explizit
ein, die sich aber im Rahmen der potentiellen lokalen Benutzbarkeit bewegen muß.
Damit ist genau festgelegt, welche Module den Modul M verwenden können bzw. wel-
che er verwenden kann.

Die Entscheidung für die lokale Benutzbarkeit ist mit *Sicherheitsaspekten* verknüpft
(vgl. Fig. 4.25). Zunächst gilt der bereits für die Benutzbarkeitskanten festgestellte Sicherheitsaspekt, nämlich daß einer Benutzung eine Einrichtung einer Benutzbarkeit

(hier der lokalen) vorausgehen muß, und daß damit weitere Benutzungen außerhalb dieser Benutzbarkeit nicht möglich sind. Es gibt aber zwei weitere, spezifische Sicherheitsargumente.

Wir haben bereits in der Erläuterung zu Fig. 4.21 angedeutet, daß wir hier Information Hiding auf Architekturebene einführen. Mit der Einführung eines Moduls M in einen Enthaltenseinsbaum T ist klar, daß dieser nur in T lokal benutzbar gemacht werden kann. Insbesondere ist M außerhalb des gesamten Enthaltenseinsbaums, in den er eingehängt wurde, unbekannt (Bereich (1) in Fig. 4.25).

Mit dem Einhängen eines Moduls M unterhalb eines Moduls V in T ist M auch innerhalb von T nur in bestimmten Bereichen benutzbar. Der zweite Sicherheitsaspekt beruht nämlich darauf, daß nur dann eine lokale Benutzbarkeit eingetragen werden kann, wenn sie mit der potentiellen lokalen Benutzbarkeit verträglich ist. Sie ist nämlich nur vom Vater V, von den Brüdern B und von irgendwelchen Modulen unterhalb von M möglich. Damit fallen die Bereiche (2), (3) und (4) des Teilbaums ebenfalls weg.

In allen diesen Bereichen (1) bis (4) kann nicht nur keine Benutzung von M stattfinden, sondern es kann nicht einmal eine Benutzbarkeit eingerichtet werden. Die Einhaltung der obigen Sicherheitsaspekte läßt sich durch Werkzeuge auf einer Architektur bzw. auf den einzelnen Modulvorgaben prüfen, soweit solche Werkzeuge vorhanden sind. Ansonsten ist die Sicherheit nur dann gewährleistet, wenn sich der Entwerfer und die Implementierer an die oben erläuterten Spielregeln halten.

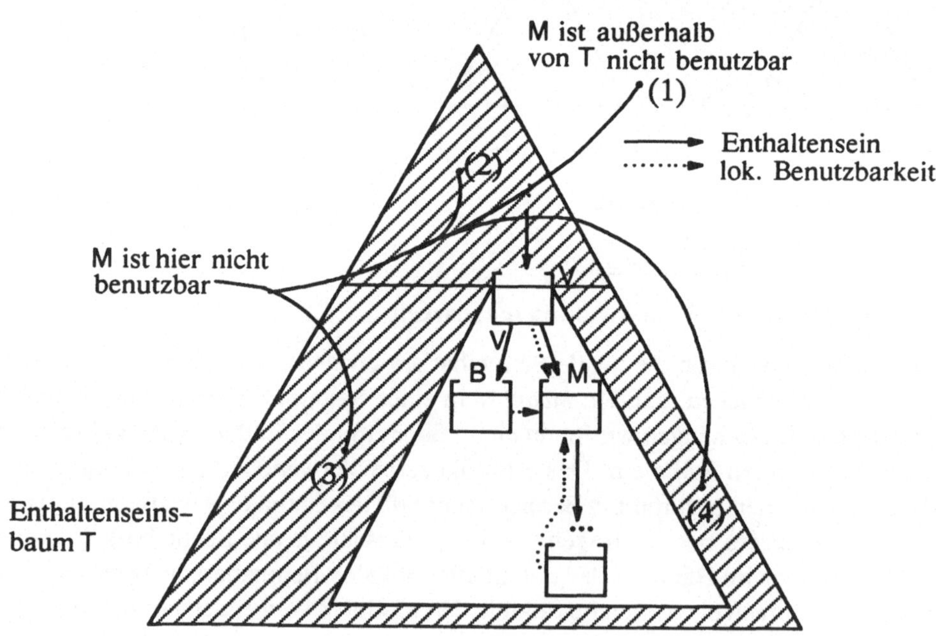

Fig. 4.25: Lokale Benutzbarkeit und Sicherheit

Einen Modul mit einem darunterhängenden Enthaltenseinsbaum wollen wir ein *Teilsystem* nennen. Dies ist eine vorläufige Definition, da wir im nächsten Kapitel auch andere Situationen kennenlernen, die wir mit diesem Begriff bezeichnen. In den hier eingeführten Teilsystemen ist die Schnittstelle des obersten Moduls auch diejenige des Teilsystems. Infolgedessen ist die Frage, ob es sich um einen einzelnen Modul oder um ein Teilsystem handelt, nicht wichtig, wenn man den Modul/ das Teilsystem von außen betrachtet.

Wie am Anfang dieses Abschnitts erwähnt, ist die *lokale Benutzbarkeit* aus dem *Lokalitätsprinzip* der *blockstrukturierten Sprachen* erwachsen. Dabei haben wir einige *Veränderungen* vorgenommen. Zum einen ist bei uns keine beliebige automatische Verwendung im Gültigkeitsbereich möglich. Diese muß vorher explizit durch lokale Benutzbarkeits-Beziehungen ermöglicht werden. Zum anderen ist bei Blockstruktur noch die Einführung desselben Modulnamens an verschiedenen Stellen möglich, wobei die sog. Sichtbarkeitsregeln festlegen, ob die Objekte mit der gleichen Bezeichnung verdeckt werden oder ob diese gültig bleiben. Wir wollen statt dessen in einem Enthaltenseinsbaum alle Module verschieden benennen. Schließlich ist es – beispielsweise in Ada – möglich, daß die Schnittstellenressourcen eines oder verschiedener Module eines Enthaltenseinsbaums gleich benannt werden. Dann muß aufgrund der Parameter die entsprechende Ressource herausgefunden werden können (Überladung). Alle diese Punkte spielen für unsere Überlegungen keine Rolle. Insoweit ist die lokale Benutzbarkeit einerseits eine Vereinfachung (Module in einem Enthaltenseinsbaum sind alle verschieden benannt, die Schnittstellenressourcen dieser Module ebenfalls) und andererseits eine Detaillierung (weil die Benutzbarkeiten explizit einzutragen sind) des Lokalitätsprinzips blockstrukturierter Sprachen.

4.7 Die allgemeine Benutzbarkeit

Wir wollen jetzt eine *zweite Art* von *Beziehungen* auf der Ebene der Benutzbarkeit einführen. Auch hier gilt wieder, daß diese ihren Ursprung in einem Programmiersprachenkonzept hat, nämlich in der Importklausel einiger Programmiersprachen. Es gilt auch hier, daß wir uns bei der Einführung dieser Beziehungsart vom Niveau der Importklauseln ablösen wollen. Diese Beziehungsart soll also wieder auf der Ebene der Architekturmodellierung angesiedelt sein. Wir werden uns damit nicht um technische Gegebenheiten kümmern, z.B. wie die Einheiten der getrennten Übersetzung aussehen und welche Übersetzungsreihenfolge möglich ist, was beides für Importklauseln wichtig ist.

Wir wollen zunächst anhand eines Beispiels erläutern, warum die Einführung einer neuen Art von Modulbeziehung überhaupt sinnvoll ist. Prinzipiell kann mit dem Lokalitätsprinzip (Enthaltenseins-Beziehung und lokale Benutzbarkeit) die Architektur eines jeden Softwaresystems modelliert werden. Wenn man eine Implementierungssprache wie Algol 60 bzw. 68 oder Pascal verwendet und wenn man sich in seinen Architekturüberlegungen nur von den vorhandenen Sprachkonzepten leiten läßt, dann wird man es gar nicht anders versuchen. Es ist also nicht die Frage der prinzipiellen Modellierbarkeit, die uns eine neue Beziehungsart einführen läßt, sondern die

Frage der Einführung geeigneter Konzepte auf der Architekturmodellierungsebene, damit *Softwarearchitekturen übersichtlich* und *augenfällig* ausgedrückt werden können.

In Fig. 4.26.a ist eine *Situation* angegeben, die mit dem Lokalitätsprinzip nur sehr unbefriedigend modelliert werden kann. In einem Enthaltenseinsbaum wird von *mehreren Stellen*, hier von M_1 und M_2, ein *Hilfsmodul* H zur Realisierung benötigt. Soll die Benutzbarkeit an der Stelle von M_1 und M_2 gewährleistet sein, dann muß H unter einem gemeinsamen Vorfahren von M_1 und M_2 aufgehängt werden (vgl. Fig. 4.26.a). Dann kann von M_1 und M_2 aus eine lokale Benutzbarkeit zu H eingetragen werden.

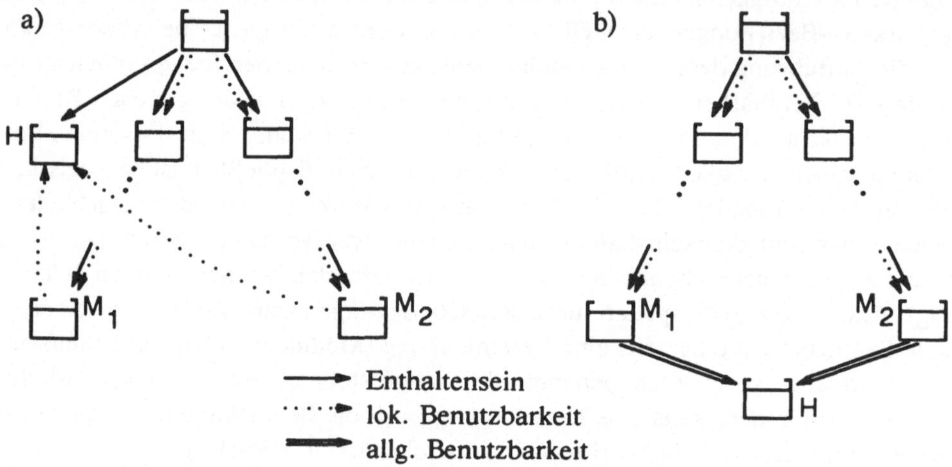

Fig. 4.26: Motivation für die Einführung der allgemeinen Benutzbarkeit

Diese *Lösung* hat aus der Sicht der *übersichtlichen Modellierung* drei *gravierende Nachteile*. Zum einen ist H auf der Ebene der Architektur, auf der er eingehängt wurde, nicht verständlich! Wir können davon ausgehen, daß bei einer Zergliederung eines Softwaresystems in Module die oberen Schichten eher mit dem Benutzer und die unteren Schichten eher mit der Basismaschine zu tun haben. Der Modul H ist also logisch tiefer anzusiedeln als M_1 und M_2, da er einen Hilfsdienst zur Realisierung von M_1 und M_2 darstellt. Dadurch, daß H in der Architektur auf der falschen, nämlich viel zu hohen Ebene angesiedelt ist, besteht die Gefahr, daß er innerhalb des Enthaltenseinsbaums auch an anderer Stelle lokal benutzbar gemacht wird, wo nicht H, sondern ein logisch höher angesiedelter Hilfsdienst vonnöten wäre. Schließlich könnte H auch in einem anderen Enthaltenseinsbaum benötigt werden. Dann ist der Entwerfer versucht, entweder H zu duplizieren oder die beiden Bäume an einer neuen Wurzel zusammenzufassen und H dort anzuhängen. Dies ist eine Lösung, die die Unabhängigkeit der beiden Teilbäume nicht mehr ausdrückt.

Die *naheliegende Lösung* ist in Fig. 4.26.b angegeben. Der Modul H ist unterhalb von M_1 und M_2 anzusiedeln. Es gibt im Architekturdiagramm jetzt eine neue Art von Benutzbarkeitskanten, die von allen Stellen ausgeht, an denen H benötigt wird, und die zu H hin gerichtet ist. In der textuellen Notation für die einzelnen Module, die wir im nächsten Abschnitt einführen, erscheint eine solche Benutzbarkeitsfestlegung durch eine Klausel beim jeweils importierenden Modul. Wird H von einem Modul, der wesentlich höher angesiedelt ist, benutzbar gemacht, dann deuten die langen Pfeile daraufhin, daß nicht H, sondern ein logisch höher angesiedelter Hilfsdienst benötigt wird. Schließlich kann H natürlich auch von einem anderen Teilbaum aus benutzbar gemacht werden.

Wir geben zunächst wieder eine *vorläufige Definition* dieser zweiten Benutzbarkeits–Beziehung: Ein Modul (später auch Teilsystem) ist ein allgemeines Hilfsmittel in einem Softwaresystem, das zur Realisierung anderer Module gebraucht werden kann. Es ist überall dort benutzbar, wo dieses explizit vom Entwerfer festgelegt wird.

Im folgenden werden wir wieder versuchen, die hier aufgetauchten Begriffe "allgemeines Hilfsmittel" und "zur Realisierung anderer Module" zu charakterisieren. Aufgrund der im letzten Abschnitt getroffenen (vorläufigen) Charakterisierung von Teilsystemen, die wir hier meist nur von außen betrachten, sprechen wir in diesem Kapitel nur noch von Modulen als allgemeine Hilfsmittel. Wir meinen damit bei den Teilsystemen der bisher eingeführten Art den obersten Modul, unter dem der Enthaltenseinsbaum hängt.

Durch die Festlegung, daß ein Modul M zur Realisierung einer oder mehrerer anderer Module M_i verwendet wird, und durch die weitere, naheliegende Forderung, daß eine so verwendete Ressource immer logisch tiefer anzusiedeln ist als der jeweilige Verwender, ergibt sich, daß die allgemeine Benutzbarkeit eine *hierarchische Beziehung* darstellt (vgl. 4.27). Wir können also ein Softwaresystem in Ebenen oder Schichten bezüglich der allgemeinen Benutzbarkeit einteilen. (Ein in einer Schicht vorkommendes Teilsystem stelle man sich zu einem Knoten zusammengeschrumpft vor). Dabei handelt es sich nicht um eine strenge Hierarchie: Es ist durchaus zulässig, daß allgemeine Benutzbarkeiten über mehr als eine Ebene nach unten gehen, wie in Fig. 4.27 von Ebene 3 zu Ebene 1, wenn auch der Zugriff auf Niveaus, die wesentlich tiefer liegen, eher auf eine falsche Modellierung hindeutet. Innerhalb von Teilsystemen werden allgemeine Ressourcen i.a. von verschiedenen Niveaus aus benutzbar gemacht (vgl. Fig. 4.27).

Die allgemeine Benutzbarkeit erlaubt als logische Beziehungsart auf Architekturebene, im Gegensatz zur Enthaltenseins–Beziehung mit gleichgerichteter lokaler Benutzbarkeit (vgl. Fig. 4.24.a), *Zusammenführungen* von Kanten auf einen Modul (vgl. 4.27 und dort den Modul der Ebene 1 oder 2). Es ist aber nicht nötig, daß ein allgemein benutzbarer Modul stets mehrere einlaufende Kanten haben muß. So werden die obersten Module von Ebene 3 nur von jeweils einer Stelle benutzbar gemacht. Es ist also möglich und in vielen Fällen auch sinnvoll, mit der allgemeinen Benutzbarkeit auch teilweise *Baumstrukturen* zu modellieren. Die Frage, ob zu einem Modul eine Enthaltenseins- oder eine allgemeine Benutzbarkeitskante laufen soll, orientiert sich am Charakter des zu verwendenden Moduls und nicht so sehr an der Frage, ob im Einzelfall eine oder mehrere Kanten dorthin nötig sind. Natürlich ist bei Zusammenführungen von vornherein klar, daß nur die allgemeine Benutzbarkeit in Frage kommt.

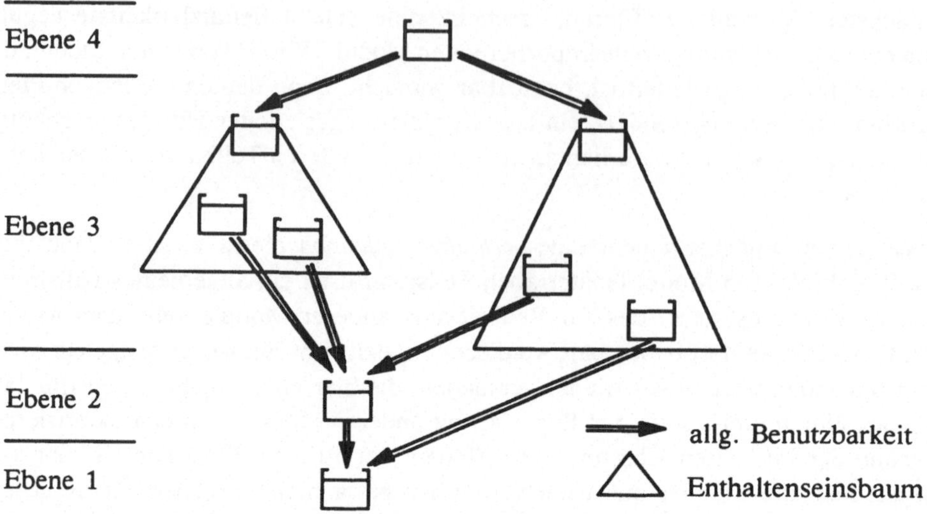

Fig. 4.27: Die allgemeine Benutzbarkeit ist eine Hierarchie

Was macht den *Charakter* eines *Moduls* aus, der ein *allgemein benutzbares Hilfsmittel* darstellt? Sicher muß er mit der entsprechenden Absicht entworfen worden sein. Bei seiner Festlegung ist also von vornherein daran gedacht worden, daß dieser Modul nicht nur in der jeweiligen speziellen Situation von Bedeutung ist, sondern daß man ihn auch in anderen, evtl. sogar in vielen Situationen braucht. Natürlich ist es schwer, allgemeingültig festzustellen, wie die Schnittstelle eines solchen Moduls auszusehen hat und wie die Intuition des Entwerfers unterstützt werden kann, so daß ein Modul ein allgemeines Hilfsmittel darstellt. In vielen Fällen wird es auch so sein, daß man erst im zweiten Schritt erkennt, daß ein Modul einen allgemeinen Baustein darstellt, indem man die Schnittstelle eines Moduls (oder mehrerer ähnlicher Module) entsprechend verallgemeinert und dann diesen Modul (evtl. mit daranhängendem Enthaltenseinsbaum) aus einem Enthaltenseinsbaum herausnimmt, um ihn statt dessen mit der allgemeinen Benutzbarkeits–Beziehung in die Architektur einzuhängen.

Hängt man einen Modul (ein Teilsystem) in eine Architektur ein, so macht man immer von dem Abstraktionsschritt zwischen der Schnittstelle und der Realisierung Gebrauch, den wir schon diskutiert haben. So ist beispielsweise für das Verständnis der Teilarchitektur von Fig. 4.28 der unter M hängende Baum nicht nötig, solange man sich nicht für dessen Interna interessiert. Mit dem *Einhängen* eines *Moduls*, sei es über die Enthaltenseins–Beziehung oder über die allgemeine Benutzbarkeits–Beziehung, ist also stets ein Schritt des Information Hiding auf Architekturniveau verbunden, insoweit, als man an der Stelle des Imports die Interna der *Realisierung* und damit auch die evtl. unter dem Modul hängenden weiteren Module des Teilsystems *nicht* zu *kennen* braucht.

Beim Einhängen muß man aber *wissen*, ob es sich um einen *speziellen Baustein* oder um einen *allgemeinen* handelt. Beides gleichzeitig ist nicht möglich: Ein Modul (Teilsystem) ist entweder nur lokal benutzbar oder er ist eine allgemeine Ressource. Das heißt insbesondere, daß in einem Modul nicht gleichzeitig eine Enthaltenseins- und eine allgemeine Benutzbarkeitskante enden kann. Andere Fehler, daß (1) ein Modul als ein allgemeiner Baustein entworfen wird und über die Enthaltenseins-Beziehung eingehängt wird, oder (2) daß ein spezieller Baustein als ein allgemeiner eingehängt wird, sind insofern unwahrscheinlich, als man beim Entwerfen eines Bausteins (bereits beim Entwerfen der Schnittstelle) wissen muß, ob er allgemein oder speziell verwendbar sein soll. Im Fall (1) ist der Fehler leicht reparierbar, im Fall (2) insoweit auch, als der Modul, aufgrund seines speziellen Charakters, nicht an verschiedenen Stellen eines Softwaresystems importiert werden wird.

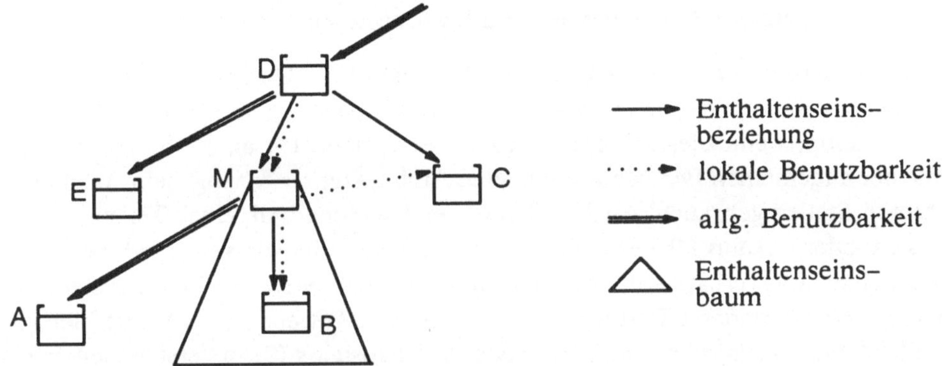

Fig. 4.28: Zusammenspiel lokale und allgemeine Benutzbarkeit

Wir wollen nun das *Zusammenspiel* der bisher kennengelernten Modulbeziehungen *in Bezug auf Importe* klären (vgl. Fig. 4.28). Der Modul M, der in einen Enthaltenseinsbaum eingehängt ist, hat aufgrund der lokalen Benutzbarkeit die Möglichkeit, B und C zu verwenden, darüber hinaus auch A, da eine entsprechende allgemeine Benutzbarkeit eingetragen ist. Entsprechend kann D den lokalen Baustein M verwenden und den allgemeinen E. Der Modul D, als die Wurzel eines Enthaltenseinsbaums und damit eines Teilsystems, kann durchaus allgemein verwendbar sein. Wir erkennen aus Fig. 4.28, daß die allgemeinen Importe direkt dort eingetragen werden, wo sie benötigt werden, also der Import von E für D und A für M. Wir importieren also nicht für den gesamten Enthaltenseinsbaum (also E und A für D) und geben die Benutzungsmöglichkeit nach unten weiter, wie dies in einigen Ansätzen der Fall ist. Das würde nämlich genau zu den Schwierigkeiten führen, die zur Begründung der allgemeinen Benutzbarkeit geführt haben (vgl. Fig. 4.26.a).

Aus der allgemeinen Benutzbarkeit ergibt sich *nicht* notwendigerweise eine *Einteilung* eines *Softwaresystems* in *logische Schichten.* Es ist nur festgelegt, daß ein allgemein verwendbarer Baustein logisch tiefer anzusiedeln ist. Dies legt nicht unbedingt seine Einordnung in die entsprechende logische Schichtung fest. So ist für das Beispiel von Fig. 4.29 die Situation a) denkbar, genauso aber die Möglichkeit von b). Für das Verständnis eines Softwaresystems ist es hingegen äußerst wichtig, ob Module logisch auf derselben Ebene oder übereinander anzuordnen sind. Zusätzlich zum Ziehen der allgemeinen Benutzbarkeitskanten ist also die weitere Überlegung nötig, ob die Module auf der gleichen Ebene oder auf unterschiedlichen Ebenen anzusiedeln sind.

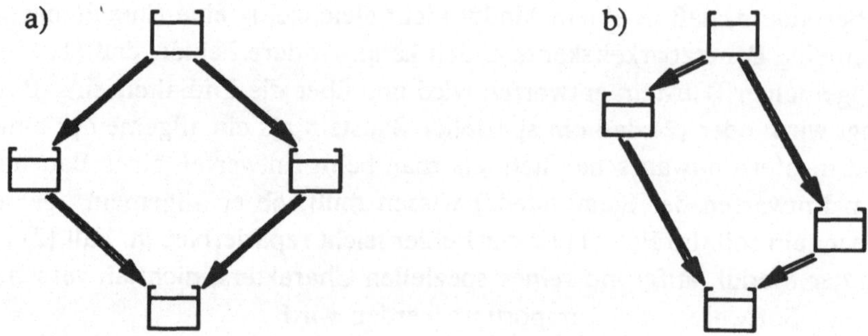

Fig. 4.29: Allgemeine Benutzbarkeit und logische Ebenen

Eine weitere wichtige Bemerkung bezieht sich auf die Unterscheidung *verschiedener* logischer *Niveaus* der *allgemeinen Benutzbarkeit* (vgl. Fig. 4.30). Ein allgemeiner Baustein kann, wenn dies seinem Charakter entspricht, (1) auch über eine einzige Kante der allgemeinen Benutzbarkeit in eine Architektur eingehängt sein. Wenn er an mehreren Stellen gebraucht wird, so kann dies (2a) innerhalb eines Teilsystems der Fall sein, oder er kann (2b) eine Ressource darstellen, die von verschiedenen Teilsystemen eines Softwaresystems her angesprochen wird (wie z.B. ein Teilsystem "Datenablage für permanente Daten in einer interaktiven Anwendung"). Schließlich kann ein allgemeines Teilsystem im Sinne eines Basisbausteins (3) in verschiedenen Softwaresystemen Verwendung finden, wobei dieser Baustein in jedem Softwaresystem eine Komponente darstellt, die dazugebunden und dann von verschiedenen Stellen importiert wird. Schließlich kann (4) ein allgemeiner Baustein auch ein Prozeß sein, der von verschiedenen Softwaresystemen her angesprochen wird und gleichwohl nur ein einziges Mal vorhanden ist. Die allgemeine Benutzbarkeit der Form (3) oder (4) ist der Architektur eines bestimmten Softwaresystems nicht anzusehen. Der Fall (3) gehört zu der Frage des Auffindens wiederverwendbarer Bausteine. Dies ist weniger eine Frage einer einzelnen Architektur als einer geeigneten Verwaltung solcher wiederverwendbarer Bausteine. Im Fall (4) ist der gemeinsame Baustein erst dann als ein solcher zu erkennen, wenn alle Softwaresysteme, die über den Prozeß verbunden sind, als Gesamtheit modelliert werden.

Wir haben zu Anfang dieses Abschnitts diskutiert, warum die Enthaltenseins–Beziehung und die lokale Benutzbarkeits–Beziehung nicht ausreichen, um übersichtliche Architekturen zu erstellen. Wie steht es nun mit der umgekehrten Frage, nämlich, ob die *allgemeine Benutzbarkeit* nicht bereits *genügt*? Auch hier handelt es sich nicht um eine Frage von Machbarkeit oder Nichtmachbarkeit auf der Modellierungsebene. Wenn man sich nämlich direkt von den Konzepten der meistverbreiteten Programmiersprachen (wie Assembler, FORTRAN, Cobol, C etc.) leiten läßt, würde man ein Softwaresystem gar nicht anders als mit der allgemeinen Benutzbarkeit entwerfen.

Mit dem *Lokalitätsprinzip* sind einige Situationen *übersichtlicher modellierbar* als ohne dasselbe. So kann Information Hiding auf der Architekturebene ausgedrückt werden, nämlich daß (1) ein Baustein nur eine spezielle Bedeutung hat, daß man (2) ihn überhaupt nicht kennen muß, wenn man das entsprechende Teilsystem betrachtet, in dem er sich befindet, da er nur intern in demselben eine Rolle spielt, und daß es (3) verboten ist, ihn von außen benutzen zu wollen, z.B. von einem Modul außerhalb des Baums. Das alles hat insgesamt den Vorteil, daß man (4) eine allgemeine Projektbibliothek, die Übersicht über die allgemeinen Bausteine gibt, nicht mit beliebigem Kleinkram verschmutzen muß, weil die Kenntnis interner Module unnötig ist. Schließlich sind (5) rekursive Programmsysteme mithilfe des Lokalitätsprinzips übersichtlich modellierbar.

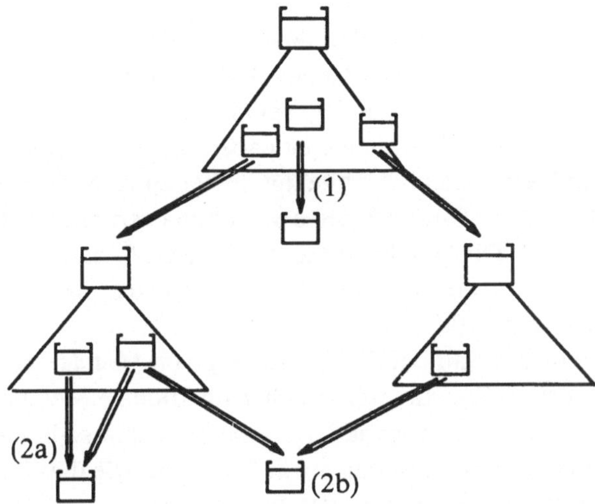

Fig. 4.30: Verschiedene Grade von Allgemeinheit allgemeiner Bausteine innerhalb eines Softwaresystems

Wenn wir auf der *Architekturebene beide Verwendungsarten*, die sich in den entsprechenden, unterschiedlichen Kanten äußern, *anbieten*, so heißt dies nicht, daß jeder Entwerfer von beiden Gebrauch machen muß. Allerdings handelt er sich bei der Nichtverwendung die in der Diskussion zu Fig. 4.26 bzw. im letzten Absatz aufgeführten Probleme ein. Es ist auch keineswegs so, daß für alle Probleme beide Verwendungsarten eine gleichbedeutende Rolle spielen. Es gibt Probleme, in denen die eine oder die andere dominant ist (vgl. Kap. 7). Das hängt von der Art des zu lösenden Problems ab, insbesondere z.B., ob man eine Basiskomponente eines Softwaresystems oder eine abgeschlossene Anwendung realisiert. Eine allgemeingültige Bemerkung kann an dieser Stelle allerdings gemacht werden: Wenn man sich bei jedem Baustein mit der Frage beschäftigt, ob er, ggf. in erweiterter Form, eine allgemeine Rolle spielen könnte, dann werden die Enthaltenseinsbäume i.a. nicht sehr tief.

Wenn wir die allgemeine und die lokale Benutzbarkeit miteinander vergleichen, so fällt auf, daß sich die *lokale Benutzbarkeit* an einer *weiteren Struktur* orientiert, nämlich an der Baumstruktur der Enthaltenseins–Beziehung und der damit verbundenen potientiellen Benutzbarkeit (vgl. Fig. 4.22). Dies ist bei der *allgemeinen Benutzbarkeit nicht* der Fall. Wenn man hier die prinzipiell zugrundeliegenden Möglichkeiten erfragt, so erhält man die Situation, daß zunächst jeder Modul jeden anderen prinzipiell benutzen darf, wie dies in den oben zitierten Programmiersprachen der Fall ist. Dies ist somit noch schlimmer als bei der lokalen Benutzbarkeit, wo die Summe sämtlicher Möglichkeiten durch die Enthaltenseinsstruktur vorgegeben ist. Wenn wir nämlich Fig. 4.23 mit einem Bild vergleichen, in dem jeder Modul mit jedem anderen über eine Kante verbunden ist, dann ist eine solche Figur noch wesentlich unübersichtlicher, als die von uns schon als sehr unübersichtlich empfundene Fig. 4.23 (vgl. Aufgabe 12). Damit ist die explizite Festlegung der allgemeinen Benutzbarkeit noch wichtiger als die Festlegung der lokalen.

Wenn man die hier kennengelernten *Modulbeziehungen* den bekannten *Entwurfsstrategien zuordnet*, so ergibt sich das folgende Bild: Beim Top-down-Entwurf herrscht oft das Lokalitätsprinzip vor, und man legt seine Softwarearchitektur eher baumartig an. Eine Gefahr der Top-down-Strategie ist dabei, allgemeine Bausteine nicht zu erkennen. Der Aufwand, eine solche Architektur später zu verändern, kann beträchtlich sein. Bei der Bottom-up-Entwurfsstrategie wird hingegen eher mit der allgemeinen Benutzbarkeit modelliert. Die Gefahr ist hier nicht so groß, da ein allgemeiner Modul, der keiner ist, nur die "Umwelt verschmutzt", und da sich die entsprechende Architektur leichter korrigieren läßt.

Entsprechend sieht das Bild bei der Zuordnung von *Modularten* zu *Entwurfsstrategien* aus: Beim Top-down-Entwurf werden eher funktionale Module bevorzugt, beim Bottom-up-Entwurf eher Datenabstraktionsmodule (letzteres gilt natürlich nur dann, wenn man die Datenabstraktionsmodule nicht übersieht, wie dies bei der Teilaktivitätenzerlegung (vgl. Kap. 3) regelmäßig der Fall ist). Somit ist auch hier beim Top-down-Vorgehen die Gefahr größer, da nicht erkannte Datenabstraktion bei der Verbesserung große Architekturumgestaltungen nach sich zieht, wie wir dies in Kap. 7 feststellen werden.

Die obigen Aussagen sind nicht als prinzipielles Verwerfen einer Top-down-Vorgehensweise beim Entwurf zu verstehen. Es ist bekannt, daß das Top-down-Vorgehen insbesondere dann Probleme aufwirft, wenn ein Softwaresystem für eine bestimmte Problemklasse zum ersten Mal realisiert wird. Hat man hingegen eine gewisse Erfahrung bei der Realisierung eines Softwaresystems für eine bestimmte Problemklasse, dann werden die oben aufgeführten Probleme auch vermieden.

Eine andere Bemerkung, die der Vollständigkeit halber hier eingeschoben wird, betrifft die *Zuordnung* von *Modularten* und *Modulbeziehungen* zu den *Schichten* einer richtig modellierten *Architektur* (vgl. Fig. 4.31).

Ohne daß dies allgemein und streng gilt, kann man feststellen, daß funktionale Module verstärkt in den oberen Schichten einer Softwarearchitektur auftreten, die Datenabstraktionsmodule eher in den unteren. Dies ist insoweit plausibel, als in den oberen Schichten z.B. Dialogabläufe oder Steuerungen modelliert werden. Dies ist aber ein Anwendungsbereich funktionaler Module. Hingegen haben Basisdienste oft Buchhaltungs- oder Sammlungscharakter, wofür man Datenstrukturen braucht, die zu verkapseln sind.

Ebenso kann man feststellen, daß in den oberen Schichten einer richtig entworfenen Softwarearchitektur eher das Lokalitätsprinzip und in den unteren Schichten eher
die allgemeine Benutzbarkeit vorherrscht. Auch dies ist insoweit plausibel, als man
oben stets einen einzigen Modul, nämlich das Hauptprogramm, hat, von dem aus
verzweigt wird. Die darunterhängenden Module dienen der speziellen Steuerung eines
Softwaresystems und sind somit spezifisch für das vorliegende Softwaresystem. Am
unteren Ende stützt man sich hingegen auf gemeinsame und allgemein verfügbare
Basisdienste ab. Einige Autoren sprechen deshalb von einem Zwiebelmodell als grobe
Sicht auf eine Gesamtarchitektur.

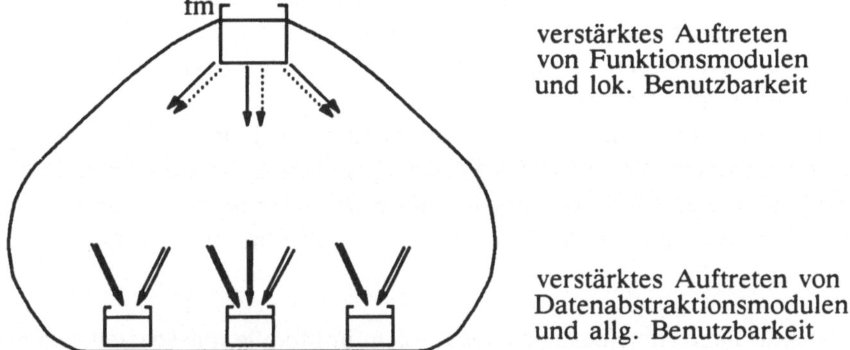

Fig. 4.31: Zwiebelmodell, Zuordnung von Modularten und Beziehungsarten zu
Schichten

4.8 Zur Darstellung von Architekturen

Wie schon des öfteren angedeutet, besteht die *Festlegung* einer *Softwarearchitektur*
einerseits aus der Angabe eines *Architekturdiagramms* und andererseits aus der *textuellen Spezifikation* der einzelnen *Module*. Die gesamte Information der Architektur ist in
der Summe der textuellen Angaben der einzelnen Module enthalten. Zum Zwecke der
Übersicht enthält das Architekturdiagramm nur einen Teil dieser Information. In ihm
sind alle Module und ihre Art sowie die Art der Verbindungen zwischen den Modulen
festgehalten. Fig. 7.6 gibt eine vollständige Architektur in Form eines Architekturdiagramms an. Ohne daß wir dieses Diagramm hier erläutern, wird dem Leser auf einen
Blick der Informationsgehalt einer solchen Architektur–Überblicksdarstellung klar.
Die Exporte und Importe für die einzelnen Module sind nur aus deren Textdarstellung
zu entnehmen. Wir werden in diesem Abschnitt beide Repräsentationen für Architekturen diskutieren.

Obwohl das *Architekturdiagramm* somit nur einen Teil der wesentlichen Information enthält, nimmt es doch für die Überlegungen zur Gestaltung eines Softwaresystems eine zentrale Stelle ein: Es dient einerseits als das *Überblicksdokument* und ist
damit für das Verstehen einer Architektur oder für die Kommunikation über eine Architektur unverzichtbar. Am Anfang wird man für die einzelnen Module noch die tex-

tuelle Detailinformation studieren, nach einiger Zeit kann allein mithilfe des Architekturdiagramms diskutiert werden. Insbesondere sind Struktureigenschaften, Ähnlichkeiten und Symmetrien nur anhand der Überblicksdarstellung feststellbar.

Für geübte Entwerfer erhalten Architekturdiagramme noch eine weitere Aufgabe. Sie werden eine *Vorabversion* der *Architektur* zuerst als Diagramm erstellen und sich erst danach mit der genaueren Spezifikation der Module beschäftigen. Wir können die Bedeutung von Architekturdiagrammen daran erkennen, daß wir in weiten Teilen dieses Buchs über Architekturen nur anhand von Architekturdiagrammen reden.

Schließlich wird, wenn große Architekturen zweistufig entstehen, ein *Diagramm* aus *Teilsystemen* erstellt, was ebenfalls graphisch ist. Hat man also zuerst bis auf die Ebene von Teilsystemen zerlegt, so wird dann in einer zweiten Stufe bis auf Modulebene durchmodelliert, d.h. es wird bis auf die Ebene eines Architekturdiagramms im bisherigen Sinne ausgestaltet.

Zusammenfassend können wir also feststellen, daß das Architekturdiagramm oder seine vergröberte Form für das Verständnis eines Softwaresystems und für die Kommunikation über ein Softwaresystem noch wichtiger ist als die detaillierte Textdarstellung der Bestandteile des Systems: Das Diagramm stellt die Quintessenz des Softwaresystems dar!

Architekturdiagramme bestehen aus Knoten für Module, die speziell gekennzeichnet sind, um die Art des Moduls anzugeben (funktionaler Modul, Datenobjekt-, Datentypmodul). Diese sind mit Kanten verbunden, die wieder unterschiedlich gekennzeichnet sind, damit die Enthaltenseins-, die lokalen Benutzbarkeits- und die allgemeinen Benutzbarkeitskanten unterschieden werden können. Im nächsten Abschnitt werden wir sehen, daß noch einige Konsistenzbedingungen hinzukommen, die, grob gesprochen, verbotene Architekturdiagramme aussondern. Die Architekturdiagramme stellen somit eine bestimmte Klasse gerichteter, markierter Graphen dar. Die Markierungen dienen dabei der Unterscheidung der Arten von Knoten (der Arten von Modulen) und von Kanten (der Arten von Beziehungen). Diese Klasse von Graphen wird graphisch repräsentiert, d.h. durch eine bestimmte *Klasse* von *Diagrammen*, deren Elemente in diesem Kapitel bereits aufgetaucht sind.

An dieser Stelle sei, bevor wir in die Erörterung der Eigenschaften von Architekturdarstellungen eintreten, klargemacht, daß wir ein *Verständnis* von *Softwarearchitekturen* haben, das nicht von allen Autoren geteilt wird, die über Softwarearchitekturen reden. In Fig. 4.32 ist ein Beispiel aus der Literatur angegeben (vgl. /6. So 88/, ähnliche Darstellungen finden sich zuhauf): Es handelt sich um eine Skizze eines objektorientierten Ansatzes für eine Softwareentwicklungs-Umgebung. Die dort angegebenen Kästen und Verbindungen haben nichts mit den Modulen und den Modulbeziehungen der in diesem Buch eingeführten Art zu tun. Jeder der dort angegebenen Kästen kann ein beliebig komplexes Teilsystem aus vielen Modulen sein, die nicht weiter aufgeführt sind. Ebenso haben die Verbindungen eher den Charakter anzuzeigen, daß diese einzelnen Teile "miteinander verbunden" sind oder als "logisch zusammengehörig" zu betrachten sind, als daß sie die Angabe von Export-/Import- oder Strukturbeziehungen darstellen. Bestimmte Teilsysteme sind mit anderen zusammengelegt worden, die mit ihnen nicht sehr viel gemein haben. Andere wichtige Teilsysteme tauchen hier überhaupt nicht auf. Solche Bilder sind höchstens als Vorüberlegungen zu den hier beschriebenen Architekturüberlegungen zu gebrauchen.

Wir wollen nun diskutieren, welche *Forderungen* wir an die *Gestalt* von *Architekturdiagrammen* erheben. Eine naheliegende, aber auch sehr vage Forderung ist die, daß Architekturdiagramme einfach, übersichtlich und augenfällig sein sollen.

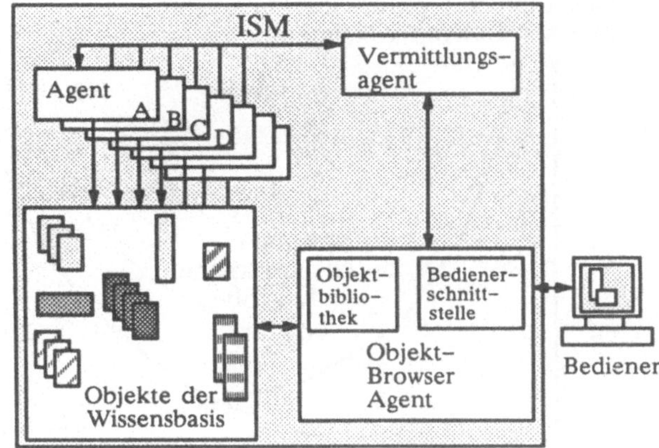

Die ISM Architektur

Fig. 4.32: Ein Beispiel für ein anderes Verständnis des Begriffs "Architektur eines Softwaresystems"

Wir werden nun im einzelnen zu diskutieren versuchen, was diese Eigenschaften von Architekturdiagrammen bedeuten, und ob wir hierfür überprüfbare Eigenschaften angeben können.

Zunächst hat die Einfachheit etwas mit der Größe und damit der *Anzahl* der *Module* zu tun. Dabei liegt die richtige Lösung zwischen zwei Extrema (vgl. Fig. 4.33): Es ist sicher nicht sinnvoll, das ganze Programmsystem zu einem Modul zu machen, weil sonst das ganze Strukturierungsproblem auf die Ebene des Programmierens im Kleinen verlagert wird, wo die entsprechenden Konzepte nicht zur Verfügung stehen. In diesem Fall sind die Kosten für den einen "Modul" außerordentlich hoch, obwohl keine Kosten für den Zusammenhang der Module entstehen. Das andere Extrem, viele kleine Module zu schaffen, ist ebenfalls unsinnig, weil deren Zusammenhang nicht mehr übersehen werden kann. Die Kosten für den Zusammenhang (Gewinnung der Übersicht, Aufwand für die Kommunikation, für die Integration etc.) hängen nämlich von der Anzahl der Verbindungen ab. Hier entstehen ebenfalls sehr hohe Kosten, jetzt nicht für die kleinen "Module", sondern für die Verwaltung des Zusammenhangs. Das Optimum liegt also in der Mitte.

Wie groß die Module im einzelnen werden sollten, ist schwer zu präzisieren. In der Wiederverwendbarkeitsliteratur (vgl. /3. Fr 87/, /3. Tr 86/) taucht der Kohäsionsbegriff auf, der hier einen Anhaltspunkt gibt. Alle die Programmeinheiten, die in einen Modul gepackt werden, sollten eng miteinander zusammenhängen. Dies ist eine andere Formulierung für die Charakterisierung "logische Einheit" aus Abschnitt 4.1. Bewegt man sich vom Optimum von Fig. 4.33 nach links, dann würden Dinge zusammengefaßt, die nicht eng zusammenhängen. Rechts vom Optimum hat man hingegen zusammenhängende Sachverhalte willkürlich auf verschiedene Module verteilt.

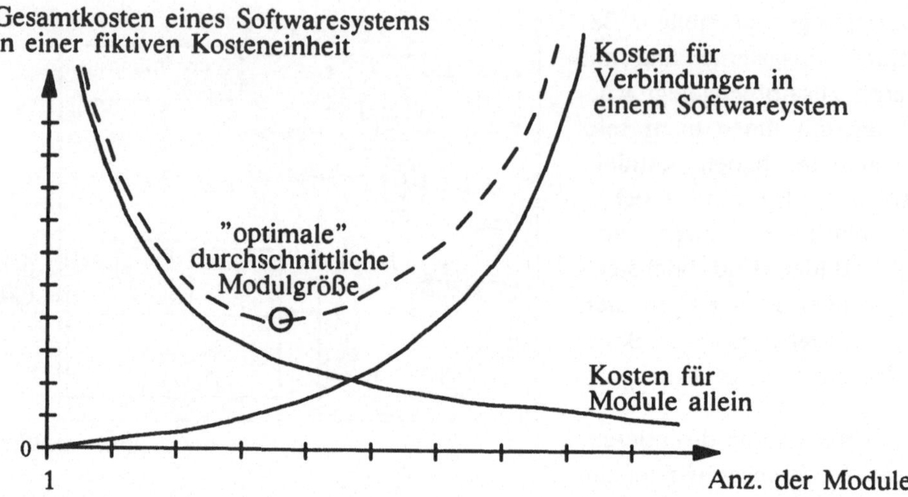

Fig. 4.33: Zur Bestimmung der Größe und damit der Anzahl von Modulen eines Softwaresystems

Eine andere Forderung für Architekturdiagramme ist, daß möglichst *wenige Querbeziehungen* zwischen den Modulen einzuführen sind. Das hängt mit der obigen Forderung nach der richtigen Modulgröße zusammen, denn zu viele Module erzeugen unnötige Verbindungen. Es ist aber nicht dasselbe. Die Anzahl der Querbeziehungen hängt auch von der Art der Module ab. Wir haben beispielsweise in Abschnitt 4.3 dargestellt, daß die Datenabstraktion eine ideale Möglichkeit darstellt, eine lose Kopplung zwischen den Modulen herbeizuführen. In der hier eingeführten Architektursprache gibt es als Beziehung zwischen den Modulen nur diejenige, die Ressourcen eines anderen Modules zu importieren. Das Arbeiten auf gemeinsamen globalen Daten ist als Beziehung nicht möglich, weil wir den Export von Datenobjekten durch Module verbieten. Streng genommen können damit die Fehler wie in dem Schnellschußbeispiel von Kap. 3 nicht gemacht werden. Die Forderung, wenige Beziehungen zwischen den Modulen zu haben, kommt nicht nur von der Seite der Übersichtlichkeit von Softwarearchitekturen, sondern auch von der Seite des Projektmanagements: Jede Beziehung zwischen zwei Modulen A und B betrifft unterschiedliche Personen, nämlich den Entwerfer, die Implementierer von A und B, denjenigen, der sich mit der Integration, der Funktions-/ Leistungsüberprüfung beschäftigt, den Dokumentierer usw. Insoweit zwingt jede Verbindung zur Einhaltung von bestimmten Regeln. Möglichst wenige Beziehungen heißt jedoch nicht, deren Zahl zu minimieren, wie man der Fig. 4.33 entnehmen kann.

Eine dritte Forderung ist, innerhalb des Diagramms einer Gesamtarchitektur möglichst viele *unabhängige Teildiagramme* aufzufinden. Dies hängt mit dem Begriff des Teilsystems zusammen, den wir im nächsten Kapitel einführen, und auch damit, daß das Entwerfen bei großen Systemen zwei- oder mehrstufig erfolgt, indem zuerst solche Teilarchitekturen identifiziert werden. Schließlich sind solche Teilsysteme auch die Einheiten, die man aus anderen Projekten wiederverwendet. Diese Forderung hat aber auch mit der Verständlichkeit der Gesamtarchitektur zu tun. Für das Verständnis einer Teilarchitektur ist meist nur das Verständnis des obersten Moduls (der obersten Module) nötig, deren Innenleben und damit auch die Frage, aus welchen Modulen sie bestehen, ist bereits uninteressant. Diese Eigenschaft ist insbesondere für große Systeme wichtig, wo mehrere Entwerfer tätig sind, die sich, um den Kontext ihrer Arbeit zu verstehen, auf die Teilsysteme anderer Entwerfer abstützen.

Somit haben wir für *Architekturen* lediglich *unpräzise Aussagen* gewonnen, nämlich daß die Anzahl der Module klein (aber nicht zu klein, nämlich 1) sein soll, daß die Anzahl der Verbindungen klein (aber nicht 0) sein soll, und daß es möglichst viele unabhängige Teilsysteme geben soll (aber nicht zu viele, damit diese überhaupt unabhängige größere Einheiten darstellen können). Schließlich kommt noch die im letzten Abschnitt erhobene Forderung hinzu, daß die Module auf dem richtigen logischen Niveau anzusiedeln sind. Die Forderung, ein solches Architekturdiagramm graphisch übersichtlich aufzutragen (z.B. mit möglichst wenigen Kantenkreuzungen), ist zwar für die Übersichtlichkeit ebenfalls sehr wichtig, bleibt aber für die folgenden Erörterungen außer Betracht.

Was uns somit *fehlt*, ist ein *Maß*, um die Komplexität eines Architekturdiagramms mit der eines anderen Architekturdiagramms für das gleiche Problem zu vergleichen, um auf diese Art und Weise die Qualität einer Architektur zu quantifizieren. Überlegungen dieser Art sind zwar bekannt (/3. CDS 86/, /3. GC 87/, /3. PSS 81/). Sie beziehen sich aber, soweit sie die Bewertungen der Struktur von Softwaredokumenten zum Gegenstand haben, hauptsächlich auf die Ebene des Programmierens im Kleinen (/3. Ha 77/).

Neben den oben aufgeführten allgemeinen Forderungen an Architekturen (bezüglich der Modulgröße, bezüglich der Anzahl der Verbindungen und bezüglich des Vorhandenseins unabhängiger Teildiagramme) können wir eine Reihe von Hinweisen zur Verwendung des hier eingeführten Modulkonzepts in Form von *"Methodikregeln"* angeben, deren Einhaltung wir zwar nicht erzwingen wollen, deren Beachtung aber dennoch ratsam ist.

(1) Die Enthaltenseinsbäume sollten nicht zu tief sein. Statt dessen sollte überlegt werden, ob nicht Teile solcher Bäume den Charakter allgemeiner Hilfsmittel haben und somit über die allgemeine Benutzbarkeit in die Architektur eingehängt werden sollten.

(2) Ein Modul oder ein Teilsystem sollte nicht zu viele einlaufende Benutzbarkeitskanten besitzen. Insbesondere sollten solche Module/ Teilsysteme nicht von sehr unterschiedlichen Ebenen der Architektur importiert werden. Es ist statt dessen zu überlegen, ob nicht weitere Schichten funktionaler Abstraktion oder Datenabstraktion eingezogen werden können, die für weiter oben liegende Schichten der Architektur angemessener sind.

(3) Ist ein allgemein benutzbarer Modul/ ein allgemein benutzbares Teilsystem mit nur einer einlaufenden allgemeinen Benutzbarkeitskante mit dem Rest der Architektur verbunden, so ist zu überprüfen, ob es sich wirklich um einen allgemein benutzbaren Modul/ ein allgemein benutzbares Teilsystem handelt.

(4) Die Schnittstellen von Modulen/ Teilsystemen sollten nicht zu umfangreich sein. Ist dies der Fall, so werden möglicherweise logisch unterschiedliche Sachverhalte in einem Modul/ Teilsystem vereinigt. Diese sollten statt dessen auf verschiedene Module/ Teilsysteme aufgeteilt werden, denen dann eine klare Entwurfsentscheidung zugrundeliegt.

Wir wollen nun im Rest dieses Abschnitts die *Sprachelemente* der *Notation* für *Softwarearchitekturen* vorstellen. Dies betrifft die Diagrammsprache für Architekturen und die textuelle Notation für die einzelnen Module, die wir hier, soweit wir sie schon besprochen haben, zusammenfassen, bzw. für die die Sprachelemente präzise angeben. Nachdem ein Architekturdiagramm die Gesamtsicht wiedergibt, verzichten wir darauf, die Gesamtarchitektur in Form einer textuellen Zusammenfassung festzulegen und etwa durch ein Konstrukt der textuellen Notation zu klammern. Die Textbausteine zu den Modulen sind also stets im Zusammenhang mit dem Architekturdiagramm zu lesen. Ferner sei noch einmal daran erinnert, daß zur Architektur eine technische Dokumentation erstellt werden muß. Dabei müssen die Entwurfsentscheidungen für die einzelnen Bausteine (Module, Teilsysteme) und für ihr Zusammenspiel festgehalten werden. Letztlich muß auch das Innenleben für die einzelnen Module in Form einer Kurzbeschreibung festgelegt werden, um die Verflechtung mit dem Programmieren im Kleinen zu berücksichtigen (vgl. Kap. 3).

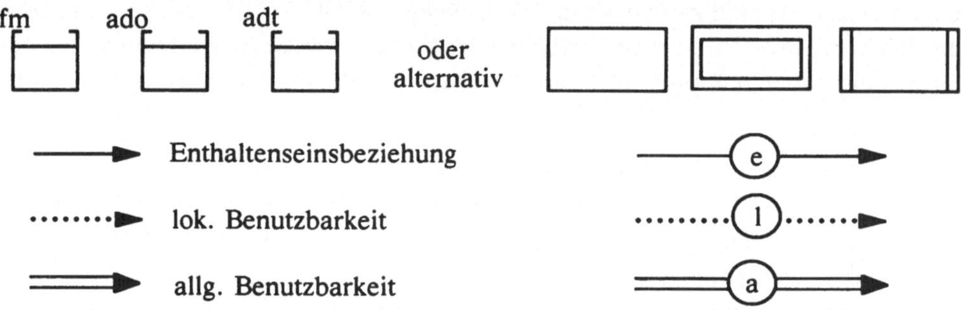

Fig. 4.34: Elemente der graphischen Architekturnotation

Zunächst also zur Architekturnotation in *Form* von *Architekturdiagrammen*. Für die einzelnen Elemente wollen wir folgendes verabreden (vgl. Fig. 4.34): Die Module werden durch einen Knoten gekennzeichnet, dessen Form auf die Unterscheidung zwischen der Schnittstelle und dem Rumpf hinweist. Der Einfachheit halber können auch Kästen, Kreise oder Ovale verwendet werden. An jedem Modul wird durch fm, ado oder adt vermerkt, um welche Art eines Moduls, nämlich funktionaler Modul, Datenobjekt– oder Datentypmodul es sich handelt. Für die Kanten verwenden wir die bereits in den Figuren dieses Kapitels eingeführten Formen, um das Enthaltensein, die lokale Benutzbarkeit und die allgemeine Benutzbarkeit auszudrücken. Alternativ können die Kanten noch Kennzeichnungen e, l, a tragen, um ihre Art zu charakterisieren. Eine Benutzbarkeitskante ist stets gerichtet von dem Modul, der die Benutzung wünscht, zu dem Modul, dessen Benutzung gefordert wird. Wir werden im nächsten Abschnitt einige Konsistenzbedingungen klären, die festlegen, daß nicht jedes Diagramm, das aus den oben angeführten Bestandteilen besteht, eine zulässige Architektur darstellt. Die Architekturdiagramme enthalten also weder die Angabe der exportierten Ressourcen eines Moduls, noch die Auflistung derjenigen Ressourcen, die an anderer Stelle importiert werden. Sie sind nur zu Überblickszwecken gedacht. Ferner sei noch einmal erwähnt, daß wir die Typkollektionsmodule (vgl. Abschnitt 4.4) in unseren Architekturen aus den dort aufgeführten Gründen nicht aufführen.

Auf ein Detail, das wir bisher nicht erläutert haben, sei noch hingewiesen. Die *Benutzbarkeiten* werden meist gewünscht, damit man sich bei der *Realisierung* des *Rumpfs* der importierten Hilfsmittel bedienen kann (vgl. Fig. 4.35.a), z.B. damit der Typ eines abstrakten Datentypmoduls A für eine Objektdeklaration im Rumpf von B verwendet wird und damit dieses Objekt mithilfe der Operationen des Moduls A manipuliert wird. In einigen Fällen braucht man den Import aber auch, damit man weiß, wie die *Schnittstelle* zu *definieren* ist (vgl. Fig. 4.35.b). Beispielsweise braucht man für einen abstrakten Datenobjektmodul KELLER von Einträgen des Typs T eines Datentypmoduls diesen Typ T bereits an der Schnittstelle, nämlich für die Festlegung der Parameter von PUSH (...) etc. Diesen Typ braucht man aber auch für die Realisierung des Rumpfs. Wir wollen deshalb verabreden (vgl. Fig. 4.35), daß im ersten Fall die Benutzbarkeitskante vom Rumpf des Modulsymbols ausgeht, im zweiten Fall von der Schnittstelle. Dabei soll im letzteren Fall die Benutzbarkeit sich automatisch auch auf den Rumpf des importierenden Moduls erstrecken. Im zweiten Fall ist die Benutzbarkeit von B nach A i.a. stets eine allgemeine, wie wir im nächsten Kapitel diskutieren werden.

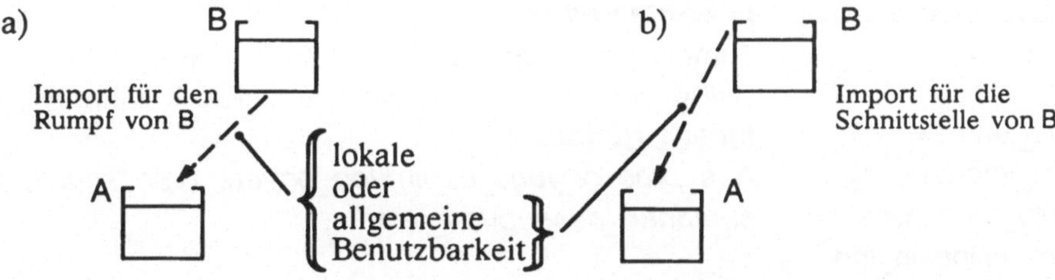

Fig. 4.35: Import für den Rumpf oder die Schnittstelle

Nun zu den *Bestandteilen* der *Textnotation* für die einzelnen Module: Auch diese haben wir zum größten Teil bereits eingeführt (in den Beispielen dieses Kapitels, wenn wir alle Programmieren–im–Kleinen–Bestandteile weglassen). Die genaue Form dieser Textangabe ergibt sich aus der EBNF von Fig. 4.36 (vgl. Aufgabe 13 zur Erläuterung der Notation und zu einer möglichen weiteren Präzisierung). Präfixe, wie *module_global_*, sind nur als Kommentar zu betrachten. Die Enthaltenseins–Beziehung wird durch eine Klausel **is contained in** ... im enthaltenen Modul zum Ausdruck gebracht. Wir verwenden hier bewußt nicht die Ineinanderschachtelung, von der diese Beziehung logisch herrührt, um die einzelnen Modulbeschreibungen getrennt zu halten und um damit größere Texteinheiten für Modulzusammenfassungen zu vermei-

den. Die Benutzbarkeits–Beziehung wird durch eine Importklausel **imports** ... beim
importierenden Modul ausgedrückt, wobei **local** angibt, daß es sich um eine lokale,
und wobei **general** festlegt, daß es sich um eine allgemeine Benutzbarkeit handelt.
Der Import kann sich auf bestimmte Ressourcen des exportierenden Moduls beschränken, was durch die using–Klausel **using** ... gekennzeichnet wird. Der Import
kann sich auf die Schnittstellen (und damit auch auf den Rumpf) oder allein auf den
Rumpf beziehen, je nachdem, wo die Importklausel steht. Die (Export–)Schnittstelle
eines Moduls wird in Ada–Notation oder einer sonstigen Notation angegeben, ebenso
der beim Programmieren im Kleinen auszufüllende Rumpf. Die Semantik der Schnittstelle ist lediglich Kommentar. Der Leser überprüfe, daß die Textdarstellungen der
einzelnen Module eines Softwaresystems die gesamte Information enthält, die zum
Aufbau eines Architekturdiagramms nötig ist (vgl. Aufgabe 14). In der EBNF sind
noch einige Lücken, die wir im nächsten Kapitel füllen werden.

```
module_text_notation ::= module_kind module module_name is
                              structure_clause
                              module_global_imports
                              export_interface
                              module_semantics
                          end module_name;
                          module body module_name is
                              module_body_imports
                              programming_in_the_small_part
                          end module_name;
module_kind ::=           functional | abstract data object |
                          abstract data type
structure_clause ::=      is contained in module_name; | ...
imports ::=               { import_kind import from module_name
                          using interface_ressources_name_list; | using all; }
import_kind ::=           local | general | ...
export_interface ::=      Ada_proc_or_func_or_limited_private_type_source_text
module_semantics ::=      semantic_description_text
programming_in_the
_small_part ::=           Ada_source_text
comment ::=               natural_language_text
name_list ::=             Ada_identifier_list
```

Fig. 4.36: Textuelle Notation für die Modulspezifikationen

4.9 Konsistenzbedingungen für Architekturen

Für Softwarearchitekturen können eine Reihe von *Konsistenzbedingungen* definiert
werden. Diese haben alle den Charakter, daß sie das Zusammenspiel von Beschreibungselementen der Softwarearchitektur an verschiedenen Stellen der Beschreibung
betreffen: Dabei müssen oder sollten gewisse Bedingungen, z.B. der Übereinstim-

mung, erfüllt sein. Solche Konsistenzbedingungen gehören zur kontextsensitiven Syntax der Architekturbeschreibungssprachen, nämlich sowohl der Diagrammsprache als auch der Textsprache für die Detailspezifikationen der Module. Wir kommen auf die Frage der kontextsensitiven Syntax noch einmal zurück, nachdem wir die Konsistenzbedingungen im einzelnen vorgestellt haben. Diese Bedingungen haben eine andere Qualität, als die Gestaltungsrichtlinien oder –empfehlungen, die wir im letzten Abschnitt angesprochen haben.

Die Mehrzahl dieser Konsistenzbedingungen unterscheiden Architekturbeschreibungen in *zulässige* und *unzulässige*. Somit ist nicht jede Beschreibung zulässig, die aus den Beschreibungselementen dieses Kapitels erstellt wird, die im letzten Abschnitt zusammengefaßt wurden. Andere Konsistenzbedingungen weisen auf *unvollständige Stellen* hin, die im Verlauf des Entwicklungsprozesses noch ausformuliert werden müssen, die aber, wenn sie nicht behoben werden, unzulässige Architekturen ergeben. Schließlich gibt es auch Inkonsistenzen, die weder verboten sind, noch nachgetragen werden müssen, die aber auf gemachte Fehler hindeuten. Solche Inkonsistenzen haben den Charakter von *Warnungen*.

Eine andere Art der Einteilung der Konsistenzbedingungen geht vom Grad der Detailinformationen aus, auf denen Inkonsistenzen festgestellt werden können. Einige der Bedingungen lassen sich bereits auf *Architekturdiagramm–Ebene* erkennen. Für andere müssen eine oder mehrere *Modulspezifikationen in Textform* herangezogen werden, die die detaillierten Informationen enthalten. Für weitere Bedingungen, die den Übergang zum Programmieren im Kleinen betreffen, sind schließlich auch die Informationen der einzelnen *Modulimplementationen* erforderlich.

Einige der folgenden Konsistenzbedingungen haben wir im Verlauf dieses Kapitels bereits *kennengelernt*. Sie tauchen hier lediglich aus Gründen der Zusammenfassung noch einmal auf. Andere sind *neu* und werden dementsprechend erläutert. Für diese Erläuterung greifen wir zurück auf (1) die Erörterungen zur Gestalt der Schnittstellen von Datenabstraktionsmodulen, (2) die Erörterung der Benutzbarkeitsebene, (3) die der lokalen Benutzbarkeit und (4) die der allgemeinen Benutzbarkeit.

Die folgende Gruppe von *Konsistenzbedingungen* (vgl. Tab. 4.37) kann auf der *Architekturdiagrammebene* festgestellt werden, d.h. aufgrund eines Bildes von der Architektur, das nicht die Schnittstellenbeschreibung und das nicht die einzelnen Importe der Module enthält. Es handelt sich also um Bedingungen zum Aussondern unzulässiger Diagramme.

(1) Ein Modul ist höchstens in einem Modul enthalten, d.h. die Enthaltenseinsbeziehung ist ein Wald. Somit kann in einem Modulknoten nur eine Enthaltenseinskante enden.

(2) Eine lokale Benutzbarkeit muß mit der potentiellen lokalen Benutzbarkeit konsistent sein. Eine solche Kante darf von einem Knoten nur zu solchen Knoten gerichtet sein, die in Fig. 4.22 angegeben sind. Beispielsweise ist eine Kante von Großvater- zu Enkelmodul unzulässig.

(3)   Eine Enthaltenseinsbeziehung sollte stets mit einer gleichgerichteten, lokalen Benutzbarkeitskante versehen sein (vgl. Fig. 4.24). Wenn dies nicht der Fall ist, hat man eine allgemeine Benutzbarkeit fälschlicherweise mit einer lokalen Benutzbarkeit modelliert (vgl. Fig. 4.26.a). Umgekehrt können mit einer lokalen Benutzbarkeitskante auch andere Knoten verbunden werden, die nicht über die Enthaltenseinsbeziehung miteinander in Verbindung stehen (vgl. Fig. 4.24.b).

(4)   Bei zyklischer lokaler Benutzbarkeit, die beispielsweise nötig ist, um Rekursion zu modellieren, darf auf einem solchen Zyklus kein Datenobjektmodul enthalten sein.

(5)   Die allgemeine Benutzbarkeit ist azyklisch, d.h., daß sich ein Modul nicht selbst allgemein auf direktem Wege oder indirektem Wege (über beliebig viele Stufen) importieren kann.

(6)   Ein allgemein verwendeter Modul darf nicht lokale Komponente eines anderen sein. Somit endet in einem Modul entweder eine allgemeine Benutzbarkeitskante oder eine Enthaltenseinskante, aber nicht beides.

(7)   Jeder Modul ist über eine Importbeziehung in die Architektur eingehängt. (Jede Benutzbarkeitsbeziehung ist vom Entwerfer sorgfältig überlegt, damit keine überflüssigen Importe eingetragen werden.)

(8)   Die Namen der in einem Programmsystem verwendeten allgemeinen Module sind paarweise verschieden. Das gleiche gilt für alle Module eines vollständigen Enthaltenseinsbaums.

(9)   Ein Typkollektionsmodul (vgl. Abschnitt 4.4) darf nicht mithilfe anderer Module realisiert werden, weder über lokale noch über allgemeine Benutzbarkeiten. Das heißt, daß solche Module immer "atomar" sind. (Wir haben schon darauf hingewiesen, daß wir unsere Architekturüberlegungen weitgehend ohne diese Module durchführen.)

Tab. 4.37: Konsistenzregeln auf der Architekturdiagrammebene

Es folgen einige *Erläuterungen* zur Tab. 4.37: Die Interna eines Enthaltenseinsbaums sind geschützt, d.h. es ist nicht möglich, auf die inneren Knoten eines solchen Baums von außen zuzugreifen, und zwar in dem Sinne, daß Benutzbarkeiten eingetragen werden. Dies ergibt sich aus der Regel (2), die den Zugriff auf solche Knoten von oben her innerhalb des Enthaltenseinsbaums über mehr als eine Stufe unmöglich macht und der Regel (6), die Zugriffe von außerhalb des Baums abschirmt.

Durch die Regel (8) lassen wir zu, daß innerhalb verschiedener Enthaltenseinsbäume, die nicht Teilbäume eines Enthaltenseinsbaums sind, die gleichen Namen für Module verwandt werden. Dies entspricht dem lokalen Charakter solcher Module, der keine Namensabsprache erfordern sollte. Wir gehen aber nicht soweit wie die Gültigkeitsregeln blockstrukturierter Sprachen, die auch innerhalb solcher Bäume die Verwendung desselben Namens für verschiedene Module zulassen.

Die obigen Regeln (1) bis (9) haben bis auf Regel (3) alle den Charakter, daß sie stets erfüllt sein müssen. Alle Regeln, bis auf den geklammerten Teil von (7), sind auf syntaktischer Ebene abprüfbar.

Für die folgende Gruppe von Konsistenzbedingungen (vgl.Tab. 4.38) müssen die Informationen der *Schnittstellen* der einzelnen Module und der *Importlisten* der sie importierenden Module vorhanden sein. Der Entwerfer kann diese also nur dann überprüfen, wenn er die textuelle Detailspezifikation der einzelnen Module heranzieht. Zusätzlich wird er sich für die Überprüfungen einiger der folgenden Konsistenzbedingungen des Architekturdiagramms bedienen, um die Übersicht zu behalten. Die folgenden Regeln (10) bis (14) beziehen sich auf die Gestalt von Exportschnittstellen und die Regeln (15) bis (18) auf das Zusammenspiel zwischen der Exportschnittstelle eines Moduls und dem Import in einem anderen. Dabei wird bei der Betrachtung der Exportschnittstelle bzw. des Imports auch die Art eines Moduls berücksichtigt.

(10) Die (Export-)Schnittstelle eines Moduls ist mit dessen Art verträglich. So enthält die Schnittstelle eines funktionalen Moduls nur Prozeduren oder Funktionen, die eines Datenobjektmoduls nur Zugriffsoperationen (Prozeduren oder Funktionen), die eines Datentypmoduls einen Typbezeichner bzw. eine Kreierungsoperation und Zugriffsoperationen. Die Semantik der Operationen ist auf die Art des Moduls abgestimmt (was bei uns nur durch den Vergleich des Semantikkommentars mit der Schnittstelle festgestellt werden kann).

(11) Die Namen der exportierten Ressourcen eines Moduls B sind paarweise verschieden. Die Namen der Parameter einer Operation der Schnittstelle sind ebenfalls paarweise verschieden.

(12) In einem funktionalen Modul, der Ein-/ Ausgabeverhalten hat, tauchen in allen Operationen die gleichen Parametertypen für die Ein- bzw. die Ausgabedatenstrukturen auf. (Alternativ kann diese Ein- oder Ausgabedatenstruktur auch in der Architektur über Importe verankert sein).

(13) In der Schnittstelle eines Datenobjektmoduls muß es, falls das Datenobjekt zur Laufzeit mehrfach nacheinander benutzt wird, eine Initialisierungsoperation geben. Zu jeder Veränderungsoperation eines Moduls zur Datenabstraktionsanwendung Kollektion (vgl. Fig. 4.19) gibt es mindestens eine Sicherheitsabfrage und eine Ausnahme. Bei verschiedenen Veränderungsoperationen stimmen die Typen entsprechender Parameter überein.

(14) In der Schnittstelle eines Datentypmoduls der ersten Art (vgl. Fig. 4.16), wird ein Typbezeichner mit Zugriffsoperationen zusammengefaßt. Es muß dann mindestens eine Zugriffsoperation geben. In allen Zugrifffsoperationen gibt es genau eine Parameter dieses Typs. Alternativ dazu kann zur Erzeugung von Objekten eine Kreierungsoperation zur Verfügung gestellt werden (vgl. Fig. 4.17). Dann taucht der Typ der Objektbezeichnungen im Export auf, falls er kein Basisdatentyp ist. Dieser Typ erscheint ferner als Typ genau eines Parameters jeder Operation. Das in (13) Gesagte über Sicherheitsabfragen und Ausnahmen gilt hier analog.

(15) Die von einem Modul A importierten Ressourcen eines Moduls B müssen von diesem Modul B exportiert werden. Es darf also nicht mehr importiert werden, als exportiert wird. Es ist allerdings zulässig, nur einen Teil dieser Ressourcen zu importieren. Es muß mindestens eine Ressource importiert werden.

(16) Jede Ressource der Schnittstelle eines Moduls sollte mindestens in einem anderen Modul importiert werden. Ein importierender Modul sollte nur die Ressourcen importieren, die zu seiner Implementation nötig sind.

(17) Wird ein funktionaler Modul importiert, so muß wenigstens eine Operation importiert werden. Wird ein Datenobjektmodul importiert, so muß mindestens eine Abfrageoperation importiert werden, oder ein Veränderungsoperation zusammen mit der entsprechenden Sicherheitsabfrage und Ausnahme. Wird ein Datentypmodul importiert, so muß der Typbezeichner oder die Erzeugungsoperati-

on (evtl. zusammen mit dem Bezeichnertyp, falls dieser nicht ein Basisdatentyp ist) importiert werden. Ansonsten gilt alles, was für Datenobjektmodule gesagt wurde, analog.

(18) Alle Parametertypen von exportierten Ressourcen eines Moduls müssen an allen Importstellen dieses Moduls verfügbar sein. Sie werden dort meist selbst importiert. (Andere Möglichkeiten hängen von Konzepten ab, die wir erst im nächsten Kapitel kennenlernen.)

Tab. 4.38: Konsistenzbedingungen innerhalb von Schnittstellen und Importen bzw. die das Zusammenspiel von Export und Import betreffen

Nun wieder einige *Erläuterungen* zu Tab. 4.38: Der Sinn, daß wir bei Importen Teile des Exports eines anderen Moduls angeben können, besteht darin, möglichst viele Detailinformationen auf der Architekturebene zu besitzen. Es werden nicht alle Ressourcen an allen Importstellen benötigt. Gibt man nur die tatsächlich benötigten an, dann kann bei der Änderung der Schnittstelle eines Moduls viel genauer festgelegt werden, welche Änderungen an anderer Stelle daraus resultieren.

Zum Klammerinhalt in Regel (12): Wir haben beispielsweise bei der Erläuterung von Fig. 4.4 festgestellt, daß der "Ausgabeparameter" (dort stets das gleiche Zeichenblatt) nicht auftaucht. In der Architektur unterhalb des funktionalen Moduls ZEICHNE_FUNKTION erscheint jedoch ein Datenobjektmodul für dieses Zeichenblatt, der von ZEICHNE_FUNKTION als allgemeiner Baustein importiert wird.

Bei allen Regeln außer (16) handelt es sich um solche, die stets erfüllt sein müssen. Ist Regel (16) verletzt, so handelt es sich entweder um einen überflüssien Modul oder der Entwurf ist noch nicht fertig. Die Mehrzahl der in (10) bis (18) angegebenen Regeln lassen sich wieder rein syntaktisch auf der textuellen Architektursprache abprüfen.

Die folgenden Konsistenzbedingungen (19) bis (22) von Tab. 4.39 betreffen den Übergang vom Programmieren im Großen zum Programmieren im Kleinen, und zwar einerseits für den exportierenden Modul und andererseits für den importierenden Modul.

(19) Was ein Modul exportiert, muß dieser auch realisieren: Innerhalb des Rumpfs von Funktionsmodulen findet sich eine Prozedur/ Funktion für jeden entsprechenden Unterprogrammkopf der Schnittstelle. Das gleiche gilt für Veränderungsoperationen, Abfrageoperationen und Sicherheitsabfragen bei den Datenobjektmodulen. Für jede Ausnahme der Schnittstelle eines Datenobjektmoduls muß eine entsprechende Ausnahmeerweckung im Rumpf der entsprechenden Veränderungsoperation ausprogrammiert werden. Bei einem Datentypmodul findet sich im Rumpf des Moduls eine Typdefinition für den opaken Datentyp bzw. eine Kreierungsprozedur und ggf. zusätzlich eine Typdefinition für einen Bezeichnertyp. Ansonsten gilt das für Datenobjektmodule Gesagte.

(20) Die Benutzung von Ressourcen eines Moduls A durch einen Modul B, der Importe für diese Ressourcen besitzt, ist mit diesen Importen konsistent: Es werden keine Ressourcen benutzt, die nicht importiert worden sind. Die Benutzung ist auch konsistent mit den Exporten von B bezüglich der Parameteranzahl und den Typen der Parameter. Letzteres wird durch die Importklauseln noch nicht gewährleistet.

(21) Wird im Rumpf eines Moduls B eine Veränderungsoperation eines Datenabstraktionsmoduls A benutzt, so ist diese Veränderungsoperation stets in eine bedingte Anweisung eingebettet, in der die Sicherheitsabfrage(n) zu der Veränderungsoperation auf der Position des Booleschen Ausdrucks der bedingten Anweisung auftaucht bzw. auftauchen. Im Rumpf dieses Moduls A sind Vorkehrungen für die Ausnahmeerweckung getroffen (vgl. (19)), und zwar für den Fall, daß der Programmierer von B vergessen hat, die Sicherheitsabfragen zu benutzen. Das gleiche gilt für den Fall, daß die Verwendung der Sicherheitsabfrage zu umständlich erscheint (z.B. müßte bei allen Operationen eines abstrakten Datenobjekts, das über eine Erzeugungsoperation entstand, abgeprüft werden, ob die Erzeugungsoperation stattfand, d.h. ob die Bezeichnervariable auf das abstrakte Datenobjekt bereits einen sinnvollen Wert besitzt). Im Rumpf des Moduls B ist eine Ausnahmebehandlung für in A erweckte Ausnahmen einzuprogrammieren.

(22) Jede importierte Ressource wird auch benutzt.

Tab. 4.39: Konsistenzen, den Übergang Programmieren im Großen <-> Programmieren im Kleinen betreffend

Auch hierzu wieder eine kurze *Erläuterung*: Die Regeln (19) und (20) müssen, die Regel (21) sollte erfüllt sein. Die Regel (22) kann verletzt sein. Dies deutet dann aber, falls der Modul schon ausprogrammiert ist, auf einen Fehler hin. Dies ist entweder ein Entwurfsfehler (der Import war nicht nötig) oder ein Implementierungsfehler (der Implementierer hat sich nicht an die Entwurfsentscheidung gehalten, d.h. er hat anders implementiert, als es der Entwerfer vorsah). Alle in (19) bis (22) formulierten Regeln lassen sich auf syntaktischer Ebene abprüfen.

Wir haben am Anfang des Abschnitts die Präzisierung der *kontextsensitiven Syntax* (andere Sprechweisen Kontextbedingungen, kontextsensitive Zusammenhänge) unserer Architekturbeschreibungssprachen verschoben. Diese Erläuterungen soll nun nachgetragen sowie die Klassifikation der Kontextbedingungen noch einmal aufgegriffen werden. Alle Konsistenzbedingungen haben mit dem *Zusammenspiel* verschiedener *Beschreibungselemente* eines Dokuments zu tun.

Auf der Ebene der Architekturdiagramme (vgl. Tab. 4.37) werden hierdurch sowohl globale Situationen (die Enthaltenseins-Beziehung ist ein Wald, die allgemeine Benutzbarkeit ist zyklenfrei etc.) als auch örtliche Situationen beschrieben (die lokale Benutzbarkeit darf nur zum Sohn, Bruder, Vater etc. eines Moduls gehen). Auf der Ebene der textuellen Architekturbeschreibung (vgl. Tab. 4.38) wird durch die Konsistenzbedingungen die Form der Exportschnittstellen auf die Art des exportierenden Moduls abgestimmt, das Zusammenspiel zwischen Export und Import geklärt usw. Schließlich legt die Tab. 4.39 die Konsistenzbedingungen zwischen der textuellen Architekturbeschreibung und der Ausgestaltung der zugehörigen Modulrümpfe fest. Hiermit beziehen sich die *Konsistenzbedingungen* der obengenannten Tabellen auf 3 *verschiedene Sprachen* (Architekturdiagramm-Sprache, textuelle Architekturbeschreibung, Architekturbeschreibung plus Sprache für das Programmieren im Kleinen).

Eine weitere Einteilung der *kontextsensitiven Zusammenhänge* ergibt sich, wenn wir diese nicht nach Sprachen sondern nach dem *Grad der Verbindlichkeit* klassifizieren.

Die meisten der Konsistenzbedingungen, wie z.B. die Regel (1), führen Situationen auf, die *verboten* sind, weil sie unter keinen Umständen Sinn machen. Dies gilt, wenn ein Architekturdokument einen gewissen Grad von "Abgeschlossenheit" im Sinne eines Zwischenzustands besitzen soll. (Davon unabhängig ist die Frage, ob Inkonsistenzen zwischen solchen "Zwischenzuständen" möglich sein sollen, um mit entsprechenden Werkzeugen bequem umgehen zu können.) Andere Konsistenzbedingungen beziehen sich auf einen Zustand der Vollständigkeit des Dokuments und kennzeichnen so *unvollständige* Situationen, die noch zu erweitern und auszufüllen sind. Ein Beispiel für letztere ist die Regel (22). Schließlich gibt es Konsistenzbedingungen, die den Charakter von *Warnungen* haben, die also Hinweise geben, wie dies bei der Regel (16) der Fall ist. Hier ist der Grad der Verbindlichkeit noch einmal geringer anzusetzen. Schließlich sind hier auch die "Methodikregeln" des letzten Abschnitts aufzuführen, die ebenfalls mit kontextsensitiven Zusammenhängen zu tun haben, die aber ausschließlich den Charakter von *Hinweisen* haben und damit noch einmal einen geringeren Grad von Verbindlichkeit besitzen.

4.10 Zusammenfassung

Wir haben in diesem Kapitel zwei *Architekturbeschreibungssprachen* eingeführt, eine graphische zur Übersichtsdarstellung und eine textuelle, die alle Details enthält. Für einen Entwurf werden beide benutzt. Das Architekturdiagramm gibt den Gesamtzusammenhang an. Die textuellen Spezifikationen für die einzelnen Module werden bei Bedarf zusätzlich herangezogen. Darüber hinaus sollte ein Entwurfsbegründungspapier die wichtigen Entwurfsentscheidungen festhalten. Für die Überlegungen zur Ausgestaltung der Rümpfe der einzelnen Module gibt es eine knappe Beschreibung, die aber keineswegs eine fertige Implementation darstellt.

Das in diesem Kapitel eingeführte, und das der Architekturbeschreibung zugrundeliegende *Modulkonzept* sieht verschiedene Arten von Modulen vor, nämlich funktionale Module, Datenobjektmodule und Datentypmodule, die alle für bestimmte Zwekke innerhalb einer Architektur verwendet werden. Die eingeführten Modulbeziehungen liegen auf Importebene, sind also Voraussetzung für die Benutzung. Wir unterscheiden zwischen der lokalen Benutzbarkeit, die sich an den Gültigkeitsregeln blockstrukturierter Programmiersprachen orientiert und die das Lokalitätsprinzip auf der Architekturebene einführt, und der allgemeinen Benutzbarkeit, mit der generelle Bausteine in einer Architektur verankert werden. Eine Reihe von Konsistenzbedingungen, die die Struktur der Architekturdiagramme, die Detailstruktur der Schnittstellen von Modulen, die Detailstruktur der Importe und die Übereinstimmung von Exporten und Importen betreffen, legen die kontextsensitiven Zusammenhänge von Architekturbeschreibungen fest.

Wir haben bisher lediglich einen sprachlichen Rahmen geschaffen, in dem man seine Entwurfsgedanken ausdrücken kann. In dieser Sprache äußern sich semantische Aspekte in der Verwendung und in dem Zusammenspiel syntaktischer Einheiten. Der

Umgang mit dieser Sprache, d.h. das *Modellieren* auf *Entwurfsebene*, ist *keineswegs leicht* oder leichter geworden. Eine wohlüberlegte Architektur eines Softwaresystems, die letztlich in einem einzigen großen Architekturdiagramm festgehalten werden kann, kann jahrelange Arbeit dokumentieren. Die Erfahrung mit Lehrveranstaltungen zeigt andererseits, daß falsche Architekturen, wie die unseres Schnellschußbeispiels von Kap. 3, schnell erstellt sind. Eine richtige Architektur erfordert hingegen einen um Größenordnungen höheren Aufwand. Dafür hat sie dann entsprechende Qualitätseigenschaften, wie Adaptabilität, Portabilität etc. Langfristig zahlt sich das mehrfach aus!

Natürlich hängt dieser hohe Aufwand auch mit der *Vertrautheit* im Umgang mit der *Architekturmodellierung* und den hier eingeführten Hilfsmitteln ab. Wir wollen im nächsten Kapitel einige Teilsituationen studieren, um die Vertrautheit mit dieser Modellierungswelt und den beiden Architekturbeschreibungssprachen zu fördern. Ein Grund für den großen Aufwand bei der Entwurfsmodellierung ist aber auch der, daß wir heute über die Architekturen für bestimmte Problemklassen zu wenig Kenntnis haben, was sich dahin gehend auswirkt, daß sich noch keine Standardlösungen herausgebildet haben. Einige Ausnahmen, wie z.B. der Compilerbau, bestätigen nur diese Regel. Auch hier werden wir im nächsten Kapitel insoweit einen kleinen Beitrag leisten, als wir einige Standardsituationen auf Teilarchitekturniveau diskutieren.

Aufgaben zu Kapitel 4

1. In Fig. 4.2 ist ein Modul angegeben, dessen Rumpf noch leer ist. Realisieren Sie diesen Rumpf in einer Programmiersprache Ihrer Wahl. Die Ausnahmen an der Schnittstelle (eine Art Programmabbruch) sind auszulösen, wenn versucht wird, in einem bereits vollen Behälter ein weiteres Element abzulegen bzw. im leeren Keller ein Element zu löschen.

2. Geben Sie eine Realisierung des Kellerbeispiels von Fig. 4.2 mithilfe einer verzeigerten Liste auf der Halde an. Hat Ihre Implementierungssprache kein Zeigerkonzept, dann legen Sie die "Haldenelemente" innerhalb eines Feldes an und verketten Sie diese über Indizes.

3. Realisieren Sie die anderen Zugriffsoperationen zu dem Lexikon AUSKUNFTEI von Fig. 4.6.

4. Betrachten Sie die Fig. 4.12 (abstrakter Datenobjektmodul für einen kompliziert aufgebauten Eintrag mit einer einzigen Lese- bzw. Schreiboperation) und diskutieren Sie die Nachteile der dort angegebenen Lösung gegenüber der Lösung von Fig. 4.11 (Lese- und Schreiboperation für jede Komponente des kompliziert aufgebauten Eintrags).

5. Eine in Assembler-Anwendungen beliebte Realisierungsidee für einen abstrakten Datenobjektmodul zu einem Einzeleintrag besteht darin, sich die "logisch wichtige" Information aus einem Datensatz in Form eines "logischen" Datensatzes zusammenzustellen. Dabei wird natürlich wieder - zwar weniger - Repräsentationsinformation an die Stellen der Verwendung weitergegeben. Diskutieren Sie die

Vorteile gegenüber dem direkten Zugriff auf den physischen Datensatz und die Nachteile gegenüber der sauberen Lösung von Fig. 4.11.

6. Eine Realisierungsidee für abstrakte Datenobjektmodule für Einzeleinträge besteht darin, nicht im Rumpf eines solchen Moduls innerhalb des Programmcodes festzulegen, wie die einzelnen Komponenten im Datensatz liegen, sondern den Zugriff über eine Satzablagebeschreibung zu steuern. Auch diese Idee ist in der Assembler-Programmierung üblich. Ist eine solche Lösung nötig, wenn man in einer höheren Programmiersprache implementiert? Ist eine solche Lösung möglich und welchen Aufwand hätte sie in einer höheren Programmiersprache?

7.* Wie in Abschnitt 4.4 diskutiert, gehören die Angaben zur physischen Schnittstelle eines abstrakten Datentypmoduls, wenn man von der Seite der Logik her argumentiert, in den Rumpf eines Moduls. Dann steht die gesamte Realisierung im Rumpf (Detailangaben für die Typdefinition, Realisierung der Zugriffsoperationen), soweit nicht weitere Module zur Realisierung gebraucht werden. In den meisten neueren Programmiersprachen sind Modulschnittstellen und Modulrumpf getrennt übersetzbar, wobei bestimmte Reihenfolgebedingungen einzuhalten sind, z.B. daß der Rumpf nach der Schnittstelle übersetzt wird. Diskutieren Sie, welche Konsequenzen die Aufnahme der Detailstrukturierung (d.h. der Typdefinition) in den Rumpf eines Moduls auf die getrennte Übersetzbarkeit hat.

8. Realisieren Sie einen abstrakten Datentypmodul mit Kreierungsoperation (vgl. Fig. 4.17) für Keller dadurch, daß der Typ des Kellerbezeichners, der an der Schnittstelle nach außen gereicht wird, ein Zeiger auf einen durch die Kreierungsoperation erzeugten Keller ist. Die einzelnen Keller werden auf die einfachste Weise realisiert, nämlich innerhalb eines Behälters (Feldes) mit Index (vgl. Fig. 4.2).

9. Machen Sie sich anhand von Prozeduren in einer blockstrukturierten Programmiersprache (wie Pascal), die über ihre Deklarationsteile ineinandergeschachtelt sind, klar, daß die in Fig. 4.22 geschilderte Situation der potentiellen Benutzbarkeit dort den Gültigkeitsbereichsregeln entspricht. Betrachten Sie hierfür die Gültigkeit bestimmter Deklarationen im Anweisungsteil des Rumpfs einer Prozedur M, die zwei lokale Prozeduren S_1 und S_2 enthält, die selbst im Deklarationsteil einer Prozedur V deklariert ist, wobei vor M auf gleichem Niveau eine Prozedur B deklariert ist usw.

10. In Fig. 4.22 wird die potentielle lokale Benutzbarkeit (analog zu den Gültigkeitsbereichsregeln blockstrukturierter Programmiersprachen) festgelegt. Wie sieht die inverse Beziehung aus, d.h., von welchen Modulen in einem Enthaltenseinsbaum kann ein Modul M, der an einer bestimmten Stelle eingehängt ist, möglicherweise benutzt werden. Auch diese Beziehung ist unsymmetrisch. Charakterisieren Sie die Beziehung.

11. Prüfen Sie anhand des Beispiels von Fig. 4.23 nach, daß alle dort auftauchenden Kanten tatsächlich lokale potentielle Benutzbarkeitskanten sind.

12. Bei der allgemeinen Benutzbarkeit gibt es keine Strukturbeziehung, an der sich diese orientiert (wie die Enthaltenseins-Beziehung für die potentielle lokale Benutzbarkeits-Beziehung bzw. die potentielle lokale Benutzbarkeits-Beziehung für die lokale Benutzbarkeits-Beziehung). Jeweils zwei beliebige Module können damit potentiell bezüglich der allgemeinen Benutzbarkeit miteinander in Beziehung gesetzt werden (soweit sie nicht über die Enthaltenseins-Beziehung in eine Architektur eingehängt sind). Trägt man diese Möglichkeiten in einen Graphen ein, so

erhält man einen vollständigen Graphen: Je zwei Knoten sind über eine gerichtete Kante miteinander verbunden. Löschen Sie in der Fig. 4.23 die Enthaltenseins–Beziehungen und tragen Sie die noch fehlenden Kanten ein, damit dieser Graph zu einem vollständigen wird. Welche kommen noch dazu? Wie sieht das Verhältnis der Anzahl der Kanten der potentiellen lokalen Benutzbarkeit zu der Anzahl der Kanten eines vollständigen Graphen bei einem größeren Beispiel aus? Man beachte, daß die Regel, daß die allgemeine Benutzbarkeit zyklenfrei sein muß, nicht für diese "potentielle allgemeine Benutzbarkeit" gilt, bei der noch nicht festgelegt ist, welche allgemeinen Benutzbarkeiten später gelten sollen.

13.*Wenn die in Fig. 4.36 angegebene textuelle Architekturbeschreibungssprache weiter ausgeführt und verfeinert wird, können die Konsistenzbedingungen, die die Schnittstelle bei den einzelnen Modularten (vgl. Regeln (12) bis (14) von Tab. 4.38) oder die Struktur der Importklauseln (vgl. Regeln (15), (16) von Tab. 4.38) betreffen, innerhalb der EBNF bzw. durch zusätzliche kontextsensitive Regeln zum Ausdruck gebracht werden. Das gleiche gilt für die Übereinstimmung zwischen den Schnittstellen und Rümpfen (vgl. Regeln (20) und (21) von Tab. 4.39), wenn für letztere deren Grobstruktur in die Sprache aufgenommen wird (sie ist dann allerdings keine Architekturbeschreibungssprache mehr). Arbeiten Sie die textuelle Sprache von Fig. 4.36 in diesem Sinne aus und formulieren Sie solche Regeln.

14. Wir haben eine Reihe von Konsistenzbedingungen kennengelernt, die allein auf der Architekturdiagrammebene abprüfbar sind, d.h. als Graphbedingungen angegeben werden können (vgl. Regeln (1) bis (9) von Tab. 4.37). Diese können aber auch anhand der textuellen Detailspezifikation für die einzelnen Module formuliert werden. Wie sehen diese dann aus?

15. Führen Sie für das Beispiel von Aufgabe 3 aus Kap. 3 die Diskussion "Was kann sich ändern?" durch. Separieren Sie die Änderungsmöglichkeiten, die auf eine modifizierte oder erweiterte Aufgabenstellung hinauslaufen, von denen, die eine unterschiedliche Realisierung vorschlagen. Weisen Sie anhand der Änderungen der Realisierung nach, daß es einige Stellen der Architektur gibt, an denen die Datenabstraktion mißachtet wurde. Welche sind das? Formulieren Sie für den Telegrammdatenzwischenspeicher und für die Telegrammeingabe die Schnittstellen der entsprechenden Module im Sinne der Diskussion von Abschnitt 4.3.

16.*In /4. Me 88, pp 12 – 23/ sind eine Reihe von Forderungen für eine "Entwurfsmethode" angegeben:
a) modulare Dekomponierbarkeit: die Zerlegung einer Gesamtaufgabe in Teile, die dann unabhängig voneinander verfolgt werden können,
b) modulare Komponierbarkeit: Module müssen "frei" kombinierbar sein, um daraus andere Systeme zu entwickeln als diejenigen, in denen die Module entstanden sind,
c) modulare Verständlichkeit: ein Modul muß als einzelner bereits verständlich sein,
d) modulare Kontinuität: kleine Änderungen des Entwurfs führen zu kleinen Änderungen der Module und der Gesamtarchitektur,
e) modularer Schutz: annomale Situationen bleiben modullokal.
Diese Forderungen können direkt als Ergänzungen der Modulcharakterisierungen aus Abschnitt 4.1 verstanden werden.

Nach /4. Me 88/ müssen bestimmte "Prinzipien" beim Entwurfsprozeß beachtet werden, damit die oben genannten Forderungen an Module eingehalten werden.

Diese Prinzipien sind:
i) Module sind Spracheinheiten der Entwurfs- oder der Programmiersprache,
ii) wenige (Import-)Schnittstellen: jeder Modul soll mit möglichst wenigen anderen zu tun haben,
iii) "kleine" (Export-)Schnittstellen (schwache Kopplung): wenn Module etwas miteinander zu tun haben, sollten sie möglichst wenig Information austauschen,
iv) explizite "Schnittstellen": wenn Module A und B etwas miteinander zu tun haben, dann sollte dies aus der Beschreibung von A und B hervorgehen,
v) Informationsverbergung: alle Informationen über einen Modul sollen modulprivat sein, es sei denn, diese werden allgemein benötigt.

Versuchen Sie nachzuweisen, daß das in diesem Kapitel eingeführte Modulkonzept und seine sprachlichen Ausprägungen (Architekturdiagramme bzw. textuelle Beschreibung) bei sinnvoller Anwendung die obigen Forderungen an eine "Entwurfsmethode" bzw. an Prinzipien des Entwurfsprozesses unterstützen.

* schwierige Aufgabe

5 Zur Vertiefung: Teilarchitekturüberlegungen und Modulkonzept–Erweiterungen

In diesem Kapitel werden wir die *Modulkonzeptüberlegungen* des letzten Kapitels *anwenden*. Dies geschieht dadurch, daß wir klären werden, in welchen Zusammenhängen bestimmte Modularten in einer Architektur auftreten. Dabei werden sich bestimmte Situationen herauskristallisieren, die immer wieder als Teile einer Gesamtarchitektur auftreten. Dies führt zu einem Ansatz einer Klassifizierung von *Teilarchitekturen*. Diese Teile einer Gesamtarchitektur handhaben die Realisierung komplexer Einträge, die Realisierung von Kollektionen sowie das Zusammenspiel von Einträgen und Kollektionen. Dabei werden wir solche Beispiele besprechen, die nicht innerhalb eines Moduls realisiert werden können, sondern eine Teilarchitektur innerhalb des Gesamtsystems erfordern.

Dabei wird sich ergeben, daß wir zum Modellieren auf Entwurfsebene noch einige *weitere Konzepte* brauchen, die deshalb ebenfalls in diesem Kapitel eingeführt werden. Es sind dies die Konzepte Teilsysteme, Generizität und Objektorientiertheit. Für dieses Kapitel gilt in erster Linie das im Vorwort Gesagte, nämlich, daß das Buch einen Zwischenzustand wiedergibt: Bis jetzt ist aus der wissenschaftlichen Diskussion über das Programmieren im Großen (vgl. Literaturabschnitt 4) noch kein einheitliches und allgemein akzeptiertes Gesamtkonzept erwachsen. Es besteht also zur Zeit noch keine Übereinkunft darüber, welche Konzepte man zum Modellieren auf Entwurfsebene braucht. Wir werden auf die noch offenen Probleme der Modulkonzeptüberlegungen in Kap. 9 zurückkommen.

5.1 Datenabstraktion versus funktionale Abstraktion

Die *Zielsetzung* dieses *Abschnitts* besteht darin, abzugrenzen, wann ein Modul der funktionalen Abstraktion und wann er der Datenabstraktion zugeordnet werden soll. Ferner werden Situationen erläutert, wo Mißverständnisse bei dieser Zuordnung auftreten können und wo deshalb oft falsch entschieden wird. Das Zusammenspiel zwischen Modulen für die funktionale Abstraktion und für die Datenabstraktion diskutieren wir hingegen im nächsten Abschnitt.

Eine bei der Architekturmodellierung oft auftretene *Frage* ist die nach der *Art* eines *Moduls*. Die bisherige Grundlage für die Entscheidung ist, ob der Modul ein Gedächtnis besitzt bzw. eine Schablone für Gedächtnisse darstellt, oder ob er ein Ein-/ Ausgabeverhalten besitzt. Im ersten Fall ist er ein Datenobjekt-, im zweiten ein Datentypmodul und im letzten ein funktionaler Modul. Im Abschnitt 4.4 haben wir einerseits eine Zusammenstellung angegeben, die beinhaltet, wofür man Module welcher Art braucht, und wir haben andererseits dargestellt, daß es einige knifflige Situationen der Zuordnung gibt. Ein Beispiel für eine solche Situation ist ein Modul für die Beschreibung der Eingabe über die Tastatur, bei der man unterschiedlicher Meinung über die Modulart sein könnte. Wir wollen nun der letzten dieser beiden Fragen, nämlich der Unterscheidung der Modularten, nachgehen.

Ein *Fehler*, der oft zu langwierigen Diskussionen über die Art bestimmter Module führt, ist der, daß der Charakter eines Moduls nicht gleich bei seiner gedanklichen Erzeugung festgelegt wird. Statt dessen wird ein *Modul* geschaffen und seine *Artfestlegung* auf *später verschoben*. Dabei entstehen Module mit Mischcharakter, die später im nachhinein langwierige Überlegungen verursachen. Setzt man sich dann mit der Frage, von welcher Art ein so geschaffener Modul ist, genauer auseinander, so stellt man meist fest, daß ein Entwurfsfehler gemacht wurde. Beispielsweise wurden Dinge zusammengefaßt, die nicht in einen Modul gehören. Insoweit kann man die Einschränkung auf die Modularten des letzten Kapitels auch als Hilfsmittel zur Vermeidung von Entwurfsfehlern auffassen.

Die Frage nach der Modulart ist nicht überall gleich schwierig. Bei den Datentypmodulen gibt es selten eine langwierige Diskussion. Schwieriger ist die Frage bei der *Unterscheidung* zwischen *funktionalen Modulen* und *Datenobjektmodulen*, da beide mit Daten umgehen. Ein funktionaler Modul geht mit Datenstrukturen um, die nicht zum Modul gehören und bei den Datenobjektmodulen operieren alle Zugriffsoperationen auf der gleichen Datenstruktur, die ein Teil des Moduls ist. Somit reduziert sich die Unterscheidung beider Modularten meist auf die Frage, ob es sich in einer vorliegenden Situation um einen funktionalen Modul oder um eine Zugriffsoperation bzw. eine Ansammlung von Zugriffsoperationen eines Datenobjektmoduls handelt.

Bei funktionalen Modulen hat man meist verschiedene Eingabe- und Ausgabedatenstrukturen, wie etwa die Koordinaten und das Zeichenblatt in Fig. 4.4. Die Eingabe- und Ausgabedatenstruktur kann aber auch gleich sein, wie z.B. bei der Optimierungsphase eines Compilers, der einen bestimmten Zwischencode sowohl als Eingabe- als auch als Ausgabedatenstruktur besitzt. (Diese Optimierung als eine Veränderungsoperation eines Datenobjektmoduls zu betrachten, läuft der Gesamtarchitektur eines solchen Compilers zuwider, der aus einzelnen funktionalen Modulen (Phasen) besteht (vgl. Aufgabe 1)). Somit ist die Frage, ob *Eingabe-* und *Ausgabedatenstruktur verschieden* oder *gleich* sind, *kein* eindeutiges *Unterscheidungsmerkmal*. Im Fall der gleichen Datenstruktur muß es sich also nicht um eine Zugriffsoperation auf diese Datenstruktur handeln. Andererseits kann die eventuelle Verschiedenheit von Eingabe- und Ausgabedatenstruktur eines funktionalen Moduls auch "formal" beseitigt werden, wenn dieser funktionale Modul "mit Gewalt" zu einer Zugriffsoperation eines Datenabstraktionsmoduls auf dem Kreuzprodukt der Eingabe- und Ausgabedatenstruktur gemacht wird (vgl. Aufgabe 2). Eine Architektur wird dadurch aber eher undurchsichtig.

Für die Unterscheidung der beiden Modularten gibt es zwei Regeln zu beachten. Zum ersten ist die *Schnittstelle* eines Moduls zu *betrachten* und *nicht* sein *Rumpf* (vgl. Fig. 5.1). Betrachten wir hierfür als Beispiel Datenobjektmodule: Auf den beiden Ebenen Schnittstelle und Rumpf hat man eine völlig unterschiedliche Sicht: Auf der Ebene der Schnittstelle werden, wenn die Datenabstraktion beachtet wurde, alle Zugriffsoperationen als Einheit gesehen, die auf einer gemeinsamen Datenstruktur operieren. Diese Datenstruktur erscheint an der Schnittstelle überhaupt nicht. Schaut man hingegen in den Rumpf des Datenobjektmoduls hinein, dann könnte man die dort aufgeführten Schnittstellenoperationen für einzelne funktionale Bausteine auf einer separaten, globalen Datenstruktur halten.

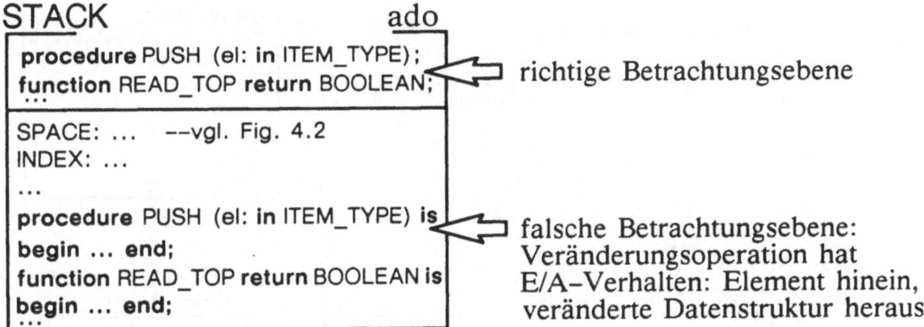

Fig. 5.1: Für die Modulartentscheidung: Betrachtung der Schnittstelle

Die zweite Regel besteht darin, den *Modul selbst* zu betrachten und *nicht* das *System*, in das er *eingebettet* ist. Diesem einzelnen Modul liegt eine Entwurfsentscheidung zugrunde, die für die Frage, zu welcher Art der Modul gehört, sehr wichtig ist. Betrachten wir hier als Beispiel funktionale Module: So ist etwa ein Modul, der die Steuerung oder einen Teil derselben in einem Dialogsystem verkapselt, ein funktionaler Modul, obwohl das Gesamtsystem die Eigenschaft hat, Zustände aufzuheben. Wir kommen auf dieses Beispiel in Kürze zurück.

Dem Versuch, die *Zugriffsoperationen* eines Datenabstraktionsmoduls als eigenständige *funktionale Module* aufzufassen, liegt eine *falsche Entwurfsentscheidung* zugrunde (vgl. Fig. 5.2.a). Ein Fehler dieser Form kann in unserer Architekturbeschreibungssprache nicht gemacht werden. Hierzu braucht man nämlich eine globale Datenstruktur, auf die die fälschlicherweise separat stehenden Zugriffsoperationen gemeinsam zugreifen können. Der Hintergrund der falschen Entwurfsentscheidung ist meist, daß die Realisierung eines abstrakten Datenobjektmoduls zu umfangreich ist, als daß sie im Rumpf dieses Moduls (in unserem Beispiel STACK) abgehandelt werden könnte. Dann spaltet man die Zugriffsoperationen als Module ab, der Modulrumpf hat dann im wesentlichen nur eine Verteilerfunktion, um die Zugriffsoperationen aufzurufen.

Die richtige Entscheidung für eine solche Situation ist in Fig. 5.2.b angegeben. Anstatt die Zugriffsoperationen als selbständige Einheiten aufzufassen, ist eine *weitere Datenabstraktionsschicht* einzuziehen. Diese macht die Realisierung des übergeordneten Datenobjektmoduls jetzt so einfach, daß sie innerhalb des Modulrumpfs abgehandelt werden kann, ohne daß dieser Rumpf zu groß wird. Zum zweiten wird die Realisierung jetzt anpaßbarer, denn es entsteht mit LISTE ein weiterer wiederverwendbarer Baustein. Die entscheidende Frage ist also, wie man bei solchen Architekturüberlegungen aufteilt und strukturiert. Im ersten Fall schafft man fragwürdige funktionale Module und man verletzt die Datenabstraktion, während im zweiten Fall passende Hilfsmittel erzeugt werden, um die Realisierung eines abstrakten Datenobjektmoduls zu vereinfachen.

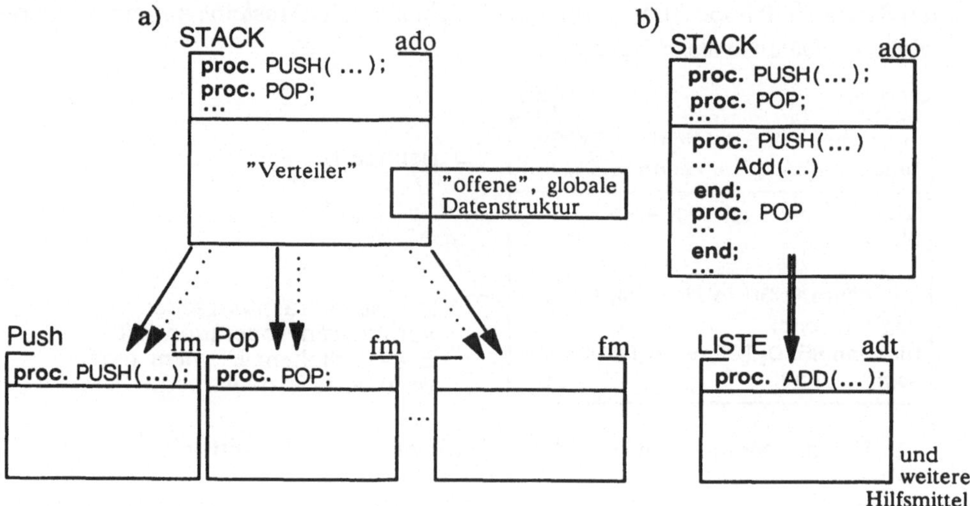

Fig. 5.2: Mißachtung der Datenabstraktion führt zu falschen funktionalen Modulen

Wir werden die hier für die Frage der Modulartentscheidung angesprochenen *Punkte*, nämlich einerseits (1) Betrachtung der Schnittstelle und (2) Betrachtung der Entwurfsentscheidung, und andererseits die damit verbundenen Probleme "funktionale Module für die Realisierung von Datenabstraktionsmodulen" und "Wie teilt man bei der Modularisierung auf?" in den *nächsten Abschnitten* noch *genauer* erörtern, nämlich wenn wir etwas mehr über das Zusammenspiel der verschiedenen Modularten wissen.

5.2 Zusammenspiel zwischen funktionalen und Datenabstraktionsmodulen

Bei der *"herkömmlichen" Softwareentwicklung* spricht man von *Programmen* und *Daten*. Die Komplexität der Festlegung der Daten ist nicht selten höher als die der Programme. Die Fig. 5.3 gibt eine solche Situation wieder: Es handelt sich um ein Batch-System, das in zwei Schritten M_1 und M_2 aus einer Personaldaten–Stammdatei D_1 eine

Datei für die Banküberweisungen D_3 und eine für die Lohndaten D_4 erstellt. M_1 macht eine Prüfung der einzelnen Datensätze und M_2 die eigentliche Berechnung. Üblicherweise werden dann die Datensätze, die M_1 ausgibt, von M_2 eingelesen. Es "fließen" also große Datenpakete durch das System und viele Komponenten des Systems machen vom Aufbau dieser Sätze Gebrauch. Im Fall von Fig. 5.3 muß den Bausteinen M_1 und M_2 der genaue Aufbau des Satzes D_2 bekannt sein. Im Verlauf des Lebens eines Systems ändern sich Satzaufbau und Aufbau der Ein- und Ausgabedateien. Das führt zu systemweiten Änderungen. Wir haben dies im Datenabstraktionsabschnitt des letzten Kapitels bereits erörtert.

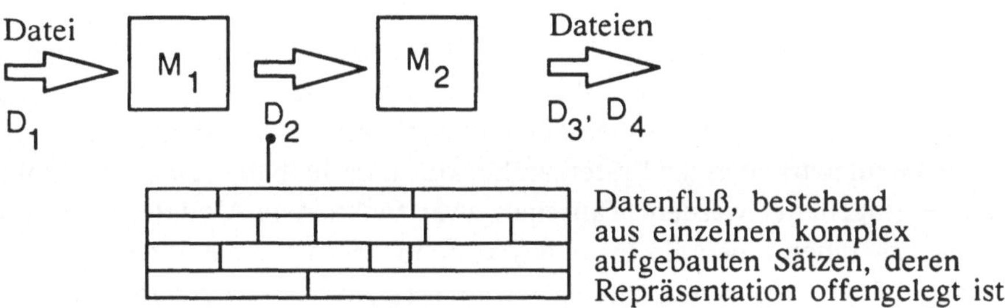

Fig. 5.3: Eine Situation unter Mißachtung der Datenabstraktion

M_1 und M_2 sind natürlich funktionale Module. Wenn wir die *Datenabstraktion beachten*, dann fließen *keine* solchen *komplexen Datenströme* mehr, sondern nur noch die benötigten Informationen und diese auch nur in den Portionen, die ein bestimmter Modul braucht (vgl. Fig. 5.4). So holt sich M_1 nacheinander durch Aufrufe von Zugriffsoperationen von D_1 die für diese Anwendung nötigen Informationen aus den Einträgen der Personaldaten–Stammdatei und gibt diese dann nach Prüfung an den abstrakten Datenobjektmodul D_2 weiter, indem er dessen Schreiboperationen aufruft. Von dort werden sie komponentenweise von M_2 durch Anwendungen von Operationen von D_2 gelesen. In diesem Beispiel ist wegen der Batchverarbeitung ein abstrakter Datenobjektmodul für D_2 ausreichend, der nacheinander mit neuen Daten gefüllt wird.

Jetzt ist jede *komplexe Datenstruktur* durch einen *Modul* im *Programmsystem* verankert (vgl. Fig. 5.4.a), d.h. die Komplexität der Gesamtlösung kann allein aus der Architektur abgelesen werden. D_1 verkapselt den willkürlichen Eintrags- und Dateiaufbau der Personaldaten–Stammdatei, D_3 und D_4 desgleichen für die Banküberweisungs- und Lohndatendatei. D_2 verkapselt den willkürlichen Satzaufbau einer Eintragsstruktur, welche aus den Daten besteht, die für die Weiterverarbeitung durch M_2 wichtig sind. Der Leser mache sich den Unterschied in der Verarbeitungsweise und im Datenfluß klar (vgl. Aufgabe 3). Es ist einsichtig, daß es sich bei den Ein- und Ausgabedatenstrukturen stets um Datenabstraktionsmodule handelt, da ein Zustand (bis wohin ist die Datei gelesen, was ist der Zustand der aktuellen Druckseite) aufgehoben werden muß. Das gleiche gilt natürlich für komplexere Daten, die als Zwischenergebnisse während der Berechnung entstehen.

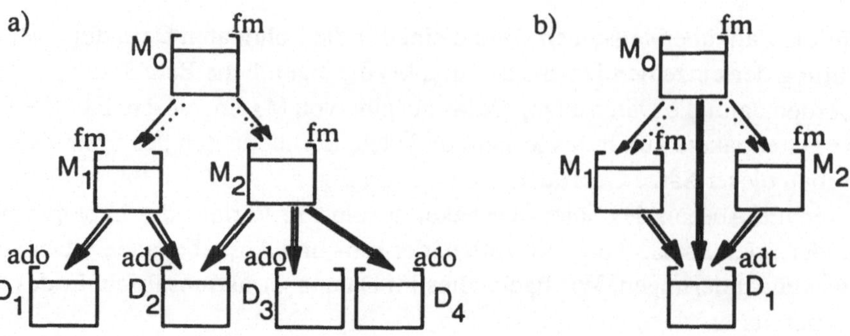

Fig. 5.4: Situationen mit Beachtung der Datenabstraktion

Das *Schema* des *Zusammenspiels* zwischen *funktionalen Modulen* und *Datenobjektmodulen* kann nun ebenfalls aus Fig. 5.4.a entnommen werden. Eingabe- und Ausgabedatenstrukturen sind meistens allgemein verwendbare Module, die deshalb über die allgemeine Benutzbarkeit in die Systemarchitektur unterhalb der jeweiligen funktionalen Module eingehängt werden. Tauschen zwei funktionale Module Informationen aus, so liegt zwischen ihnen ein Datenobjektmodul, der über die allgemeine Benutzbarkeit eingehängt werden muß, da er von mindestens zwei Modulen benötigt wird. Bestimmte Probleme mit Transformations- oder Auswertungscharakter (wie z.B. ein Übersetzer), die in einzelne funktionale Teile (für den Übersetzer die Phasen) zerlegt werden und die Batch-orientiert arbeiten, bestehen somit intern aus Serien funktionaler Bausteine, die jeweils über einen Datenabstraktionsmodul gekoppelt sind.

Aus Fig. 5.4.a kann eine weitere allgemeingültige Aussage gewonnen werden (vgl. Fig. 5.5). Bei komplexeren Eingaben muß eine Fülle von Datenstruktur-Realisierungsdetails (Eintrags-, Dateiorganisation) aber auch Gerätedetails berücksichtigt werden. Das gleiche gilt für Ausgaben. Es müssen deshalb Datenabstraktionsbausteine eingesetzt werden, um diese Details zu verbergen. Bei Dialogsystemen fallen diese Bausteine in der Architektur zusammen, falls Ein- und Ausgabe nur über interaktive Geräte (Bildschirm, Tastatur, Maus) möglich ist. Die *Ein- und Ausgabe* erscheint also jeweils in Form eines *allgemein benutzbaren Datenabstraktionsbausteins* (die beiden können zusammenfallen), der vom Hauptteil der Architektur (Gesamtarchitektur nach Abzug des Ein-/ Ausgabeteils) für einen oder für mehrere Module benutzbar gemacht wird.

Das trifft beispielsweise auch für unser Schnellschußbeispiel aus Kapitel 3 zu, in dem wir die Datenabstraktion an der Eingabeseite (Abstraktion von den Gerätedetails; Abstraktion von der speziellen Bedieneroberflächengestaltung, z.B., wie ein Kommando aktiviert wird, s.u.) schlichtweg übersehen haben. Das gleiche trifft für die Ausgabe zu. (Auch hier können wir wieder von bestimmten Gerätedetails des interaktiven E/A-Geräts oder des Druckers oder von bestimmten Layoutvorgaben abstrahieren.) Abstrahiert man nur von den Gerätedetails, dann nennt man einen entsprechenden Modul ein *virtuelles Terminal* oder einen *virtuellen Drucker*, weil die Gerätespezifika ausschließlich in der Realisierung des Moduls festgelegt werden. Oberhalb solcher Module ist man also von diesen Details unabhängig, deshalb das Adjektiv "virtuell".

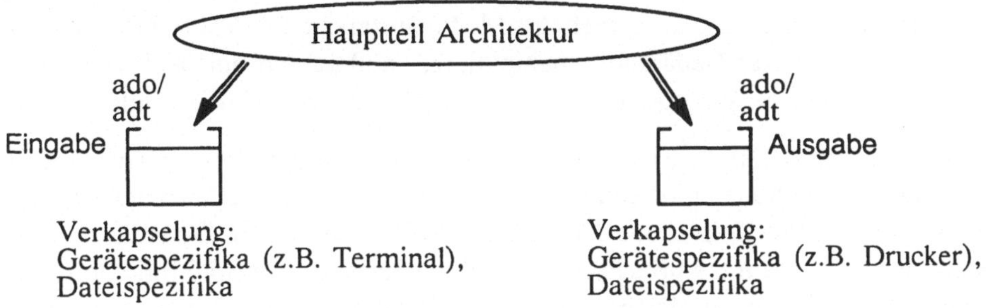

Fig. 5.5: Virtuelle Ein–/ Ausgabegeräte in einer Systemarchitektur mit Datenabstraktion

Begriffe wie *Ein– und Ausgabe* werden oft *mißverständlich gebraucht*. Wir haben damit bisher ausschließlich Geräte, Datenstrukturen o.ä. gemeint, das heißt die *Behälter*, aus denen die Daten bezogen werden bzw. in welche die Daten abgelegt werden. Natürlich werden die Zugriffsoperationen dieser Datenabstraktionsbausteine durch einen anderen Modul aktiviert, so daß die Eingabe bzw. die Ausgabe als *Aktivität* durch das Zusammenspiel eines funktionalen Moduls mit einem Datenabstraktionsmodul erzielt wird. Beispielsweise könnte in Fig. 5.4.a der Modul M_1 die lexikalische Analyse eines Compilers und der Modul D_1 die Textdatei für den Quelltext sein. Dann bewirkt das Paar M_1 und D_1 die Eingabe (und Umwandlung) des Zeichenstroms.

Nachdem wir jetzt etwas mehr über das Zusammenspiel von funktionalen Modulen und Datenabstraktionsmodulen wissen, wollen wir nun die Frage der *Unterscheidung funktionaler* Module und *Datenabstraktionsmodule* des letzten Abschnitts *wiederaufgreifen*, indem wir hierzu einige Bemerkungen machen und vier Beispiele diskutieren.

In Kap. 4 hatten wir den *aktiven* (aktions– oder transformationsorientierten) Charakter funktionaler Module und den *passiven* Charakter von Datenabstraktions–Modulen betont. Das heißt nun nicht, daß funktionale Module immer von sich aus aktiv werden. Sie werden von anderen Modulen aktiviert, genauso wie die Datenabstraktions–Module auch. Es heißt auch nicht, daß sich die Datenabstraktions–Module nicht weiterer Hilfsmittel bedienen können, indem sie etwa eine Teilrealisierung weitergeben. Aktiv heißt also in erster Linie *transformationsorientiert* und passiv heißt *zustandsbewahrend*. Beides ist aus der Fig. 5.4.a gut abzulesen.

Die zweite Bemerkung betrifft das *Zusammenspiel* von *funktionalen Modulen* und Datenabstraktions–Modulen, das wir in Fig. 5.4.a für Datenobjektmodule bereits diskutiert haben. Wenn nun der Datenabstraktions–Baustein ein *Datentypmodul* ist, sieht das Zusammenspiel etwas anders aus (vgl. Fig. 5.4.b). Mit der Schablone wird im Rumpf eines Moduls, hier M_0, ein abstraktes Datenobjekt geschaffen. Dieses wird zur Veränderung an die funktionalen Module M_1 und M_2 über einen Parameter weitergegeben. Auf dieses Objekt müssen nun die Zugriffsoperationen angewendet werden, weshalb auch M_1 und M_2 die allgemeine Benutzbarkeit von D_1 benötigen. Durch dieses Beispiel sehen wir auch die in Kap. 4 gemachte Bemerkung bestätigt, daß das gemeinsame Gedächtnis jetzt nicht mehr als Modul auftaucht. Die Tatsache, daß sowohl M_1 als auch M_2 dieses Gedächtnis manipulieren, äußert sich nur noch in Form der allgemeinen Benutzbarkeit des Datentypmoduls D_1 durch beide Module.

Die dritte Bemerkung betrifft einen gelegentlich gemachten Fehler, der die Unterscheidung von funktionalen Modulen und von Datenabstraktions–Modulen verwischt. Wir hatten in Kap. 4 Kollektionen als einen häufig auftretenden Datenabstraktions–Anwendungsfall erkannt. Nun tritt manchmal die Situation auf, daß mit allen Einträgen einer Kollektion etwas gleiches gemacht werden muß. Dies wird durch sogenannte *Iteratoren* an der Schnittstelle des Datenabstraktions–Moduls gelöst. Auf diese Weise wird jedoch die Unterscheidung zwischen funktionalen Modulen und Datenabstraktions–Modulen verwischt. Der Modul erhält jetzt verschiedene Aufgaben, nämlich einmal zur Datenablage und zum anderen zur Ausübung einer Aktivität auf allen Elementen der Kollektion. Wir wollen uns dieser Denkweise nicht anschließen. Aktivitäten gehören in funktionale Module oberhalb von Datenabstraktions–Modulen!

Wir kommen nun zu den Beispielen. Das erste Beispiel ist in Fig. 5.6 angegeben. Es behandelt die Frage, von welcher *Art* die *Steuerungsmodule* eines *interaktiven Systems* sind. Bei Batch–Systemen ist diese Frage einfach zu beantworten: Es handelt sich wegen des Steuerungs– oder Transformationscharakters um funktionale Module. Wie sieht dies bei interaktiven Systemen aus, da diese interaktiven Systeme ein Gedächtnis besitzen? Ist das Hauptmodul oder sind darunterliegende Module deshalb eine Mischform aus den beiden Modularten? Hier greift die zweite Regel des letzten Abschnitts, die besagt, daß man sich bei der Festlegung der Art eines Moduls an dessen Charakter und nicht am Charakter des Gesamtsystems zu orientieren habe. Die Entwurfsentscheidung solcher Steuerungsmodule ist, die Hauptsteuerung oder die Steuerung von Einzeldialogen zu verkapseln. Deshalb handelt es sich auch um *funktionale Module*. Diese Steuerungsaufgabe sollte in der Namensgebung der Module und ihrer Schnittstellenoperationen zum Ausdruck kommen. Wenn hier in der Schnittstellenoperation von Eintrag, Änderung etc. die Rede ist, entsteht natürlich Konfusion, da hier nicht eingetragen oder geändert wird, sondern lediglich gesteuert wird, wie dies zu geschehen hat. Erst weiter unten in der Architektur befinden sich die Module, deren Entwurfsentscheidung die Datenabstraktionsidee ist, und die zur Speicherung der permanenten Daten dienen.

Eine analoge Situation tritt auf, wenn z.B. bei einer *Steuerung* einer *Maschine* ein komplexer innerer Zustand berücksichtigt werden muß. Beispielsweise kann die Reaktion eines Steuerungssystems vom vorherigen Zustand abhängen. Es hängen dann sowohl der Folgezustand als auch die Reaktion der Steuerung vom bisherigen Zustand und der jeweiligen Eingabe ab (endlicher Automat). Hier ist somit ein Gedächtnis zu berücksichtigen, insbesondere da nicht vorhergesagt werden kann, wann die nächste Eingabe kommt. Andererseits ist eine Steuerung aktions– oder transformationsorientiert. Handelt es sich hier somit um eine Mischform eines funktionalen und eines Datenobjektmoduls? Das Problem löst sich auf, wenn wir die Entwurfsentscheidung "Steuerung" von der Entwurfsentscheidung "Beschreibung des Übergangsverhaltens und Zustandsaufbewahrung" trennen. Wir sehen einen funktionalen Modul für die Aktivität Steuerung und einen abstrakten Datenobjektmodul für das Übergangsverhalten (in Abhängigkeit vom aktuellen Zustand) vor. Diese Lösung erfüllt jetzt nicht nur unsere Forderung nach ausschließlicher Verwendung von Modulen der in Kapitel 4 eingeführten Arten, sie ist auch flexibler: Das Übergangsverhalten des Automaten liegt nämlich ausschließlich in dem Datenobjektmodul und ist somit leicht austausch– und anpaßbar.

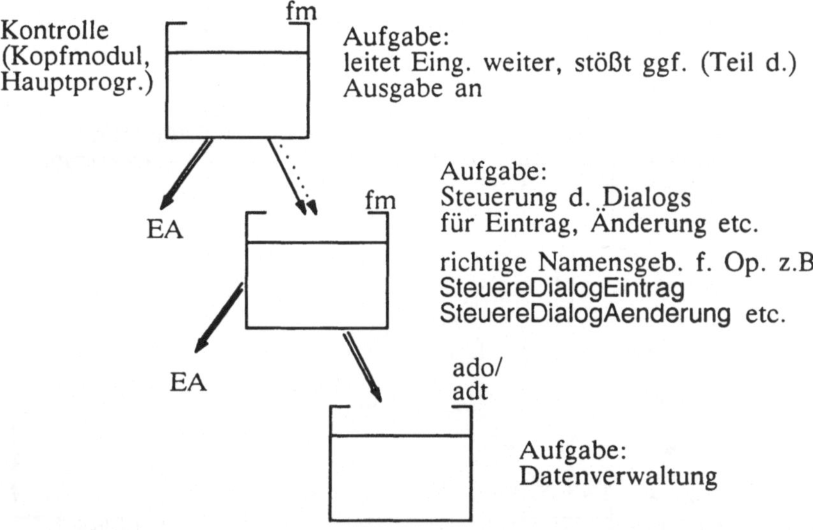

Fig. 5.6: Zusammenspiel von Steuerung und Datenablage in interaktiven Systemen

Das dritte Beispiel behandelt die Frage einer *Ausgabeaufbereitung*, z.B. für eine Druckausgabe (vgl. Fig. 5.7). Das Beispiel stammt aus dem in Kap. 3 als Aufgabe gestellten Telefonabrechnungsbeispiel (vgl. Aufgabe 3.3). Die Daten zu den einzelnen Telegrammen sollen auf Papier ausgegeben werden. Hierzu werden diese Daten aus einem Speicher geholt, der in Fig. 5.7 nicht angegeben ist. Die Ausgabe besteht aus einer Überschrift, einem Eintrag pro abgerechnetem Telegramm und aus einer Ausgabe, die die Gesamtheit aller Telegramme betrifft. Um nun die Entwurfsentscheidung zur Ausgabegestaltung der Überschrift, der Daten eines Telegramms und der Summationsinformation zu lokalisieren, sind in der Lösung von Fig. 5.7.a drei lokale funktionale Module eingesetzt worden. Diese sind jeweils in ihrem Rumpf zu ändern, wenn sich an der Ausgabeaufbereitung etwas ändern sollte. Diese drei funktionalen Module stützen sich auf einen abstrakten Datenobjektmodul virt_Druckerseite, der die Gerätespezifika eines bestimmten Druckers verkapseln soll.

Gegen die Lösung von Fig. 5.7.a. spricht zum einen, daß die *Layoutaufbereitungen* einer Überschrift, eines Telegrammeintrags und der Summationsinformation zu klein ist, als daß sie die Einführung jeweils eines Moduls rechtfertigen würden. Darüber hinaus gehören diese Layoutaufbereitungen zusammengehören, da sie sich alle auf die Ausgabe einer bestimmten Druckliste beziehen. Die Zusammenfassung der drei funktionalen Module zu einem funktionalen Modul ist jedoch noch nicht die richtige Lösung. Wir haben hier schlichtweg eine Datenabstraktionsentscheidung übersehen: Das Verkapseln von Layoutdetails und das Abstrahieren von diesen Details ist ebenfalls Datenabstraktion! Layoutaufbereitung ist nämlich ebenfalls eine Repräsentation, die sich leicht ändern kann. Ferner wird bei der Aktivierung einer der Operationen der Ausgabe ein Zustand verändert. An der Schnittstelle des neu geschaffenen Datenabstraktionsmoduls layout_unabh_Ausgabe ist nun nichts mehr von der Layoutaufbereitung zu sehen. Damit betrifft jede Änderung des Layouts der Druckausgabe nur noch den Rumpf dieses Moduls. Wir haben damit neben den bisher behandelten Datenabstraktions–Anwendungen "komplexer Einzeleintrag", "Kollektion" und "virtuelle Geräte" eine *weitere Datenabstraktions–Anwendung* kennengelernt.

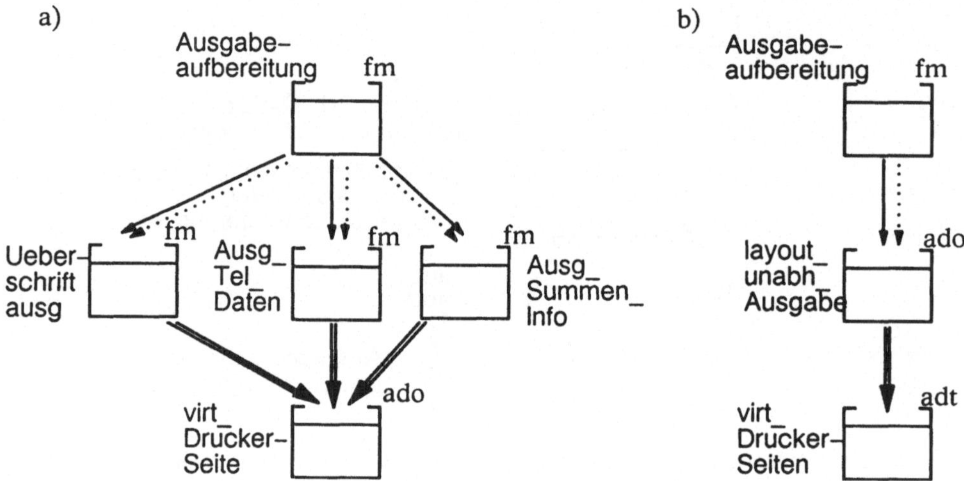

Fig. 5.7: Layoutunabhängigkeit als Datenabstraktionsanwendung

Das vierte Beispiel geht erneut auf die Frage des letzten Abschnitts ein, wie man *unterhalb* eines *Datenabstraktionsmoduls entwirft*, wenn dieser so komplex ist, daß man seine Realisierung nicht innerhalb des Rumpfs eines Moduls abhandeln kann. Man hat hier zwei Möglichkeiten, nämlich eine funktionale Zwischenschicht einzuziehen (vgl. Fig. 5.8.a) oder sofort auf eine weitere Datenabstraktionsschicht aufzusetzen (vgl. Fig. 5.8.b). Wir wollen dies anhand des Lexikonbeispiels aus dem letzten Kapitel besprechen. In der Mitte zwischen beiden Teilen der Fig. 5.8 ist jeweils die Sicht auf die Daten an der Schnittstelle bzw. im Rumpf eines Moduls angegeben.

Die rechte Lösung sieht vor, daß wir ein Lexikon mithilfe eines binären Baums realisieren und diesen Baum wieder mithilfe der Halde. Hier wird also *Datenabstraktionsschicht direkt auf Datenabstraktionsschicht* abgestützt. An der Schnittstelle hat man beim Lexikon eine Menge von Einträgen (Schlüssel, Information), auf die assoziativ zugegriffen wird. Beim Baum gibt es Einträge der Form (Schlüssel, Information), von denen aus man zum linken oder rechten Teilbaum gehen kann. Im Rumpf des Moduls

LEXIKON realisiert man die assoziativ zugreifbare Menge mithilfe eines Binärbaums. Im Rumpf des Baummoduls werden dessen Einträge aus Haldenelementen vorgegebener Größe zusammengebaut und verkettet. Die Schnittstelle des Haldenmoduls liefert solche Haldenelemente, verkapselt also die Haldenverwaltung und die Freispeicherverwaltung. Falls der Binärbaum balanciert sein soll, so ist die Schnittstelle entweder mit einer Operation zum Anstoßen der Balancierung auszustatten, oder der Modul B_BAUM handhabt einen ständig balancierten Baum.

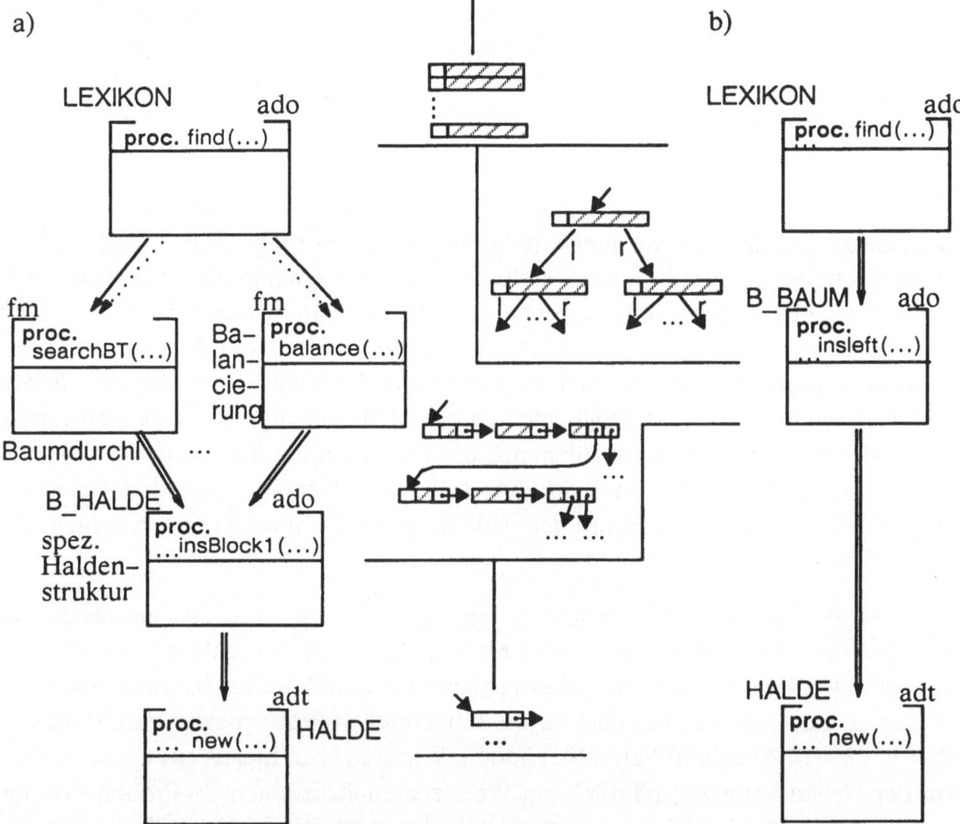

Fig. 5.8: Gestaltung der Architektur unterhalb eines Datenabstraktionsmoduls

Die linke Lösung realisiert die Zugriffsoperationen von LEXIKON direkt auf einer Haldenstruktur. Da dieser Schritt ziemlich groß ist, wurde als *Zwischenschicht* eine Reihe von *funktionalen Hilfsdiensten* eingezogen, wie etwa zum Baumdurchlauf, zur Einfügung eines Knotens, zur Balancierung des Baums etc. Man beachte, daß diese Module sowie der Rumpf von LEXIKON die einzelnen Elemente des Binärbaums aus Haldenelementen und Zeigern zusammengesetzt sehen. Es handelt sich bei diesen Hilfsdiensten um funktionale Module, da ihnen keine Datenabstraktions–Entwurfsentscheidung zugrundeliegt. Für die Datenstruktur wurde ein eigener Datenobjektmodul B_HALDE eingesetzt. Dieser Modul ist nötig, weil sonst dieser aus Haldenelementen und Zeigern zusammengesetzte Binärbaum im Rumpf von LEXIKON abgelegt werden müßte. Dann kann dieses Gedächtnis aber nicht durch die Hilfsdienste verändert werden, da es von außen nicht zugreifbar ist.

Wenn wir beide *Lösungsideen vergleichen*, so ist die rechte Lösung, Datenabstraktionsschicht auf Datenabstraktionsschicht abzustützen, zweifellos die elegantere und die änderungsfreundlichere. Beispielsweise kann die Realisierung des Baums auf der Halde durch eine Realisierung auf der Platte ersetzt werden, was sich hier nur innerhalb von B_BAUM auswirkt. In der linken Lösung hingegen verändern die funktionalen Module eine "globale" Datenstruktur B_HALDE. Diese globale Datenstruktur ist zwar mit Hilfe eines Datenabstraktionsmoduls realisiert worden, doch dieser sitzt logisch viel tiefer. Er entspricht der Sicht auf die Daten, die man im Rumpf des Moduls B_BAUM hat. Diese Struktur stützt sich wiederum auf die Haldenverwaltung ab. Ferner sehen wir an dem Beispiel, daß die funktionalen Module der linken Seite den Zugriffsoperationen des Datenabstraktionsmoduls B_BAUM oder hierzu nötigen Hilfsdiensten entsprechen.

Wenn auch die rechte Lösung eleganter ist und die linke der Datenabstraktionsidee insoweit zuwiderläuft, als hier mit "globalen" Daten umgegangen wird, so kann man trotzdem die rechte Lösung nicht als die einzig richtige und die linke als die stets falsche Lösung bezeichnen. Ob die rechte Lösung möglich ist, hängt davon ab, ob ein geeignetes *Zwischenniveau* vorhanden ist, das sich mit Hilfe eines *Datenabstraktions-*Moduls verkapseln läßt. Das ist hier mit der Ebene des Binärbaums der Fall. Prinzipiell haben wir immer beide Möglichkeiten der Modellierung. Wir erkennen ferner, daß die Module der Hilfsdienstschicht auf der linken Seite aufgrund der getroffenen Entwurfsentscheidung funktionale Module sind, auch wenn sie, wie dies bei einem Modul zum Einfügen in den Baum der Fall ist, in der darunterliegenden Schicht Zustandsveränderungen hervorrufen.

Im Rest dieses Abschnitts wollen wir uns mit der Frage beschäftigen, ob die von uns *festgelegten Modularten* funktionaler Modul, Datenobjektmodul und Datentypmodul ebenfalls für *nebenläufige Aufgaben* geeignet sind, und ob ihr *Zusammenspiel* ähnlich oder genauso abläuft, wie dies für die sequentiellen Probleme der Fall ist, die wir bisher in diesem Abschnitt betrachtet haben. Wir studieren hierzu ein typisches Problem der Nebenläufigkeit, nämlich ein Produzenten–Konsumenten–Problem (in der Darstellung von /5. Na 88/), und diskutieren seine Architektur. Nebenläufige Probleme spielen in diesem Buch eine untergeordnete Rolle. Deshalb kann diese Diskussion nicht als ein Abhandeln der Architekturproblematik von Nebenläufigkeitsproblemen betrachtet werden.

Charakterisieren wir zunächst kurz die *Mechanismen*, die man für *nebenläufige Probleme* zur Verfügung hat. Es gibt Programmeinheiten, aus unserer Sicht wieder Module, die nebenläufig laufen können, und die man Prozesse nennt. Nebenläufig heißt, daß mehrere Prozesse zum gleichen Zeitpunkt aktiv sein können. Die Aktivierung solcher Prozesse geschieht in einigen Programmiersprachen explizit (z.B. PEARL) durch eine Aktivierungsanweisung und in anderen implizit (z.B. Ada) nach dem Abarbeiten der Deklaration eines Prozesses. Die Geschwindigkeit des Fortschreitens der einzelnen Prozesse ist nicht festgelegt. Dadurch, daß einzelne Prozesse weitere Prozesse aktivieren können, ist die Anzahl der aktiven Prozesse zu einem bestimmten Zeitpunkt i.a. nicht bekannt. Die Beendigung solcher Prozesse kann implizit ablaufen, z.B. wartet ein Prozeß auf die Beendigung von Prozessen, die er enthält, oder dies kann explizit geschehen, z.B. durch eine Abbruchanweisung. Das größte Problem bei der Nebenläufigkeit ist nun, daß die einzelnen Prozesse koordiniert zusammenwirken müssen. Hierzu braucht man die Möglichkeit der Synchronisation, d.h. der Bestimmung von Programmstellen, wo beide Prozesse interagieren, und ferner die Festlegung, wie dies erfolgt, z.B. wie der Informationsaustausch an solchen Stellen stattfindet und wie der gegenseitige Ausschluß realisiert ist. In Ada beispielsweise gibt es für die Prozeß-interaktion das Rendezvous–Konzept.

Die oben diskutierten Mechanismen gehören alle zum Programmieren im Kleinen, d.h. zur Ausgestaltung der Rümpfe der Prozesse. Wir wollen diese Konzepte aus Platzgründen hier nicht diskutieren, aber auch, weil eine solche Diskussion hier fehl am Platz ist (wir haben auch nicht die sequentiellen Konstrukte der üblichen Programmiersprachen eingeführt). Insoweit setzen wir ein Vorverständnis solcher Nebenläufigkeitsmechanismen, z.B. der von Ada, voraus.

Unsere Behauptung ist nun, daß es bei den Nebenläufigkeitsproblemen ebenfalls *aktive Prozesse* (Module) gibt, die etwas tun, also Steuerungs–, Auswertungs–, Transformationscharakter haben, und die wir als funktionale Module betrachten. Ferner müssen *passive Prozesse* vorhanden sein, die der Datenablage dienen und die ein Gedächtnis besitzen (Datenobjektmodule). Gedächtnisse können mehrfach auftreten, weshalb auch hier Datentypmodule nötig sein können.

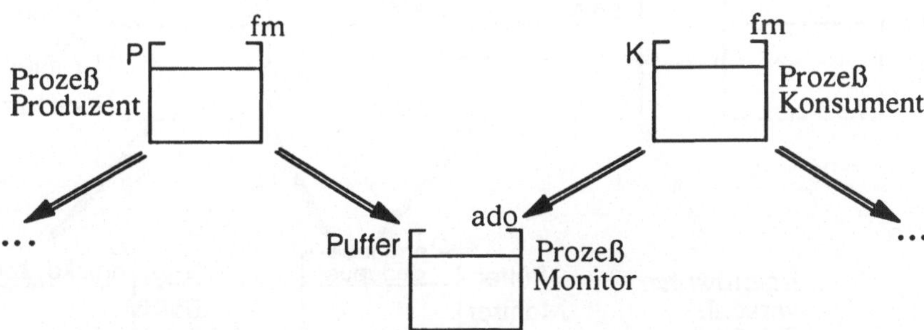

Fig. 5.9:   Ein typisches Zusammenspiel nebenläufiger Module (Produzenten–Verbraucher–Problem)

Die Koordination aktiver Prozesse geschieht oft über passive Prozesse, und zwar auf die in diesem Abschnitt bereits erörterte typische Art von Fig. 5.4. Der Produzent P legt über einen Entryaufruf etwas in einer Datenstruktur, in der Regel einem Puffer, ab und der Kosument K holt dieses von dort über einen Entryaufruf (vgl. Fig. 5.9) ab. Der Puffer muß die Nebenläufigkeit von P und K berücksichtigen, er agiert mit P bzw. K unter gegenseitigem Ausschluß. Bei der Ablage muß er deshalb mit P synchronisiert werden, zur Entnahme mit K. Deshalb ist auch hier von Entryaufrufen und nicht von Prozeduraufrufen die Rede. Der Puffer P hat die Aufgabe eines Datenobjektmoduls und verbirgt, wie üblich, die Details der Realisierung. Wegen des gegenseitigen Ausschlusses seiner Operationen nennt man einen solchen Modul einen Monitor (/1. BH 77/). Natürlich erhält der Produzent wieder von irgendwoher Daten und der Konsument gibt Daten irgendwohin ab, weshalb wir hier also wieder das *Schema* des *Zusammenspiels* von funktionalen Modulen mit Datenabstraktionsmodulen von Fig. 5.4 *wiederfinden*.

Ein *nebenläufiges Beispielsystem* soll diese Ähnlichkeit zu den Entwurfsüberlegungen sequentieller Systeme vertiefen (vgl. Fig. 5.10). Das System Decodiere_Botschaften enthält einen Produzenten für verschlüsselte Zeichen, den funktionalen Modul Liefere_V_Zeichen, und einen Konsumenten, den funktionalen Modul Decodiere_und_Drucke. Dazwischen gibt es einen Puffer einer bestimmten Größe als allgemein verwendbaren Datenobjektmodul (Monitor). Der Konsument beliefert die Ausgabe, nämlich einen virtuellen Drucker. Der Produzent erhält von irgendwoher Daten aus einem allgemein benutzbaren abstrakten Datenobjektmodul, der nicht eingezeichnet ist. Produzent und Kosument haben spezifischen Charakter, sie sind also lokal zur Steuerung Decodiere_Botschaften.

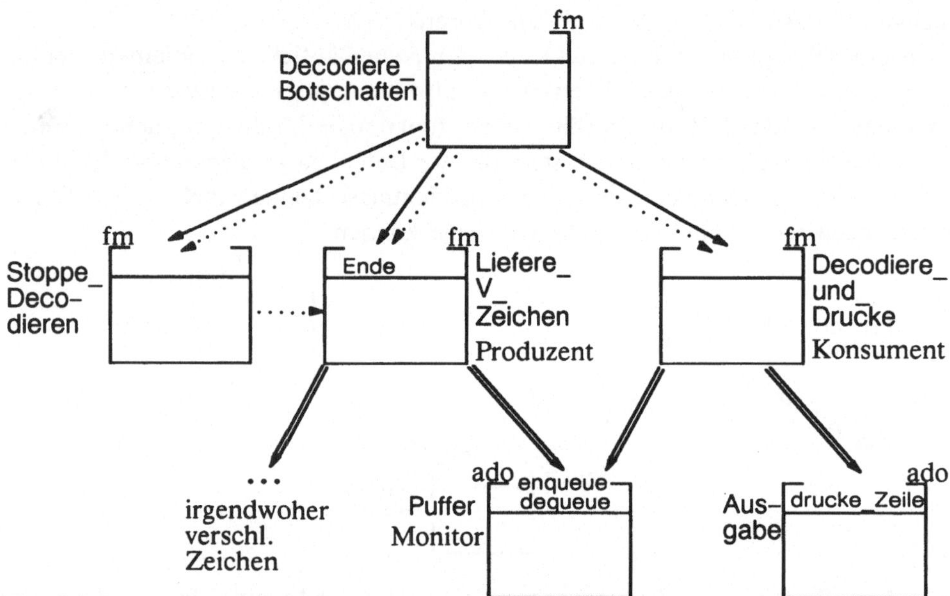

Fig. 5.10: Die Architektur eines nebenläufigen Beispielsystems

Das Beispiel ist nun so gestaltet, daß das System von außen abgeschaltet werden kann: Es gibt einen funktionalen Modul Stoppe_Decodieren, der, wenn der Benutzer eine bestimmte Taste drückt, dafür sorgt, daß Liefere_V_Zeichen eine entsprechende Nachricht erhält. Hierzu importiert Stoppe_Decodieren lokal diesen Modul, genauer dessen Entry Ende (vgl. hierzu Aufgabe 4). Nach Absenden dieser Nachricht ist der Prozeß Stoppe_Decodieren beendet. Der Prozeß Liefere_V_Zeichen übernimmt nun keine verschlüsselten Zeichen mehr und legt ein besonderes Zeichen in den Puffer ab, um sich danach selbst zu beenden. Entsprechend merkt Decodieren_und_Drucke, daß

die Eingabe beendet ist, wenn alle Zeichen gedruckt und das Endezeichen erreicht ist.
Er kommt zum Ende, wenn der Puffer geleert und gedruckt ist, genauso wie der Puffer
selbst. Nun kann auch Decodiere_Botschaften beendet werden.

Das Beispiel kann in der in Fig. 5.10 angegebenen Form nicht direkt in Ada umgesetzt werden, da Ada nur lokale Prozesse kennt. Deshalb müssen die allgemeinen
Prozesse Puffer und Ausgabe unter den ersten gemeinsamen Vorfahren aller Stellen
der Verwendung gehängt werden. Das ist hier Decodiere_Botschaften. Damit ist die
Architektur nach der Umwandlung undurchsichtiger, da wir genau die Situation erzeugt haben, die zur Einführung der allgemeinen Benutzbarkeit geführt hat (vgl. Fig.
4.26). Die allgemeine Benutzbarkeit erscheint jetzt als lokale Benutzbarkeit zwischen
Brüdern. Ansonsten kann das Beispiel direkt in Ada umgesetzt werden.

Bei den sequentiellen Systemen haben wir in Kap. 4 die statische (und dynamische) Benutzung von Unterprogramm–Aufrufen und die Benutzung opaker Typen aus
der Schnittstelle von Modulen in den Rümpfen anderer Module kennengelernt. Dabei
kann man sich die Ausführung eines sequentiellen Programmsystem so vorstellen,
daß nur eine Stelle der Programmausführung im gesamten Programmsystem vorhanden ist. Jede Nutzung der Ressourcen anderer Module ist nur an der Stelle der Ausführung des Programmsystems möglich. Bei der Ausführung eines Unterprogramm–
Aufrufs verzweigt der Kontrollfluß in das Unterprogramm, um nach Ausführung desselben an diese Stelle zurückzukehren. Bei nebenläufigen und verteilten Systemen
gibt es neben der Tatsache, daß die Ressourcen anderer Module nebenläufig genutzt
werden, d.h., daß also mehr als eine Stelle der Programmausführung existiert, auch
noch andere Arten von Nutzungen von anderen Modulen (Aktivierung, Synchronisation, Ereignissteuerung). Schließlich möchte man Einfluß auf die Verteilung eines
Programmsystems auf eine bestimmte Hardwarekonfiguration besitzen. Es besteht
nun die Hoffnung, daß die *Architekturüberlegungen* zunächst *unabhängig* von *Nebenläufigkeit* und *Verteilung* durchgeführt werden können, und daß die Fragen der Nebenläufigkeit (Was ist ein Prozeß, welche Synchronisations– und Ereignissteuerung ist einzusetzen) sowie die der Verteilung (Abbildung einer Anwendung auf eine bestimme
Hardwarekonfiguration) weitgehend im nachhinein durchgeführt werden können. Auf
der Requirements–Engineering–Ebene spielen Nebenläufigkeit und Verteilung ebenfalls eine Rolle. Dort gibt es Ansätze, die diese eben skizzierte Zweistufigkeit vorsehen (vgl. z.B. /3. WM 85/).

5.3 Teilsysteme einer Gesamtarchitektur

Die *Motivation* für die *Einführung von Teilsystemen*, d.h. für die Zusammenfassung
von Modulen zu größeren Einheiten innerhalb einer Gesamtarchitektur, ist vielfältig:
Zunächst haben wir (1) in Abschnitt 4.6 bereits festgestellt, daß man durch das Lokalitätsprinzip auch auf Architekturebene Information Hiding ausdrücken kann. Dies ist
eine wichtige Forderung an Teilsysteme: Das Abschotten von Interna, auch von Archi-
tekturinterna, ist für das Verständnis einer Gesamtarchitektur sehr förderlich, weil

man nicht alles auf einmal verstehen muß. Zum zweiten soll ausgedrückt werden, daß man (2) nicht einen Modul allein, sondern immer eine Gruppe logisch zusammengehöriger Module benutzbar machen möchte, ohne explizit jeden einzelnen Modul angeben zu müssen. Ferner ist die Bildung von Teilsystemen (3) für den Grobentwurf wichtig, vorne Programmieren im Größten genannt, bei dem man ein Gesamtsystem zunächst bis auf die Ebene von Teilsystemen zerlegt. Des weiteren sind (4) die Einheiten der Wiederverwendbarkeit, z.B. in Programmbibliotheken, oft Teilsysteme und nicht nur Module, aus denen diese zusammengesetzt sind. Auch auf der Ebene der Projektorganisation sind (5) Teilsysteme die Einheiten, die zu Verantwortlichkeiten, Teilprojekten, Teilprodukten und Meilensteinen führen, weil die Gesamtzahl aller Module hierfür zu groß ist. Schließlich möchte man (6) die Zuordnung spezieller Bausteine, wie z.B. Teststummel oder –treiber zu bestimmten Modulgruppen, durch den Teilsystembegriff abdecken können.

Wir sehen damit, daß der Teilsystembegriff dazu dienen soll, *Modellierungseinheiten* auf *Architekturebene* zu bilden, die größer als Module sind. Diese Einheiten dienen dem Verstehen einer fertigen Architektur, der Erstellung oder Wartung einer übersichtlichen neuen oder zu modifizierenden Architektur, und sie dienen der Wiederverwendbarkeit. Daneben soll der Teilsystembegriff dazu dienen, *Arbeitseinheiten* anhand einer Softwarearchitektur zu bilden, die sinnvolle Arbeitspakete darstellen, und denen sich leicht Einheiten der Projektorganisation zuordnen lassen.

Daraus ergibt sich, daß nicht beliebige Ansammlungen von Modulen zu einem *Teilsystem* zusammengefaßt werden. Es lassen sich insbesondere zwei *Anforderungen* ableiten: Die zusammengefaßten Module müssen *logisch zusammengehören*, und zum zweiten muß diese Zusammenfassung als neues Gebilde eine gewisse *Unabhängigkeit* und Eigenständigkeit widerspiegeln. Innerhalb eines Teilsystems soll also eine engere "logische Bindung" vorherrschen als zwischen Teilsystemen (vgl. die Diskussion über Module in Abschnitt 4.8).

Abgesehen von diesen beiden Anforderungen wollen wir zulassen, daß beliebige Teile einer Architektur zu Teilsystemen zusammengefaßt werden können. Das bedeutet, daß innerhalb eines Teilsystems Module aller bisher kennengelernten Modularten auftauchen können, und daß zwischen diesen auch alle bisher und zukünfig eingeführten Modulbeziehungen auftreten können. Natürlich müssen die Konsistenzbedingungen, die sich auf das Programmieren im Großen beziehen, soweit sie nicht mit der Vollständigkeit der Gesamtarchitektur zu tun haben, auch innerhalb eines Teilsystems gelten. Der *Teilsystembegriff* ersetzt damit keines der bisher eingeführten Konzepte auf Architekturebene, er führt statt dessen ein *neues* und *zusätzliches Konzept* ein. Wir erreichen damit insbesondere, daß eine fertige Architektur im nachhinein in Teilsysteme zerlegt werden kann, und, was noch wichtiger ist, daß wir eine aus Teilsystemen bestehende Grobarchitektur weiter verfeinern können, bis wir bei einer durchmodellierten Architektur im bisherigen Sinn angelangt sind.

Wir wollen nun, bevor wir zur Definition von Teilsystemen kommen, zwei einfache Beispiele für Teilsysteme vorstellen. Eine *Spielart* von *Teilsystemen* haben wir bereits in Abschnitt 4.6 kennengelernt, nämlich die *Enthaltenseinsbäume* (vgl. Fig. 5.11.a). Ein Modul, zusammen mit dem darunterhängenden Enthaltenseinsbaum zu seiner Realisierung, wird als Teilsystem aufgefaßt. In diesem einfachen Fall repräsentiert die Schnittstelle des Kopfmoduls die des Teilsystems, der Kopfmodul steht also für das ganze Teilsystem. Man spricht deshalb von dem obersten Modul und meint eigentlich das ganze Teilsystem.

a) Enthaltenseinsbaum

b) Bibliothek vordef. Module

Fig. 5.11: Beispiele für Teilsysteme

Die zweite *Spielart* von Teilsystemen sind *Bibliotheken vordefinierter Module*, die "logisch sehr eng" zusammengehören. Ein Beispiel hierfür ist eine Bibliothek aus mathematischen Funktionen (vgl. Fig. 5.11.b). Ein Indiz für die logisch sehr enge Zusammengehörigkeit ist etwa, daß diese Module sich in der Realisierung ähneln, also sich z.B. auf gemeinsame Basisdienste abstützen.

Somit können wir zwei Zielsetzungen des Teilsystembegriffs feststellen: Wir wollen (a) die Schnittstellen verschiedener Module zusammenfassen können und (b) die Verkapselung auch auf Architekurebene einsetzen. Daraus ergibt sich die folgende *grobe Definition* des *Teilsystembegriffs*: Ein Teilsystem ist eine logische Zusammenfassung von Modulen zu einem unabhängigen ganzen, mit der zusätzlichen Angabe, welche Module (präziser deren Schnittstelle) außen benutzbar sein sollen und welche nicht. Wir wollen zulassen, daß nicht alle Ressourcen der Schnittstellen derjenigen Module, die zu der Schnittstelle des Teilsystems beitragen, in der Schnittstelle des Teilsystems enthalten sein müssen. Analog zu den bisherigen Aussagen über Module, nennen wir die Zusammenfassung der Schnittstellen dieser außen benutzbaren Module die (Export–)*Schnittstelle* des Teilsystems. Die Rümpfe dieser Module und die gesamten anderen Module des Teilsystems gehören hingegen zum *Rumpf* des Teilsystems.

Diese Definition ist genausowenig präzise, wie diejenige der Module aus Abschnitt 4.1. Es ist schwierig allgemeinverbindlich festzulegen, was logisch zusammengehörig und was unabhängig bedeuten soll. Hat man ein Teilsystem gebildet, dann ist die Feststellung, welche dieser Module das Teilsystem nach außen repräsentieren und welche dieser Module internen Charakter haben, weniger problematisch. Zur weiteren Erläuterung des Teilsystembegriffs geben wir eine *Liste* typischer *Anwendungen* an, die *Teilsysteme klassifiziert* (weitere Anwendungen kommen später hinzu):

(1) Ein einzelner Modul kann ein Teilsystem sein, was allerdings selten sinnvoll ist.
(2) Ein Unterbaum eines Enthaltenseinsbaums kann ein Teilsystem sein.
(3) Ein häufiger Spezialfall von (2) sind vollständige Enhaltenseinsbäume, die also nicht wiederum Teil eines Enthaltenseinsbaums sind (vgl. Fig. 5.11.a). Diesen Fall haben wir bisher Teilsysteme genannt.
(4) Ein weiterer Spezialfall ist eine Ansammlung von Modulen, deren Schnittstellen alle in der Schnittstelle des Teilsystems enthalten sind (vgl. Fig. 5.11.b).
(5) Schließlich kann eine Ansammlung von Modulen, die über die allgemeine Benutzbarkeit untereinander verbunden sind, auch ein Teilsystem bilden (vgl. Fig. 5.12.a), wobei diese durch die allgemeine Benutzbarkeit verbundenen Module zum Export des Teilsystems beitragen. Zum Teilsystemrumpf gehören hier auch die vollständigen Enthaltenseinsbäume zu diesen Modulen. Diesen letzten Fall werden wir in den folgenden Abschnitten noch ausführlicher diskutieren.

Wenn auch alle bisherigen Konzepte (Modularten, Modulbeziehungen) innerhalb von Teilsystemen auftauchen können, so ergeben sich aus der oben angesprochenen *Unabhängigkeit* von Teilsystemen doch *Einschränkungen* bezüglich der *Modulbeziehungen*. So ist im Fall der Unterbäume eines Enthaltenseinsbaums, die Teilsysteme darstellen, darauf zu achten, daß die lokalen Benutzbarkeits–Beziehungen innerhalb der Grenzen der Teilsysteme bleiben (in Fig. 4.24 sollte somit die Zusammenfassung von term und fac kein Teilsystem sein). Des weiteren ist bei den allgemeinen Benutzbarkeitskanten innerhalb eines Teilsystems, insbesondere, wenn sie Importe zur Realisierung von Rümpfen darstellen (vgl. Fig. 4.35), danach zu fragen, ob der Modul oder die Module, die so importiert werden, nicht eigenständig sind, d.h., ob sie selbst ein Teilsystem bilden oder zu einem gehören.

Wir führen nun eine *graphische Notation* für *Teilsysteme* (vgl. Fig. 5.12.a) ein. Wir verwenden für das Teilsystem, d.h. für die Zusammenfassung von Modulen, wieder das bisher verwandte Graphiksymbol für Module, zeichnen dieses aber größer. Im Rumpf des Teilsystems tauchen alle Module dieses Teilsystems auf. Diejenigen Module, deren Schnittstellen zur Schnittstelle des Teilsystems beitragen, sind mit der Schnittstelle des Teilsystems durch eine Doppelkante verbunden. Die Graphik drückt das Information Hiding auf Architekturebene insoweit aus, als die Teilarchitektur im Rumpf des Teilsystems verkapselt wird.
Werden die Schnittstellen der einzelnen Module, die an der Schnittstelle des Teilsystems zusammengefaßt sind, außerhalb des Teilsystems einzeln benötigt, dann verlassen entsprechend viele Pfeile das Teilsystemsymbol (vgl. Fig. 5.12.a). Impliziert eine Verwendung eines Teilsystems stets die Verwendung aller Modulschnittstellen, die zur Teilsystemschnittstelle beitragen, so werden die Doppelpfeile an der Schnittstelle des Teilsystems zusammengefaßt (vgl. Fig. 5.14).

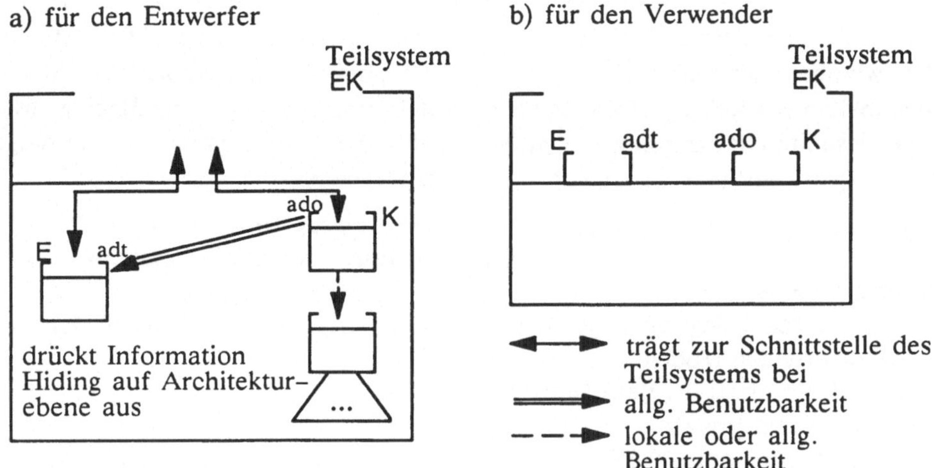

Fig. 5.12: Graphische Notation für ein Teilsystem

Für die *textuelle Architekturdarstellung*, die die einzelnen Module bisher ausschließlich als unabhängige Einheiten sah, führen wir jetzt zusätzlich eine textuelle Klammer ein, um die Module eines *Teilsystems* zusammenzufassen (vgl. Fig. 5.13). Die Schnittstelle dient der Festlegung des Außenverhaltens des Teilsystems, faßt somit also nur die Schnittstellen der Module zusammen, die außen ansprechbar sind. Die Schnittstelle enthält auch nur diejenigen Ressourcen dieser Module, die in der Schnittstelle des Teilsystems benötigt werden. Von dieser Schnittstelle des Teilsystems können an einer anderen Stelle der Architektur einzelne Ressourcen importiert werden. Hierzu muß die Importklausel, die sich bisher auf einzelne Module bezog, entsprechend erweitert werden. Im Rumpf des Teilsystems steht die Textdarstellung der Architektur des Teilsystems in der bisher üblichen Form. Die Textdarstellung eines Teilsystems ist damit weitgehend ähnlich zu der Darstellung einzelner Module (vgl. Fig. 4.36).

Der Entwerfer eines Teilsystems verwendet wie bisher das Architekturdiagramm zur *Überblicksdarstellung* (vgl. 5.12.a). Es gibt Auskunft darüber, aus welchen Modulen das Teilsystem besteht, welche Module sich aufeinander abstützen und welche zur Schnittstelle des Teilsystems beitragen. Um die *Entwurfsdetails* der Exporte und Importe des Teilsystems sowie aller Module des Teilsystems festzuhalten, wird die Textdarstellung des Teilsystems herangezogen (vgl. Fig. 5.13).

Den Verwender eines Teilsystems interessiert der Aufbau eines Teilsystems in der Regel nicht. Er ist deshalb nur an dessen Schnittstelle interessiert. Hierzu genügt ihm auf *Diagrammebene* eine Darstellung, die zu erkennen gibt, *welche Module* zu der Schnittstelle des Teilsystems beitragen (vgl. Fig. 5.12.b). Er ist auch nur an der *Textdarstellung* der *Teilsystem–Schnittstelle* interessiert, um sich Klarheit darüber zu verschaffen, welche Ressourcen des Teilsystems er verwenden kann. Die Textdarstellung des Rumpfes des Teilsystems interessiert ihn deshalb i.a. nicht (vgl. Fig. 5.13).

Natürlich kann ein Teilsystem auch wieder in Teilsysteme zerlegt werden. In praxi genügt oft ein *zweistufiges Vorgehen* für den gesamten *Entwurfsprozeß*, nämlich die Zer-

legung bis auf Teilsystemniveau (Programmieren im Größten) und dann das Entwerfen der Teilsysteme bis auf Modulebene (Programmieren im Großen). Prinzipiell erlauben wir aber auch mehrstufiges Vorgehen, d.h., daß Teilsysteme auch in Teilsystemen enthalten sein können. Teilsysteme sind meist über die allgemeine Benutzbarkeit
in eine Gesamtarchitektur eingehängt, lediglich in den Fällen (1) und (2) der obigen
Aufzählung ist ein lokal benutzbares Teilsystem denkbar.

```
                              für den Verwender dieses Teilsystems
                           zu erstellen vom Entwerfer des Teilsystems
subsystem EK is
   --Exporte des Teilsystems gebildet aus Ressourcen der Schnittstellen der
   --exportierenden Module
   export from abstract data type module E is
      type ET is private;
      procedure  opi (F0:ET, ...);
      ...
      --Die Semantik der Schnittstellenoperationen ist die folgende:
      -- ...
   end E;
   export from abstract data object module K is
      procedure  opj (...);
      ...
      -- Die Semantik der Schnittstellenoperationen ist die folgende:
      -- ...
   end K;
end EK;


                              auszugestalten vom Entwerfer dieses Teilsystems
subsystem body EK is
   general import from Sub1.M1, Sub1.M2, Sub2.M3
      using ...  ;
   -- jetzt werden alle Module des Rumpfs in der üblichen Notation
   -- von Fig. 4.36 einschließlich ihrer Beziehungen aufgeführt
      ...
end EK;
```

Fig. 5.13: Textuelle Notation für Teilsysteme

Teilsysteme haben mit *Arbeitsteilung* zu tun, wie wir dies schon angedeutet haben:
Jede Einheit der Architektur, die Grundlage einer Arbeitsteilung ist (für Entwurf, Integration, Wartung, Qualitätssicherung, Dokumentation oder Projektorganisation), ist
ein Teilsystem, soweit diese den Umfang eines Moduls überschreitet. Dies ist insofern
naheliegend, als Teilsysteme logische Zusammenfassungen darstellen, die unabhängig sind. Man wird aber für solche Arbeitseinheiten nicht irgendwelche Module zusammenfassen, die beliebig über die Gesamtarchitektur verstreut sind.

Somit sind Teilsysteme *Grundlage für Teilprojekte*. Für diese Teilprojekte gibt es

Verantwortlichkeiten und Meilensteine, einem Teilprojekt wird i.a. auch mindestens ein Teilprodukt zugeordnet sein. Somit treten hier alle Projektorganisations–Probleme (Planung, Führung, Überwachung; Kontrolle des Entwicklungsprozesses, des Entwicklungsprodukts) auf, die wir in Abschnitt 1.5 bereits erwähnt haben. Sie besitzen aber jetzt eine besser überschaubare Größenordnung! Wenn ein Teilprojekt i.a. die Realisierung eines Teilsystems zum Ziel hat, so muß aber nicht jedes Teilsystem einem Teilprojekt entsprechen. Ein Teilprojekt kann mehrere Teilsysteme realisieren. Diese sollten dann natürlich logisch etwas miteinander zu tun haben.

Eine weitere Bemerkung betrifft die *Festlegung* oder *Feststellung* der *Art* eines *Teilsystems*. Für die Bestimmung der Art des Teilsystems sind nur die Module interessant, deren Schnittstelle die Teilsystem-Schnittstelle bilden. Diese können aber von unterschiedlicher Art sein. Hier gibt es, je nachdem, welche der Fälle der obigen Liste das Teilsystem darstellt, für die Art des Teilsystems verschiedene Möglichkeiten.

Im Fall von Modulbibliotheken entsteht, wenn diese einheitlicher Art sind (z.B. funktionale Module), wieder ein Teilsystem dieser Art. Für den Fall, daß die Module der Schnittstelle unterschiedlicher Art sind, z.B. Datentyp- und Datenobjektmodul (vgl. Fig. 5.12 und 5.13), entsteht ein Teilsystem, dessen Art nicht von vornherein klar ist. Wir werden im nächsten Abschnitt sehen, daß diese Kombination nicht nur ein häufig auftretender Fall, sondern sogar eine Standardsituation der Architekturmodellierung darstellt. Hier gibt es aber meist einen ausgezeichneten Modul unter den Schnittstellenmodulen, dessen Art die Art des Teilsystems "bestimmt".

Wenn die Frage nach der Art eines Moduls stets, die nach der Art eines Teilsystems meist beantwortet werden kann, so ist die Frage nach der *Art eines Gesamtsystems*, das aus Teilsystemen zusammengesetzt ist, oft nicht eindeutig zu beantworten. Das zeigt das Beispiel eines interaktiven Systems, das wir schon diskutiert haben. Als Ganzes hat dieses zum einen funktionalen Charakter insofern, als Eingaben (Kommandos und Parameter) gewisse Ausgaben (z.B. graphische Darstellungen) erzeugen. Andererseits wird intern meist eine permanente Datenstruktur verändert, d.h. ein Zustand verändert und aufgehoben. Es gibt aber auch Fälle von Softwaresystemen, wo die Artbestimmung einfacher zu beantworten ist. Dies ist beispielsweise bei einem Compiler oder allgemeiner bei einem Batch-artigen System der Fall. Beide haben funktionalen Charakter.

Wir wollen nun zum Ende des Abschnitts eine Situation erörtern, die man mit dem Teilsystembegriff übersichtlich modellieren kann und die man ohne denselben nicht vernünftig in den Griff bekommt. Bei Kollektionen, d.h. bei einem Datenbestand aus vielen Exemplaren, unterteilt man die Schnittstelle oft in Kollektionsoperationen (zum Kreieren, Löschen, Öffnen und Schließen einer Kollektion), in Abfrageoperationen oder Operationen zum Weiterschalten eines aktuellen Elements der Kollektion und in Modifikationsoperationen auf den einzelnen Einträgen. Jede dieser Gruppen beinhaltet eine Reihe von Operationen.

Faßt man alle diese Operationen zu einer Schnittstelle eines Moduls zusammen, so erhält man eine sehr umfangreiche Schnittstelle. Sie besteht nicht selten aus 20

oder mehr Operationen. Das ist für einen Modul zuviel. Andererseits bietet sich eine
Unterteilung in die oben aufgeführten Gruppen an. Nicht selten gehören zu diesen
Gruppen auch unterschiedliche Realisierungen. Letzteres spricht ebenfalls dafür, aus
diesem Sachverhalt nicht einen einzigen Modul zu machen. Mit dem Teilsystembegriff und mit der Unterscheidung in einzelne Module kann man einerseits diese *logische Unterscheidung* in Gruppen durch die Wahl *unterschiedlicher Module* und andererseits die *logische Zusammengehörigkeit* durch die Zusammenfassung der Module zu
einem Teilsystem ausdrücken (vgl. Fig. 5.14). Teilsysteme dieser Art dienen der Vereinigung der Schnittstellen von Modulen. Dieses Konzept findet sich bereits in /4. HP
80/. Man könnte diese Art der Zusammenfassung auch auf einer "flachen" Architektur ohne Teilsysteme, nämlich durch Kanten einer neuen Art, modellieren, die eine
Art Summationsbeziehung ausdrücken.

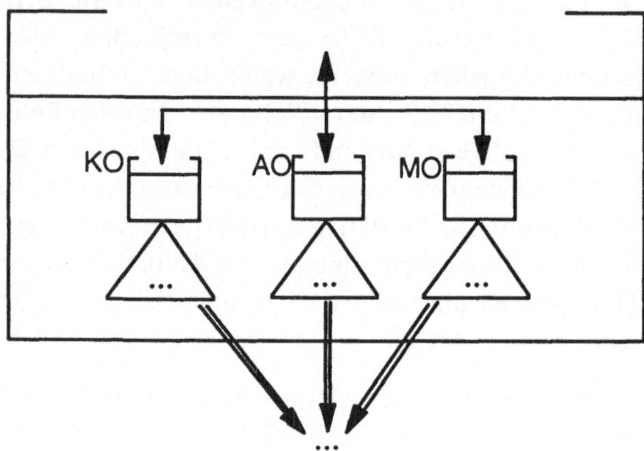

Fig. 5.14: Teilsysteme zur Vereinigung von Schnittstellen

5.4 Schichtenbildung durch mehrstufige Datenabstraktion

Dieser Abschnitt dient der Klärung der Frage, wie eine *Teilarchitektur unterhalb eines Datenabstraktionsmoduls* aussieht. Diese Diskussion haben wir bereits mit dem Lexikonbeispiel des letzten Abschnitts begonnen.

Die *Teilarchitektur* unterhalb eines solchen Datenabstraktionsmoduls kann sehr
verschieden aussehen:

(a) Der einfachste Fall ist derjenige, daß die Realisierung vollständig innerhalb
des Modulrumpfes abgewickelt wird, wie dies im Kellerbeispiel von Fig. 4.2 oder im
Lexikonbeispiel von Fig. 4.6 der Fall ist.

(b) Der nächste Fall ist derjenige, daß sich ein Datenabstraktionsmodul direkt auf
einen anderen abstützt, wie dies in Fig. 4.20 skizziert ist. Dort wird bei der Realisierung des Kellers eine Liste benutzt, die nur aus dem Modul selbst besteht.

(c) Schließlich kann diese Realisierung beliebig viele Datenabstraktionsstufen nach unten einschließen. In Fig. 5.8.b haben wir den Fall kennengelernt, daß sich ein Lexikon auf einem binären Baum und dieser sich wiederum auf die Haldenverwaltung abstützt.

(d) In Fig. 5.8.a haben wir aber auch den Fall diskutiert, daß sich zwischen zwei Datenabstraktionsschichten eine funktionale Zwischenschicht befindet. In dem vorliegenden Fall haben wir eine andere Lösung vorgezogen. Aus diesem Beispiel haben wir dennoch gelernt, daß zwischen Datenabstraktionsschichten auch funktionale Schichten möglich sind.

Es soll nun das *Zusammenspiel zweier* direkt übereinanderliegender *Datenabstraktionsschichten* genauer geklärt werden. Wir betrachten hierzu wieder das Lexikonbeispiel aus Fig. 5.8.b. Dort haben wir in der Mitte der Abbildung die Sicht auf die Daten aufgetragen, die die verschiedenen Module haben. Ferner wollen wir die Frage diskutieren, wo bestimmte Hilfsdienste anzusiedeln sind (vgl. Fig. 5.15).

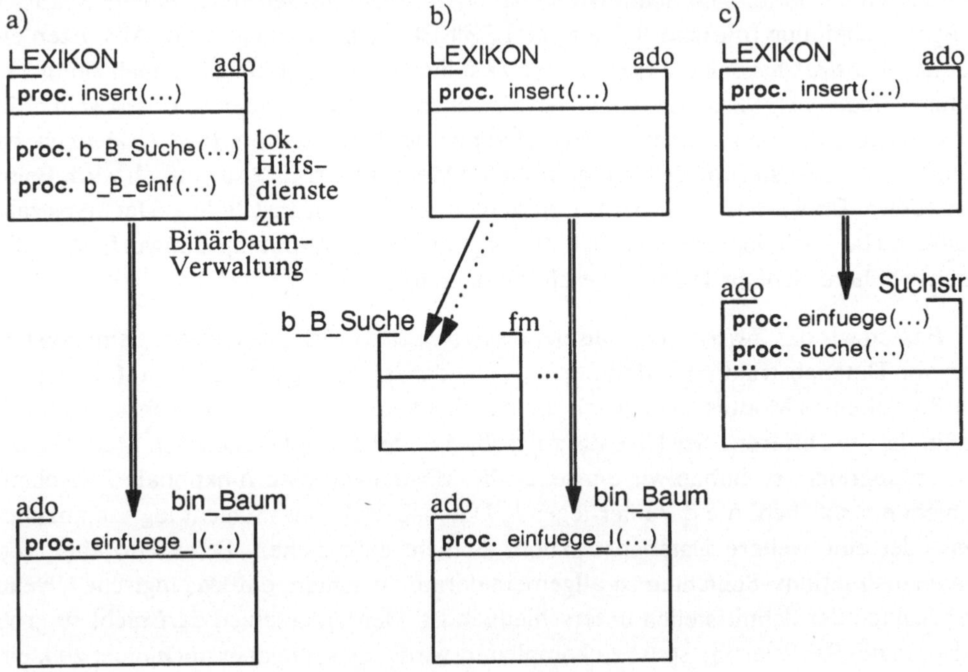

Fig. 5.15: Realisierung eines Datenabstraktionsmoduls mit anderen Modulen: Hilfsdienste und logisches Niveau der Schnittstellen

Zunächst sehen wir in Teil a) und b) von Fig. 5.15, daß die *Sicht* auf die *Daten* im *Rumpf* von Lexikon mit der *Sicht* auf die Daten an der *Schnittstelle* des *nächsten Datenabstraktionsmoduls*, nämlich bin_Baum, *übereinstimmt*. In beiden Fällen sehen wir einen binären Baum. Diese Übereinstimmung gilt prinzipiell, wenn wir mithilfe der Schnittstelle des nächst darunterliegenden Datenabstraktionsmoduls den Rumpf eines übergeordneten Datenabstraktionsmoduls implementieren. Diese Übereinstimmung der Sichten gilt auch, wenn dazwischen funktionale Module eingelagert sind (vgl. Fig. 5.8.a). Funktionale Module verändern also nicht die logische Sicht auf Daten.

In dem Beispiel werden im Rumpf von LEXIKON bestimmte *Hilfsdienste*, z.B. der Binärbaumdurchlauf, um die Einfügestelle zu finden, das Einfügen etc., *lokal* im Modulrumpf abgelegt (vgl. Fig. 5.15.a) oder als *eigenständige funktionale Module* herausgezogen (vgl. Fig. 5.15.b). Schließlich kann man alle diese Hilfsdienste auch in die *Schnittstelle* des *darunterhängenden Datenabstraktionsmoduls* (vgl. Fig. 5.15.c) verlagern, der dadurch bezüglich seiner Schnittstelle abstrakter wird. Anstelle der Operationen der Gestalt gehe_links, einfuege_links (...), stehen dort jetzt Operationen der Art suche, einfuege etc. Streng genommen muß jetzt an der Schnittstelle gar nicht mehr sichtbar sein, daß der Modul einen Binärbaum darstellt, sondern nur, daß er eine Datenstruktur repräsentiert, die das schnelle Auffinden von Daten unterstützt.

Dadurch ist dieser Modul logisch nach oben gewandert, wenn wir das Niveau der Schnittstelle betrachten (vgl. Fig. 5.15.c). Hier stellt sich jetzt allerdings die Frage, was der Unterschied in der Sicht des Moduls LEXIKON und dieses neuen Moduls Suchstr an der jeweiligen Schnittstelle ist, oder anders ausgedrückt, welche Realisierungsentscheidung mit dem Rumpf von LEXIKON verbunden ist. Beim Abstützen einer *Datenabstraktionsschicht auf* eine *andere* sollte an den Schnittstellen auch ein merklicher *Niveauunterschied* bezüglich der logischen Sicht der Daten gegeben sein. Ein Anzeichen dafür, daß in dem vorliegenden Fall der Niveauunterschied zu klein ist, ist das, daß die Realisierung des übergeordneten Moduls LEXIKON zu einfach wird. Beim Top–down–Entwurf ist also darauf zu achten, daß die nächst tiefere Datenabstraktionsschicht auch logisch merklich tiefer und beim Bottom–up–Entwurf, daß die nächst höhere Schicht logisch merklich höher liegt!

Fassen wir das *Zwischenergebnis* der *bisherigen Diskussion* zusammen: Beim Abstützen von Datenabstraktions–Modulen aufeinander ist die logische Sicht auf die Daten im Rumpf eines Moduls stets gleich mit der Sicht auf die Daten der nächsten Schnittstelle. Ist die Differenz der Niveaus zu groß, d.h. der Rumpf des oberen Moduls wird zu umfangreich, so haben wir entweder die Möglichkeit eine funktionale Zwischenschicht einzuziehen, die darunterliegende Datenabstraktions–Schicht logisch anzuheben oder eine weitere Datenabstraktions–Schicht einzuziehen. Beim Einziehen von Datenabstraktions–Schichten ist allgemein darauf zu achten, daß das logische Niveau der Sichten der Schnittstellen unterschiedlich ist. Der Unterschied darf nicht zu groß sein (da die Realisierung sonst zu kompliziert wird). Er sollte aber auch nicht zu klein sein (die Realisierung wird zu einfach, die Entwurfsentscheidung ist nicht mehr nachvollziehbar).

Die nächste Frage, die wir an diesem und an anderen Beispielen diskutieren können, ist, *woraus* das *Gedächtnis* eines *Datenobjektmoduls* besteht. In dem Kellerbeispiel von Fig. 4.2 ist das Gedächtnis im Rumpf des Moduls vollständig abgehandelt.
Stützen wir uns bei der Realisierung auf andere Datenabstraktionsmodule, so verlagert sich ein Teil dieses Gedächtnisses. In dem Keller–Liste–Beispiel von Fig. 4.20 ist im Rumpf des Moduls Keller nur noch eine Verwaltungsinformation nötig, dort

nämlich, bis wohin eine über Indizes zugreifbare Liste gefüllt ist. Das gleiche ist im Lexikon–Beispiel von Fig. 5.15.a,b der Fall: Das Gedächtnis in Lexikon besteht lediglich aus einigen Baumzeigern (auf die Wurzel, auf die Einfügestelle, ggf. auf verschiedene Stellen zur Balancierung). Das Gedächtnis kann sogar nur implizit vorhanden sein, wie dies bei der Lösung von Fig. 5.15.c der Fall ist. Dort besteht das Gedächtnis im Rumpf von Lexikon lediglich daraus, daß durch den Aufruf von suche implizit die Stelle der Suchstruktur fixiert wird, an der das darauffolgende einfüge wirkt. Das ist nicht unbedingt eine saubere und sichere Lösung (vgl. Aufgabe 5). Auch dieser Mangel an Repräsentationsinformation (Gedächtnis im Rumpf von Lexikon) deutet darauf hin, daß die beiden Datenabstraktionsschichten logisch zu dicht beieinanderliegen.

Man muß allerdings feststellen, daß die Frage, wo das Gedächtnis eines Datenabstraktionsmoduls steckt, in der Regel nur dann als Problem auftritt, wenn sich Datenobjektmodul auf Datenobjektmodul stützt. Stützt sich ein Datenobjektmodul hingegen auf einen Datentypmodul, dann muß im Rumpf des Datenobjektmoduls ein Objekt (Gedächtnis) entweder über eine Deklaration oder eine Kreierungsoperation erzeugt worden sein.

Wir wollen nun als nächstes die Frage diskutieren, von welcher *Art* die *Datenabstraktionsmodule* sein können, *die sich aufeinander abstützen*. Wir studieren dies an dem Datenabstraktions–Anwendungsfall der Kollektionen (vgl. Fig. 5.16). Der Fall der Einträge verhält sich analog. Wie wir an dem Beispiel Keller und Liste schon ausgeführt haben, können wir einen abstrakten Datenobjektmodul auf einen abstrakten Datenobjektmodul abstützen (vgl. Fig. 5.16.a). Der tiefer liegende Modul kann aber auch ein Datentypmodul sein (vgl. Fig. 5.16.b). Dann erscheint, wie eben ausgeführt, das abstrakte Datenobjekt innerhalb des Rumpfes des darüberliegenden Datenobjektmoduls und somit nicht auf Architekturebene. Schließlich kann Keller selbst ein Datentypmodul sein, der sich auf einen Datentypmodul Liste abstützt (vgl. Fig. 5.16.c). Es ist klar, daß dieses Abstützen auch mehr als zweistufig erfolgen kann. So sind bei einem dreistufigen Beispiel Keller–Liste–Haldenliste die Möglichkeiten ado–ado–ado, ado–ado–adt bis adt–adt–adt möglich.

Ein Datenobjektmodul kann sich also auf einen Datentypmodul abstützen und dieser sich wiederum auf einen anderen Datentypmodul. Der umgekehrte Fall, nämlich daß sich ein *Datentypmodul* auf einen *Datenobjektmodul* abstützt, ist bei der *Beibehaltung* einer bestimmten *Datenabstraktions–Anwendung* (Eintrag, Kollektion etc., vgl. Fig. 4.19) *nicht möglich*. Es müßte eine Schablone zum Erzeugen von Objekten auf ein einzelnes Objekt zurückgeführt werden. Dieser Übergang ist allerdings möglich, wenn wir einen Wechsel der Datenabstraktions–Anwendung vornehmen. So kann ein Datentypmodul für Einträge auf einen Datenobjektmodul für Kollektionen zurückgeführt werden. Ein Beispiel für letzteres ist eine Haldenverwaltung, die es gestattet, an der Schnittstelle beliebig viele einzelne Haldenobjekte zu erzeugen (Datentypmodul), und die diese Objekte in einen Speicherbereich aus vielen gleichartigen Grundelementen (Behälter für Liste der belegten Elemente bzw. für Freispeicherliste als Datenobjektmodul) ablegt.

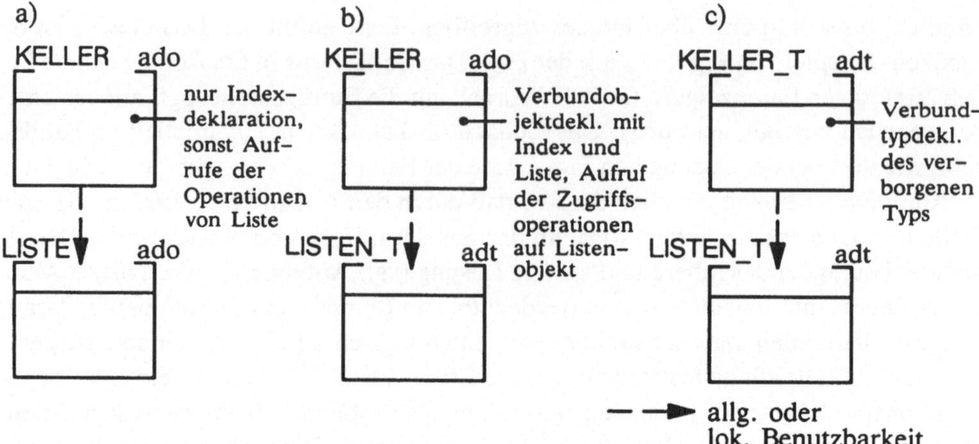

Fig. 5.16: Arten aufeinandergeschichteter Datenabstraktionsmodule

Ein *Datenabstraktionsmodul* kann sich auch auf *mehrere* darunterhängende *Datenabstraktionsmodule abstützen*. In Fig. 5.17.a ist ein Beispiel eines abstrakten Datenobjektmoduls Graph angegeben, der an der Schnittstelle die üblichen Operationen zum Einfügen, Löschen von Knoten und Kanten und zum Traversieren einer einzelnen Kante (von einem Ziel- oder Quellknoten ausgehend) hat. Für die Realisierung braucht man eine Verwaltung der Knoten, Kanten, Attribute usw. Hier gibt es wieder eine Reihe von Kombinationsmöglichkeiten zwischen abstrakten Datenobjekt- und Datentypmodulen. Man kann ado auf ados abstützen oder auf adts, falls Graph ein adt ist, auch auf adts (vgl. 5.17.b,c). Man sollte in der darunterliegenden Schicht nicht mischen, wenn dies vermeidbar ist, da man bei ados in Objekten und bei adts in Schablonen denkt. Für die nächst tiefere Schicht sollte man überlegen, ob es nicht gemeinsam benutzbare Bausteine gibt, auf die sich alle diese verschiedenen Verwaltungen abstützen können. Das hier zunächst sehr vereinfacht angegebene Beispiel werden wir später wieder aufgreifen: Zum einen ist Graph ein Kandidat für die Vereinigung von Schnittstellen zu einem Ganzen (vgl. Fig. 5.14), und zum anderen sind Graphen Kollektionen von Knoten und Kanten. Dies deutet auf die Modellierung von Einträgen und Kollektionen hin, die wir im nächsten Abschnitt behandeln wollen.

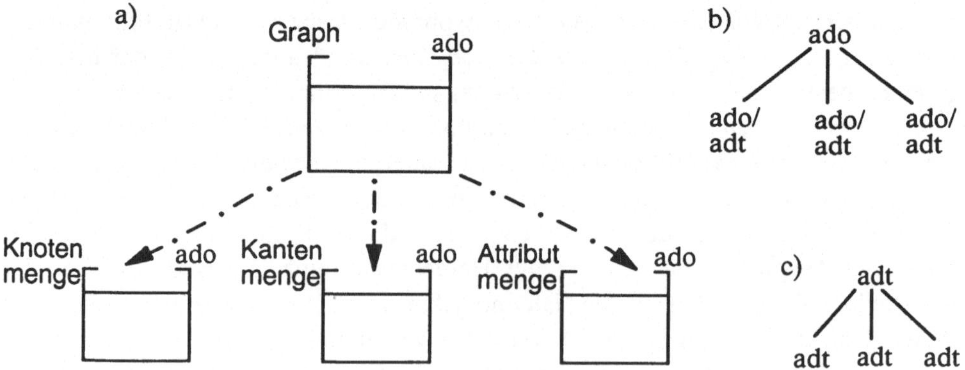

Fig. 5.17: Abstützen auf mehrere Datenabstraktionsmodule

Jetzt wollen wir der Frage nachgehen, ist, *wo* letztendlich die einzelnen *Objekte* eines *Datentypmoduls* liegen. Wir haben für die Datentypmodule – egal, ob es sich um Einträge oder Kollektion handelt – zwei Spielarten kennengelernt: Im einen Fall wird ein opaker Typ mit Operationen nach außen gereicht (vgl. Fig. 4.16) und im anderen Fall wird eine Kreierungsoperation mit Zugriffsoperationen exportiert (vgl. Fig. 4.17). Im ersten Fall steckt die Strukturbeschreibung der einzelnen Objektrepräsentationen im Rumpf des Moduls. Der Compiler der zugrundeliegenden Programmiersprache setzt nun, soweit diese Sprache solche Module zuläßt, die Verwaltung ein, die solche Objekte zur Laufzeit brauchen (Laufzeitkellerverwaltung). Der Softwarearchitekt bekommt damit die Teilarchitektur unterhalb dieses Moduls geschenkt.

Eine ähnliche Situation liegt vor, wenn ein Datentypmodul mit Erzeugungsoperation auf der Halde realisiert wird, vorausgesetzt, daß die zugrundeliegende Programmiersprache ein Zeigerkonzept besitzt. Auch in diesem Fall ist die Haldenverwaltung, die sämtliche Objekte dieses Typs verwaltet, eine Teilarchitektur, die nicht entworfen zu werden braucht, weil das Programmiersystem diese zur Verfügung stellt. Stützen wir uns hingegen nicht auf die Halde ab, weil diese in der Programmiersprache nicht vorhanden ist, oder weil wir eine andere Realisierung vorziehen, dann muß diese Teilarchitektur entworfen und eingehängt werden (vgl. Fig. 5.18). Diese Realisierung läuft stets auf eine Art Haldenverwaltung hinaus, da zum einen solche Objekte angelegt und gelöscht werden müssen, die Objekte also

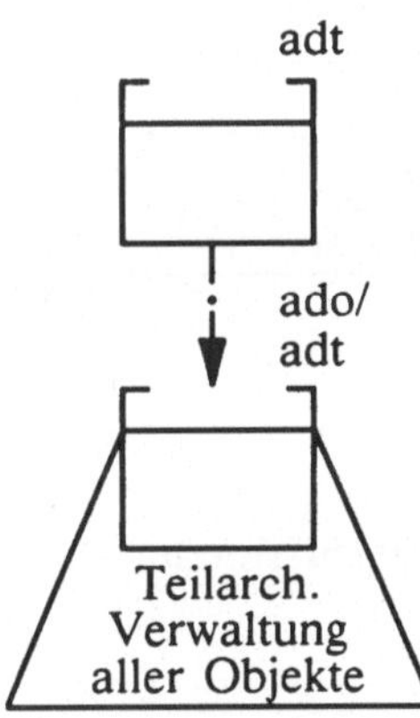

Fig. 5.18: Datentypmodule: Verwaltung der Objekte in der Architektur

so intern zusammengefaßt werden müssen. Man weiß aber zum anderen nicht, wieviele Objekte es gibt, wie beim Löschen der freigewordene Speicherplatz verwaltet werden muß usw.

Zusammenfassend stellen wir also fest, daß unterhalb eines Datentypmoduls eine Teilarchitektur für sämtliche Objekte eingesetzt werden muß. Diese Teilarchitektur liefert uns u.U. das Programmiersystem der zugrundeliegenden Programmiersprache.

Die letzte Frage, die wir in diesem Abschnitt diskutieren, befaßt sich mit Kollektionsanwendungen und Datenabstraktion. Wir wollen herausfinden, wie man *Kollektionen von Objekten zusammenfaßt*. Nehmen wir als Beispiel die Verwaltung aller Daten zu einer Person aus einem Anwendungsprogramm für eine Personalverwaltung. Diese bestehen aus allgemeinen Daten, wie Name, Adresse etc., aus Lohndaten, Beschäftigungsdaten, persönlichen Daten usw. Alle diese Daten werden oft zu einem Modul zusammengefaßt, den man Zugriffsmodul o.ä. nennt (vgl. Fig. 5.19.a). Die Nachteile dieser Lösung liegen auf der Hand: (1) Die Schnittstelle eines solchen Moduls wird sehr umfangreich, weil ein einzelner Eintrag sehr viele Komponenten besitzt. Man gibt die Möglichkeit auf, auszudrücken, daß ein Modul A nur die allgemeinen Daten, ein anderer B nur die Lohn– oder Beschäftigungsdaten usw. braucht. Dieses kann

nicht bereits aus dem Architekturdiagramm entnommen werden, sondern man muß
hierfür die Importlisten in A oder B zu Rate ziehen. (2) Entsprechend sind Änderungen schwieriger zu handhaben, etwa, wenn zu den allgemeinen Daten eine weitere
Komponente hinzugenommen wird.

Oft ist die Situation noch schlimmer: (a) Man vermeidet die breite Schnittstelle,
indem die Eintragsstruktur in ihrer Realisierung offengelegt wird, so daß jeder Modul
den entsprechenden Anteil direkt schreibt oder liest. (b) Ein anderer, ebenfalls
schlimmer Fehler ist, daß in solchen Zugriffsmodulen Daten zusammengefaßt und
zugreifbar gemacht werden, die logisch nicht viel miteinander zu tun haben, nur weil
die Realisierung solcher verschiedener Zugriffsmodule gleich oder ähnlich ist.

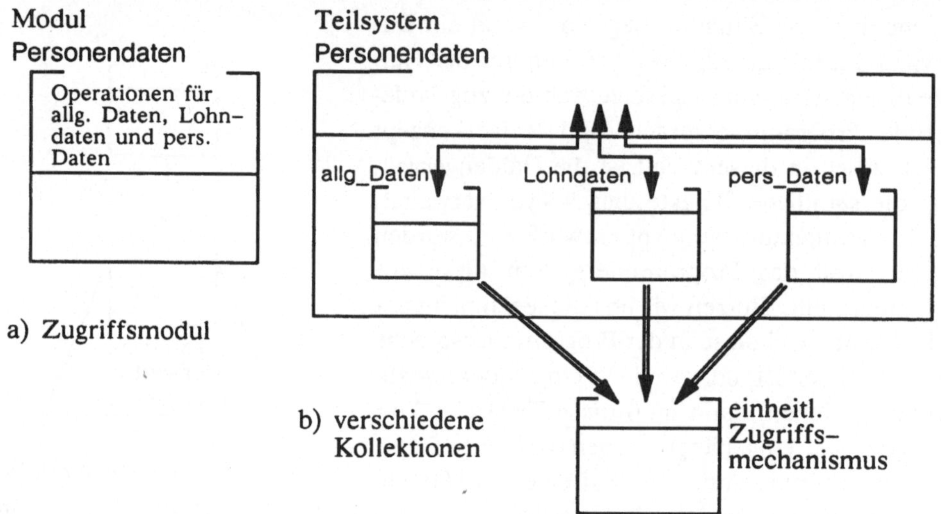

Fig. 5.19: Modellierung von Zusammenfassungen von Kollektionen

Die bessere Lösung ist in Fig. 5.19.b angegeben: Die logisch unterschiedlichen
Kollektionen erscheinen als *getrennte Datenobjekt–* oder *Datentypmodule*. Ihre jeweilige
Schnittstelle fällt infolgedessen schlanker aus. Sie sind zu einem Teilsystem zusammengefaßt. In der Architektur ist bereits auf Diagrammebene zu sehen, auf welche
Daten in einem anderen Modul Bezug genommen werden soll. Dies erleichtert die Änderungen des Systems, z.B. aufgrund von Änderungen von Komponenten zu den einzelnen Daten. Gibt es jetzt eine gemeinsame Realisierung, so hängt unterhalb dieser
Module ein gemeinsamer Datenabstraktionsmodul, der einen einheitlichen Zugriffsmechanismus darstellt. Besser ist es jedoch, allgemeine Basismechanismen für die
Realisierung der spezifischen Kollektionen zur Verfügung zu stellen. Wir kommen
hierauf im nächsten Abschnitt zurück. Man hat nämlich die Möglichkeit, einen der
Module, z.B. aus Effizienzgründen, anders zu realisieren.

5.5 Mehrfache Datenabstraktion: Einträge und Kollektionen

Wir gehen in diesem Abschnitt der Frage nach, wie Datenabstraktionsmodule bezüglich ihrer *Schnittstelle zusammenwirken* müssen, wenn eine *Eintrags–Kollektions–Situation zu modellieren* ist. Hier ist zweifache Datenabstraktion anzuwenden: Zum einen möchte man die Realisierung von komplexen Einträgen verbergen und zum anderen die Realisierung der Kollektion. Dies ist eine andere Situation als die des Aufeinander–Abstützens von Datenabstraktions–Modulen des letzten Abschnitts. Von welchen Details der Realisierung von Einträgen bzw. Kollektionen man dabei abstrahieren möchte, haben wir bereits in Fig. 4.13 zusammengestellt. Eintrags–Kollektions–Situationen sind ein Standardfall der Anwendung von Teilsystemen. Aus diesem Grund wollen wir auch die Frage untersuchen, wie die *Architektur* eines solchen *Teilsystems* aussieht.

Die einfachste Lösung hierfür ist, für die *Kollektion* einen *Datenabstraktionsmodul* anzugeben, wobei die Schnittstelle so gestaltet ist, daß die einzelnen Komponenten der Einträge der Kollektion über die Zugriffsoperationen der Kollektion passend mit Werten versorgt werden bzw. daß deren Werte gelesen werden können. Ein solcher Modul verkapselt also Datenrealisierung auf Eintrags– und auf Kollektionsebene. Wir haben in Fig. 5.20 als Beispiel einen abstrakten Datenobjektmodul für einen Karteikasten des Adreßbeispiels von Kapitel 3 angegeben, und zwar für den Fall, daß die einzelnen Einträge eine festgelegte Struktur besitzen. Wir sind bei den bisher betrachteten Kollektionsbeispielen dieses Buches immer von dieser Lösung ausgegangen, daß die *Einträge* in der Architektur selbst also *nicht* durch einen *eigenen Modul* vertreten sind. Natürlich müssen dann die Parametertypen der Zugriffsoperationen für den Modul Kartenkasten auch verfügbar sein. Die Lösung von Fig. 5.20 läßt sich auch für einen Datentypmodul angeben, der für unser Beispiel aus Kapitel 3 angebrachter ist, da wir mit verschiedenen Kästen umgehen wollen.

```
abstract data object module Kartenkasten is
    procedure Karte_ablegen (...);        --Saemtliche benoetigten Komponenten
    procedure Karte_loeschen (...);       --eines Eintrags werden als Para-
    procedure Karte_aendern (...);        --meter aufgefuehrt
    function ist_Karte_vorhanden (...) return BOOLEAN;
    function ist_noch_Platz return BOOLEAN;
    ...
    Karte_nicht_da, kein_Platz_mehr : exception;
    -- Die Bedeutung der Schnittstellenoperationen ist die
    -- folgende: ...
end Kartenkasten;
```

Fig. 5.20: Schnittstelle eines Datenabstraktionsmoduls für eine Kollektion aus komplexen Einträgen

Die Lösung von Fig. 5.20 ist aber an gewisse *Voraussetzungen* gebunden: (1) Ein Modul, der den Modul Kartenkasten verwenden will, geht immer nur *mit einem einzelnen Eintrag um*, d.h., daß es damit in der Kollektion immer eine bestimmte Stelle, nämlich einen Eintrag gibt, der zu einem bestimmten Zeitpunkt gelesen und verändert wird. Wir hätten die Schnittstelle auch so gestalten können, daß es eine Operation gibt, die diese Stelle lokalisiert (z.B. **procedure** finde_Karte (Name..., Vorname..., ...)). Dann hätte die Schnittstelle des Kollektionsmoduls nur noch um die Lese- und Schreiboperation für eine einzelne Karte erweitert werden müssen (die Lösung ist unsicher, vgl. Aufgabe 7). (2) Außerhalb des Kollektionsmoduls geht *kein Modul* mit *ganzen Einträgen um*. Würde dies nämlich der Fall sein, dann müßte dieser Modul aus den Parametern einen Eintrag zusammensetzen, d.h. eine Datentypdeklaration einführen. Dies widerspräche der Datenabstraktion (vgl. Diskussion zu Fig. 4.12). Man würde statt dessen zu einer anderen Modellierung übergehen, in der der Eintrag auf Architekturebene erscheint (siehe unten). Diese Argumente sind erst recht für den Fall anwendbar, daß andere Module mit mehr als einem Eintrag umgehen wollen.

Die zweite und die saubere Lösung des Eintrags–Kollektions–Problems ist, die *Datenabstraktionsentscheidung* für einen *Einzeleintrag* von der Datenabstraktionsentscheidung für die *Kollektion* zu trennen. Beide Entwurfsentscheidungen können dann bereits auf der Ebene eines *Architekturdiagramms abgelesen* werden (vgl. Fig. 5.21). Ein Datentypmodul verkapselt, wie ein Einzeleintrag aufgebaut ist, ein Datenobjekt– oder Datentypmodul verbirgt, wie die Realisierung der Kollektion aussieht. Ferner ist man jetzt nicht mehr daran gebunden, nur mit einem einzelnen Eintrag umzugehen. In einem Modul V (Verwender), schafft man sich ein oder mehrere Objekte vom Typ des Einzeleintrags, um diese zu verändern und in der Kollektion abzulegen. Diese Situation kann für mehrere verwendende Module $V_1, ..., V_n$ zutreffen, die jeweils einen Einzeleintrag handhaben. Es ist auch möglich, daß ein Einzeleintrag von mehreren Modulen $V_1, ..., V_m$ verändert wird, bevor er abgelegt wird.

Wir wollen nun das *Zusammenspiel* dieser drei Module *Verwender* V, *Eintragstyp* E und *Kollektion* K genauer betrachten und dabei auch zum Teil das Programmieren im Kleinen berücksichtigen. Für den Fall mehrerer Verwender von jeweils einzelnen Einträgen oder für den Fall, daß sich mehrere Module die Bearbeitung eines Eintrags teilen, ist die Betrachtung analog (vgl. Aufgabe 7 und 8). Der Datentypmodul für den Eintrag exportiert entweder einen opaken Typ (vgl. Fig. 4.16) oder eine Erzeugungsoperation (vgl. Fig. 4.17). In jedem Fall gibt es noch die Zugriffsoperationen.

Im Fall, daß der Eintragsmodul einen Typbezeichner exportiert, gibt es im Rumpf von V ein oder mehrere abstrakte Datenobjekte, die mithilfe des Typbezeichners T von E deklariert wurden. Jedes dieser Objekte wird nach einer Veränderung in der Kollektion K abgelegt. Genauer betrachtet, wird nicht das Objekt selbst abgelegt, sondern ein Wert dieses Objekts. Deshalb steht dieses Objekt nach Ablage des alten Werts zur Wiederverwendung zur Verfügung. Beispielsweise können die Komponentenwerte eines Objekts über die Eingabe erneut mit Werten versorgt werden, um danach abgelegt zu werden. In diesem Fall steht die Veränderung des abstrakten Datenobjekts über die Zugriffsoperationen und die Ablage des Werts in der Kollektion K innerhalb einer Schleife.

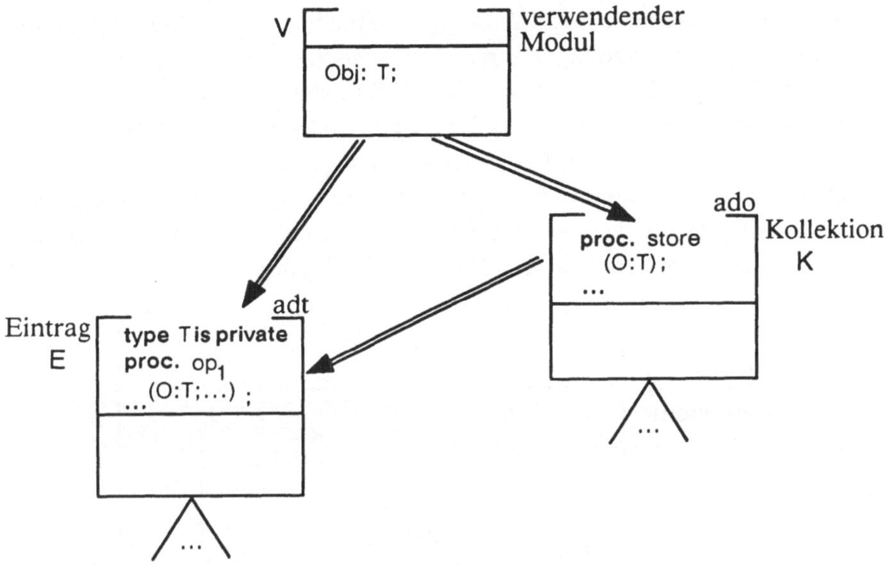

Fig. 5.21: Einträge und Kollektionen erscheinen als separate Module

Exportiert E eine Erzeugungsoperation (ggf. noch den Typ von Bezeichnern für diese Objekte, vgl. Fig. 4.17), so ist die Situation ganz analog. In diesem Fall werden nicht abstrakte Datenobjekte deklariert, sondern Bezeichner für diese Objekte, und die Objekte selbst werden erzeugt. Auch hier können nicht mehr Objekte gehandhabt werden als Bezeichnerobjekte vorhanden sind, da diese Objekte angesprochen können werden müssen (vgl. Aufgabe 8.).

Beide Fälle des Eintragstyps, nämlich Export eines Typbezeichners für den opaken Typ bzw. Export einer Erzeugungsoperation unterscheiden sich kaum. Sie unterscheiden sich aber in der Art, wie die abstrakten Datenobjekte zur Laufzeit gehandhabt werden. Dies werden wir noch diskutieren. In jedem Fall muß es für die Handhabung des Eintrags–Kollektions–Problems noch eine *Benutzbarkeits–Beziehung* vom *Kollektionsmodul* zum *Eintragsmodul* geben. Diese Kante geht von der Schnittstelle von K aus, da diese bereits den Typ für die Eintragsobjekte oder den Typ für die Bezeichner solcher Objekte braucht. Dieser Import gilt, nach der am Ende von Kap. 4 getroffenen Vereinbarung, dann auch für den Rumpf von K. Wir haben beide Module auf unterschiedlicher Höhe angesiedelt, da K die Benutzbarkeit von E braucht. Sowohl K als auch E müssen allgemein verwendbare Module sein, da sie beide von außerhalb angesprochen werden (vgl. Aufgabe 9).

Da der *Modul* für die *Einträge* und derjenige für die *Kollektion* solcher Einträge stets logisch gemeinsam auftreten, bietet es sich an, daraus ein *Teilsystem* zu machen (vgl. Fig. 5.22). Der Export des Teilsystems ist die Vereinigung der Exporte von Eintrags– und Kollektionsmodul. Beide Exporte sind im Architekturdiagramm nicht zu einem

Pfeil der Schnittstelle des Teilsystems zusammengefügt worden, da es verwendende
Module geben kann, die nur die Operationen des Eintragsmoduls E brauchen, wie z.B.
bei der oben angedeuteten Weitergabe der abstrakten Datenobjekte zur Verarbeitung
an lokale Module. Braucht ein Modul die Operationen von K, so muß er auch die Ressourcen von E importiert haben, weil die Operationen von K den Objekttyp oder den
Objektbezeichnertyp als Parameter benötigen. Wenn wir nach der Art des Teilsystems
fragen, das aus der Vereinigung eines Datentyp- und eines Datenobjektmoduls hervorgegangen ist, so gibt es darauf keine so eindeutige Antwort wie bei Modulen. Da
der Kollektionsmodul der dominante Modul ist, wird man das Teilsystem eher als ein
Datenobjekt-Teilsystem ansehen. Ist der Kollektionsmodul ein Datentypmodul, dann
handelt es sich entsprechend um ein Datentyp-Teilsystem.

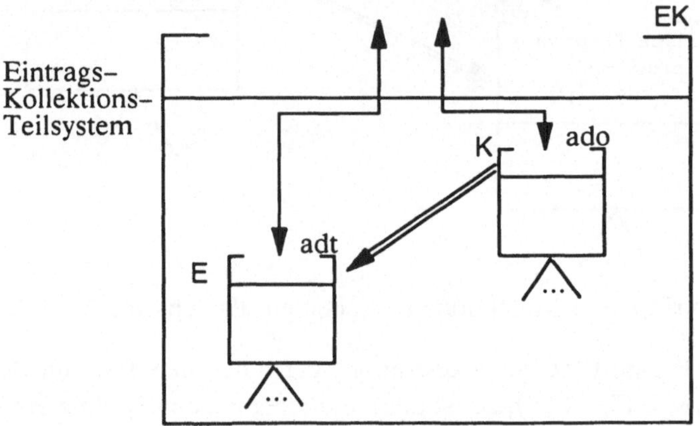

Fig. 5.22: Teilsystem für das Eintrags-Kollektions-Problem

```
"undetermined" module Kartenkasten is
    type Karte is
        record
            KEY: KEY_T
            NAME: NAME_T
            ...
        end;
    procedure Karte_ablegen (K: in Karte);
    procedure Karte_loeschen (K: in Karte);
    ...
end KartenKasten;
```

Fig. 5.23: Unsaubere Lösung des Eintrags-Kollektions-Problems

Eine *vereinfachte Lösung* des *Eintrags-Kollektions-Problems* besteht darin, einen Modul für die Kollektion zur Verfügung zu stellen, der darüber hinaus noch einen transparenten Datentyp für die einzelnen Einträge exportiert (vgl. Fig. 5.23). Diese Lösung
ist aus zweierlei Gründen *unsauber*, auch wenn man sie oft antrifft: Zum einen entsteht ein Modul mit Mischcharakter, da er einerseits der Abspeicherung sämtlicher
Einträge dient und da er andererseits einen Typ für die Einträge exportiert, d.h. er re-

präsentiert zwei Entwurfsentscheidungen. Zum zweiten ist der Typ für die Einträge transparent, d.h. in seiner Struktur offen, was, wenn überhaupt, nur für sehr einfache Eintragsstrukturen zu vertreten ist. Die Lösung, den Typ der Einträge opak zu machen, vermeidet lediglich den zweiten dieser Nachteile. (Der Modul von Fig. 5.23 ist nicht mit der textuellen Architekturnotation von Fig. 4.36 verträglich!)

Wir wollen nun die gewonnenen *Erkenntnisse* wieder auf das *Karteikartensystem* von Kapitel 3 *anwenden* (vgl. Fig. 5.24). Wir hatten in Fig. 4.11 bereits die Schnittstelle eines Eintragsmoduls zur Handhabung von strukturierten Karteikarten angegeben, dort allerdings als Datenobjektmodul, weil wir Datentypmodule noch nicht kannten. Da man stets mehrere Karteikarten braucht, muß daraus ein Datentypmodul gemacht werden. Die Karteikarten treten stets in Form einer Kollektion auf, die wir Karteikasten genannt haben. In dem Karteikastensystem gibt es allerdings nicht nur einen Karteikasten, sondern mehrere. Es empfiehlt sich deshalb, für die Kollektion **Kaesten** ebenfalls einen Datentypmodul zu verwenden. Insofern ist Fig. 5.24 eine leichte Abwandlung der oben diskutierten Situation von Fig. 5.22. Von dieser minimalen Änderung abgesehen ist die Modellierung gleich, wenn man den Namen E durch **Karten** und K durch **Kaesten** ersetzt. Wir geben deshalb jetzt eine textuelle Teilsystem–Festlegung an, für die die textuelle Architekturbeschreibungssprache von Fig. 4.36 zu erweitern ist. Ansonsten ist das Beispiel selbsterklärend.

```
--data type
subsystem Kartenkaesten is
    general import from type collection module Komponententypen using all;
    --Das Teilsystem handhabt eine Eintrags-Kollektions-Situation. Da mehrere
    --Kartenkaesten gehandhabt werden sollen, wurde fuer den Kollektionsmodul
    --ein Datentypmodul gewaehlt. Die Semantik der Operationen auf einem Ein-
    --trag und auf einer Kollektion sind unten angegeben. Fuer die Kompo-
    --nententypen einzelner Karten liege deren Beschreibung durch den Kollek-
    --tionsmodul Komponententypen definiert vor.

    export from abstract data type module Karten is
        type Karten_T is private;
        procedure initialisiere_Karteninhalt(Karte: out Karten_T);
        procedure loesche_Karteninhalt(Karte: in out Karten_T);
        ...
        --Die Semantik der Operationen auf Objekten des opaken Eintragstyps
        --Karten_T ist die folgende: ...
    end Karten;

    export from abstract data type module Kaesten is
        type Kaesten_T is private;
        procedure Karte_ablegen(Karte: in Karten_T; Kasten: in out Kaesten_T);
        procedure Karte_loeschen(Karte: in Karten_T; Kasten: in out Kaesten_T);
        ...
        --Die Semantik der Operationen des opaken Kollektionstyps Kaesten_T ist
        --die folgende: ...
```

```
    end Kaesten;
  end Kartenkaesten;

  subsystem body Kartenkaesten is
    --Hier tauchen die zur Realisierung des Teilsystems benoetigten Importe auf
    --sowie die Module des Teilsystems, naemlich Karten, Kaesten und weitere,
    --die ggfs. zur Realisierung von Karten und Kaesten noetig sind und zwar in
    --der textuellen Notation von Fig. 4.36. Die textuelle Architekturnotation fuer
    --diese Module enthaelt auch die Beziehungen dieser Module untereinander.
    ...
  end Kartenkaesten;
```

Fig. 5.24: Teilsystem für Karteikästen: textuelle Festlegung

Nachdem wir jetzt etwas mehr über die Modellierung von Eintrags–Kollektions–
Situationen wissen, wollen wir das *Personendatenbeispiel* von Fig. 5.19 noch einmal
aufgreifen. Dort haben wir argumentiert, daß die Daten zu Personen aus Gründen der
Übersichtlichkeit und der Sicherheit auf verschiedene Kollektionen zu verteilen sind,
nämlich auf allgemeine Daten, Lohndaten, persönliche Daten etc. Die dort vorgeschlagene Architekturmodellierung geht von der einfachen Lösung von Fig. 5.20 aus,
in der nur die Kollektion modelliert wird und in der die angebotenen Operationen so
gestaltet sind, daß die Komponenten der Einträge mit Werten versorgt werden können. Die sauberere Modellierung von Fig. 5.25 unterscheidet jetzt *verschiedene Teilsysteme* für die verschiedenen *Kollektionen von Einträgen*.

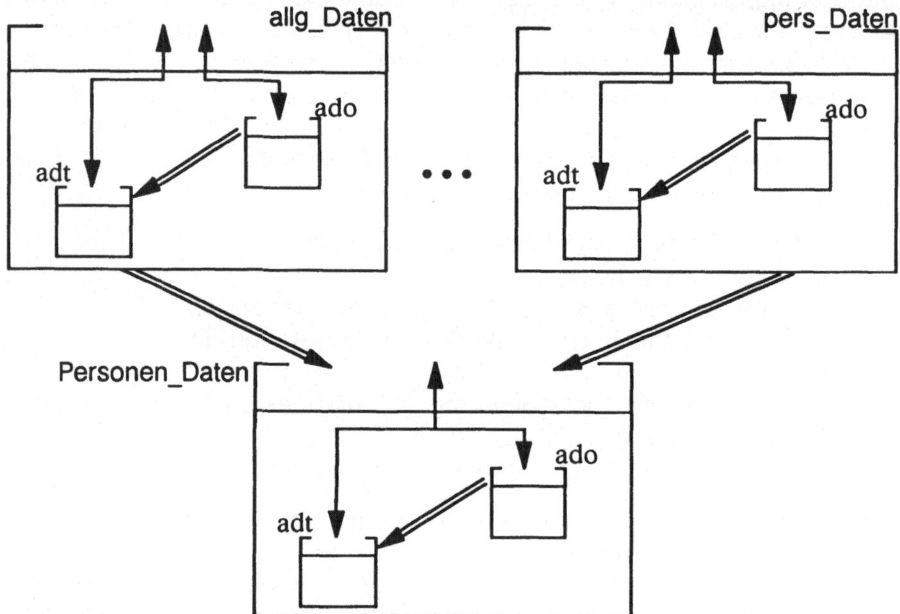

Fig. 5.25: Eintrags–Kollektions–Teilsysteme für verschiedene Daten zu einzelnen
            Personen

Für die verschiedenen Teilsysteme von Fig. 5.25 haben wir zunächst unterschiedliche Realisierungsmöglichkeiten. Der Kollektionsmodul allg_Daten kann etwa als B–Baum, der Kollektionsmodul pers_Daten kann als Hashtabelle realisiert werden. Wahrscheinlicher ist aber, daß alle gleich oder ähnlich realisiert werden sollen. Wir werden später Mechanismen kennenlernen, die den Aufwand vermindern helfen, diese verschiedenen, aber doch ähnlichen Teilsysteme zu realisieren (Stichworte Generizität und Objektorientiertheit). Wenn wir von diesen Möglichkeiten, die wir noch nicht kennen, einmal absehen, dann sieht eine Realisierung dieser Teilsysteme meist so aus, daß sich diese *verschiedenen Eintrags–Kollektions–Teilsysteme auf* ein *gemeinsames Teilsystem abstützen*. Dies kann eine Kollektion von Einträgen sein, die alle Daten zu einer Person zusammenfaßt. Der Vorteil dieser Modellierung gegenüber derjenigen, die verschiedenen verwendenden Moduln direkt das Teilsystem Personen_Daten zur Verfügung stellt, ist der, daß zum einen die Eintrags–Datentypen einfacher sind, und daß zum anderen die Änderung der Kollektionsrealisierung eines der speziellen Teilsysteme möglich ist.

Für die *Realisierung* der *spezifischen Teilsysteme* allg_Daten, ..., pers_Daten oberhalb des allgemeinen Teilsystems Personen_Daten hat man nun 2 verschiedene Möglichkeiten: Die eine Möglichkeit, die wir als *Kopieransatz* bezeichnen wollen, besteht darin, daß die einzelnen Kollektionen unabhängig von der gemeinsamen Kollektion existieren. Dies könnte dann etwa so aussehen, daß zu Beginn der Laufzeit des Gesamtsystems, in das die Architektur von Fig. 5.25 eingebettet ist, die einzelnen Teilsysteme aus Personen_Daten mit Werten versorgt werden, und daß am Ende der Laufzeit die veränderten Werte zurückgeschrieben werden. Der Grund ist beispielsweise, daß die Teilkollektionen im Hauptspeicher gehalten werden, oder daß die einzelnen speziellen Daten nur zeitweise permanent gehalten werden, und daß damit die Konsistenz zu der zugrundeliegenden gemeinsamen Ablage gewährleistet sein muß. Die zweite Möglichkeit, die wir *direkte Manipulation* nennen wollen, verändert hingegen direkt die Einträge des darunterliegenden Eintrags–Kollektions–Systems. Im letzteren Fall ist die Realisierung der speziellen Teilsysteme einfach, da diese die Einträge zur Abspeicherung lediglich weitergeben. Beide Lösungen haben Vorteile und Nachteile (vgl. Aufgabe 11). Für diese Diskussion ist insbesondere zu beachten, daß die spezifischen Teilsysteme unabhängig voneinander bearbeitet werden können sollen.

Es soll nun die im letzten Abschnitt gemachte Bemerkung über den Unterschied in der *Handhabung* von *opaken Objekten*, die ”*über Bezeichner*” angesprochen werden (Variablensemantik) und von Objekten, die ”*über Zeiger*” angesprochen werden (Zeigersemantik), noch einmal aufgegriffen werden. Erinnern wir uns: Im ersten Fall exportiert der zugrundeliegende Datentypmodul einen Typbezeichner, im zweiten Fall eine Erzeugungsoperation und eventuell zusätzlich einen Typ für die Bezeichnung von Objekten, falls hierfür kein Standard–Datentyp der Programmiersprache verwendet wird. Ferner wollen wir das Zusammenspiel zwischen Kollektionsmodul, Eintragsmodul und verwendendem Modul vertiefen. Wir werden im folgenden diskutieren, wie eine Kollektion von Eintragsobjekten zu modellieren ist, wenn diese Eintragsobjekte einmal "über Bezeichner" oder ein anderes Mal "über Zeiger" angesprochen werden. Insbesondere interessiert uns dabei die Frage, ob diese unterschiedliche Handhabung für die Architekturmodellierung bedeutsam ist.

Man würde meinen, daß dieser Unterschied in der Handhabung von Eintragsobjekten eher zum Programmieren im Kleinen gehört und für die Architekturüberlegungen eigentlich unwichtig ist. Das ist leider nicht ganz der Fall! Zunächst wirkt sich der *Unterschied* natürlich auf der *Ebene* des *Programmierens im Kleinen aus* (vgl. Fig. 5.26 und 5.27): So muß derjenige, der den Rumpf des Verwenders V bzw. des Kollektionsmoduls K realisiert, natürlich wissen und darauf Bezug nehmen, ob die Objekte, die mittels E angesprochen werden, normale Variable sind, oder ob diese über Zeiger angesprochen werden.

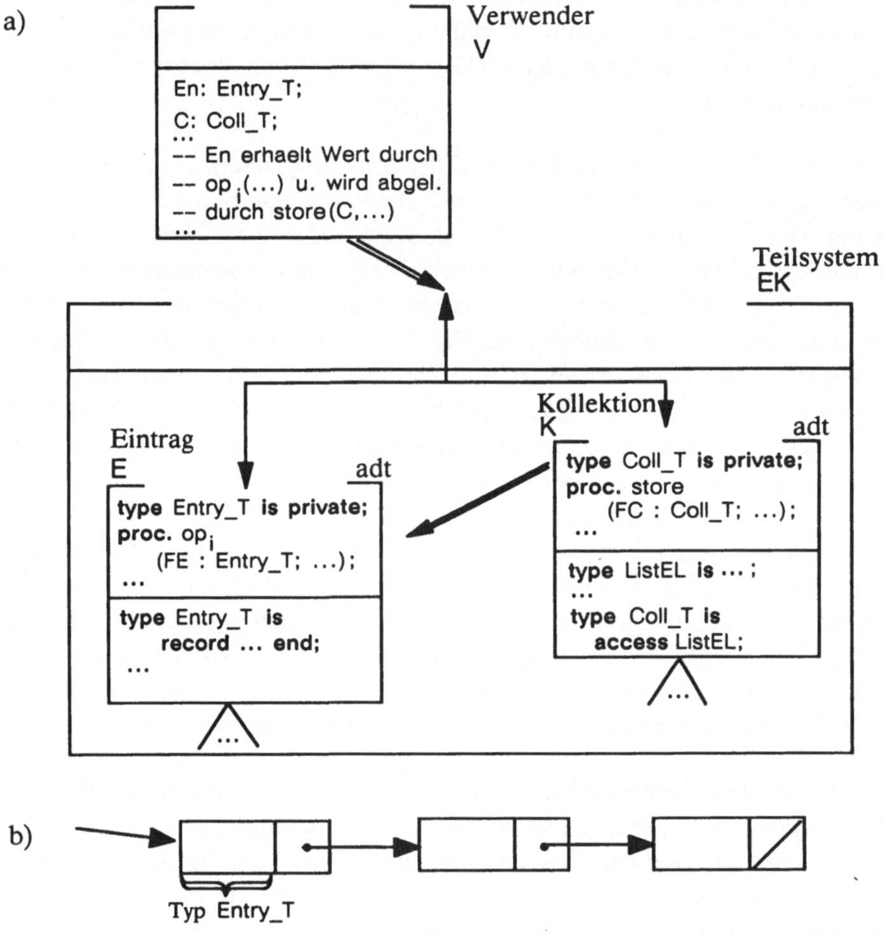

Fig. 5.26: Variablen(semantik) für Einträge einer Kollektion: (a) Architektur, (b) Implementierungssicht der Kollektion

Der Unterschied wirkt sich aber auch auf der Ebene des Programmierens im Großen aus, wie wir gleich sehen werden. Vorher wollen wir die *Eintrags–Kollektions–Si-*

tuation erst einmal erläutern. In Fig. 5.26 ist die Teilarchitektur Verwender, abstrakter Datentypmodul für Einträge, Datenabstraktionsmodul für die Kollektion (hier als Datentypmodul) noch einmal angegeben, wie wir sie bereits in Fig. 5.21 kennengelernt haben. Eintrags– und Kollektions–Modul sind jetzt zu einem Teilsystem zusammengefaßt. Die Rümpfe der Module sind angedeutet. Die Kollektion soll als verkettete Liste realisiert sein (eine andere Realisierung würde die Erläuterung allerdings nicht ändern). In dem Beispiel von Fig. 5.26 liegt *Variablensemantik* für die *Einträge* vor. Das Objekt En wird, nachdem es über die Operationen op$_i$ seinen Wert erhalten hat, beim Abspeichern kopiert. Die logische Sicht auf die Kollektion, wie sie im Rumpf des Moduls K gegeben ist, ist in Fig. 5.26.b mit angegeben.

Die Fig. 5.27 gibt die gleiche Situation eines *Eintrags–Kollektions–Teilsystems* wieder, wenn die *Einträge* über Erzeugungsoperationen angelegt werden, d.h., daß sie über *Zeigersemantik* angesprochen werden. Im Rumpf von V werden die Einträge im Anweisungsteil erzeugt. Die Schnittstelle von K sieht gleich aus, die Typdefinition im Rumpf besteht jetzt allerdings nicht mehr aus Eintragskomponenten und Zeiger, sondern aus 2 Zeigern. Wenn jetzt mithilfe der Operation store im Rumpf von V ein Objekt in der Kollektion abgelegt wird, dann wird dieses Objekt nicht in den Kollektionsspeicher kopiert, wie dies vorher der Fall war. Es wird statt dessen nur ein Zeiger ersetzt. Verwies bisher die Bezeichnervariable im Rumpf von V auf das Objekt, so tut dies danach ebenso der interne erste Zeiger des Listenelements.

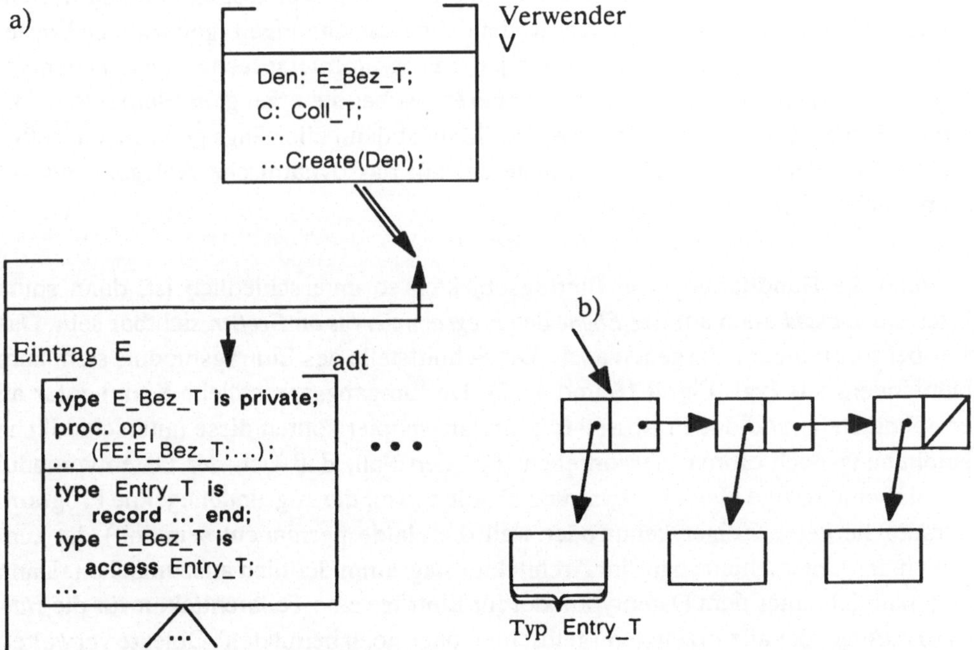

Fig. 5.27: Zeiger(semantik) für Einträge: (a) Architektur, (b) Implementierungssicht der Kollektion

Werden die Einträge über *Variablensemantik* oder *Zeigersemantik* gehandhabt, so ergeben sich folgende *Unterschiede*: (1) Bei der Variablensemantik wird stets kopiert. Wird der gleiche Eintrag also in verschiedenen Kollektionen abgelegt, so ist er entsprechend mehrfach vorhanden. Bei der Zeigersemantik werden lediglich verschiedene Zeiger auf immer dasselbe Objekt angelegt. (2) Wird infolgedessen ein Eintrag in einer Kollektion geändert, so führt dies im ersten Fall zur Änderung einer Kopie, im zweiten Fall zur Änderung aller entsprechenden Einträge in den verschiedenen Kollektionen. Dies ist als das Aliasing–Problem bei Zeigern wohlbekannt. Mit der Handhabung von Objekten durch Zeiger sind weitere Gefahren verbunden, die in jedem Buch zur Programmier–Grundausbildung nachgelesen werden können. (3) Eine entsprechend unterschiedliche Handhabung ergibt sich auch beim Vergleich von Objekten: Vergleicht man 2 Variable, so vergleicht man deren Wert, vergleicht man zwei Zeiger, so vergleicht man die Zeiger. Wenn diese auf das gleiche Objekt zeigen, so ist dieses Objekt dasselbe und damit gleich. Zeigen sie auf verschiedene Objekte, so können diese Objekte trotzdem denselben Wert haben.

Man beachte, daß die obige *Erörterung* der Unterschiede *nicht an Zeiger im eigentlichen Sinne gebunden* ist, die nur in einigen der häufiger benutzten Programmiersprachen, wie etwa Pascal, Modula–2, Ada etc., auftreten. Die Überlegung gilt prinzipiell dann, wenn die Schnittstelle eines Datentypmoduls eine Erzeugungsoperation anbietet. Solche Datentypmodule können auch in Programmiersprachen ohne Zeigerkonzepte realisiert werden. Wir haben dies in Kapitel 4 bereits angesprochen und werden dies in Kapitel 6 vertiefen. Als Zeiger treten dann Bezeichnungen (ganzzahlige Werte, Textwerte etc.) auf. Damit lassen sich in jeder Programmiersprache solche Datentypmodule mit Erzeugungsoperationen realisieren, wobei die erzeugten Elemente in Behältern (Felder, Dateien) abgelegt werden. Man ist dann allerdings gezwungen, selbst eine Art "Haldenverwaltung" zu realisieren, um das dynamische Anlegen und Löschen solcher Objekte zu verwalten.

Wenn die Handhabung von Eintragsobjekten so unterschiedlich ist, dann sollte dieser *Unterschied* auch auf der *Ebene* des *Programmierens im Großen* sichtbar sein. Das ist er bei sorgfältigem Vorgehen auch: Die Schnittstelle des Eintragsmoduls sieht zum einen anders aus (vgl. Fig. 4.16 und 4.17). Der umgangssprachliche Kommentar an der Schnittstelle und das Entwurfs–Begründungspapier sollten diese unterschiedliche Handhabung noch einmal hervorheben. Für den Fall, daß sich der Datentypmodul nicht auf eine fertige Haldenverwaltung abstützt (weil die zugrundeliegende Programmiersprache keine Zeiger kennt oder weil die Halde permanent sein soll), ist zum zweiten der Unterschied sogar im Architekturdiagramm deutlich auszumachen. Dann hängt nämlich unter dem Datentypmodul für Einträge eine Teilarchitektur für die *Haldenverwaltung*, die alle erzeugten (gelöschten oder noch benutzten) Objekte verwaltet. Damit gibt es für den Fall, daß die erzeugten Eintragselemente in verschiedenen Kollektionen abgelegt werden, von diesen Kollektionen Verweise in den Pool aller erzeugten Eintragselemente.

5.6 Einige Teilarchitekturen für Einträge und Kollektionen

Wir wollen in diesem Abschnitt einige Beispiele für *Teilarchitekturen* studieren, die mit *Kollektionen von Einträgen* umgehen und die dabei etwas *komplizierter* sind als die im letzten Abschnitt angegebenen. Diese größere Komplexität erstreckt sich darauf, daß mehrere Einträge oder Kollektionen gehandhabt werden müssen oder darauf, daß die Realisierung von Einträgen und Kollektionen nicht jeweils in einem einzigen Modul abgehandelt werden kann, sondern mehrere.Modulschichten erfordert.

Das erste Beispiel, das wir studieren, ist in Fig. 5.28 angegeben. Dort ist ein *Teilsystem* Graphenhandhabung für die Handhabung von *Graphen* aufgetragen. Graphen spielen als zugrundeliegende Datenstruktur bei vielen Problemen eine Rolle, wo entweder komplexe Sachverhalte durch Datenstrukturen repräsentiert werden (vgl. Literatur aus der Datenbankwelt über Modellierung), oder wo Algorithmen zur Verwaltung von vielen Lösungs– oder Bearbeitungswegen Graphen brauchen. In der in diesem Buch vorgestellten Denkwelt wird ein Graph zu einem Datentypmodul gemacht. Er hat üblicherweise Operationen zur *Erzeugung* und zum *Löschen* von *Knoten* und *Kanten* an der Schnittstelle. Solche Knoten und Kanten sind meist markiert, um unterschiedliche Arten (Sorten, Klassen) von Entitäten (Knoten) und von Beziehungen (Kanten) unterscheiden zu können. Die Kanten sind meist gerichtet. Ferner können Knoten und Kanten Attribute tragen, was wir hier unberücksichtigt lassen. Wir erläutern dieses Beispiel, weil wir hier Module finden (nämlich Knotenmengen und Kantenmengen), die sowohl für die Realisierung des Moduls Graphen herangezogen werden, als auch zur Schnittstelle des Teilsystems Graphenhandhabung beitragen.

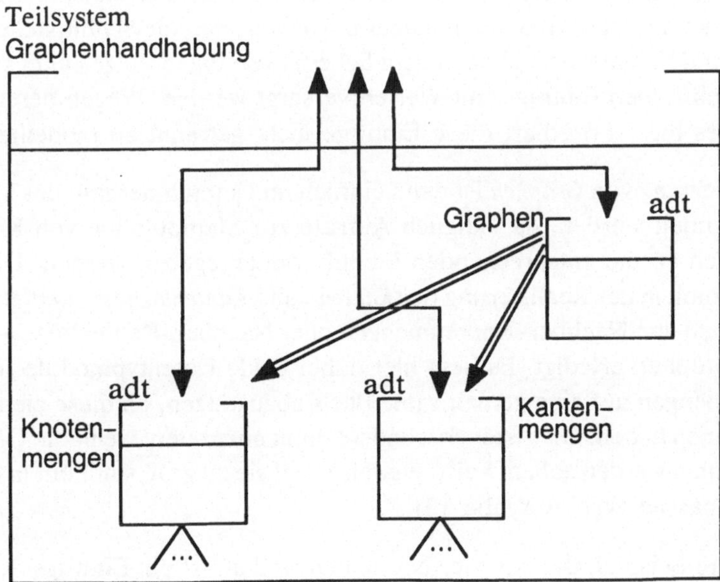

Fig. 5.28: Teilsystem, das sich bei der Realisierung auf Kollektionsmodule stützt

Neben diesen Operationen zur Veränderung eines Graphen braucht man oft Operationen wie beispielsweise Neighbour(k), Neighbour_Out(k), Neighbour(k,edge_ label), um, von einem Knoten k ausgehend, alle Nachbarknoten zu erreichen oder nur solche Knoten zu finden, die über auslaufende Kanten oder über Kanten einer speziellen Markierung erhalten werden können. Entsprechene Operationen zur Bestimmung der angrenzenden Kanten zu einem Knoten können alle Kanten, nur aus- oder einlaufende Kanten, oder nur solche Kanten einer speziellen Markierung liefern. Solche Operationen liefern Knoten- bzw. Kantenmengen als Resultate. Ein *Verwender* eines *Teilsystems* zur *Handhabung* von Graphen muß also die Möglichkeit haben, für die Zwischenschritte *Mengen* von *Knoten* oder *Kanten* zu deklarieren und diesen Mengen über die hier angegebenen Operationen Werte zu geben.

Andererseits ist bekannt, daß man bei der Realisierung eines Graphen dessen Knoten- und Kantenmenge verwalten muß. Somit liegt die in Fig. 5.28 angegebene Lösung nahe. Ein abstrakter Datentyp Graphen stützt sich bei der Realisierung auf Datentypen zur Handhabung von Knoten- oder Kantenmengen. Der *Import* dieser Module ist also zur *Realisierung* des *Rumpfes* von Graphen nötig. Andererseits braucht Graphen bereits *für* seine *Schnittstelle* den Import von Knotenmenge und Kantenmenge, um die obigen Knotenmengen- oder Kantenmengen-liefernden Operationen anbieten zu können. Schließlich muß jeder Verwender, sofern er alle Operationen von Graphen nutzen will, auch den Import von Knotenmenge und Kantenmenge aus dem Teilsystem vorsehen.

An dieser Situation von Fig. 5.28 ist neu, daß der Kollektions-Modul Graphen *mehrere Module* zu seiner *Realisierung* benötigt. Schließlich sind *alle Module* des Teilsystems auch *von außen* ansprechbar, da sie zur Schnittstelle des Teilsystems beitragen. Die Einträge (einzelne Knoten und Kanten) werden in diesem Beispiel nicht modelliert. Wir gehen hier der Einfachheit halber davon aus, daß die Schnittstellen von Knotenmengen und Kantenmengen nach dem Schema von Fig. 5.20 gestaltet sind, daß also auch die einzelnen Einträge mit Werten versorgt werden. Wegen deren einfacher Struktur ist es hier vertretbar, diese Einträge nicht getrennt zu modellieren.

Die *Realisierung* von *Graphen* ist dann einfach und kann innerhalb des Moduls Graphen abgehandelt werden, da lediglich Aufrufe zur Manipulation von Knoten- und Kantenmengen an die entsprechenden Module weitergegeben werden. Die Realisierung steckt somit *in* der Realisierung der *Knoten*- und *Kantenmengen*. Lediglich das Zusammensuchen von Nachbar-Knotenmengen oder Nachbar-Kantenbüscheln wird zusätzlich in Graphen erledigt. Es liegt hier nahe, beide Datentypmodule für Knoten- und Kantenmengen auf eine gemeinsame Basis abzustützen, da diese ziemlich ähnliche Operationen haben. Dies ist insbesondere dann anzuraten, wenn die Graphen permanent gehalten werden sollen, beispielsweise weil sie zu groß sind, um in den Hauptspeicher zu passen (vgl. Aufgabe 13).

Das zweite Beispiel, das wir hier betrachten wollen, ist ein Eintrags-Kollektions-Problem, wobei sich die *Realisierung* der *Kollektion über verschiedene Stufen* erstreckt, die *alle mit* dem *Eintragsmodul* zusammenarbeiten. Als Beispiel betrachten wir ein Teilsystem, das als abstraktes Datenobjekt eine Menge von Einträgen handhabt, die aus einem Schlüssel (gebildet aus bestimmten Komponenten des Eintrags wie Name, Vorname, Geburtsdatum, Geburtsort) und weiteren Informationskomponenten zu einer Person bestehen (vgl. Fig. 5.29). Wir haben dieses Problem schon einmal behandelt (vgl. Fig. 5.8), ohne dort allerdings Einträge und Kollektion durch getrennte Module zu modellieren. Der Datenobjektmodul Menge braucht sowohl für die Deklaration der Formalparameter als auch für seine Realisierung den Import des Moduls Eintraege. Da sich die externen Primärschlüssel zum Auffinden schlecht eignen, wird intern mithilfe des Funktionsmoduls int_Schl aus dem externen Schlüssel jeweils ein zusätzlicher interner Schlüssel (z.B. ganzzahliger Wert) berechnet. Wir gehen, der Einfachheit halber, im folgenden davon aus, daß für jeden externen Schlüssel genau ein interner Schlüssel existiert. Wir wollen die Menge mithilfe eines Binärbaumes realisieren, dessen Operationen den internen Schlüssel zur Suche verwenden. Die Knoten des Binärbaums bestehen also aus Einträgen der Struktur Inf_T, die zusätzlich mit dem internen Schlüssel versehen werden. Somit wird auch für Binaerbaum der Import von Eintraege benötigt. Wir nehmen weiter an, daß die Implementation von Binaerbaum auf der Halde erfolgt und damit ausschließlich im Rumpf von Binaerbaum vollzogen werden. Auf der Höhe der Schnittstellen ist jeweils zusätzlich in Fig. 5.29 die Sicht auf die Daten dargestellt.

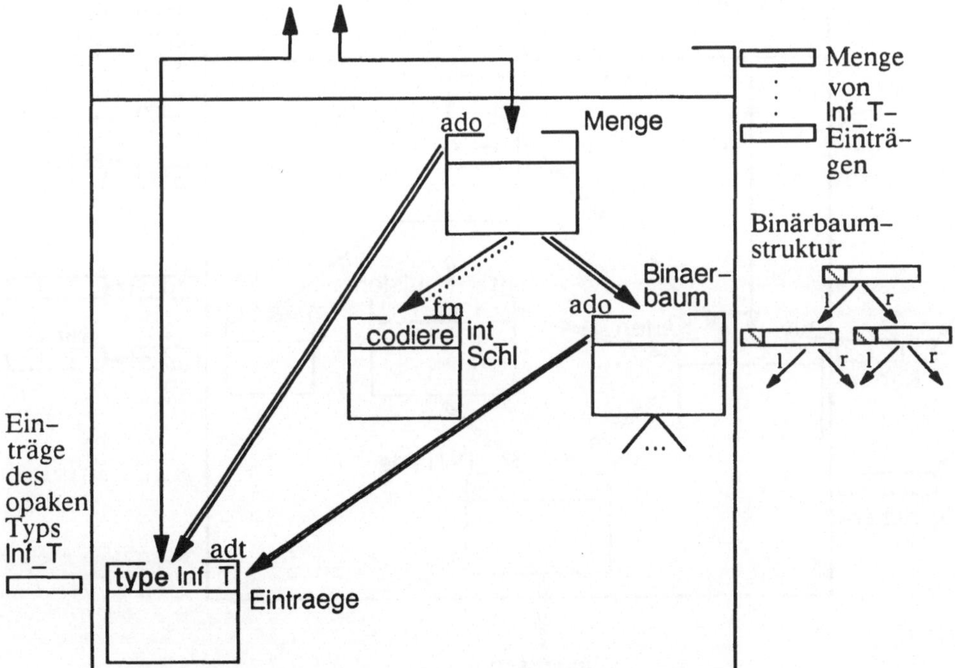

Fig. 5.29: Teilsystem, in dem mehrere Module den Eintragsmodul importieren

Im letzten Beispiel dieses Abschnitts (vgl. Fig. 5.30) wollen wir eine Eintrags–Kollektions–Situation diskutieren, die ähnlich zur letzten ist, in der sich mehrere Schichten von Kollektionsmodulen auf eine bestimmte Eintragsstruktur beziehen. Wir haben schon erwähnt, daß, falls die Einträge Variablensemantik haben, diese Einträge beim Abspeichern in die Kollektion kopiert werden müssen. Geht nun die Realisierung der Kollektion über mehrere Schichten (z.B. Menge, Liste, Halde in Fig. 5.30), so ist jedesmal zu kopieren, wenn eine Abspeicherungsoperation von Menge diejenige der Liste benutzt und diese wiederum diejenige der Halde. Dieses mehrfache Kopieren ist natürlich ineffizient. Wir wollen deshalb für das letzte Beispiel *Zeigersemantik* für den *Eintrag* annehmen.

Um zu zeigen, daß diese *nicht* notwendigerweise *Zeiger* im *eigentlichen Sinne* sein müssen, legen wir alle erzeugten Einträge in einer indexsequentiellen Datei ab. Der "Zeigerwert", den eine Erzeugungsoperation für den Eintrag zurückliefert, ist der Index in der Datei. Diese indexsequentielle Datei verwaltet alle erzeugten Einträge, egal, ob diese in einer einzigen Kollektion oder in verschiedenen Kollektionen zusammengefaßt sind. Da der Kollektionsmodul Kaesten bei uns ein Datentypmodul ist, können mehrere Kollektionen erzeugt werden. Ein verwendender Modul kann dann ein und denselben Eintrag in verschiedenen Kollektionen ablegen, was nach der bereits gemachten Erläuterung über die Zeigersemantik nur dazu führt, daß der gleiche Index für einen bestimmten Eintrag in verschiedenen Kollektionsrealisierungen auftaucht.

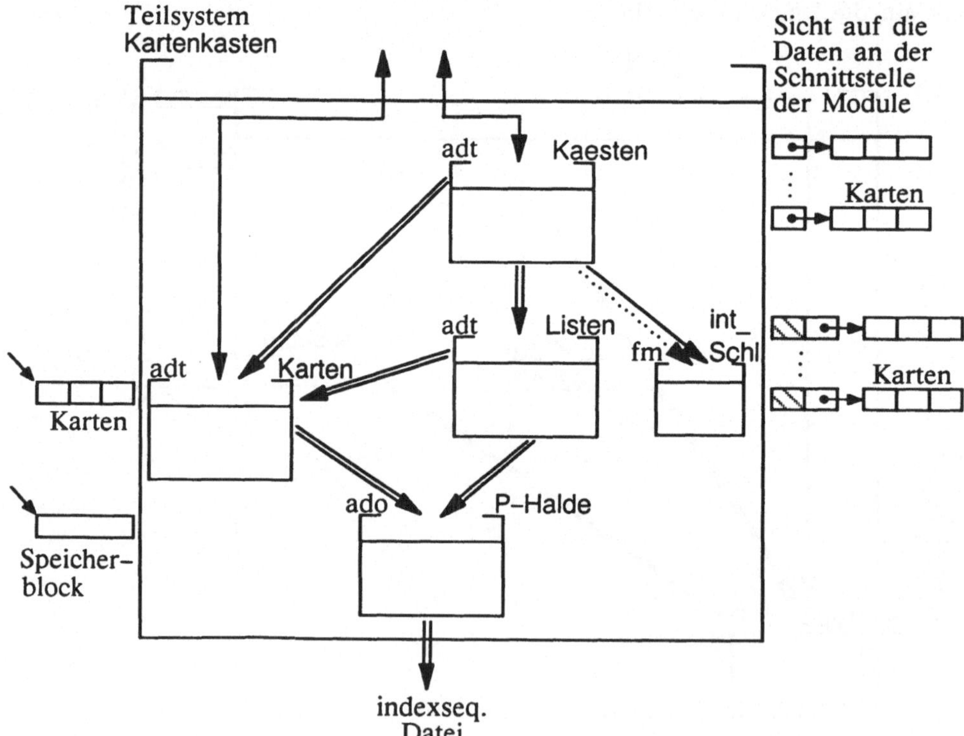

Fig. 5.30: Eintrags-Kollektions-Beispiel: Kollektionsrealisierung über mehrere Stufen, Zeigersemantik für die Einträge

Diese Kollektionen sollen ebenfalls permanent gehalten werden. Da wir die Verwaltung der indexsequentiellen Datei nach oben verbergen wollen, wird oberhalb der indexsequentiellen Datei eine Art *permanente Halde* P_Halde als Modul eingeführt. Dieser hat intern die Freispeicherverwaltung auf der indexsequentiellen Datei durchzuführen. Die neue Situation ist, daß sich sowohl der Eintragsmodul als auch der Kollektionsmodul (hiervon nur der der tiefsten Schicht) auf diesen gemeinsamen permanenten Haldenspeicher abstützen (vgl. Fig. 5.30).

Das *Beispiel* von Fig. 5.30 *bezieht sich* wieder *auf* das *Karteikastensystem* von Kap. 3 und modelliert eine Teilarchitektur dieses Systems. Der Eintragsmodul Karten ist ein Datentypmodul, der eine Erzeugungs– und Löschoperation für Karteikarten an der Schnittstelle anbietet und ferner einen Typ für Bezeichnungen auf solche Objekte. Eine Bezeichnung ist, nach den oben gemachten Ausführungen, aber letztendlich nichts anderes als der Index für einen erzeugten Eintrag in der indexsequentiellen Datei. Zur Ablage von Karteikarten gibt es einen entsprechenden Modul Kaesten. An der Schnittstelle dieses Moduls werden Mengen von Karten betrachtet, auf die assoziativ zugegriffen wird. Allerdings handelt es sich um Verweise auf solche Karten (vgl. die Sicht auf die Daten der Schnittstelle). Da dieser Modul Kaesten ein Datentypmodul ist, können in einem verwendenden Modul mehrere Karteikästen angelegt werden. Das Zusammenspiel von Verwender, Eintrag und Kollektion ist wieder wie gehabt. Der Karteikasten–Modul Kaesten stützt sich auf einen Listenmodul Listen ab, der die Einträge nach einem für den externen Schlüssel intern berechneten Schlüssel geordnet ablegt. Diese geordnete, lineare Liste wird im Rumpf von Listen als verzeigerte Liste realisiert und in einem Feld im Hauptspeicher gehalten. Bei Programmende wird diese Liste auf eine sequentielle Datei geschrieben. Im Rumpf der permanenten Halde befinden sich eine Freispeicherliste der Indizes von gelöschten Blöcken und der Index, der das bisherige Ende der Datei kennzeichnet.

Wenn, bei Zeigersemantik der Einträge einer bestimmten Struktur, die Gesamtheit dieser Einträge realisiert werden soll, bzw. wenn Kollektionen solcher Einträge permanent gehalten werden sollen, dann muß es in den darüberliegenden *Modulen*, die von der *permanenten Realisierung Gebrauch* machen (Eintragsmodul, Kollektionsmodule verschiedener Schichten), noch eine zusätzliche Operation an der Schnittstelle geben, mit deren Hilfe eine bestimmte Datei angeschlossen werden kann. Das wird üblicherweise mit einer *Eröffnungsoperation* gemacht, die als Parameter den Namen einer externen Datei als Zeichenkette enthält. Entsprechend muß es zusätzlich eine *Schließoperation* geben.

5.7 Generische Module und Teilsysteme

Wir hatten bereits des öfteren betont, daß die Frage der *Wiederverwenbarkeit* von Bausteinen oder Softwaresystemen ein zentrales Anliegen dieses Buches darstellt. Wiederverwendbarkeit setzt aber *Anpaßbarkeit* voraus, und zwar in dem Sinne, daß Bausteine leicht verändert werden können und daß die Bausteine, ob unverändert oder modifiziert, leicht in eine Systemarchitektur eingefügt werden können. Auch die Architektur kann dabei entweder im wesentlichen unverändert bleiben oder es kann sein, daß sie angepaßt werden muß.

Für die *Wiederverwendbarkeit* haben wir bereits bisher eine *Reihe* von *Konzepten* kennengelernt: Wir haben (a) bei den Modulen zwischen Schnittstelle und Rumpf unterschieden, so daß der Austausch des Rumpfes bei gleicher Schnittstelle möglich ist. Wir haben (b) den Wert der funktionalen Abstraktion und den Wert der Datenabstraktion kennengelernt. Dort wird von der Unterscheidung zwischen Schnittstelle und Rumpf auf eine "semantische" Weise Gebrauch gemacht. Wir haben (c) die allgemeine Benutzbarkeit von Modulen eingeführt, und wir haben letztendlich (d) mit dem Teilsystembegriff sogar Information Hiding auf der Architekturebene eingeführt. Dieser Abschnitt dient dazu, ein weiteres wichtiges Konzept zur Wiederverwendbarkeit einzuführen, nämlich die Generizität. Im nächsten Abschnitt lernen wir dann mit der Objektorientiertheit noch einmal ein Wiederverwendbarkeitskonzept kennen, das in der aktuellen Architekturdiskussion eine große Rolle spielt.

Wir wollen die *Idee* der *Generizität* zunächst an einem Beispiel kennenlernen. Da diese Idee, in der Form wie wir sie hier einführen, aus *Ada* stammt, ist dieses Beispiel in Ada gehalten. Wir werden allerdings, so wie wir dies bei den anderen Architekturkonzepten ebenfalls getan haben, das Konzept der Generizität wieder in einer sprachunabhängigen und bezüglich Ada auch erweiterten Form präsentieren.

Die Fig. 5.31 zeigt das wohlbekannte Kellerbeispiel in der Form eines abstrakten Datenobjektmoduls, wie wir es bereits aus Fig. 4.2 kennen. Vor dem Modul befindet sich eine sog. *generische Klausel*, die generische Parameter enthält. Diese Parameter sind für den Modul noch offen. In unserem Beispiel ist es die Größe des Behälters, in dem die einzelnen Kellerelemente abgelegt werden, und der Typ dieser Kellerelemente. Die Realisierung des Moduls ist weitgehend unabhängig von diesen Angaben, denn beide gehen lediglich in die Deklaration des Behälters im Modulrumpf ein. Für die Realisierung der Zugriffsoperationen brauchen wir nur die Eigenschaft, daß wir mit den Kellerelementen eine Zuweisung ausführen dürfen, was i.a. für Objekte eines beliebigen Typs möglich ist, soweit der Typ dabei auf beiden Seiten der Zuweisung übereinstimmt.

Wir nennen einen Modul, der mit einer generischen Klausel versehen ist, einen *generischen "Modul"* und führen damit zu den bisher betrachteten Modulen weitere ein, nämlich die generischen funktionalen Module, die generischen Datenobjektmodule und die generischen Datentypmodule (vgl. Aufgabe 14). Die Typdefinition mit dem Zusatz **private** hat hier eine andere Semantik als die in der Typdefinition der Schnittstelle eines Datentypmoduls (vgl. Fig. 4.16). Dort stand **private** für geschützt, geheim, hier steht es für noch nicht bekannt oder x–beliebig.

Aus einem solchen Modul kann nun durch eine *generische Exemplarerzeugung* (Ausprägung, Instanz o.ä.) ein passender Modul geschaffen werden (vgl. unteren Teil von Fig. 5.31). In unserem Beispiel wird dabei die Größe des Behälters sowie der Typ der

Kellerelemente festgelegt. Die durch zwei Zeilen hinzuschreibende Exemplarerzeugung liefert damit einen Datenobjektmodul INTEGER_KELLER mit 200 Komponenten des Typs INTEGER, der dann, so wie bisher, mit den üblichen Operationen verändert und abgefragt werden kann.

```
generic------------------------------------------------ generischer Teil ------- --
    SIZE: NATURAL;                      --SIZE und TYP_ITEM werden erst   --
    type TYP_ITEM is private;           --bei der gen. Ausprägung festgelegt --
package G_ITEM_KELLER is  --**************Schnittstelle****** --
    procedure PUSH(X: in TYP_ITEM);     --Zugriffsoperationen bestehen --
    procedure POP;                      --aus Veraenderungen           --
    function READ_TOP return TYP_ITEM;  --und Abfragen incl. Sicher-   --
    function IS_EMPTY return BOOLEAN;   --heitsabfragen. Die           --
    function IS_FULL return BOOLEAN;    --Bedeutung der einzelnen      --
    ST_UNDERFLOW, ST_OVERFLOW: exception; -- Operationen ist: ...      --
end G_ITEM_KELLER;  ------------------------------------------------- --


package body G_ITEM_KELLER is ----------------- Rumpf ------------- --
    SPACE: array(1..SIZE) of TYP_ITEM;                              --
    INDEX: INTEGER range 0..SIZE;                                   --
    procedure PUSH(X: in TYP_ITEM) is begin ... end;               --
    ...                                                            --
    function IS_FULL return BOOLEAN is begin ... end;              --
end G_ITEM_KELLER;  --***************************************** --


--Erzeugung eines generischen Exemplars:
package INTEGER_KELLER is
    new G_ITEM_KELLER(SIZE => 200, TYP_ITEM => INTEGER);
--Kann jetzt mit INTEGER_KELLER.PUSH(...) etc. modifiziert werden.
--Man beachte: Das Exemplar INTEGER_KELLER "ist" selbst der Keller.
```

Fig. 5.31: Generischer Modul in Ada

Die Idee der Generizität ist somit, häufig wechselnde Details der Realisierung zunächst noch offenzulassen. Es wird damit eine *Schablone* für Bausteine realisiert. Erst später legt man diese Details fest und man erzeugt sich in einem zweiten Schritt einen passenden Baustein. Dabei steckt der gesamte Realisierungsaufwand in der Erstellung der Schablone, die eine *Abstraktion für* eine *Menge* von *Bausteinen* im bisherigen Sinne darstellt, die sich nur in Details (hier Behältergröße, Typ der Einträge) unterscheiden. Wie wir dem Beispiel entnehmen, können sich diese Details auf die Schnittstelle als auch auf den Rumpf des generischen Moduls beziehen. Wir wollen später diese Idee der Generizität von Modulen auf Teilsysteme übertragen.

Was sind nun die *Details*, die üblicherweise bei der Realisierung *offengelassen* werden, und die wir in Form *generischer Parameter* formulieren? Neben (a) der Festlegung einer passenden Dimensionierung sind dies (b) die Festlegung von Typen und (c) die

Festlegung von Funktionen aus einer Klasse von Funktionen. Insbesondere die Fälle (b) und (c) sind für die hier vorgestellten Architekturüberlegungen wichtig, da sie sich auf die Schnittstelle von Modulen beziehen. Der generische Modul hat dann an seiner Schnittstelle von diesen Details der Schnittstellen seiner generischen Exemplare abstrahiert. Um Beispiele für den Fall (c) zu geben, stelle sich der Leser einen Funktionsmodul vor, der Verfahren der numerischen Integration für Funktionen einer reellen Variablen mit reellem Ergebnis zur Verfügung stellt, oder er betrachte einen Funktionsmodul, der Funktionen graphisch auszugeben gestattet. Für die Realisierung solcher generischer funktionaler Module braucht man lediglich die Eigenschaft, die Funktionswerte an bestimmten Stützstellen zu erhalten. Bei der Exemplarerzeugung wird später festgelegt, für welche mathematische Funktion man den Integrations– oder Zeichenmodul haben möchte.

Wenn wir diese Idee der *Generizität* mit den bisherigen Überlegungen zur Gestaltung einer Modularchitektur vergleichen, so stellen wir einerseits fest, daß es sich hier um eine neue Idee handelt, die die bisherigen Möglichkeiten, *Abstraktion* zu formulieren, auf natürliche Art und Weise *fortsetzt*. *Andererseits* sehen wir, daß diese Idee *nicht in den bisherigen Rahmen* paßt, der dadurch bestimmt ist, daß ein Teil(ergebnis) des Entwurfsprozesses durch eine geeignete Notation ausgedrückt wird. Wir wollen diese beiden Aspekte genauer diskutieren.

Zu den bisherigen *Überlegungen paßt*, daß wir *komplizierte Bausteine* nur *einmal entwerfen und implementieren,* und daß wir diese dann an verschiedenen Stellen verwenden. Unter Bausteinen verstehen wir hier einen generischen Modul oder später ein generisches Teilsystem, und unter Verwendung verstehen wir die Exemplarerzeugung. Der Realisierungsaufwand für den Baustein wird nur einmal erbracht, indem dieser soweit abstrakt, d.h. unabhängig von verschiedenen Exemplaren, gehalten wird, so daß er vielfach anwendbar ist. Die Verwendung des Bausteins ist einfach hinzuschreiben. Dabei kann das, was durch Verwendung entsteht und einfach hinzuschreiben ist, im logischen Sinne oder im Sinne der Realisierung durchaus kompliziert sein. Dies haben wir bereits in einmr anderen Zusammenhang kennengelernt: So ist die Erzeugung eines abstrakten Datenobjekts aus einem abstrakten Datentypmodul durchaus ein komplexer Vorgang, der aber einfach hinzuschreiben ist.

Andererseits hat der *generische Mechanismus,* so wie wir ihn hier eben beispielhaft eingeführt haben, eine *andere Qualität.* Ein generischer Modul oder später ein generisches Teilsystem ist kein Architekturbaustein im bisherigen Sinne, der in eine Architektur einfach eingehängt werden kann. Er ist lediglich eine Schablone für solche Architekturbausteine! Aus ihr muß durch generische Exemplarerzeugung erst ein passender Baustein erzeugt werden. Das ist aber in Ada einfach – in der Regel innerhalb weniger Zeilen – hinzuschreiben. Folgen wir jetzt unserer bisherigen Auffassung, daß nur komplex zu realisierende Bestandteile auf der Architekturebene erscheinen, so ist die generische Exemplarerzeugung kein Bestandteil des Programmierens im Großen. Das ist aber keine sinnvolle Auffassung, da bei der generischen Exemplarerzeugung ein Architekturbaustein entsteht!

Wir können generische Bausteine auch nicht ohne weiteres über die allgemeine Benutzbarkeit (die lokale Benutzbarkeit macht ohnehin keinen Sinn, da ein generischer Baustein von seiner Natur her ein allgemeiner ist) in eine Architektur einhängen. Eine solche *allgemeine Benutzbarkeit* eines *generischen Bausteins* hätte eine völlig *andere Semantik*: Hier werden nicht die Ressourcen eines anderen fertigen Bausteins importiert, so daß sie später für die Implementierung genutzt werden können, sondern es wird eine Schablone genutzt, um daraus einen passenden Architekturbaustein zu erzeugen. Somit gehört die Benutzbarkeit generischer Bausteine eher zu einer logischen Betrachtungsebene, die den Prozeß der Entwicklung von Architekturkomponenten aus vorgefertigten Schablonen beschreibt, als zu der Ebene, wo die Ergebnisse dieses Prozesses festgelegt werden.

Die *Einordnung*, inwieweit ein generischer Mechanismus zu der bisher betrachteten Architekturmodellierung paßt, *hängt* auch nicht unwesentlich *davon ab*, wie die *Generizität* in der zugrundeliegenden *Programmiersprache gehandhabt* wird. Hier gibt es grundsätzlich zwei Möglichkeiten, nämlich den Makromechanismus oder den Laufzeitmechanismus. Beide können mit dem Typkonzept der jeweiligen Programmiersprache abgestimmt sein oder nicht.

In Ada wird die Generizität auf Makroebene abgehandelt, also auf einen Mechanismus zurückgeführt, der zur Compilezeit aus einem generischen Baustein und einer generischen Exemplarerzeugung (mit einer Liste aktueller generischer Parameter) durch *Makroexpansion* einen fertigen Baustein des Programmsystems macht. Allerdings erfolgt die Typüberprüfung in Ada nicht erst nach der Expansion, sondern der generische Mechanismus ist ein Bestandteil des Typkonzepts. Besitzt eine Programmiersprache keine Mechanismen der Generizität, wie dies etwa bei FORTRAN der Fall ist, so kann durch ein Werkzeug zur Makroexpansion ein solcher Mechanismus simuliert werden. Die Verträglichkeit generischer Bausteine und Exemplare mit anderen Sprachkonzepten kann dann allerdings erst für die expandierten Exemplare vom Compiler festgestellt werden.

In anderen Programmiersprachen, wie etwa PL/I, werden Typen und Prozeduren als Parameter gehandhabt. Dadurch ist die Übergabe von Typen und Prozeduren ein *Laufzeitmechanismus* und in die Programmiersprache eingebettet. Legt man diese Vorstellung zugrunde, so würde man generische Bausteine als normale Programmsystembausteine betrachten.

Wir haben uns bei der Diskussion des vorletzten Absatzes, ob die Generizität in unsere bisherigen Überlegungen paßt oder nicht, von der Vorstellung der Makroexpansion leiten lassen. Würde die Generizität über einen Laufzeitmechanismus der zugrundeliegenden Programmiersprache gehandhabt, dann wäre es nicht sinnvoll, für die Typen und Prozeduren als generische Parameter eine Unterscheidung zwischen der Entwicklungsprozeßebene und der Ebene der Festlegung von Teilergebnissen zu machen. Da aber die meisten breit verwendeten Programmiersprachen keine Typ- oder Prozedurparameter kennen, andererseits der Makromechanismus leicht über ein Werkzeug erzeugbar ist, wollen wir hier der *Vorstellung* der *Generizität* als *Makrome-*

chanismus folgen. Für die Programmiersprache C, die immerhin Prozedurparameter kennt, sind Präprozessorwerkzeuge an vielen Stellen im praktischen Einsatz.

Wir gehen also im folgenden davon aus, daß wir nur die Ergebnisse einer generischen Exemplarerzeugung in eine Architektur einhängen, aber nicht die generischen Bausteine selbst. Diese *Ergebnisse* sind *Dokumente*, die unserer *Architekturbeschreibungssprache* folgen, so wie sie bisher vorgestellt wurden. Insoweit muß die Architekturbeschreibungssprache nicht verändert werden. Wollen wir auch die generischen Bausteine selbst, sowohl textuell als auch graphisch, notieren, da diese etwa in einer Bausteinbibliothek aufbewahrt werden können müssen, dann ist eine *Erweiterung* der *Architekturbeschreibungssprache* nötig, die im folgenden skizziert wird. Für einzelne Module kann die Textnotation wie in Fig. 5.31 oder ähnlich aussehen. Der Mechanismus der generischen Exemplarerzeugung wird in diesem Buch nicht weiter dargestellt. Er kann wie in Fig. 5.31 angegeben aussehen.

Betrachten wir abstrakte Datentypmodule und generische abstrakte Datenobjektmodule, so haben wir jetzt *zwei Erzeugungsmechanismen für abstrakte Datenobjekte* zur Hand. Zum einen können wir aus einem Datentypmodul durch Anwendung des Typbezeichners in einer Deklaration oder durch Anwendung der Erzeugungsoperationen im Anweisungsteil eines anderen Moduls ein abstraktes Datenobjekt erzeugen, je nachdem, um welche Form von Datentypmodul es sich handelt (ggf. ist der dabei betrachtete Datentypmodul erst durch eine generische Exemplarerzeugung entstanden). Zum zweiten haben wir die Möglichkeit, aus einem generischen Datenobjektmodul ein abstraktes Datenobjekt in Form eines Datenobjektmoduls zu erzeugen.

Beiden Fällen ist *gemeinsam*, daß die aufwendige Aufgabe der Festlegung eines Musters nur einmal anzugeben ist, nämlich bei der Festlegung des Datentypmoduls bzw. bei der Festlegung des generischen Datenobjektmoduls. Die Erzeugung des abstrakten Datenobjekts bzw. des abstrakten Datenobjektmoduls kann dann in der Regel innerhalb weniger Zeilen hingeschrieben werden.

Der *Unterschied* beider Möglichkeiten ist zum einen, daß es sich beim Übergang abstrakter Datentypmodul → abstraktes Datenobjekt um einen Laufzeitmechanismus handelt, während der Übergang generischer Datenobjektmodul → Datenobjektmodul zur Compilezeit erfolgt, die Laufzeit somit nicht belastet. Allerdings belastet letzteres den Programmspeicher, da dieser mehrere identische Teile enthalten kann. Zum anderen ist die Frage wichtig, ob die abstrakten Datenobjekte in der Architektur verankert sein sollen oder nicht. Im ersten Fall bleibt nur die Möglichkeit der generischen Exemplarerzeugung übrig, da die abstrakten Datenobjekte, die mithilfe von Datentypmodulen erzeugt werden, auf Architekturebene nicht erscheinen.

Unsere *bisherigen Überlegungen* bezogen sich hauptsächlich auf *einzelne Module* als Einheiten mit Schablonencharakter. So ist der generische Mechanismus in Ada auch definiert. Eine generische Klausel umschließt eine Übersetzungseinheit, also einen Modul oder eine Prozedur, wobei beide wieder Module und Prozeduren enthalten dürfen. In der Denkwelt der Darstellung dieses Buches läßt Ada also Generizität lediglich für eingeschränkte Situationen zu, nämlich z.B. für abgeschlossene Module oder für Enthaltenseinsbäume.

Ein *generischer Mechanismus* ist aber auch für *Teilarchitekturen*, die beliebig viele Module umfassen, wünschenswert und notwendig. Insbesondere sollte er gestatten, generische Teilsysteme zu formulieren. Wie ein solcher generischer Mechanismus auf Architekturniveau aussehen sollte, ist im einzelnen noch nicht geklärt. Um die Notwendigkeit der Erweiterung des generischen Mechanismus gegenüber der Form, die Ada anbietet, zu motivieren, wollen wir einige Beispiele zusammentragen, die wir in diesem Kapitel bereits erläutert haben, die aber generisch sein sollten.

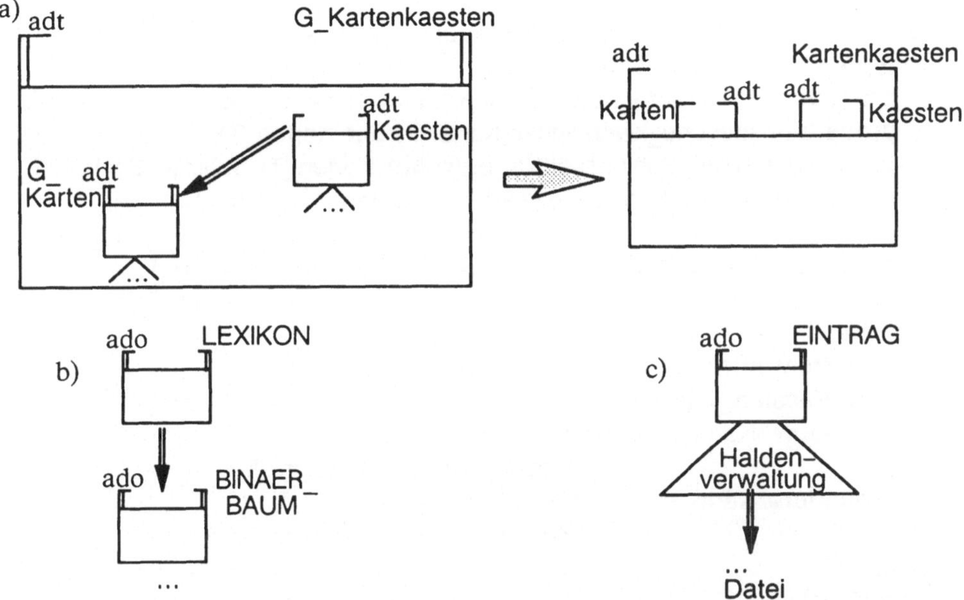

Fig. 5.32: Einige generische Situationen, die nicht auf Module beschränkt sind

In Fig. 5.22 haben wir ein Architekturdiagramm eines Teilsystems für die *Eintrags–Kollektions–Situation* angegeben, das Kollektionen und Einträge durch verschiedene Module darstellt. Die Fig. 5.24 gibt eine Skizze der textuellen Notation wieder, hier für das Karteikastenbeispiel aus Kap. 3. Betrachtet man dieses Eintrags–Kollektions–Beispiel genauer (vgl. Fig. 5.32.a und 5.33), so stellt man fest, daß sich dieses Teilsystem unabhängig von der speziellen Struktur des Eintrags formulieren läßt. Es muß aber bekannt sein, wieviele Komponenten der Eintrag besitzt, die von außen über Zugriffsoperationen ansprechbar sind (z.B. externer Schlüssel, Name, Adresse etc.). Diese sind die generischen Parameter, für die dann bei der generischen Exemplarerzeugung spezielle Typen einzusetzen sind. Der Eintragstyp ist opak und wird durch einen Datentypmodul angegeben. Damit wird verborgen, welche weiteren Komponenten der Eintrag besitzt, und in welcher Reihenfolge die Komponenten abgelegt werden usw. (vgl. Fig. 4.13). Ein solches Teilsystem läßt sich nun formulieren, ohne auf die später bei der Exemplarerzeugung einzusetzenden Typen für Schlüssel, Name,

Adresse etc. Bezug zu nehmen. In Fig. 5.33 ist eine Skizze der Schnittstelle des *generischen Teilsystems* angegeben und in Fig. 5.32.a das Architekturdiagramm und der Übergang zu einem Exemplar, das nur aus der Sicht des Verwenders dargestellt wurde. Im Architekturdiagramm sind die Bestandteile, die Schablonencharakter haben (Modul Karten, Teilsystem G_Kartenkaesten etc.) speziell gekennzeichnet.

```
generic
   type Schl_T, Namen_T, ... is private;
   --evtl. Operationen fuer diese opaken Typen
--data type
subsystem G_Kartenkaesten is

   ...

   export from abstract data type module Karten is
     type Karten_T is private
     procedure initialisiere_Karteninhalt(Karte: out Karten_T);
     procedure loesche_Karteninhalt(Karte: in out Karten_T);
     procedure setze_Schluessel(Karte: in out Karten_T; Schl: in Schl_T);
     procedure liefere_Schluessel(Karte: in Karten_T) return Schl_T;
     procedure setze_Name(Karte: in out Karten_T; Name: in Namen_T);
     procedure liefere_Name(Karte: in Karten_T) return Namen_T;

     ...

   end Karten;
   export from abstract data type module Kaesten is
     type Kaesten_T is private;
     procedure Karte_ablegen(Karte: in Karten_T;
                             Kaesten: in out Kaesten_T);
     procedure Karte_loeschen(Karte: in Karten_T;
                             Kaesten: in out Kaesten_T);

     ...

   end Kaesten;
end G_Kartenkaesten;


susbsystem body G_Kartenkaesten is
   ...
end G_Kartenkaesten;
```

Fig. 5.33: Skizze eines generischen Teilsystems für das Eintrags–Kollektions–Beispiel

Ein weiteres Beispiel (vgl. Fig. 5.32.b) gibt den Fall zweier Module an, die sich über die allgemeine Benutzbarkeit aufeinander abstützen. Es handelt sich um zwei Kollektionen, die eine gemeinsame Eintragsstruktur benutzen. Diese soll bei der Realisierung keine Rolle spielen, da die Implementation der beiden Datenabstraktionsmodule unabhängig von dieser Eintragsstruktur formuliert werden kann. Natürlich kann das Beispiel auch verallgemeinert werden, nämlich daß mehr als zwei Datenabstraktionsschichten davon betroffen sind. Die *Schichtenbildung* bei der *Datenabstraktion* (vgl. Abschnitt 5.4) ist also ein weiterer *Kandidat* für *Generizität*. Für den Fall, daß mit den Einträgen eigenständig umgegangen werden soll (vgl. Diskussion am Anfang von Abschnitt 5.5), würde wieder ein Teilsystem zu bilden sein, in dessen Rumpf das Aufeinander–Abstützen der Datenabstraktionsschichten stattfindet (vgl. Fig. 5.29, 5.30).

Das letzte Beispiel behandelt die Realisierung einer Haldenverwaltung (vgl. Fig. 5.32.c), die natürlich weitgehend unabhängig von der Struktur der Haldenelemente ist. Im wesentlichen geht hier die Größe eines Haldenelements ein, damit dieses in der Realisierung der Haldenverwaltung auf verschiedene Blöcke verteilt werden kann. Eine solche Haldenverwaltung spielt in Fig. 5.30 eine Rolle, in der wir bei genauer Betrachtung aller bisher erörterten generischen Situationen wiederfinden (Eintrags–Kollektions–Situation, Schichtenbildung und schließlich Haldenverwaltung). Nun ist die Realisierung einer effizienten Zugriffsstruktur (in Fig. 5.30 Listen, es könnte auch ein Binärbaum, B–Baum oder B*–Baum sein) selbst ein Kandidat für ein Teilsystem. Das würde aber bedeuten, daß die *Generizität* auch *über* die *Teilsystemgrenzen hinweg* beachtet werden müßte.

5.8 Objektorientierte Programmiersprachenkonstrukte

Die *Zielsetzung* dieses *Abschnitts* ist es, den Leser in die *Ideenwelt* der *objektorientierten Programmierung einzuführen.* Diese Ideenwelt weicht stark von der der klassischen Programmierung ab, weshalb man auch vom Paradigma der objektorientierten Programmerstellung spricht. Bei dieser Einführung ist es unvermeidlich, auch die Ebene des Programmierens im Kleinen zu behandeln. Die Unterscheidung zwischen Programmieren im Großen und Programmieren im Kleinen ist ja auch bei der ingenieurmäßigen Programmsystemerstellung, die wir in diesem Buch verfolgen, eine idealisierte Vorstellung (vgl. Abschnitt 2.3). In der objektorientierten Gedankenwelt wird diese Unterscheidung in der Regel überhaupt nicht gemacht.

Wir führen in diese Gedankenwelt der objektorientierten Programmierung dadurch ein, daß wir die *Konstrukte* einer *objektorientierten Programmiersprache* erörtern. Diese Einführung stellt in diesem Kapitel, das sonst ausschließlich der Architekturmodellierung gewidmet ist, einen Ausflug dar. Dieser Ausflug ist insofern nötig, als wir bei dem typischen Leser nicht die Kenntnis einer objektorientierten Sprache voraussetzen können. Wir wollen bei dieser Erörterung insbesondere herausarbeiten, wie sich das objektorientierte Paradigma auf die Architekturmodellierung auswirkt und wie eine objektorientierte Architekturmodellierung aussieht. Letzteres wird in erster Linie im nächsten Abschnitt diskutiert. In diesem Abschnitt legen wir hierfür die nötigen Grundlagen, indem wir klären, was die objektorientierte Programmierung für das Programmieren im Großen bedeutet.

Die Darstellung orientiert sich an /5. Na 87/, wo die Ideenwelt der Objektorientierung mit den üblichen Begriffen aus dem Bereich der Programmiersprachen beschrieben wurde. In der "Welt der Objektorientierung" ist es verbreitet, neue Begriffe für

Konzepte einzuführen, die es längst gibt. Wir wählen als *Beispielsprache Smalltalk–80*, zum einen wegen des größeren Bekanntheitsgrades dieser Sprache und zum anderen deshalb, weil man diese Sprache als objektorientierte Sprache par excellence betrachten kann. Auch hier gilt wieder, daß wir uns zur Erläuterung der Ideen einer bestimmten Programmiersprache bedienen, daß es uns aber auf *die programmiersprachenunabhängige Erläuterung* von Konzepten, hier der Objektorientierung, ankommt.

Die Ideen der Objektorientierung reichen bis in die sechziger Jahre zurück /5. DN 66/. Eine breite Beachtung in der wissenschaftlichen Diskussion erreichte diese Idee erst mit dem Erscheinen der Bücher über Smalltalk, insbesondere mit /5. GR 83/. Zur Zeit gibt es eine Fülle objektorientierter Sprachen oder Erweiterungen bestehender Sprachen, wie etwa C++ /5. St 86/ oder Objective C /5. Co 86/. Der an der *Entwicklung* und *Verbreitung* dieses *Paradigmas* interessierte Leser sei insbesondere auf Sammelbände wie /5. OOPSLA/ oder Tutorials wie /5. IEEE 88/ verwiesen.

Die Begriffe Objektorientierung, Objektorientiertheit o.ä. sind sehr schillernd. In vielen Fällen werden damit auch Bedieneroberflächenaspekte, Arbeitsplatzrechnerorientierung, eine bestimmte Vision von der Softwaresystem–Evolution, interaktive Werkzeuge, Graphikorientierung o.ä. verbunden. Wir wollen uns in der folgenden Erläuterung ausschließlich auf die Programmiersprachenkonzepte konzentrieren. Aber auch hier gibt es eine Vielfalt von Begriffen und Mißverständnissen, die durch die Klassifikation in /5. WS 87/ geordnet wurde. In einigen Darstellungen wird Objektorientiertheit mit der Verwendung von Konzepten und Hilfsmitteln zur Datenabstraktion gleichgesetzt. Diesem verwirrenden Sprachgebrauch wollen wir nicht folgen. In /5. WS 87/ wird hierfür der *Begriff Objektbasiertheit* eingeführt. Insoweit haben wir in diesem und im letzten Kapitel die Ideen der objektbasierten Softwarearchitekturmodellierung eingeführt, erläutert und angewandt. Dieser Abschnitt dient damit im folgenden der Klärung, was *Objektorientiertheit* von Objektbasiertheit unterscheidet.

Zunächst ist ein *Objekt* im Sinne von Smalltalk immer ein abstraktes Datenobjekt. Dieses hat, wie wir wissen, ein Gedächtnis und Operationen, die auf das Objekt anwendbar sind. In der Welt der Objektorientierung heißen diese Operationen meist *Methoden*. Die Struktur der Objekte wird durch *Klassen* beschrieben. Eine Klasse ist ein Datentypmodul in dem in diesem Buch eingeführten Sprachgebrauch. Schließlich nennt man in Smalltalk Aufrufe von Methoden auch *Botschaften*. Dieser Name deutet bereits darauf hin, daß die Module in objektorientierten Sprachen zur Laufzeit als lose miteinander verbunden betrachtet werden, was wir noch zu erläutern haben.

In Fig. 5.34 ist einer *Smalltalk–Klasse* der ihr entsprechende *Datentypmodul* in der Notation von Kap. 4 gegenübergestellt. Es handelt sich um einen Modul zur Erstellung einer persönlichen Buchhaltung für verschiedene Personen. Dieser Modul gestattet es, den aktuellen Kontostand sowie die akkumulierten Einnahmen bzw. Ausgaben für bestimmte Zwecke festzuhalten. Wir wollen die *Unterschiede* zwischen beiden *Notationen* etwas genauer diskutieren. Diese Diskussion soll nicht dazu führen, daß der Leser den Smalltalk-Quelltext bis ins Detail versteht. Die Erläuterung soll hingegen lediglich ermöglichen, daß der Leser die unterschiedlichen Konzepte von klassischen imperativen Sprachen und der objektorientierten Sprache Smalltalk–80 versteht.

Da eine Klasse stets ein Datentypmodul ist, erübrigt es sich in Smalltalk, zwischen Klassenbezeichner und Bezeichner des Typs zu unterscheiden, der exportiert wird. Letzterer wird gar nicht explizit aufgeführt. Die Operationen des abstrakten Datentyps (die Methoden der Klasse) sind fett geschrieben. Sie stellen die Schnittstelle der Klasse dar. Diese Schnittstelle wird aus Übersichtlichkeitsgründen in Veränderungen, Anfragen und Initialisierung unterschieden. Diese Unterscheidung ist jedoch lediglich Kommentar. (Bei dieser Gelegenheit fällt sofort die gegenüber der prozeduralen Schreibweise unterschiedliche Schreibweise für Methoden in Smalltalk auf. Die Formalparameter–Bezeichner sind nämlich in den Bezeichner des Unterprogramms "eingestreut".) Ferner fällt auf, daß der Formalparameter für das abstrakte Datenobjekt fehlt. Da er bei allen Operationen auftaucht, wurde er einfach weggelassen. Die interne Struktur der abstrakten Datenobjekte besteht lediglich aus der Angabe der Namen der Komponenten. Diese Komponenten werden auch Exemplarvariable, Instanzvariable oder Rollen genannt.

Uns fällt bei der Betrachtung von Fig. 5.34 ferner auf, daß in der Notation kein sauberer Unterschied zwischen Schnittstelle der Klasse und ihrem Rumpf gemacht wird. Sowohl die Strukturbeschreibung für die abstrakten Datenobjekte, d.h. die Typdefinition des opaken Typs, als auch die Implementationen der Methoden sind nicht in einen Rumpf eingeschlossen. Die in einer Klasse auftauchenden Methoden müssen nicht alle von außen ansprechbar sein. Eine Methode kann beispielsweise klassenlokalen Charakter haben. Dieses kann der Klassendefinition auch nicht angesehen werden. Ferner fällt uns auf, daß bei allen Formalparametern nur Bezeichner und keine Typen angegeben sind. Smalltalk ist typenlos, wie viele objektorientierte Sprachen.

```
classname                     Finanzsituationen
superclass                    Object

instance variable names       verfuegbaresGeld
                              einnahmen
                              ausgaben

instance methods

Veränderungsoperationen

erhaelt: betrag von: quelle
    einnahmen at: quelle
            put: (self insgesamtErhaltenVon: quelle) + betrag.
    verfuegbaresGeld <— verfuegbaresGeld + betrag

gibAus: betrag fuer: zweck
    ausgaben  at: zweck
            put: (self insgesamtAusgegFuer: zweck) + betrag.
    verfuegbaresGeld <— verfuegbaresGeld - betrag
```

Anfragen

verfuegbarIst
  ↑ verfuegbaresGeld

insgesamtErhaltenVon: quelle
  (einnahmen includesKey: quelle)
    ifTrue: [↑ einnahmen at: quelle]
    ifFalse: [↑ 0]

insgesamtAusgegFuer: zweck
  (ausgaben includesKey: zweck)
    ifTrue: [↑ ausgaben at: zweck]
    ifFalse: [↑ 0]

Initialisierung

anfangsSituation: betrag   a) Smalltalk
  verfuegbaresGeld ←— betrag.   Klasse
  einnahmen ←— Dictionary new.
  ausgaben ←— Dictionary new

---

                                                       b) Schnittstelle des entspr.
abstract data type module Finanzsituationen   abstrakten Datentyps
  type Fin_Sit_T **is private**;
  --Veraenderungsoperationen
  procedure erhaelt_von(Fin_Sit: **in out** Fin_Sit_T; betrag: **in** betrags_T;
          quelle: **in** ang_T);
  procedure gib_aus_fuer(Fin_Sit: **in out** Fin_Sit_T; betrag: **in** betrags_T;
          zweck: **in** ang_T);
  --Anfragen
  function verfuegbar_ist(Fin_Sit: **in** Fin_Sit_T) **return** betrags_T;
  function insgesamt_erhalten_von(Fin_Sit: **in** Fin_Sit_T; quelle: **in** ang_T)
          return betrags_T;
  function insgesamt_ausgeg_fuer(Fin_Sit: **in** Fin_Sit_T; zweck: **in** ang_T)
          return betrags_T;
  --Initialisierung
  procedure Anfangssituation(Fin_Sit: **in out** Fin_Sit_T; zweck: **in** ang_T);
  --Beschreibung der Semantik der Schnittstelle:
      ...
end Finanzsituationen;

Fig. 5.34: Beispiel einer Smalltalk–Klasse, Formulierung der Schnittstelle in unserer
            Notation

Smalltalk kennt *ausschließlich diese Art von Modulen*, also abstrakte Datentypen. Somit ist eine Klasse auch dann nötig, wenn wir nur ein einziges Exemplar eines abstrak-

ten Datenobjekts benötigen. Alle Klassen haben eine Erzeugungsoperation in ihrer Schnittstelle. Für die abstrakten Datenobjekte wird also Zeigersemantik angenommen. Der Typ der Objekte, der an der Schnittstelle nicht erscheint, ist somit stets einer von Bezeichnern auf Objekte. Es gibt in somit in Smalltalk keinerlei Module zur funktionalen Abstraktion. Obwohl Smalltalk außerordentlich stark vom Gedanken der Datenabstraktion geprägt ist, ist diese Programmiersprache erstaunlicherweise typenlos. Es wird weder vom Programmierer für Objekte ein Typ angegeben, indem er diese Objekte deklariert, noch wird ein Typ aus verschiedenen angewandten Vorkommnissen ermittelt (Typinferenz). Wir sehen in Fig. 5.34 in der zweiten Zeile der Initialisierungsmethode, daß die Komponente einnahmen stets als Objekt der Klasse Dictionary verwandt wird. In der Deklaration der Exemplarvariablen einnahmen ist die Klassenzugehörigkeit im Sinne einer Typangabe jedoch nicht angegeben.

Betrachten wir noch einmal die Fig. 5.34 mit der dort angegebenen Definition einer Beispielklasse. Die *Aufgabe* des *Programmierens im Kleinen* besteht in Smalltalk in erster Linie darin, daß die *Methoden ausprogrammiert* werden müssen, da zur Datenstrukturierung lediglich die Namen der Komponenten angegeben werden. In diesen Methoden stehen hauptsächlich Anweisungen. Diese sind Ausdrücke oder Zuweisungen, auf die wir hier nur kurz eingehen wollen. Die letzte Zeile der Methode erhaelt:von: ist eine Zuweisung, die letzte von verfuegbarIst ist ein Rückkehrausdruck. In den ersten beiden Zeilen von erhaelt:von: wird die Methode at:put: auf die Komponente einnahmen angewandt. Genauer betrachtet, wird die Methode nicht auf die Komponente angewandt, da diese lediglich ein Zeiger ist, sondern auf das Lexikon (Objekt der Klasse Dictionary), das damit ”angezeigt” wird. Außerhalb der Rümpfe von Methoden treten Ausdrücke auch als sog. direkt ausführbare Ausdrücke auf, d.h. diese haben die Rolle von ”Hauptprogrammen”.

In Smalltalk wurde für Prozedur- und Funktionsaufrufe der Name Botschaften eingeführt. Die Berechtigung für den neuen Namen ergibt sich daraus, daß damit ein anderer *Mechanismus* verbunden ist, als der des Unterprogrammaufrufs. Der *Botschaftsaustausch* wird als Zwei–Wege–Kommunikation verstanden. Eine Botschaft geht von einer Programmstelle, dem Sender, an einen Empfänger, d.h. an ein abstraktes Datenobjekt. Das ist in Fig. 5.35, Zeile 1 bis 3, stets OttosFinanzsituation. Die Botschaft besteht bei sog. unären Selektoren, wie verfuegbarIst, nur aus dem Namen selbst und bei sog. Schlüsselwortselektoren, wie erhaelt:von:, aus einer Folge von Botschaftsfragmenten und dazwischenstehenden Aktualparametern. Ist die Botschaft beim Objekt angekommen, so wird danach die richtige Methode herausgesucht. Das ist die Methode im Rumpf der ”passenden” Klasse, deren Kopf mit dem Botschaftsmuster übereinstimmt. Was passende Klasse heißt, erläutern wir gleich. Dieses Heraussuchen geschieht in Smalltalk wie in nahezu allen objektorientierten Sprachen zur Laufzeit (call–time–binding). Danach wird die Methode ausgeführt und somit der entsprechende Methodenrumpf. Schließlich wird das Ergebnis an den Sender zurückgeliefert. Bei den Botschaften, die Funktionsaufrufen entsprechen, ist das der entsprechende Ergebniswert, wie in Zeile 1 von Fig. 5.35. Bei den Botschaften, die zustandsverändernd wirken, wie die in der nachfolgenden Zeile von Fig. 5.35, ist dies der Empfänger selbst, also OttosFinanzsituation. Im letzten Beispiel von Fig. 5.35 wird das Ergebnis eines Botschaftsaustausches als Aktualparameter des nächsten Botschaftsaustausches verwandt.

```
ottosFinanzsituation verfuegbarIst.
ottosFinanzsituation erhaelt: 10000 von: "Oma".
ottosFinanzsituation insgesamtAusgegFuer: "Auto".
ottosFinanzsituation erhaelt:(OmasFinanzsituation verfuegbarIst) von: "Oma".
```

Fig. 5.35: Beispiele zum Botschaftsaustausch

Der dynamische Mechanismus, bestehend aus Botschaft senden, Heraussuchen der Methode, Ausführen derselben und Rücksenden eines Objekts, wird nicht nur zur Definition der Semantik herangezogen, sondern die Smalltalk–Sprachimplementationen verfahren auch nach diesem Schema. Der *Botschaftsaustausch* ist der *zentrale universelle Mechanismus*, auf den viele Konstrukte von Smalltalk zurückgeführt werden. Das betrifft die Auswertung arithmetischer Ausdrücke, in gewissen Grenzen auch die Erklärung der Zuweisung und das Zurückliefern eines Wertes bei einer Methode mit dem Charakter einer Funktion. Dies betrifft sogar die Kontrollstrukturen von Smalltalk. Letzteres liegt daran, daß die Blöcke nicht wie üblich als Anweisungsfolgen verstanden werden, die dort, wo sie angetroffen werden, gleich ausgeführt werden. Sie sind zunächst nur eine Berechnungsvorschrift. Erst durch die unäre Botschaft value wird ein Block ausgeführt (verzögerte Ausführung, lazy evaluation). Blöcke lassen sich damit auch als Objekte verschicken. Dadurch ergibt sich ein sehr flexibler Mechanismus, der es sogar gestattet, Kontrollstrukturen als spezielle Methoden vordefinierter Klassen aufzufassen /5. GR 83/.

Die einzelnen Methoden einer Klasse sind zustandsverändernd oder auskunftgebend. Erinnern wir uns, daß der erste Formalparameter in der Methodendeklaration nicht auftaucht (vgl. Fig. 5.34). Wie kann nun das *Objekt, auf das eine Methode angewandt* wird, im Rumpf dieser Methode *angesprochen werden*? Wird nur eine Komponente des Objekts verändert oder abgefragt, so kann dieses über den Komponentennamen hingeschrieben werden. Dies ist in allen Anweisungen von Fig. 5.34 der Fall. Soll das gesamte Objekt angesprochen werden, so schreibt man self (vgl. Fig. 5.36). Das heißt nun, daß die Methode, deren Botschaft hinter self steht, auf das gleiche Objekt angewandt wird, auf das die Methode angewandt wurde, in deren Rumpf der entsprechende Ausdruck mit self steht. Betrachten wir hierzu Fig. 5.36, die eine alternative Realisierung der Methode gibAus:fuer: aus Fig. 5.34 wiedergibt. Wenn der Ausdruck self insgesamtAusgegFuer: zweck ausgewertet wird, so ist das Objekt, auf das insgesamtAusgegFuer: angewandt wird, das gleiche wie das, auf das die Methode gibAus:fuer: vorher angewandt wurde. Wir werden uns mit dem Konstrukt self noch detaillierter auseinandersetzen. So viel sei aber bereits jetzt gesagt: Dieses self braucht man, um auf ein gesamtes Objekt eine klassenlokale Methode anzuwenden, oder um auf ein gesamtes Objekt eine Methode einer anderen Klasse anzuwenden.

gibAus: betrag fuer: zweck
    | bisherigeAusgaben |
    bisherigeAusgaben ← self insgesamtAusgegFuer: zweck.
    ausgaben at: zweck
        put: bisherigeAusgaben + betrag.
    verfuegbaresGeld ← verfuegbaresGeld – betrag

Fig. 5.36: Methode mit self

Wir wollen nun den Bezug der Objektorientierung zum Programmieren im Großen herstellen. Wir sprechen hierzu zunächst die Konzepte an, die für die Architekturmodellierung eingesetzt werden können sowie deren sinnvolle Verwendung. Eine Diskussion der objektorientierten Architekturmodellierung erfolgt dann im nächsten Abschnitt. Bei der Definition einer Klasse muß angegeben werden, daß diese eine *Unterklasse* einer anderen Klasse ist. So wird in Zeile 2 von Fig. 5.34 angegeben, daß Finanzsituationen eine Unterklasse von object ist. Da in Smalltalk–80 jede Klasse höchstens eine Oberklasse (superclass) besitzt, wird somit ein *Baum* von *Klassen* festgelegt. Die Fig. 5.37.a gibt eine solche Baumstruktur wieder, in der ein Pfeil von der Oberklasse zur Unterklasse läuft, z.B. von A nach B.

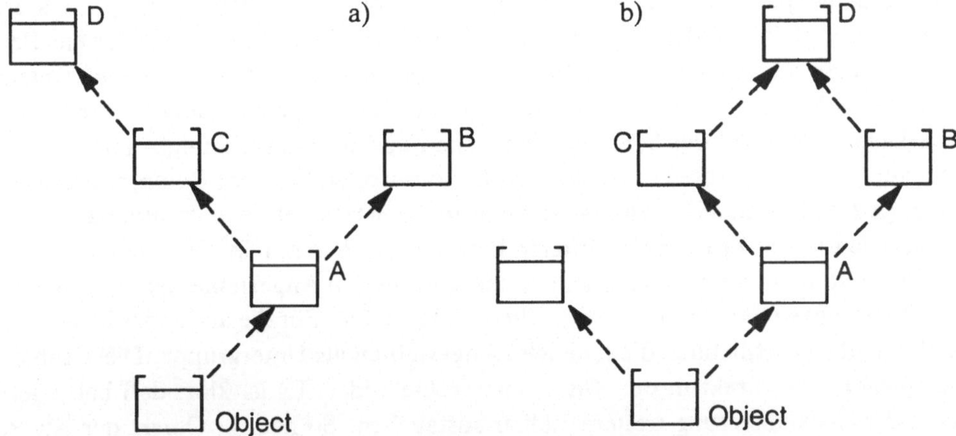

Fig. 5.37: Unterklassenbeziehung: Einfachvererbung, Mehrfachvererbung

Mit dieser Beziehung Oberklasse–Unterklasse ist eine bestimmte Semantik verbunden (vgl. Fig. 5.37.a): Die Unterklasse erbt alle Eigenschaften der jeweiligen Oberklasse, sofern diese Eigenschaften nicht neu definiert werden. Man sagt umgekehrt auch, daß eine Klasse ihre Eigenschaften an die Unterklasse vererbt. Somit besitzen die Objekte von B die Eigenschaften von A, darüber hinaus aber noch die zusätzlichen in B definierten Eigenschaften. Man nennt die Klasse B eine *Spezialisierung* von A, oder A die Generalisierung von B. Da die Eigenschaft, wie die Objekte selbst aufgebaut sind, nur klasseninternen Charakter haben sollte, betrifft die *Vererbung* nur die Schnittstelle einer Klasse, nämlich die anwendbaren Methoden. Somit ist eine Methode der Klasse A auch für Objekte der Klasse B anwendbar, sofern B diese Methode nicht neu festgelegt hat, d.h. eine Methode mit dem gleichen Botschaftsmuster definiert wurde. Diese Vererbungsbeziehung ist nun transitiv: Die Objekte von B haben nicht nur die Eigenschaften von A, sondern auch von Object. Der Vererbungsbaum hat die Klasse Object als Wurzel, die alle Methoden enthält, die auf alle Objekte, zu welcher Klasse auch immer, anwendbar sind. Die Klassen auf einem Pfad des Baumes nennt man eine Vererbungskette. Somit sind die auf ein Objekt einer Klasse X anwendbaren Methoden diejenigen der Vererbungskette von X zu Object mit Ausnahme derjenigen Methoden, für die eine neue Definition angegeben wird.

Neuere Smalltalk–Varianten und andere objektorientierte Programmiersprachen sehen vor, daß zu einer Klasse mehrere Oberklassen existieren können, von denen diese Klasse Eigenschaften erbt (vgl. Klasse D in Fig. 5.37.b). Man spricht dann von *Mehrfachvererbung* im Gegensatz zur Einfachvererbung. Die zugehörigen Vererbungsstrukturen auf der Architekturebene sind dann keine Bäume mehr, sondern allgemeinere *hierarchische Strukturen*. Wir wollen für die Erläuterung dieses Abschnitts bei der Einfachvererbung und somit bei den Bäumen bleiben. Wir gehen hier auch nicht genauer auf die technischen Unterschiede zwischen Einfach– und Mehrfachvererbung ein.

Wegen der Bedeutung des Begriffs *Unterklasse* bzw. *Vererbung* wollen wir hierzu ein weiteres *Beispiel* betrachten: Die Vererbung ist das wesentliche Konzept, das die Objektorientiertheit von der Objektbasiertheit unterscheidet. Wir nehmen für das Beispiel die Daten der Personen einer Firma. Zu jeder Person gibt es allgemeine Daten, wie Name, Adresse, Steuerklasse, gearbeitete Stunden etc., die in einer Klasse Personal verkapselt sind. An der Schnittstelle tauchen nur die Veränderungs– und die Anfrageoperationen für diese Daten auf. Name, Adresse, und weitere Daten, wie Steuerklasse, gearbeitete Stunden etc., sind somit in der Klasse als Exemplarvariable verkapselt. Die in einer Firma beschäftigten Personen werden nun in verschiedene Gruppen eingeteilt, nämlich in gewerbliche Mitarbeiter und in Angestellte, letztere wiederum in Tarifangestellte und in außertarifliche Angestellte. Für die außertariflichen Angestellten gibt es schließlich die leitenden Angestellten als Untergruppe. Diese Einteilung spiegelt sich direkt in der Klassenhierarchie wider. Es ist klar, daß bei jedem Schritt der Spezialisierung weitere Rollen auftauchen. So hat ein Objekt der Klasse Angestellte etwa eine weitere Rolle für einen zusätzlichen Gehaltszuschlag, analog ein gewerblicher Mitarbeiter für den Stundenlohn. Bei einem Tarifangestellten kommt z.B. eine Komponente für die Tarifgruppe hinzu usw. Diese Rollen sind nur in der jeweiligen Klasse ansprechbar. Von einer Klasse und ihren Oberklassen können, der Datenabstraktionsidee folgend, nur die Operationen angesprochen werden. Da es sich hier allesamt um Datenabstraktionsmodule handelt, sollten natürlich die Richtlinien zur Gestaltung der Schnittstellen von Datenabstraktionsmodulen aus Kap. 4 zur Anwendung kommen.

Da die Vererbung mit dem Prinzip der *Spezialisierung* zu tun hat, wird klar, warum wir in diesem Buch die Bäume umgekehrt als sonst in der Literatur auftragen, nämlich so wie in der Natur mit der Wurzel unten und den Blättern oben. Wir wollen, der Fig. 2.4 folgend, oben mit Benutzernähe und unten mit Benutzerferne oder größerer Nähe zur Basismaschine assoziieren, so wie dies die Begriffe wie Top–down oder Bottom–up suggerieren. Dann müssen die Vererbungsbäume umgekehrt aufgetragen werden, da sich oben die spezielleren, d.h. den Benutzerwünschen näheren Klassen befinden. Oben steht also für *abstrakter* im Sinne von *größerer Abgehobenheit* von der *Basismaschine*. Somit hat die Spezialisierungsbeziehung zwar etwas mit Verfeinerung zu tun, keineswegs aber etwas mit Top–down–Entwicklung im üblichen Sinne. Dies wird meist unklar oder falsch dargestellt. Bei dieser Art der Betrachtung und Auftragung von Vererbungsbeziehungen wird somit eine Oberklasse einer Klasse unterhalb derselben aufgetragen (vgl. Fig. 5.37 und 5.38). Wir bleiben trotzdem bei dem Begriff Oberklasse, weil dieser Begriff in der Literatur über Objektorientierung eingeführt ist.

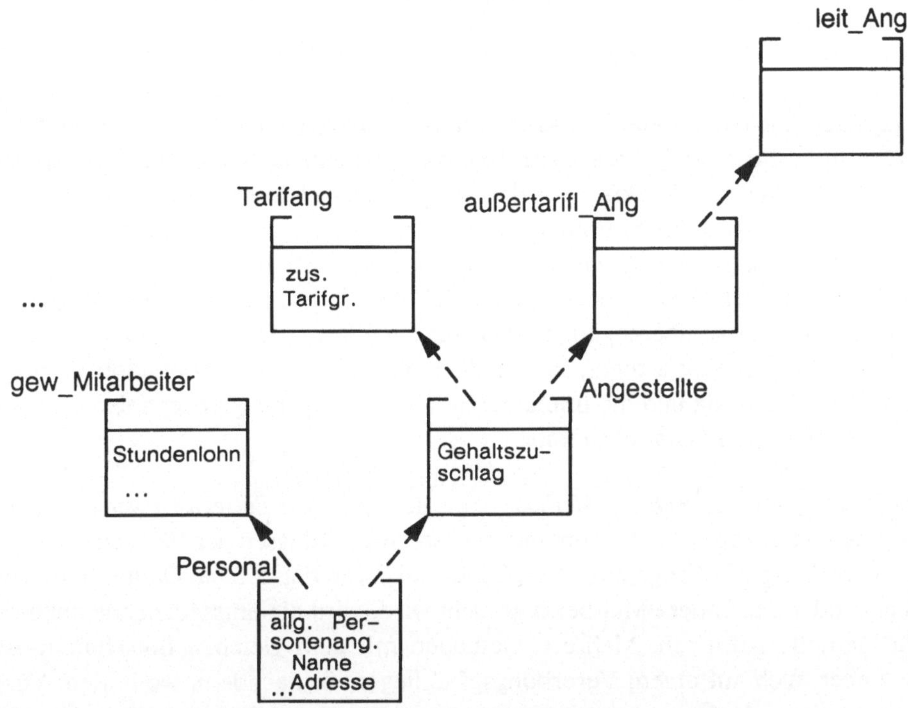

Fig. 5.38: Beispiel für die Vererbungsbeziehung zwischen Klassen

Andererseits kann man die *Vererbungsbeziehung* auch als *Übergang* vom *Allgemeinen* zum *Speziellen* deuten. Object ist die allgemeinste Klasse, da sie die Eigenschaften aller Objekte des Smalltalk–Systems definiert. Faßt man nun "abstrakt" im Sinne von allgemeingültig auf, wobei das Abstrakte oben stehen soll, dann hätte man eine Begründung dafür, die Bäume wieder wie üblich aufzutragen, nämlich die Wurzeln oben und die Blätter unten, wie dies in den meisten Aufsätzen über die Objektorientierung geschieht. Wir haben damit gesehen, daß man dem Begriff "abstrakt" zwei völlig unterschiedliche Bedeutungen geben kann. Wir bleiben in diesem Buch bei der Auftragungsart von Fig. 5.37 und 5.38, da es uns hier darauf ankommt, die Vererbungsbeziehungen in unser Modulkonzept und in die übliche Vorstellung von Softwareentwicklung einzubeziehen.

Jedes Objekt ist ein *Exemplar genau einer bestimmten Klasse*, was seine interne Struktur und seine anwendbaren Methoden betrifft. Die anwendbaren Methoden sind, wie bereits gesagt, die der entsprechenden Klasse sowie der Klassen des entsprechenden Vererbungspfades. Das Objekt der Klasse hat die Exemplarvariablen (Komponenten), so wie diese in der entsprechenden Klassendefinition angegeben sind. Dadurch, daß die Methoden des Vererbungspfades anwendbar sind, die wiederum auf Komponenten von Oberklassen wirken können, hat aber dieses Objekt implizit auch die Komponenten, die in den Oberklassen enthalten sind. Diese Komponenten der Oberklassen sollten jedoch nicht direkt zugreifbar sein, d.h. sie sollten somit nicht über eine Zuweisung direkt verändert werden können, sondern nur dadurch, daß die Methoden der Klassen des Vererbungspfades aktiviert werden.

Wie wird nun der *Vererbungsmechanismus* im Smalltalk–Buch /5. GR 83/ *erklärt*? Er wird dadurch festgelegt, daß eine bestimmte Implementation angegeben wird, nämlich diejenige, die das Smalltalk–System realisiert. Intern wird eine Datenstruktur für den Vererbungsbaum aufgebaut. Wird einem Objekt eine Botschaft B geschickt, dann wird in der Klasse des Objekts nach der entsprechenden Methode gesucht. Wird sie dort gefunden, so wird diese Methode ausgeführt, d.h. es wird der Rumpf mit den entsprechenden Aktualparametern ausgeführt. Wird diese Methode dort nicht gefunden, so wird in der Oberklasse gesucht. Findet sich die Methode auch dort nicht, so wird wieder zur Oberklasse übergegangen usw. bis zur Klasse Object. Findet sich die Methode auch in dieser Klasse nicht, so wird die Botschaft doesNotUnderstand: B zurückgesandt. Die Erklärung und die Implementation des Vererbungsmechanismus erfolgt also durch einen *Laufzeitmechanismus*.

Es ist klar, daß es *mehrere Methoden* mit dem *gleichen Botschaftsmuster* in einem Vererbungsbaum geben kann. Zum einen kann dies in Klassen der Fall sein, die nicht einem Vererbungspfad angehören, wie bei C und B von Fig. 5.37.a. Dadurch, daß einmal bei C oder das andere Mal bei B gesucht wird, wird die entsprechende anzuwendende Methode gefunden. Mehrere Methoden mit dem gleichen Botschaftsmuster können aber auch auf einem Vererbungspfad liegen. Je nachdem, wo in dem Vererbungspfad die Suche begonnen wird, wird einmal die "spezielle" und ein anderes Mal die "allgemeine" Methode aufgefunden.

Wir hatten schon ausgeführt, daß es durch die spezielle Notation von Smalltalk in den Methoden keinen formalen Parameter für das Objekt gibt, auf das eine Methode angewendet wird. Wenn im Rumpf einer Klasse auf ein Objekt als Ganzes zugegriffen werden soll und nicht auf eine seiner Komponenten, so wird dies mit Hilfe von zwei Hilfsbezeichnungen getan, nämlich mit self oder super. Dahinter verbergen sich zwei Mechanismen, die in den gängigen Programmiersprachen unbekannt sind. Diese Mechanismen dienen dazu, die *Methodensuche* sehr allgemein und *flexibel* zu machen. Wir wollen sie deshalb durch ein Beispiel /5. GR 83/ erläutern. Dieses Beispiel hat keinerlei praktische Relevanz, sondern es dient ausschließlich der Erläuterung beider Mechanismen.

Beginnen wir mit den *Beispielen zu self*. Die Fig. 5.39 enthält einen Vererbungspfad mit den Klassen Eins, Zwei, Drei und Vier oberhalb von Object. Im folgenden tauchen die Objekte beispiel1, beispiel2, beispiel3 und beispiel4 auf, die jeweils Objekte von Klasse Eins, Zwei, Drei und Vier sind. In den Beispielen von Fig. 5.39.a und b sind eine Reihe von Anweisungen angegeben, deren Ergebnisse zur Laufzeit in kursiver Schrift hinter den Anweisungen stehen.

Betrachten wir nun die dritte Anweisung von Fig. 5.39.a. Die Nachricht test geht an das Objekt beispiel1. In der entsprechenden Klasse findet sich eine passende Methode. Das Ergebnis der Methode ist 1.

Im nächsten Beispiel wird die Nachricht result1 an beispiel1 geschickt. Im Rumpf von result1 erfolgt die Anwendung von test auf self. Der Bezeichner self steht für beispiel1, das gleiche Objekt, auf das die dynamisch übergeordnete Methode angewandt wurde. Die Suche nach test beginnt deshalb wieder mit der Klasse Eins. Dort steht eine passende Methode, die den Wert 1 als Ergebnis liefert.

Im dritten Beispiel erfolgt Anwendung von test auf beispiel2. Die Suche nach test beginnt jetzt in der Klasse Zwei. Dort wird eine passende Methode gefunden.

In der nächsten Anweisung wird result1 auf beispiel2 angewandt. Die Methode result1 wird in Zwei gesucht, dort nicht gefunden, daraufhin in Eins gesucht und dort gefunden. Hier erfolgt wieder Anwendung von test, jetzt auf das Objekt beispiel2. Die Suche nach test beginnt deshalb in Zwei und wird dort auch mit einer passenden Methode fündig.

Die Objekte beispiel3 und beispiel4 gehören zur Klasse Drei bzw. Vier. In der nächsten Anweisung wird test auf beispiel3 angewandt. Die Suche nach der Methode test beginnt bei Drei und ist bei Zwei erfolgreich.

Wird result1 auf beispiel4 angewandt, so läuft die Suche nach der Methode result1 bis zur Klasse Eins. Dort wird test auf self angewandt, was bedeutet, daß in Vier nach test gesucht wird.

Die nächsten zwei Beispiele sind zwar etwas verzwickter, gehen aber analog, so daß sie dem Leser zur Übung überlassen seien.

Was wir diesen Beispielen entnehmen, ist folgendes: Wird im Rumpf einer Methode eine Botschaft auf self angewandt, so kann die Suche dieser Methode in verschiedenen Klassen beginnen, je nachdem, welcher Klasse das Objekt angehörte, auf das die Botschaft angewandt wurde, deren Rumpf wir betrachten. In jedem Fall muß dies jedoch eine Unterklasse der Klasse oder die Klasse selbst sein, in der das self steht.

Nun zu den weiteren *Beispielen mit super* von Fig. 5.39.b: Die zugehörige Methode zur Botschaft result3 auf das Objekt beispiel3 wird in Drei selbst gefunden. Dort wird test auf super angewandt. Das heißt nun, wie bei self, Anwendung von test auf das Objekt, auf das die dynamisch übergeordnete Methode angewandt wurde, also hier wieder die Anwendung auf beispiel3. Die Suche nach dieser Methode beginnt aber nicht bei der Klasse dieses Objekts, sondern bei der Oberklasse der Klasse, in deren Rumpf das super stand, hier also in Zwei. Bei diesem Beispiel wäre mit self das gleiche Ergebnis herausgekommen, da Drei keine Methode test kennt.

Nicht aber so beim folgenden Beispiel: Die Methode result3 für beispiel4 wird in

Drei aufgefunden. Dort erfolgt die Anwendung von test auf super, d.h. auf das Objekt beispiel4. Allerdings wird nicht test von Vier, d.h. von der zugehörigen Klasse von beispiel4, genommen, da hier super test stand. Es ist das test gemeint, das durch das Suchen ab der Oberklasse von Drei gewonnen wird. Deshalb ist das Ergebnis auch nicht 4, sondern 2.

Wir werden uns mit der Anwendung der Mechanismen von self und super noch weiter auseinandersetzen. Soviel sei bereits vorab gesagt: Durch super kann die Anwendung einer allgemeineren, also unspezifischeren Methode erzwungen werden, selbst wenn es eine spezielle Methode gibt.

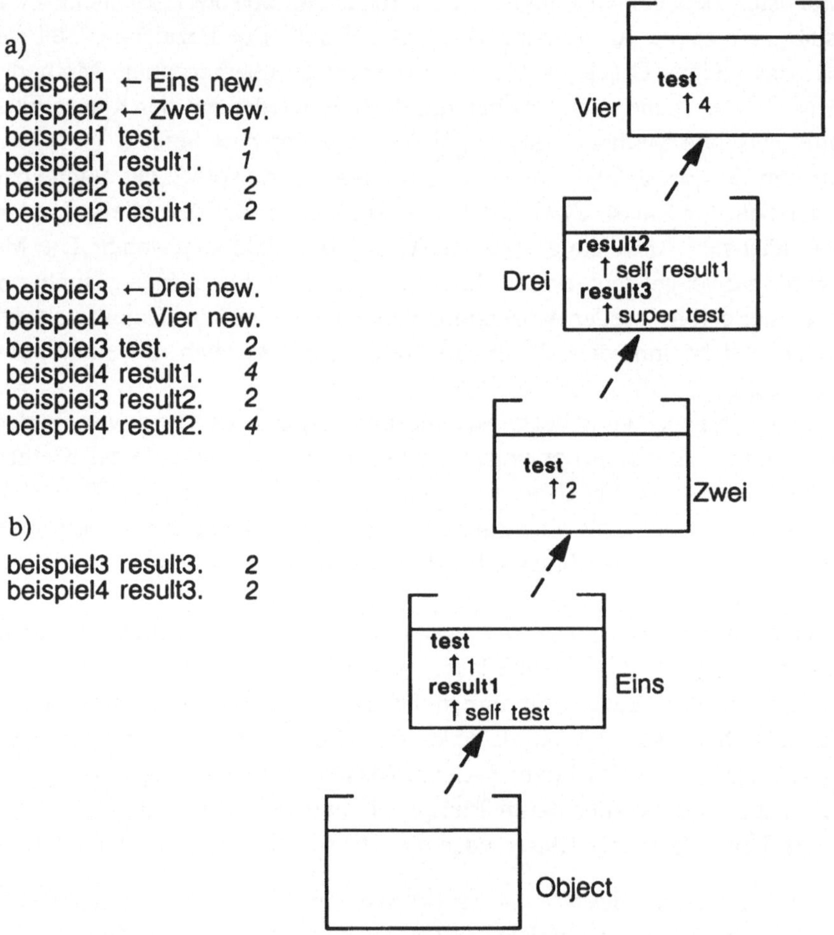

Fig. 5.39: Methodensuche bei Auftreten von self und super

Wir wollen nun zwei typische Situationen bei der Verwendung der Mechanismen von self und super beschreiben:

In Fig. 5.40 ist das erste Beispiel angegeben. Die strichlierten Pfeile charakterisieren die Vererbungsbeziehung. SK1 und SK2 stehen für spezifische Klassen und AK für eine allgemeine Klasse, die die Gemeinsamkeiten einer Vererbungs–Teilhierarchie charakterisiert. Die strichpunktierten Pfeile charakterisieren nun die Methodenaktivierung bzw. –suche, die zur Laufzeit stattfindet. Eine Botschaft at: wird auf ein Objekt obj angewandt, das der Klasse SK1 angehöre (Pfeil (1)). Die Methode at: sei eine Lexikon–Auskunftsfunktion. Da at: nicht in der Definition der speziellen Klasse SK1 aufgefunden wird, wird in dem Vererbungspfad gesucht (Pfeil (2)), und die Methode wird bei AK gefunden. Dort ist die Methode so realisiert, daß sie für alle Lexikonimplementationen gültig ist. Sie ist dort also nicht nur für Objekte der Klasse SK1 implementiert, sondern sie ist eine allgemeine Methode für mehrere Klassen der Vererbungs–Teilhierarchie. Da bei der Implementation von at: auch spezifische Teile ausgeführt werden müssen, die von der speziellen Implementation eines Lexikons abhängen, wird nun entsprechend eine spezifische Methode indexOf aktiviert, die in jeder dieser Klassen SK1, SK2 etc. vorhanden sein muß, wenn die Methodensuche nicht mit einem Laufzeitfehler enden soll. Eine solche Methode wird also nicht direkt von außen aktiviert, sondern stets von einer Methode einer allgemeineren Klasse (Pfeil (3)). Nachdem die spezifische Nebenrechnung erfolgt ist, wird in der allgemeinen Methode bis zu deren Ende weitergemacht (Pfeil (4)), und dann wird zum Punkt der Methodenaktivierung von at: zurückgekehrt (Pfeil (5)). Natürlich könnte das Beispiel auch noch komplizierter sein, und zwar in dem Sinne, daß mehrere spezifische Nebenrechnungen aktiviert werden, oder daß mit self oder super zusätzliche allgemeine Hilfsrechnungen angestoßen werden usw.

Fassen wir das Allgemeingültige des Beispiels noch einmal zusammen: Man formuliert Methoden als *allgemeine Methoden*, die nicht nur für eine Klasse, sondern für ganze Vererbungs–Teilhierarchien gelten. Die Schnittstelle einer solchen Operation findet sich also nicht in einer Klasse eines Objekts selbst, sondern in einer Oberklasse. Zum Zweck der Ausführung einer *speziellen Nebenrechnung* wird dann mit self zwischendurch in die spezifische Klasse verzweigt.

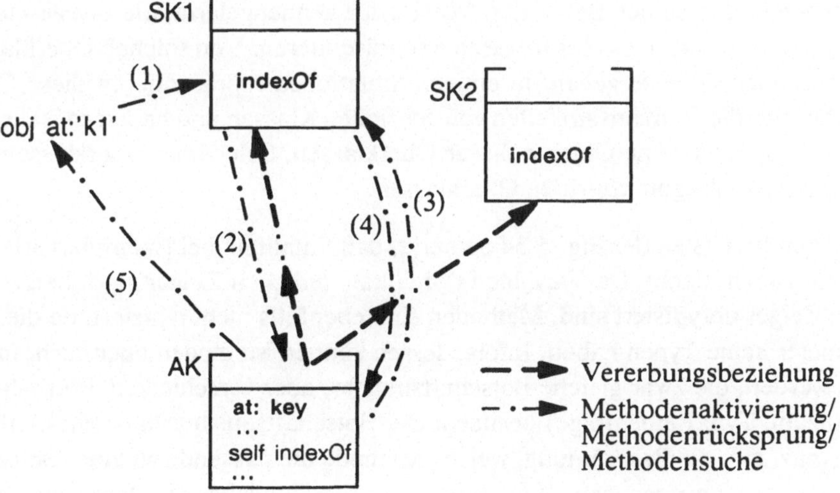

Fig. 5.40: Aktivierung "privater" spezifischer Methoden

Das zweite Beispiel (vgl. Fig. 5.41) charakterisiert einen anderen typischen Fall: Eine Methode meth wird auf ein Objekt der Klasse SK oder einer Unterklasse von SK angewandt. Die Methode findet sich also in der Klasse selbst, wie durch Pfeil (1) in Fig. 5.41 angedeutet wird, oder sie wird durch Hochsteigen und Suchen in SK aufgefunden. In der speziellen Methode wird nun eine allgemeine Methode durch super aktiviert (Pfeil (2)). Diese allgemeine Methode repräsentiert die Gemeinsamkeiten einer Menge von Methoden. Nach der Ausführung der allgemeinen Methode wird in die spezielle Methode zurückgekehrt (Pfeil (3)) und diese beendet. Das Allgemeingültige ist hier, daß eine *spezielle Methode* eine *allgemeine Nebenrechnung* benötigt. Natürlich lassen sich auch hier wieder komplizierte Beispiele konstruieren, z.B. daß mehrmals allgemeine Methoden aktiviert werden, daß zwischendurch auch spezielle Methoden aktiviert werden usw.

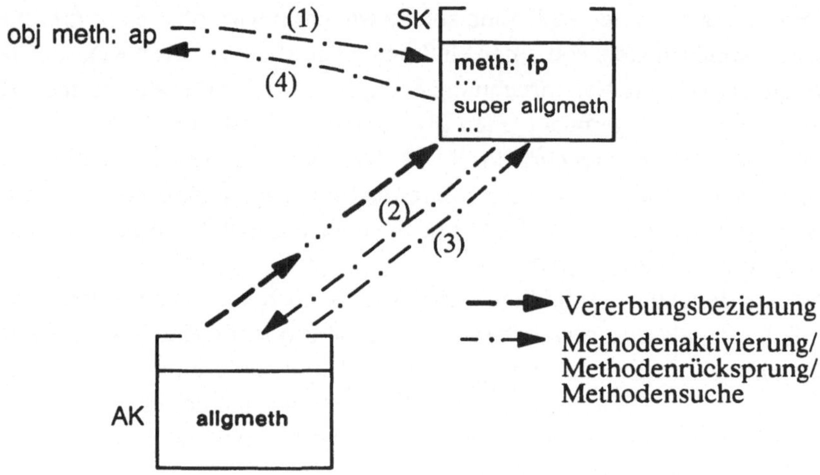

Fig. 5.41: Aktivierung allgemeiner Methoden

Wir haben in den beiden Beispielen *Oberklassen* kennengelernt, die *Gemeinsamkeiten* einer ganzen Vererbungs–Teilhierarchie repräsentieren. Von solchen Oberklassen kann es nun auch Objekte geben. In einigen Situationen repräsentieren diese Oberklassen aber nur die Gemeinsamkeiten von speziellen Klassen und haben sonst keinen Zweck. Dann gibt es keine Objekte dieser Oberklassen. Solcherart Oberklassen heißen im Smalltalk–Jargon *abstrakte* Oberklassen.

Wir haben bereits zu der Fig. 5.34 bemerkt, daß Smalltalk bei Exemplarvariablen keine Typangaben macht. Da Variable in Smalltalk lediglich Zeiger sind, heißt dies, daß diese Zeiger untypisiert sind. Methoden sind ebenfalls nicht typisiert, da die Formalparameter keine Typen haben. Infolgedessen können Methoden auch nicht unterschieden werden, die zwar gleiche Botschaftsmuster, aber verschiedene Formalparameter (Anzahl, Typ, Reihenfolge) besitzen. Der Botschaftsaustausch ist ein Laufzeitmechanismus, d.h. die Bestimmung, welche Methode die passende zu einer Botschaft ist, wird erst zur Laufzeit getroffen. Blöcke werden zunächst als Berechnungsvorschriften verstanden, können als Objekte verschickt werden und somit an beliebiger

Stelle ausgeführt werden. Alle *Programmiersprachenkonstrukte* von *Smalltalk* sind also auf *Flexibilität hin ausgelegt.* Es ist beispielsweise in Smalltalk möglich, ein Programm während der Ausführung anzuhalten, dieses zu verändern und es dann einfach weiterlaufen zu lassen.

Diese Flexibilität *geht* natürlich *zu Lasten der Sicherheit und Effizienz.* Zum einen gibt es in Smalltalk eine Reihe von Überprüfungen nicht, die sonst bereits zur Compilezeit Programmierfehler signalisieren. So könnte die Tatsache, daß eine Botschaft keine ihr entsprechende Methode besitzt, zur Compilezeit bestimmt werden, ohne daß viel von der Flexibilität aufgegeben wird. Zum anderen verführen die oben aufgeführten sehr flexiblen Sprachkonstrukte zu sehr unübersichtlicher Programmierung. Beides hat die Konsequenz, daß die Programme unsicher und schwer zu warten sind. Ferner kosten die Mechanismen der Flexibilität, wie z.B. der Botschaftsaustausch–Mechanismus zur Laufzeit oder die Tatsache, daß alles über Zeigerbehandlung abgehandelt wird, auch ihren Preis in Form von Laufzeit. Prinzipiell hat man beim Entwurf einer Programmiersprache die Möglichkeit, sich für einen beliebigen Punkt zwischen den zwei Polen Sicherheit und Effizienz einerseits und Flexibilität, Erweiterbarkeit, Einfachheit und Uniformität andererseits zu entscheiden. Ada und Smalltalk nehmen in dieser Skala jeweils Extrempositionen ein /5. Na 83/. Smalltalk ist als Randpunkt dieses Intervalls aber nicht allein. Nahezu alle interpreterorientierten Sprachen (wie Lisp, Prolog) bevorzugen die gleichen Ziele.

Es gibt eine *Fülle verschiedener objektorientierter Programmiersprachen und Ansätze.* Einige dieser Programmiersprachen sehen Mehrfachvererbung vor, die wir bereits skizziert haben. Diese gestattet es, Klassen zu definieren, die die Eigenschaften mehrerer Oberklassen besitzen. Damit können elegant solche Situationen modelliert werden, in denen Gruppen von Objekten nicht disjunkt sind. So sind zwar i.a. Straßenfahrzeuge mit Wasserfahrzeugen disjunkt, aber es gibt auch Amphibienfahrzeuge. Ferner gibt es in objektorientierten Sprachen eine Bandbreite von Möglichkeiten zur Lösung der Frage, von welcher Klasse (von welchem Typ) ein Objekt einer Vererbungshierarchie ist. Schließlich gibt es Ansätze, die davon ausgehen, daß bei einer Spezialisierung der Wertebereich von Rollen von Oberklassen eingeschränkt werden darf, oder daß gewisse Operationen von Oberklassen verboten oder umbenannt werden können. Wir können hier nur auf die reichhaltige Literatur über die objektorientierten Ansätze verweisen (vgl. Literaturabschnitt 4 und 5). Wir bleiben im folgenden bei der Denkwelt, die wir in diesem Abschnitt durch Smalltalk eingeführt haben.

5.9 Objektorientierte Architekturmodellierung

Wir haben im letzten Abschnitt die objektorientierten Mechanismen für das Programmieren im Kleinen kennengelernt. Das heißt bei der objektorientierten Softwareerstellung, bei der es nur Klassen als Module gibt, daß wir nun die Mechanismen zum Ausprogrammieren solcher Klassen kennen. Darüber hinaus haben wir uns bereits mit einer Reihe von modulübergreifenden Konzepten vertraut gemacht, wie der Ver-

erbungsbeziehung zwischen Klassen und der sich daraus ergebenden Baumstruktur
(oder allgemeinen Hierarchie) sowie der Methodensuche, die dem Botschaftsaus-
tausch-Mechanismus zugrunde liegt. Die Zielsetzung dieses Abschnitts ist es nun, zu
klären, wie diese *Konzepte* zur *Architekturmodellierung* herangezogen werden können,
und welche *Beziehungen* sich zu dem bisher in diesem Buch vorgestellten *Modulkonzept*
ergeben.

Fassen wir die den *objektorientierten* Programmiersprachen zugrundeliegenden
Strukturierungsprinzipien für Programmsysteme, d.h. die objektorientierten Grundkon-
zepte, noch einmal *zusammen*: Eine Oberklasse beschreibt die Gemeinsamkeiten einer
bestimmten Anzahl von Klassen, die baumartig (oder hierarchisch) angeordnet sind,
wie Ka in Fig. 5.42. Wir haben eine solche Situation als eine Vererbungs-Teilhierarchie bezeichnet. Diese Beschreibung der Gemeinsamkeiten entspricht dem Prinzip
der Faktorisierung, d.h. des Herausziehens von Gemeinsamkeiten. Andersherum betrachtet, fügt die Unterklasse K1 zu einer Klasse Ka den bereits bestehenden Eigenschaften von Ka weitere hinzu. Dies bezeichnet man als Spezialisierung. Wie im letzten Abschnitt ausgeführt, ist auch hier durch das fortgesetzte Hinzufügen einer spezifischen Klasse Verfeinerung möglich. Das hat aber nichts mit Top-down-Programm-
entwicklung zu tun. Unten heißt hier "abstrakt" im Sinne des Übergangs zu allgemeineren Eigenschaften und oben heißt hier "abstrakt" im Sinne des Entfernens von der
Basismaschine und des Übergangs zur Benutzernähe. Die Mechanismen der Vererbung können nun folgendermaßen angewandt werden. Es können spezifische Methoden für spezifische Objekte angewandt werden, sowie allgemeine Methoden auf spezifische Objekte. Letzteres führt zu einem Hinuntersteigen auf der Suche nach der Methode auf dem Vererbungspfad. Es gibt ferner die Möglichkeit, daß eine allgemeine
Methode eine spezielle induziert (über self, entlang des Vererbungspfads nach oben,
vgl. Fig. 5.40), und es gibt andererseits die Möglichkeit, daß eine spezifische Methode
eine allgemeine Methode induziert (über super oder self, entlang des Vererbungspfads nach unten, vgl. Fig. 5.41).

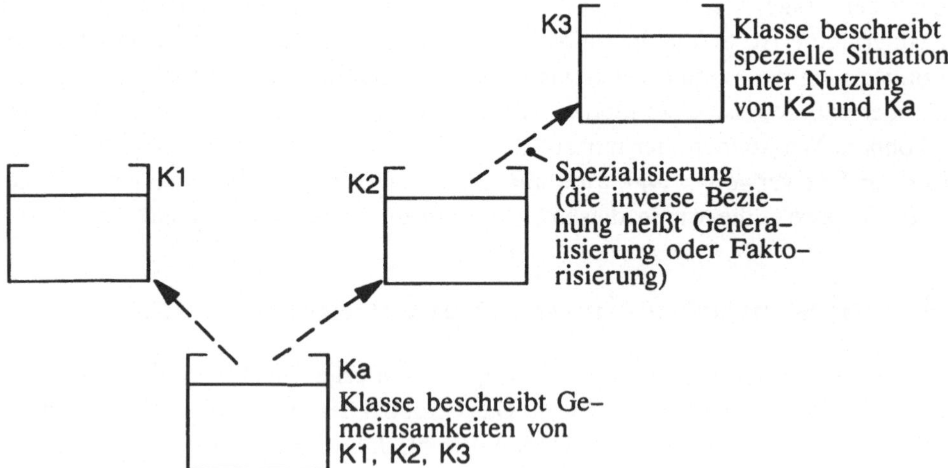

Fig. 5.42: Vererbung (Spezialisierung) als Architekturbeziehung

Objektorientierte Programmerstellung führt stets zu einer *Bottom–up–Entwicklung* eines *Programmsystems*. In einem Entwicklungskontext liegt eine vorgefertigte Vererbungshierarchie vor. Nun werden diese Klassen der Vererbungshierarchie um neue angereichert, die zur Lösung des neuen Problems dienen oder die Hilfsmittel für diese neuen Klassen darstellen. Dadurch wächst die Vererbungsstruktur nach oben in Richtung Benutzer und weg von der zugrundeliegenden Basismaschine.

In Smalltalk gibt es einen *reichhaltigen Satz vordefinierter Klassen* (vgl. /5. GR 83/), der als "Standard" jedem Programmierer zur Verfügung steht. (Bei anderen objektorientierten Programmiersprachen ist die Situation ähnlich.) Das sind Klassen, die in folgende Teilhierarchien eingeteilt werden können: Einmal werden in einer Vererbungs–Teilhierarchie die üblichen Zahlen zur Verfügung gestellt, eine weitere, die umfangsmäßig größte Teilhierarchie, dient der Festlegung von Datenstrukturen bzw. der Dateistrukturen. Weitere Teilhierarchien dienen der Prozeßverwaltung, der Graphikunterstützung, und schließlich gibt es sogar welche für die Kontrollstrukturen. In einer Programmiersprache mit Einfachvererbung gibt es also zu jeder Sprachimplementation einen großen Vererbungsbaum vordefinierter Klassen. In einer Sprache mit Mehrfachvererbung ist dies eine Vererbungshierarchie (vgl. Fig. 5.37.b).

An dieser Stelle ist eine Bemerkung angebracht. Dadurch, daß viele Programmkonstrukte in Form vordefinierter Klassen abgehandelt werden, wird die zugrundeliegende Programmiersprache klein und übersichtlich. Dies wird als großer Vorteil gegenüber Programmiersprachen, wie etwa Ada, gewertet, die kompliziert und umfangreich sind. Diese Argumentation ist jedoch teilweise unfair. Viele der *Konstrukte*, die sich in Smalltalk in vordefinierten Klassen, also im *"Standard"*, finden, sind in Ada *"in die Sprache eingebacken"*. (Dazu kommen noch eine Reihe weiterer Konstrukte, die sich aus dem Sicherheitsbedürfnis von Ada ergeben, nämlich alle kontextsensitiven Regeln der Sprache.) Dem Programmierer, der in einer Sprache ein Programmsystem erstellen will, ist es aber ziemlich egal, ob er sich die Sprache oder den Sprachstandard ansehen muß, um zu lernen, wie er in der Sprache programmiert.

Worin besteht somit die *Vorgehensweise* bei der *Entwicklung* eines *großen Softwaresystems* in einer objektorientierten Sprache wie Smalltalk? Sie besteht zunächst darin, sich Klarheit darüber zu verschaffen, welche der vielen vorgegebenen Klassen für die zu lösende Aufgabe nutzbar sind, und zwar in dem Sinne, daß aus ihnen durch fortgesetzte Spezialisierung die für die Aufgabe nötigen Klassen oder Hilfsmittel hierfür erzeugt werden können. Demnach besteht die Aufgabe darin, in einen großen Vererbungsbaum (einer Vererbungshierarchie) von vordefinierten Klassen noch *weitere Teilhierarchien einzuhängen*, um auf diese Art die für die Lösung der Aufgabe benötigen Klassen zu realisieren. Auf diese Art wird der vorgegebene Vererbungsbaum entsprechend vergrößert.

So wie eine vorgefundene Vererbungshierarchie allgemein verfügbar ist, so sind nun auch die *neu hinzugekommenen Vererbungs–Teilhierarchien* wieder *allgemein verfügbar*. Darin liegt einer der großen Vorteile der objektorientierten Welt: Jede Lösung einer x–beliebigen Aufgabe trägt damit dazu bei, daß sich die Anzahl der vordefinierten Klassen vergrößert. Auf diese Art entsteht schnell ein großer Satz von Klassen, wie man ihn für die Lösung üblicher Probleme braucht. Durch diesen reichhaltigen Satz vorgefundener Klassen eines bestimmten Kontexts wird die *Lösung* eines *spezifischen Problems* für alle Entwickler natürlich *einfacher* und kleiner.

Die *umfangreiche Vererbungshierarchie*, die mit der Sprache (im sogenannten "Standard") mitgeliefert wird, wird im Laufe der Zeit *in einem bestimmten Entwicklungskontext* um weitere Vererbungs–Teilhierarchien angereichert. Diese weiteren Teilhierarchien sind beispielsweise spezifisch für einen Anwendungsbereich, für einen bestimmten Lösungsansatz, für eine bestimmte Firmendenkweise etc. Schließlich wird auch eine Reihe von Basisbausteinen hinzukommen, die unabhängig von bestimmten Problemen oder Anwendungsbereichen stets allgemein eingesetzt werden können, und die damit den vorgefundenen "Standard" erweitern.

In dieser *Philosophie* der Offenheit und der *allgemeinen Verfügbarkeit* liegen neben dem Vorteil der Vereinfachung bei der Erstellung von Programmen durch vorgefundene Teillösungen auch *Probleme*. Zum einen ist ein nicht unerheblicher Aufwand dafür nötig, alle vordefinierten Klassen so weit kennenzulernen, daß von ihnen sinnvoll Gebrauch gemacht werden kann. Zum anderen sind alle Klassen offen und natürlich auch durch jedermann änderbar. Natürlich verträgt sich dies weder mit der Einteilung in Arbeitsbereiche und Rollen (Programmieren im Großen, Programmieren im Kleinen etc.) noch mit der Frage der Zuordnung von Verantwortlichkeiten für Module und Teilsysteme sowie mit dem Schutz vor unerlaubter Kenntnisnahme und Veränderung. Wir wollen später versuchen, diese Nachteile der objektorientierten Gedankenwelt zu vermeiden, und zwar bei Beibehaltung der Essenz der Objektorientiertheit. Dies bedeutet für die Architekturmodellierung in erster Linie, daß auch für die objektorientierten Hierarchien Konsistenzbedingungen zu formulieren sind.

Bevor wir mit dieser Diskussion fortfahren, wollen wir klären, wie die *Objektorientierung zu dem bisher kennengelernten Modulkonzept* in Beziehung steht. Wir gehen bei dieser Erläuterung zunächst von der Einfachvererbung aus. Wie wir schon festgestellt haben, gibt es in der objektorientierten Welt nur Datentypmodule, dort Klassen genannt. Zwischen diesen gibt es ausschließlich die Vererbung als Strukturbeziehung. Wie sieht nun die Vererbungsbeziehung im Vergleich zu den bisher betrachteten Arten von Modulbeziehungen aus? Um diese Frage zu klären, stellen wir deshalb der objektorientierten Strukturierung (etwa von Fig. 5.42) zunächst die bisher kennengelernten Modulbeziehungen (Fig. 5.43) gegenüber.

Die *Vererbungsbeziehung* hat sicher *nichts mit der Enthaltenseins–Beziehung zu tun*, obwohl beide, wenn man Einfachvererbung annimmt, baumartige Strukturen definieren. Beide können dazu verwandt werden, (unterschiedliche Auffassungen von) Verfeinerungen auszudrücken. Um den Unterschied beider Beziehungen klarzumachen, haben wir die Vererbungsbäume umgekehrt aufgetragen. Der Unterschied ergibt sich bereits daraus, daß die Enthaltenseins–Beziehung lokale, nur an einer Stelle benötigte

Module einführt, und sie diese vor Benutzbarkeit von außen schützt. Die lokale Benutzbarkeit ist nur zwischen bestimmten Modulen eines Enthaltenseinsbaums möglich (vgl. Fig. 4.22). Umgekehrt hatten wir festgestellt, daß sämtliche, durch Spezialisierungen eingeführten Klassen Allgemeingut sind, also beliebig benutzbar sein sollen.

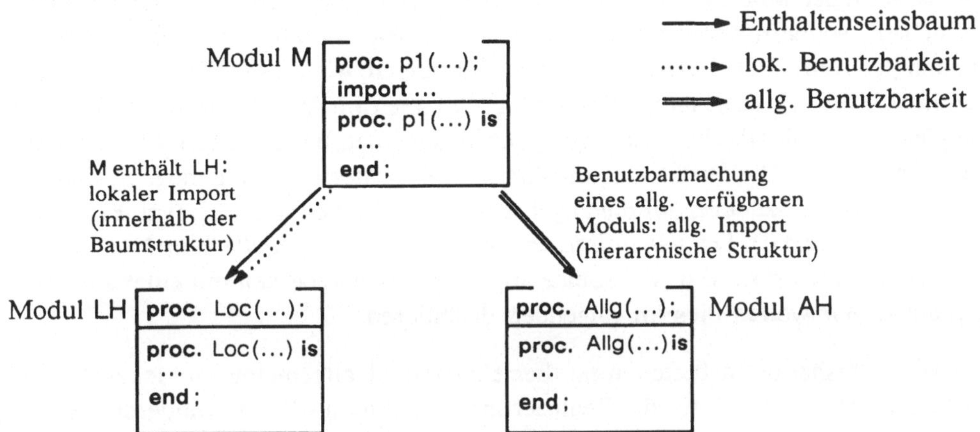

Fig. 5.43: Verdeutlichung der bisher eingeführten Modulbeziehungen

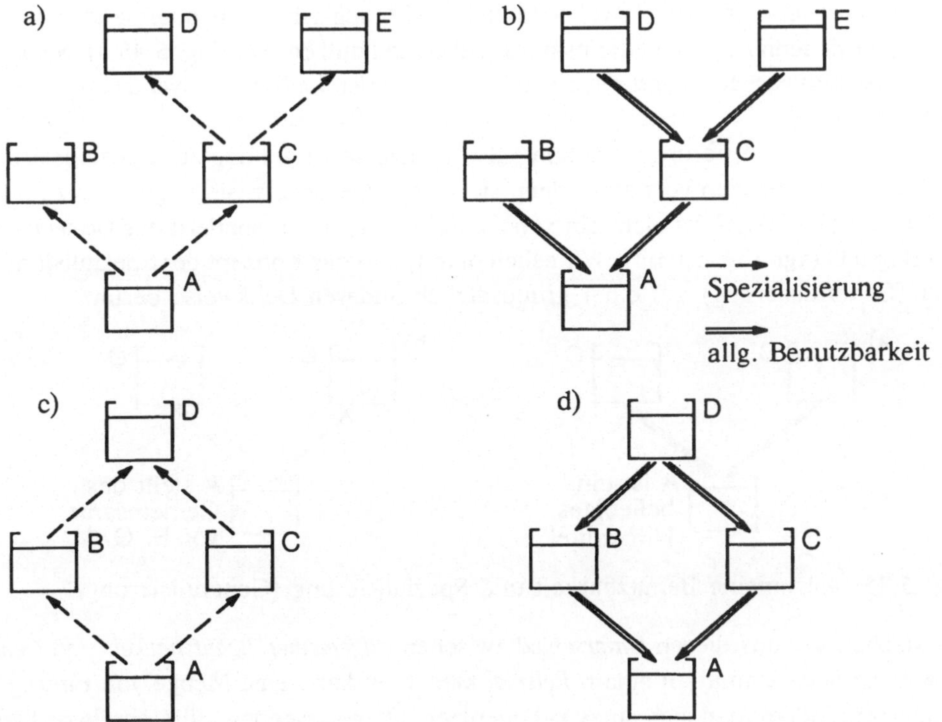

Fig. 5.44: Vererbungsbeziehung als allgemeine Benutzbarkeit bei Einfach– und Mehrfachvererbung

Somit kann die Vererbungsbeziehung höchstens etwas mit der allgemeinen Benutzbarkeit zu tun haben. Die allgemeine Benutzbarkeit (vgl. Fig. 4.27) erlaubt neben der "individuellen Benutzung von Modulen" (baumartige Auffächerung der allgemeinen Benutzbarkeits–Beziehung nach unten), die gemeinsame Nutzung von Modulen (Zusammenführung von allgemeinen Benutzbarkeitskanten von verschiedenen Stellen aus auf einen Modul). Wenn wir nun nicht die Spezialisierung als Modulbeziehung betrachten, sondern deren inverse Beziehung, Faktorisierung oder Generalisierung genannt, so führt auch diese zu Zusammenführungen, wie dies in Fig. 5.44.b angegeben ist. Lassen wir Mehrfachvererbung zu, so haben wir Vererbungshierarchien, die die gleiche Gestalt wie die Hierarchien der allgemeinen Benutzbarkeit haben können (vgl. Fig. 5.44.d). Die Strukturen, die durch die Objektorientierung möglich sind, lassen sich also eins–zu–eins auf die allgemeine Benutzbarkeit abbilden (vgl. Fig. 5.44.a und b sowie c und d). Die *Generalisierung* ist nämlich eine *spezielle Ausprägung* der *allgemeinen Benutzbarkeit*, d.h. sie ist eine allgemeine Benutzbarkeit mit einer speziellen Semantik. Wir wollen dies im folgenden diskutieren.

Bei den bisher betrachteten Importbeziehungen, ob allgemeine oder lokale Benutzbarkeit, macht man sich für die Realisierung eines Moduls B einen anderen Modul A zunutze, und zwar in dem Sinne, daß die Realisierung von B im Rumpf einfacher wird, wenn wir die Hilfsmittel von A benutzen. Dieses *Hilfsmittel* A kann *ein beliebiges* sein, es muß eben nur die Eigenschaft besitzen, bei der Realisierung nützlich zu sein. Dementsprechend brauchen zwei Module B und C logisch nichts miteinander zu tun haben, da sie lediglich ein gemeinsames Hilfsmittel nutzen (vgl. Fig. 5.45.a). Sie können in der Softwarearchitektur auch auf verschiedenen logischen Niveaus angesiedelt sein.

Bei der Generalisierungsbeziehung als die inverse Beziehung zur Spezialisierung sind B und C hingegen verwandt, denn sie sind beide Spezialisierungen von A, oder anders ausgedrückt, A ist nicht ein x–beliebiges Hilfsmittel, sondern das *Gemeinsame* von B und C (vgl. Fig. 5.45.b). Wir sehen damit, daß das Konzept der Spezialisierung oder (Generalisierung) auf einer grundsätzlich anderen Denkweise beruht.

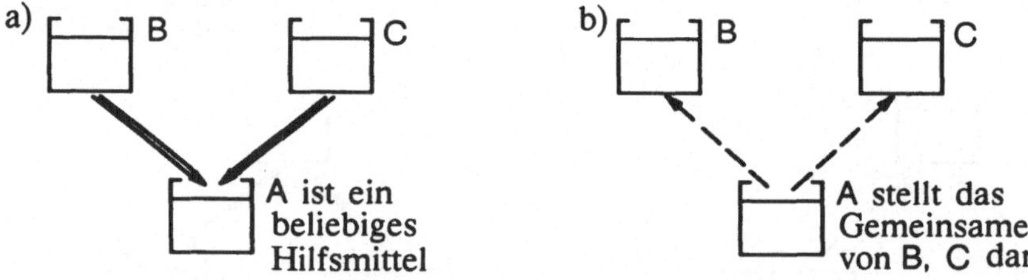

Fig. 5.45: Allgemeine Benutzbarkeit und Spezialisierung (Generalisierung)

Machen wir uns diesen *Unterschied* zwischen *allgemeiner Benutzbarkeit* und *Generalisierung* noch einmal an einem *Beispiel* klar: Man kann eine Menge von Einträgen realisieren, indem man sich eines x–beliebigen, aber passenden Hilfsmittels bedient. Das ist etwa in Fig. 5.29 der Fall, wo wir eine Menge mit einem Binärbaum realisiert haben, oder in Fig. 5.8, wo ein Lexikon über einen Binärbaum realisiert wurde. Beides hat nichts mit Vererbung zu tun. Es ist weder eine Menge noch ein Lexikon eine Spezialisierung eines Binärbaums. In beiden Fällen haben wir uns lediglich eines passenden Realisierungshilfsmittels bedient.

Andererseits kann man sowohl Mengen als auch Familien (in einer Familie darf ein Element mehrfach vorkommen) als Ansammlungen gleichartiger Objekte auffassen. Hat man eine Realisierung für solche Ansammlungen gleichartiger Objekte, dann lassen sich sowohl Mengen als auch Familien als Spezialisierungen hiervon auffassen. Diese Situation ist etwa im Smalltalk–System gegeben, dort sind Set und Bag Spezialisierungen von Collection. Damit ist für beide betrachteten Klassen Set und Bag die Klasse Collection nicht ein beliebiges Hilfsmittel, sondern stellt das Gemeinsame beider Klassen dar.

Die *Spezialisierung/ Generalisierung* ist *keine leicht verständliche Idee.* Allgemeine Hilfsmittel zu entdecken, die nicht nur allgemein nützlich sind, sondern die Gemeinsamkeiten darstellen und diese geeignet zu benutzen, ist auch nicht einfach. Das heißt, es ist ebenfalls *nicht einfach,* diese *Spezialisierungs–/ Generalisierungsidee anzuwenden.* An dieser Stelle werden bei der objektorientierten Modellierung auch beliebig viele Fehler gemacht. Die Tatsache, daß es in der Softwareerstellung solange gedauert hat, bis die Idee der Objektorientierung Einzug gehalten hat, deutet bereits auf diese Schwierigkeiten hin. Beide Argumente, nämlich daß die Idee nicht einfach ist und ihre Anwendung noch weniger, sollen jedoch nicht als Gegenargument zur Objektorientierung verstanden werden. Bei der Datenabstraktion war die Situation lange Zeit durchaus vergleichbar. Wir halten sowohl die Datenabstraktion als auch die Objektorientiertheit für wesentliche Ideen der Architekturmodellierung. Sie sind aber nicht per se wertvoll, sondern nur dann, wenn sie richtig angewandt werden.

Die *Objektorientierung* kann als eine *Fortsetzung* der *Datenabstraktion* verstanden werden, da wir nur Klassen, d.h. Datentypmodule, betrachten und darauf Ähnlichkeitsbeziehungen festlegen. Es liegt hier insoweit eine besondere Betonung der Datenabstraktion vor, als die Bedeutung von Datenabstraktionsmodulen als allgemeine Hilfsmittel besonders hervorgehoben wird. Dieser Zusammenhang wird durch den Begriff "Objektorientiertheit" im Unterschied zu "Objektbasiertheit" (vgl. Abschnitt 5.8) zum Ausdruck gebracht.

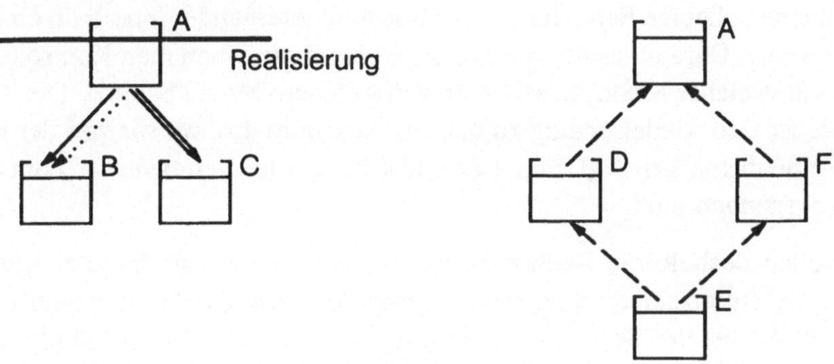

Fig. 5.46: Objektorientierung und Datenabstraktion

Andererseits *läuft* die *Objektorientiertheit* der *Datenabstraktion* auch etwas *zuwider* (vgl. Fig. 5.46). In vielen objektorientierten Ansätzen ist der innere Aufbau der Objekte einer Klasse nicht verkapselt. Dies verstößt gegen das Datenabstraktionsprinzip. Wir wollen diese Denkweise nicht übernehmen, d.h. wir werden Objekte ausschließlich über Methoden verändern und lesen. Aber auch dann ist die Realisierung eines Objekts, definiert durch seine Klasse, insoweit nicht vollständig verborgen, als allgemeine Methoden, die in erster Linie zur Realisierung von speziellen Klassen eingeführt werden, auch von außen ansprechbar sind.

Da die Objektorientierung und dabei insbesondere die *Spezialisierung* (Generalisierung) eine neue Idee darstellt, die wir für sehr wertvoll halten, wollen wir sie in unsere *Betrachtungen* über Softwarearchitekturen *mit einbeziehen*. Um keine Verwechslung mit der allgemeinen Benutzbarkeit zu verursachen, wählen wir die Spezialisierung und nicht die Generalisierung als einzuführende Modulbeziehung. Die Spezialisierung führt bei der Einfachvererbung zu umgedreht aufgetragenen Bäumen. Wir zeichnen die Spezialisierungsbeziehung in ein Architekturdiagramm durch eine gestrichelte und nach oben gerichtete Kante ein. Diese Spezialisierung ist eine *Strukturbeziehung*, so wie die Enthaltenseins–Beziehung. Sie hat damit zunächst noch nichts mit der Ebene der Benutzbarkeits–Beziehung (Import) zu tun. Aufgrund dieser Strukturbeziehung sind nun gewisse Benutzungen möglich, z.B. entlang von Vererbungspfaden bei der Methodensuche.

Wie wir bereits oben erörtert haben, ist in der Denkwelt der Objektorientierung alles offen und flexibel. Diese *Offenheit* bezieht sich auf die beliebige Benutzung vordefinierter Klassen, als auch auf die Benutzung solcher Klassen untereinander. (An weitere Charakterisierungen der objektorientierten Denkwelt, die ebenfalls mit Offenheit und Flexibilität zu tun haben, sei erinnert: (a) keine Unterscheidung Programmieren im Großen zu Programmieren im Kleinen, (b) beliebige Veränderbarkeit vorgefundener Klassen, (c) Bindung von Methoden zur Laufzeit, (d) Veränderung eines Programms eventuell sogar zur Ausführungszeit.) Das paßt nun gar nicht in die in diesem Buch eingeführte Denkwelt, deren Zielsetzung es ist, so viel Strukturerkenntnisse wie nur möglich in eine Architektur einzutragen, um damit mögliche Überprüfungen zur Architektur–Modellierungszeit vornehmen zu können. Beispielsweise erlaubt die Methodensuche, insbesondere wenn wir die Mechanismen self und super betrachten, prinzipiell eine beliebige Benutzung von Klassen untereinander innerhalb einer Vererbungshierarchie. Daraus resultieren *chaotische Zustände*, wenn man Kontrolle darüber behalten will, welcher Modul Ressourcen von welchem Modul benutzt. Die Argumentationslinie ist also wieder analog zu der aus Abschnitt 4.6, wo wir von der potentiellen lokalen Benutzbarkeit (vgl. Fig. 4.22 und 4.23) zur lokalen Benutzbarkeit (vgl. Fig. 4.24) übergegangen sind.

Wir wollen deshalb die Benutzungsmöglichkeiten, d.h. die Benutzbarkeit innerhalb einer Vererbungshierarchie wieder *explizit festlegen*. Die Gründe sind wieder die in Abschnitt 4.5 bei der Begründung der Benutzbarkeitsebene für Modulbeziehungen allgemein eingeführten, nämlich Redundanz und damit mögliche Sicherheitsüberprüfungen, sowie die Möglichkeit der Arbeitsteilung. Wir führen damit Kanten innerhalb eines Vererbungsbaums (einer Vererbungshierarchie) ein, die festlegen, von welchem Modul zu welchem Modul überhaupt Botschaften ausgetauscht werden können sollen (vgl. Fig. 5.47 für einen Vererbungsbaum). Wir nennen diese Beziehung die *Vererbungs–Benutzbarkeit*.

Die Vererbungs–Benutzbarkeiten zeichnen wir strichpunktiert in die Architektur-diagramme ein. Wir tragen dabei auch die Benutzbarkeit von einer Klasse zu ihrer Oberklasse ein (Kante (1)), obwohl eine solche Vererbungs–Benutzbarkeit stets gegeben sein muß. Es würde nämlich sonst keinen Sinn machen, diese Klasse als Unterklasse in die Vererbungshierarchie einzuhängen. Eine Vererbungs–Benutzbarkeit muß aber nicht unbedingt zur direkten Oberklasse gehen, sondern kann einen indirekten Vorfahren betreffen (Kante (2)). Sie kann aber auch einen direkten oder indirekten Nachfolger einer Vererbungsbeziehung betreffen (dem wir etwa über self eine Botschaft schicken, Kante (3)) oder zu einer Klasse einer anderen Teilhierarchie gehen (Kante (4)).

Der Autor ist sich durchaus bewußt, daß er mit diesem Vorschlag, Vererbungs–Benutzbarkeiten einzuführen, die Gewohnheiten der objektorientierten Denkwelt in Frage stellt und somit Widerspruch hervorruft.

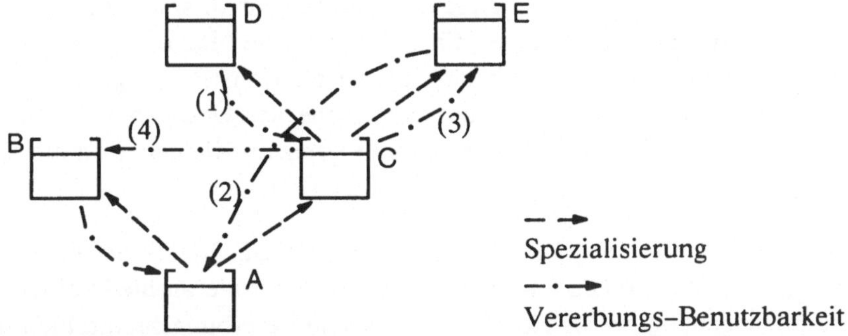

Fig. 5.47: Benutzbarkeit in einer Vererbungshierarchie (Vererbungs–Benutzbarkeit)

Ein Architektur-Teildiagramm, das eine Vererbungshierarchie wiedergibt, wird viele solcher Vererbungs–Benutzbarkeiten enthalten. Diese *Vielzahl* von *Kanten* spiegelt aber lediglich die der *Vererbungshierarchie innewohnende Komplexität* wider! Diese Komplexität nicht zu veranschaulichen, ist aus zwei Gründen ein grober Fehler: Zum einen wird eine Einfachheit vorgegaukelt, die nicht gegeben ist, was bei Programmveränderungen zu Schwierigkeiten führt, wie wir gleich nachweisen werden. Zum zweiten kann eine solche Veranschaulichung dazu führen, daß über Vereinfachungen nachgedacht wird, damit eine Vererbungs–Teilarchitektur überhaupt noch verstanden werden kann. Im Sinne der oben geführten Argumentation über die Schwierigkeiten bei der Anwendung der Idee der Objektorientiertheit ist dieser Zwang, über Vereinfachungen nachzudenken, auch nötig. Beispielsweise kann eine Kante der Art (4) in Fig. 5.47 darauf hindeuten, daß falsch modelliert wurde. Es könnte etwa vergessen worden sein, von C angesprochene Hilfsmittel der Klasse B als allgemeine Hilfsmittel in die Klasse A zu stecken oder ggf. oberhalb von A eine weitere, von B und C ansprechbare gemeinsame Klasse A' einzuführen.

Es ist klar, daß wir damit einen Teil der der objektorientierten Idee innewohnenden Flexibilität, so wie sie üblicherweise verstanden wird, aufgeben. Die dabei gewonnenen *Sicherheitsvorteile* liegen aber auf der Hand: (1) Wird eine Klasse K gelöscht, so ist klar, daß damit in den Rümpfen anderer Klassen stehende Methodenaktivierungen ins Leere gehen. Wir können diese Klassen sofort erkennen, indem wir alle Klassen betrachten, von denen Vererbungs-Benutzbarkeiten ausgehen, die in K enden. (2) Man sieht damit sofort, welche Klassen man löschen kann, ohne die Realisierung anderer Klassen inkonsistent werden zu lassen. Es sind dies nur diejenigen Klassen, in die keine Vererbungs-Benutzbarkeit einmündet, wie z.B. D in Fig. 5.47. (3) Fügt man eine Klasse in eine Vererbungshierarchie ein, so ist vorab, d.h. vor deren Implementierung, festzulegen, welche Ressourcen anderer Klassen benutzt werden dürfen. Dies führt wieder zur Möglichkeit von Konsistenzüberprüfungen. Damit wird aber die Methodensuche zu einer Überlegung zur Entwurfszeit gemacht. Der Entwerfer weiß nämlich i.a., welche Methoden aktiviert werden. Dieses sollte er dann aber auch angeben. (4) Gibt es von einer Klasse Vererbungs-Benutzbarkeitskanten zu allen Unterklassen oder zu allen Unterklassen einer bestimmten Schicht in der Vererbungshierarchie (was durch self erzielt wird), beispielsweise deshalb, weil eine allgemeine Methode stets eine spezielle Nebenrechnung braucht (vgl. Fig. 5.40), dann kann man bei der Einfügung einer weiteren Klasse in diese Teilhierarchie evtl. sofort sehen, daß man bei der Implementierung dieser Klasse für diese spezielle Methode sorgen muß. Die eben gemachten Bemerkungen lassen sich wieder als Konsistenzregeln auf der Programmieren-im-Großen-Ebene oder auf der Ebene des Übergangs zwischen dem Programmieren im Großen und dem Programmieren im Kleinen formulieren (vgl. Aufgabe 17).

Wie ist nun eine *Vererbungshierarchie in* einer *Software-Architektur verankert* (vgl. Fig. 5.48)? Es ist klar, daß keine Klasse einer Vererbungshierarchie in einen Enthaltenseinsbaum eingehängt werden kann, da Klassen in Vererbungshierarchien stets allgemeine Bausteine sind (verbotene Kante (1)). Somit verbleibt als Verbindung zu einer Software-Architektur von oben nur die allgemeine Benutzbarkeit. Diese muß nicht notwendigerweise nur auf die Blätter der Vererbungshierarchie gehen, sondern es kann auch eine allgemeine Klasse von Interesse sein (Kante (2)). Dann sollte von dieser aber keine Vererbungs-Benutzbarkeitskante in Richtung Spezialisierung ausgehen, ohne daß die entsprechenden Klassen ebenfalls allgemein benutzbar gemacht wurden. Die Regel wird aber sein, daß die allgemeinen Benutzbarkeitskanten an den Blättern der Vererbungshierarchie enden (Kanten (3)). Aus einer Vererbungshierarchie sollten auch keine Enthaltenseinskanten oder allgemeine Benutzbarkeitskanten herausgehen. Dies widerspricht der Idee der Objektorientierung, wo als Realisierungshilfsmittel nur Generalisierungen und nicht beliebige spezielle oder allgemeine Hilfsmittel zugelassen werden (Kanten (4)). Eine allgemeine Benutzbarkeitskante kann höchstens zu einem Modul der Sonderformen von Abschnitt 4.4 (Typkollektion, Konstantenansammlung) gehen. Durch diese eben gemachten Aussagen lassen sich wieder eine Reihe von Konsistenzbedingungen formulieren (vgl. Aufgabe 18).

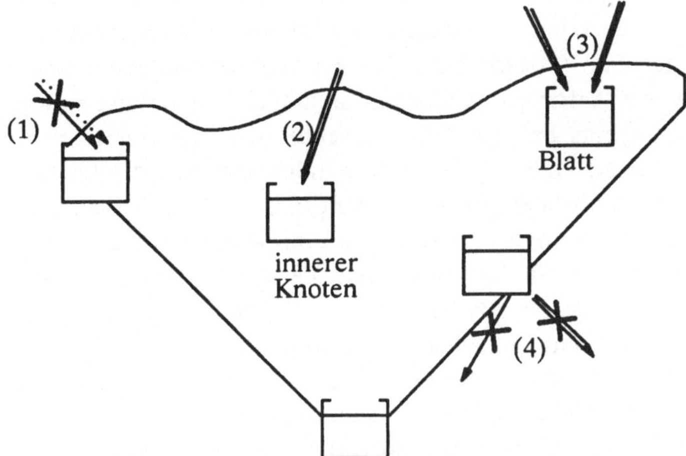

Fig. 5.48: Einbettung einer Vererbungshierarchie in einer Software-Architektur

Wir haben mit der Vererbungshierarchie wieder neue Kandidaten für den Teilsystembegriff aus Abschnitt 5.3 kennengelernt (vgl. Fig. 5.49). Die in diesem Abschnitt stehende Liste von Möglichkeiten für Teilsysteme ist zu erweitern. Ein beliebiger *Teilbaum* T_i aus einem Vererbungsbaum oder eine *Vererbungs-Teilhierarchie* aus einer Vererbungshierarchie ist ein *Teilsystem*. Insbesondere ist damit eine gesamte Vererbungshierarchie T auch ein Teilsystem. Auch Teilbäume, die durch Zerschneiden an der Wurzel entstehen, sind Teilsysteme (T_1 und T_2 in Fig. 5.49). Bei den Vererbungsbäumen liegt eine völlig analoge Situation zu den Teilsystemen von Enthaltenseinsbäumen vor. Auch hier gilt, wenn wir einen Vererbungsbaum in Teilsysteme zerlegen, analog zur Charakterisierung von Abschnitt 5.3, daß die Teilsysteme in dem Sinne unabhängig voneinander sein sollten, daß die Vererbungs-Benutzbarkeiten nicht über Teilsystemgrenzen hinweggehen.

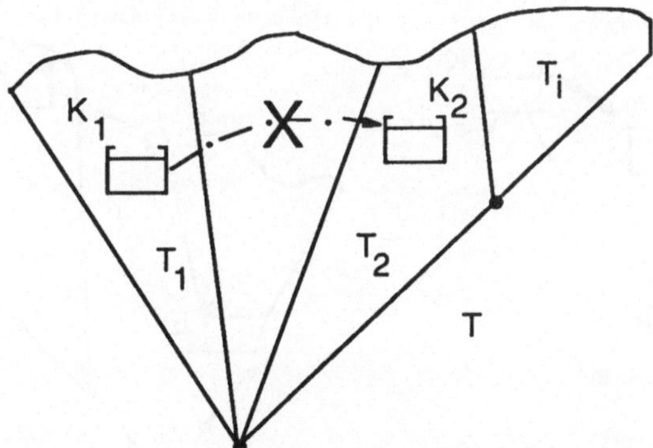

Fig. 5.49: Teilsysteme einer Vererbungshierarchie

Wir wollen uns nun mit der Frage beschäftigen, *wo in* einer *Software-Architektur objektorientiert* modelliert werden kann. Wir brauchen hierzu nur bei den Datenabstraktionsanwendungen nachzusehen, da die objektorientierte Modellierung, wie schon oben ausgeführt, eine Fortsetzung der Datenabstraktionsidee ist. Diese Anwendungen sind nach Fig. 4.19 die Modellierung komplex aufgebauter *Einträge* und die Modellierung von *Kollektionen*. In diesem Kapitel kam als weitere Anwendung die Modellierung von Layouts bei der Ein-/ Ausgabe bzw. die Geräteunabhängigkeit der Ein-/ Ausgabe hinzu. Falls in diesen Anwendungsfeldern Ähnlichkeitsaspekte zum Tragen kommen, dann liegt ein Anwendungsfall für Objektorientiertheit vor.

Für den Fall eines komplex aufgebauten Einzeleintrags haben wir dies in Fig. 5.38 vorgeführt. Dort wurde für Einträge in ein Personalverwaltungssystem eine Vererbungshierarchie angegeben. Als Anwendungsfall für Kollektionen haben wir bereits die Klassen Set, Bag und Collection aufgeführt. Ein Teil der vordefinierten Klassen des Smalltalk–Systems ist ein weiteres größeres Beispiel für die Anwendung der Vererbung zwischen Kollektionen. Ein Anwendungsfall für die Layout–Bearbeitung ist ein "Formular", dessen Repräsentation verborgen ist, und das spezielle Ausprägungen mit Zusätzen besitzt. Von virtuellen Ein-/ Ausgabegeräten sind ebenfalls Sonderformen denkbar, die als Spezialisierungen modelliert werden können.

Wir haben nun für die *Modellierung* von *Eintrags–Kollektions–Situationen* eine Reihe neuer Möglichkeiten zur Hand (vgl. Fig. 5.50 und Fig. 5.21). Wenn wir Einträge einer bestimmten Struktur zu einer Kollektion zusammenfassen, wobei die Einträge aus einer Vererbungsstruktur stammen, also z.B. die Kollektionen von Angestellten–Einträgen aus Fig. 5.38, so kann die Kollektion herkömmlich realisiert sein, wie etwa Menge mithilfe von Binaerbaum aus Fig. 5.29, d.h. also über die lokale oder die allgemeine Benutzbarkeit. Es muß jetzt eine allgemeine Benutzbarkeitskante zu der speziellen Eintragsklasse gezogen werden (Fig. 5.50.a). Eine Alternative zu dieser Lösung besteht darin, die Kollektionsrealisierung ebenfalls aus einer Vererbungshierarchie zu nehmen und eine Vererbungs–Benutzbarkeit zwischen K und E einzurichten (Fig. 5.50.b).

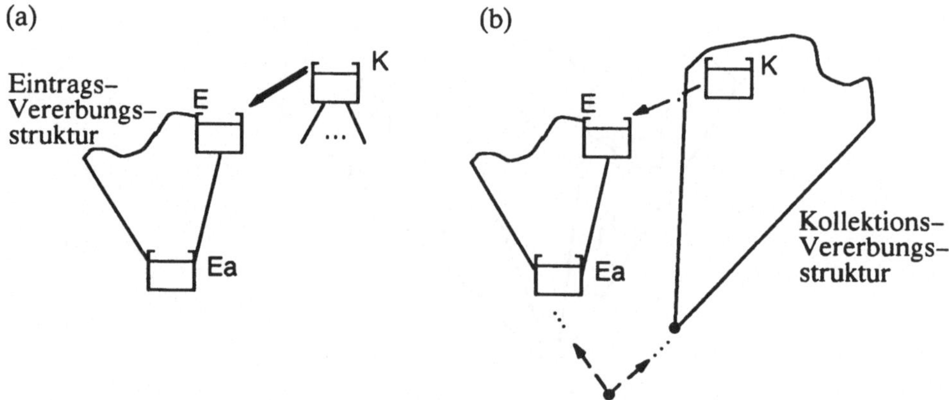

Fig. 5.50: Objektorientierte Eintrags–Kollektions–Modellierung

Die Fig. 5.50 schließt aber auch weitere Möglichkeiten ein. So ist es manchmal erwünscht, nicht nur *Kollektionen* eines ganz bestimmten Eintragstyps zuzulassen, sondern *verschiedene Eintragsstrukturen* aus einer Eintrags–Vererbungshierarchie zu erlauben. Betrachten wir hierzu wieder unser Anwendungsbeispiel von Fig. 5.38. Soll unser Personalverwaltungssystem alle Mitarbeiter einer Firma umfassen, dann müssen in der Kollektion Einträge von gewerblichen Mitarbeitern bis hin zu Einträgen von leitenden Angestellten auftauchen. Es würde u.U. keinen Sinn machen, hier jeweils verschiedene Kollektionen vorzusehen. Wir müssen also eine Kollektion zulassen, wobei der Eintragstyp durch eine beliebige Klasse aus einem Vererbungsbaum festgelegt sein kann.

Das bedeutet nun, daß die allgemeine Benutzbarkeitskante aus Fig. 5.50.a bzw. die Vererbungs–Benutzbarkeitskante aus Fig. 5.50.b auf jede Klasse der Eintrags–Vererbungshierarchie zu richten ist. In der Welt der Objektorientierung, soweit man Typisierungsüberlegungen anstellt, herrscht aber oft die Meinung vor, daß der Typ der Einträge einer Vererbungsstruktur durch den Typ (die Klasse) der Wurzel beschrieben ist. In diesem Fall würde es reichen, die allgemeine Benutzbarkeit bzw. die Vererbungs–Benutzbarkeit auf die Wurzelklasse zu richten. Dies widerspricht eigentlich unseren bisherigen Überlegungen. Akzeptabel wäre die Auffassung, eine solche Kante als eine Abkürzung für entsprechend viele Kanten zu allen Klassen der Vererbungs–Teilhierarchie aufzufassen.

Man beachte, daß in der Modellierung von Fig. 5.50 Kollektionen von Einträgen betrachtet werden, wobei diese Einträge Ähnlichkeiten untereinander aufweisen. Eine andere Art der Modellierung geht von einer logischen Gruppierung der Daten der Einträge aus, wie allgemeine Daten, personenbezogene Daten, Lohndaten etc. (vgl. Fig. 5.19). Es ist nicht ganz einfach, diese andere Art der Modellierung mit der Ähnlichkeitsvorstellung zusammenzubringen (vgl. Aufgabe 19).

Es stellt sich nun die Frage, in *welcher Beziehung* die Konzepte der *Objektorientiertheit* und die der *Generizität* zueinander stehen. In /4. Me 86/ wird gezeigt, daß die Objektorientiertheit der "mächtigere" Mechanismus ist. Das heißt, daß die Generizität mit der Objektorientiertheit simuliert werden kann, aber nicht umgekehrt. Die Idee der Simulation besteht darin, die formalen generischen Eigenschaften (vgl. generischer Teil von Fig. 5.33) zu einer Klasse zu machen und die jeweiligen Exemplare zu deren Spezialisierung. Diese Simulation ist aber ziemlich umständlich, insbesondere, wenn man eine strenge Typisierung anstrebt. Letzteres ist auch daran gebunden, daß man eine typisierte, objektorientierte Sprache zur Verfügung hat, wie etwa Eiffel /5. Me 88/. Ferner ist die Anwendung dieser Simulation auf Klassen bezogen, während wir in Abschnitt 5.7 festgestellt haben, daß generische Bausteine auch andere Module als Datentypmodule sein können. Die obige Argumentation zur Simulation liegt auf einer Ebene, die zeigt, was man prinzipiell machen kann, und nicht auf der Ebene, die zeigt, was für die Architekturmodellierung angemessen ist, so daß der Entwerfer einfach und übersichtlich modellieren kann.

Beide *Konzepte* sind für die Architekturmodellierung wichtig und *"orthogonal"* zueinander. Mithilfe der *Generizität* drücken wir beliebige Parameterisierung für beliebige Module oder Teilsysteme aus. Dabei ist der wesentliche Anwendungsfall der Parametrisierung, daß wir einen oder mehrere formale generische Typen mit Operationen verwenden, von denen in unterschiedlichen Modulen des Teilsystems Gebrauch gemacht wird. Diese formalen Typen bzw. Operationen sind dann bei der Exemplarerzeugung durch aktuelle Typen und Operationen zu ersetzen. Dieser Fall ist beispielsweise für die Situation von Fig. 5.32.a gegeben, wo wir für bestimmte Komponenten von Einträgen gewisse Eigenschaften annehmen (z.B. Vergleichsoperation für Schlüssel, Zuweisungsoperation für andere Komponenten etc.). Daneben ist aber auch die Größenanpassung und das Ersetzen von formalen Prozeduren durch aktuelle ein Anwendungsfall der Generizität.

Mithilfe der *Objektorientierung* drücken wir die Ähnlichkeit zwischen Modulen in dem Sinne aus, daß diese Ähnlichkeit als die entscheidende Realisierungsidee auf Architekturebene benutzt wird. Insofern sollte in einer Teilarchitektur, die objektorientiert modelliert wird, auch nicht auf weitere Hilfsmittel als die einer Vererbungshierarchie Bezug genommen werden (vgl. nicht erwünschte Kante (4) in Fig. 5.48). Ähnlichkeit bedeutet bei Einfachvererbung, daß man sich auf die Hilfsmittel eines Vererbungspfades und bei Mehrfachvererbung auf die Hilfsmittel mehrerer Vererbungspfade abstützen kann (vgl. Fig. 5.37). Darüber hinaus können in einer objektorientierten Teilarchitektur auch Spezialisierungen zur Realisierung herangezogen werden (vgl. Fig. 5.40).

Eine von vielen denkbaren *Situationen*, in denen *Objektorientiertheit* und *Generizität zusammenspielen*, ist in Fig. 5.50.a gegeben. Eine Vererbungsstruktur für Einträge wird in einer Kollektion benutzt. Diese Kollektion kann als Einträge evtl. solche verschiedener Typen ablegen, nämlich beispielsweise alle Typen der Eintrags–Vererbungsstruktur. Die allgemeine Benutzbarkeitskante geht dann zur Wurzel der Vererbungs–Teilhierarchie (als Abkürzung für viele Kanten). Die Eintrags–Vererbungsstruktur ist für die Realisierung der Kollektion i.a. ohne große Bedeutung, da dort lediglich Eigenschaften einiger Komponenten benutzt werden, die etwa bei jeder Wurzelklasse vorhanden sein müssen, z.B. die Eigenschaften des Typs des Primärschlüssels bzw. die von bestimmten Informationskomponenten etc. Somit kann die Vererbungsstruktur der Einträge parameterisiert sein, und zwar in dem Sinne, daß die jeweilige Wurzelklasse ein generisches Exemplar darstellt, da es aus einer generischen Klasse erzeugt wurde. Das Eintrags–Kollektions–Teilsystem kann noch einmal in dem Sinne parameterisiert sein, daß die Anzahl der Einträge noch offen ist.

Die Diskussion des letzten Absatzes zeigt, daß *Objektorientierung, Generizität* und Teilsysteme beliebig miteinander *verzahnt* werden können und auch sollen. Es ist z.Z. aber nicht geklärt, wie ein solches Zusammenspiel aussieht. Das Zusammenspiel ist weder auf der Architekturebene noch auf der Implementierungsebene klar. Das heißt, es ist auch nicht klar, wie die Konzepte auf eine Programmiersprache abgebildet werden könnten. Letzteres wird nicht unwesentlich dadurch erschwert, daß es z.Z. keine Programmiersprache gibt, die alle obigen Konzepte, und zwar so, wie wir sie hier brauchen, unterstützt. Dies ist weder dadurch der Fall, daß die entsprechenden Konstrukte direkt vorhanden sind, noch dadurch, daß es Konstrukte gibt, auf die sich die oberen Konzepte leicht abbilden lassen. Dies ist eine der vielen offenen Fragen, die wir in Kap. 9 auflisten.

5.10 Zusammenfassung

Wir haben im letzten, aber insbesondere in diesem Kapitel eine Reihe von *Anwendungen* des in diesem Buch vorgestellten *Modulkonzepts diskutiert*. Diese Anwendungen bezogen sich insbesondere auf die Klärung von Teilarchitektursituationen, die häufig in Software-Architekturen auftreten. Dies betraf z.B. die Frage der Unterscheidung der funktionalen Abstraktion von der Datenabstraktion oder die Frage des Zusammenspiels von funktionalen Modulen und Datenabstraktionsmodulen. Letzteres bedeutet, daß funktionale Module stets über Datenabstraktionsmodule miteinander gekoppelt werden. Bei der konsequenten Anwendung von Datenabstraktion gibt es keine komplexen Daten mehr, die nicht als Architekturbausteine erscheinen. Dies gilt insbesondere für die Ein- bzw. Ausgabe. Dort haben wir mit den virtuellen Geräten bzw. mit der Layout-Verkapselung zwei weitere wichtige Datenabstraktions-Anwendungen kennengelernt. Datenabstraktionsbausteine werden oft über mehrere Schichten realisiert. Eine Frage, die uns beschäftigt hat, war insbesondere, wie die Teilarchitektur unterhalb eines Datenabstraktionsbausteines aussieht. Wir haben schließlich entdeckt, daß Datenabstraktion sowohl auf Eintrags- als auch auf Kollektionsebene auftritt und daß Eintrags-Kollektions-Situationen häufige Standardfälle von Teilarchitekturen darstellen. Hierzu wurden einige Beispiele angegeben. Schließlich hat ein Beispiel angedeutet, daß unser Modulkonzept auch für den Nebenläufigkeitsbereich anwendbar ist, sich also nicht nur auf sequentielle (Batch- oder Dialog-) Anwendungen beschränkt.

Aus dieser Beschäftigung mit Anwendungen sind eine Reihe von Erweiterungen des Modulkonzepts aus Kap. 4 erwachsen. Wir haben damit einige *neue Architekturmodellierungskonzepte* kennengelernt. Das betrifft die Einführung von *Teilsystemen*, die ein zweistufiges Vorgehen beim Entwerfen und die die Einführung von Teilprojekten erlauben. Ferner gestatten sie es, Module als logisch zusammengehörig zu kennzeichnen, sogar bis dahin, daß wir die Summation von Schnittstellen vornehmen können. Das nächste Konzept war die *Generizität*, mit deren Hilfe wir Schablonenbausteine (Module, Teilsysteme) formulieren können, die in bestimmten Teilen noch variabel sind, aber gleichwohl als davon unabhängig realisiert werden können. Schließlich haben wir die *objektorientierte Modellierung* als natürliche Fortsetzung der objektbasierten Modellierung kennengelernt. Mit dieser Objektorientierung können Ähnlichkeiten formuliert und für die Realisierung genutzt werden. Als Anwendungen ergaben sich wieder die Datenabstraktionshauptanwendungen, Eintrags-, Kollektions-, Geräte-, Layout- und Eintrags-Kollektions-Situationen. In diesem Abschnitt fanden sich auch einige Ideen zur Integration dieser neuen Architektur-Modellierungskonzepte mit bzw. zur Integration dieser Konzepte mit den Konzepten aus dem letzten Kapitel.

Wir haben in Abschnitt 1.7 allgemeine Prinzipien der Modellierung aufgestellt. Nach Abschluß der Modulkonzeptdiskussion in diesem Buch wollen wir nun die *Konzepte* unseres *Modulkonzepts* diesen *Modellierungsprinzip*ien zuordnen: Für das Prinzip der *Abstraktion* haben wir Module eingeführt, mit Unterscheidung zwischen Schnittstelle und Rumpf, ferner die Einführung von Schichten einer Softwarearchitektur, die mithilfe der eingeführten Modulbeziehungen aufeinander abgebildet werden können, und schließlich den Teilsystembegriff zur Abstraktion von Details, hier sogar auf der Architekturebene. Durch alle diese Konzepte kann *Information Hiding* auf Architekturebene eingeführt werden. Das Modellierungsprinzip der *Strukturierung* haben wir in Abschnitt 1.7 unterteilt. Die *Hierarchiebildung* können wir sowohl mithilfe der Enthaltenseins-, als auch mit der allgemeinen Benutzbarkeits- und schließlich auch mit der Vererbungsbeziehung ausdrücken. Für die *Modularisierung* dienen die bereits erwähnten Module und Teilsysteme. *Lokalität* können wir ausdrücken durch die Unterscheidung zwischen Schnittstelle und Rumpf, durch funktionale Abstraktion oder Datenabstraktion als "semantische" Anwendung dieser Unterscheidung, durch Enthaltenseinsbäume zusammen mit der lokalen Benutzbarkeit, durch die Unterscheidung von Schnittstelle und Rumpf von Teilsystemen, in gewissen Grenzen auch durch die Generalisierungsbeziehung und schließlich allgemein durch Bildung einer beliebigen Teilarchitektur unterhalb der Schnittstelle eines Moduls oder Teilsystems. Der *Mehrfachverwendung* dienen Module und Teilsysteme, insbesondere dann, wenn sie allgemein verwendbar sind, sowie generische Module oder Teilsysteme und schließlich auch Vererbungshierarchien. Dem Prinzip der *Redundanz* haben wir bei allen Konstrukten Rechnung getragen, nämlich durch eine gewisse Übereinstimmung von Schnittstelle und Rumpf eines Moduls oder eines Teilsystems und ferner durch die Übereinstimmung zwischen Export und Import bei allen Importbeziehungen, nämlich der lokalen, der allgemeinen und der Vererbungs–Benutzbarkeit. Diese Redundanz erlaubt uns vielfältige kontextsensitive Prüfungen (vgl. hierzu die Konsistenzregeln im letzten und in diesem Kapitel). Schließlich hoffen wir, dem Prinzip der *geringsten Verwunderung* dadurch Rechnung getragen zu haben, daß die Modellierungskonstrukte auf Architekturebene in dem Sinne augenfällig sind, daß der Entwerfer seine Ideen auf natürliche Weise ausdrücken kann.

Wir haben bereits im Vorwort erwähnt, daß die *Wartungsproblematik* und die *Wiederverwendbarkeit* zwei zentrale Anliegen dieses Buches darstellen. Für beides sollen die eingeführten *Modellierungskonzepte* auf Architekturebene *weiterhelfen*. Dies gilt natürlich nur dann, wenn ein Softwaresystem mit den hier vorgestellten Konzepten entworfen wurde und wenn seine Architektur in den hier vorgestellten Notationen, Architekturdiagramm und Text für Details, vorliegt. Für mit "herkömmlichen Ideen" entworfene und bereits vorliegende Systeme gilt dies höchstens insoweit, als der Leser Fehler leichter erkennen und korrigieren kann, da er hoffentlich etwas über die Strukturierung von Softwaresystemen und die dabei einzusetzenden Prinzipien, Konzepte und Sprachen gelernt hat. Liegt aber eine Architektur in dem hier vorgestellten Modulkonzept vor, dann ist sie zum einen von vornherein wartungsfreundlich, da einige Änderungen auf Architekturebene kaum oder nur lokal durchschlagen bzw. da die Auswirkungen von Änderungen sofort mithilfe des Architekturdiagramms festgestellt werden können. Hierzu dienen insbesondere die eingeführten Strukturbeziehungen und die Importbeziehungen. Was die Wiederverwendbarkeit anbetrifft, so dienen alle im letzten Absatz aufgeführten Konstrukte diesem Ziel. Dies gilt auch, aufgrund der eben getroffenen Argumentation über die Wartbarkeit, für eine gesamte Architektur, da diese wiederverwendbar ist, indem sie leichter modifiziert werden kann. In Kap. 7 werden wir diese Aussagen durch Beispiele erhärten.

In einem Kurs oder einer Vorlesung des Autors zu dem Thema des Buches kommt an dieser Stelle eine gemeinsame Diskussion mit den Teilnehmern zu der Frage, was man sich an weiteren Konstrukten für ein Modulkonzept vorstellen kann. Diese Diskussion kommt meist schnell auf die speziellere Frage, welche weiteren Modulbeziehungen vorstellbar sind. Diese Diskussion hat bisher, obwohl sie des öfteren geführt wurde, noch nichts Substantielles zutage gefördert. Die Antworten liefern zum einen ”neue” Modulbeziehungen, die der Datenabstraktion widersprechen, wie ”Modul A liefert Daten an Modul B” oder ”A transformiert ein Datum X zu einem Datum Y”. In der Vorstellung, die in diesem Buch dargelegt wurde, werden aber keine Daten geschoben oder geliefert, sondern es werden lediglich Zugriffsoperationen eines Datenabstraktionsmoduls benutzbar gemacht. Zum anderen liegen weitere Vorschläge oft auf der falschen Betrachtungsebene, nämlich der Benutztebene, wie etwa ”A ruft Funktionen von B auf”. Ferner werden oft Beziehungen aufgeführt, die ins Programmieren im Kleinen hineinreichen, wie ”Modul B folgt dem Programmablauf statisch oder dynamisch auf A”. Schließlich kommen Vorschläge zu Modulbeziehungen, die, abgesehen davon, daß sie zur Benutztebene gehören, eher mit einer speziellen Art oder Ausprägung eines Moduls für einen bestimmten Programmier–Anwendungsbereich zu tun haben, wie etwa ”von einem Modul geht eine Botschaft aus” (d.h. er ist eine Klasse), ”ein Modul aktiviert einen Prozeß” (d.h. der andere Modul kann dann nebenläufig agieren), ”ein Modul schickt ein Signal” bzw. ”ein Modul A synchronisiert sich mit einem anderen B” (einer bzw. beide sind Prozesse), ”ein Modul A sendet einen Remote Procedure Call an einen anderen B” (das Softwaresystem ist verteilt realisiert) usw. Da wir die Hoffnung haben, daß die Frage, ob ein Modul ein Prozeß ist bzw. ob das Softwaresystem verteilt ist, keinen oder kaum einen Einfluß auf die Architekturüberlegungen hat, liefern diese Beziehungen somit u.E. keine neuen Ansätze. Es ist klar, daß das Ergebnis solcher Diskussionen kein Beweis für die Abgeschlossenheit unserer bisherigen Modulkonzeptüberlegungen ist. Natürlich kann die Entdekkung weiterer Programmiersprachenkonzepte auch unsere Architekurüberlegungen in Zukunft erweitern, wie dies am Beispiel der objektorientierten Sprachen in der Vergangenheit geschah.

Aufgaben zu Kapitel 5

1. Betrachten Sie die Struktur eines Mehrphasencompilers, der aus lexikalischer Analyse, kontextfreier Syntaxanalyse, kontextsensitiver Syntaxanalyse, Optimierung und Zielcodeerzeugung bestehe (mit den üblichen Zwischendatenstrukturen). Fassen Sie diese als Datenobjektmodule und die Phasen als funktionale Module auf

und ermitteln Sie die Gesamtarchitektur. Die Optimierungsphase hat die gleiche Eingabe- und Ausgabestruktur. Wie verändert sich die Gesamtarchitektur, wenn Sie die Optimierung als Operation eines Datenobjektmoduls Zwischencode auffassen? Geben Sie Gründe an, warum diese Auffassung falsch ist.

2. Ein funktionaler Modul mit einer Eingabe- und einer Ausgabedatenstruktur E bzw. A kann auch "mit Gewalt" zu einer Zugriffsoperation auf der Datenstruktur E x A gemacht werden. Diskutieren Sie die Nachteile dieser Lösung, insbesondere unter den Gesichtspunkten, (a) daß E und auch A eine gewisse "Eigenständigkeit" besitzen, (b) daß Transformatorketten $E \xrightarrow{f} A \xrightarrow{g} O$ zu modellieren sind, und daß es (c) verschiedene funktionale Module mit der gleichen Eingabestruktur $E \xrightarrow{f} A_1$, $E \xrightarrow{g} A_2$ bzw. mit der gleichen Ausgabestruktur geben kann.

3. In Fig. 5.3 bzw. 5.4 ist ein Batchproblem mit und ohne Anwendung der Datenabstraktion beschrieben. Vergleichen Sie die beiden Lösungen unter folgenden Gesichtspunkten: (1) Was kennt M_1 von D_1, M_1 und M_2 von D_2 und M_2 von D_3, D_4? (2) Wie erfolgt die Verarbeitung der Einträge in beiden Lösungen? (3) Vergleichen Sie den Datenfluß.

4. *Der funktionale Modul Liefere_V_Zeichen aus Fig. 5.9 besitzt einen Entry Ende, der von anderen Modulen, hier von Stoppe_Decodieren aufgerufen wird. Damit wird Liefere_V_Zeichen mitgeteilt, daß die Erzeugung verschlüsselter Zeichen beendet werden soll. Damit hat dieser Modul einen inneren Zustand, d.h. ein Gedächtnis, was seinem Charakter als funktionaler Modul widerspricht. Begründen Sie, daß solche Art Gedächtnisse, die Verhaltenszustände aufzuheben und umzuschalten gestatten, etwas anderes sind, als Gedächtnisse zur Datenablage, und daß solcherart Gedächtnisse zur Realisierung der Beendigung oder sonstiger Verhaltens-Zustandsänderungen unabdingbar sind.

5. In der Lösung von Fig. 5.15.b kann die Schnittstelle von bin_Baum so gestaltet werden, daß im Rumpf des darüberliegenden Moduls kein explizites Gedächtnis mehr vorhanden ist. Skizzieren Sie die Schnittstelle eines solchen Moduls bin_Baum. Dann muß die Balancierungsoperation ebenfalls in die Schnittstelle von bin_Baum verlagert werden, wenn sie nicht intern und automatisch erfolgen soll, weil der darüberliegende Modul keine Stellen des Baums mehr kennt. Damit hat Lexikon die Balancierung nicht mehr in der Hand. Ähnlich ist es bei der Lösung von Fig. 5.15.c. Auch hier besitzt Lexikon kein explizites Gedächtnis mehr. Diskutieren Sie diese Lösung a) unter dem Aspekt der Zuverlässigkeit der Implementation von Lexikon und b) unter dem Aspekt, daß es zu Veränderungsoperationen auch Sicherheitsabfragen und entsprechende Ausnahmen geben sollte. Die Lösungen mit implizitem Gedächtnis funktionieren dann nicht mehr, wenn Lexikon eine Schnittstellenoperation anbietet, die mehr als einen Eintrag auffindet bzw. die die Beziehung verschiedener Einträge ermittelt o.ä. Diskutieren Sie dies!

6. In dem Telegrammdatenbeispiel von Kap. 3, für das wir mit Aufgabe 15 in Kap. 4 die Stellen herausgefunden haben, in denen Datenabstraktion mißachtet wurde, finden sich mit der Telegrammeingabe und mit der Telegrammdatenabspeicherung zwei Stellen, in denen man es mit Kollektionen von komplexeren Einträgen (bei der Eingabe) oder von einfacheren Einträgen (beim Telegrammdaten-Zwischenspeicher) zu tun hat. Modellieren Sie beide Beispiele durch je ein Teilsystem und zwar so, daß bei der Eingabe Eintrag und Kollektion auf zwei Module verteilt wird, während der Telegrammdaten-Zwischenspeicher einen Modul an der Schnittstelle hat. Skizzieren Sie eine Realisierung für beide Teilsysteme.

7. In der Erläuterung zur einfachsten Lösung einer Eintrags–Kollektions–Situation haben wir ausgeführt, daß man die Schnittstelle eines solchen Moduls auch aus einer Lokalisierungsoperation zum Auffinden des passenden Eintrags und aus den Lese- und Schreiboperationen für den Einzeleintrag zusammenbauen kann. Warum ist diese Lösung unsicher? Denken Sie dabei an die Stellen der Verwendung des eben skizzierten Moduls und vergleichen Sie diese Diskussion mit der Diskussion zur Aufgabe 5.

8. Skizzieren Sie die Lösung des Eintrags–Kollektions–Problems für den Fall, daß der Eintragsmodul einen opaken Typ exportiert und sich mehrere Verwender V, $V_1,...,V_m$ die Bearbeitung eines Eintrags teilen, und zwar in dem Sinne, daß im Rumpf von V das abstrakte Datenobjekt deklariert wird, es zur Bearbeitung an lokale Module $V_1,...,V_m$ weitergegeben wird, und es dann nachher von V abgelegt wird. Das abstrakte Datenobjekt wird in V ”mehrfach verwendet”, indem die Komponentenwerte wiederholt über eine Eingabe versorgt werden. Geben Sie das Architekturdiagramm hierfür an (analog zu Fig. 5.21) und skizzieren Sie, wie die Rümpfe von V, $V_1,...,V_m$ aussehen.

9. Die gleiche Überlegung ist nun für den Fall anzustellen, daß der Eintragsmodul ein Datentypmodul mit Erzeugungsoperation ist, und daß es mehrere Verwender V_1, $...,V_n$ gibt, die jeweils einen Eintrag manipulieren und ablegen, wobei dies ebenfalls wiederholt geschieht, indem die Komponentenwerte über eine Eingabe versorgt werden. Es sollen nun die Verwender $V_1,...,V_n$ jeweils mehrere Einträge handhaben und diese Objekte im Sinne der obigen Diskussion wiederverwenden. Geben Sie eine Skizze des Rumpfs eines Moduls V_i an. Wo stehen die Objekterzeugungen, was passiert in der Schleife zur Wiederverwendung?

10. Betrachten Sie die Situation von Fig. 5.21. Warum können E und K keine lokal benutzbaren Module sein?

11. In Fig. 5.25 haben wir eine Situation kennengelernt, daß sich eine Reihe spezifischer Daten zur Realisierung auf eine gemeinsame Datenablage abstützt. Dabei können diese spezifischen Daten noch einmal zwischengespeichert werden (Kopie oder redundante Datenhaltung), oder die spezifischen Daten werden direkt in der gemeinsamen Datenablage manipuliert. Diskutieren Sie die Vor- und Nachteile beider Lösungen, insbesondere unter dem Gesichtspunkt, daß die spezifischen Datenablagen unabhängig voneinander entwickelt werden können sollen.

12*. Formulieren Sie die Lösung von Fig. 5.27 zu einer Eintrags–Kollektions–Situation aus, wobei die Einträge über Zeigersemantik angesprochen werden. Dabei sollen die Einträge in einem Feld abgelegt werden und über Feldindizes angesprochen werden. Es ist dabei eine einfache Haldenverwaltung zu realisieren, die das Anlegen/Löschen von Elementen zur Laufzeit gestattet. Diese Haldenverwaltung soll durch einen Modul realisiert werden, auf den sich der abstrakte Datentyp E abstützt. Wir gehen der Einfachheit halber davon aus, daß der Haldenspeicher nur Einträge passender Größe zu verwalten gestattet, d.h. die Eintragsstruktur nicht noch einmal in kleinere Stücke zerlegt werden muß. Wir gehen ferner davon aus, daß die zugrundeliegende Programmiersprache den Datenbereich für die Informationsfelder des Eintrags an einer Stelle nur in seiner Größe festzulegen gestattet und an einer anderen Stelle bezüglich seiner Struktur, und daß diese dann aufeinandergelegt werden können.

13*. In Fig. 5.28 wurde die Realisierung von Graphen auf die von Knoten- und Kantenmengen zurückgeführt. Die Knoten und Kanten seien markiert, d.h. zu jeder

Knotenbezeichnung gibt es eine bestimmte Markierung bzw. zu jedem Paar von Knotenbezeichnern für den Quell- bzw. Zielknoten einer Kante existiert eine Kantenmarkierung. Wir gehen im folgenden von den Vereinfachungen aus, daß zu einem Knoten nur die Nachfolgerknoten gesucht werden sollen, und daß es zwischen zwei Knoten nur eine Kante gibt. Damit lassen sich Knotenmenge und Kantenmenge als Spezialfall eines Lexikons auffassen, wo ein Eintrag mit einem Schlüssel gesucht wird. Dieser Schlüssel ist die Bezeichnung des Knotens bzw. die Bezeichnung des Quellknotens einer Kante. Das Ergebnis ist die Markierung des Knotens bzw. die Knotenbezeichnung des Zielknotens und die Markierung einer Kante zwischen Quellknoten und Zielknoten. Nun können Knotenmengen und Kantenmengen mit einem solchen Lexikonbaustein gemeinsam realisiert werden. Skizzieren Sie die Schnittstelle und die Architektur dieses Bausteins.

14. Formulieren Sie den Datentypmodul ITEM_STACK_STENCIL von Fig. 4.16 als generischen Datentypmodul, wie dies in Fig. 5.31 für einen Datenobjektmodul geschehen ist. Wie sieht die generische Exemplarerzeugung aus? Wie wird mit dem erzeugten Modul umgegangen?

15. In Fig. 4.11 haben wir einen komplexen Eintrag als abstrakten Datenobjektmodul modelliert. Dieser Eintrag wurde mehrfach verwendet. Deshalb wurde vorgeschlagen, eine Operation zum Ablegen eines Wertes dieses Eintrags in die Schnittstelle mit aufzunehmen. Diese Lösung ist unsauber! Zur Ablage gehört beispielsweise, wenn es sich um eine Textausgabe handelt, die layoutmäßige Aufbereitung. Damit repräsentiert der Modul zwei Entwurfsentscheidungen, nämlich einmal die Verkapselung der Realisierung der Eintragsstruktur und zum anderen die Druckaufbereitung für jeden Eintrag. Modellieren Sie die Situation sauber, indem Sie für den Eintrag einen Datentypmodul vorsehen, mit dessen Hilfe in einem verwendenden Modul ein abstraktes Datenobjekt erzeugt wird. Die Druckaufbereitung geschehe durch einen funktionalen Modul.

16. (Für Ada-Kenner) In Ada gibt es für die Ausgabe auf Dateien die generischen Pakete SEQUENTIONAL_IO bzw. DIRECT_IO. Das Erzeugen einer Ausgabe für einen Eintrag einer bestimmten transparenten Struktur läuft so ab (vgl. z.B. /5. Na 88/), daß mit Hilfe des transparenten Datentyps ein passendes generisches Exemplar des entsprechenden generischen E/A-Pakets erzeugt wird, das dann alle nötigen und auf den transparenten Typ abgestimmten E/A-Operationen zur Verfügung stellt. Damit ist es möglich, einen Mischmodul der Art von Fig. 5.20 zu realisieren, der einerseits die Realisierung eines kompliziert aufgebauten Eintrags und andererseits die Realisierung einer Kollektion solcher Einträge verkapselt. Im Rumpf des Moduls hat man nämlich den transparenten Datentyp für die Eintragsstruktur zur Verfügung. Damit können die Kollektionsoperationen der Schnittstelle des Moduls etwa dadurch realisiert werden, daß man sich im Rumpf des Moduls ein passendes generisches Exemplar von DIRECT_IO erzeugt. Skizzieren Sie diese Lösung.

17. In der Diskussion zur Fig. 5.47 haben wir eine Reihe von Sicherheitsvorteilen angegeben, die sich durch die Einführung der Vererbungs-Benutzbarkeit ergeben. Diese beziehen sich allein auf die Programmieren-im-Großen-Ebene oder auf den Übergang Programmieren im Großen zum Programmieren im Kleinen. Formulieren Sie diese Sicherheitsüberlegungen als Konsistenzbedingungen analog zu denen in Abschnitt 4.9.

18. Formulieren Sie die Aussagen in der Diskussion zur Fig. 5.48 als Konsistenzregeln für Architekturen, die objektorientierte Anteile enthalten. Alle Konsistenzregeln liegen hier auf der Programmieren–im–Großen–Ebene.

19*. In Fig. 5.19 haben wir die Daten zu Personen nach logischen Gruppen eingeteilt, wie z.B. allgemeine Daten, Lohndaten, persönliche Daten etc. In der objektorientierten Modellierung werden Ähnlichkeiten betrachtet, wie Angestellter, ..., leitender Angestellter. Wie könnte man vorgehen, wenn bei der Modellierung der Daten der Einträge für Personen beide Aspekte zum Tragen kommen sollen (Hinweis: verschiedene Vererbungshierarchien für die verschiedenen Anteile der Daten und Konsistenzen einerseits, Unterteilung von Schnittstellen der Klassen einer Vererbungshierarchie nach den obigen logischen Gruppierungen andererseits). Diskutieren Sie die Möglichkeiten!

20. Besteht ein komplex aufgebauter Eintrag aus sehr vielen einzelnen Komponenten, so ergeben sich sehr viele verschiedene Zugriffsoperationen bei einem entsprechenden abstrakten Datentypmodul für diesen Eintrag. Die Schnittstelle dieses Moduls wird also sehr umfangreich. Andererseits muß von verschiedenen Verwendern nur auf jeweils einen bestimmten Teil solcher Einträge zugegriffen werden. Ferner ist ein Eintrag E aus verschiedenen Teilen $E_1, E_2...$ zusammengesetzt, die in sich logisch eng, untereinander aber nur lose zusammenhängen (vgl. Aufgabe 19). Somit sollte sich diese Strukturierung nicht innerhalb eines Moduls, sondern auf Architekturebene wiederfinden. Für diese verschiedenen Bereiche sollten also einzelne Datentypmodule formuliert werden, falls diese Teile hierfür bereits kompliziert genug sind. Für die Zusammenfassung auf Architekturebene gibt es neben der Möglichkeit gem. Aufgabe 19 nun zwei Möglichkeiten. Diese Möglichkeiten können danach unterschieden werden, ob ein verwendeter Modul mit ganzen abstrakten Objekten der Struktur E_i umgehen muß, indem er diese erzeugt und verändert, um sie danach im Gesamteintrag der Struktur E abzulegen, oder ob er über entsprechende Operationen, die diese Komponenten E_i in einem Gesamteintrag E verändern, direkt Teile des Eintrags ändert. Im ersten Fall bietet sich an, aus E ein Teilsystem mit den Schnittstellen von E und allen E_i an der Schnittstelle des Teilsystems zu machen. Im zweiten Fall wird aus E ein Teilsystem gemacht, das die Module E_i als lokale Module enthält. Natürlich muß dann die Schnittstelle von E die Veränderung der Bestandteile der einzelnen Teile E_i gestatten, was die Schnittstelle von E umfangreich macht. Damit ergibt sich sowohl für die Handhabung von Kollektionen (vgl. Fig. 5.14), als auch für die von komplexen Einträgen oft eher die Notwendigkeit der Einführung eines Teilsystems als die eines Moduls. Diskutieren Sie die beiden oben angesprochenen Möglichkeiten.

21. In Fig. 5.16 haben wir kennengelernt, welche Arten von Datenabstraktionsmodulen sich aufeinander abstützen können. Dort war immer ein bestimmter Datenabstraktions–Anwendungsfall gemeint, nämlich Eintrags–, Kollektionssituationen usw. Unter dieser Annahme läßt sich somit eine weitere Konsistenzbedingung für Architekturen formulieren. Wie lautet diese? Andererseits läßt sich ein abstrakter Datenobjektmodul bzw. ein abstrakter Datentypmodul für eine Kollektion auf einen abstrakten Datentypmodul für Einträge zurückspielen. Wie und unter welchen Umständen geht das? Schließlich läßt sich auch ein abstrakter Datentyp für Einträge auf einen abstrakten Datenobjektmodul zurückspielen, z.B. bei der Haldenverwaltung, d.h. bei dem Abstützen auf eine Liste, die zur Aufnahme der "aktiven" Elemente als auch zur Aufnahme der Freispeicherliste dient. Skizzieren Sie die Realisierung.

22. Finden sich in den Anwendungsbeispielen von Kap. 5 weitere Beispiele zu generischen Situationen als diejenigen, die schon in Abschnitt 5.7 ausgeführt worden sind?

* schwierige Aufgabe

6 Vorbereitung für den Einsatz: Übertragung in Programmiersprachen

Die Zielsetzung dieses Kapitels ist die Klärung, wie die in Kap. 4 und 5 eingeführten *Konzepte* und deren sprachliche Ausprägung *auf* eine für die Implementation verwandte *Programmiersprache abgebildet* werden können. Für diese Abbildung werden im folgenden auch die Begriffe Übertragung, Transformation oder Übersetzung verwendet.

Diese Übertragung kann vollständig durch Werkzeuge durchgeführt werden. Vorher, und das ist noch viel wichtiger, läßt sich der Entwurf durch Werkzeuge unterstützen. Es können z.B. strukturbezogene Werkzeuge gebaut werden, die den Umgang mit Architekturdiagrammen und mit der textuellen Notation für Module insoweit erleichtern, als sie dem Benutzer die gesamte Detailarbeit des richtigen Hinschreibens abnehmen (strukturbezogene Editoren). Dabei werden die vielfältigen Konsistenzbedingungen für Architekturen, die wir in Kap. 4 und 5 formuliert haben, entweder jeweils sofort oder auf Knopfdruck abgeprüft (Analysatoren). Darüber hinaus lassen sich die Werkzeuge so gestalten, daß gewisse methodische Vorgaben des Umgangs mit dem Modulkonzept (vgl. z.B. Methodikregeln in Abschnitt 4.8) eingehalten werden, oder daß ausschließlich Softwarearchitekturen erzeugt werden, die bestimmte Struktureigenschaften erfüllen. Schließlich können Werkzeuge angegeben werden, mit denen abgelegte Module oder Teilsysteme aufgefunden werden, wenn nach bestimmten semantischen Vorgaben gesucht wird (sog. Browser). Es können ferner solche Werkzeuge konstruiert werden, mit denen Module und Teilsysteme kombiniert bzw. in eine bereits entwickelte Softwarearchitektur eingepaßt werden können. Eine solche Ansammlung von Werkzeugen wollen wir eine *Entwurfs–Umgebung*, Architekturmodellierungs–Umgebung o.ä. nennen.

Hat man solche integriert zusammenarbeitenden Werkzeuge zur Verfügung, dann ist es kein Problem, diese um ein Werkzeug zu erweitern, das für eine bestimmte Programmiersprache Vorgaben für Module und Teilsysteme erzeugt, so daß diese danach in dieser Programmiersprache weiter ausformuliert werden können. Die textuelle Repräsentation in der Programmiersprache läßt sich damit durch einen zusätzlichen *Transformator*, Unparser genannt, erzeugen. Es läßt sich leicht nachweisen, daß ein solcher Transformator zur Abbildung des Modulkonzepts auf eine Programmiersprache *Teil einer* solch integrierten *Entwurfs–Umgebung* sein muß, daß er somit kein isoliertes Werkzeug sein kann. Zum einen läßt sich mit einer solchen Umgebung der gesamte Entwurfsprozeß unterstützen und nicht nur die Abbildung auf eine Programmiersprache. Zum anderen ist keine Analyse einer Architekturbeschreibung nötig, da die Entwurfs–Umgebung die syntaktische Korrektheit bezüglich der kontextfreien und auch der kontextsensitiven Syntax der Architekturbeschreibungssprache(n) gewährleistet. Schließlich wäre ohnehin nur eine textuelle Eingabe für diesen Transformator denkbar. Die bisherigen Überlegungen in diesem Buch haben aber gezeigt, daß insbesondere die Architekturdiagramme eine besondere Bedeutung für den Entwurf besitzen.

Strukturbezogene Werkzeuge für das *Programmieren im Großen*, und zwar für das einfache Modulkonzept von Kap. 4, wurden bereits erarbeitet /7. Le 88a,b/. Diese Arbeiten enthalten einen Anschluß an das Programmieren im Kleinen in der Form eines Unparsers für C und Modula–2, indem entsprechende Vorgaben für die Modulimplementationen erzeugt werden. Darüber hinaus konnte mit diesen Arbeiten nachgewiesen werden, daß man die mit dem Programmieren im Großen zusammenhängenden Arbeitsbereiche Projektorganisation und Dokumentation (vgl. Fig. 1.7) in einer *integrierten Weise* unterstützen kann. Diese Werkzeuge leisten also mehr als nur eine Unterstützung der Architekturmodellierung. Alle diese Werkzeuge arbeiten zudem *inkrementell*. Das heißt, daß die Folgen der Änderung eines Softwaredokuments nicht nur in diesem, sondern auch in allen anderen Dokumenten, die davon berührt sind, sofort festgestellt werden. Dem Leser, der an der Unterstützung der obengenannten Bereiche durch strukturbezogene, integrierte und inkrementelle Werkzeuge interessiert ist, sei die Lektüre von /7. Le 88b/, /7. Le 88a, Kap. 4/ empfohlen.

Des weiteren sei ihm empfohlen, sich anhand der Literaturabschnitte 6 und 7 zu informieren, welche *Entwicklungen* sich auf dem Sektor *Werkzeuge zur Softwareentwicklung* abzeichnen. Es gibt bereits einige interessante Werkzeuge auf dem Markt (vgl. z.B. /6. Ba 85/, /6. HMS 85/, /6. Sc 89/). Der Autor ist überzeugt, daß die Arbeitsumgebung eines Softwareentwicklers in einigen Jahren ganz anders aussieht, als dies heute der Fall ist (vgl. auch Kap. 9).

Aus Platzgründen haben wir uns entschlossen, auf die Vorstellung der obengenannten Werkzeuge für das Modulkonzept von Kap. 4 zu verzichten. Somit werden wir den automatisch durchführbaren Transformationsschritt in eine Programmiersprache manuell durchführen. Diesen Abbildungsprozeß haben wir Codieren im Großen genannt. Er muß vom Entwerfer oder Implementierer selbst ausgeführt werden. Aus diesem Nachteil erwachsen nun andererseits zwei Vorteile: Zum einen können wir nachweisen, daß die *Modellierungsüberlegungen* auf der Architekturebene auch *ein–* und *umgesetzt* werden können, wenn *keine* darauf abgestimmten *Werkzeuge* vorhanden sind. Dieser Nachweis ist deswegen nötig, weil z.Z. keine Werkzeuge verfügbar sind, die dem in Kap. 4 und 5 vorgestellten Modulkonzept folgen.

Zum zweiten werden wir feststellen, daß uns die manuelle Übertragung dazu zwingt, das *Modulkonzept* und die damit verbundene Diagramm– und Textnotation noch einmal gründlich, und zwar hier aus einer *anderen Perspektive*, anzusehen. Wir betrachten diese jetzt nämlich als Quellsprache eines "automatischen" Übersetzungsvorgangs. Dies wird neue Einsichten in das bisher schon als verstanden geglaubte Modulkonzept vermitteln. Die Transformation wird uns auch zeigen, wie weit die heute in der Praxis eingesetzten Programmiersprachen noch von dem gedanklichen Niveau der Architekturmodellierung entfernt sind. Dies wird dem Leser, der in der Denkwelt der Programmiersprachen verhaftet ist, noch einmal klarmachen, daß er sich von dieser zu lösen hat, und daß er auf einem weit abstrakteren Niveau nachdenken muß, wenn er Architekturen modellieren will. Ferner wird dies die Bereitschaft fördern, neue Sprachen, Methoden und Werkzeuge zu studieren, die der Architekturmodellierung angepaßter sind.

Wir werden bei dieser Diskussion der *Übertragung beispielhaft* verschiedene *Programmiersprachen* betrachten, deren Auswahl sich aus einer Diskussion im nächsten Abschnitt ergibt. Dabei werden wir das *einfache Modulkonzept* aus Kap. 4 *detailliert* und die *Erweiterungen* desselben in Kap. 5 *kursiv* diskutieren. Die Gründe für diese knappere Betrachtung der Modulkonzept–Erweiterungen liegen darin, daß einerseits die Erweiterungen Teilsysteme, Generizität und Objektorientierung bereits kürzer diskutiert wurden, und daß andererseits die beiden letzten dieser Erweiterungen schwieriger abgebildet werden können, wenn nicht gewisse Voraussetzungen in der zugrundeliegenden Programmiersprache gegeben sind. Schließlich gibt es auch hier noch eine Reihe offener Probleme zu lösen (vgl. Kap. 9).

6.1 Probleme bei der Übertragung

Die *Zielsetzung* dieses *Abschnitts* ist einerseits, die *Probleme* der *Übertragung* einer Architektur in eine Programmiersprache zu skizzieren, und andererseits anzudeuten, wodurch diese Probleme überwunden werden können. Diese Probleme hängen davon ab, wie weit die Programmiersprache vom gedanklichen Niveau der Architekturmodellierung entfernt ist. Es ist klar, daß diese Differenz bei einer Programmiersprache wie FORTRAN um Größenordnungen größer ist als etwa bei Ada. Dementsprechend erhöhen sich die Übertragungsprobleme und der Übertragungsaufwand in FORTRAN bzw. halten sie sich bei Ada in Grenzen.

Die erste Frage, die sich bei der Übertragung stellt, ist, ob die *Programmiersprache* ein Konstrukt hat, um *Module* hinzuschreiben, und zwar in dem Sinn, daß verschiedene Ressourcen an der Schnittstelle festgelegt sind, die im Rumpf realisiert werden. Das ist bei Ada, Modula–2 oder Turbo–Pascal der Fall, aber nicht bei C, FORTRAN, Cobol, Standard–Pascal oder bei einem Assembler. Hat eine Sprache diese Möglichkeit, dann können damit auch Module der in Kap. 4 eingeführten Arten ohne allzugroßen Aufwand formuliert werden.

Ist diese Möglichkeit jedoch nicht gegeben, so bleibt uns nichts anderes übrig, als eine Reihe von Programmiersprachenkonstrukten, die man zur Simulation eines Moduls benötigt, *geistig zusammenzufassen*, die Zusammengehörigkeit durch textuelle Reihenfolge und Kommentare auszudrücken und Programmierdisziplin zu üben. Diese Zusammenfassung bezieht sich auf den Modulrumpf, da die Schnittstelle des Moduls lediglich Kommentar ist. Für eine Programmiersprache ohne Modulkonstrukt sind die Einheiten, aus denen ein Rumpf zusammengesetzt ist, nämlich nicht zusammengehörig. Ihre Zusammengehörigkeit muß der Programmierer somit selbst verwalten.

Die zweite Frage bei der Übertragung ist, ob die Programmiersprache *Sprachelemente* auf der Ebene des Programmierens im Großen besitzt, um *Beziehungen zwischen Modulen* festzulegen. Ein Beispiel hierfür sind Importklauseln. Dies ist selbst bei den Programmiersprachen, die über Konstrukte zur Modularisierung verfügen, nicht immer der Fall. Die in diesem Buch eingeführten Benutzbarkeits-Beziehungen sind teilweise an weitere Strukturbeziehungen gebunden (lokale Benutzbarkeit an Enthaltenseinsbeziehung, Vererbungs-Benutzbarkeit an die Vererbungsbeziehung). Liegen solche Konstrukte nicht vor, dann müssen sowohl die Importbeziehungen als auch die zugrundeliegenden Strukturbeziehungen simuliert werden. Dies geschieht wieder durch Kommentar, durch "im Kopf behalten" von seiten des Entwerfers bzw. der Implementierer und durch die entsprechende Programmierdisziplin aller.

Das oben Gesagte gilt natürlich auch für die *Konsistenzbedingungen*, die wir aufgestellt haben (vgl. Abschnitte 4.9 bzw. 5.9). Auch deren Einhaltung muß durch die entsprechende Vorsicht des Entwerfers bzw. der Implementierer garantiert werden. Diese Einhaltung ist somit ebenfalls von der Disziplin der Beteiligten beim Umgang mit der Programmiersprache abhängig.

Es wird sich zeigen, daß die *Übertragung* in eine Programmiersprache *nie* prinzipiell *unmöglich* ist. Sie wurde für eine Reihe von Programmiersprachen, nämlich FORTRAN, Cobol, C, Assembler, Standard-Pascal, Elan, Modula-2 und Ada, im Rahmen von Übungsaufgaben zu einer Vorlesung erarbeitet. Diese Übertragung ist aber, je nach Alter der Programmiersprache, mehr oder minder schwierig und aufwendig. (Allerdings gibt es auch von dieser Regel Ausnahmen.)

Der *Vorteil* des Umgangs mit einem *Modulkonzept* zur Architekturmodellierung ist damit das Ablösen von der Denkwelt der Programmiersprache, die selbst im Fall einer neuen (und erst recht bei einer alten) Programmiersprache nicht für die Architekturmodellierung geeignet ist. Damit erhält man eine größere *Unabhängigkeit von der Programmiersprache*, die sich z.B. darin äußert, daß eine Architektur dann in eine beliebige Programmiersprache umgesetzt werden kann. Denkt man hingegen in einer Programmiersprachenwelt, wie etwa der von Pascal, dann ist die Architekturmodellierung nicht nur von einer für die Architektur ungeeigneten Vorstellung geprägt, eine Übertragung der Architektur in eine andere Programmiersprache, wie etwa in C, bereitet dann darüber hinaus große Schwierigkeiten.

Wenn auch die *Übertragung* in jede der oben aufgeführten Programmiersprachen prinzipiell möglich ist, so beinhaltet diese Aussage auch, daß diese Übertragung für *bestimmte Beispielarchitekturen* besonders schwierig sein kann: Beispielsweise ist eine Architektur, die eine rekursive Lösung eines Problems verdeutlicht (z.B. eine Architektur aus rekursiven funktionalen Bausteinen), nicht ohne weiteres in eine Programmiersprache wie FORTRAN, die nicht über Rekursion verfügt, übersetzbar. Es müßte hierzu auch eine Simulation der rekursiven Prozeduraktivierung in FORTRAN erfolgen. Somit muß (müssen) bei der Architekturmodellierung auch die spätere(n) Zielsprache(n) mitberücksichtigt werden, wenn die Abbildung auf diese Sprache(n) mit vertretbarem Aufwand erfolgen soll. Glücklicherweise sind solche Beispielarchitekturen nicht allzu häufig.

An dieser Stelle sei noch einmal eine Bemerkung zur Klärung des *Begriffs Modulkonzept* gemacht: Man spricht bei Programmiersprachen mit Konstrukten zur Modularisierung auch davon, daß diese ein ″Modulkonzept″ besitzen. Diese Art von Modulkonzept ist logisch auf einer ganz anderen Ebene angesiedelt als das in den beiden letzten Kapiteln vorgestellte, in denen wir nur bestimmte Arten von Modulen zugelassen haben. Wir werden dies in Abschnitt 6.4 im Zusammenhang mit der Abbildung unseres Modulkonzepts auf Ada diskutieren. Es wird sich nämlich herausstellen, daß unser Modulkonzept als eine Art disziplinierte oder ″semantische″ Verwendung der Ada–Sprachkonstrukte im Sinne der Architekturmodellierung aufgefaßt werden kann. Der Unterschied zwischen einer Programmiersprache und einer Architekturmodellierungssprache ist jedoch auch im Fall von Ada nicht unbeträchtlich.

Wir betrachten in den folgenden Abschnitten drei *Programmiersprachenklassen* und aus jeder dieser Klassen mindestens einen Vertreter (vgl. Literaturabschnitt 5):

In der ersten Klasse von *Programmiersprachen* werden einzelne *Programmteile* als auf der gleichen Ebene liegend und als *lose gekoppelt* betrachtet, und zwar in dem Sinne, daß ihre gegenseitige Konsistenz nicht überwacht wird. Wir betrachten hier als *Vertreter FORTRAN*, als eine der am weitesten verbreiteten Sprachen, und ferner streifen wir *C*. (Die meisten Mitglieder dieser Klasse, nämlich FORTRAN, Cobol, Basic und die meisten Assembler, besitzen eine statische Speicherverwaltung. Das bedeutet, daß die Speicherverwaltung, bis auf eventuelles Verschieben des gesamten Programmsystems im Hauptspeicher, vollständig zur Compilezeit erfolgt.)

Die zweite Sprachklasse ist die der *blockstrukturierten Programmiersprachen* ohne Modulkonzept wie Algol 60, Algol 68, PL/I und Pascal. Bei diesen Sprachen benötigt man, wegen der Rekursion, eine dynamische Speicherverwaltung nach dem Kellerprinzip. Das ist für unsere Überlegungen nicht so wichtig. Wichtig ist jedoch die Tatsache, daß die Programmstrukturen in diesen Sprachen, wegen des Prinzips der Ineinanderschachtelung, als baumartig betrachtet werden. Hier betrachten wir *Pascal* als den *Vertreter*, der die größte Verbreitung erfahren hat.

Schließlich betrachten wir die Klasse der *neueren aber klassischen Programmiersprachen*, die über ein ″Modulkonzept″ verfügen. Das erleichtert zwar die Übertragung, doch es bestehen zwischen der Gedankenwelt solcher Programmiersprachen und unserem Modulkonzept noch beträchtliche Unterschiede. Die Vertreter dieser Sprachklasse sind Ada, Turbo–Pascal, Modula–2 und weitere. Auch hier wählen wir wieder den für die Praxis bedeutsameren *Vertreter*, nämlich *Ada*, aus.

6.2 Sprachen mit unabhängigen Programmeinheiten: Beispiele FORTRAN, C

In diesem Abschnitt wollen wir die Übertragung unseres Modulkonzepts in FOR-
TRAN studieren. Dabei steht *FORTRAN* als *Repräsentant* für diejenigen Programmiersprachen, die die einzelnen Programmeinheiten als lose Ansammlung auffassen. Diese Programmeinheiten sind hier nicht die Module, sondern die Einheiten, aus denen
solche zusammengesetzt werden müssen. Diese Sprachen erlauben auch eine separate Übersetzung solcher Einheiten, ohne allerdings dabei die Querbezüge zwischen
diesen abzuprüfen. In der Regel besitzen Sprachen dieser Sprachklasse eine statische
Speicherverwaltung. Wir führen die Übertragung in FORTRAN IV vor, die Übertragung in die anderen Sprachen überlassen wir, da sie ziemlich analog verläuft, dem Leser (vgl. Aufgabe 1 und 2). Die Übertragung in *C* wird am Ende des Abschnitts nur
kurz gestreift, da diese ziemlich ähnlich verläuft.

Die *Vertreter* dieser Sprachklasse sind, wie schon erwähnt, die in der Praxis am
häufigsten eingesetzten *Programmiersprachen*. Neben FORTRAN zählen hierzu auch
Cobol, Basic und alle Assembler. Ferner zählt auch C zu dieser Sprachklasse (obwohl
diese Sprache keine statische Speicherverwaltung besitzt). Nicht jeder aus dem Wis-
senschaftsbetrieb kommende Leser wird sich im klaren sein, welche Bedeutungen diese Sprachen auch heute noch für die Praxis besitzen.

Beginnen wir mit der Übertragung der Modularten aus Kap. 4, zunächst als isolier-
te Module, d.h. daß diese zunächst mit anderen nicht in Beziehung stehen. Die *Übertragung funktionaler Module* ist in Fig. 6.1 angegeben. Dieses Beispiel korrespondiert
zu dem aus der Fig. 4.4. Wir sehen, daß die Unterscheidung zwischen der Schnittstelle und dem Rumpf eines Moduls in FORTRAN nicht existiert. Der Modul als Ganzer
gesehen sowie seine Schnittstelle tauchen hier lediglich als Kommentar auf. Der
Rumpf des ”Moduls” ist FORTRAN-Quelltext. Es handelt sich um eine Zusammenfassung von Unterprogrammen, in FORTRAN SUBROUTINEs genannt. Ihre logische
Zusammengehörigkeit ist dem FORTRAN-Übersetzer unbekannt. Deshalb dürfen in
dieser textuellen Auflistung auch nur die Unterprogramme des ”Moduls” stehen.
Tauchen hier Unterprogramme auf, die nur modullokalen Charakter haben, so sind
diese durch Kommentar als solche zu kennzeichnen. Ebenso ist darauf zu achten, daß
die in der ”Schnittstelle des Moduls” auftauchenden Unterprogramme im ”Rumpf”
auch ausprogrammiert sind.

Die *Übertragung* von Fig. 4.4 in die FORTRAN-Notation von Fig. 6.1 erfolgt nahezu *eins-zu-eins*. Lediglich die Länge von Bezeichnern wird abgekürzt. Ansonsten wird
im wesentlichen die Textnotation in FORTRAN-Kommentar (mit Zeichen C in der ersten Spalte) umgesetzt. Natürlich muß man sich, was das Layout der Module in
FORTRAN betrifft, nicht genau an die Vorgabe der Textnotation des Modulkonzepts
von Kap. 4 halten.

```
C      **********************************************************
C      *                                                        *
C      * functional module ZEICHNE_FUNKTION is                  *
C      *      Eingabedaten jeweils in der Parameterliste,        *
C      *      Ausgabedatum ist das erstellte Plotterfile,        *
C      *      procedure POLYLN(X,Y: in FELD;                      *
C      *                       XTEXT, YTEXT,UETEXT: in STRING);   *
C      *      procedure INTLN(...);                               *
C      *      ...                                                 *
C      *      Angabe der Semantik von ZEICHNE_FUNKTION:          *
C      *      ...                                                 *
C      * end ZEICHNE_FUNKTION;------------------------------------*
C
C      * module body ZEICHNE_FUNKTION is--------------------------*
C

       SUBROUTINE POLYLN(X,Y,XTEXT,YTEXT,UETEXT)
         REAL X(100), Y(100)
         INTEGER XTEXT(20), YTEXT(20), UETEXT(20)

         ...
         RETURN
       END
C
       SUBROUTINE INTLN(X,Y,XTEXT,YTEXT,UETEXT)
         REAL X(100), Y(100)
         INTEGER XTEXT(20), YTEXT(20), UETEXT(20)

         ...
         RETURN
       END


       ...


C      * end ZEICHNE_FUNKTION;                                   *
C      **********************************************************
```

Fig. 6.1: Übertragung funktionaler Module in FORTRAN

Als nächstes wollen wir die *Übertragung der abstrakten Datenobjektmodule* studieren
(vgl. Fig. 6.2). Die Bemerkungen über die Darstellung des Moduls als Ganzen sowie
über die Unterscheidung zwischen der Schnittstelle und dem Rumpf gelten analog zu
oben. Im Rumpf des Moduls wird ein benannter COMMON, das Gedächtnis des abstrakten Datenobjektmoduls, mit den entsprechenden Zugriffsoperationen "logisch
zusammengefaßt". Ein benannter COMMON ist in FORTRAN eine Datenstruktur mit
Namen. Das Auftauchen des gleichen Namens in verschiedenen Programmeinheiten
wird vom Übersetzer dahin gehend interpretiert, daß die Datenstruktur nur einmal existiert. Dadurch erhält man eine gemeinsame Datenstruktur, auf der alle Zugriffs-

```
C     ***********************************************************
C     *                                                         *
C     * abstract data object module INTEGER_STACK is            *
C     *    procedure PUSH(X: in INTEGER);                       *
C     *    procedure POP;                                       *
C     *    function READ_TOP return INTEGER;  --RDTOP           *
C     *    function IS_EMPTY return BOOLEAN; --ISEMTY           *
C     *    function IS_FULL return BOOLEAN;    --ISFULL         *
C     *    ...                                                  *
C     *    Angabe der Bedeutung der Operationen:                *
C     *    ...                                                  *
C     * end INTEGER_STACK;-------------------------------------*
C
C     * module body INTEGER_STACK is --------------------------*
C
      SUBROUTINE PUSH(ELEMNT)
          INTEGER STACK(100), POINTR, ELEMNT
          COMMON /STDATA/ STACK, POINTR

          ...
          RETURN
      END
C
      SUBROUTINE POP
          INTEGER STACK(100), POINTR
          COMMON /STDATA/ STACK, POINTR

          ...
          RETURN
      END
C
      INTEGER FUNCTION RDTOP
          INTEGER STACK(100), POINTR
          COMMON /STDATA/ STACK, POINTR

          ...
          RETURN
      END
C

      ...
      BLOCKDATA
          INTEGER STACK(100), POINTR
          COMMON /STDATA/ STACK, POINTR

          ...
      END
C     * end INTEGER_STACK;                                      *
C     ***********************************************************
```

Fig. 6.2: Übertragung von Datenobjektmodulen in FORTRAN

operationen arbeiten. Wir haben wieder ein aus Kap. 4 bekanntes Beispiel gewählt, nämlich den Keller aus Fig. 4.2. Wir besprechen in Fig. 6.2 einen Keller ganzzahliger Elemente. Für Elemente anderen Typs sind die Überlegungen analog. Natürlich ist die Verwendung dieses benannten COMMON nur im "Rumpf" des zu beschreibenden "Moduls" erlaubt. Die Initialisierungsoperation erfolgt durch ein sogenanntes BLOCKDATA-Unterprogramm.

In Abschnitt 4.3 haben wir die Frage der *Schnittstellengestaltung* von *Datenabstraktionsmodulen* diskutiert. Dort haben wir die Lösungen verworfen, mit Return-Codes zu arbeiten bzw. alle Schreib- bzw. Leseoperationen jeweils zu einer Schreib- bzw. Leseoperation zusammenzufassen, um über einen weiteren Parameter die entsprechende spezielle Operation auszuwählen. Wir wollen deshalb eine Übertragung dieser Möglichkeiten nicht diskutieren.

Dem aufmerksamen Leser wird aufgefallen sein, daß die Schnittstelle des FORTRAN-"Moduls" von Fig. 6.2 *keine Ausnahmen* vorsieht. Solche Ausnahmen können auch bei den funktionalen Modulen auftreten. Ihre Notwendigkeit ergibt sich jedoch in erster Linie bei den Datenabstraktionsmodulen. Daß diese Ausnahmen fehlen, liegt daran, daß FORTRAN keine Sprachkonstrukte kennt, die sich für eine Ausnahmebehandlung einsetzen lassen. Das einzig mögliche ist, an der Schnittstelle eine Funktion vorzusehen, deren Rückgabewert eine bestimmte Ausnahmesituation anzeigt. Diese Funktionswerte müßten dann nach jedem Aufruf einer Zugriffsoperation abgefragt werden. Zur Feststellung, ob eine Zugriffsoperation möglich ist, haben wir aber bereits die Sicherheitsabfragen zur Verfügung (vgl. Abschnitt 4.3). Wenn diese von einem Programmierer konsequent genutzt werden, dann tritt eine Ausnahmesituation nicht ein. Vergißt der Programmierer deren Nutzung, dann wird er auch die Abfrage der Ausnahmewerte vergessen.

Die *Realisierung* des *"Modulrumpfs"* ist völlig analog zu den Überlegungen zu Fig. 4.2 und wird deshalb nicht weiter erörtert. Für die Realisierung des Modulrumpfs von Modulen gleich welcher Art – bei Datenabstraktionsmodulen bietet sich diese Möglichkeit besonders an – kann eine FORTRAN-Eigenheit benutzt werden, verschiedene Unterprogramme U_i zu einem Unterprogramm U zusammenzufassen, indem die U_is zu sogenannten ENTRYs des Unterprogramms U gemacht werden. Solche Entries sind Einsprungstellen in ein Unterprogramm und haben nichts mit den Entries von Ada, die in Abschnitt 5.2 angeklungen sind, zu tun. Das vermeidet das mehrmalige Hinschreiben des benannten COMMON in Fig. 6.2. Ein weiterer Vorteil ergibt sich jetzt dadurch, daß alle Operationen des Moduls zusammen eine Einheit für den FORTRAN-Übersetzer darstellen. Wir wollen diese Variante dem mit FORTRAN vertrauten Leser überlassen (vgl. Aufgabe 3).

Als nächstes soll die *Übertragung der abstrakten Datentypmodule* in FORTRAN diskutiert werden. Die Überlegungen sind dabei ähnlich zu denen, die wir bereits für die funktionalen Module bzw. für die abstrakten Datenobjektmodule angestellt haben. Bei dieser Übertragung tritt allerdings ein Problem auf: FORTRAN kennt, so wie

die anderen Programmiersprachen (außer C), die hier betrachtet werden, keine Typdeklarationen. Es gibt somit keine Möglichkeit der Strukturfestlegung von (transparenten) Objekten, wobei diese Strukturfestlegung einen Typbezeichner einführt, wie
dies in Fig. 4.16 mit ITEM_STACK_TYPE in dem dort angegebenen Datentypmodul
der Fall ist.

Nun heißt dies aber keineswegs, daß die Datentypmodule nicht auf FORTRAN
abgebildet werden können. Wir haben in Kap. 4 mit Fig. 4.17 noch eine zweite Spielart für die Datentypmodule kennengelernt, nämlich solche, die nicht einen Typbezeichner, sondern eine Erzeugungsoperation an der Schnittstelle anbieten. Ist der Typ
für die Bezeichner erzeugter Objekte ein vordefinierter Typ, z.B. INTEGER, dann läßt
sich ein solcher Modul in FORTRAN formulieren und implementieren. Wir erinnern
uns allerdings, daß die so erzeugten Objekte Zeigersemantik besitzen. Da andererseits FORTRAN keine Haldenverwaltung anbietet, heißt dies, daß im Rumpf dieses
Moduls oder als Teilarchitektur unterhalb dieses Moduls, eine Haldenverwaltung zu
realisieren ist (vgl. Diskussion in Abschnitt 5.4 und Aufgabe 4).

Wir wollen jetzt die *Abbildung der Modulbeziehungen* diskutieren: Zunächst gilt für
FORTRAN, aber auch für die anderen Programmiersprachen dieses Abschnitts, daß
ein Programmsystem eine unstrukturierte Ansammlung separat übersetzbarer Programmeinheiten ist. In FORTRAN sind dies SUBROUTINEs, COMMONs und BLOCK-
DATA-Unterprogramme. Aus diesen werden die Rümpfe der "Module" gebildet (vgl.
Fig. 6.1 und 6.2). Es gibt somit keine Konstrukte in FORTRAN, mit deren Hilfe eine
Strukturbeziehung, wie die Enthaltenseinsbeziehung, oder eine Importbeziehung,
gleich welcher Art, abgebildet werden kann. Wir können beides nur durch *Kommentar*
und *Programmierdisziplin* ausdrücken. Wir wollen nun die beiden Benutzbarkeits-Beziehungen von Kap. 4 diskutieren.

Die *lokale Benutzbarkeit* ist an die Enthaltenseinsbeziehung gebunden. Wir bilden
wieder die *Textnotation* unseres Modulkonzepts aus Fig. 4.36 eins-zu-eins auf einen
entsprechenden Kommentar ab. Durch eine Enthaltenseinsklausel wird hier in dem
"Modul" CHECKINPUT ausgedrückt, daß dieser in dem "Modul" USERINPUT enthalten ist. Die lokale Importbeziehung am Anfang des "Rumpfs" von USERINPUT drückt
umgekehrt aus, daß der Rumpf dieses Moduls mithilfe von CHECKINPUT realisiert
werden soll. CHECKINPUT übernimmt dabei die syntaktische Prüfung der verschiedenen Eingabeformen. Wir sehen an diesem Beispiel, daß ein Konzept wie das der lokalen Benutzbarkeit, in einer Programmiersprache auch dann eingesetzt werden kann,
wenn es kein Konstrukt der Sprache gibt, das zu seiner Realisierung herangezogen
werden könnte.

Natürlich sind mit der lokalen Benutzbarkeit eine Reihe von *Konsistenzbedingungen*
verbunden, die, neben anderen, in Tab. 4.37, 4.38 und 4.39 aufgeführt sind. Alle diese Konsistenzbedingungen müssen hier durch entsprechende *Vorsicht* derjenigen, die
die FORTRAN-Vorgaben erzeugen (Codierer im Großen), bzw. der Implementierer
garantiert werden. Wir werden diese Konsistenzbedingungen später noch einmal zusammenfassen. Hinzu kommt eine Konsistenzbedingung, die daraus erwächst, daß

die Programmiersprachen dieses Abschnitts (mit Ausnahme von C, dort aber auch nur auf einen "Modul" beschränkt) nicht über Rekursion verfügen. Die lokale Benutzbarkeit darf hier nur nach unten, d.h. zu den Söhnen, gerichtet sein. Weitere Benutzbarkeiten nach unten waren ohnehin nicht möglich (vgl. Fig. 4.22). Würden jetzt lokale Benutzbarkeitskanten auch nach oben eingetragen (vgl. Fig. 4.24), dann entstünden Zyklen der lokalen Benutzbarkeit. Diese sind hier sinnlos, da die Benutzt-Beziehungen, wegen der nicht vorhandenen Rekursion, ihnen nicht folgen dürfen.

```
C      ***********************************************************
C      * functional module USERINPUT is                         *
C      *       procedure EINGABE(...);             --EINGAB      *
C      *       ...                                               *
C      *       Die Semantik der Schnittstellenoperationen ist:   *
C      *       ...                                               *
C      *                                                         *
C      * end USERINPUT;---------------------------------------------*
C      *                                                         *
C      * module body USERINPUT is-----------------------------------*
C      *       local import from CHECKINPUT                      *
C      *          using CHECKSTRING, CHECKNUM;   --CHKSTR, CHKNUM *
C      *       Realisierung obiger Operationen:                  *
          ...

C      * end USERINPUT;                                          *
C      ***********************************************************


C      ***********************************************************
C      * functional module CHECKINPUT is                         *
C      *       is contained in USERINPUT;                        *
C      *       procedure CHECKSTRING(...);        --CHKSTR       *
C      *       procedure CHECKNUM(...);           --CHKNUM       *
C      *       ...                                               *
C      *       Die Semantik der Schnittstellenoperationen ist:   *
C      *       ...                                               *
C      * end USERINPUT;---------------------------------------------*
C      *                                                         *
C      * module body USERINPUT is -----------------------------------*
C      *                                                         *
C      ...

C      * end CHECKINPUT;                                         *
C      ***********************************************************
```

Fig. 6.3: Lokale Benutzbarkeit in FORTRAN

Nun betrachten wir die *Übertragung der allgemeinen Benutzbarkeit*: Zunächst ist an-
zumerken, daß die Idee der allgemeinen Benutzbarkeit der FORTRAN-Gedankenwelt
näher liegt als die der lokalen Benutzbarkeit, da hier keine "Schachtelung" von Programmeinheiten nötig ist. Wir können uns für die Übertragung wieder direkt an die
Vorgabe durch die Textnotation aus Fig. 4.36 halten. In einem Modul A wird – in der
Regel im Rumpf – durch eine Klausel, die als FORTRAN-Kommentar erscheint, die
allgemeine Benutzbarkeit eines anderen Moduls B angezeigt, und es werden die entsprechenden Ressourcen des Moduls einzeln aufgeführt. Da dieser Fall analog zur lokalen Benutzbarkeit hinzuschreiben ist, sei dies eine Aufgabe für den Leser (vgl. Aufgabe 5). Auch hier ist die Einhaltung der Konsistenzbedingungen, die die allgemeine
Benutzbarkeit betreffen, durch die beteiligten Personen zu garantieren.

Wie wir am Anfang dieses Kapitels betont haben, zählt auch C zu den Programmiersprachen ohne Modulkonstrukt, in denen einzelne Programmeinheiten als auf der
gleichen logischen Ebene liegend und als lose miteinander verbunden betrachtet werden, und zwischen denen beliebige Benutzt-Beziehungen erlaubt sind. Jeder "Modul"
wird in C in einer Datei abgelegt und stellt damit eine Einheit der separaten Übersetzung dar. Wir wollen wegen der Bedeutung von *C* ein *Beispiel* besprechen. Dieses Beispiel wurde nicht manuell aus unserer Modul-Textnotation gewonnen, wie wir das
bisher diskutiert haben, sondern es wurde durch einen Transformator (Unparser) aus
der Architekturnotation *automatisch erzeugt*. Die Architektur wurde mit einem strukturbezogenen Architektureditor vorher interaktiv eingegeben /7. Le 88a/. Es folgt in
der textuellen Ausgestaltung nur annähernd dem in diesem Buch durch die Fig. 4.36
gemachten Vorschlag. Natürlich gibt es auch andere Möglichkeiten zur Abbildung
von Modulen und Modulbeziehungen in C.

Es folgen einige *Bemerkungen* zur *Notation* des *C-Beispiels* von Fig. 6.4: Wir haben
aus Platzgründen nur einen Teil der Schnittstellenoperationen angegeben, und den die
Semantik beschreibenden Kommentar weggelassen. In C sind Datentypmodule der
üblichen Form möglich (vgl. Fig. 4.16), da C Typdeklarationen kennt. Ein Modul Keller ganzzahliger Elemente stützt sich über die allgemeine Benutzbarkeit auf einen Modul Liste ab. Beide C-Notationen sind aus Platzgründen nebeneinander abgebildet.
Die Unterscheidung zwischen der Schnittstelle und dem Rumpf eines "Moduls" ist
hier durch das gewählte Textlayout nicht so deutlich zu erkennen, wie dies in Fig. 6.1
und 6.2 der Fall ist. Im Rumpf sind andererseits, zusätzlich zu den bisherigen Erläuterungen, bereits Vorgaben für die Typdefinition und die Schnittstellenoperationen enthalten. Durch die Angabe static vor einem Datenobjekt oder einer Prozedur kann dieses Objekt bzw. diese Prozedur lokal zu einem "Modul" (einer Übersetzungseinheit)
gemacht werden. Bei den Typdeklarationen gibt es diese Möglichkeit leider nicht. Der
Rest ist C-Syntax /5. KR 78/.

Wir wollen die *Übertragung* unserer Modulkonzeptüberlegungen in *Cobol*, *Basic*
oder *Assembler* aus Platzgründen nicht explizit vorführen, sondern diese dem Leser
überlassen (vgl. Aufgabe 1 und 2). Die Übertragung in Basic oder Assembler geschieht analog zu der in FORTRAN. Bei der Übertragung in Cobol kommt noch ein

```
/*
 *      DATATYPE MODULE IntStack
 *      EXPORT INTERFACE:
 *          IntStT
 *          void InitSt (St);
 *          void Push (St,El);
 *          void Pop (St);
 *          INT ReadTop (St);
 *          BOOLEAN IsEmpty (St);
 *          BOOLEAN IsFull (St);
 *      IMPORT INTERFACE
 *          FROM IntList IMPORT
 *              type IntListT
 */

                extern void InitLst();
                extern void Insert ();
                extern void Delete ();
                extern INT Read ();
                typdef<...> IntListT;

    typedef < ... > IntStT;

    void InitSt (St)
        IntStT *St;
    {
    }

    void Push (St,El)
        IntStT *St;
        INT El;
    {
    }

    void Pop (St)
        IntStT *St;
    {
    }

    INT ReadTop (St)
        IntStT *St;
    {
    }

    BOOLEAN IsEmpty (St)
        IntStT *St;
    {
    }

    BOOLEAN IsFull (St)
        IntStT *St;
    {
    }

/*
 *    END MODULE IntStack
 */
```

```
/*      DATATYPE MODULE IntList
 *      EXPORT INTERFACE:
 *          IntListT
 *          void InitLst (List);
 *          void Insert (List,El,Pos);
 *          void Delete (List,Pos);
 *          INT Read (List,Pos);
 */

    typedef < ... > IntListT;

    void InitLst (List)
        IntListT *List;
    {
    }

    void Insert (List,El,Pos)
        IntListT *List;
        INT El;
        INT Pos;
    {
    }

    void Delete (List,Pos)
        IntListT *List;
        INT Pos;
    {
    }

    INT Read (List,Pos)
        IntListT *List;
        INT Pos;
    {
    }

/*
 *    END MODULE IntList
 */
```

Fig. 6.4: C–Vorgabe zweier Module, durch einen Unparser automatisch erzeugt

spezifisches Problem hinzu, nämlich daß ein Programm in sogenannte DIVISIONs eingeteilt werden muß, für die eine Reihenfolge festgelegt ist. Da dieses Problem in einer
ähnlichen Form bei der Übertragung unseres Modulkonzepts in Standard–Pascal im
nächsten Abschnitt auftritt, wollen wir deshalb ebenfalls auf eine Erläuterung verzichten.

An dieser Stelle findet in einer Vorlesung oder in einem Kurs des Autors zu dem
Thema des Buches eine größere *Diskussion* mit den Teilnehmern statt. Diese hat das
Thema, welche *Konsistenzbedingungen* der *Quelltext erfüllen muß*, der aus der manuellen Transformation entsteht. Diese Konsistenzbedingungen müssen durch die beteiligten Personen, nämlich durch den (oder die) Entwerfer, Codierer im Großen und
Implementierer durch *Disziplin* eingehalten werden, wenn diese Quelltextvorgabe
nicht durch Arbeit mit einem Werkzeug zur interaktiven Gestaltung von Softwarearchitekturen, das die Konsistenzbedingungen beachtet, und einem anschließend akti-
vierten Unparser hervorgegangen ist.

Für diese *Diskussion* ist es ratsam, eine verdichtete Darstellung von Fig. 4.20 hin-
zuzuziehen (vgl. Fig. 6.5). Es sei noch einmal daran erinnert, daß es Konsistenzbedingungen auf verschiedenen Ebenen gibt. Es gibt Bedingungen, die auf der Architekturdiagrammebene abgeprüft werden können (Konsistenzen für Struktur– und Importbeziehungen (a)). Ferner finden sich solche, die die Gestaltung der Exportschnittstelle
von Modulen einer bestimmten Art betreffen (b). Diese können, wie die weiteren, nur
anhand der Textdarstellung für Module (vgl. Fig. 4.36) festgestellt werden. Schließlich können Konsistenzbedingungen auch den Zusammenhang von Importklauseln (c)
zu der Art des exportierenden Moduls betrachten (Zusammenspiel (b) von Modul A
mit (c) von Modul B), oder sie können allgemein das Zusammenspiel von Export zu
Import betreffen (wieder A (b) und B (c)). Schließlich gibt es Konsistenzbedingungen,
die die Übergänge Programmieren im Kleinen → Programmieren im Großen bzw. Programmieren im Großen → Programmieren im Kleinen betreffen (Kanten d), bei denen
auch die Rümpfe der beteiligten Module zu Rate zu ziehen sind.

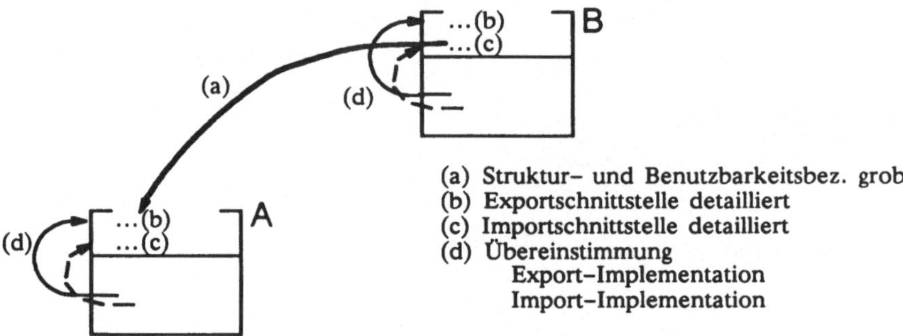

Fig. 6.5: Zur Frage "Auf welcher Ebene treten Konsistenzbedingungen auf?"

Das Ergebnis dieser Diskussion besteht aus zwei Teilen. Zum einen sind hier alle
22 Konsistenzbedingungen anzugeben, die wir in Tab. 4.37, 4.38 und 4.39 aufgeführt
haben. Die Einhaltung aller dieser Bedingungen obliegt also ausschließlich der Dis-

ziplin! Damit dient diese Diskussion auch dem Ziel, festzustellen, wie viele der entsprechenden Überlegungen *des Kap. 4* den Teilnehmern aus der dortigen Erörterung noch in Erinnerung sind.

Der zweite Teil dieser Diskussion betrifft die Frage, daß in allen obengenannten Sprachen dieses Abschnitts kein Modulkonstrukt vorhanden ist. Für den Compiler besteht der "Rumpf eines Moduls" aus Einheiten, deren Zusammenhang er nicht erkennt und dessen Interna er infolgedessen auch nicht schützen kann. Damit ist es auch der Disziplin der Beteiligten überlassen, für die *logische Zusammenfassung* von Ressourcen an der Schnittstelle des Moduls und für das *Information Hiding* des Rumpfes zu sorgen. Die hier zusätzlich auftauchenden Bedingungen sind in Tab. 6.6 zusammengefaßt.

(a) Jeder eingeführte Modul ist von einer der in Kap. 4 angegebenen Arten (funktionaler Modul, abstrakter Datenobjektmodul, abstrakter Datentypmodul) bzw. in Sonderfällen einer der am Ende von Abschnitt 4.4 diskutierten Spezialformen (Typkollektion, Konstantenansammlung).
(b) Die Interna des Rumpfs werden von außerhalb nicht verändert bzw. nicht zur direkten Veränderung benutzt. Hierzu zählen:
   (b1) Die lokalen Prozeduren werden nicht von außen aufgerufen.
   (b2) Die Datenstrukturen von Datenobjektmodulen werden nicht von außen direkt verändert oder gelesen.
   (b3) Die interne Strukturbeschreibung eines abstrakten Datentypmoduls in Form einer Typdefinition wird nicht dazu herangezogen, die Datenobjekte dieses Typs direkt zu verändern oder direkt zu lesen.

Tab. 6.6: Konsistenzbedingungen für "Module" in Programmiersprachen ohne Modulkonstrukt

Der wesentliche Nebeneffekt der eben durchgeführten Diskussion sollte beim Leser der sein, sein *Interesse* an den *neuen Programmiersprachen* zu wecken, die bereits etliche, der hier durch Disziplin zu erzielenden Konsistenzbedingungen durch den Compiler abprüfen lassen. Deswegen wird die Diskussion in Abschnitt 6.4, wo wir die Übertragung in Ada studieren, auch wesentlich knapper ausfallen können. Ebenso sollte das Interesse an neuen *Werkzeugen* geweckt werden, die Modulkonzeptüberlegungen unterstützen, auch wenn wir dieses Interesse in diesem Buch nicht befriedigen können.

Die noch verbleibende Diskussion der *Übertragung* der *Modulkonzepterweiterungen* aus Kap. 5, nämlich die Übertragung der Teilsysteme, der Generizität und der Objektorientiertheit, wollen wir auf den Abschnitt über Ada *verschieben*. Diese Erweiterungen können auch dort nicht direkt umgesetzt werden. Die Umsetzung in die in diesem und im nächsten Abschnitt vorgestellten Programmiersprachen überlassen wir dann als Übung dem Leser. Ein Effekt dieser Verschiebung ist, daß der Abschnitt 6.4, wegen der Einfachheit der Übertragung des einfachen Modulkonzepts in Ada, nicht zu klein gerät.

6.3 Blockstrukturierte Sprachen ohne Module:
Beispiel Pascal

Die *Zielsetzung* dieses *Abschnitts* ist es, die Probleme der *Übertragung* unseres Modulkonzepts *in Standard–Pascal* vorzuführen. Die dabei entstehenden Probleme sind ganz ähnlich zu denen bei der Übertragung in FORTRAN oder C, weshalb die Diskussion kürzer ausfallen kann. Da in Pascal keine entsprechenden Konstrukte für das Programmieren im Großen zur Verfügung stehen, werden wir wieder "gedanklich zusammenfassen" und diese gedankliche Zusammenfassung durch das textuelle Hintereinanderschreiben sowie durch eine entsprechende Layoutaufbereitung mithilfe von Kommentaren ausdrücken. Ferner müssen wieder alle Beteiligten Disziplin üben. Die Erläuterung dieses Abschnitts erfolgt wieder nach der Gedankenlinie des letzten: Wir stellen die Übertragung der Modularten und danach die der Modulbeziehungen des Kap. 4 vor. Die Diskussion der Konsistenzbedingungen und ihrer Einhaltung durch Disziplin stimmt mit der des letzten Abschnitts überein. Sie wird deshalb nicht noch einmal wiederholt.

Dieser Abschnitt behandelt wieder die *Übertragung* in eine ganze *Klasse* von *Programmiersprachen*, nämlich in die Programmiersprachen mit *Blockstrukturierung* aber *ohne Modulkonstrukt*. Zu diesen Sprachen zählen auch Algol 60, Algol 68 und PL/I. Wir führen die Übertragungsdiskussion am Beispiel Pascal, dem am weitest verbreiteten Repräsentanten dieser Klasse. Die anderen Übertragungen überlassen wir dem Leser, sofern er die obigen Programmiersprachen kennt (vgl. Aufgabe 9). Die Klasse der blockstrukturierten Programmiersprachen zeichnet sich dadurch aus, daß das Lokalitätsprinzip die dominante und einzige Strukturierungsmöglichkeit ist. In diesen Programmiersprachen ist ein komplexes Programmsystem somit eine beliebige Ineinanderschachtelung von Programmeinheiten, also ein Baum.

Nun wird der Leser *vermuten*, daß die *Übertragung* der Modulkonzeptüberlegungen *in Pascal einfacher* ist als die in FORTRAN. Der Grund für diese Vermutung dürfte sein, daß Pascal 10 Jahre jünger als FORTRAN ist (falls wir die ersten FORTRAN-Versionen betrachten, ist der Altersunterschied sogar noch größer). Pascal ist in der Tat um einiges moderner, nur nicht auf der Ebene des Programmierens im Großen. Die folgende Diskussion wird die erstaunliche Tatsache zutage fördern, daß eine Übertragung sogar noch schwieriger als in FORTRAN ist. Dies gilt ebenfalls für die anderen Repräsentanten der Klasse der blockstrukturierten Sprachen ohne Modulkonzept.

Es gibt einen *Pascal-spezifischen Grund*, der die *Übertragung fast unmöglich* macht. In Pascal gibt es eine Vorschrift, in welcher Reihenfolge die Deklarationen in einem Deklarationsbereich hinzuschreiben sind, nämlich zuerst die Konstantendeklarationen, dann die Typdeklarationen, die Datenobjektdeklarationen und an letzter Stelle die Prozedurdeklarationen. (Diese Reihenfolgebedingung ist von der "Logik der Sprache" her nicht zu begründen. Die Begründung ist statt dessen eine rein übersetzertechnische: Der von N. Wirth angegebene Übersetzer ist ein sog. Einphasencompiler (vgl. /1. Wi 84/ und Abschnitt 7.3). Eine einfache Realisierung desselben zwingt dazu, daß vor einer Verwendung eines programmiersprachlichen Objekts (Konstante, Typ, Datenobjekt, Prozedur) dessen Deklaration bereits aufgetreten sein muß. In indirekt rekursiven Prozeduren und in rekursiven Datenstrukturen wird dies durch eine vorläufige Deklaration erreicht.)

Betrachtet man diese Regel von Pascal, die im Pascal–Report /5. JW 75/ sowie im ISO–Sprachstandard /5. ISO 82/ festgehalten ist, dann können wir *logisch zusammengehörige Einheiten eines Moduls textuell nicht zusammen* hinschreiben. Bei der Simulation eines Datenobjektmoduls (vgl. Fig. 6.2) muß beispielsweise die Deklaration des Datenobjekts und die Deklaration der Zugriffsoperationen im gleichen "Modulrumpf" zusammenstehen. Die obengenannte Regel zwingt uns aber dazu, diese zusammengehörigen Einheiten in großen Programmsystemen im Pascal–Quelltext zu verstreuen, da zwischen den Deklarationen dieses Rumpfs noch weitere stehen.

Die Fig. 6.7 gibt ein *Beispiel* für die Übertragung eines *Datentypmoduls in Standard–Pascal*. Die Konstantendeklaration und die Typdeklaration stehen irgendwo im Quelltext. Durch Kommentar ist gekennzeichnet, daß es sich eigentlich um Einheiten handelt, die im "Rumpf" des Datentypmoduls stehen müßten. Die Schnittstelle des Moduls ist ausschließlich Kommentar. Bis auf die bereits erwähnten Konstanten und Typdeklarationen besteht der "Rumpf" des Moduls aus den Prozedurdeklarationen der Zugriffsoperationen. Bei der Übertragung eines *Datenobjektmoduls* ist die Situation analog. Das "geschützte" transparente Objekt des "Rumpfes" steht irgendwo bei den Datenobjektdeklarationen (vgl. Aufgabe 8). Die Übertragung *funktionaler Module* geht hingegen ohne große Probleme (Aufgabe 7). Für die Ausnahmebehandlung gilt das schon im letzten Abschnitt Gesagte: Auch in Pascal müssen wir auf diesen Mechanismus verzichten.

Verzichten wir in Pascal auf diese *Reihenfolgefestlegung* von *Deklarationen*, was viele der auf dem Markt befindlichen "Pascal"–Compiler auch erlauben, dann wird die Übertragung der Module der drei obengenannten Arten etwas einfacher. Die in Fig. 6.7 irgendwo an verschiedenen Stellen eines Deklarationsbereichs stehenden Deklarationen zu einem "Modul" können nun im "Rumpf" dieses Moduls textuell zusammengefaßt werden. Dieser Modul steht in einem bestimmten Deklarationsbereich. Damit wird eine übersichtliche Schreibweise für den Modul erreicht, oder anders gesagt, die verstreut stehenden Deklarationen behindern nicht das Lesen eines Programmes.

Betrachten wir als nächstes die *Übertragung* der verschiedenen Modulbeziehungen und gehen wir hier wieder zuerst auf die Übertragung der *Enthaltenseins–* und der *lokalen Benutzbarkeits–Beziehung* ein. Da die Enthaltenseinsbeziehung einen Baum aufspannt und die lokale Benutzbarkeits–Beziehung sich an den Gültigkeits–/ Sichtbarkeitsregeln blockstrukturierter Programmiersprachen orientiert, liegt der Versuch nahe, die Enthaltenseinsbeziehung durch die Ineinanderschachtelung auszudrücken. Das geht leider nicht! Der Grund ist der, daß Pascal keine Module kennt und damit

auch keine textuelle Ineinanderschachtelung von Modulen. Dies ist unabhängig von
der oben diskutierten Erschwernis durch die Reihenfolge von Deklarationen. Es bleibt
uns somit nichts anderes übrig, als die Ineinanderschachtelung, wie bisher, durch eine
is–contained–in–Klausel auszudrücken, und die lokale Benutzbarkeit, ebenfalls wieder wie bisher, durch eine local–import–Klausel darzustellen. Beide sind natürlich
wieder nur Kommentar (vgl. Aufgabe 10). Wir werden gleich die Frage diskutieren,
wo diese "ineinandergeschachtelten" Module in einem Pascal–Programm liegen müssen.

```
irgendwo im Konstantendeklarationsteil:
(* Nur fuer den internen Gebrauch im Modul STACK: *)
const STACKMAX = ... ;
•••


irgendwo im Typdeklarationsteil:
(* Nur fuer den internen Gebrauch im Modul STACK: *)
type StackT =
          record
              SPACE : array D1..STACKMAXF of integer;
              INDEX : integer
          end;


•••


irgendwo im Prozedurdeklarationsteil:
(**********************************************************
*                                                        *
* data type module INTEGER_STACK is                      *
*    type StackT is private;                             *
*    procedure PUSH (St: in out STACK_T; EI: in INTEGER);*
*    ...                                                 *
*    Semantikbeschreibung:                               *
*    ...                                                 *
* end INTEGER_STACK;--------------------------------------------

* module body INTEGER_STACK is---------------------------------------*)
    procedure PUSH (var St: StackT; EI: integer);
      ...
    begin
      ...
    end;
      •••


(* end INTEGER_STACK;
***********************************************************)
```

Fig. 6.7: Übertragung eines Datentypmoduls in Pascal

Die *Übertragung* der *allgemeinen Benutzbarkeit* verläuft analog zu der Diskussion in FORTRAN, weshalb wir sie dem Leser überlassen wollen (vgl. Aufgabe 10). Vorab müssen wir diese "Module" in dem Pascal–Programm allerdings an eine passende Stelle bringen. Wir wollen deshalb jetzt zu der Frage überleiten, wo die Module in einem Pascal–Programm liegen, die ineinandergeschachtelt sind oder die über die allgemeine Benutzbarkeit verbunden sind.

Wie wir schon festgestellt haben, ist ein *Pascal–Programm* ein *Baum* von Programmeinheiten, mit der Ineinanderschachtelung als Nachfolgerbeziehung. Eine Schachtelung ist jedoch nur über die Deklarationsteile möglich, und die gibt es in Pascal nur innerhalb *von Unterprogrammen*. Die Unterprogramme sind in unserer Vorstellung aber lediglich Teile eines Modulrumpfs. Damit kann diese Schachtelung zur Abbildung unserer Architekturen nicht verwendet werden.

Da also eine Ineinanderschachtelung von Modulen nicht möglich ist, bedeutet dies, daß wir die *Module* (besser die Bestandteile der einzelnen Modulrümpfe) in den *obersten Block*, d.h. in das Hauptprogramm, holen müssen. Die Enthaltenseinsbeziehung zwischen den Modulen ist dann in der Pascal–Programmstruktur nicht mehr zu erkennen, die "Module" liegen *nebeneinander* (vgl. Fig. 6.8). Sie werden dort, wie bereits erwähnt, durch die is–contained–in–Klauseln und die local–import–Klauseln miteinander verbunden. Für die Module, die über die allgemeine Benutzbarkeit miteinander verbunden sind, gilt das eben Gesagte erst recht. Sie werden mithilfe von general–import–Klauseln, die ebenfalls nur den Charakter von Kommentar haben, miteinander in Beziehung gesetzt.

Damit hat ein *Pascal–Programm*, das aus den Architekturüberlegungen hervorgegangen ist und das, wie oben skizziert, übertragen wurde, nicht mehr die typische Pascal–Struktur (vgl. Fig. 6.8): Aus einem evtl. tiefen Baum von geschachtelten Prozeduren wird eine *flache Struktur*. Im obersten Block finden sich alle Einheiten, aus denen alle Module zusammengesetzt sind. Eine Schachtelung tritt somit evtl. nur noch auf der Ebene dieser Objekte auf.

Wir können daraus auch den Schluß ziehen, daß *Pascal* für *große Programmsysteme* eigentlich völlig *ungeeignet* ist, sogar noch ungeeigneter als FORTRAN. (Die Zielsetzung von Pascal war auch lediglich, für die Ausbildung angemessen zu sein.) Verantwortlich hierfür ist die Tatsache, daß eine Schachtelung auf Modulebene nicht möglich ist, weil es keine Module gibt. Andererseits nutzt uns die vorhandene Schachtelung von Prozeduren nichts, da wir sie nicht verwenden können. Ferner gibt es keine separate Übersetzung, die das Auslagern und das unabhängige Bearbeiten von "Modulen" unterstützt. Diese mangelnde Eignung von Pascal kommt also nur im kleineren Maße von der Reihenfolgevorschrift für Deklarationen. Wir können diese mangelnde Eignung an der Struktur des aus einer Architektur erzeugten Pascal–Programms sehen, in dem die "Module" im obersten Block lose nebeneinanderliegen. Diese Struktur ist im wesentlichen die gleiche, die wir im FORTRAN-Abschnitt bereits kennengelernt haben. Der einzige Unterschied ist, daß die Programmeinheiten, aus denen Module gebildet werden, durch den äußersten Block geklammert sind und nicht separat übersetzt werden können.

Die eben durchgeführte Argumentation gilt lediglich dann nicht, wenn ein Programmsystem viele funktionale Module hat, die jeweils nur eine Funktion an der Schnittstelle besitzen und deshalb als Prozeduren dargestellt werden können. (Diese Situation ist für den in Pascal geschriebenen Einphasencompiler gegeben, der Pascal übersetzt /1. Wi 84/.)

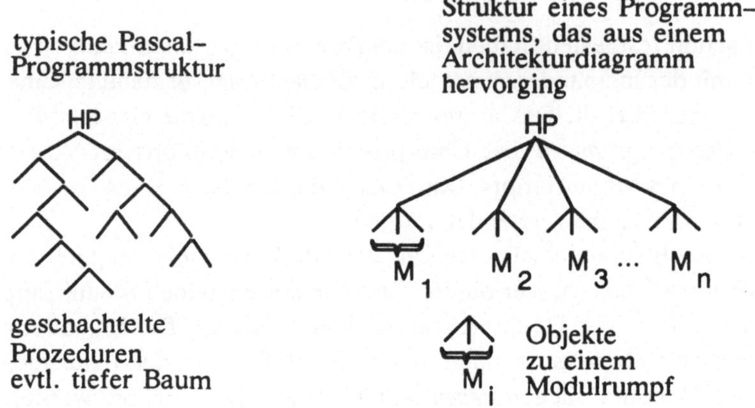

Fig. 6.8: Programmstrukturveränderung in Pascal durch Modularisierungsüberlegungen

Viele Pascal–Dialekte sehen *Modularisierungskonstrukte* vor. Dabei handelt es sich aber nicht mehr um Standard–Pascal, sondern um Erweiterungen. Diese Argumentation trifft auch dann zu, wenn diese Erweiterungen in der Mehrzahl der heute eingesetzten "Pascal"–Sprachimplementationen (z.B. Turbo–Pascal) vorhanden sind. Da diese Erweiterungen Pascal auf die Ebene der im nächsten Abschnitt erörterten Sprachklasse heben, wollen wir hier auf eine Erörterung verzichten.

6.4 Sprachen mit Modulen: Beispiel Ada

Die *Zielsetzung* dieses *Abschnitts* ist, die *Übertragung* der Modulkonzeptüberlegungen in neuere *Programmiersprachen mit Modulen* vorzuführen. Die hier betrachteten Programmiersprachen gehören aber dennoch zu der Klasse der klassischen, imperativen Sprachen. Zu dieser Klasse zählen Ada, einige Pascal–Erweiterungen, Modula–2 und etliche weitere Sprachen. Wir wählen Ada als den weitverbreitetsten Repräsentanten aus. Die Sprache bietet von den oben aufgezählten Vertretern auch die meisten Hilfsmittel für eine Übertragung. Die folgende Diskussion wird deshalb zeigen, daß die Übertragung in Ada um einiges einfacher ist als die bei den in den beiden vorangegangenen Abschnitten diskutierten Programmiersprachen. Trotzdem besteht ein beträchtlicher Unterschied zwischen der Ebene der Ada–Sprachkonstrukte zur Modularisierung und den hier vorgestellten Sprachelementen zur Architekturmodellierung.

Wir haben, was die *syntaktische Gestaltung* der *Schnittstellen* betrifft (vgl. Fig. 4.36 aber auch die Ausformulierungen von Modulrümpfen, die in Kap. 4 in einigen Beispielen, wie Fig. 4.6, 4.16 usw., auftauchten), *Ada* als Beispielsprache gewählt, ohne dies dem Leser im einzelnen zu sagen und ohne die Ada-Sprachelemente im einzelnen zu erläutern. In diesem Sinne diente Ada lediglich als Beispielsprache, die durch eine beliebige andere ersetzbar ist. Man kann andererseits an der Syntax unserer Text-Architekturnotation sehen (vgl. wiederum Fig. 4.36), daß wir auf der Ebene der Module und der Beziehungen zwischen Modulen von Ada deutlich abgewichen sind.

```
--data type  *********************************************
package ITEM_STACK_STENCIL is                                         --
    type ITEM_STACK_TYPE is private;                                  --
    procedure INITIALIZE (ST: in out  ITEM_STACK_TYPE);              --
    procedure PUSH (EL: in ITEM_TYPE; ST: in out ITEM_STACK_TYPE);  --
    procedure POP (ST: in out ITEM_STACK_TYPE);                      --
    function READ_TOP (ST: in ITEM_STACK_TYPE) return ITEM_TYPE;    --
    function IS_EMPTY (ST: in ITEM_STACK_TYPE) return BOOLEAN;       --
    function IS_FULL (ST: in ITEM_STACK_TYPE) return BOOLEAN;        --
    ST_UNDERFLOW, ST_OVERFLOW, ST_NOT_INITIALIZED: exception;        --
    --Semantikbeschreibung:                                          --
    --...                                                            --
    --...                                                            --
    private                                                          --
      SIZE: constant INTEGER := 100;                                 --
      type  SPACE_T is array (1..SIZE) of ITEM_TYPE;                 --
      type ITEM_STACK_TYPE is                                        --
        record                                                       --
            SPACE: SPACE_T;                                          --
            INDEX: INTEGER range 0..SIZE := 0;                       --
      end record;                                                    --
end ITEM_STACK_STENCIL; ------------------------------------------------

package body ITEM_STACK_STENCIL is ------------------------------------
    --Implementation der Schnittstellenoperationen:                 --
    ...                                                              --
end ITEM_STACK_STENCIL; --*********************************************
```

Fig. 6.9: Datentypmodul in Ada

Für die Erläuterung der *Übertragung* der *verschiedenen Modularten in Ada* beschränken wir uns auf die Datentypmodule. Die Übertragung der Modularten ist nämlich trivial und somit auch die Übertragung von funktionalen Modulen und von Datenabstraktionsmodulen. (Der oben angesprochene Unterschied liegt also eher auf der Ebene der Modulbeziehungen bzw. der Konsistenzbedingungen). Wir nehmen als Beispiel den Keller beliebiger Einträge aus Fig. 4.16. Da die gesamte Schnittstelle des Moduls bereits Ada-Text ist, gibt es hierbei nichts mehr zu übertragen. In Ada gibt es allerdings nur unspezifische Module, dort Pakete genannt. Insoweit kommt hier die Art des

Moduls als Kommentar hinzu. Die Strukturbeschreibung des privaten (opaken) Typs ITEM_STACK_TYPE steht in Ada allerdings nicht im Rumpf, sondern im sog. physischen Teil der Schnittstelle hinter dem Wortsymbol **private**. Dies hat nur übersetzertechnische Gründe, und zwar bezüglich der getrennten Übersetzbarkeit. Wir haben dies bereits in Kap. 4 erwähnt. Der in Fig. 6.9 auftauchende Typ ITEM_TYPE für die Komponente wird entweder von woanders importiert, oder er ist ein generischer Parameter, wenn es vor dem Modul noch eine generische Klausel gibt. Die Übertragung eines Datentypmoduls mit einer Erzeugungsoperation (vgl. Fig. 4.17) verläuft analog.

Wir wollen nun als nächstes die Frage der Übertragung der Modulbeziehungen des einfachen Modulkonzepts aus Kap. 4 diskutieren (vgl. Fig. 6.10). Beginnen wir wieder mit der *lokalen Benutzbarkeit* und der ihr zugrundeliegenden *Enthaltenseinsbeziehung*.

Die Enthaltenseinsbeziehung wird hier auf die *Ineinanderschachtelung* von Modulen abgebildet. Im Deklarationsteil eines Modulrumpfs steht die Deklaration anderer Module. In unserem Beispiel sind dies zwei Module I und J im Rumpf von H (vgl. Fig. 6.11). Aus Übersichtlichkeitsgründen sind im ganzen Beispiel die (Export-)Schnittstellen der Module weggelassen worden. Da hier das Enthaltensein von I und J durch die Ineinanderschachtelung direkt vor Augen geführt wird, haben wir in diesen Modulen I und J die is–contained–in–Klausel weggelassen.

Würde man nun die ganzen Module im Rumpf von H einsetzen, so entstünden sehr große Texteinheiten, zumal I und J weitere Module enthalten können. Dies widerspräche dem Prinzip, daß die einzelnen Module, hier H, I und J, getrennt bearbeitet werden sollen. Deshalb gibt es in Ada die Möglichkeit, die zu implementierenden Teile, d.h. die Rümpfe, zur getrennten Bearbeitung auszulagern. Dann verbleibt im Rumpf von H vom Rumpf von I und J jeweils nur noch ein *Stummel*.

Die *Rümpfe* von I und J erscheinen als *getrennt bearbeitbare Einheiten*. Hierfür gibt es in Ada die **separate**-Klausel, die diese Rümpfe an die richtige Stelle eines Enthaltenseinsbaumes einhängt. Damit nun der Programmierer dieser Rümpfe die gesamte für ihn benötigte Information zur Verfügung hat, ist die (Export-)Schnittstelle der Module noch einmal als Kommentar aufgeführt. Diese "Schnittstelle" enthält ferner auch die is–contained–in–Klausel. Würden I und J wiederum Module enthalten, so wäre die Vorgehensweise analog: In den Rümpfen von I und J würden die Schnittstellen dieser Module aufgeführt, und die Rümpfe dieser enthaltenen Module würden wiederum nur als Stummel erscheinen. Für sie gäbe es wieder getrennt bearbeitbare Einheiten nach dem Schema von I und J.

Den Unterschied der lokalen Benutzbarkeit zu den Gültigkeits- und Sichtbarkeitsregeln bei ineinandergeschachtelten Modulen haben wir in Kap. 4 schon diskutiert (vgl. Fig. 4.22). In den Sprachen der hier behandelten Sprachklasse (und somit auch in Ada) wird die Benutzbarkeit dieser Module in ihrem gesamten Sichtbarkeitsbereich eingeräumt. Dieser Idee sind wir mit unserem Modulkonzept nicht gefolgt. Wir verlangen statt dessen, daß der Architekturmodellierer explizit durch eine local–import-from-Klausel alle die Stellen angibt, an denen ein solcher Modul benutzbar sein soll. Dabei führen wir explizit alle die Ressourcen dieses lokal benutzbaren Moduls auf, die tatsächlich benutzt werden dürfen. Beides ist jedoch nur Kommentar.

Behandeln wir nun die Frage der *Abbildung der allgemeinen Benutzbarkeit*. Die lokalen Module I und J sollen sich in ihrer Realisierung auf einen allgemein benutzbaren Modul K abstützen (vgl. Fig. 6.11). In ihrem Rumpf erscheint deshalb die general-import-from-Klausel (vgl. Fig. 6.10). Sie ist wieder nur Kommentar und sie führt explizit die tatsächlich benutzbaren Ressourcen auf. Das der allgemeinen Benutzbarkeit zugeordnete Ada-Konstrukt ist die with-Klausel, die am Anfang der getrennt bearbeitbaren Einheiten I und J erscheint. Hier kann zwar ein allgemein benutzbarer Modul importiert werden, allerdings ohne die Möglichkeit der Einschränkung auf bestimmte Ressourcen. Man nennt einen solchen allgemein benutzbaren Modul in Ada eine Bibliothekseinheit.

Die Fig. 6.10 gibt die Ada-Notation für die Beispielarchitektur aus Fig. 6.11 wieder. Wir haben die verschiedenen Modularten und Modulbeziehungen auf die entsprechenden Einheiten in Ada abgebildet. Trotz der verhältnismäßig leichten Übertragbarkeit treten doch eine Reihe von Unterschieden zutage. Wir können damit unsere Textnotation von Fig. 4.36 und die Beispiele von Kap. 5 als eine Erweiterung von Ada für die Architekturmodellierung auffassen. Anders ausgedrückt, kann man unsere Modulkonzeptüberlegungen als einen *disziplinierten* und *methodischen Umgang* mit *Ada* zum *Zweck* der *Festlegung* von *Softwarearchitekturen* betrachten. Aus nahezu allen heute bestehenden Ada-Programmen kann man ablesen, daß zwischen Ada und unserer Denkwelt ein deutlicher Unterschied besteht: Die wenigsten von ihnen reflektieren eine saubere Unterscheidung zwischen der Programmieren-im-Kleinen- und Programmieren-im-Großen-Ebene durch eine konsequente Anwendung des Information Hiding. Den meisten Ada-Programmierern ist auch gar nicht bewußt, welche Art von Modulbeziehung sie mit der Ineinanderschachtelung und mit der Verwendung von Bibliothekseinheiten modellieren.

Die in der Fig. 6.10 aufgeführte textuelle Schreibweise für das Architekturbeispiel aus Fig. 6.11 kann, wie am Anfang des Kapitels bereits erwähnt, durch ein Werkzeug (Unparser) automatisch erzeugt werden, wenn die Architektur mit einer Entwurfs-Umgebung erstellt wird. Das Vorhandensein eines solchen Werkzeugs würde die Attraktivität der Modulkonzeptüberlegungen bei der Verwendung von Ada als Implementierungssprache insoweit fördern, als die verschiedenen, in Fig. 6.10 nötigen *Kommentare automatisch* erzeugt würden. Diese Kommentare dienen einerseits dazu, unser *Modulkonzept in Ada umzusetzen,* bzw. andererseits dazu, lokale Module als *getrennt bearbeitbare Einheiten* zu verdeutlichen, indem die zur getrennten Bearbeitung nötigen Schnittstellenwiederholungen vorgenommen werden.

Darüber hinaus kann ein weiteres Werkzeug dieser Umgebung die getrennt bearbeitbaren Module in einer solchen *Reihenfolge* zusammenstellen, daß die *Regeln* der *getrennten Übersetzung* von Ada erfüllt sind. Diese sind dadurch geprägt, daß eine programmiersprachliche Einheit, die verwendet werden soll, vorher eingeführt wird. Die Reihenfolge der Module von Fig. 6.10 ist mit dieser Regel konsistent. Hierzu müssen die entsprechenden Module dem Übersetzer entweder direkt eingegeben werden oder sie müssen aus der zugrundeliegenden sog. Systemstrukturdatei (engl. library file, ei-

```
--abstract data object ********************************************************
package K is                                                              --

    ...                                                                   --
end K; ---------------------------------------------------------------------
package body K is -----------------------------------------------------------

    ...                                                                   --
end K; --***************************************************************************


--functional *****************************************************************
package H is                                                              --

    ...                                                                   --
end H; ----------------------------------------------------------------------
package body H is                                                         --
        --local import from I using ...;                                  --
        --local import from J using ...;

                                                                          --
        -- abstract data type ***************************************     --
        package I is                                        --            --

            ...                                             --            --
        end I; ------------------------------------------------           --
        package body I is separate;--****************************          --


        --functional **************************************************    --
        package J is                                        --            --

            ...                                             --            --
        end J; --------------------------------------------------          --
        package body J is separate; --**************************           --
    ...                                                                   --
end H; --************************************************************************


with K; use K; separate (H)  --*********************************************************
--abstract data type package I is                                         --
--    is contained in H;                                                  --
--       ...                     Exportschnittstelle als Kommentar        --
--end I;----------------------------------------------------------------------
package body I is ----------------------------------------------------------
    --general import from K using ...;                                    --

    ...                                                                   --
end I; --*******************************************************************************


with K; use K; separate (H); --*********************************************************
--functional package J is                                                 --
--    is contained in H;                                                  --
--       ...                     Exportschnittstelle als Kommentar        --
--end J; ---------------------------------------------------------------------
package body J is ----------------------------------------------------------
    --general import from K using ...;                                    --

    ...                                                                   --
end J; --***************************************************************************
```

Fig. 6.10: Abbildung der Modulbeziehungen auf Ada

ner intern vom Übersetzer verwandten Datenstruktur für die Querbeziehungen zwischen Modulen) zusammengesucht werden. Diese Hilfe ist insbesondere bei Änderungen der Architektur eines Softwaresystems interessant, weil ein solches Werkzeug dann automatisch genau die nötigen Module zur Recompilation zusammensuchen kann.

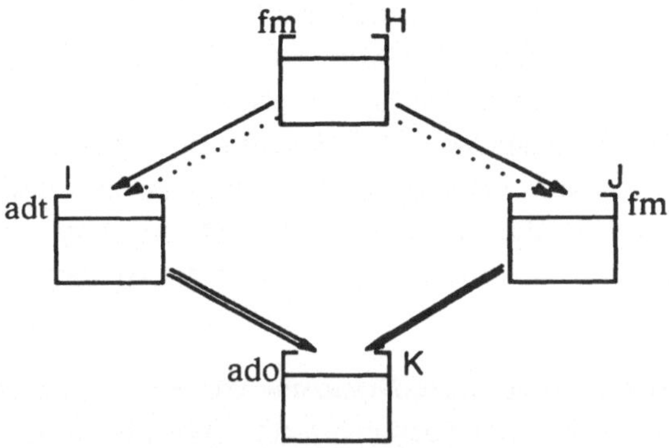

Fig. 6.11: Eine kleine Beispielarchitektur zur Abbildung

Nachdem Ada unserer Architekturmodellierung sehr entgegenkommt, wollen wir nun noch einmal die *Diskussion aufgreifen,* welche *Konsistenzregeln* des Modulkonzepts durch *Disziplin* der *Beteiligten* einzuhalten sind. Wir wollen dabei feststellen, welche der Konsistenzbedingungen uns jetzt durch die Regeln der Sprache, d.h. durch die Überwachung durch den Compiler, abgenommen werden. Wir hatten hierzu in Abschnitt 6.2 festgestellt, daß alle Konsistenzregeln von Tab. 4.37, 4.38 und 4.39 zu betrachten sind und daß noch weitere Regeln aus Tab. 6.6 hinzukommen.

Von den Bedingungen aus Tab. 6.6 ist die erste Regel, nämlich daß nur Module der in unserem Modulkonzept eingeführten Arten verwendet werden dürfen, selbst bei der Verwendung von Ada eine Sache der Disziplin. Die zweite Bedingung, die das Abschotten von Interna des Rumpfs eines Moduls betrifft, wird hingegen in Ada vom Compiler überwacht.

Wir wollen nun die Tab. 4.37, 4.38 und 4.39 auf diejenigen Bedingungen hin abklopfen, die bereits durch die Sprache Ada garantiert werden. Zunächst scheiden alle Bedingungen aus, die mit Konzepten zu tun haben, die es in Ada nicht gibt. Hierzu gehören unsere Modularten, die lokale Benutzbarkeits–Beziehung sowie die Tatsache, daß wir einzelne Ressourcen von Modulen importieren. Somit müssen die Bedingungen (2), (3), (4), (9), (10), (12), (13), (14), (15), (16), (17) und (21) auch hier, wie bei der Übertragung in FORTRAN, durch die Disziplin der Beteiligten erbracht werden. Die Bedingungen (19) und (22) prüfen Compiler i.a. nicht ab, obwohl sie dazu prinzipiell in der Lage wären. Hingegen werden die Bedingungen (1), (6), (18) vollständig und die Regeln (11) und (20) teilweise abgeprüft. Im Fall der Bedingung (11) wird die Verschiedenheit der Parameternamen einer Schnittstellenressource geprüft. Bei (20) wird geprüft, ob der Modul als Ganzer importiert wird. Ada sieht nämlich keinen Import einzelner Ressourcen von Modulen vor. Die Bedingung (5) wird vom Compiler nur dann abgeprüft, wenn wir nicht Schnittstellen und Rümpfe getrennt übersetzen (vgl. Aufgabe 11). Die Bedingung (8) wird in Ada bezüglich des Teils abgeprüft, daß allgemein verwendbare Module verschiedene Namen haben müssen. Bezüglich der Namen von Modulen in den Enthaltenseinsbäumen läßt Ada hingegen die Verwendung des gleichen Namens an verschiedenen Stellen zu, falls die Module mit gleichem Namen nicht in demselben Deklarationsbereich enthalten sind. Die Bedingung (7) erster Teil könnte von einem Ada–Compiler abgeprüft werden. Der zweite Teil ist weder von einem Ada–Compiler noch von einem Werkzeug, das auf unsere Modulkonzeptüberlegungen abgestimmt ist, abzuprüfen.

Somit werden von den insgesamt 24 Bedingungen (Tab. 4.37, 4.38, 4.39 und 6.6.) sechzehn Bedingungen überhaupt nicht und weitere vier nur teilweise überprüft. Diese *Erörterung zeigt* deutlich, daß wir uns mit dem *Modulkonzept*, selbst wenn wir eine Sprache wie Ada zugrunde legen, *deutlich oberhalb* des Niveaus der *Konstrukte* dieser *Programmiersprache* befinden.

Es ist klar, daß die eben geführte *Diskussion* von einer ganz *bestimmten Abbildung auf Ada ausgeht*, nämlich von der oben erörterten: Wir haben die Enthaltenseins–Beziehung auf die Ineinanderschachtelung und die Auslagerung der Rümpfe abgebildet, die allgemeine Benutzbarkeit auf die with–Klausel, die lokale und allgemeine Benutzbarkeit mit Festlegung bestimmter Ressourcen des importierten Moduls auf die local- bzw. general-imports-Klauseln, die nur Kommentar sind. Bilden wir beispielsweise die Enthaltenseins–Beziehung nicht auf die Ineinanderschachtelung ab, verzichten wir also auf die vom Compiler gelieferten Überprüfungen bezüglich der potentiellen Benutzbarkeit, weil die Module durch das Ineinanderschachteln der Schnittstellen auch bei Auslagern der Rümpfe "zu dick" werden, dann ist die obige Diskussion anders zu führen (vgl. Fig. 6.10 und Aufgabe 12).

Wir wollen uns nun mit der *Abbildbarkeit der Erweiterungen des Modulkonzepts* beschäftigen, die wir in Kap. 5 eingeführt haben. Da diese Konzepte z.T. auch auf Ada nur mit Mühe transformiert werden können, ist die nachfolgend geführte Diskussion auch auf die anderen in diesem Kapitel angesprochenen Programmiersprachen FORTRAN, C und Pascal, sowie auf die anderen Repräsentanten der Klassen, für die sie stehen, anwendbar.

Beginnen wir mit der *Abbildung* der *Teilsysteme*, die wir in Abschnitt 5.3 kennengelernt haben, und gehen wir die dort diskutierten Beispiele für Teilsysteme durch. Ist das Teilsystem ein Enthaltenseinsbaum (vgl. Fig. 5.11.a), d.h. sein Außenverhalten wird durch den Wurzelmodul repräsentiert, so haben wir diese Abbildung mit der Abbildung der Enthaltenseins- und lokalen Benutzbarkeits-Beziehung bereits besprochen.

Ist das Teilsystem eine *Bibliothek* einzelner *vordefinierter Module* (vgl. Fig. 5.11.b), wobei alle Module zur Schnittstelle des Teilsystems beitragen, so gibt es zwei Möglichkeiten der Abbildung. Die erste und die naheliegendere ist, daß die Module als allgemein verwendbare Bausteine, in Ada Bibliothekseinheiten genannt, in einer Bibliothek vordefinierter Module zusammengefaßt werden. Die Zusammenfassung erfolgt somit nicht in Ada, sondern durch die Hilfsmittel des Ada-Programmiersystems innerhalb der sogenannten Ada Program Library.

Die zweite Möglichkeit ist, für diese Zusammenfassung ein Ada-Konstrukt zu verwenden. Man hat in Ada nämlich die Möglichkeit, die in Abschnitt 5.3 angesprochene Summationsbeziehung zu realisieren, um Modulschnittstellen zu vereinigen. Hierzu schreibt man die Schnittstellen dieser Module in die Schnittstelle des Summationsmoduls. Die Rümpfe der zu vereinigenden Module müssen dann im Rumpf des Summationsmoduls realisiert werden, genauso wie dies Fig. 5.11.b suggeriert. Wir werden diese Lösung im Zusammenhang mit der Abbildung beliebiger Teilsysteme gleich genauer diskutieren.

Betrachten wir nun den *allgemeinen Fall* eines *Teilsystems*, so wie er durch die Fig. 5.12 skizziert wurde und wie er in Fig. 6.12 aufgegriffen ist. Hier haben wir eine Reihe von Modulen, die zur Schnittstelle des Teilsystems beitragen. Sie sind in der graphischen Darstellung durch einen Doppelpfeil mit der Schnittstelle des Teilsystems verbunden. Wir machen aus dem Teilsystem einen Summationsmodul, der an der Schnittstelle die Schnittstellen der Module zusammenfaßt, die durch die Teilsystemschnittstelle nach außen gereicht werden. Allerdings haben wir in Ada nicht die Möglichkeit, nur einen Teil der Schnittstellen, in unserem Beispiel einen Teil von Entry und Coll, nach außen zu geben, so wie wir dies bei der Einführung von Teilsystemen gefordert haben, sondern wir können die Teilsystem-Schnittstelle nur aus ganzen Schnittstellen zusammenfügen.

Die Module, deren Schnittstellen nach außen gereicht werden, sind in dem Teilsystem von Fig. 6.12.a durch die allgemeine Benutzbarkeit untereinander verbunden. Hier kommt uns nun zupaß, daß wir für die allgemeine Benutzbarkeit keine Zyklen zugelassen haben. Dadurch ist es immer möglich, eine Reihenfolge der zu exportierenden Schnittstellen zu finden, so daß die Ada-Regel erfüllt ist, daß alles vor der Verwendung deklariert sein muß. Das heißt, daß die allgemeine Benutzbarkeit von unten nach oben in die Schnittstelle abgebildet wird, so wie dies auch sonst in Ada üblich ist. In unserem Beispiel erscheint die Schnittstelle von Entry vor der von Coll in der Schnittstelle des Teilsystems Entry_Coll.

Die Abbildung der unterhalb der Module hängenden Enthaltenseinsbäume, die in Fig. 6.12 nur angedeutet sind, erfolgt nun so, wie wir dies bereits oben diskutiert haben. Das gleiche trifft zu, wenn sich die Module des Teilsystems auf andere Module oder Teilsysteme, die nicht zum Teilsystem gehören, über die allgemeine Benutzbarkeit abstützen.

Der Nachteil dieser Lösung ist, daß der Quelltext dieses Summationsmoduls sehr groß wird, so daß evt. eine Aufteilung zum Zweck der Arbeitsteilung erfolgen muß. Auch hier können die Rümpfe der Module, deren Schnittstellen in der Teilsystem-Schnittstelle vereinigt wurden, zur getrennten Bearbeitung ausgelagert werden, wie wir dies bereits in Fig. 6.10 kennengelernt haben. Sonst würden nämlich zu große Quelltexteinheiten entstehen.

Zusammenfassend können wir feststellen, daß sich einige der Situationen, die wir mit Teilsystemen beschreiben wollen, mit Ada-Paketen gut darstellen lassen. Innerhalb eines Teilsystems darf aber keine beliebige allgemeine Benutzbarkeit sowie Vererbung vorkommen.

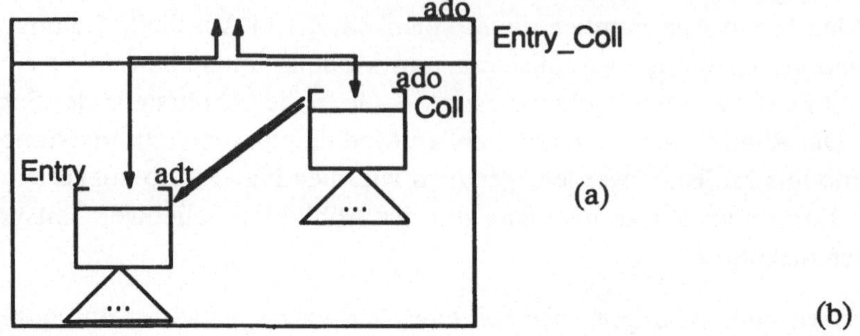


```
--data object subsystem  ****************************************
  package Entry_Coll is                                          --
--       data type  **********************************************   --
        package Entry is                                        --  --
              type Entry_Den_Type is private;                   --  --
              procedure Create_and_Init (El: out Entry_Den_Type);  --  --
              ...                                               --  --
              --Semantikbeschreibung: ...                       --  --
        private                                                 --  --
              type  Entry_Den_Type is ...                       --  --
        end Entry; --**********************************************   --
--       data object  **********************************************   --
        package Coll is                                         --  --
              procedure Store (El: in Entry_Den_Type);          --  --
              ...                                               --  --
              --Semantikbeschreibung: ...                       --  --
        end Coll;  **********************************************   --
  end Entry_Coll; --------------------------------------------------


  package body Entry_Coll is ----------------------------------------
        ...                                                         --
        package body Entry is --******************************************   --
              --Abb. der Teilarchitektur von Entry wie oben skizziert  --  --
              --Rumpf kann ausgelagert werden                    --  --
              ...                                               --  --
        end Entry;  --****************************************************   --
        package body Coll is  --****************************************   --
              --Abb. der Teilarchitektur von Coll wie oben skizziert  --  --
              --Rumpf kann ausgelagert werden                   --  --
              ...                                               --  --
        end Coll;  --****************************************************   --
  begin                                                           --
        ...                                                       --
  end Entry_Coll; --*****************************************************************
```

Fig. 6.12: Teilsysteme in Ada: a) Beispiel-Teilsystem, b) Abbildung über Ineinanderschachtelung von Schnittstellen

Bei den *Programmiersprachen* mit *losen Programmeinheiten* (FORTRAN, Cobol etc.) bzw. bei den *blockstrukturierten* Sprachen ohne Module (Pascal etc.), die in den Abschnitten 6.2 und 6.3 behandelt wurden, gibt es kein Konstrukt, auf das die *Teilsysteme* abgebildet werden können. Es steht ja nicht einmal ein Modulkonstrukt zur Verfügung. Somit ist der Weg der Abbildung wieder der gleiche wie bei der Abbildung der Module selbst: Die Schnittstelle eines Teilsystems ist nur Kommentar, der durch Disziplin zu befolgen ist. Die zur Verfügung stehenden Einheiten sind die des Teilsystemrumpfs, nämlich die Module (vgl. Aufgabe 13). Aber auch diese waren bereits nach dem gleichen Schema simuliert.

Wir wollen als nächstes die *Abbildung* der *Generizitätsüberlegungen* von Abschnitt 5.7 *auf Ada* diskutieren. Dort haben wir die Generizitätsidee, so wie sie aus Ada stammt, im Detail erörtert. Am Ende dieses Abschnitts haben wir ferner die Situationen diskutiert, die man mit der Generizitätsidee auf Teilarchitektur– oder Teilsystemebene vereinfachen möchte (vgl. Fig. 5.32).

Eine Situation haben wir eben noch einmal kennengelernt. Die Eintrags–Kollektions–Situation von Fig. 6.12 ist eine Architektursituation, die man mit der Generizitätsidee unterstützen möchte. Das heißt in diesem Fall, daß man ein generisches Teilsystem realisieren möchte, aus dem, nach dem Einsetzen der generischen Aktualisierung für den Eintrag, eine Situation wie die von Fig. 6.12 resultiert. Die Architektur und auch die Realisierung des Teilsystems und dabei insbesondere die Realisierung von Coll, ist nämlich weitgehend unabhängig von der Gestalt und der Realisierung des abstrakten Datentypmoduls für den Eintrag. Somit ist die *Generizität* kein Konkurrenzmechanismus zu den Teilsystemen, sondern ein *Mechanismus,* solche *Teilsysteme* mit *wenig Aufwand zu gewinnen.*

Generizität in diesem Sinne, die die Modulgrenzen überschreitet und die *beliebige Teilarchitekturen* umfaßt, steht *in Ada nicht zur Verfügung.* Es gibt also keine allgemeingültige Möglichkeit, eine ganze Teilarchitektur als generische zu entwerfen (und zu implementieren), so daß daraus später ein passendes Teilsystem über eine generische Exemplarerzeugung (ein passender fertiger Teil eines Programmsystems) entsteht. Für eine allgemeine Lösung verbleibt somit allein die Möglichkeit, den generischen Mechanismus über ein Werkzeug mit Makroexpansionscharakter abzuwickeln (vgl. Aufgabe 14). Dies ist natürlich ein Nachteil gegenüber einem generischen Mechanismus, der voll in eine Architekturbeschreibungssprache oder in eine Programmiersprache integriert ist. Die eben für Ada skizzierte Möglichkeit gilt gleichermaßen für die anderen, in diesem Kapitel besprochenen Programmiersprachen.

Allerdings ist die Generizität in Ada für Pakete möglich. Mit Paketen können wir jedoch bestimmte Teilsystemsituationen abbilden. Wir haben dies oben für die vollständigen Enthaltenseinsbäume gesehen, sowie für Teilsysteme, die aus Enthaltenseinsbäumen durch eine Vereinigung der Schnittstellen hervorgingen (vgl. Fig. 6.12). In diesen Fällen kann durch die Möglichkeit der Auslagerung von Rümpfen von Paketen auch eine befriedigende Arbeitsteilung erzielt werden. Auf diese Weise sind allerdings keine generischen Teilsysteme abbildbar, in deren Rumpf sich Module über die allgemeine Benutzbarkeit (vgl. Fig. 5.32) oder über die Vererbungsbeziehung aufeinander abstützen.

Noch problematischer als bei der Generizität sieht die Situation bei der *Abbildung der Objektorientiertheit auf Ada* aus. Wir sprechen dabei nicht von der *Objektbasiertheit*, die bereits mit dem Abschnitt 4.3 über die Datenobjekt- und 4.4 über die Datentypmodule, sowie mit den Abschnitten 5.2 über das Zusammenspiel zwischen funktionalen und Datenabstraktionsmodulen, mit 5.3 über die Teilsysteme mit den Beispielen aus dem Datenabstraktionsbereich, mit 5.4 über die Schichtenbildung, mit 5.5 über die Eintrags-Kollektions-Situationen bei Beachtung der Datenabstraktion sowie letztlich mit den Übertragungsideen aus diesem Abschnitt erledigt ist. Wenn wir die Ideen des Abschnitts 5.8 über die objektorientierten Programmiersprachen-Konstrukte noch einmal Revue passieren lassen, so müssen wir für die Spezialisierungsbeziehung, für das Suchen nach einer Methode auf dem Vererbungspfad und für das Ausführen von Nebenrechnungen, angestoßen durch den self-Mechanismus, eine entsprechende Abbildung suchen.

Da es die Vererbungsbeziehung nicht in Ada gibt, bleibt uns nichts anderes übrig, als deren inverse Beziehung, die *Generalisierung mithilfe* der *allgemeinen Benutzbarkeit* zu *simulieren*, wie dies Fig. 5.44 nahelegt. Es bleibt dann unserer Disziplin überlassen, daß in diesen Fällen eben die Generalisierung und nicht die Verwendung eines beliebigen allgemeinen Hilfsmittels modelliert wird (vgl. Diskussion zu Fig. 5.45). Damit kann schon einiges erreicht werden! Ferner muß die Vererbungs-Benutzbarkeit simuliert werden. Beide Beziehungen werden nach der Standardmethode dieses Kapitels abgebildet, sie werden nämlich durch entsprechende textuelle Repräsentation mithilfe von Ada-Kommentaren erzeugt.

Wir skizzieren in Fig. 6.13, wie eine *Simulation* von *Klassen* mit *Vererbungsbeziehung* in *Ada-Syntax* aussehen könnte. Wir wählen hier das Beispiel einer Klasse SET, die eine Spezialisierung der Klasse COLLECTION ist. Die Klassen (Datentypmodule) sind solche mit einem Typbezeichner in der Schnittstelle (vgl. Fig. 4.16). Klassen mit Erzeugungsoperationen (vgl. Fig. 4.17) werden analog gehandhabt.

Diese Simulation geht davon aus, daß der Entwerfer objektorientiert modelliert hat, und zwar in dem Sinne, daß er *Klassen* (Module) gebildet hat, die das *Gemeinsame* anderer Klassen darstellen und die infolgedessen für die Realisierung aller direkten Unterklassen verwendet werden können. Die Operationen einer Oberklasse sind aber dabei nicht automatisch den Unterklassen in dem Sinne zugänglich, daß die Schnittstelle einer Unterklasse die Schnittstellen aller Oberklassen mit umfaßt. Eine Simulation dieses Mechanismus ist sehr umständlich, da alle die Schnittstellenoperationen explizit durchgereicht werden müssen. Das führt zu sehr umfangreichen Schnittstellen und entsprechend zu vielen Implementationen im Klassenrumpf, die meist nichts anderes tun, als eine Schnittstellenoperation einer Oberklasse aufzurufen.

Es ist also in Ada *schwer*, die der Objektorientierung innewohnenden Konzepte, nämlich einmal die *Methodensuche* (auf ein Objekt sind auch alle Operationen der

Oberklassen anwendbar) und zum zweiten das "weiche" *Typkonzept* (ein Objekt eines Typs T darf auch einen speziellen Typ annehmen) *zu übertragen*. Diese Ideen werden in Smalltalk auf *Laufzeitmechanismen* abgebildet. Umgekehrt ist die Philosophie von Ada die, alle wichtigen Prüfungen zur Compilezeit durchzuführen. Daraus erwachsen spezielle, sehr *rigide* Regeln der *kontextsensitiven Syntax*, insbesondere die der Ada-Auffassung von strenger Typisierung.

```
--data type *** class ****************************************--
package SET is                                                --
   --is a COLLECTION;                                          --
   --inheritance import from COLLECTION using ...;             --
   type SET_TYPE is private;                                   --
   procedure INIT_S(FS: in out SET_TYPE);                      --
   procedure PUT_IN(FS: in out SET_TYPE; FE: in EL_TYPE);      --
   function IS_EL_OF(FS: in SET_TYPE; FE: in EL_TYPE) return BOOLEAN; --
   ...                                                         --
   --Semantikbeschreibung:                                     --
   ...                                                         --
   private                                                     --
   ...                                                         --
end SET; --------------------------------------------------------

with COLLECTION; use collection; -------------------------------
package body SET is                                           --
   ...                                                        --
end SET; --*****************************************************--


--data type *** class  ***************************************--
package COLLECTION is                                         --
   --is a ...;                                                --
   --inheritance import from ...;                             --
   type COLL_TYPE is private;                                 --
   procedure INIT_C(FC: in out COLL_TYPE);                    --
   ...                                                        --
   --Semantikbeschreibung:                                    --
   ...                                                        --
   private                                                    --
   ...                                                        --
end COLLECTION; -------------------------------------------------

with ...; use...; ----------------------------------------------
package body COLLECTION is                                    --
   ...                                                        --
end COLLECTION; --*********************************************--
```

Fig. 6.13: Abbildung der Spezialisierung und Vererbungs–Benutzbarkeit auf Ada

Die Simulation dieser Mechanismen gelingt deshalb auch nur in Bruchstücken: So kann das *Anwenden* einer *beliebigen allgemeinen Methode* auf ein Objekt einer *speziellen Klasse* (vgl. Fig. 5.41) nur durch die eben bereits skizzierte Erweiterung der Schnittstellen aller Klassen um die Operationen der Oberklassen erzielt werden. Will man dies vermeiden, so muß man die Detailstruktur aller Objekte eines Vererbungspfads offenlegen, d.h. man muß transparente Datentypen verwenden. Das widerspricht der Datenabstraktion und erfordert deshalb eine besonders strenge Disziplin der Programmierer.

Der umgekehrte Fall, daß eine spezielle Methode innerhalb von allgemeinen Methoden angesprochen wird (vgl. Fig. 5.40) ist erst recht nicht möglich. Hierzu benötigt man die oben erwähnte "weichere" Auffassung eines Typs, damit im Rumpf einer Methode, deren Formalparameter ein Objekt des allgemeineren Typs ist, auf dieses allgemeine formale Objekt Methoden diverser speziellerer Klassen angewandt werden dürfen (vgl. z.B. /5. SUW 88/).

Trotz der Möglichkeiten der Simulation der objektorientierten Architekturmodellierung von Fig. 6.12 in Ada verbleiben somit doch viele Lücken, was die Abbildung der objektorientierten Konstrukte auf diese Sprache betrifft. So ist es nicht verwunderlich, daß in der Literatur einige *Vorschläge* aufgetaucht sind, *Ada* um entsprechende objektorientierte Konstrukte zu *erweitern* (vgl. z.B. Ada++ /5. FFF 89/, Classic–Ada /5. Do 89/ oder InnovAda /5. SC 88/). Alle diese Vorschläge sind jedoch eher als Ansätze zu sehen. Ein allgemein akzeptierter Erweiterungsvorschlag scheint zur z.Z. noch nicht in Sicht zu sein.

Auch für *andere Programmiersprachen* aus der Familie der klassischen Programmiersprachen gibt es solche *Erweiterungsvorschläge*. Bereits des öfteren erwähnt wurden C++ /5. St 86/, Objective C /5. Co 86/ und Turbo–Pascal. Für Modula–2 sind mit Modula–3 /5. CDG 89/ und Oberon /5. Wi 87/ objektorientierte Erweiterungen vorgeschlagen worden. Schließlich ist hier noch die Programmiersprache Eiffel /5. Me 88/ zu nennen, die von vornherein objektorientiert entworfen wurde und somit keinen Vorläufer ohne Objektorientierung besaß.

Eine befriedigende *Abbildung* der objektorientierten Mechanismen scheint an das Vorhandensein von *Prozedurparametern* in der zugrundeliegenden Programmiersprache gebunden zu sein. Diese sind in C, Pascal und Modula–2 vorhanden. Da für diese Programmiersprachen objektorientierte Erweiterungen existieren, d.h. eine *automatische Transformation* wird durch die Compiler der Spracherweiterung geleistet, wollen wir hier auf eine Vorstellung einer solchen Transformation verzichten. Für die anderen Programmiersprachen dieses Kapitels gilt das oben für Ada ausgeführte: Eine Simulation ist nur in Grenzen durch eine *manuelle Übertragung* möglich.

6.5 Zusammenfassung

Die *Übertragungsdiskussion* dieses Kapitels war, wie eingangs angekündigt, aus zweierlei Gründen *fruchtbar*: Zum einen hat diese Diskussion die *Anwendbarkeit* unserer Überlegungen gezeigt, und zwar auch dann, wenn zur Realisierung eines Softwaresystems eine alte Programmiersprache wie FORTRAN, Cobol oder sogar ein Assembler eingesetzt werden muß. Des weiteren hat uns die Übertragung gezwungen, das *Modulkonzept* als die Quelle eines "automatischen" Transformationsvorgangs zu betrachten und damit aus einer *anderen Perspektive.*

Diese Diskussion hat gezeigt, daß die Übertragung der verschiedenen Modularten letztendlich viel einfacher ist als die der Modulbeziehungen. Dies korrespondiert zu einer Bemerkung am Ende von Kap. 4, nämlich daß die Denkwelt der Architekturmodellierung viel stärker durch die Modulbeziehungen als durch die Modularten geprägt ist. Diese Diskussion der Übertragung des Modulkonzepts, insbesondere die der Konsistenzbedingungen, die durch Disziplin einzuhalten sind, hat gezeigt, daß doch ein beträchtlicher *Unterschied* zwischen der *Denkwelt* der jeweiligen *Programmiersprache* und der *unseres Modulkonzepts* besteht. Das gilt nicht nur für ältere Programmiersprachen wie FORTRAN und Pascal, sondern auch für Ada. Auch für diese moderne Programmiersprache ist die Übertragung nicht einfach, wenn wir die Modulkonzepterweiterungen des Kap. 5 mit berücksichtigen.

Mit den hier vorgestellten *Programmiersprachen* haben wir den *größten Teil* der sich in der Praxis in *breitem Einsatz befindenden* Sprachen abgedeckt. FORTRAN steht als Repräsentant der Klasse der Programmiersprachen, die Programmeinheiten als "unabhängig" voneinander betrachten, Pascal als Repräsentant der blockstrukturierten Sprachen und Ada als Vertreter der neueren Programmiersprachen klassischer Art.

Das Kapitel hat auch gezeigt, daß der *Übertragungsprozeß* durch *Werkzeuge* unterstützt werden kann, so daß der Codierer im Großen überflüssig wird. Es bietet sich an, die Architekturüberlegungen mit strukturbezogenen Werkzeugen zu unterstützen, die auf das Modulkonzept abgestimmt sind. Dann sind Regelverletzungen zur Entwurfszeit sofort feststellbar (vgl. /7. Le 88a/). Aus einer Architektur kann man dann mit einem Unparser die Quelltextvorgabe in einer Programmiersprache erzeugen. Dies gilt für sämtliche Notationen in FORTRAN, C, Pascal oder Ada, die in diesem Abschnitt vorgeführt wurden.

Ferner hoffen wir mit diesem Kapitel die *Neugierde* beim Leser nach *weiteren Programmiersprachen,* die in der täglichen Praxis noch nicht so stark vertreten sind, und nach *neuen Werkzeugen noch einmal verstärkt* zu haben. Zum einen hat dieses Kapitel noch einmal gezeigt, daß die Architekturmodellierungsideen aus gewissen Programmiersprachenkonstrukten erwachsen sind und sich dann von diesen abgelöst haben. Zum zweiten würde das Verwenden von Werkzeugen, wie oben angedeutet, die Entwerfer und Implementierer beträchtlich entlasten.

Letztlich hat die Übertragungsdiskussion auch gezeigt, daß wir heute eine *Programmiersprache vermissen,* die geeignete Konstrukte für sämtliche hier angesprochenen *Architekturmodellierungsideen* anbietet. Es gibt eine Reihe neuerer Programmiersprachen, die dieses Defizit teilweise mildern /5. Me 88/, /5. Wi 87/, /5. CDG 89/. Wir können aber diesen Mißstand mildern, indem geeignete Architekturmodellierungs–Werkzeuge angeboten werden, die diese Konzepte kennen, und indem ferner Transformatoren zur Verfügung gestellt werden, die die z.T. mühselige Abbildung dieser Konzepte auf die heute verwendeten Programmiersprachen automatisch vornehmen.

Aufgaben zu Kapitel 6

1. Übertragen Sie, wie in Abschnitt 6.2 für FORTRAN ausgeführt, die funktionalen Module in eine oder beide der Programmiersprachen Cobol und Basic oder in (einen Ihnen bekannten) Assembler.

2. Übertragen Sie, analog zu Abschnitt 6.2, die in Kap. 4 kennengelernten Modulbeziehungen in eine oder beide der Programmiersprachen Cobol und Basic oder in (einen Ihnen bekannten) Assembler.

3. Der Leser modifiziere den Rumpf von Fig. 6.2, indem er die Schnittstellenoperationen des Datenobjektmoduls zu Entries einer SUBROUTINE in FORTRAN macht.

4. Übertragen Sie das Beispiel eines abstrakten Datentypmoduls mit einer Erzeugungsoperation aus Fig. 4.17 in die Sprache FORTRAN unter der Annahme, daß der Bezeichnertyp ganzzahlig ist. Wie könnte die Realisierung der Haldenverwaltung aussehen? Skizzieren Sie eine möglichst einfache Lösung.

5. Übertragen Sie die Situation eines Datenabstraktionsmoduls, der sich auf einen anderen, allgemein verwendbaren Datenabstraktionsmodul stützt, in FORTRAN–Notation. Wählen Sie hierzu ein sinnvolles Beispiel aus Kap. 5.

6. Betrachten Sie das Beispiel von Fig. 6.4, wo sich ein abstrakter Datentypmodul IntStack über die allgemeine Benutzbarkeit auf einen Modul IntList abstützt. Nehmen Sie zusätzlich an, daß unterhalb von IntStack ein lokal benutzbarer funktionaler Modul hängt, der etwa die Elemente umcodiert (ganzzahlige Eingabe, ganzzahlige Ausgabe). Übertragen Sie diese kleine Teilarchitektur in eine oder beide der Programmiersprachen Cobol und Basic oder in (einen Ihnen bekannten) Assembler.

7. In Fig. 6.7 wird die Übertragung eines abstrakten Datentypmoduls in Pascal vorgeführt. Übertragen Sie ein Beispiel eines funktionalen Moduls in Standard–Pascal.

8. Übertragen Sie ein Beispiel eines Datenobjektmoduls in Standard–Pascal.

9. Übertragen Sie die funktionalen Module, Datenobjektmodule und die Datentypmodule in die Programmiersprachen Algol 60, Algol 68 bzw. PL/I, falls Sie diese kennen.

10. Übertragen Sie das Architekturbeispiel Auskunftei von Fig. 4.5 und 4.6 in die Pascal–Notation, die wir in Abschnitt 6.3 diskutiert haben. Der Modul Auskunftei stützt sich allgemein auf einen Datenabstraktionsmodul Liste und lokal auf einen funktionalen Modul Primaerschluessel ab, der zu einem externen Schlüssel einen internen berechnet.

11. Die Konsistenzbedingung (4) von Tab. 4.37 besagt, daß die allgemeine Benutzbarkeit keine Zyklen bilden darf. Wenn wir unser Modulkonzept auf Ada abbilden,

wie dies in Abschnitt 6.4 geschehen ist, wo Module immer auf ganze Pakete als Bearbeitungseinheiten abgebildet werden, dann wird diese Bedingung vom Compiler abgeprüft. Zeigen Sie dies! Erlauben wir statt dessen dem Implementierer, die Schnittstellen und die Rümpfe solcher Module getrennt zu übersetzen, dann kann die Zyklenfreiheit der allgemeinen Benutzbarkeit vom Ada–Compiler nicht überprüft werden. Es sind dann nämlich Zyklen allgemeiner Benutzbarkeit möglich! Für beide Teile genügt es, einen allgemeinen Benutzbarkeitszyklus mit zwei Modulen zu betrachten.

12*.Bildet man alle Module in Ada auf Bibliotheksmodule ab, dann muß die Enthaltenseinsbeziehung wie in FORTRAN (vgl. Abschnitt 6.2) simuliert werden (rekursive Strukturen sind dann allerdings nicht mehr evident zu modellieren). Diskutieren Sie, welche Konsistenzbedingungen von Tab. 4.37, 4.38, 4.39 und 6.6 dann noch vom Compiler überprüft werden.

13. Überlegen Sie, wie man die Teilsysteme, deren Übertragung in Ada in Abschnitt 6.4 vorgeführt wurde, in eine der Programmiersprachen FORTRAN oder Pascal (oder in einen anderen Repräsentanten der jeweiligen Sprachklasse) übertragen kann.

14. Überlegen Sie, wie man die Generizitätsüberlegungen auf eine der Sprachen übertragen kann, deren Klassen in Abschnitt 6.2 und 6.3 studiert wurden.

15. Wie kann die Objektorientiertheit in eine Sprache mit ”losen” Programmeinheiten von Abschnitt 6.2 bzw. in die blockstrukturierten Sprachen von Abschnitt 6.3 übertragen werden? Wählen Sie einen Ihnen bekannten Repräsentanten dieser Klassen aus und führen Sie die Diskussion anhand desselben.

* schwierige Aufgabe

7 Einübung durch Beispiele: Einige Softwarearchitekturen

Die *Zielsetzung* dieses *Kapitels* ist, einige Programmsysteme mit den hier vorgestellten Architekturbeschreibungssprachen zu modellieren. Da für diese Beispiele die entsprechenden Textnotationen für die betroffenen Module und für die Teilsysteme bereits zu lang würden, beschränken wir uns bei den Erörterungen auf die Ebene von Architekturdiagrammen. Wir werden, wiederum aus Platzgründen, nicht einmal die Architekturdiagramme vollständig vorstellen. Im Gegensatz zu den Beispielen aus Kapitel 4, die auf der Ebene einzelner Module lagen, und zu denen von Kapitel 5, die einige typische Situationen auf Teilarchitekturebene zum Gegenstand hatten, betrachten wir in diesem Kapitel erstmals *vollständige Architekturen*.

Die *betrachteten Beispiele* sind die *folgenden*: Zuerst greifen wir das Karten-Kästen-Beispiel aus Kapitel 3 wieder auf. Wir haben im Verlauf der Erörterung von Kapitel 4 und 5 bereits Teile der Architektur richtiggestellt. Jetzt soll die Gesamtschau erfolgen, und es sollen die Unterschiede zur ersten Lösung und damit auch die Vorteile einer sorgfältigen Architekturmodellierung aufgezeigt werden. Wir werden das Beispiel im zweiten Schritt erweitern, um zu zeigen, daß die neu erstellte Architektur – im Gegensatz zur rein funktionalen Zerlegung von Kapitel 3 – leichter angepaßt werden kann. Das zweite Beispiel ist ein rekursiver Abstiegscompiler, ein Repräsentant der Transformations- oder Batch-Probleme. Das letzte Beispiel ist wieder ein interaktives System. Wir geben die Architektur einer Softwareentwicklungs-Umgebung an, die aber intern komplizierter ist als das Karten-Kästen-Beispiel.

Somit ist die *Gedankenlinie* dieses Kapitels, von einfacheren zu schwierigeren Beispielen vorzustoßen. Während für die einfacheren Beispiele (das Karten-Kästen-Beispiel in seinen verschiedenen Ausbaustufen, der Compiler zunächst für eine sehr einfache Beispielsprache) das *Programmieren im Großen* detailliert durchgeführt wird, beschränken wir uns bei dem Beispiel der Softwareentwicklungs-Umgebung auf die Angabe von Teilsystemen. Dieses Beispiel ist somit das erste (aber auch das einzige), das auf der Ebene des *Programmierens im Größten* verbleibt. Die Erläuterung ist trotzdem deshalb verständlich, weil wir von den einfacheren Beispielen interaktiver Systeme eine bestimmte Kenntnis über deren Architektur mitbringen.

Nach der *Typologie* von *Programmsystemen*, die wir am Ende des Abschnitts 2.5 aufgeführt haben, sind die hier aufgeführten Beispiele nur ein kleiner Ausschnitt aus den verschiedenen Anwendungsklassen. Das Karten-Kästen-Beispiel ist ein einfaches interaktives System, selbst in seinen Ausbaustufen. Der rekursive Abstiegscompiler gehört zu der Klasse der Batch–Systeme. Ein weiteres einfaches Beispiel aus dieser Klasse taucht in den Übungen auf. Das Beispiel der Softwareentwicklungsumgebung zählt wieder zu der Klasse der interaktiven Systeme. Die interaktiven Systeme mit Anschluß an eine übliche Datenbank und ihre Gegenüberstellung zu den "vollständig realisierten" Systemen, die sich nicht auf ein so mächtiges Hilfsmittel (Datenbank, eventuell Anschluß über eine Sprache der vierten Generation) stützen, überlassen wir dem Leser (vgl. Aufgabe 13, 14). Nebenläufige Systeme haben wir in Abschnitt 5.2 nur kurz gestreift, indem wir in dem dortigen Beispiel festgestellt haben, daß diese sich analog zu sequentiellen Systemen modellieren lassen. Weitere Problemklassen werden hier, einerseits aus Platzgründen, andererseits weil noch keine substantiellen, strukturellen Erfahrungen vorliegen, nicht aufgeführt.

Wenn dieses Kapitel auch hauptsächlich dazu dient, das bisher Erlernte auf größere und vollständige Beispiele anzuwenden, so werden wir dennoch einige *neue Erkenntnisse* gewinnen. Beispielsweise werden wir lernen, daß das Verbergen der Details der Bedieneroberfläche eines interaktiven Systems einen weiteren wichtigen Anwendungsfall von Datenabstraktion darstellt. Dies ist eine Erweiterung der Erkenntnis aus Abschnitt 5.2, wo wir die Verkapselung von Layoutdetails einer Ausgabe als Datenabstraktions–Anwendung kennengelernt haben. Des weiteren lernen wir die Bedeutung bestimmter Vorgehensweisen bei der Architekturmodellierung kennen. So führt die Diskussion zum Thema "Was kann sich ändern?" zu allen Stellen, an denen Datenabstraktion übersehen wurde. Wir werden ferner beobachten, daß diese übersehenen Datenabstraktionen diejenigen Stellen sind, deren Bereinigung eine grundsätzliche Umgestaltung der Architektur erfordert. Schließlich zeigen wir anhand des rekursiven Abstiegscompilers, daß in speziellen Fällen die Architektur eines Softwaresystems "mechanisch" aus der Aufgabenstellung abgeleitet werden kann.

7.1 Wiederaufgreifen des ersten Beispiels: Angabe der Architektur

Die *Zielsetzung* dieses *Abschnitts* ist, die Fehler aufzuzeigen, die wir bei der Schnellschußlösung des Karten–Kästen–Beispiels aus Kapitel 3 gemacht haben. Zum zweiten geben wir die "richtige" Architektur an, diskutieren deren Entwurfsentscheidungen und klären, inwieweit diese Architektur das Kriterium der Anpaßbarkeit erfüllt.

Wir haben bereits in den Abschnitten 1.2 und 1.4 die Bedeutung der *Diskussion "Was kann sich ändern?"* betont. Diese soll nach der Erstellung der Anforderungsdefinition dazu führen, daß zukünftige Änderungen des Außenverhaltens des Systems (insbesondere Erweiterungen) aufgefunden und somit bereits beim Entwurf mit berücksichtigt werden. Nach der Erstellung der Architektur liefert eine erneute Diskussion zu diesem Thema die unterschiedlichen Realisierungsmöglichkeiten für das System bei einer festgelegten Anforderungsdefinition, soweit nicht Ergänzungen zu den Änderungen des Außenverhaltens des Systems aufgefunden werden.

Für unser Schnellschußbeispiel wollen wir nun die Diskussionen zu beiden Ebenen, auf denen Änderungen möglich sind, auf einmal führen. Somit liefert die Diskussion Vorschläge zur Änderung des Außenverhaltens als auch zu Änderungen in der Realisierung des Systems. Die *Bedeutung* solcher Diskussionen ergibt sich nun daraus, daß uns die Antworten auf *alle* die *Stellen* in einer *Architektur* führen, in denen *Datenabstraktion angewendet* werden *muß*. Dies geschieht auch, wenn wir nicht gezielt nach Datenabstraktionsanwendungen suchen. Man bekommt also solche Stellen fast "automatisch" geliefert. Die softwaretechnische Bedeutung der Datenabstraktion besteht aber gerade darin, daß ihre Anwendung anpaßbare Architekturen erzeugt. Dies geschieht, wie wir in Kapitel 4 und 5 festgestellt haben, dadurch, daß die Datenabstraktionsmodule oder –teilsysteme willkürliche Realisierungsentscheidungen verkapseln, d.h. Entscheidungen beinhalten, die oft umgestoßen werden. Insoweit kann der Wert einer solchen Diskussion und seiner Umsetzung nicht hoch genug eingeschätzt werden.

Die folgenden Tabellen 7.1 bis 7.5 enthalten nun das Ergebnis einer solchen Diskussion. Die dabei aufgefundenen *Listen möglicher Änderungen* erheben nicht den Anspruch auf Vollständigkeit. Insbesondere können sich aus einer solchen Diskussion auch eine Reihe von Änderungsvorschlägen ergeben, die aus einem angegebenen System eines neues machen, das mit der ursprünglichen Aufgabenstellung nicht mehr viel zu tun hat. (Solche Änderungsvorschläge haben wir natürlich nicht aufgeführt.) Dies liegt in der Natur des Brainstorming, das erstaunlich kreativ, aber zuweilen auch abschweifend ist.

Wir wollen nun die *Antworten* der *Diskussion* erörten (vgl. Tab. 7.1 bis 7.5). Die Antworten sind bereits in einzelne *Themengruppen* zusammengefaßt. So führt die Tab. 7.1 globale Änderungen des Karten–Kästen–Systems auf, wobei wir zwei mögliche Ausrichtungen des Systems unter mehreren anderen im Auge haben, nämlich als Adreß– oder als Literaturverwaltungssystem. Die darauffolgende Tab. 7.2 befaßt sich mit den Veränderungen der Bedieneroberfläche des interaktiven Systems beziehungsweise mit den Änderungen der Druckaufbereitung. Die Tab. 7.3 faßt die Änderungen zusammen, die sich durch Austausch der zugrundeliegenden E/A–Geräte ergeben. Die beiden letzten Tabellen 7.4 und 7.5 behandeln Realisierungsdetails, nämlich die verschiedenen Möglichkeiten der internen Strukturierung eines Einzeleintrags (Tab. 7.4) bzw. der internen Struktur der verschiedenen Kollektionen (Tab. 7.5). In diese Diskussionen gehen natürlich auch die Erweiterungen/ Veränderungen des Außenverhaltens des Gesamtsystems von Tab. 7.1 ein.

Die *Ergebnisse* von Tab. 7.1 bis 7.5 gehören zu den *beiden* Diskussionen "Was kann sich ändern?", die einerseits nach der Erstellung bzw. nach einer größeren Modifikation der Anforderungsdefinition oder andererseits nach der Erstellung bzw. einer größeren Modifikation der Architektur eines Softwaresystems durchzuführen sind. Die Tab. 7.1 führt ausschließlich Änderungen von Anforderungen auf, d.h. sie gehört zum Requirements Engineering. Die anderen Tabellen enthalten die Ergebnisse zu den beiden Diskussionen, d.h. die *Änderungsvorschläge*, die sich auf eine bestimmte, gegebene Funktionalität des Systems beziehen und die somit der *Architekturebene* zuzuordnen sind, als auch die Änderungsvorschläge, die Änderungen des *Außenverhaltens* betreffen. Wir haben diese Änderungen in den Tabellen mit RE, für Requirements Engineering, und A, für Architekturänderungen, gekennzeichnet.

Eine *Änderung des Systems* kann *Einträge in mehreren Tabellen* hervorrufen, wenn diese zusammengehören. Sieht man beispielsweise vor, daß der Benutzer des KartenKästen–Systems einzelne Karten interaktiv selektieren kann, um daraus einen neuen Kasten zu bilden, so ist dies zum einen eine globale Änderung (Tab. 7.1), die zum anderen aber auch Änderungen der Bedieneroberfläche nach sich zieht (Tab. 7.2). Schließlich müssen auch in den Kollektionsrealisierungen Vorkehrungen getroffen werden, um solche selektierten Teilbestände aufzubewahren (Tab. 7.5). Geschieht die Selektion aufgrund einer Vorgabe einzelner Werte des Informationsfeldes, so ist auch die Strukturierung eines Einzeleintrags berührt (Tab. 7.4).

Die folgende Tab. 7.1 enthält einige Möglichkeiten der Änderung bzw. der *Erweiterung des Karten–Kästen–Systems*, die sich auf die *Funktionalität* des Systems beziehen, und die infolgedessen auch Auswirkungen auf die Struktur der *Realisierung* haben. Diese Änderungsmöglichkeiten betreffen die Struktur von Einzeleinträgen als auch die Art und Weise ihrer Eingabe, das Umgehen mit Datenbeständen (Kästen), die Frage der Handhabung des Systems durch einen oder mehrere Bediener, bis hin zu der Anpassung des Systems im Sinne einer besseren Eignung für eine bestimmte Aufgabenstellung.

Die Einträge in den Datenbeständen (Karteikästen) besitzen eine festgelegte Struktur (siehe auch Tab. 7.4), d.h. sie sind aus Komponenten zusammengesetzt.
Die Einträge in einem Datenbestand besitzen zusätzlich ein Attribut, mehrere Attribute oder beliebig viele Attribute, nach denen selektiert werden kann.
Die Sortierung der Kästen–Namensliste, der Karten–Namensliste eines Kastens und die Sortierung der Karten eines Kastens erfolgt nicht automatisch, sondern auf Kommando des Benutzers.
Bei der Eingabe einer Karte erfolgt zusätzlich eine Abprüfung auf syntaktische Korrektheit einzelner Komponenten (z.B. darf ein Name nur aus Buchstaben und bestimmten Sonderzeichen bestehen). Ferner erfolgt eine Abprüfung von Werten einzelner Komponenten (z.B. $0 \leq$ Alter ≤ 150) bzw. eine Überprüfung der gegenseitigen Abhängigkeit von Werten (z.B. gedient => männlich).
Es können neue Datenbestände dadurch erzeugt werden, daß interaktiv aus einem Datenbestand ein Teildatenbestand ausgewählt wird.
Neue Datenbestände können durch Mengenoperationen (Vereinigung, Durchschnitt, Differenz) aus vorhandenen Datenbeständen gebildet werden.
Das Löschen von Einträgen in einzelnen Datenbeständen kann durch Angabe einer Löschmenge erfolgen, die Einträge aus verschiedenen Datenbeständen enthalten darf.
Datenbestände können aus einem Datenbestand oder aus mehreren Datenbeständen durch assoziative Anfragen selektiert werden. Dabei können zusätzlich Attributwerte unvollständig angegeben werden, z.B. A* für alle Namen, die mit A beginnen.
Das Selektieren von Datenbeständen geschieht über eine Anfragesprache (z.B. SQLähnlich).
Der Bediener des Systems kann gleichzeitig mit mehreren Datenbeständen umgehen

(z.B. für die manuelle Selektion; für assoziative Anfragen, die verschiedene Datenbestände übergreifen; für gleichzeitige Änderung mehrerer Datenbestände).
Das System erlaubt mehrere Bediener, die gleichzeitig arbeiten. Dabei kann es verschiedene Zugriffsmodelle geben: Jeder Bediener kann einen Datenbestand verändern, beliebig viele lesen; er kann mehrere verändern, die dann für alle anderen gesperrt sind; alle Bediener dürfen alle Datenbestände verändern und lesen; bei "gleichzeitiger" Veränderung eines Datenbestands müssen verschiedene Revisionen verändert werden, die später interaktiv verschmolzen werden usw.
Das Karten–Kästen–System besitzt zusätzliche Hilfe–Funktionen, die den Bediener unterstützen, wenn er nicht weiterweiß.
Für alle Operationen des Systems gibt es einen allgemeinen Undo– und Redo–Mechanismus.
Zu Beginn seiner Arbeit muß sich der Bediener dem System bekanntmachen. Dabei wird seine Zugangsberechtigung abgeprüft.
Das System wird zu einem Personalverwaltungssystem ausgebaut:
> Für jede Person gibt es allgemeine Daten (Name, Vorname, Geburtsdatum etc.).
> Es gibt zusätzlich Daten, die seine Stellung und seine Aufgaben betreffen.
> Es gibt zusätzlich Daten, die seine Arbeitszeit betreffen.
> ...
> Auf allen diesen Daten zu einer Person können Eingaben bzw. Veränderungen vorgenommen werden.
> Die Daten zu verschiedenen Personen können miteinander verknüpft werden (z.B. Ehemann <–> Gattin).
Das System wird zu einem Bibliotheks–Recherchesystem ausgebaut (Angabe der Funktionalität als Übung für den Leser).

Tab. 7.1: Eine Auswahl globaler Systemerweiterungen und Modifikationen (für sämtliche Einträge der Tabelle gelten beide Vermerke RE und A)

Die nächste Tabelle 7.2 enthält die *Änderungen*, die sich auf die *Gestaltung* der *Bedieneroberfläche* als auch auf die Gestaltung der *Papierausgabe* beziehen. Ersteres betrifft die Verwendung entsprechender Gestaltungselemente (Fenster, Masken, Menüs, Maus), die Gestaltung unterschiedlicher Bedieneroberflächen mit solchen Gestaltungselementen als auch die Austauschbarkeit der Gestaltung und der Gestaltungselemente. Analoges gilt für die Ausgabe auf Papier.

RE, A Die Ein–/ Ausgabe erfolgt in Fenstern auf dem Bildschirm ggf. in bestimmten Masken. Es gibt z.B. eine Eingabemaske für einen Kastennamen und eine für die Bearbeitung von einzelnen Karten. Die Ausgabe der Kästen–Namensliste bzw. der Karten–Namensliste erfolgt in Fenstern.
RE, A Die Selektion einzelner Komponenten von Einträgen bei der Eingabe und bei der Veränderung erfolgt über Funktionstasten. Zusätzlich kann eine Komponente direkt mit der Maus ausgewählt werden.
RE, A Nachrichten, Warnungen und Fehler werden in zusätzlichen Fenstern angezeigt.
RE, A Die Gestaltung der Bedieneroberfläche erlaubt ein gleichzeitiges Umgehen mit mehreren Fenstern einer Art, z.B. mehrere Masken für die Einträge bei der interaktiven Selektion aus mehreren Datenbeständen.
RE, A Das Layout der Bedieneroberflächengestaltung wird geändert, d.h. der layoutmäßige Aufbau einer Kartenmaske, der Fenster für die anzuzeigenden Listen etc.

RE, A   Die bisherige Skizze der Bedieneroberfläche sieht eine Ein-/ Ausgabe einzel-
        ner Karten (z.B. in einer speziellen Maske) vor und sonst nur die Anzeige von
        Listen für Kästennamen, Kartennamen bzw. aller Karten eines Kastens. Für
        die interaktive Selektion kann man sich auch eine Bearbeitung eines Ab-
        schnitts einer dieser Listen vorstellen, der, im Fall der letzten beiden Listen,
        mehrere Karten umfaßt.
RE, A   Die Bedieneroberfläche sieht Fensterstapel vor.
RE, A   Die Bedieneroberfläche bezieht Standardbausteine von Fenstersystemen mit
        ein, wie Uhr, Mail, Notizblock, Taschenrechner etc.
RE, A   Assoziative Suche auf einem oder mehreren Datenbeständen wird dadurch
        unterstützt, daß Masken teilweise ausgefüllt werden und daß einzelne Attri-
        butwerte teilweise angegeben werden können.
RE, A   Die Anfrage über eine Anfragesprache wird durch die Anzeige eines entspre-
        chenden Anfragefensters unterstützt.
A   Bezüglich der Bedieneroberfläche können unterschiedliche Systeme konfigu-
        riert werden, oder es wird durch dynamisches Binden oder Auswahl zur Lauf-
        zeit das spezielle System "erstellt".
A   Das zugrundeliegende Fenstersystem wird ausgetauscht.
A   Das zugrundeliegende Ein-/ Ausgabegerät wird ausgetauscht (vgl. Tab. 7.3),
        wodurch sich andere Möglichkeiten der Bedieneroberflächengestaltung erge-
        ben.
RE, A   Die Namensliste für Kästen bzw. für Karten und die Liste aller Karten eines
        Kastens ändern sich bezüglich des Layouts, und zwar einerseits bei der An-
        zeige auf dem Bildschirm als auch bei der Ausgabe auf einem Drucker.
RE, A   Die Papierausgabe dieser Listen erfolgt mit verschiedenen Papierlistenforma-
        ten bis hin zu Adreßetiketten.
A   Die Ausgabe kann alternativ auf verschiedenen Ausgabegeräten erfolgen
        (Laserdrucker, Typenraddrucker o.ä.), oder die Ausgabe erfolgt auf ein be-
        stimmtes Ausgabegerät, das, je nach Konfiguration des Systems, verschieden
        sein kann.

Tab. 7.2: Andere Bedieneroberfläche und Ausgabeaufbereitung

Die folgende Tabelle 7.3 führt einige *Änderungen* auf, die sich bei den zugrundeliegenden *Geräten* für die *Ein- und Ausgabe* bzw. bei den Ausgabegeräten ergeben können.

A   Es wird ein anderes Terminal als in Kap. 3 angenommen, nämlich eines mit
        Bildschirmspeicher. Dieses eröffnet die Möglichkeit, an eine beliebige Stelle
        des Bildschirms zu schreiben (im Gegensatz zum Schreiben in die letzte Zeile
        und zu dem impliziten Rollen in Kap. 3).
RE, A   Das Ein-/ Ausgabegerät besitzt einen hochauflösenden Bildschirm. Damit
        können Fenster und Masken dargestellt werden, verschiedene Fonts und
        Größen für Schrift als auch beliebige Graphik.
A   Die Charakteristik des Druckers ändert sich, so daß auf eine beliebige Stelle
        einer Seite geschrieben werden kann.
RE, A   Der Drucker ist graphikfähig und erlaubt es, beliebige Fonts, Schriftgrößen
        und Graphik zu verwenden.

Tab. 7.3: Änderungen bei den zugrundeliegenden Ein-/ Ausgabegeräten

Die nächsten *Änderungsvorschläge* von Tab. 7.4 betreffen die *Struktur* der *Einträge*, d.h. die der Karten unseres Karten–Kästen–Systems. Sie reichen von Änderungen der Zugriffsmechanismen auf die Karten über den Wunsch einer veränderbaren Strukturierung bis hin zu den Realisierungsdetails der entsprechenden Datenablage.

RE, A Die Struktur des Schlüssels eines Eintrags (einer Karte) ändert sich: Der Schlüssel erhält einen anderen Typ, er wird aus mehreren Komponenten zusammengesetzt o.ä.

RE, A Was der Schlüssel eines Eintrags ist, soll vom Entwerfer leicht geändert werden können, oder dies soll sogar vom Bediener bestimmbar sein.

RE, A Zu einem Eintrag sind zusätzliche Attribute als Sekundärschlüssel angebbar (für die Anwendung Literaturrecherche z.B. Schlagwörter).

RE, A Diese zusätzlichen Sekundärschlüssel unterliegen einem Klassifikationsschema (z.B. Schema der Computing Reviews für Literatur der Informatik). Dieses Schema soll leicht veränderbar sein.

A Das Informationsfeld ist bei der Aufgabenstellung von Kapitel 3 eine Folge von Zeilen. Diese kann intern als ein Feld oder eine verkettete Liste von Zeilen fester Länge abgelegt sein. Alternativ dazu kann sie verdichtet als Zeichenkette mit Zeilenendekennzeichnung abgelegt sein. Diese Realisierungen sollen austauschbar sein.

RE, A Das Informationsfeld eines Eintrags erhält eine bestimmte Struktur: Es besteht aus mehreren Komponenten je eines bestimmten Typs.

A Die Realisierung eines Eintrags ändert sich (vgl. Diskussion zu Fig. 4.13).

RE, A Von den Einträgen werden Sonderformen benötigt (vgl. Spezialisierung in Abschnitt 5.8 und in Fig. 5.38).

RE, A Die Einträge sollen jeweils nur einmal vorkommen, auch wenn sie in verschiedenen Datenbeständen enthalten sind. Eine Änderung des Eintrags in einem Datenbestand soll auch zur Änderung dieses Eintrags in anderen Datenbeständen führen (Zeigersemantik anstelle von Variablensemantik).

Tab. 7.4: Änderung der Struktur der Einträge (Karten)

Die letzte der Tabellen (vgl. Tab. 7.5) enthält die *Änderungsmöglichkeiten*, die sich auf die diversen *Kollektionen* beziehen. Sie reichen von Schnittstellenänderungen bis hin zu Realisierungsänderungen. Darüber hinaus können die verschiedenen Kollektionen auch miteinander verknüpft werden.

RE, A Auf einer Kollektion sind assoziative Anfragen möglich, wobei gewisse Komponentenwerte vorgegeben sind. Es werden alle Einträge gesucht, die diese Komponentenwerte besitzen. Bei den Komponentenwerten sind auch Abkürzungen erlaubt, z.B. A* für alle Textkomponentenwerte bestimmter Länge, die mit A beginnen.

RE, A Zwischen den verschiedenen Datenbeständen (Kästen) können Querbeziehungen eingetragen werden (z.B. Verweis von dem Eintrag einer Ehefrau auf den Eintrag ihres Gatten).

RE, A Eine Kollektion kann Einträge verschiedener, aber ähnlicher Struktur enthalten (vgl. Fig. 5.38 für Mitarbeiter, ..., leitende Angestellte).

RE, A Das Sortieren einer Kollektion wird vom Bediener angestoßen, also nicht mehr automatisch vorgenommen.

RE, A Das Sortieren eines Datenbestandes kann auch nach einem anderen Schlüssel als nach dem Primärschlüssel erfolgen.

RE, A Für jede Kollektion wird zusätzlich "Statistikinformation" gesammelt, z.B. die Anzahl der Karten eines Kastens.

A   Die Kollektionsrealisierung für die Kästennamen ist "unabhängig" von der Struktur dieser Namen. Dies soll deshalb erfolgen, weil sich die Struktur dieser Namen leicht ändern kann.

A   Die Kollektionsrealisierung für einen Karteikasten soll "unabhängig" von der Struktur des Einzeleintrags sein. Die Zielsetzung ist dabei, diese Kollektionsrealisierung auch bei einer Änderung der Anwendung verwenden zu können (z.B. Personalverwaltungssystem soll als Grundlage der Realisierung eines Literaturrecherchesytems verwandt werden).

RE, A Bei den Einträgen wird von der Variablensemantik zur Zeigersemantik übergegangen, um Inkonsistenzen verschiedener Datenbestände zu vermeiden.

A   Die Realisierung der Kollektionen ändert sich, z.B. von einer sequentiellen Datei oder indexsequentiellen Datei und einer eventuellen Zugriffsstruktur zu verbesserten Zugriffsstrukturen (Hashing, B–Baum, B*–Baum usw.).

RE, A Neben der Zugriffsstruktur für den Primärschlüssel werden auch Zugriffsstrukturen für die Sekundärschlüssel aufgebaut. Dies macht insbesondere dann einen Sinn, wenn der Bediener entsprechende assoziative Zugriffsmöglichkeiten angeboten bekommt.

A   Die Veränderung der Kollektionen durch den Bediener geschieht direkt. Alternativ dazu kann eine Kollektionsstruktur aufgebaut werden, die nur für eine Sitzung besteht und die dann mit dem Datenbestand auf der Platte abgeglichen wird.

Tab. 7.5: Änderung der Struktur sowie der Realisierung der Kollektionen

Vor der Erörterung der Ergebnisse des Brainstorming lautete unsere Behauptung, daß uns dieses Brainstorming zu allen *Stellen* der *Architektur* unseres Schnellschußbeispiels führt, an denen *Datenabstraktion übersehen* wurde. Dies sind solche Stellen, zu denen das Brainstorming eine Reihe von Realisierungsänderungen geliefert hat, die weitreichende Architekturveränderungen nach sich ziehen. Wir wollen jetzt die obigen Tabellen durchgehen und diese Stellen *zusammenfassen*:

(1) Die erste Stelle betrifft den internen Aufbau einer einzelnen Karte. In unserem Beispiel von Kapitel 3 ist die Abhängigkeit vom internen Aufbau einer Karte insoweit schwer festzustellen, als dieser im wesentlichen nur aus einer Textkomponente besteht. In dieser sind die Informationen in einer bestimmten Reihenfolge enthalten und damit ist jedes verarbeitende Programm von dieser Reihenfolge abhängig. Diese Abhängigkeit vom internen Aufbau wäre deutlicher zutage getreten, wenn unser Beispiel aus Kapitel 3 solche Verarbeitungen vorgenommen hätte.

(2) Die speziellen Realisierungen der Kollektion von Einträgen sind ein noch wichtigerer Aspekt der Datenabstraktion. In unserem Beispiel ist dies der interne Aufbau der Kästen–Namensliste, der Karten–Namensliste sowie der Kollektion einzelner Karten in einem Karteikasten.

(3) Es wurde eine spezielle Form des interaktiven E/A–Geräts bzw. die spezielle Form des Druckers angenommen. Beide sind zeilenorientiert und in beiden Fällen ist nur das Schreiben in die aktuelle Zeile möglich.

(4) Die Layoutgestaltung der Bedieneroberfläche sowie die Layoutgestaltung der Druckausgaben sind zwei weitere Punkte, die sich ebenfalls leicht ändern können.

Somit sehen wir, daß willkürliche Realisierungsentscheidungen auf Eintragsebene oder auf Kollektionsebene getroffen wurden, daß eine bestimmte Form von Eingabe- bzw. Ausgabegerät angenommen wurde und daß wir bei der Bedieneroberfläche und beim Drucklayout eine bestimmte Gestaltungsart angenommen haben. Die Struktur unserer Architektur von Fig. 3.3 ist abhängig von diesen Details. Von allen diesen eben genannten Entscheidungen hätten wir aber abstrahieren können, indem wir sie verkapseln.

Wir haben am Ende von Kapitel 3 festgestellt, daß unsere Architektur durch die Bedienerkommandos in dem Sinne geprägt ist, daß die einmal festgelegte Funktionalität des Systems, d.h. die Anzahl und die Form der Bedienerkommandos, den gesamten oberen Teil der Architektur bestimmt. Dies ergibt sich ebenfalls als eine Konsequenz aus der Mißachtung der Datenabstraktion. Dadurch, daß die Operationen, die zu einer Karte, einem Kasten oder der Gesamtheit aller Kästen gehören, nicht zusammenstehen, sind auch die Steuerungsbausteine für diese Operationen verstreut. Anders ausgedrückt, bei der Anwendung der Datenabstraktion würden auch diese Steuerungsbausteine kompakter ausfallen. Damit wäre der obere Teil der Architektur in einem weit stärkeren Maß unabhängig vom gegenwärtigen Ausbaustand des Systems. Diese *Abhängigkeit* von der angenommenen *Funktionalität* ist also eine *indirekte Konsequenz* der *Mißachtung* der *Datenabstraktion*.

Machen wir uns, bevor wir mit den Überlegungen zur neuen Architektur beginnen, erst einmal klar, welche *Änderungsunfreundlichkeit* sich für die Architektur des Karten–Kästen–Beispiels von Kapitel 3 *durch die Mißachtung der Datenabstraktion* ergibt (vgl Fig. 3.3). Wir betrachten hierbei nur einige der Änderungen, die in den voranstehenden Tabellen aufgeführt sind (vgl. Aufgabe 1), und zwar nur solche, die die gegebene Aufgabenstellung nicht verändern.

Ändert sich beispielsweise die Realisierung einer einzelnen Karte (z.B. wird aus einem eindimensionalen Feld von Zeichen mit einer bestimmten Zeilenendekennung ein Feld von Zeilen), so führt diese triviale Änderung zu Änderungen aller Module von Fig. 3.3, die mit der Bearbeitung einer Karte zu tun haben. Dies sind nahezu alle Module unterhalb des Moduls Eingabeverarbeitung_Kartenkommandos.

Ebenso führt eine Änderung der Dateiform zur Abspeicherung der Karten eines Kastens zur Änderung aller Stellen, an denen mit der Datei umgegangen wird. In diesem Fall ergeben sich wieder Änderungen in fast allen Modulen unterhalb von Eingabeverarbeitung_Kartenkommandos. Ähnliches trifft zu, wenn sich die Realisierung der Kästen-Namensliste ändert.

Schließlich führt eine Änderung des zugrundeliegenden interaktiven Eingabe-/ Ausgabegeräts oder des Druckers zu Änderungen in vielen Modulen.

Die Gestaltung der Bedieneroberfläche ist auf der Kommandoeingabeseite einigermaßen gut abgefangen. Es ist hier lediglich unnötig redundant programmiert worden (Modul 2 und 11 von Fig. 3.3). Eine Änderung des Layouts der Ein-/ Ausgabe von Nachrichten, der Ein-/ Ausgabe von Karten oder der Eingabe eines Suchkriteriums verteilt sich jedoch auf verschiedenste Module des Systems. Ebenso wird die Ausgabe der Kartennamen eines Kastens und der Kästennamen unnötig redundant angegangen.

Die obigen *Änderungen* sind *schwer durchzuführen*: Erstens müssen alle Stellen ermittelt werden, die von einer Änderung berührt sind. Diese sind nicht einfach aufzufinden. Darüber hinaus müssen diese Stellen konsistent geändert werden. Wir lernen aus dem Beispiel von Fig. 3.3, daß diese Stellen der Änderungen aus dem "Architekturdiagramm" nicht klar abgelesen werden können. Solche Änderungen sind also bereits bei einem so einfachen Beispiel schwierig durchzuführen, bei einem großen träten diese Schwierigkeiten noch viel schärfer zutage. Alles dies haben wir in Kapitel 4 bereits erwähnt. An dem vorliegenden Beispiel kann diese Argumentation zusammengefaßt und überprüft werden.

Die *Zielsetzung* des *Neuentwurfs* ist somit, die Architektur so zu gestalten, daß (1) willkürliche Realisierungsentscheidungen (die Realisierung einer Karte, die Realisierung der verschiedenen Kollektionen usw.) auf Architekturebene verborgen werden. Dieses Verbergen bedeutet, daß diese Änderungen nur noch das Innenleben von entsprechenden Datenabstraktionsmodulen oder Teilsystemen betreffen. Diese Anwendung der Datenabstraktion hat dann (2) den Nebeneffekt, daß die einzelnen Bedienerkommandos, die die Funktionalität des Systems bestimmen, auf der Architekturebene nicht mehr einzeln gehandhabt werden, sondern daß sie zusammengefaßt sind. Damit spiegelt die Architektur weit weniger die Bedieneroberfläche (die festgelegten Bedienerkommandos) wider. Eine weitere Zielsetzung besteht darin, (3) die "willkürliche" Layoutgestaltung des Bildschirms bzw. der Druckausgabe zu lokalisieren. Des weiteren werden wir versuchen, die Architektur so zu gestalten, daß sich (4) zukünftige Änderungen und dabei insbesondere Erweiterungen des Systems auf der Architekturebene nur als lokale Änderungen auswirken und nicht einen globalen Umbau der Architektur nach sich ziehen. Kurzum, die Architektur ist so zu gestalten, daß sich *Veränderungen* des *Systems auf* der *Architekturebene möglichst wenig auswirken*.

Vor der Erläuterung der "richtigen" Architektur wollen wir noch einige *Verabredungen* bezüglich der *graphischen Auftragung von Architekturdiagrammen* treffen (vgl. Fig. 7.6): Die Verbindungsstruktur zwischen Modulen kann bei größeren Beispielen sehr unübersichtlich werden, da evtl. viele Kantenkreuzungen entstehen. Wir nehmen uns also im folgenden die Freiheit, (1) Kanten nicht gerade, sondern über Ecken zu ziehen. Das haben wir für die Kanten eines Baums bereits in Fig. 3.3 getan. Zum zweiten werden (2) die Graphiken etwas übersichtlicher, wenn die Modulnamen nicht neben die entsprechenden Modulsymbole geschrieben werden, sondern in diese hinein. Dies darf nicht falsch gedeutet werden: Diese Namen repräsentieren den ganzen Modul, obwohl sie im Rumpfteil des Modulsymbols erscheinen. Schließlich tritt häufig die Situation auf, daß allgemeine Module oder eine Ansammlung solcher allgemeinen Module von verschiedensten Stellen aus importiert werden. Es sind also viele Kanten zu ziehen, die alle in diesen Modulen enden. Hierfür fassen wir (3) solche Kanten zu "Kanälen" zusammen. In Fig. 7.6 werden die links unten stehenden Module von einer Reihe anderer importiert, die entsprechenden Verbindungen werden deshalb zusammengefaßt. Schließlich ergibt sich bei solchen Zusammenfassungen oft die Situation, daß an einem importierenden Modul nur eine bestimmte Kombination von Modulen der Zusammenfassung importiert werden soll. Die Auswahl dieser Module geschieht dann (4) über die Angabe der Namen der entsprechenden Module oder kürzer durch die Angabe von eindeutigen Modulnummern. So werden in Fig. 7.6 vom Modul Karteikasten_System aus die Module Kommando_E_A und Nachrichten_E_A importiert, von Verwaltung_Kastenveraenderung darüber hinaus noch Karten_Layout.

Wir werden jetzt die "richtige" *Architektur* in der *Form* eines *Architekturdiagramms* angeben. Diese Architektur enthält noch nicht die Erweiterungen, die in Tab. 7.1 angesprochen wurden und von denen wir einige im nächsten Abschnitt diskutieren. Die Erörterung schließt insbesondere die *Entwurfsentscheidungen* für die einzelnen Module und für ihre Einbettung in die Architektur mit ein (vgl. Tab. 7.7). Die bei der Erläuterung des Architekturparadigmas vorgeschlagene zusätzliche Skizze der Implementationen der einzelnen Module in Form von *Pseudocode*, die im Beispiel des Kapitels 3 zusätzlich angegeben wurde, wollen wir hingegen dem Leser überlassen (vgl. Aufgabe 2).

Wir *kennen bereits einige Teile* der richtigen Architektur. So haben wir in Fig. 4.10 bereits die Schnittstelle des Moduls Kaesten_Namensliste (dort KK_Namensliste genannt) diskutiert. In Fig. 5.21 haben wir bereits das Zusammenspiel von Einträgen und einer Kollektion solcher Einträge betrachtet. In Fig. 5.22 haben wir hieraus ein Teilsystem gemacht, dessen textuelle Form in Fig. 5.24 erörtert wurde.

Es folgt nun die Erörterung der einzelnen Module der Architektur von Fig. 7.6, wobei wir die in Tab. 7.7 aufgeführten Entwurfsentscheidungen für die einzelnen Module nicht noch einmal im Detail wiederholen wollen. Der Leser wird gebeten, sich den Unterschied zwischen der Sicht der Schnittstelle der einzelnen Module und der Sicht der Rümpfe klarzumachen (vgl. Aufgabe 3). Wir gruppieren die Module (und infolgedessen auch deren Erläuterung) in einen *Steuerungsteil* (Module des oberen Teils der Architektur), in einen *Datenablageteil* (Handhabung der Einträge und Kollektion), in einen *Ein-/ Ausgabegeräteteil* und in einen *Teil* zur *Handhabung* des *Bildschirm–* bzw. *Drucklayouts*.

Alle Module des *Steuerungsteils* übernehmen eine *Steuerung* im Sinne der *Handhabung von Teildialogen*. Es werden Reaktionen des Bedieners in Aktivitäten oder Initialisierungen bzw. Abschlußbehandlungen umgesetzt. Dabei übernimmt der Modul Karteikasten_System die Steuerung auf der Gesamtebene, der Modul Verwaltung_Kaesten_und_Karten die Steuerung der Initialisierung, des Abschlusses und die Verzweigung, während die Umsetzung der meisten Bedienerkommandos in den Modulen Verwaltung_Kastenveraenderung und Verwaltung_Kaestenbestand erfolgt. Bei allen diesen Modulen handelt es sich um funktionale Module, die eine so spezielle und auf die vorliegende Anwendung bezogene Bedeutung haben, daß sie über die lokale Benutzbarkeit in die Architektur eingehängt werden. Lokale Benutzbarkeit ist hier immer im

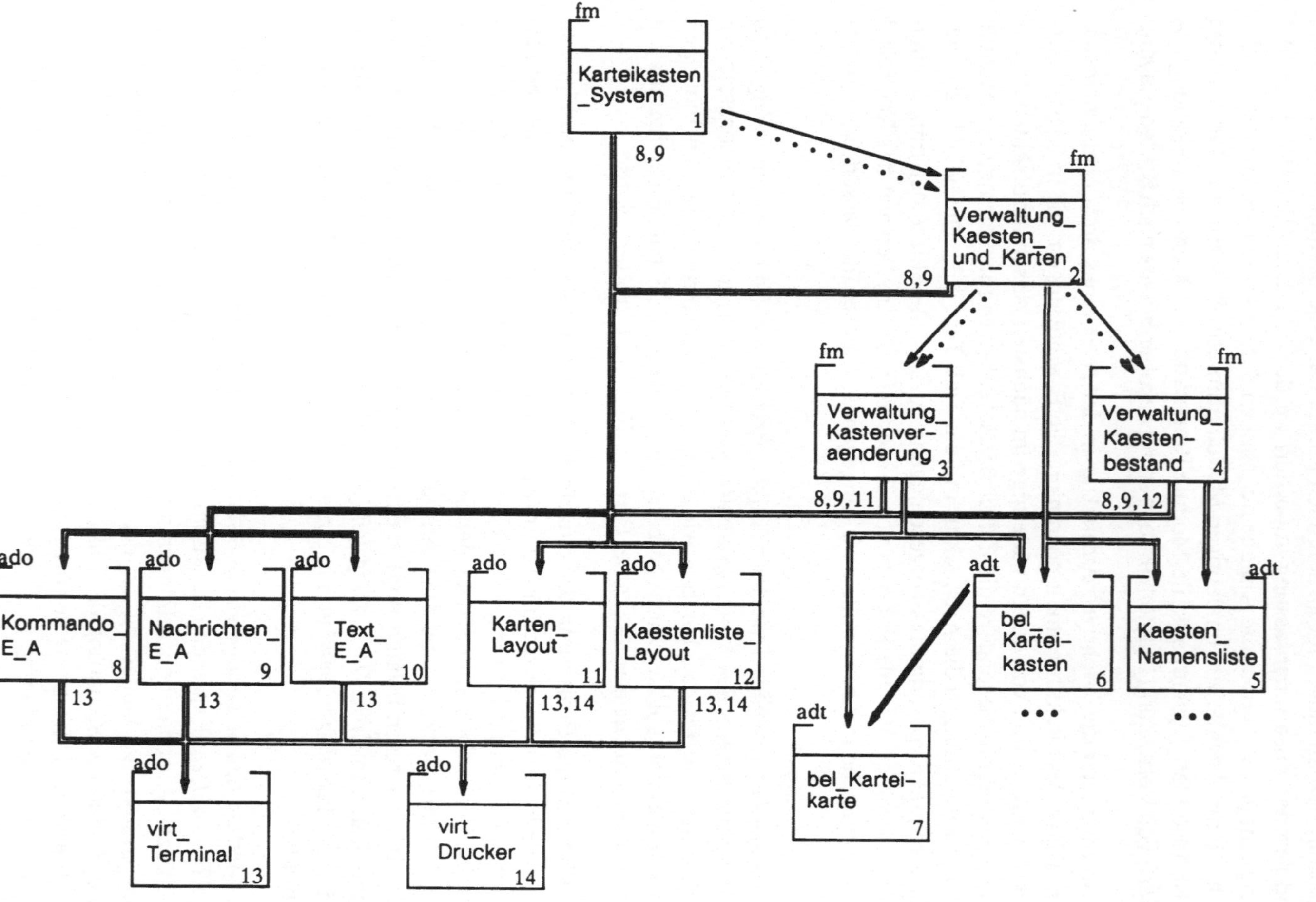

Fig. 7.6: Die neue Architektur des Karten-Kästen-Beispiels

Sinne des Standardfalls von Fig. 4.24.a gemeint. Im Sinne der Diskussion zu Fig. 5.6 sei noch einmal betont, daß diese funktionalen Module die Veränderung der Daten selbst nicht verwalten, sondern sie steuern lediglich die Teildialoge, die die Veränderungen dieser Daten anstoßen.

Karteikasten_System: Sitzungsverwaltung (Eröffnen der Sitzung, Abschluß); später kann hier die Benutzeridentifikation stattfinden; sowie die Verzweigung in eine Auswahl von Untersystemen (dann muß der Modul umbenannt werden).

Verwaltung_Kaesten_und_Karten: Verwaltung der Änderungen auf einem Kasten oder auf der Gesamtheit der Kästen (Öffnen, Schließen der jeweiligen Datenbestände); verzweigen in die zwei Teile je nach Kommandoeingabe; bei Erweiterungen können weitere Architekturteile darunter gehängt werden.

Verwaltung_Kastenveraenderung: Zuständig für die Handhabung der Kommandos auf einem einzelnen Kasten, insbesondere für dessen Karten.

Verwaltung_Kaestenbestand: Zuständig für die Handhabung der Kommandos auf dem Bestand der Kästen (macht keine Bearbeitung eines Kastens).

Kaesten_Namensliste: Verkapselt die spezielle Realisierung der Liste der Namen aller Kästen, z.B. daß diese direkt auf eine vorgegebene Dateiform aufsetzt. Dieser Modul ist als ein abstrakter Datentyp von vornherein auf die Handhabung mehrerer Listen durch das System ausgelegt.

bel_Karteikasten: Verkapselt die spezielle Realisierung eines Kastens (einer Kollektion von Karten). Als abstrakter Datentyp ist der Modul auf die Handhabung mehrerer Kästen durch das System ausgelegt.

bel_Karteikarte: Verkapselt die Realisierung eines einzelnen Eintrags (hier zunächst nur, wie Text und Informationsfeld abgelegt sind und wie in dem letzteren die Zusammenfassung von Zeilen realisiert ist). Bei strukturiertem Eintragsfeld (vgl. nächster Abschnitt) verkapselt dieser Modul noch weitere Realisierungsentscheidungen.

Kommando_E_A: Verkapselt die spezielle Form der Kommandoaktivierung (durch einzelne Buchstaben, langer Kommandoname, Funktionstaste, Menüselektion, bei Menüs das spezielle Layout).

Nachrichten_E_A: Verkapselt das Layout eines Nachrichtenfensters und ob bzw. wie die Nachrichten bestätigt werden.

Text_E_A: Verkapselt das Layout eines Textfensters. Ein solches brauchen wir später zur Eingabe des Namens eines Karteikastens, ferner zur Eingabe eines Schlüssels, eines Teiles des Informationsfeldes, nach dem zu suchen ist, etc.

Karten_Layout: Verkapselt das Layout einer Karte auf dem Bildschirm (und somit in der "Liste" der Karten eines Kastens, die über eine Hardcopy einzelner Karten erzeugt wurde).

Kaestenliste_Layout: Verkapselt das Layout dieser Liste auf dem Bildschirm und somit auch auf der Hardcopy. Blättern oder Rollen findet auf dieser Liste statt.

virt_Terminal: Verkapselt die speziellen E/A-Operationen eines konkreten Terminals.

virt_Drucker: Verkapselt die speziellen E/A-Operationen eines konkreten Druckers.

Tab. 7.7: Entwurfsentscheidungen für die einzelnen Module der revidierten Architektur

Alle anderen Module haben den Charakter allgemein verwendbarer Bausteine und werden deshalb über die allgemeine Benutzbarkeit in die Architektur eingehängt. Wir wollen zunächst die *Module* zur *Datenablage* diskutieren. Da wir schon Vorarbeit geleistet haben, kann die Diskussion also kurz ausfallen. Die Datenabstraktion dient hier zur Verkapselung von Repräsentationsinformationen auf Eintrags- und Kollektionsebene. Somit wird gem. Fig. 4.19 die Realisierung des Zusammenhangs zwischen verschiedenen Komponenten eines Einzeleintrags (einer Karte) bzw. die Realisierung des Zusammenhangs von verschiedenen, aber gleichartigen Einträgen einer Kollektion (eines Kastens) und schließlich die Realisierung des Zusammenhangs der Kästen–Namensliste verborgen. Für die Karten-Namensliste gibt es keine Kollektion, da diese Liste aus einem Karteikasten ermittelt wird.

Es verbleiben also noch die Module zur Handhabung der Ein-/ Ausgabe. Hier liegen verschiedene Klassen von Entwurfsentscheidungen vor, die wir nun im einzelnen erörtern. Die *Module* virt_Terminal und virt_Drucker sollen von der *speziellen Gestalt von Ein-/ Ausgabegeräten abstrahieren*. Bei Druckern ist dies beispielsweise die Frage, ob diese stromorientiert (bestimmte sequentielle Standard-Textausgabedatei) oder pufferorientiert arbeiten. Ein virtueller Drucker bietet deshalb die Möglichkeit, eine virtuelle Druckerseite zu beschreiben und dabei eventuell verschiedene Fonts zu verwenden, an eine beliebige Stelle der Druckseite zu schreiben etc. Ein virtuelles Terminal verkapselt die Details, ob nur jeweils in die letzte Zeile des Bildschirms geschrieben werden kann und der gesamte bisherige Bildschirm dabei automatisch um eine Zeile nach oben gerückt wird, oder ob das E/A–Gerät einen lokalen Bildschirmspeicher besitzt, der es erlaubt, an eine beliebige Stelle des Bildschirms zu schreiben. Gemäß der Aufgabenstellung aus Kap. 3 machen wir hier aber von solchen virtuellen Geräten einen sehr eingeschränkten Gebrauch.

Die links darüberliegenden Module von Fig. 7.6 verkapseln *Repräsentationsentscheidungen* für die *Kommando-Ein-/ Ausgabe*, für die *Ausgabe* von *Nachrichten* bzw. *Warnungen* und für die *Text-Ein-/ Ausgabe*. In dem Modul Kommando_E_A wollen wir vollständig verkapseln, auf welche Art die Kommandoeingabe von Seiten des Benutzers erfolgt. Im Kapitel 3 haben wir diese Kommandos durch einen Buchstaben eingegeben. Wir hätten dieses aber auch durch Zahlen, durch einen langen Namen für jedes Kommando mithilfe der Tastatur, durch Funktionstasten oder durch eine Menüselektion tun können. Hierzu bekommt der Modul von dem jeweiligen importierenden Modul zur Laufzeit die Liste der zulässigen Kommandos in Form einer Teilmenge aller Kommandos geliefert. Er bereitet selbständig das Layout der Kommandoaufforderung auf und liefert das ausgewählte Kommando zurück. Die Fehler in der Kommandoeingabe werden hier lokal abgehandelt. Somit ist der gesamten Architektur oberhalb dieses Moduls nicht mehr bekannt, wie die Kommandoaktivierung stattfindet.

Der Modul Nachrichten_E_A verkapselt das Layout von Nachrichten, Warnungen, Fehlern, Systemmeldungen etc. an den Bediener und wie bzw. ob diese bestätigt werden müssen.

Der Modul Text_E_A dient zur Ausgabe beliebiger Texte an den Benutzer, z.B. zur Aufbereitung der Aufforderung zur Namenseingabe eines Datenbestands, zur Eingabe dieses Namens oder zur Handhabung sonstiger Parameter von Kommandos.

An diese Stelle könnte man ähnlich zu Kommando_E_A verfahren und die Art der Aufbereitung solcher Text-Ein-/ Ausgaben für bestimmte Situationen vollkommen verkapseln. Hierzu wären Module einzuführen, die für die Parameter beliebiger Kommandos entsprechende Masken aufbauen. Der Vorteil dieser Vorgehensweise wäre, daß die Layoutgestaltung der Parametereingabe lokal gehalten wird, die verwendenden Module also mit "abstrakten" Parametersätzen operieren (vgl. Aufg. 5). Wir haben statt dessen, der Einfachheit halber, hier einen für verschiedene Situationen verwendbaren Baustein zur Texthandhabung eingefügt und die Aufbereitung der Ausgabe an den Bediener bzw. die Handhabung der Eingabe des Bedieners dem importierenden Modul überlassen. Alle die in diesem Absatz genannten Bausteine sind *unabhängig* von der *vorliegenden Anwendung* und werden in anderen interaktiven Systemen ebenfalls gebraucht.

Die letzte Gruppe von *Modulen*, nämlich Karten_Layout und Kaestenliste_Layout, sind auf die vorliegende Anwendung bezogen. Das Layout der Ein-/ Ausgabe von Karten bzw. der Ausgabe der Kästen-Namensliste kann sich leicht ändern. Deshalb wurden die entsprechenden *Layout-Repräsentationsentscheidungen verkapselt.* Damit ist für den gesamten Rest der Architektur nicht bekannt, wie die Layout-Aufbereitung der Maske für eine Karte oder die Layout-Aufbereitung der Kästen-Namensliste am Bildschirm aussieht. Der Modul Karten_Layout erhält die Werte der Komponenten eines Eintrags und bereitet sie layoutmäßig für den Bediener auf. Umgekehrt liefert er diese Werte ab, ohne daß in irgendeiner Weise Bezug auf die Aufbereitung auf den Bildschirm genommen wird. Analog stellt Kaestenliste_Layout eine vom Layout abstrahierende Ablageoperation für die Ausgabe eines Kastennamens, einer Überschrift etc. zur Verfügung. Es handelt sich also um zwei der im letzten Absatz angesprochenen Module zur layoutunabhängigen Parameterhandhabung bei den Ein-/ Ausgabeoperationen (vgl. Aufg. 6). Da wir stets nur eine Layout-Aufbereitung benötigen, sind diese Layout-Bausteine abstrakte Datenobjektmodule. Die Druckausgabe erfolgt hier über ein Bildschirm-Hardcopy, weshalb es von diesen beiden Modulen einen zusätzlichen Zugriff auf den virtuellen Drucker gibt.

Interessant ist hier das *Zusammenspiel* zwischen den *Bausteinen* zur *Datenablage* und den *Layout-Repräsentationsbausteinen.* Während Kaesten_Namensliste die Realisierung der Datenablage dieser Kollektion von Kästennamen verkapselt, ist die Aufgabe von Kaestenliste_Layout die Verkapselung des Layouts der Ausgabe dieser Liste. Eine analoge Entsprechung gibt es zwischen bel_Karteikarte und Karten_Layout. Es gäbe auch ein entsprechendes Zusammenspiel zwischen bel_Karteikasten und einem entsprechenden Layout-Repräsentationsbaustein, wenn wir den Inhalt eines Karteikastens in Form eines bestimmten Layouts für die Ausgabe auf dem Bildschirm oder dem Drucker aufbereitet hätten und nicht nur Hardcopies der einzelnen Karten gezogen hätten.
Ein zweiter Aspekt dieses Zusammenspiels ist der folgende: In der Architektur von Fig. 7.6 veranlaßt der Modul Verwaltung_Kaestenbestand das Füllen von Kaestenliste_Layout. Er weiß dabei nicht, wie das Layout der Bestandteile (Überschrift, einzel-

ne Kastennamen, Anordnung) aussieht. Er weiß aber, was in der Überschrift steht,
und er holt sich die einzelnen Namen des jeweiligen Kastens aus der Kästen-Namensliste. Diese Transformation ist einfach und geschieht deshalb im Rumpf von Verwal-
tung_Kaestenbestand. Eine analoge Situation liegt bei dem Modul Verwaltung_Ka-
stenveraenderung vor.

Ein weiterer Aspekt ist das *Zusammenspiel* der *verschiedenen,* vom Layout bestimmten *Bildschirmteile* (Menüs, Nachrichten, Maske für aktuelle Karte etc.). Unser jetziger
Ansatz geht davon aus, daß diese Bestandteile entweder stets an der gleichen Stelle
auf dem Bildschirm liegen, z.B. am Anfang oder in der Mitte, oder daß sie etwa am
unteren Ende des Bildschirms plaziert werden, wobei der bisherige Inhalt nach oben
geschoben wird. Liegt eine solche feste Anordnung vor, dann ist die gegenseitige Lage
dieser verschiedenen Bildschirm-Bestandteile im Rumpf der Module der Layout-
Schicht "verdrahtet". Will man aber statt dessen mehr Flexibilität bei der Plazierung
dieser Teile haben (z.B. eine Nachricht in der Nähe der letzten Eingabe, Plazierung
des Kommando-Menüs an verschiedenen, vom jeweiligen Zustand des Dialogs abhängigen Stellen), dann muß es einen Datenobjekt-Modul in der Architektur geben,
der die Lage der einzelnen Teile zueinander verwaltet und sich den Zustand des Bildschirms merkt.

Wenn wir die Architektur von Fig. 7.6 betrachten, so fällt sofort ins Auge, welche
Teile der Architektur als Teilsysteme in Frage kommen. Es sind dies die Gruppen von
Modulen, die wir jeweils zusammen erläutert haben. Der Steuerungsteil ist ein Teilsystem und zwar ein so *spezifisches,* daß es nur in dieser Anwendung eine Rolle spielen
kann. Des weiteren kommen die Datenhaltungsmodule als Kandidaten für zwei Teilsysteme in Frage, zumal unterhalb der Kollektionen, je nach Realisierung, u.U. eine
aufwendige Teilarchitektur eingesetzt werden muß. Letzteres ist etwa dann der Fall,
wenn man sich nicht direkt auf eine Datei stützen will, z.B., weil man eine besonders
effiziente Art von Suchoperationen auf der Kollektion realisiert haben möchte. Im
Ein-/ Ausgabeteil der Architektur hat man drei verschiedene Kandidaten für Teilsysteme. Zum einen kommt hier der virtuelle Bildschirm und der virtuelle Drucker in
Frage, zum anderen die Zusammenfassung der Module, die der allgemeinen Ein-/
Ausgabehandhabung von Kommandos, Nachrichten und von Texten dienen. Schließlich können die von der speziellen Anwendung abhängigen Module zum Verbergen
des Kartenlayouts- und des Kästenlistenlayouts zusammen als Teilsystem aufgefaßt
werden. Alle diese Teilsysteme, mit Ausnahme des ersten, sind *allgemein benutzbare.*
Dabei gibt es aber unterschiedliche Grade von Allgemeinheit: Für beliebige Anwendungen verwendbar sind die virtuellen E/A-Geräte. Allgemein verwendbar, aber doch
spezieller sind die allgemeinen Dialog-Ein-/ Ausgabe-Handhabungshilfen. Hingegen
sind die Module zur Datenablage und zum Verbergen des Layouts nur innerhalb dieser Anwendung allgemein verwendbar, sie können kaum auf eine andere Anwendung
übertragen werden.

Das Beispiel *bestätigt* die am Ende des Kapitels 4 im Zusammenhang mit der
Zwiebelmodell-Vorstellung (vgl. Fig. 4.31) getroffene Aussage, daß *funktionale Mo-*

dule in den *oberen* Schichten eines Softwaresystems gehäuft auftreten, wo dann ebenfalls die *lokale Benutzbarkeit* vorherrscht. Die *Datenabstraktionsbausteine* treten hingegen verstärkt *unten* auf, sind zumeist allgemeine Bausteine und sind sie deshalb über die *allgemeine Benutzbarkeit* in eine Architektur eingehängt.

Wenn wir nun die *Struktur* der *beiden Architekturen*, nämlich diejenige des Schnellschußbeispiels von Fig. 3.3 und die der "richtigen" Architektur von Fig. 7.6 miteinander vergleichen, so stellen wir doch *beträchtliche Unterschiede* fest. Es fällt zunächst auf, daß die neue Architektur keine Baumstruktur mehr besitzt, und daß mehr als die Hälfte der Bausteine Datenabstraktionsmodule sind, die in dem Schnellschußbeispiel überhaupt nicht auftraten. Die einzelnen Datenabstraktionsentscheidungen, d.h. die Entscheidungen, welche Realisierungsdetails verborgen werden sollen, sind in der Architektur deutlich erkennbar. Es sind dies die Details bezüglich der Realisierung eines komplexen Eintrags und der Realisierung verschiedener Kollektionen. Es sind ferner die Details bezüglich der Realisierung von E/A-Geräten, der speziellen Art der Handhabung von Dialogelementen (Kommandos, Nachrichten etc.) und es sind schließlich die Details bezüglich der Layoutgestaltung einer Kartenmaske und einer Namensliste. Schließlich hat die konsequente Anwendung von Datenabstraktion auch einen positiven Nebeneffekt, und zwar in dem Sinne, daß die Realisierungen der Kommandoabarbeitungen nicht mehr über die gesamte Architektur verstreut sind, wie dies im Schnellschußbeispiel der Fall war, sondern nach Gruppen zusammengefaßt und durch jeweils einen Modul pro Gruppe realisiert werden (Kommandos auf einem Kasten, Kommandos auf der Gesamtheit aller Kästen), der jeweils auf einem Datenbestand arbeitet. Somit wirkt sich hier, wie wir bereits erwähnt haben, die Anwendung der Datenabstraktion auch günstig auf die Gestaltung des funktionalen Teils der Architektur aus.

Wir werden nun anhand einiger Beispiele nachweisen, daß sich *Änderungen* in der *Realisierung* des Gesamtsystems bei *unveränderter Funktionalität* dieses Systems (vgl. Aufgabenstellung in Kap. 3) *kaum auf der Architekturebene auswirken*. Dies ist das erste und in seiner Bedeutung nicht zu unterschätzende Ergebnis der in diesem Buch vorgestellten Modulkonzept–Denkwelt und seiner richtigen Anwendung auf das vorliegende Beispiel. Insbesondere werden dabei Realisierungsänderungen studiert, die sich durch die Übertragung auf eine andere Basismaschine ergeben. Wir werden dabei nicht alle dieser Realisierungsänderungen diskutieren (vgl. Tab. 7.2 bis 7.5), sondern einige dem Leser als Übungsbeispiele überlassen (vgl. Aufg. 4). Die Änderungen der Funktionalität studieren wir im nächsten Abschnitt.

Die *diskutierten Änderungsbeispiele* sind die *folgenden*:
Wir wollen zum ersten annehmen, daß die *Eingabe von Kommandos* über Funktionstasten erfolgt, ebenso wie das Ende der Kommandoeingabe nach Eingabe der Parameter. In unserer Architektur bleibt jede dieser beiden Änderungen jeweils modullokal. Es ist die Realisierung des Rumpfs von Kommando_E_A zu verändern, und zwar der Teil, der sich mit der Decodierung der Kommandoeingabe des Benutzers beschäftigt. Ähnliche Änderungen treten im Rumpf von Nachrichten_E_A, Text_E_A

und Karten_Layout auf. In der Architektur von Fig. 3.3 ändert sich hingegen der
Rumpf jedes Moduls, der zu einer Kommandoabarbeitung gehört. Das ist praktisch
eine Änderung des gesamten Systems.

Die nächste Änderung soll sein, daß wir ein *anderes Ein-/ Ausgabegerät* annehmen,
das einen ganzen Bildschirminhalt speichern kann. Dadurch ändert sich der Dialog
für die Eingabe bzw. Veränderung einer Karte insofern, als jetzt eine Maske angezeigt
werden und die Eingabe jetzt lokal erfolgen kann, bis die gesamte Maske ausgefüllt
ist. Die Module, die ein Kommando zu einer Karte bearbeiten, werden nun den Inhalt
einer gesamten Karte zur Ausgabe übergeben bzw. von dort erhalten. In der "richtigen" Architektur von Fig. 7.6 ändert sich wieder nur der Rumpf eines Moduls, nämlich der des Moduls Karten_Layout. Hier hat nämlich die Vorstellung vorgeherrscht,
daß Karten als ganze Einheiten und ohne Berücksichtigung des Layouts der Anzeige
zwischen den Bearbeitungsmodulen und der Ein-/ Ausgabe ausgetauscht werden. In
der Architektur von Fig. 3.3 hingegen verwaltet jeder Modul zu einem Karten-Kom-
mando den Aufbau dieser Maske selbst. Damit sind wieder systemweite Änderungen
nötig.

Als dritte Änderung wollen wir annehmen, daß sich die *Realisierung der Kollektionen ändert*, z.B. weil ein anderes Dateiverwaltungssystem vorliegt oder weil ein Eintrag der Kollektion schnell aufgefunden werden können soll. In der "richtigen" Architektur ändern sich nur die Rümpfe der Module, ggfs. hängt unter den Rümpfen wegen
der Komplexität der Lösung eine Teilarchitektur, die jetzt ausgetauscht werden muß.
Die Architektur oberhalb der Kollektionen kennt keine Realisierungsdetails derselben. In der Architektur von Fig. 3.3 wird die Realisierung einer Kollektion hingegen
von vielen Modulen angesprochen, z.B. durch die Benutzung der Lese- und Schreiboperationen auf eine bestimmte Dateiform. Damit sind entsprechend viele Module zu
ändern.

Wie wir festgestellt haben, ziehen alle diese Realisierungsänderungen nur lokale
Änderungen in einem gemäß der Architektur von Fig. 7.6 gestalteten Programmsystem nach sich. Entweder *ändert sich* dabei die *Architektur überhaupt nicht* (Austausch
oder Veränderung eines Modulrumpfs) *oder* diese ändert sich *nur lokal* (Austausch eines Modulrumpfs mit darunterhängender Teilarchitektur).

Umgekehrt ergeben sich in der Regel bei Architekturen, die das *Datenabstraktionsprinzip verletzen*, bei Realisierungsänderungen (Eintragsstruktur, Kollektionsrealisierung, Layoutveränderung, E/A-Geräte-Austausch) *weitreichende Veränderungen im
Programmsystem*, die Änderungen vieler betroffener Module nach sich ziehen. Diese
Veränderungen sind schwierig zu handhaben. Wir haben dies alles schon oft festgestellt, konnten es aber hier das erste Mal detailliert nachweisen. Eine Korrektur dieser
Datenabstraktionsmißachtung durch die Einführung entsprechender Datenabstraktionsmodule im nachhinein zieht somit ebenfalls weiträumige Architektur- und Im-
plementierungsänderungen nach sich (vgl. Aufg. 7,8).

Die *Änderungen* an *funktionalen Teilen* einer *Architektur* – sei diese nach Datenabstraktionsgesichtspunkten erstellt oder nicht – führen hingegen meist zu weit unpro-

blematischeren Änderungen des Programmsystems, d.h. sie ziehen weit *harmlosere Architekturänderungen* nach sich. Ändert sich beispielsweise die Funktionalität eines Kommandos, so bleibt diese Änderung auch in der falschen Architektur von Fig. 3.3 modullokal. Diese Aussage gilt unbeschadet der Tatsache, daß die Anwendung der Datenabstraktion funktionale Bausteine auf indirektem Wege zusammenfaßt und sich dadurch noch einmal eine größere Lokalität bei Änderungen ergibt.

In diesem Abschnitt haben wir auch eine neue Erkenntnis gewonnen: Die Datenabstraktion gibt es nicht nur auf der Ebene der Realisierung von Einträgen und Kollektionen (vgl. Fig. 4.19). Diese beiden Fälle schließen bereits die Betrachtung der Ein-/ Ausgabe in Form virtueller Ein-/ Ausgabegeräte mit ein. Als *weitere* wichtige *Datenabstraktions-Anwendung* kommt das Verbergen der *Gestaltung* von *Bedieneroberflächen* hinzu. Durch die Datenabstraktion werden unterschiedliche und manchmal sehr willkürlich erscheinende Layout-Festlegungen verkapselt, indem diese in den Rumpf von Modulen eingeschlossen werden. Damit wirken sich die Änderungen des Layouts nur noch in einem Rumpf aus. Wir haben diese Erkenntnisse im letzten Kapitel für die Druckausgabe gesammelt und in diesem Kapitel auf die Gestaltung der Bedieneroberfläche eines interaktiven Systems ausgedehnt. In unserer Architektur von Fig. 7.6 ist oberhalb der Layout-Gestaltungsschicht nicht mehr erkennbar, welche Gestaltungsform für die interaktive Ein-/ Ausgabe von Karten oder für die Druckausgabe der Kästen-Namensliste eingesetzt wird. Das bedeutet, daß der Großteil der Architektur von dieser Layout-Gestaltung unabhängig ist.

7.2 Erweiterungen des Beipiels und zugehörige Architekturmodifikationen

Die *Zielsetzung dieses Abschnitts* ist, Modifikationen an der im letzten Abschnitt erläuterten Architektur vorzunehmen, die sich aufgrund einer veränderten Funktionalität des Gesamtsystems (andersgeartete Kommandos, weitere Kommandos) oder einer veränderten Gestaltung der Bedieneroberfläche bzw. des Drucklayouts ergeben. Dabei werden wir nachweisen, daß die Architektur von Fig. 7.6 wesentlich "stabiler" bezüglich Änderungen ist als diejenige der Schnellschußlösung von Fig. 3.3. Das heißt, (1) daß der Änderungsaufwand auf der Architekturebene wesentlich kleiner ist, weil die Änderungen der Architektur lokal bleiben und ferner, (2) daß sich die Änderungen der Architektur auch gut aus dem Architekturdiagramm ablesen lassen.

Wir *betrachten* dabei *folgende Erweiterungen* des Systems:
Zunächst führen wir (1) eine Strukturierung der Informationskomponente von Karten ein. Der Bediener kann diese Komponenten dann einzeln verändern. Die nächste Erweiterung betrifft die Möglichkeit, (2) neue Datenbestände in Form neuer Kästen durch Selektion aus bestehenden Kästen zu gewinnen bzw. assoziative Suchoperationen auf Kästen durchzuführen. Danach erweitern wir die Schnittstelle, so daß (3) ein Fenstersystem zur Anwendung kommt, was uns die Einführung von Fenstern und

Masken ermöglicht. Die zugehörigen Änderungen aller dieser Erweiterungen werden jeweils diskutiert.

Diskutieren wir nun die erste Erweiterung: Das *Informationsfeld* besitzt jetzt eine *Struktur*, d.h., es besteht nicht mehr aus einer beliebigen Anordnung von Textzeilen, sondern es hat einzelne Komponenten zur Aufnahme unterschiedlicher Informationseinheiten. Jetzt besteht, noch stärker als in der ersten Ausbaustufe, die Notwendigkeit, die Repräsentation des Eintrags zu verkapseln. In diesem Fall sind nämlich noch mehr Details der Realisierung zu verbergen. In der Architektur von Fig. 7.6 wurde für eine Karte bereits ein Datentypmodul eingesetzt. Dieser Modul verkapselte bisher die Lage der beiden Felder (Schlüssel, Information) zueinander, sowie die Art der Realisierung der Folge von Zeilen im Textfeld. Jetzt bildet er im Sinne von Fig. 4.13 aus den einzelnen Komponenten einen "logischen" Verbund. (Wir haben die Lösung bereits in Fig. 4.11 angegeben, dort allerdings als einen abstrakten Datenobjektmodul, der jetzt in einen Datentypmodul umzuformulieren ist.) Dabei ändert sich natürlich die Schnittstelle. Wir wollen nun klären, wo sich diese Schnittstellenänderung auswirkt.

Wir brauchen hierfür in der Architektur nur alle Benutzbarkeitskanten zu verfolgen, die ihr Ziel in bel_Karteikarte haben. Als erster Modul ist der *Kollektionsmodul* für einen *Karteikasten* zu überprüfen, d.h. der Modul bel_Karteikasten. Die Schnittstelle dieses Moduls ist weitgehend unabhängig von der Struktur einer Karteikarte, wenn dieser Kollektionsmodul ganze Einträge ablegt, verändert, sucht oder löscht. Dann geht der Typ des Eintrags nur als Parametertyp in die Operationen des Kollektionsmoduls ein. Diese Unabhängigkeit gilt auch weitgehend für die Realisierung. Lediglich beim Suchen eines Eintrags bzw. bei der Sortierung des Kartenbestands wird darauf Bezug genommen, daß der Eintrag eine Schlüsselkomponente besitzt, auf die über eine Zugriffsoperation zugegriffen wird, und nach der zu sortieren ist.

Soll dieser Kollektionsmodul nun auch andere Suchmechanismen unterstützen, z.B. das Suchen nach Karten mit beliebig vorgegebenen Komponenten, wobei die übrigen Komponenten nicht festgelegt sind, dann nimmt diese Abhängigkeit zu. Diese Zunahme kommt daher, daß die Realisierung des Kollektionsmoduls nun wissen muß, welche anderen Komponenten vorhanden sind, um z.B. Implementationen für solche Suchoperationen einzusetzen und diese etwa durch entsprechende Sekundärindexstrukturen zu unterstützen. Die Realisierung muß aber nicht die Realisierung der Karte kennen, da auf deren Komponenten nur mithilfe von Zugriffsoperationen zugegriffen wird. (Diese Situation kann somit trotzdem als ein generisches Teilsystem gehandhabt werden, wie wir dies in Kap. 5 skizziert haben.) Die Schnittstelle des Moduls ändert sich bei dieser Modifikation kaum: War bisher eine Finde–Operation vorhanden, die eine ganze Karte als Parameter besaß, so ist diese jetzt durch eine allgemeinere Suchoperation zu ersetzen, die als Parameter alle die Komponenten besitzt, nach denen assoziativ gesucht werden kann. Es muß jetzt allerdings eine weitere Operation vorhanden sein, die von einer gefundenen Karte zur nächsten Karte, für die die angegebenen Komponentenwerte ebenfalls zutreffen, weiterschaltet (vgl. Aufgabe 10).

Wir sehen an dieser Diskussion, daß bei der Handhabung von Eintrags–Kollektions–Situationen darauf zu achten ist, daß der Kollektionsmodul möglichst wenig Kenntnis von der Eintragsstruktur benutzt, damit er bei einer Änderung derselben leicht angepaßt werden kann.

Der nächste zu ändernde Modul von Fig. 7.6 ist die *Verwaltung* der Karten *eines Kastens*. Hier ist allerdings nur der Rumpf des entsprechenden Moduls Verwaltung_Kastenveraenderung zu ändern. Dieser Verwaltungsmodul muß jetzt nämlich Rücksicht darauf nehmen, daß die Informationskomponenten nun nicht mehr innerhalb eines Textes, sondern in speziellen Komponenten eingegeben werden. Nach oben hin pflanzt sich die Änderung der Eintragsstruktur in der Architektur des Softwaresystems also nicht fort.

Von dieser Änderung ist natürlich auch die *Anzeige* eines *Karteninhalts* am Bildschirm berührt. Wenn wir die Idee des Moduls Karten_Layout beibehalten, dann kennt Karten_Layout an seiner Schnittstelle jetzt einen strukturierten Eintrag des neuen Datentyps bel_Karteikarte. Des weiteren kennt der Modul noch Textparameter, um dem Bediener anzuzeigen, was er mit einer Maske für eine Karte zu tun hat (Ausfüllen, Ändern, teilweises Ausfüllen für eine assoziative Suche etc.). Wenn wir eine Karteikarte nach dem Ausfüllen durch die Schnittstelle von Karten_Layout als ganze an den Modul Verwaltung_Kastenveraenderung übergeben und nicht deren Bestandteile, dann ist es jetzt zweckmäßig, eine Benutzbarkeitskante zum Modul bel_Karteikarte einzutragen.

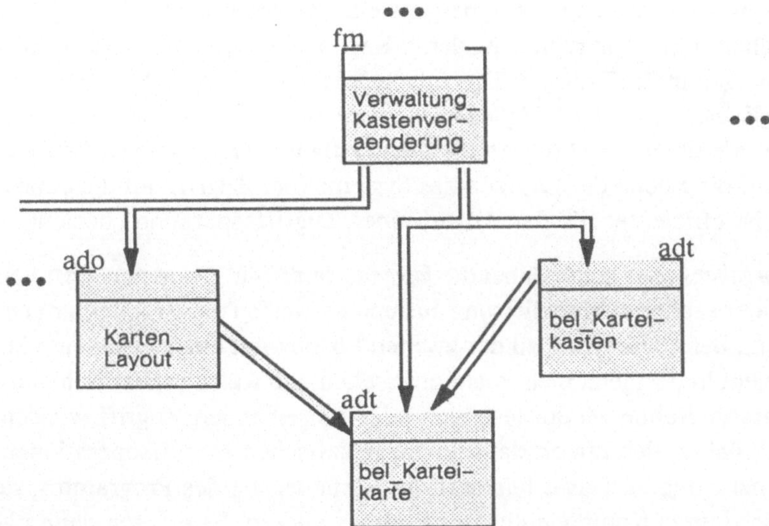

Fig. 7.8:   Änderungen der Architektur aufgrund der Strukturierung des Informationsfelds einer Karte

Die Fig. 7.8 enthält nun in schraffierter Form alle *geänderten Teile* der *Architektur* von Fig. 7.6, die sich durch die Strukturierung des Informationsfelds einer Karte ergeben. Wir haben aus obiger Diskussion gelernt, daß Änderungen der Architektur anhand des Architekturdiagramms genau verfolgt werden können, damit daraufhin die zugehörigen Modul-Textnotationen und im weiteren Verlauf auch die Rümpfe der Module angepaßt werden können. Dabei ist bei den Änderungen der Module klar, welche Teile der Schnittstelle durch die Schnittstellenänderungen anderer Module berührt sind.

Vor der nächsten Architekturerweiterung wollen wir noch einmal die *Diskussion* aus Kapitel 4 (vgl. Fig. 4.11 und 4.12) über die *Gestaltung* von *Datenabstraktionsmodulen* für komplex aufgebaute *Einträge aufgreifen*. Dort hatten wir u.a. argumentiert, daß spezifische Lese- und Schreiboperationen für alle Komponenten sicherer sind als jeweils eine zusammengefaßte Lese- und Schreiboperation. Als noch unsicherer wurde die Möglichkeit erkannt, transparente Daten zu verwenden, da dieses Vorgehen in der Regel zu nicht mehr wartbaren Programmen führt. Wir wollen nun am Beispiel von Fig. 7.6 erklären, wie sich der Übergang von der sicheren Lösung über die halbwegs sichere bis hin zur unsicheren Lösung auf der Architekturebene auswirkt.

Ein Gegenargument gegen die Eintrags-Datenabstraktionsmodule in Reinform (vgl. Fig. 4.11 für einen Objektmodul), in Kap. 4 bereits hinlänglich diskutiert, ist, daß die Schnittstelle eines solchen Datentypmoduls häufig zu umfangreich ist. Deshalb setzt sich die saubere Lösung, auch wenn sie Vorteile bietet, oft in praxi nicht durch. Man geht dann statt dessen zu der Lösung über, die die Lese- und Schreiboperationen jeweils zu einer Lese- bzw. Schreiboperation zusammenfaßt, oder man verwendet sogar transparente Datentypen anstelle von abstrakten. Die Frage ist also, wie man vorgehen soll, wenn man trotz der in Kap. 4 diskutierten Nachteile solche unsauberen Lösungen in Kauf nimmt. Das folgende ist also als eine Argumentation im Sinne von *"effizienzsteigernden" Maßnahmen* zu verstehen, wobei sich effizienzsteigernd sowohl auf die Ebene der Programmsystemerstellung (z.B. weniger Schreibaufwand) als auch auf die Ebene der Laufzeit des Systems (der Zugriff auf die einzelnen Komponenten ist effizienter als der Aufruf einer Zugriffsoperation) bezieht.

Die *Vorgehensweise* sollte dabei die *folgende* sein: Wir gehen zunächst von der Vorstellung einer sauberen Modellierung aus und entwerfen die Architektur gemäß dieser Vorstellung. Beim Übergang zu der zweiten Lösung mit einer Lese- und Schreiboperation ist dem Import jetzt nicht mehr anzusehen, auf welche spezifischen Komponenten der importierende Modul lesenden oder schreibenden Zugriff wünscht. Es empfiehlt sich daher, den Importklauseln die spezifischen Zugriffsoperationen als Kommentar hinzuzufügen. Das erleichtert die Veränderung des Programmsystems, falls sich nur bestimmte Komponenten des Eintrags ändern. Es müssen dann nämlich nur die Rümpfe derjenigen Module angepaßt werden, die diese Komponenten lesen oder ändern.

Den nächsten Schritt, aus einem abstrakten Datentyp einen transparenten zu machen, sollte man sich genau überlegen. Ein solcher Datentyp würde in einen anwendungsspezifischen Typkollektionsmodul aufgenommen werden. Damit sind zwei

Nachteile verbunden: Zum einen machen alle importierenden Module von der konkreten Repräsentation Gebrauch. Zum zweiten ist bei einem Import dieses Moduls nicht mehr angegeben, auf welche Komponenten der Zugriff erwünscht ist. Als Kommentar sollte deshalb der Import eines abstrakten Datentyps sowie die Angabe der Zugriffsoperationen vermerkt werden (vgl. Fig. 7.9).

general import from Typen_K_K_System **using** t_Karten_T;
   --**general import from** bel_Karteikarte **using** a_Karten_T, read_Stadt,
   -- write_Stadt;
   --lesender und schreibender Zugriff auf Komponente Stadt des transparenten
   --Datentyps als Abkuerzung fuer Operationen read_Stadt, write_Stadt des
   --adt-Moduls bel_Karteikarte fuer den abstrakten Datentyp a_Karten_T

Fig. 7.9:   Verwandlung eines abstrakten Datentyps in einen konkreten und die Handhabung des Imports dieses Datentyps

Welche *Änderungen* ergeben sich nun auf der *Architekturebene* durch diese Vorgehensweise? Das Zusammenfassen der Operationen zu einer unspezifischen Lese- und Schreiboperation wirkt sich auf der Architekturdiagrammebene nicht aus, es ändern sich hier allerdings die Textbeschreibungen der Module. Dort ist, wie bereits ausgeführt, der saubere Fall als Kommentar aufzuführen. Die zweite "effizienzsteigernde" Umformung, nämlich die des Übergangs zu einem transparenten Datentyp, würde allerdings den Datentypmodul aus dem Architekturdiagramm entfernen, er erschiene dann nur noch als Bestandteil der Textnotation eines Typkollektionsmoduls. Wir schlagen vor, diese Architekturveränderung auf der Diagrammebene nicht vorzunehmen und in der Textnotation der einzelnen Module in den jeweiligen Importklauseln durch Kommentar zum Ausdruck zu bringen, daß wir eine effiziente Abkürzung verwandt haben. Die Möglichkeit, Änderungen der Architektur durchzuführen, bleibt dann einigermaßen gegeben.

Die *zweite Änderung* der *Architektur* von Fig. 7.6, die wir nun diskutieren wollen, folgt aus der neuen Anforderung, daß ein Bediener durch eine interaktive *Selektion* von *Karten aus einem Kasten* oder aus *mehreren Kästen* einen *neuen Kasteninhalt* bilden kann. Eine weitere Erweiterung besteht darin, daß der Bediener durch Abfragen in der Art einer Abfragesprache Teildatenbestände aus Kästen vorher erzeugen kann, die danach interaktiv weiter bearbeitet werden. Eine einfache Realisierung dieser letzten Erweiterung, ohne daß der Realisierungsaufwand einer Abfragesprache in Angriff genommen werden muß (Syntaxprüfung, Codeerzeugung, Schreiben eines Laufzeitpakets), besteht darin, die assoziative Suche in einem Karteikasten dadurch zuzulassen, daß bestimmte Komponenten einer Karte vom Bediener vorgegeben werden. Der damit ausgewählte Datenbestand kann dann noch einmal interaktiv durchgegangen werden, um so die gewünschten Karten auszuwählen. So gebildete Teildatenbestände können ferner durch mengentheoretische Operationen (Vereinigung, Durchschnitt, Differenz etc.) verknüpft werden. Bei der hier vorgeschlagenen Lösung ist es die Aufgabe des Bedieners, für die Zwischendatenbestände mithilfe des Moduls Verwaltung_Kaestenbestand Kästen zu erzeugen und diese nach der Verknüpfung dieser Zwischendatenbestände ggf. wieder zu löschen. Ein Problem bei dieser erweiterten Funktionalität des Systems besteht nun darin, daß einzelne Karten evtl. in vielen Datenbeständen vorkommen und daß sich damit bei Änderungen ein Konsistenzproblem ergeben kann. Man wird in diesem Fall also zur Zeigersemantik beim abstrakten Datentypmodul bel_Karteikarte übergehen (vgl. Aufgabe 9).

Abgesehen von den Änderungen durch die Einführung von Zeigersemantik in dem Teilsystem zur Datenablage sowie bei den verwendenden Modulen, die wir bereits in Kap. 5 diskutiert haben und die wir hier deshalb nicht noch einmal wiederholen wollen, ergibt sich jetzt die Notwendigkeit, auf der Ebene der Verwaltungsmodule einen *weiteren Modul* Selektion_u_Verkn_f_neuen_Kasten einzuführen (vgl. Fig. 7.10). Die Aufgabe dieses Moduls besteht darin, die *Teildialoge zusammenzufassen*, die aus der assoziativen Suche, der interaktiven Selektion auf einem Teildatenbestand und aus der Verknüpfung von Teildatenbeständen durch Mengenoperationen bestehen. Natürlich können solche Teildatenbestände nach deren Bildung auch durch die Operationen von Verwaltung_Kastenveraenderung modifiziert werden.

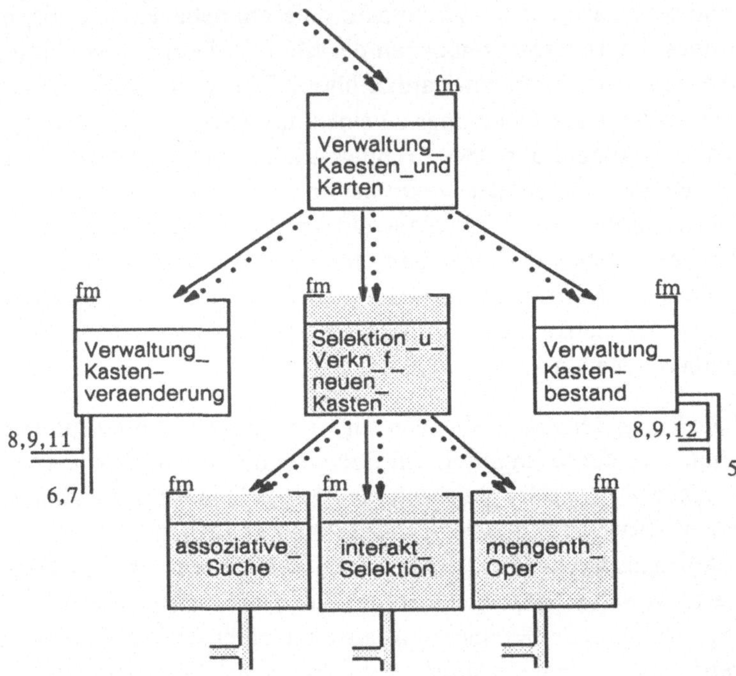

Fig. 7.10: Erweiterung der Architektur durch die Möglichkeit der Selektion von Teildatenbeständen

Unterhalb dieses Moduls Selektion_u_Verkn_f_neuen_Kasten wird man für die *Teildialoge* zweckmäßigerweise drei funktionale *Module* einhängen, deren jeweilige Aufgabe die Verwaltung eines der oben aufgeführten Teildialoge ist (assoziative Suche, interaktive Selektion, mengentheoretische Operationen). Diese Module für die

Teildialoge werden, da sie nur in diesem Zusammenhang von Bedeutung sind, als lokal benutzbare Module in die Architektur eingetragen. Die Eintragung der allgemeinen Benutzbarkeits–Beziehung von den neuen Modulen sowohl zu den Modulen der Datenablage als auch zu denen der layoutunabhängigen Ein–/Ausgabe sei dem Leser überlassen.

Die *dritte Erweiterung* des Karten–Kästen–Systems soll darin bestehen, daß ein *Fenstersystem* mit überlappenden Fenstern zur Anwendung kommt. In diesen können Masken stehen sowie Menüs zur Anzeige von Alternativen. Mit der Maus werden Menüalternativen sowie Eingabefelder bei Masken ausgewählt. Wir wollen nun diskutieren, auf welchen Ebenen sich diese Ein–/Ausgabegestaltung mit Fenstern äußert und damit insbesondere klären, ob und wie sich der Ein–/Ausgabeteil unserer Architektur ändert (vgl. Fig. 7.11).

Dies bedeutet für die Architektur von Fig. 7.6, daß unterhalb der Schicht, die das Layout der Bedieneroberfläche verkapselt, eine weitere *Schicht* für *verschiedenartige Fenster* eingezogen wird. In ihr ist für jede Fensterart ein Datenabstraktionsmodul angegeben. Neben den Menüfenstern gibt es noch Nachrichtenfenster, Maskenfenster für die Eingabe bzw. Veränderung von Einträgen (Karten) und Textfenster für die Ausgabe von Texten, die von der Anwendung oder vom Bediener kommen. Für diese Schicht wurden abstrakte Datentyp– und nicht Datenobjektmodule gewählt. Im Fall der Textfenster und der Maskenfenster kann es nämlich eventuell mehrere solcher Fenster auf dem Bildschirm geben. Der Einheitlichkeit halber haben wir für die anderen Fenster ebenfalls Datentypmodule genommen.

Die *Fenster* dieser Ebene bieten jeweils eine *spezielle Funktionalität* an: Sie verkapseln die Darstellung des gesamten Fensters, des Inhalts und die Realisierung bestimmter Funktionen auf dem Inhalt. Für das Menüfenster bedeutet dies zum einen, welche Kommandos auf dem gesamten Fenster möglich sind (z.B. Rollen im Fenster, Verlängern des Fensters, damit alle Alternativen sichtbar sind etc.) bzw. wie dieses Fenster als ganzes aussieht (Berandung), schließlich die Gestaltung von Menüs (Anordnung der Alternativen, Gestaltung derselben etc.) sowie letztendlich die Selektion einer bestimmten Alternative.

Diese Schicht stützt sich auf eine Schicht allgemeiner und *anwendungsunabhängiger Ein–/Ausgabedienste* ab. Dies ist der virtuelle Drucker und ein allgemeines Fenstersystem, das das virtuelle Terminal ersetzt, da innerhalb der Fenster eine noch erweiterte Funktionalität gegenüber virtuellen Terminals angeboten wird (verschiedene Fonts bzw. Größen für Schrift, Primitive für Graphik).

Die *Realisierung* der obersten *Schicht* erfolgt nun mit der nächsten, eventuell sogar mit den *beiden nächsten Schichten*. Beispielsweise nutzt der Modul Kommando_E_A den Modul Menue_Fenster, um Kommandoalternativen in Menüform auszugeben und um das Kommando durch eine Menüselektion auswählen zu lassen. Es ist aber auch eine Kommandoeingabe über die Tastatur möglich, wofür direkt auf das Fenstersystem zugegriffen werden muß. Somit verkapselt die oberste Schicht auch die Art und Weise, wie ein Kommando aktiviert wurde (Menüselektion, Funktionstaste, Eingabe des Kommandonamens oder einer Zahl über die Tastatur etc.). Ähnlich ist es mit den anderen Modulen dieser Schicht: Der Modul Nachrichten_E_A verkapselt die Art und Weise, wie eine Nachricht zum Bediener gelangt, der Modul Karten_Layout verbirgt den Dialog zum Füllen der Komponenten einer Karte und der Modul Text_E_A den Dialog zum Füllen bzw. Verändern eines Textfeldes.

Somit hat *jede der Schichten* der Ein-/ Ausgabe (vgl. Fig. 7.11) eine ganz bestimmte *Abstraktionsaufgabe*: Auf der obersten Schicht wird mit abstrakten Kommandos, Nachrichten etc. umgegangen, d.h. es werden sämtliche Bedienerschnittstellenaspekte vekapselt. Auf der nächsten Schicht verkapseln wir die Gestaltungsdetails bestimmter Fenster. Die unterste Schicht dient der Abstraktion von Realisierungsdetails allgemeiner Hilfsmittel für die Ein-/ Ausgabe. Darunter fallen sowohl die Hardwaredetails (virtueller Drucker) als auch die Details von Softwareschichten oberhalb von virtuellen Geräten (Fenstersytem).

Es ist offensichtlich, daß die *Änderung* der *Bedienerschnittstellengestaltung sich* in unserem System *nur im Ein-/ Ausgabeteil auswirkt*. Dies liegt daran, daß wir in der obersten Schicht der Ein-/ Ausgabe auch bisher schon alle Details der Bedieneroberflächengestaltung verkapselt haben. Damit kann unter diese Schicht sowohl eine Ein-/ Ausgabegestaltung mit Fenstern gesetzt werden (vgl. Fig. 7.11) als auch eine mit einem primitiven Ein-/ Ausgabegerät, das nur in die letzte Zeile des Bildschirms schreiben kann (vgl. Fig. 7.6).

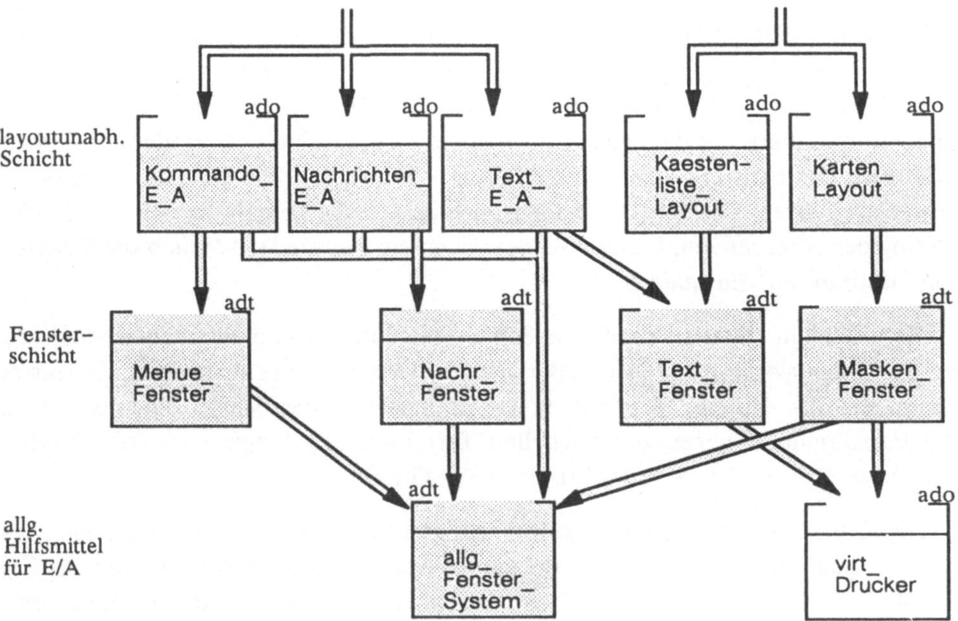

Fig. 7.11: Einführung eines Fenstersystems und zugehörige Modifikationen des Ein-/ Ausgabeteils der Architektur

Wenn wir uns die in den beiden letzten Abschnitten diskutierten *Programmsystem–Modifikationen* noch einmal vor Augen führen, so können wir die folgenden *Kategorien* solcher Modifikationen festlegen (vgl. Fig. 7.12): (a) Die einfachsten Änderungen sind solche, die nur die Rümpfe von Modulen betreffen. Hier wird die Architektur überhaupt nicht berührt. Extensive Nutzung der Datenabstraktion macht es wahrscheinlich, daß viele solcher Änderungen auftreten. (b) Die Veränderung bezieht sich auf Teilarchitekturen, und zwar in dem Sinne, daß die Schnittstelle eines Moduls oder die eines Teilsystems dabei unverändert bleibt. Dann betreffen diese Änderungen nur die Realisierung dieses Moduls bzw. dieses Teilsystems (vgl. Fig. 7.12.b). Das kann bedeuten, daß ein Enthaltenseinsbaum – oder allgemeiner – der Rumpf eines Teilsystems, d.h. ein Teildiagramm des Architekturdiagramms, zu ändern ist. Diese Änderungen wirken sich dennoch nicht oberhalb der Schnittstelle dieses Moduls bzw. Teilsystems aus. (c) Die nächste Kategorie von Änderungen betrifft die Erweiterung der Schnittstelle eines Moduls oder Teilsystems, aber so, daß die bisherige Schnittstelle unverändert weiter gilt (z.B. Hinzunahme weiterer Operationen). Dieser Fall wirkt sich oberhalb des Moduls oder des Teilsystems ebenfalls nicht aus (vgl. Fig. 7.12.b). Der allgemeinste Fall ist, (d) daß die Änderung der Schnittstelle eines Moduls oder Teilsystem hervorgerufen wird (vgl. Fig. 7.12.c). Jetzt sind Änderungen der Realisierung anderer Module oder Teilsysteme berührt, die die bisher gültige Schnittstelle importieren. Hierfür müssen alle diese Importstellen überprüft werden.

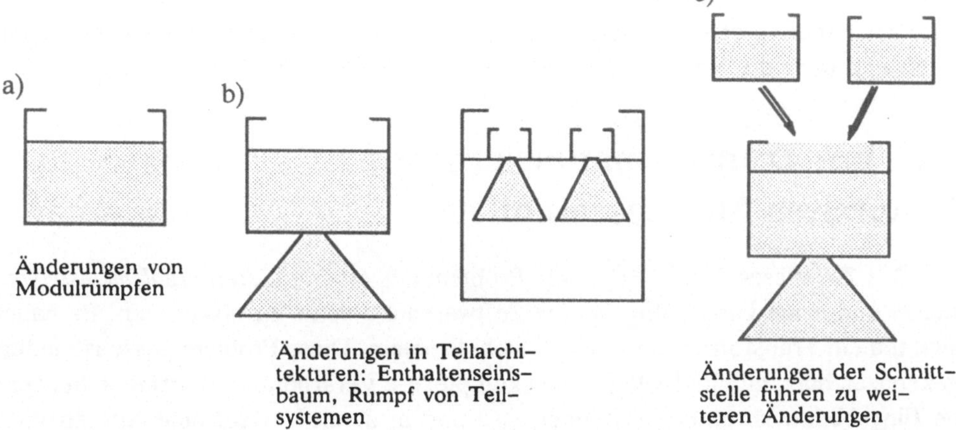

Fig. 7.12: Änderungen eines Programmsystems: Auswirkung auf Architekturebene

Die *Erkenntnisse dieses Abschnitts* wollen wir durch die folgenden Bemerkungen *zusammenfassen*: (a) Die Architektur von Fig. 7.6 war stark vom Gesichtspunkt der Datenabstraktion und damit auch vom Gesichtspunkt des Information Hiding und der Wiederverwendbarkeit geprägt. Dadurch haben sich (b) Änderungen des Systems, auch wenn dabei die Funktionalität des Systems maßgeblich erweitert wurde, auf begrenzte Änderungen der Architektur zurückführen lassen. Diese Änderbarkeit wurde dadurch erleichtert, daß (c) jedem Teil der Architektur eine Entwurfsentscheidung zugrundelag, aus der entnommen werden konnte, wo das System zu erweitern ist. Darüber hinaus war es (d) aufgrund der Verfolgung von Benutzbarkeitskanten stets möglich, die Auswirkungen einer Architekturänderung auf andere betroffene Module feststellen. Gegebenenfalls mußte, (e) wenn die Änderungen an einer anderen Stelle die Schnittstelle eines Moduls oder Teilsystems betrafen, erneut entlang von Benutzbarkeitskanten weitergegangen und abgeändert werden.

Hätten wir andererseits diese Modifikationen an dem *Schnellschußbeispiel* von Fig. 3.3 durchführen wollen, dann wäre *jede Modifikation* mit einer *globalen Veränderung des Programmsystems* verbunden gewesen: Die Festlegung der Stellen der Änderungen wäre schwierig gewesen, die Feststellung der Auswirkung einer Änderung ebenfalls. (Wir haben dies im letzten Abschnitt bereits bei den Modifikationen festgestellt, die nur die Realisierung des Systems betrafen und die die Funktionalität desselben unverändert ließen.) Jede dieser Modifikationen hätte wiederum eine "falsche" Architektur ergeben. Als Alternative wäre nur die Möglichkeit verblieben, die Architektur bei den Veränderungen schrittweise zu berichtigen. Hierzu haben wir aber bereits festgestellt, daß übersehene Datenabstraktion bei einer Berichtigung zu weitreichenden Architekturmodifikationen führt.

Die *Fehler* des *Schnellschußbeispiels* rühren insbesondere von einer *falsch verstandenen Top–down–Zerlegung* her. Es wurde weder darauf geachtet, wiederverwendbare Bausteine zu entdecken, noch darauf geschaut, willkürliche Realisierungsentscheidungen zu verkapseln. Beide Fehler sind auch beim Top–down–Entwurf vermeidbar. Dies setzt aber voraus, daß bereits eine gewisse Erfahrung über den Anwendungsbereich und über die Struktur des resultierenden Softwaresystems vorliegt.

7.3 Ein Transformationsproblem: Rekursiver Abstiegscompiler

Das *Ziel* dieses *Abschnitts* ist, ein Problem aus einer anderen *Problemklasse vorzustellen* und seine Umsetzung in eine Softwarearchitektur zu diskutieren. Es handelt sich um ein Transformations- oder Batch–Problem. Diese Problemklasse ist dadurch gekennzeichnet, daß in der Regel eine komplexere Verarbeitung stattfindet, bei der eine Eingabedatenstruktur verarbeitet wird und in deren Verlauf eine Ausgabedatenstruktur entsteht. Solche Batch–Systeme treten beispielsweise in betriebswirtschaftlichen Anwendungen auf (z.B. Lohnabrechnung am Ende eines Monats), in mathematisch–technischen Anwendungen (z.B. Auswertung einer Versuchsreihe) als auch im Übersetzerbau auf.

Das Problem, das wir hier behandeln wollen, ist das eines Übersetzungsvorganges. Wir wollen die *Struktur eines* bestimmten *Compilers* betrachten, der eine Programmiersprache in eine Maschinensprache übersetzt. Wir werden sehen, daß wir aus diesem Beispiel eine Reihe von Aussagen gewinnen können, die für etliche Systeme dieser Problemklasse gelten. Wir haben ein Beispiel aus dem Übersetzerbau gewählt, weil dies einer der Bereiche der Softwareentwicklung ist, in denen man fundierte Aussagen über die Struktur von Softwaresystemen findet.

Das hier behandelte Beispiel stellt einen *Spezialfall* der *Architekturmodellierung* dar. Bei einigen Transformationsproblemen und auch bei dem hier behandelten Beispiel kann nämlich aus einer formalen Definition der Struktur der Eingabe (und ggf. der Ausgabe) die *Architektur* des zu entwickelnden Systems *mechanisch hergeleitet* werden. Da es sich um einen Sonderfall handelt, steht diese Aussage nicht im Widerspruch zu der sonst in diesem Buch vertretenen Meinung, daß nämlich gute Architekturen schwierig aufzufinden sind. Wir führen dieses Beispiel somit auch deshalb an, um eine solche mechanische Ableitung einer Architektur vorzuführen.

Der Übersetzerbau zeichnet sich dadurch aus, daß man schon sehr früh damit begonnen hat, von einer einmaligen und individuellen Realisierung eines Übersetzer abzurücken, um statt dessen nach einem *Schema* zu suchen, wie man den *Übersetzer "erzeugen"* kann. Der Übersetzerbau ist aus diesem Grund auch ein wichtiger Bereich der Informatik–Ausbildung, obwohl nur wenige Softwareentwickler heute noch einen Übersetzer bauen. Kleinere Übersetzungsprobleme als die der Übersetzung einer Programmiersprache treten jedoch immer wieder auf. Das oben angesprochene Erzeugen setzt zum einen ein gründliches Nachdenken über die Struktur einer Lösung voraus. Zum anderen ist das Erzeugen, d.h. das Vorhaben, etwas zu automatisieren, was anderweitig als Einzellösung erarbeitet wird, stets ein ehrgeiziges Ziel und erfordert deshalb intelligente Lösungen. Für dieses Erzeugen gibt es verschiedene Ansätze, die wir in Kapitel 8 genauer studieren werden.

In der Compilertechnik gibt es mehrere Ansätze. Der am weitesten verbreitete Ansatz ist, den Übersetzungsvorgang in mehrere Phasen zu zerlegen, die mehr oder minder unabhängig voneinander und nacheinander gewisse Teile des Übersetzungsvorgangs erledigen (lexikalische Analyse, kontextfreie Analyse, kontextsensitive Analyse/statische Semantik, Zwischencodeerzeugung, Optimierung, Maschinencodeerzeugung, Postoptimierung; vgl. etwa /1. ASU 86/, /1. GW 85/). Man nennt solche Compiler *Mehrphasencompiler*. Für solche Mehrphasencompiler ist man heute in der Lage, die Programme für die einzelnen *Phasen* aufgrund einer formalen Spezifikation der jeweiligen Ein- und Ausgabe zu *generieren*. Dieses Generieren sieht für einzelne dieser Phasen so aus, daß man entweder Programme erzeugt, die die Aufgabe der jeweiligen Phase erledigen, oder daß man Tabellen für die Steuerung dieser Phase erzeugt, während das Treiberprogramm, das mithilfe der Tabelle den Ablauf bestimmt, stets unverändert bleibt.

Die hier betrachtete Compilerstruktur ist die eines *Einphasencompilers* /1. Wi 84/. Ein Einphasencompiler erledigt den Übersetzungsaufwand auf einmal, ohne ihn in einzelne Phasen zu zerlegen. Seine Struktur orientiert sich an der Struktur der Eingabe, d.h. der gegebenen (kontextfreien) Grammatik. Das oben angesprochene Erzeugen besteht in dem hier betrachteten Fall nicht darin, den Übersetzer zu generieren (obwohl man dies für weite Teile tun könnte). Es wird statt dessen, wie bereits erwähnt, die Architektur und zu einem großen Teil sogar das Innenleben der Module mechanisch abgeleitet. Wir haben den Einphasencompiler als Beispiel gewählt, weil seine Erläuterung, im Gegensatz zu den Generierungstechniken bei Mehrphasencompilern, wesentlich einfacher ist. Trotzdem sollte der folgende Abschnitt nicht als eine Einführung in die Compilertechnik angesehen werden. Es kommt uns hier lediglich darauf an, die Architektur eines Einphasencompilers zu beschreiben und auch die Vorgehensweise zu erläutern, wie man zu dieser Architektur gelangt.

Dieser Ansatz, die Struktur eines Programms mechanisch abzuleiten, ist keineswegs auf die Compilertechnik beschränkt. Der Ansatz der *strukturierten Programmierung und des strukturierten Entwurfs* nach *Jackson* /4. Ja 83/ folgt genau der gleichen Idee. Auch hier geht es darum, aus einer formalen Beschreibung der Eingabe (und hier auch aus der Ausgabe) die Struktur des Transformationsprogramms mechanisch herzuleiten. Dabei geht es ebenfalls nicht nur um die Architektur dieses Programms, sondern auch um die Herleitung des gesamten Programmsystems (bis auf Pseudocode-Ebene).

Der *Ansatz* der *Strukturierung* eines *Einphasencompilers* geht *von* folgender *Idee* aus: Zu jedem nichtterminalen Symbol der Grammatik der Eingabesprache, die in Form einer EBNF (erweiterte Backus–Naur–Form) gegeben ist, wird eine Prozedur definiert. Diese Prozedur übernimmt den gesamten Aufwand der Übersetzung derjenigen Teile des Quelltextes, die zu diesem nichtterminalen Symbol gehören. So übersetzt die Prozedur **statement** eine beliebige Anweisung, egal, wie lang oder kompliziert diese ist. Die Prozedur übernimmt damit die Aufgabe der lexikalischen Analyse, der kontextfreien Analyse, der kontextsensitiven Analyse und der Codeerzeugung. (Hierzu muß man wissen, daß Einphasencompiler keine aufwendige Optimierung oder Postoptimierung durchführen, und daß der Zwischencode der einer abstrakten Assemblermaschine (p–Code, M–Code) ist.) Die Einteilung in Arbeitsschritte erfolgt also in einem Einphasencompiler orthogonal zu der in einem Mehrphasencompiler (Unterteilung nach Phasen versus Unterteilung nach nichtterminalen Symbolen). Über die eben beschriebenen Aufgaben hinaus obliegt es einer solchen Prozedur, die Fehlerlokalisierung, Fehlererkennung, Fehlermeldung und in gewissen Grenzen auch die Fehlerbeseitigung durchzuführen, wenn in dem zu übersetzenden Quelltext ein Fehler auftritt. Ferner sucht eine solche Prozedur einen geeigneten Aufsetzpunkt, ab dem die Analyse nach einem Fehler fortgesetzt werden kann (Wiederaufsetzen im Fehlerfall).

Weil in der Definition einer Programmiersprache die einzelnen nichtterminalen Symbole gegenseitig aufeinander Bezug nehmen können (z.B. kann eine Anweisung eine bedingte Anweisung sein, in deren then–Teil Anweisungsfolgen stehen, die wiederum aus beliebigen Anweisungen bestehen), sind die resultierenden Prozeduren rekursiv. Jede Prozedur setzt voraus, daß sich die Eingabe vor und nach ihrer Aktivierung in einem wohldefinierten Zustand befindet. Beispielsweise wird die Verabredung getroffen, daß vor dem Aufruf der rekursiven Prozedur die Eingabe auf dem ersten Zeichen einer zu dem jeweiligen nichtterminalen Symbol gehörenden Zeichenkette des Quelltextes steht und nach Beendigung der Prozedur auf dem ersten Zeichen hinter dieser Zeichenkette. Die Übersetzung erfolgt nun so, daß von dem obersten nichtterminalen Symbol, das für ein ganzes Programm steht, die einzelnen Prozeduren nacheinander und wiederholt aufgerufen werden, die die Teile dieses Programms übersetzen. Aus den eben skizzierten Gründen nennt man einen solchen Compiler einen *rekursiven Abstiegscompiler*. Diese Technik funktioniert allerdings nur dann, wenn die Grammatik der zu übersetzenden Sprache eine bestimmte Gestalt besitzt. Sie muß nämlich eine LL(1)-Grammatik sein. Das heißt für unser Problem, daß der Übersetzer aufgrund der ersten lexikalischen Einheit der Eingabe stets entscheiden können muß, welche rekursive Prozedur aufzurufen ist, und daß die Regeln der kontextfreien Syntax so gebaut sein müssen, daß der Übersetzer nicht in eine Endlosschleife gerät (vgl. etwa /1. Wi 84/).

Die Fig. 7.13 zeigt nun das *Zusammenspiel* zwischen einer EBNF für das *nichtterminale Symbol* statement und der zugehörenden *rekursiven Prozedur*, die genauso heißt, die Vor- und Nachbedingung für diese Prozedur und eine konkrete Eingabe, die durch einen Aufruf der rekursiven Prozedur statement zu übersetzen ist.

```
statement ::= [ ident := expression |
                call ident |
                begin statement {; statement} end |
                if condition then statement |
                while condition do statement ]
```

```
procedure statement(...) is
    ...--noetige Deklarationen, s.u.
begin
    if sym = ident then ...   --Uebersetzung Zuweisung
    elsif sym = callsym then ...   --Uebersetzung Pozedurrumpf
    elsif sym = ifsym then ...   --Uebersetzung begingte Anweisung
    elsif sym = beginsym then ...   --Uebersetzung Block
    elsif sym = whilesym then ...   --Uebersetzung while-Schleife
    end if;
    ...
end statement;
```

Vorbedingung:

Vor Aufruf von **statement** steht der Eingabezeiger auf dem ersten Zeichen eines Quelltextstücks, das zum nichtterminalen Symbol **statement** gehört.

Nachbedingung:

Nach Beendigung von **statement** steht der Eingabezeiger auf dem ersten Zeichen nach diesem Quelltextstück. Das zu **statement** gehörende Quelltextstück ist übersetzt, es sei denn, es tritt ein Fehler auf. In diesem Fall ...

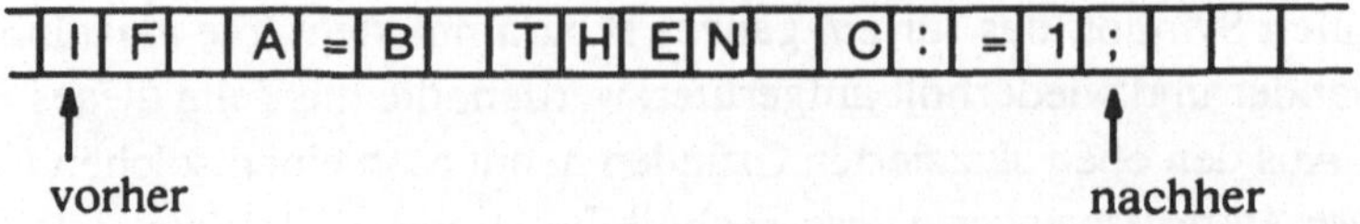

Fig. 7.13: Idee eines rekursiven Abstiegscompilers: EBNF für ein nichtterminales
Symbol; zugehörige Prozedur; Vor- und Nachbedingung; konkrete Eingabe, die zu übersetzen ist

Die *Entsprechung* zwischen *EBNF* und *rekursiver Prozedur* geht noch weiter: Das *Innenleben* jeder rekursiven Prozedur kann mechanisch aus der Form der jeweiligen EBNF hergeleitet werden. Wir sehen dies am Beispiel der rekursiven Prozedur zu dem nichtterminalen Symbol **statement**. Die Grobstruktur des Rumpfes der Prozedur ist eine eins–zu–eins–Abbildung dieser Regel. Dies gilt nicht nur für die hier aufgeführte spezielle Regel, die die Gestalt einer Alternative hat, sondern allgemein (vgl. /1. Wi 84/ und Aufgabe 15). Somit könnte der hier aufgeführte Teil des Quellcodes auch generiert werden. Die in den Bedingungen der bedingten Anweisung auftauchenden Symbole sind diejenigen, mit denen eine Anweisung beginnen kann.

Bei der Technik eines rekursiven Abstiegscompilers sehen die Rümpfe der einzelnen *Prozeduren* intern natürlich *komplizierter* aus. Zunächst wird die Grammatik modifiziert, um Programme mit verzeihlichen Fehlern des Programmierers zu akzeptieren (z.B. ein Semikolon vor einem **end** in einer Programmiersprache, die Semikolon als Trennsymbol zwischen Anweisungen vorsieht). Die Grobstruktur des Rumpfes ist dann entsprechend anzupassen. Zum zweiten müssen Vorkehrungen zur Lokalisierung, Erkennung und Meldung von Fehlern eingebaut werden. Ferner muß im Fall eines Fehlers ein Aufsetzpunkt in der Eingabe gesucht werden, bei dem die Analyse des Programms fortgesetzt werden kann. Schließlich müssen die kontextsensitiven Beziehungen abgeprüft werden. Dies geschieht dadurch, daß in der blockweise und kellerartig organisierten Symboltabelle nachgesehen wird, die bei der Abarbeitung der Deklarationen gefüllt wird. (Hierfür muß das jeweilige deklarierende Vorkommnis bereits übersetzt sein. Die Sprache muß also so definiert sein, daß die Deklarationen stets vor den Anwendungen stehen.) Schließlich ist die Adressierung der Datenstrukturen durchzuführen, und letztlich ist der Code für die Kellermaschine (z.B. p–Code) zu erzeugen. Alle diese Schritte geschehen wieder "mechanisch". Wir verweisen hier noch einmal auf die Erläuterungen in /1. Wi 84/, /1. PD 82/, da es uns hier nicht auf das Innenleben der Prozeduren ankommt, sondern auf die Überlegungen zur Gestalt der Architektur.

Wir wollen im folgenden nachweisen, daß sich die Architektur des Übersetzerprogramms aus der formalen Beschreibung der Eingaben, d.h. aus der Grammatik, herleiten läßt. Das heißt, daß sich der größte Teil des Architekturdiagramms direkt *aus der Grammatik* ergibt. Dies ist der sog. *Hauptteil des Compilers*, der lediglich noch um einige *Basisdienste* (Eingabebehandlung, Ausgabebehandlung, Handhabung der Zwischendatenstrukturen) *angereichert* werden muß.

Dieser Hauptteil ergibt sich dadurch, daß wir jedes *nichtterminale Symbol* der

Grammatik der zu übersetzenden Sprache *zu* einer Prozedur machen. Eine Prozedur ist ein Spezialfall eines *funktionalen Moduls*, nämlich eines Moduls mit einer einzigen Funktion an der Schnittstelle. Die Beziehungen zwischen den rekursiven Prozeduren ergeben sich aus der Struktur der Grammatik, wie wir gleich sehen werden.

Nun ergibt sich die Frage, ob eine solche rekursive Prozedur nicht zu klein für einen Modul ist. Wie wir oben festgestellt haben, erledigt eine rekursive Prozedur für einen Teil der Eingabe den gesamten Übersetzungsvorgang von der kontextfreien Syntaxanalyse bis hin zur Codeerzeugung. Für eine Programmiersprache, wie Pascal oder Modula-2, deren Grammatik aus etwa 70–100 nichtterminalen Zeichen besteht und deren Compiler aus etwa 100 bis 200 Seiten Quellcode (je nach Umfang des Kommentars) bestehen, ergibt sich dabei eine durchschnittliche *Modulgröße* von 1 bis 2 Seiten eines durchaus nichttrivialen Programms. Dies erscheint *angemessen*.

Eine Zusammenfassung rekursiver Prozeduren zu größeren Modulen würde die systematische Herleitung der Architektur zerstören und damit die Verständlichkeit derselben nur erschweren. Wir werden andererseits unten sehen, daß sich die Module wiederum auf "mechanische" Weise zu *Teilsystemen* einer *angemessenen Größe* gruppieren lassen.

Um im folgenden die Herleitung der Architektur aus der formalen Festlegung der Syntax der zu übersetzenden Sprache vorzuführen, beschränken wir uns auf ein *überschaubares Beispiel* (vgl. /1. Wi 84/). Es ist die Übersetzung der *Programmiersprache PL/0*, die zur Erstellung von Progammen eigentlich ungeeignet ist. Es geht uns hier lediglich um die Erläuterung der Vorgehensweise. Die Anwendbarkeit dieser Vorgehensweise mag der Leser daran erkennen, daß nahezu alle verfügbaren Pascal- und einige Modula-2-Compiler nach dieser Technik erstellt wurden.

Die *kontextfreie Syntax dieser Programmiersprache* PL/0 ist in Fig. 7.14.a definiert. Wie wir sehen, gibt es in ihr eine Deklarationsreihenfolge (Konstanten vor Variablen vor Prozeduren), einige Formen von Anweisungen (Zuweisung, Prozeduraufruf ohne Parameterübergabe, Block, bedingte Anweisung und while-Schleife) sowie bedingte und arithmetische Ausdrücke, letztere über einem einzigen, nicht festgelegten Basisdatentyp ganzer Zahlen. Die letzten drei Regeln definieren lediglich die Formen von Operatoren, sie spielen aber für die weiteren Überlegungen keine Rolle.

Die Fig. 7.14.b enthält für die Grammatik aus Fig. 7.14.a den sogenannten *Grammatik-Abhängigkeitsgraphen*. Dieser entsteht dadurch, daß wir für ein nichtterminales Symbol A diejenigen nichtterminalen Symbole B_i durch eine Kante kennzeichnen, die in der rechten Seite von A auftreten. In rekursiven Prozeduren gesprochen, sind dies diejenigen Prozeduren B_i, die wir für die Übersetzung von Zeichenketten zu A brauchen.

a)

program ::=   block .

block ::=   [**const** ident = number {, ident = number} ;]
             [**var** ident {, ident} ;]
             { **procedure** ident ; block ; }

statement ::=   [ident := expression |
             call ident |
             begin statement {; statement} **end** |
             if condition **then** statement |
             while condition **do** statement]

condition ::=   **odd** expression |
             expression relop expression

expression ::= [addop] term {addop term}

term ::=   factor {multop factor}

factor ::=   ident | number | (expression)

relop ::=   = | # | < | <= | > | >=

addop ::=   + | -

multop ::=   * | /

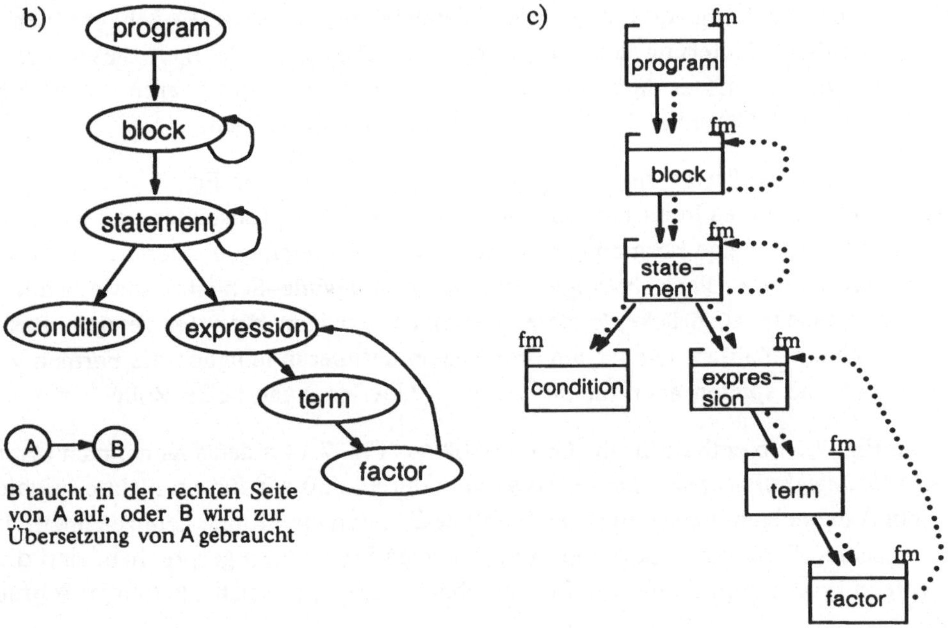

Fig. 7.14: Beispielsprache: kontextfreie Syntax, Abhängigkeitsgraph der nichtterminalen Symbole, Architektur des Compilerhauptteils

Aus diesem Abhängigkeitsgraphen ergibt sich nun direkt die *Modul–Struktur* des *Compiler–Hauptteils*. Jedes nichtterminale Symbol wird zu einem funktionalen Modul gemacht. Wir bestimmen in dem Graphen den aufspannenden Baum mit dem obersten nichtterminalen Symbol als Wurzel. Die Baumbeziehung wird auf die Enthaltenseins–Beziehung abgebildet. Jede der Enthaltenseinsbeziehungen wird mit einer parallel laufenden lokalen Benutzbarkeits–Beziehung ausgestattet. Die verbleibenden Kanten des Abhängigkeitsgraphen, die nicht im Spannbaum enthalten sind, werden zu lokalen Benutzbarkeits–Beziehungen. (In einem Pascal– oder Modula–2–Compiler ist die Enthaltenseins–Beziehung die Ineinanderschachtelung von Prozeduren. Die Kanten des Abhängigkeitsgraphen entsprechen Prozeduraktivierungen, die mit den Gültigkeitsregeln konsistent sind.)

Für einen Pascal– oder *Modula–2–Übersetzer* ergibt sich natürlich bei dieser Vorgehensweise ein relativ *großer Baum* (ca. 100 Knoten, etwa 10 Schichten). Dieser ist wegen seiner rekursiven Zusammenhänge verhältnismäßig kompliziert. Er ist aber, wie oben gezeigt, ein direktes Abbild des Grammatik–Abhängigkeitsgraphen.

Es ergibt sich nun die Frage, ob wir in diesem Baum *Module zu Teilsystemen zusammenfassen* können. Diese Teilsysteme sind hier Teile eines Enthaltenseinsbaums. Für solche Teilsysteme haben wir in Abschnitt 5.3 festgelegt, daß lokale Benutzbarkeits–Beziehungen, die nicht parallel zu Enthaltenseins–Beziehungen verlaufen, ein Teilsystem nicht verlassen sollten. Die Anwendung dieser Regel ergibt für einen Modula–2–Übersetzer eine übersichtliche Teilsystem–Struktur (vgl. Fig. 7.15).

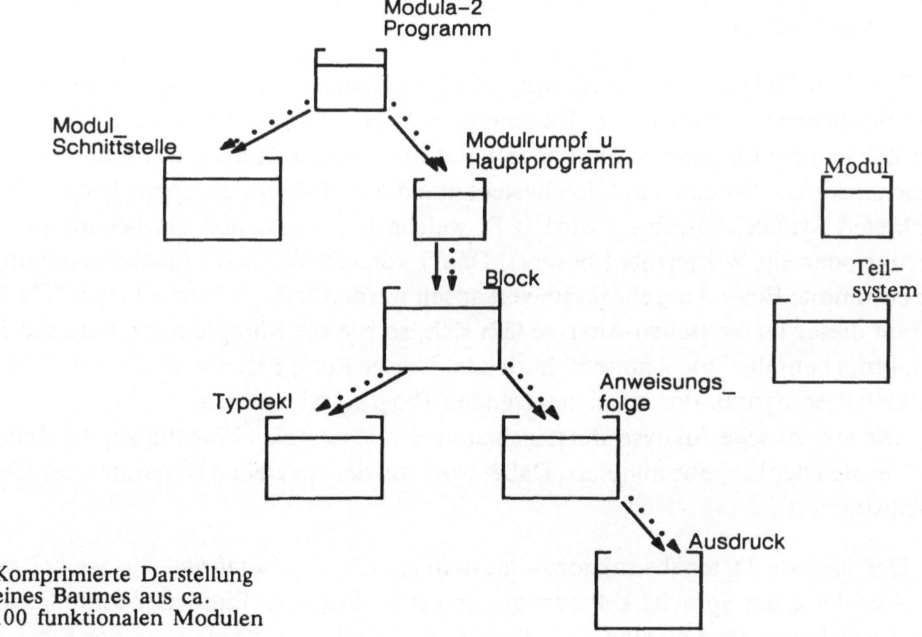

Fig. 7.15: Teilsysteme des Compiler–Hauptteils eines Modula–2–Übersetzers

Diese *Teilsystem–Einteilung* spiegelt auf natürliche Weise die *komplexeren Bestandteile* eines Modula–2–Übersetzers wider: Diese Bestandteile sind (1) die Übersetzung von Modulschnittstellen (sog. Definitionsmodule), (2) die Übersetzung von Blöcken als Rümpfe von Prozeduren und Modulen mit den darin enthaltenen Deklarationen, (3) die Übersetzung von Datentypdeklarationen und damit das Zusammenspiel der Datentypkonstruktoren, (4) die Übersetzung von Anweisungsfolgen mit den darin enthaltenen verschiedenen Formen von Anweisungen und letztlich (5) die Übersetzung von Ausdrücken und ihren Bestandteilen. Damit ergibt sich, auf einfache Weise aus der Aufgabenstellung abgeleitet, eine natürliche Einteilung eines solchen Compiler-Hauptteils in Teilprojekte: Die Teilprojekte sind den eben aufgezählten Teilsystemen zugeordnet. Ferner kommt noch ein Teilprojekt für den verbleibenden Rest, d.h. für den Zusammenhang, hinzu.

Abweichend von der üblichen Strukturierung rekursiver Abstiegscompiler wollen wir nun nach *allgemein verwendbaren Bestandteilen* Ausschau halten. Wir wollen diese zu *Modulen* bzw. *Teilsystemen machen*. In üblichen rekursiven Abstiegscompilern sind diese Bestandteile globale Deklarationen von Datenstrukturen und/oder Prozeduren. Nach der Argumentation dieses Buches wollen wir aber aus Gründen der Anpaßbarkeit keine globale Datenstrukturen zulassen. Diese allgemein verwendbaren Bestandteile sind allesamt Datenabstraktions–Module. Sie sind in Fig. 7.16 erläutert. Wir wollen sie nun kurz beschreiben und dabei insbesondere die jeweilige Datenabstraktions-Entscheidung erläutern. Diese Bestandteile treten sowohl in dem in diesem Abschnitt erläuterten Spielbeispiel-Compiler als auch in praktischen Compilern (für Pascal oder Modula–2) auf.

Die *lexikalische Analyse* liefert Symbol für Symbol der Eingabe ab. Diese Symbole sind Bezeichner, Wortsymbole, Literale oder Begrenzer. Sie werden aus den einzelnen Zeichen der Eingabe zusammengefügt. Dabei werden üblicherweise Kommentare verschluckt. Die Datenabstraktion besteht nun darin, daß von der speziellen Form der konkreten Syntax abstrahiert wird (z.B. welche Repräsentation ein bestimmter Begrenzer oder ein Wortsymbol besitzt). Damit können hier auch Ersatzdarstellungen für bestimmte Ein-/Ausgabegeräte verkapselt werden (z.B. "/" anstelle von "|"). Der Rumpf dieser lexikalischen Analyse läßt sich, so wie die Rümpfe der rekursiven Prozeduren, ebenfalls "mechanisch" herleiten. Dieser Rumpf ist ein direktes Abbild der lexikalischen Syntax der zu übersetzenden Programmiersprache.
Die lexikalische Analyse stützt sich auf die zeichenweise Eingabe ab, die Zeichen für Zeichen der Eingabe abliefert. Dabei wird von der speziellen Dateiform der Eingabe abstrahiert.

Der nächste Datenabstraktions–Baustein ist die *Symboltabelle*. Sie ist bei einer blockstrukturierten Sprache kellerartig organisiert. In einem Einphasencompiler müssen die Deklarationen zu einem Block nicht aufgehoben werden, wenn der Block verlassen wird. Diese Liste ist ein Eintrags-Kollektions-Teilsystem. Damit wird die Realisierung eines Eintrags und die Realisierung der Kollektionen sowie ihrer Zugriffsmechanismen verkapselt.

Der nächste Datenabstraktions–Baustein dient der Verkapselung der *Fehlermel-dungen*. Damit wird zweierlei erreicht: Zum einen wird die Realisierung der Fehler-meldungsliste und ihrer Zugriffsoperationen verkapselt. Mit den Fehlermeldungen wird im Compiler–Hauptteil nur noch über ihre Nummer in der Liste umgegangen. Die Meldung selbst wird nur für die Ausgabe des Quelltextes gebraucht. Damit sind die Fehlermeldungen aber selbst auch leicht austauschbar, da sie beliebige Texte dar-stellen.

Der letzte hier zu erläuternde Datenabstraktions–Baustein ist die *Liste der erzeug-ten Befehle* des Zielcodes. Auch hier handelt es sich wieder um ein Eintrags–Kollek-tions–Teilsystem. Damit gilt hier das gleiche, was bei der Symbolliste bereits erörtert wurde.

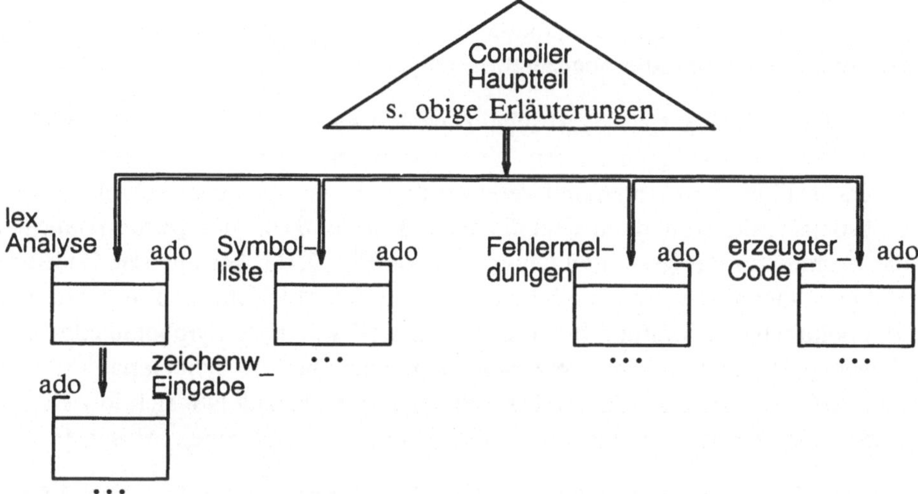

Fig. 7.16:   Allgemein verwendbare Bausteine eines (rekursiven Abstiegs–)Compilers

Weitere allgemeine Bausteine lassen sich nicht finden. Man könnte auf den Gedanken kommen, den Übersetzungskeller oder die Fehlerbehandlung als allgemeinen Bau-stein aufzuführen. Der Übersetzungskeller steckt aber bei der Technik des rekursiven Abstiegscompilers im Laufzeitkeller des mit rekursiven Prozeduren realisierten Über-setzers. Er ist damit nicht direkt zugänglich. Entsprechend fällt die Fehlerbehandlung weg, weil diese den Übersetzungskeller kennen muß.

Wie wir gesehen haben, läßt sich der Hauptteil der Architektur eines rekursiven Abstiegscompilers mechanisch aus der Eingabe, hier aus der kontextfreien Gramma-tik, gewinnen. Der Rest des Compilers besteht aus allgemeinen Diensten. Die auf die-se Weise gewonnene Architektur des Hauptteils ist keineswegs anpaßbar. Eine kleine Veränderung der kontextfreien Grammatik führt sofort zu einer anderen Softwarear-chitektur (nicht unbedingt auf Teilsystem– aber auf Modulebene). Das übergeordnete Ziel, aus dem sich die Forderung nach Adaptabilität ergibt, ist das der Wirtschaftlich-keit, d.h., mit vertretbaren Kosten zu einem Softwaresystem oder zu einer Änderung desselben zu gelangen. Dieses Ziel wurde hier auf eine andere Weise erreicht, nämlich dadurch, daß wir den Erstellungs– oder Anpassungsprozeß mechanisiert haben. Somit ist zwar das *fertige Produkt nicht anpaßbar*, jedoch der *Prozeß zu dessen Gewinnung*. Die Wiederverwendbarkeit liegt somit nicht auf der Ebene von Bausteinen des Produkts, sondern in der Art, wie dieses gewonnen wird und in den zugrundeliegenden Konzepten. Eine ähnliche Philosophie verfolgt JSP/JSD (/4. Ja 83/).

Wenn wir die *Architektur* des *rekursiven Abstiegscompilers* mit anderen Architekturen aus Abschnitt 7.1 und 7.2 vergleichen, so fällt die hohe Anzahl und das gehäufte Auftreten funktionaler Module auf. Das ist *atypisch* und am ehesten bei Transformationsproblemen zu finden, die von der Problemstellung her aktionsorientiert sind. Es gibt nun einen Zusammenhang zwischen der Anzahl der Module verschiedener Arten und der Adaptabilität eines Softwaresystems, das diese Module enthält: Ein adaptables Softwaresystem hat einen hohen Anteil von Datenabstraktions–Modulen. Anders ausgedrückt, der Mangel an Adaptabilität des Abstiegscompilers wird durch die hohe Anzahl funktionaler Module angezeigt.

Im verbleibenden Rest dieses Abschnitts wollen wir überlegen, wie wir die Adaptabilität des Compilers steigern können. Wenn wir hierzu allein die Syntaxanalyse eines Compilers als Phase betrachten und wenn wir diese Phase nach der Technik des rekursiven Abstiegs realisieren, dann sieht die *Architektur* des *Syntaxanalysators ähnlich* aus, wie die Architektur des gesamten Compilers von Fig. 7.16. Anstelle der Codeerzeugung ist ein Datenabstraktionsmodul zum Aufbau des Ableitungsbaums einzusetzen. Die Symboltabellenverwaltung bleibt erhalten, weil wir diese Symboltabelle für die nachfolgende Phase brauchen. Wie wollen nun an diesem Syntaxanalysator eine Technik studieren, die die Adaptabilität erhöht. Diese Technik läßt sich in vielen Programmen, insbesondere in solchen zu Transformationsproblemen, einsetzen.

Diese Technik kommt ebenfalls aus dem Compilerbau (vgl. z.B. /1. ASU 86/, /1. GW 85/). Man nennt den so umgewandelten *Syntaxanalysator tabellengesteuert*. Die Fig. 7.17 zeigt rechts die neue Architektur in Grobform. Die Wirkungsweise des Syntaxanalysators ist jetzt in der sogenannten Parser–Tabelle (in unserem Fall eine LL(1)–Tabelle) festgelegt. Darin ist festgehalten, mit welcher rechten Seite das oberste Symbol des Übersetzungskellers zu expandieren ist, wenn ein bestimmtes Symbol bei der Eingabe anliegt. Da wir bei dieser Realisierung den Übersetzungskeller selbst verwalten, muß hier ein entsprechender Datenabstraktions–Baustein hinzugefügt werden. Ferner kommt noch ein Baustein zur Fehlerbehandlung hinzu.

Wir haben hiermit eine typische *Transformation auf* einer *Architektur* kennengelernt, die in vielen Anwendungssituationen wichtig ist, in denen man von einer Lösung für ein bestimmtes Problem zu einer Lösung für eine Klasse gleichartiger Probleme übergehen will: Ein *Ablauf*, der *"fest verdrahtet"* in einem Programm enthalten war, wird heraus gezogen und *in eine Datenstruktur*, hier die Parser–Tabelle, *gesteckt*. Der funktionale Teil des Programms wird dadurch kleiner. In unserem Fall ist dieser jetzt ein Treiberprogramm. Der Datenabstraktions–Anteil der Architektur wurde auf diese Weise vergrößert und damit auch die Adaptabilität. Im Fall der Veränderung der Aufgabenstellung, hier der Grammatik der Sprache, muß im wesentlichen nur die Parser-Tabelle geändert werden. Diese Parser-Tabelle kann aber wieder aus der Aufgabenstellung mechanisch gewonnen werden, in diesem Fall sogar durch ein Programm, das diese Tabelle generiert (Parser-Generator, vgl. die bereits zitierte Literatur zu Übersetzern).

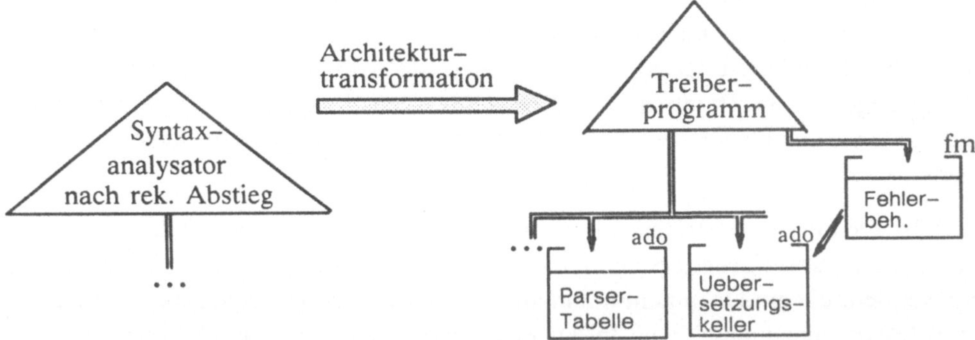

Fig. 7.17: Umwandlung der Architektur eines Programms durch Verlagern der Ablaufstruktur in eine Tabelle

7.4 Die Grobarchitektur einer Softwareentwicklungs-Umgebung

Eine Zielsetzung des Abschnitts ist, die *Architektur* einer *interaktiven Anwendung* zu skizzieren, die *auf* einem *Datenbanksystem*(kern) aufgesetzt ist. Man nennt solche Anwendungen Transaktionssysteme. Insoweit handelt es sich um eine wesentliche Erweiterung der Überlegungen der ersten beiden Abschnitte dieses Kapitels. Wir werden auf der anderen Seite aber auch feststellen, daß die hier betrachtete Architektur in wesentlichen Teilen von der Architektur typischer Transaktionssysteme abweicht, die auf "normalen" Datenbanksystemen aufsetzen.

Eine weitere Zielsetzung besteht darin, das *Modellieren* von *Teilsystemen* vorzuführen. In diesem Abschnitt verbleiben wir somit beim Programmieren im Größten und lassen die Entwurfsmodellierung bis auf Modulebene außer acht. Die Erläuterung ist trotzdem verständlich, da wir aus den Abschnitten 7.1 und 7.2 bereits einige Kenntnisse über die Struktur interaktiver Systeme mitbringen, die wir hier einbringen und die die Erläuterungen dieses Abschnitts verkürzen.

Das folgende Beispiel wird auch deshalb vorgestellt, weil wir an diesem Beispiel einige weitere *Herleitungs- und Erzeugungsmechanismen* erkennen können, die dann im nächsten Kapitel anhand dieses Beispiels erörtert werden. Diese Mechanismen beruhen auf gewissen Erkenntnissen der *Vereinheitlichung*. Diese werden hier zwar vorgestellt, ihre Bedeutung werden wir aber erst anhand der Erläuterungen des nächsten Kapitels erkennen.

Das betrachtete *Beispiel* ist der Prototyp einer *Softwareentwicklungs–Umgebung* (IP-SEN–Projekt, vgl. z.B. /6. ENS 86/, /6. Le 88/), die über bestimmte externe Eigen-schaften (d.h. solche für den Bediener) als auch über bestimmte interne Eigenschaf-ten (d.h. solche für die Entwerfer und Implementierer) verfügt. Diese Eigenschaften sind in /6. Na 89/ aufgeführt und gegenüber denen anderer Softwareentwicklungs–Umgebungen abgegrenzt. Wir wollen die Erörterung dieser Eigenschaften hier nur so-weit skizzieren, als wir diese Erläuterung in diesem Abschnitt brauchen. Für Details sei auf bereits zitierte Literatur verwiesen. Das Globalziel von Softwareentwicklungs–Umgebungen ist die Produktivitätserhöhung für den Erstellungs- und Wartungspro-zeß sowie die Qualitätsverbesserung für die verschiedenen dabei entstehenden Doku-mente.

Für jeden der Softwaretechnik–Arbeitsbereiche aus Abschnitt 1.5 kann man *Edi-tor- und Analysewerkzeuge* erstellen. Es können auch *Transformationswerkzeuge* angege-ben werden, die ein Dokument in ein anderes des gleichen Arbeitsbereichs (der glei-chen Dokumentenklasse) oder in das eines anderen Arbeitsbereichs (einer anderen Dokumentenklasse) transformieren. Ferner können *Instrumentierungswerkzeuge* (für Test, Messung, Buchhaltung der noch auszuführenden Arbeiten etc.) sowie auch *Aus-führungswerkzeuge* für ausführbare Dokumente angegeben werden.

Beispiele für die oben genannten Werkzeuge zu dem Arbeitsbereich Programmie-ren im Großen sind (a) ein Architektureditor für die textuelle Architekturnotation, (b) ein Analysewerkzeug, das abprüft, welche exportierten Ressourcen nirgendwo impor-tiert wurden, (c) ein Transformator, der eine C–Vorgabe für Module erzeugt, und (d) ein Interpreter für Programmsysteme, wobei das Innenleben der Module bereits aus-formuliert sein kann (Verzweigung in einen Modul–Ausführer) oder interaktiv be-stimmt werden kann (Erzeugung eines Teststummels).

Die hier beschriebene Softwareentwicklungs–Umgebung unterstützt in ihrem der-zeitigen *Ausbaustand* die Arbeitsbereiche Programmieren im Großen, Programmieren im Kleinen, Erstellung der technischen Dokumentation zu einem Programmsystem und einige Bereiche des Projektmanagements (Zugriffs- und Verantwortlichkeitskon-trolle). Für jeden dieser Arbeitsbereiche sind die oben aufgeführten Werkzeuge voll-ständig oder teilweise vorhanden. Weitere in Arbeit befindliche Arbeitsbereiche sind das Requirements Engineering, die Versions- und Konfigurationskontrolle sowie die organisatorische und geographisch verteilte Bearbeitung von Softwareprojekten. Der mit dem hier beschriebenen Projekt verfolgte Ansatz ist der, daß nicht nur die einzel-nen Arbeitsbereiche, sondern insbesondere auch ihre gegenseitige Verzahnung (vgl. Fig. 1.7 und die zugehörige Erläuterung) unterstützt werden.

Wir geben im folgenden einige *Charakteristika* der IPSEN–Softwareentwicklungs–Umgebung an. Diese Charakteristika haben starken Einfluß auf die zu besprechende Architektur der Softwareentwicklungs–Umgebung. Wir diskutieren die Eigenschaften hier zunächst in Bezug auf das *Außenverhalten* gegenüber einem Bediener.

(a) *integriert:* Die Werkzeuge eines Arbeitsbereichs sind integriert. Es gibt, falls Abhängigkeiten zu verwalten sind, arbeitsbereichsübergreifende Werkzeuge.

(b) *interaktiv:* Die Werkzeuge reagieren sofort (Warnungen, Fehler, Ausführung des Kommandos) unter Ausnutzung des gesamten vorhandenen Wissens über einzelne Dokumente und über ihre Querbezüge. Beispielsweise können unvollständige Dokumente analysiert und ausgeführt werden. Rollenänderungen führen sofort zu geänderten Zugriffsrechten.

(c) *strukturbezogen:* Die Werkzeuge arbeiten auf logischen Einheiten der Dokumente, d.h. auf Einheiten der zugrundeliegenden formalen Syntax der Dokumentenklasse, die insbesondere alle kontextsensitiven Bezüge einschließt. Diese Strukturbezogenheit gilt auch für die Auswirkungen von Änderungen auf andere Dokumente.

(d) *kommandogestützt:* Die meisten Werkzeuge arbeiten kommandogestützt, d.h., ·der Bediener gibt durch ein Kommando an, was zu tun ist. Der Bediener ändert also nicht direkt die Repräsentation eines Dokuments. Damit kann er bezüglich der kontextfreien Syntax einer Dokumentenklasse keine Fehler machen. Die ihm angebotenen Kommandos sind abhängig von dem aktuellen Inkrement.

(e) *inkrementell:* Inkrementalität heißt, daß der Aufwand der Änderungen in einem Dokument oder in mehreren Dokumenten minimiert wird. Bei Analysen wird z.B. der Analysebereich kleingehalten und bei der Ausführung werden die Vorbereitungsschritte (z.B. Codeerzeugung) minimiert.

(f) *einheitlich:* Für jeden Arbeitsbereich gibt es die oben genannten Werkzeuge. Alle Werkzeuge haben die gleichen Eigenschaften (strukturbezogen, integriert etc.).

Eine zentrale Rolle für das Verständnis der IPSEN-Architektur nimmt die folgende, die Situation aber etwas vereinfachende Fig. 7.18 ein, die das Übersetzungsschema von IPSEN wiedergibt: Für jedes Dokument einer Dokumentenklasse gibt es ein *internes, logisches Dokument*, eine komplexe, persistente Datenstruktur, die die gesamten Strukturinformationen des Dokuments enthält. Diese Datenstruktur wird verändert, wenn ein syntaxgesteuerter Editor oder wenn ein Instrumentierungs- oder Transformationswerkzeug (z.B. für die Optimierung) aktiviert wird. Sie wird analysiert, wenn ein Analysator angestoßen wird, und sie wird schließlich ausgeführt, wenn ein Ausführungswerkzeug auf einem (ausführbaren) Dokument gestartet wird. Diese interne Ausführung kann dann (z.B. für die Modulausführung beim Programmieren im Kleinen) in verschieden großen Portionen erfolgen (ganze Module bis hin zu einzelnen elementaren Anweisungen), wobei sie die Instrumentierung beachtet oder nicht (Unterbrechungspunkte, Beachten von Laufzeitbedingungen usw.). Zusätzlich zu diesen Operationen auf der internen komplexen Datenstruktur wird durch einen Transformationsschritt aus der internen Datenstruktur eine Text- oder Diagrammanzeige für das Dokument auf dem Bildschirm bzw. für die Textausgabe erzeugt (Unparsing). Umgekehrt braucht man bei interaktiver textueller Eingabe oder beim Einlesen eines Textdokuments eine Möglichkeit der Übersetzung in die interne Form (Parsing).

Neben diesen Datenstrukturen, die die logische Struktur eines Dokuments wiedergeben, und die wir deshalb "interne, logische Dokumente" nennen, gibt es eine *weitere interne Datenstruktur*, die in Fig. 7.18 nicht eingezeichnet ist (vgl. Fig. 7.19): Für die graphische Ausgabe auf dem Bildschirm (und wegen der Einheitlichkeit halber ebenso für die Textausgabe) gibt es eine persistente Datenstruktur, die die *Repräsentations-struktur* eines Dokuments festhält. Dies ist bei einer Graphik z.B. schon deshalb nötig, weil der Benutzer eine automatisch erzeugte Graphik ggf. layoutmäßig interaktiv ver-schönern will und diese Verschönerung aufgehoben werden soll. Die beiden Daten-strukturen werden nicht zusammengelegt, weil die Repräsentation austauschbar sein soll. Damit ist das Unparsing und das Parsing von Fig. 7.18 ein zweistufiger Transfor-mationsvorgang, der im ersten Fall aus der logischen Datenstruktur eine Repräsenta-tionsstruktur erzeugt und diese in einem weiteren Schritt anzeigt oder ausgibt. (Die Zweistufigkeit des Unparsing ist für Graphik aus dem obengenannten Grund wichtig. Umgekehrt ist Parsing ausschließlich für Text wichtig, weil z.Z. noch kein Werkzeug versucht, eine Freihandzeichnung zu interpretieren.) Zwischen den internen, logi-schen Dokumenten kann es vielerlei Querbezüge geben. In Fig. 7.19 sind diese zwi-schen dem Architekturdokument und dem Dokumentationsdokument angedeutet.

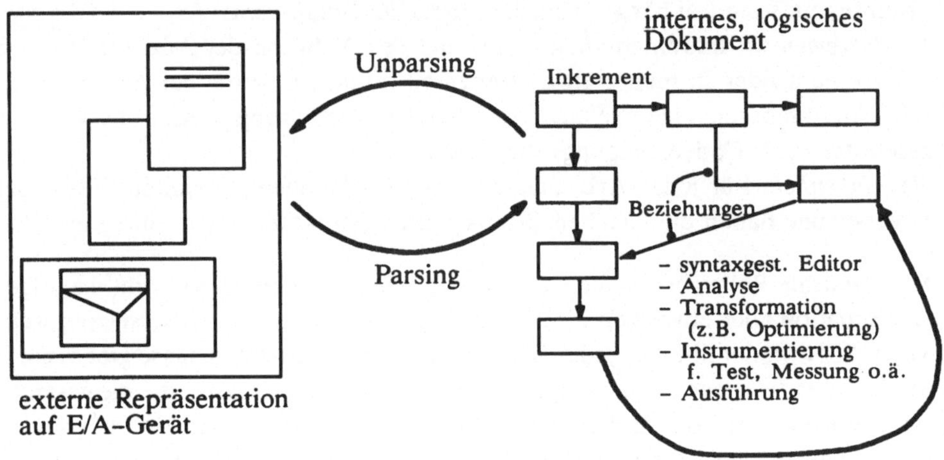

Fig. 7.18: Komplexe interne Datenstrukturen für Dokumente und ihre Repräsentation

Inkrementelle Mechanismen spielen in IPSEN an verschiedenen Stellen eine Rolle. Wenn ein Dokument geändert wird (beim syntaxgesteuerten Edieren, beim Instru-mentieren, beim Transformieren für die Optimierung), dann wird nur der entspre-chende Teil der internen, logischen Datenstruktur geändert. Hat die Änderung auch Auswirkungen auf andere Dokumente, dann wird ebenfalls nur der entsprechende Teil dieser anderen Dokumente geändert. Das gleiche betrifft Analysen bzw. Ausfüh-rungen (bei ausführbaren Dokumenten): Es wird also nur der relevante Teil analysiert bzw. ausgeführt. Die Repräsentationsstruktur wird ebenfalls nur inkrementell geän-dert. Umgekehrt wird bei der interaktiven Texteingabe mithilfe von Parsing nur der zu ändernde Teil bzgl. der Syntax analysiert und entsprechend nur der betreffende Teil des internen, logischen Dokuments geändert. Die Feststellung, welcher Teil einer in-ternen Datenstruktur geändert, analysiert oder ausgeführt werden muß, für welchen Teil eine neue Repräsentationsstruktur erzeugt werden muß, und wo in anderen Doku-menten dadurch Auswirkungen entstehen, erzwingt eine Verwaltung der Abhängig-keiten in und zwischen den Dokumenten.

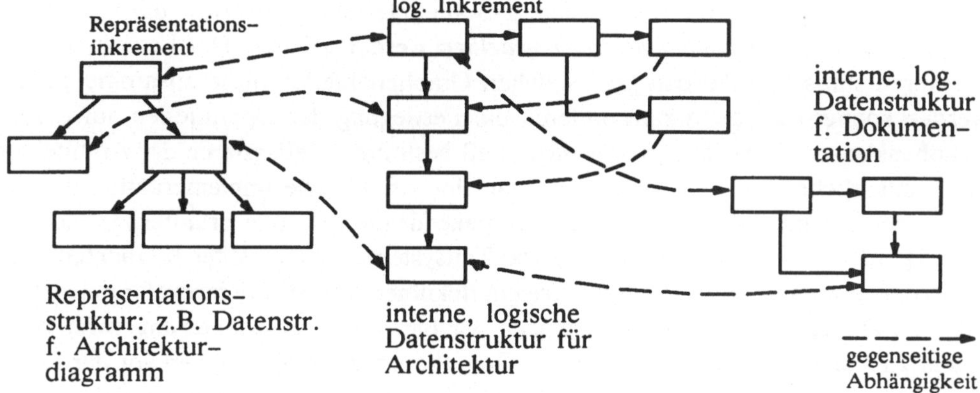

Fig. 7.19: Weitere Datenstrukturen und ihre gegenseitigen Abhängigkeiten am Beispiel eines Architekturdokuments

Ähnlich wie wir eben wegen der gewünschten Inkrementalität argumentiert haben,
hätten wir auch die anderen, oben aufgeführten Charakteristika (integriert, interaktiv,
strukturbezogen etc.) heranziehen können, um für komplexe interne Datenstrukturen
zu argumentieren, die es gestatten, Querbezüge zu modellieren. Aus diesem Grund
nehmen wir *Graphen* für die internen, logischen Dokumente und ebenso für die internen Repräsentationsdokumente. Wir nennen deshalb die interne, logische Struktur zu
einem Modul den Modulgraphen, die für eine Softwarearchitektur den Systemgraphen, die für eine Dokumentation den Dokumentationsgraphen usw., die für die jeweilige Repräsentation den jeweiligen Repräsentationsgraphen. Wie oben bereits ausgeführt, sind diese Graphen die Zentren der Aktivitäten aller Werkzeuge der entsprechenden Klasse von Softwaredokumenten. Intern erzeugt jede Aktivierung eines
Werkzeugs einen syntaxgesteuerten Edier-, Analyse-, Transformations-, Instrumen-
tierungs- oder Ausführungsschritt auf einem Graphen, ggf. mit anschließender Aktualisierung weiterer Datenstrukturen (Repräsentationsstrukturen, abhängige Dokumente), die ebenfalls Graphform besitzen. Somit führen alle Werkzeuge intern zu
Operationen eines *Graphenprozessors*.

Die Graphen zu einer Dokumentenklasse haben genau festgelegte Eigenschaften.
Damit gehört zu jeder Dokumentenklasse eine interne, *logische Graphenklasse*, deren
Struktur die Struktur der Dokumentenklasse widerspiegeln muß, und die auf die Operationen mit diesen Dokumenten abgestimmt sein muß. Jede Operation eines Werkzeugs auf einem Dokument führt zu einer internen Operation auf einem Graphen der
entsprechenden Graphenklasse. Werden bei der Operation des Werkzeugs die Doku-
mentenklasseneigenschaften eingehalten, dann führen die internen Operationen von
einem zulässigen Graphen der jeweiligen Graphenklasse zu einem anderen zulässigen
Graphen. Die gleiche Argumentation trifft für die Graphen zu, die die *Repräsentation*
von bestimmten Dokumenten festlegen. Natürlich sind diese internen Graphenklassen
und ihre Operationen für verschiedene Dokumentenklassen verschieden. Sie sind auf
die spezifischen Dokumentenklassen abgestimmt.

Es kann nun nachgewiesen werden, daß alle internen, *logischen Graphen* und alle *Graphen zur Repräsentation einheitlich modelliert* werden können. Das betrifft zum einen ihren statischen Aufbau (aus welchen Graphenanteilen diese zusammengefügt werden können) als auch zum anderen die Festlegung der Operationen auf diesen Graphenklassen. Dies führt später dazu, daß bestimmte Teilsysteme der Architektur eine einheitliche interne Struktur, ja sogar eine einheitliche Implementation der betreffenden Module besitzen. Da dieser Aspekt für die folgende Erläuterung nicht so wichtig ist, weil wir hier die Rümpfe von Teilsystemen nicht weiter betrachten, und weil andererseits diese Vorgehensweise gut dokumentiert ist (Stichwort Graphentechnik, vgl. /1. ELS 87/, /1. Sc 90/), wollen wir hier auf eine Erläuterung verzichten. Wichtig ist jedoch der Hinweis, daß die Operationen auf den Graphen vor der Realisierung formal spezifiziert werden (durch formale Ersetzungssyteme auf Graphen, Graph-Grammatiken /1. Na 79/, /1. Sc 89/) und daß diese Spezifikationen ausführbar sind.

Eine bestimmte interne *Graphenklasse* von Fig. 7.19 (Systemgraphen, Modulgraphen etc. oder entsprechende Repräsentationen) ist im IPSEN-System als *abstrakter Datentyp* realisiert. Das heißt, daß seine Schnittstellenoperationen auf die Veränderungen/ Abfragen der Dokumentenklasse, mit der der Bediener arbeitet, abgestimmt sind. Das ist z.B. bei einer Operation Einfuege_Prozedur_in_die_Schnittstelle_eines_funkt_Moduls des Architekturdokuments der Fall. Damit läßt diese Schnittstelle keinerlei Details der Realisierung dieser internen Dokumentenklasse erkennen. Das bedeutet, daß die Module der IPSEN-Architektur oberhalb dieser Graphenklassen nicht wissen, wie die Graphen aufgebaut sind, sie wissen noch nicht einmal, daß es sich um Graphen handelt (vgl. Fig. 7.21). Der Grund für dieses Information Hiding ist, daß sich der Aufbau einer solchen problembezogenen internen Graphenklasse leicht ändern kann, z.B wenn neue Werkzeuge hinzugefügt werden, oder wenn die Funktionalität von Werkzeugen erweitert wird.

Wir wollen nun den Teil der *IPSEN-Architektur unterhalb* der internen *Graphenklassen* genauer betrachten. Die anderen Teile werden wir nachher skizzieren. Dieser Teil ist keineswegs klein! Von dem gesamten IPSEN-System (Fig. 7.21 zeigt hier nur den Ausschnitt, der das Programmieren im Großen betrifft), hat mehr als die Hälfte des Quellcodes mit Graphen zu tun. Wir werden uns nun mit der Frage beschäftigen, wie die operationale Graph-Grammatik-Spezifikation eines abstrakten Datentyps (z.B. Systemgraph) in eine Realisierung umgesetzt werden kann. Es gibt 4 verschiedene Möglichkeiten der Umsetzung (vgl. Fig. 7.20), die diesen Teil der Architektur des IPSEN-Systems jeweils anders aussehen lassen.

Die erste Möglichkeit besteht darin, die *Graph-Grammatik-Spezifikation direkt auszuführen* (vgl. Fig. 7.20.a). Die oben erwähnte Spezifikation (vgl. /1. Sc 90/) besteht aus Kontrollprozeduren zur Steuerung der Anwendung einzelner Graphersetzungen, Graphentests zur Feststellung, ob ein bestimmter Teilgraph vorhanden ist, Regelanwendungen zur Veränderung des Graphen durch einzelne Graphersetzungen, Auswertung von Pfadausdrücken zur Traversierung innerhalb der Gaphen und aus der

Auswertung von Attributgleichungen zur konsistenten Veränderung von Attributen verschiedener Knoten. Hierfür muß der Ausführer für solche Spezifikationen an der Schnittstelle geeignete Operationen anbieten, die dann direkt, d.h. interpretativ, ausgeführt werden.

Die Teilgraphentests in einer Graph–Grammatik–Spezifikation sind nicht so zeitkritisch, da es immer eine durch die interaktive Arbeit des Bedieners lokalisierte Stelle in einem Graphen gibt, wo zu suchen ist. Es ist aber klar, daß eine solche direkte Ausführung einer Spezifikation nur zur Prototyperstellung herangezogen werden kann. Die Realisierung des abstrakten Datentyps besteht hier lediglich aus dem Aufruf des Interpreters zur Ausführung einer Graph–Grammatik-Spezifikation.

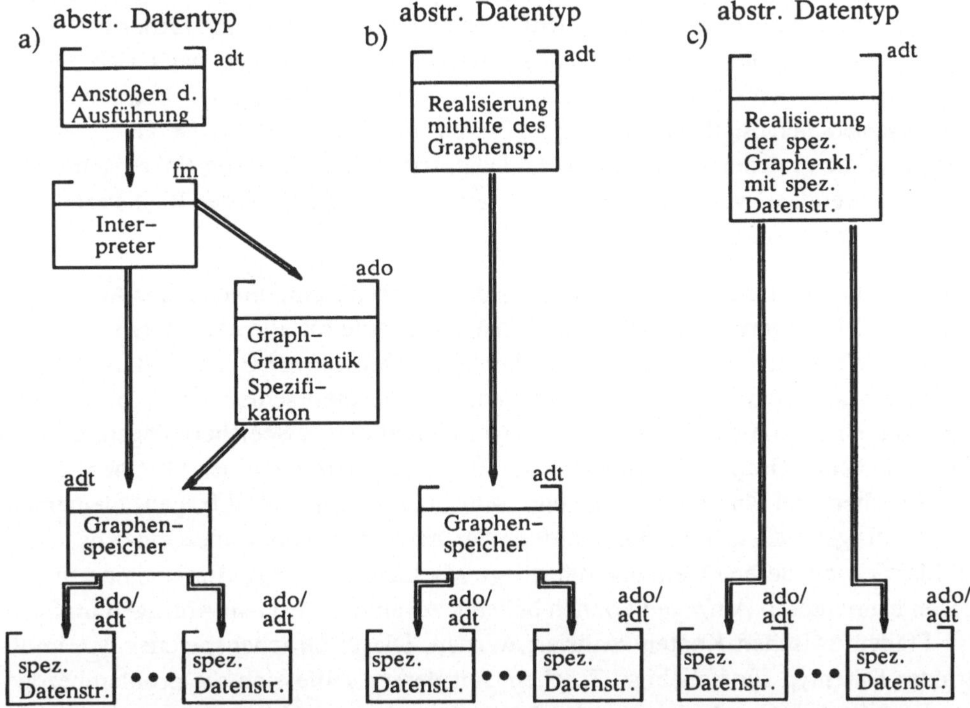

Fig. 7.20: Verschiedene Möglichkeiten der Realisierung einer operationalen Spezifikation für einen abstrakten Datentyp

Um eine effiziente Realisierung zu erhalten, muß die direkte Interpretation vermieden werden. Es muß statt dessen ein *äquivalentes Programm* angegeben werden (vgl. Fig. 7.20.b). Hier gibt es prinzipiell zwei Möglichkeiten: Entweder *setzt* man eine Graph-Grammatik-Spezifikation *manuell* in ein Programm *um*, was beim bisherigen IPSEN–System geschehen ist. Diese Umsetzung geschieht wieder "mechanisch". Die zweite Möglichkeit besteht darin, ein solches Programm ganz oder teilweise *zu erzeugen*. In den aktuellen IPSEN–Forschungsarbeiten wird dieser Weg gewählt. Der dabei verfolgte Ansatz ist kein reiner Compiler-Compiler-Ansatz: Es werden bestimmte Basiskomponenten für den kontextfreien und kontextsensitiven Syntaxanteil beliebiger Dokumentenklassen zur Verfügung gestellt. Des weiteren werden bestimmte Teile der Architektur aufgrund der Graph–Grammatik–Spezifikation erzeugt, und schließlich wird ein Teil der Architektur, der die Spezifika der jeweiligen Dokumentenklasse abhandelt, manuell hinzugefügt.

Bei der direkten Ausführung (vgl. Fig. 7.20.a) als auch bei den beiden Möglichkeiten der Angabe eines zur Spezifikation äquivalenten Programms (vgl. Fig. 7.20.b) haben wir die Implementation nur bis auf die Ebene von Graphen betrachtet. Um dies zu ermöglichen, steht ein System zur Graphenablage zur Verfügung. Diese speichert Graphen, egal, welche Größe und Struktur sie besitzen. Natürlich könnte man eine bestimmte *Graphenklasse* auch mithilfe darauf abgestimmter *spezieller Datenstrukturen* implementieren (vgl. Fig. 7.20.c). Man handelt sich dabei allerdings den gravierenden Nachteil ein, daß dies für jede Graphenklasse neu erfolgen muß und ferner den Nachteil, daß Graphenklassenänderungen weitreichende Änderungen nach sich ziehen. Wir haben diese Art der Umsetzung in IPSEN deshalb nicht verfolgt. Betrachtet man die verschiedenen Realisierungsmöglichkeiten von Fig. 7.20, so ist klar, daß der Rumpf des zu realisierenden abstrakten Datentyp–Teilsystems von links nach rechts immer aufwendiger wird, da die Schicht, auf die man sich bei der Realisierung abstützt, logisch immer tiefer angesiedelt ist.

Wir wollen nun im Rest des Abschnitts die weiteren Komponenten der Architektur von Fig. 7.21 erörtern. Die wichtigste Basiskomponente für alle nach obiger Strategie erstellten Werkzeuge ist der bereits erwähnte *Graphenspeicher* GRAS (vgl. /6. BL 85/, /6. LS 88/) der, wie wir oben gesehen haben, auch für unterschiedliche Realisierungstechniken eingesetzt werden kann. Die Operationen dieses Speichers liegen auf dem Niveau üblicher Graphenoperationen: Erzeugen, Öffnen etc. eines Graphen, Einfügen, Löschen von Knoten, Kanten etc., Attribute setzen und abfragen, elementare Graphanfragen, wie z.B. die Bestimmung der Zielknoten von Kanten einer bestimmten Markierung, deren Quellknoten festliegt, Markierungsabfrage für Knoten usw. Mit diesen elementaren Abfragen können beliebig zusammengesetzte Abfragen im Sinne von Pfaden zwischen Knoten realisiert werden. Dieser Graphenspeicher ist ein abstrakter Datentyp für beliebige Graphen, mit dessen Hilfe sich die problembezogenen, spezifischen Graphenklassen implementieren lassen. Ablagesysteme der Art des Graphenspeichers braucht man in allen Anwendungen, wo komplexe, hochgradig vernetzte Daten manipuliert und abgespeichert werden. Diese nennt man *Nichtstandard-Datenbanksysteme* oder Objektspeicher, da übliche Datenbanksysteme sich hierfür nicht gut eignen.

Es folgt nun die *Erläuterung* der *übrigen Teilsysteme* von Fig. 7.21, die wir jedoch kurz halten können, da sich hier eine gewissen Ähnlichkeit zur Architektur des interaktiven Systems aus den Abschnitten 7.1 und 7.2 ergibt. Die Darstellung ist etwas vergröbert, damit wir die Erörterung kurz halten können.

Wir haben bisher für einen bestimmten Arbeitsbereich die interne, logische Datenstruktur, die zugehörige Repräsentationsstruktur sowie ihre Speicherung mithilfe des Objektspeichers GRAS erläutert. Bei beiden Datenstrukturen handelt es sich um abstrakte Datentypen, die als Graphenklasse realisiert sind. Die *Transformation* von der logischen Struktur zur Repräsentationsstruktur wird durch den *Unparser* realisiert, die umgekehrte Transformation durch den *Parser* (im Fall eines Textrepräsentationsdokuments). Gibt es zu einem logischen Dokument verschiedene Repräsentationen, z.B. sowohl Text als auch Graphik, dann sind nicht nur entsprechend viele Repräsentationsdokumente einzusetzen, sondern auch die entsprechenden Parser/ Unparser zu schreiben. Unparser und Parser arbeiten inkrementell. Ein weiterer Transformator, der *Cutout-Manager,* zeigt einen bestimmten Ausschnitt des Repräsentationsdokuments auf dem Bildschirm.

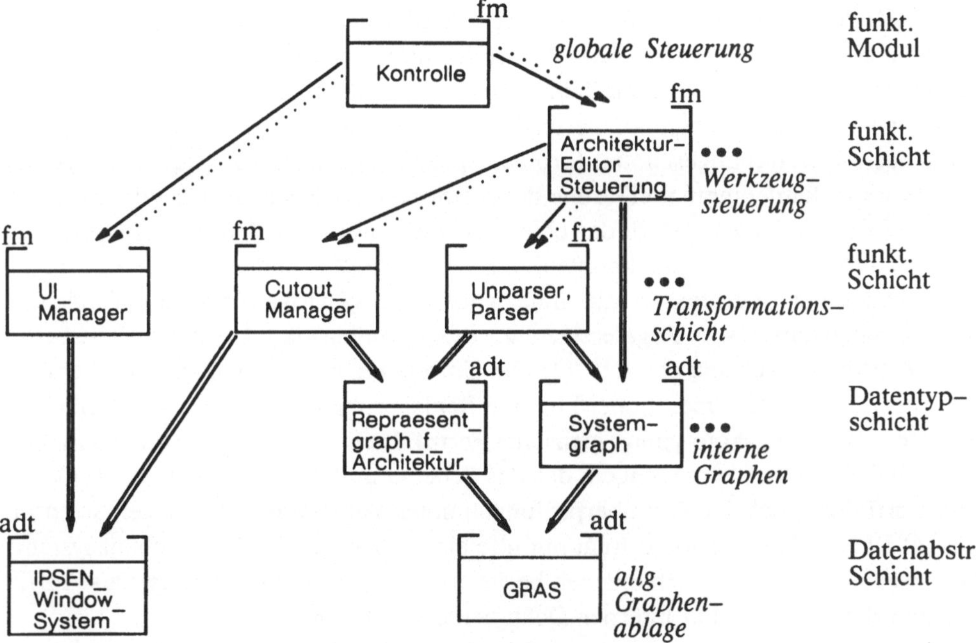

Fig. 7.21: Ausschnitt aus der IPSEN-Architektur

Zu jedem *Werkzeug* gehört neben den beiden obengenannten Datenstrukturen und dem jeweiligen Unparser/ Parser auch eine spezielle *Steuerung.* Diese veranlaßt die Veränderung der logischen Datenstruktur durch Aufruf von Operationen des abstrakten Datentyps, verwaltet den zugehörigen Teildialog, stößt Parser oder Unparser an etc. Jedes Editor-Werkzeug eines bestimmten Arbeitsbereichs wird also durch diese fünf Komponenten realisiert. Im Fall verschiedener Repräsentationsstrukturen sind es mehrere. Bei anderen Werkzeugen ist die Situation ähnlich.

Der Rest von Fig. 7.21 besteht zum einen aus der *Globalsteuerung* Kontrolle, die eine Art Verteilerfunktion hat. Ferner kommt noch die *Interaktionshandhabung* hinzu, die – wie wir dies bereits in Abschnitt 7.2 erläutert haben – die spezielle Art der Kommandoaktivierung verkapselt. In diesem Teilsystem findet sich auch wieder die layoutmäßig verkapselte Anzeige von Fehlern, Warnungen und Nachrichten sowie die Eingabe von Texten (vgl. hierzu den oberen Teil des E/A-Teils von Fig. 7.6 bzw.

7.11). Alle diese Teile sind zu dem Teilsystem UI_Manager zusammengefaßt. Die layoutmäßig unabhängige Form der durch die Dialoganwendung veränderten Daten (in Fig. 7.6 bzw. 7.11 die Module Kaestenliste_Layout und Karten_Layout) wird hier durch den Unparser bzw. Parser erreicht: Der Parser liefert eine vom Layout der Anzeige unabhängige Struktur ab. Der Unparser erzeugt aus einer layoutunabhängigen eine layoutabhängige Struktur, die interaktiv verändert werden kann. Unterhalb der Teilsysteme UI_Manager bzw. Cutout_Manager sitzt eine *Fensterschicht* wie in Fig. 7.11, hier IPSEN_Window_System genannt. Diese verkapselt wieder die spezielle Fenstergestaltung.

Die Modellierung und die Realisierung interaktiver Anwendungen spielt auch im Datenbankbereich eine große Rolle. Wir wollen hier kurz zusammenfassen, worin wir die *Unterschiede* der hier vorgestellten zu der im *Datenbankbereich üblichen Vorgehensweise* sehen: (1) Die Datenmodellierung ist in in der Architektur des interaktiven Systems nach oben hin abgeschottet (problemspezifischer abstrakter Datentyp), so daß die Art der Dokumentenmodellierung dort nicht mehr sichtbar ist. (2) Wir spezifizieren hier in einem Datenmodell, das objektorientiert, aber trotzdem streng typisiert ist (was wir hier nicht erläutern konnten, vgl. /1. Sc 89,90/) und das insbesondere die Spezifikation der Operationen mit einbezieht. Diese Spezifikation setzt auf mächtige Beschreibungsmittel wie Regelersetzung, Programmierung, Anwendbarkeitsbedingung, Attributauswertung etc. auf. (3) Die Umsetzung der Spezifikation (Schemaanteil, Spezifikation der Operationen) in eine Realisierung kann auf verschiedene Weisen erfolgen (Rapid Prototyping, effiziente Form). Im letzten Fall wird zu einem äquivalenten Programm übergegangen, das das Schema und die Spezifikation der Operationen erfüllt, so daß Laufzeitüberprüfungen unter Verwendung des Schemas entfallen. (4) Die Implementation erfolgt mithilfe eines Nichtstandard–Datenbanksystems, das ausgefeilte interne Mechanismen besitzt, so daß die Abspeicherung, das Auffinden und die Modifikation interner Dokumente schnell erfolgt.

7.5 Zusammenfassung

Wir haben uns in diesem Kapitel mit *vollständigen Architekturen* auseinandergesetzt. Die betrachteten Beispiele gehörten recht unterschiedlichen Klassen an. Wir haben ein einfaches *interaktives System* besprochen, nämlich das Karten–Kästen–Beispiel. Wir haben ein interaktives System mit Datenbankanschluß (ein sogenanntes *Transaktionssystem*), nämlich eine Softwareentwicklungs–Umgebung, diskutiert, und wir haben schließlich ein *Transformationssystem* erläutert, nämlich einen rekursiven Abstiegscompiler.

Dabei haben wir *Architekturen auf unterschiedlichen Detaillierungsniveaus* modelliert: Während wir das Karten–Kästen–Beispiel und den rekursiven Abstiegscompiler teilweise bis auf die Ebene einzelner Module zerlegt haben, haben wir uns bei der Softwareentwicklungs–Umgebung damit begnügt, die zugehörigen Teilsysteme anzugeben. Damit haben wir für die ersten Beispiele den größten Teil des Detailentwurfs, d.h. die gesamte Programmieren–im–Großen–Modellierung, durchgeführt. Für die Softwareentwicklungs–Umgebung haben wir uns hingegen auf das Programmieren im Größten beschränkt.

Für das Karten–Kästen–Beispiel haben wir im Detail nachgewiesen, daß eine Architektur, die unter Datenabstraktionsgesichtspunkten erstellt wurde, sehr gut angepaßt werden kann. Dabei haben wir sowohl einige *Änderungen* der *Realisierung* bei gleichbleibender Funktionalität betrachtet, als auch einige *Änderungen* der *Funktionalität*. Wir konnten nachweisen, daß in einer richtig erstellten Architektur die Stellen der Modifikation leicht ermittelt werden können, daß sich auch diejenigen Stellen, auf die eine Änderung Auswirkung hat, leicht feststellen lassen, und daß die Modifikationen mit vertretbarem Aufwand durchgeführt werden können.

Insbesondere haben wir bei den Diskussionen von Veränderungen der betrachteten Softwaresysteme die *Bedeutung* der *Diskussionen "Was kann sich ändern?"* festgestellt. Die Beachtung der Ergebnisse dieser Diskussionen führte nämlich dazu, daß wir einerseits alle Datenabstraktionsanwendungen erkannten und berücksichtigten, und andererseits führte sie dazu, daß wir zukünftige Erweiterungen des Systems beim Entwurf bereits mitbedachten. Architekturen, die die Datenabstraktionsidee konsequent umsetzen, haben dabei die Eigenschaft der leichten Erweiterbarkeit.

Wir haben ferner festgestellt, daß das Erstellen einer richtigen *Architektur* eine Tätigkeit ist, die Architektur–Modellierungsfähigkeit von seiten des Entwerfers erfordert. Diesem muß für diese Tätigkeit natürlich genügend Zeit eingeräumt werden. Die Mehrzahl der Architekturen von Softwaresytemen wird *individuell erstellt* und damit "handgefertigt". In bestimmten Anwendungsbereichen, insbesondere bei Transformationsproblemen, ist man aber heute in der Lage, die Architektur und teilweise auch das Innenleben der Module *mechanisch zu erzeugen*.

Wir haben hierfür in diesem Kapitel zwei Ansätze kennengelernt: Im ersten Fall wird die Architektur und das Innenleben der Module zwar *"handgefertigt"*, diese "Fertigung" erfolgt jedoch *weitgehend mechanisch*. So konnte im Fall des rekursiven Abstiegscompilers zum einen die Architektur aus der Problemstellung abgeleitet werden. Das gleiche gilt zum anderen für die Rümpfe der einzelnen rekursiven Prozeduren.
Eine zweite Art der Erzeugung ist die, daß ein entsprechendes *Programm* mithilfe eines anderen *generiert wird*. In dem Compilerbeispiel haben wir angedeutet, daß die Parsertabelle generiert werden kann. Voraussetzung für letzteres ist, daß wir vorher ein "Programm in Daten umgewandelt" haben. Als Programmteil verblieb dann nur noch das Treiberprogramm.

In diesem Kapitel haben wir auch eine Festestellung getroffen, die wegen ihrer Bedeutung noch einmal wiederholt sei: Die *relative Häufigkeit* von *Datenabstraktionsmodulen* in einer Architektur spricht im allgemeinen für deren *Adaptabilität*. Das soll nun nicht heißen, daß durch große Anstrengungen alle funktionalen Module durch Datenabstraktionsmodule zu ersetzen seien, auch dort, wo ihr Erscheinen natürlich ist. Andererseits ist bei einer handerstellten Architektur das häufige Auftreten funktionaler

Module ein Anlaß zur Überprüfung der Architektur. Im Fall einer mechanisch abgeleiteten Compiler-Architektur wird der Mangel an Adaptabilität des abgeleiteten Produkts teilweise durch die Adaptabilität des Erstellungsprozesses wettgemacht.

Aufgaben zu Kapitel 7

1. In Abschnitt 7.1 wurde diskutiert, daß sich in dem Programmsystem gemäß der Architektur von Fig. 3.3 weiträumige Änderungen ergeben, wenn sich (a) die Kartenrealisierung, (b) die Kollektionsrealisierung für die Karten eines Kastens, (c) die Realisierung der Kästen-Namensliste, (d) die der Ein-/ Ausgabegeräte und (e) die der Bedieneroberfläche oder des Druckerausgabe-Layouts ändern. Überlegen Sie im einzelnen, welche Module der Architektur von Fig. 3.3 dabei zu modifizieren sind und was dabei geschehen muß.

2. Geben Sie für die Architektur von Fig. 7.6 für die einzelnen Module eine kurze Beschreibung ihrer Implementation in Form vom Pseudocode an, so wie wir dies in Kap. 3 für das Schnellschußbeispiel von Fig. 3.3 getan haben.

3. Machen Sie sich die Unterschiede zwischen den Sichten, die zum einen an den Schnittstellen und zum anderen in den Rümpfen der Module von Fig. 7.6 vorliegen, im einzelnen klar! Letzteres ist insbesondere für die Datenabstraktionsmodule vorzunehmen. Wovon wird abstrahiert, wovon nicht?

4. In Abschnitt 7.1 wurden einige Änderungen der Realisierung des Karten-Kästen-Systems diskutiert und zwar unter Zugrundelegung der richtigen Architektur. Diskutieren Sie analog die Änderung, daß sich das Layout der Kästen-Namensliste ändert. Diskutieren Sie, welche Auswirkungen diese Realisierungsänderungen auf die Architektur von Fig. 7.6 besitzen, und vergleichen Sie diese Auswirkungen mit den Auswirkungen, die sich in der Architektur von Fig. 3.3 ergeben.

5. Ersetzen Sie den Modul Text_E_A von Fig. 7.6 durch Module Kommando_1_Parameter_E_A, Kommando_2_Parameter_E_A, ..., die analog zu der Philosophie von Kommando_E_A entsprechende Masken aufbauen, indem sie die Überschriften und die Parameterbeschreibung für diese Masken erhalten, selbständig die Maskengestaltung übernehmen, Syntaxfehler bei der Eingabe der Parameter lokal abfangen und nach Ausfüllen der Maske die Parameter in einer von jeglicher Layoutgestaltung freien Form an die verwendenden Module abliefern. Was ist der Vorteil dieser Vorgehensweise gegenüber der Handhabung von Text_E_A aus Fig. 7.6? Bei welcher der Erweiterungen von Tab. 7.1 würde sich der Aufwand für einen solchen Modul lohnen?

6. Die beiden Module Karten_Layout und Kaestenliste_Layout sind zwei anwendungsspezifische Module zur Parameterhandhabung von Kommandos. Der Modul Karten_Layout dient allen Kommandos, die den Inhalt einer Karte ändern (Eingabe einer Karte, Änderung einer Karte, Anzeigen vor dem Löschen einer Karte). Der Modul Kaestenliste_Layout dient der Aufbereitung des Ausgabeparameters eines Kommandos zur Anzeige der Kästen-Namensliste. Diese Philosophie hätten wir für die Modellierung von Parametern beliebiger Kommandos einsetzen können (vgl. Aufg. 5), um auf diese Art von den Layoutinformationen der Ein-/ Ausgabe zu abstrahieren. Alle diese Module sind einfach zu realisieren, wenn ein allgemeiner Baustein zur Maskenhandhabung (vgl. Fig. 7.11) zur Verfügung steht. Wie würde die so modifizierte Architektur des Ein-/ Ausgabesystems aussehen?

7. Führen Sie die Argumentation, daß sich in der neuen Architektur des Karten–Kästen–Systems von Fig. 7.6 wenige, daß sich aber in der des Schnellschuß–Beispiels von Fig 3.3 hingegen weiträumige Änderungen vollziehen, anhand folgender Realisierungsänderungen im Detail durch: (a) die Kommandos ändern sich, aber so, daß die Funktionalität des Gesamtsystems in etwa erhalten bleibt, (b) die Realisierung der Eintragsstruktur einer Karte ändert sich, z.B. weil die Folge von Zeilen in einem eindimensionalen Feld mit Zeilenendekennung dargestellt wird. Welche Module müssen bei diesen Änderungen in der alten und in der neuen Architektur verändert werden?

8. Überlegen Sie, welche globale Änderung in der alten Architektur von Fig. 3.3 sich dadurch ergibt, daß Module zur Datenabstraktion auf Eintrags– und auf Kollektionsebene eingeführt werden. Warum ist es mit der Hinzunahme der Datenabstraktionsmodule nicht getan? Welche zusätzliche globale Architekturänderung drängt sich auf?

9. Überlegen Sie sich die Modifikation der Architektur von Fig. 7.6, wenn das System so umgestaltet wird, daß jede Karte des Karten–Kästen–Systems in dem Sinne eigenständig wird, daß eine Kollektion nicht die Karte selbst, sondern nur einen Verweis darauf enthält (Zeigersemantik, vgl. Diskussion in Kap. 5). Der Vorteil hiervon ist, daß kein Konsistenzproblem auftritt, wenn eine Karte mehrfach, nämlich in verschiedenen Kollektionen, vorkommt und diese Karte zu ändern ist. Welche Nachteile sind andererseits mit dieser Lösung verbunden?

10. In Abschnitt 7.2 haben wir den Fall diskutiert, daß das Informationsfeld einer Karte eine Struktur erhält. Formulieren Sie zunächst die Schnittstelle des Eintrags–Datenobjektmoduls von Fig. 4.11 in einen Eintrags–Datentypmodul um. Den zugehörigen Kollektionsmodul haben wir in Fig. 5.20 skizziert. Formulieren Sie diese Schnittstelle aus! Diese Schnittstelle ist so gestaltet, daß eine vollständig vorgegebene Karte abgelegt und aufgefunden werden kann. Wir wollen nun zulassen, daß eine Karte auch unvollständig eingegeben sein kann, indem in eine konkrete Karte bestimmte Werte eingetragen, andere aber mit einem Default–Wert besetzt werden. Die Schnittstelle des Kollektionsmoduls soll jetzt so umgestaltet werden, daß eine assoziative Anfrage nach Karten möglich ist. Dazu sollen die passenden, aufgefundenen Einträge nacheinander nach außen geliefert werden.

11. Weisen Sie für das Telefonabrechnungsbeispiel von Aufgabe 3 aus Kap. 3 die in Abschnitt 7.1 gemachte Aussage nach, (a) daß Änderungen der Realisierung weitreichende Programmsystemänderungen nach sich ziehen, falls beim Entwurf Datenabstraktion mißachtet wurde, (b) daß eine Korrektur, durch die Datenabstraktion eingeführt wird, weiträumige Architekturänderungen nach sich zieht, während andererseits (c) Änderungen an funktionalen Teilen der Architektur (auch wenn diese ohne Datenabstraktion erstellt wurde) weitgehend lokal bleiben (oft sogar innerhalb von Modulrümpfen). Betrachten Sie hierfür die durch Aufgabe 15 von Kap. 4 zusammengefaßten Änderungen des Telefonabrechnungssystems.

12. Modifizieren Sie die Architektur von Fig. 7.6 so, daß für einen Karteikasten eine Ausgabe sämtlicher Karten, z.B. auf Adreßetiketten, möglich ist. Damit liegt eine kompaktere Ausgabeliste vor als bei einem Hardcopy der Bildschirminhalte von allen Karten. Darüber hinaus ist die Druckausgabe für den Bediener bequem, da er nicht bei jeder Karte einen Befehl zum Hardcopy geben muß. Welche Teile der Architektur sind zu modifizieren? Warum sollte auf der Ein–/Ausgabeseite der Architektur ein Datenabstraktionsmodul eingeführt werden und welche Realisierungsentscheidung verkapselt dieser Modul?

13.* In der Datenbankwelt ist es üblich, für Daten eines Anwendungsbereichs ein sogenanntes konzeptuelles Schema zu erstellen. Dieses beinhaltet sämtliche Entitäten(arten) und Beziehung(en|sarten) einer Anwendung. Mit Hilfe der sogenannten Sichten betrachtet man den relevanten Teil dieser Daten für eine bestimmte Teilanwendung. In einem solchen Schema sind viele "Realisierungsentscheidungen" festgelegt (wie Daten strukturiert sind, wie welche Querbezüge eingerichtet sind), die sich leicht ändern können. Insoweit entspricht dem einer Sicht zugeordneten Teil eines Schemas eine Fülle von transparenten Datentypdefinitionen eines Programms in einer Programmiersprache. Es handelt sich damit um einen Anwendungsfall für die Datenabstraktion, wenn die Architektur eines Dialogsystems oberhalb eines Datenbanksystems modelliert werden soll.

Auf der Ebene des konzeptuellen Schemas modelliert man keine Kollektionen (Zusammenfassung von Objekten bestimmter Arten), denn jede Entitätenklasse steht stets für eine Kollektion aus solchen Objekten. Die Kollektion dieser Objekte wird durch die zugrunde liegende Datenbank realisiert.

Machen Sie sich für ein kleines Beispiel die "Realisierungswillkür" klar, die in einer Schemadefinition stecken kann. Beachten sie ferner die Tatsache, daß Kollektionen von Einträgen nicht modelliert werden. Ebenso werden auf Schemaebene nicht die komplexen Operationen modelliert, die das Anwendungssystem erwartet.

14.* Wie kann die in der letzten Aufgabe erkannte Realisierungswillkür in der Architektur einer interaktiven Anwendung verborgen werden? Der Weg hierzu ist wieder die Anwendung der Datenabstraktion. Die dabei auftretenden Operationen der abstrakten Datentypen sind die in der Schemadefinition nicht spezifizierten Operationen der Anwendung. Was verbirgt der Rumpf dieser Datenabstraktionsmodule? Machen Sie sich den Zusammenhang zwischen der Schemadefinition und der Architekturfestlegung des Dialogsystems klar, indem Sie das in Abschnitt 7.2 erneut aufgegriffene Personendaten–Beispiel um weitere Daten zu einer Person erweitern (personenbezogene Daten (Geschlecht, Familienstand, etc.) sowie weitere Daten (z.B. für ein Kraftfahrzeug, das auf eine Person zugelassen ist) usw.), indem Sie ein Schema für die Zusammenhänge ermitteln und indem Sie dieses in ein übliches Datenbankprogramm umwandeln. Andererseits kann das Beispiel von Fig. 7.6 erweitert werden. Vergleichen Sie beide Lösungen!

15. In Fig. 7.13 wurde das Zusammenspiel zwischen einer EBNF einer bestimmten Form und der dazugehörigen Gestalt der rekursiven Prozedur besprochen. Überlegen Sie sich, aus welchen anderen Konstrukten eine EBNF zusammengesetzt sein kann und wie die entsprechenden rekursiven Prozeduren aussehen (vgl. hierzu z.B. /1. Wi 84/). Diese Überlegungen sollen ohne Berücksichtigung von Fehlerbehandlung, Adressierung und Codeerzeugung stattfinden.

16. In /1. Wi 84/ ist erläutert, wie sich die Gestalt der rekursiven Prozedur verändert, wenn wir Fehlerlokalisierung, Fehlererkennung, Fehlermeldung, in Grenzen auch Fehlerbeseitigung, Wiederaufsetzen in Fehlerfall, kontextsensitive Analysen, Adressierung und Codeerzeugung hinzufügen. Auch diese Erweiterung kann weitgehend mechanisch erfolgen. Lesen Sie dieses nach! Wie müßte die rekursive Prozedur statement von Fig. 7.13 erweitert werden?

* schwierige Aufgabe

8 Allgemeine Hinweise: Strategien zur Adaptabilität und Wiederverwendbarkeit

Die *Zielsetzung* dieses *Kapitels* ist die Angabe von Hinweisen, Regeln und Strategien, die die Kosten bei der Erstellung bzw. der Wartung eines Softwaresystems reduzieren. Der Ansatz ist dabei der, von einer schnell erstellten zu einer wohlüberlegten und "intelligenteren" Architektur überzugehen. Der dabei erbrachte Aufwand zahlt sich zum einen in einer größeren Wartbarkeit des Softwaresystems aus und zum anderen auch in der Wiederverwendbarkeit von Modulen, Teilsystemen bzw. von Konzepten aus, die zur Realisierung eingesetzt werden können.

Die Erläuterung des Kapitels geschieht zum einen dadurch, daß wir entsprechende *Erkenntnisse zusammenfassen*, die wir hierfür bereits kennengelernt haben. Zum zweiten geben wir *Regeln* und zugehörige *Strategien* an, deren Befolgen für Anpaßbarkeit und Wiederverwendbarkeit sorgt. Wir geben für diese Regeln und Strategien zum einen allgemeine Beispiele an, zum anderen diskutieren wir ihre Anwendung auf die Softwareentwicklungs–Umgebung aus Abschnitt 7.4.

Somit sind die Erörterungen dieses Kapitels nicht auf der Ebene, ob und wie man bestimmte Module gestaltet und in eine Architektur einfügt (wie in Kap. 4 und 5), wie bestimmte Teilsysteme gebildet werden (wie in Kap. 5 und 7) oder wie eine bestimmte Gesamtarchitektur aus solchen Bestandteilen zusammenzusetzen ist (wie in Kap. 7). Die *Erläuterungen* liegen statt dessen auf der zugehörigen *Meta–Ebene*. Sie sind Erläuterungen zu der Frage "Wie sind die Überlegungen zu gestalten, die zu bestimmten Modulen, Teilsystemen und einer Gesamtarchitektur eines Softwaresystems führen, so daß gewisse Eigenschaften derselben erfüllt sind?".

Die hier aufgeführten *Regeln* und *Strategien* sind *nicht neu*. Der Beitrag dieses Buches besteht lediglich darin, diese zusammengetragen und geschlossen dargestellt zu haben. Die meisten dieser Regeln und Strategien stammen aus dem Compilerbau, was unsere bereits des öfteren getroffene Aussage bestätigt, daß der Compilerbau eine wichtige Aufgabe in der Informatik-Ausbildung hat, weil viele Ideen zu einer "intelligenteren" Softwarekonstruktion aus diesem Bereich stammen.

Wir werden in diesem Kapitel nach der Erläuterung *jeder Regel/ Strategie* im einzelnen diskutieren, was das Befolgen derselben für die *Wartbarkeit* von Softwaresystemen und für die *Wiederverwendbarkeit bedeutet*. Beide Problemkreise haben wir als zentral für die Lösung der Softwarekrise dargestellt.

8.1 Was haben die bisherigen Überlegungen gebracht?

Wir haben bereits im Vorwort auf die beiden gravierendsten *Probleme* im Zusammenhang mit der Erstellung und Wartung von *Software* hingewiesen: Zum einen ist das *Wartungsproblem* in den Griff zu bekommen (vgl. Fig. 1.1), das z.Z. den größten Teil des Gesamtaufwandes verschlingt. Zum zweiten muß die *Wiederverwendbarkeit* bei der Softwareerstellung und –wartung stärker ins Bewußtsein gerückt werden, da eine Anwendung von Wiederverwendbarkeit den Erstellungs– und Wartungsaufwand reduziert.

Wir hatten ferner darauf hingewiesen, daß wir heute über Lösungen zu bestimmten Problemklassen noch verhältnismäßig wenig wissen. Das liegt daran, daß wir die *Struktur* von Lösungen, d.h. die der *Softwaresysteme*, bisher zu wenig durchdrungen haben und infolgedessen auch wenige Aussagen darüber treffen können. Diese Klärung der Struktur ist aber eine Voraussetzung dafür, "intelligente" von "unintelligenten" Lösungen zu unterscheiden, Standards zu erkennen, allgemeine Bausteine zu ermitteln und Generierungsüberlegungen anzustellen. Somit ist eine Festlegung der Struktur die *Voraussetzung* für jede Art von *Qualitätsüberlegungen* und somit für Wiederverwendbarkeit und Wartbarkeit.

Die Voraussetzung für ein Vorwärtskommen in allen diesen Bereichen ist aber, daß wir die Struktur von Softwaresystemen erkennen und festhalten, um damit fundierte Überlegungen anstellen zu können. Die *Struktur* eines Softwaresystems ist in der *Architektur* desselben festgelegt. Eine Darstellung, die das *Wesentliche* hiervon erkennen läßt, ist das *Architekturdiagramm*. Dieses Diagramm "sagt mehr als tausend Worte", es enthält das ganze Know–how, es ist die Quintessenz einer Lösung.

Deswegen ist ein solches *Diagramm* i.a. auch *schwer* zu *erstellen*, falls es eine gute Lösung wiedergeben soll. Hinter einem Architekturdiagramm kann sich jahrelange Arbeit verbergen. Sogenannte "Methoden", die hier stets Automatisierung in Bezug auf das Gewinnen einer guten Architektur versprechen, gehen, von Sonderproblemen einmal abgesehen, an der Wirklichkeit vorbei. Man kommt zwar zu einer schnellen Lösung (vgl. Schnellschußbeispiel in Kap. 3), aber fast nie zu einer guten.

Wir haben in diesem Buch mit den Architekturdiagrammen und der Detailfestlegung der einzelnen Module in Textform zwei *formale Sprachen* eingeführt, die Grundlage für die Architekturfestlegung sind. Sie sind aber nur *Grundlage*, d.h. ein Rahmen, mithilfe dessen der Entwerfer seine *Ideen ausdrücken* kann, aber nicht mehr. Über die Einführung dieser formalen Sprachen hinaus haben wir in diesem Buch eine Fülle von *Hinweisen* angegeben, wie mit diesen Sprachen umzugehen ist. Das läßt trotzdem noch eine große Bandbreite von Lösungen für Architekturen zu, sowohl gute als auch schlechte.

Der hier vorgestellte *Ansatz* der *Architekturmodellierung* ist formal in dem Sinne, daß die Architekturbeschreibungssprache bezüglich Syntax und Semantik festgelegt ist. Zum zweiten ist die Syntax eines damit festgelegten Softwaresystems formal festgelegt. Für seine Semantik gilt dies allerdings nur auf der Ebene oberhalb einzelner Module. Die Semantik der einzelnen Module wird lediglich in einem umgangssprachlichen Kommentar festgehalten. Somit können wir den gesamten Ansatz als *semiformal* bezeichnen. Dies ermöglicht eine Anwendbarkeit für praktische Probleme und schließt eine Erweiterung in Richtung eines vollständig formalen Kalküls in Zukunft nicht aus.

Wir wollen nun auf die Bedeutung der Architekturfestlegung, insbesondere der in der Form des Architekturdiagramms, bei der Erstellung und Wartung eines Softwaresystems etwas genauer eingehen (vgl. Fig. 8.1). Wir haben im letzten Kapitel in Abschnitt 7.1 und 7.2 nachgewiesen, daß sich die Überlegungen zur Veränderung eines Softwaresystems, sei es bei gleichbleibender oder veränderter Funktionalität des Gesamtsystems, weitgehend anhand des Architekturdiagramms durchführen lassen. Wir können die Stellen der Änderung leicht identifizieren und wir können ferner feststellen, wo sich diese Änderungen auswirken. Das gleiche trifft zu, wenn wir Fehler oder Ineffizienzen beseitigen. Falls die betreffenden Änderungen nicht modullokal bleiben, dann kann die Fernwirkung der Änderung wieder anhand des Architekturdiagramms angegeben werden. Damit ist das *Architekturdiagramm* das *zentrale Dokument* für die *Wartung* (vgl. Abschnitt 1.4).

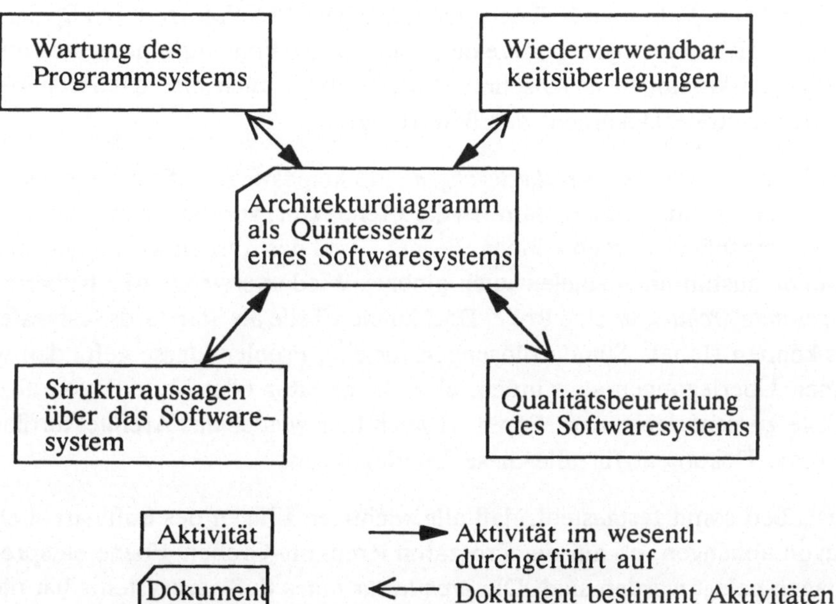

Fig. 8.1: Die Rolle des Architekturdiagramms für zentrale Tätigkeiten und Überlegungen im Softwarelebenszyklus

Das gleiche trifft für die *Gewinnung* von *Strukturaussagen* über Softwaresysteme zu. Wir können, entsprechende Erfahrung vorausgesetzt, auf einen Blick erkennen, ob eine reine funktionale Zerlegung gewählt wurde (vgl. Fig. 3.3), ob die Datenabstraktion eine Rolle gespielt hat, ob objektorientiert modelliert wurde, ob Teilsysteme gebildet wurden, welche Komponenten allgemeine Bedeutung haben, welche Entwurfsentscheidungen hinter den Teilen der Architektur stehen usw.

Schließlich ist das Architekturdiagramm das zentrale Dokument, um *Qualitätsaussagen* über das zu entwickelnde oder zu verändernde Softwaresystem zu *gewinnen*. Wir
haben in Abschnitt 1.6 die wichtigsten Qualitätseigenschaften von Softwaresystemen
festgelegt. Die "Korrektheit" des Softwaresystems gegenüber der Anforderungsdefinition wird weitgehend auf der Architekturdiagrammebene überprüft. Zur Überprüfung der Korrektheit der Implementationen gegenüber der Entwurfsspezifikation
brauchen wir die textuelle Architekturnotation für die einzelnen Module. Die Robustheit und die Ausfallsicherheit sind anhand des Vorhandenseins bestimmter Module
bzw. Teilsysteme oder anhand der Entwurfsentscheidungen von Modulen bzw. Teilsystemen feststellbar. Selbst die Bedienerfreundlichkeit ist zumeist insofern auf der Architekturdiagrammebene sofort erkennbar, als festgestellt werden kann, welche Überlegungen zur Gestaltung des Ein-/ Ausgabeteils der Architektur angestellt wurden
(vgl. Abschnitte 7.1, 7.2 und 7.4). Auch die Adaptabilität und Portabilität sind direkt
ablesbar oder können anhand der Ergebnisse der beiden Diskussionen zum Thema
"Was kann sich ändern?" überprüft werden. Die Lesbarkeit und die Einfachheit ergeben sich daraus, wie schnell die Architektur mithilfe des Design-Rationales verstanden werden kann. Faßt man Effizienz nicht nur bezüglich Laufzeit und Speicherplatz
auf, sondern zieht man insbesondere die Effizienz des Erstellungsprozesses mit in Betracht (vgl. Diskussionen in Abschnitt 1.6), dann ist auch hier das Architekturdiagramm das zentrale Dokument der Bewertung.

Die *Wiederverwendbarkeitsüberlegungen* sind keineswegs auf einzelne Module beschränkt. Es muß ein Rahmen, nämlich die Architektur, vorhanden sein, in den solche
Bausteine eingehängt werden können. Ferner – und das werden wir in diesem Kapitel
noch weiter ausführen – spielen auch globale Wiederverwendbarkeitsüberlegungen
für die *gesamte Architektur* eine Rolle. Dort können Teile als Standards festgestellt werden, es können globale Standardlösungen für eine Problemklasse gefunden werden,
es können Überlegungen stattfinden, eine Architektur oder Teile davon abzuleiten
bzw. Teile zu generieren usw. Somit ist auch hier wieder das Architekturdiagramm
das zentrale Dokument für alle diese Überlegungen.

Wir haben somit festgestellt, daß alle wichtigen Fragen des Software-Lebenszyklus davon abhängen, ob auf der Programmieren-im-Großen-Ebene entsprechende
Grundlagen gelegt worden sind. Die *Architektur* eines Softwaresystems hat nicht nur
eine zentrale Stellung bezüglich der Abhängigkeiten der Tätigkeiten und des Arbeitsaufwandes in den nachfolgenden Bereichen (vgl. Fig. 2.8), sondern ihre *Eigenschaften*
bestimmen bereits weitgehend die *Güte des gesamten Softwaresystems*.

8.2 Einige Strategien zur Erstellung wartungsfreundlicher Architekturen

Wir geben in diesem Abschnitt einige *Regeln* zur *Wartbarkeit* (Adaptabilität, Portabilität) von Softwaresystemen an. Die Beachtung dieser Regeln soll im Sinne der Einleitung des Kapitels auch von dem "täglichen Wiedererfinden des Rads" in der Softwareerstellung und –wartung wegführen. Diese Regeln sind damit gleichzeitig Regeln zur *Wiederverwendbarkeit*. Das Globalziel dieser Regeln ist somit, zu einer wirtschaftlicheren Gestaltung des Erstellungs– und Wartungsprozesses von Software zu kommen.

Dadurch, daß diese Regeln keine konkreten Handlungsanleitungen vorgeben, sondern eher den Rahmen und die grobe Zielsetzung für solche Handlungsanleitungen darstellen, *induzieren* diese Regeln auch *Strategien*, d.h. globale Vorgehensweisen, zur Wartbarkeit und Wiederverwendbarkeit.

Wir geben zu jeder Regel/ Strategie im folgenden einige *Beispiele* an, wie diese beachtet bzw. umgesetzt werden können. Diese Beispiele haben zum einen *allgemeinen Charakter*. Die Voraussetzung hierfür ist, daß sich für eine Regel oder Strategie solche allgemeinen Beispiele, die unabhängig von einem Anwendungssystem sind, finden lassen. Zum anderen geben wir *anwendungsbezogene* Beispiele an, die sich *auf* die *Softwareentwicklungs–Umgebung beziehen,* die wir in Abschnitt 7.4 kennengelernt haben. Die Beispiele stellen Teilarchitekturen bzw. Überlegungen zu diesen Teilarchitekturen dar.

Die *erste Strategie*, die hier aufgeführt werden soll, ist das Erkennen und das *Herausziehen von Basisbausteinen*, d.h. von Basismodulen oder Basisteilsystemen. Wir haben mit den Architekturdiagrammen eine prägnante Notation für die Struktur von Softwaresystemen eingeführt. Auf dieser Ebene der Übersichtsdarstellung ist es wahrscheinlicher, daß Gemeinsamkeiten im Sinne von Basisbausteinen erkannt werden. Diese Basisbausteine sind stets über die allgemeine Benutzbarkeit oder die Vererbungs–Benutzbarkeit in eine Architektur eingehängt.

Wir erinnern uns (vgl. Fig. 4.30), daß der *Grad der Allgemeinheit* eines *Basisbausteins* in Softwaresystemen verschieden sein kann: Der Basisbaustein kann über eine einzige Benutzbarkeitskante in eine Architektur eingehängt sein, oder er kann in einem Teilsystem oder in einem Gesamtsystem mehrfach benutzt werden. Schließlich kann dieser Baustein in verschiedenen Softwaresystemen auftauchen, wobei er stets dazugebunden wird. Er kann schließlich auch ein Prozeß sein, der ein einziges Mal vorhanden ist und der für verschiedene, als unabhängig angesehene Softwaresysteme Buchhaltungs–, Datenablage– oder Synchronisationsaufgaben übernimmt. Man beachte, daß wir die Frage der Allgemeinheit von Bausteinen in einem Softwaresystem diskutieren und nicht die Frage der Allgemeinheit eines gesamten Softwaresystems. Somit steht etwa die Frage des seltenen oder des oftmaligen Einsatzes eines Softwareystems und damit eine Allgemeinheit in diesem Sinne nicht im Blickpunkt des Interesses.

Ein solcher *Baustein* muß nach Erkennen seiner allgemeinen Verwendbarkeit *anderen Personen zur Verfügung gestellt* werden. Das kann innerhalb eines Teilprojekts oder eines Projekts erfolgen, oder es kann projektübergreifend innerhalb einer Abteilung, Firma, eines Benutzerkreises oder einer Klasse von Anwendungen erfolgen, sogar bis hin zu allen Benutzern einer Sprachimplementation. Ein noch größerer Grad von Allgemeinheit wird erzielt, wenn der Baustein dem Standard einer Sprache angehört und damit in allen Sprachimplementationen vorhanden ist.

Diese *Strategie* des Herausziehens von Basisbausteinen *trägt* trivialerweise insofern *zur Wiederverwendbarkeit bei*, als hierbei die Erkennung und der Einsatz von Basisbausteinen besonders betont wird. Sie trägt aber auch zur *Wartbarkeit* von Softwaresystemen bei. Zum einen ist dann die Wartbarkeit des Basisbausteins die Aufgabe desjenigen oder derjenigen, der oder die diesen Baustein realisiert haben. Damit liegt die Wartung (hoffentlich) in den Händen von Personen, die spezielle und umfangreichere Kenntnisse über den Baustein besitzen. Zum zweiten ist der Aufwand bei der Erstellung des Gesamtsystems insoweit kleiner, als der Aufwand für die Basisbausteine abgezogen werden kann. Damit wird der Rest kleiner, und er ist auch leichter zu warten.

Heutige Vorgehensweisen, Methoden, Werkzeuge und *Sprachen unterstützen* diese Aspekte der Wiederverwendbarkeit und Wartbarkeit nur *unzureichend*. Das Aufsehen, das die Objektorientiertheit in der wissenschaftlichen Diskussion erlangt hat (vgl. Abschnitte 5.8 und 5.9), wird dem Aspekt zugeschrieben, daß objektorientierte Modellierung die Wiederverwendbarkeit auf der Ebene des Programmierens im Großen und damit auch des Programmierens im Kleinen maßgeblich fördert. Aber auch ohne Objektorientierung läßt sich die Strategie des Herausziehens von Basisbausteinen auf der Ebene der Architekturmodellierung durch den Einsatz passender Werkzeuge unterstützen, worauf wir im nächsten Kapitel kurz zurückkommen werden.

Beispiele für allgemeine Bausteine in Softwaresystemen finden sich in der Form funktionaler Module oder Teilsysteme, wie z.B. in einer Bibliothek mathematischer Funktionen. Sie finden sich aber vor allem in den Anwendungen von Datenabstraktionen, nämlich für komplexe Einträge, für Kollektionen von Einträgen, bei der Ein-/ Ausgabe, als Zwischendaten oder als permanente Datenstruktur. Sie finden sich aber auch bei der Verkapselung von Geräten und bei der Verkapselung spezieller Layouts. Wir werden im Verlauf dieses Abschnitts noch weitere Beispiele allgemeiner Bausteine kennenlernen.

Diese *Beispiele* für Basisbausteine finden sich auch *in der Softwareentwicklungs-Umgebung* aus Abschnitt 7.4 wieder, nämlich als Graphenspeicher zur Aufnahme der komplexen internen Dokumente, als virtuelles graphisches Terminal, als allgemeines Fenstersystem, als Schicht zur Verkapselung des Layouts der Eingabe und ferner als graphische Basisschicht, die alle Graphikelemente zur Handhabung von Diagrammen enthält. In der Grobarchitektur von IPSEN befinden sich die Basisbausteine im unteren Ende der Architektur (vgl. Fig. 8.2).

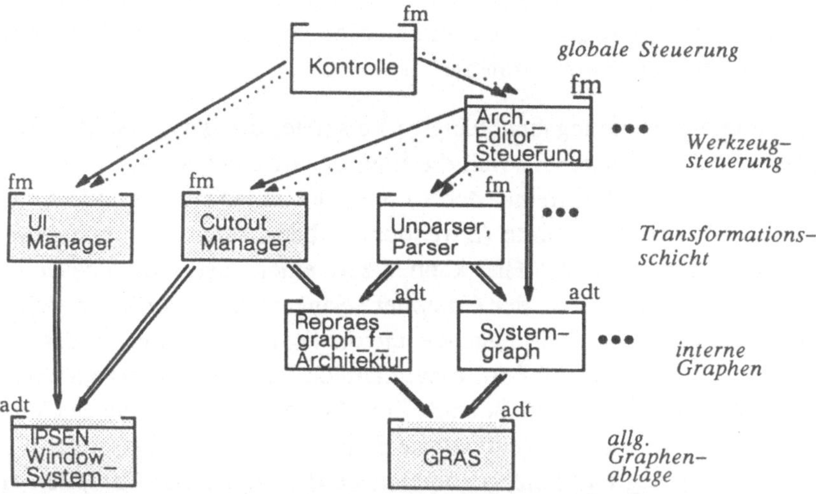

Fig. 8.2:   Allgemeine Bausteine der IPSEN–Grobarchitektur

Die *zweite Strategie* ist, ein *Softwaresystem* von vornherein, soweit dies möglich ist, als *Bausteinkasten* zu konzipieren. Die Bausteine dieses Bausteinkastens sind Teilsysteme oder Module. Dies betrifft nicht nur die Basisbausteine, weshalb sich eine deutliche Unterscheidung zur ersten Strategie ergibt. Hier ist in erster Linie daran gedacht, daß die nur in einer speziellen Anwendung sinnvollen Teilsysteme oder Module nach Bausteinkastenmanier zusammengesetzt werden sollen.

Der Sinn dieser Vorgehensweise ist, daß auf diese Weise *vereinfachte* Varianten (z.B. für Einführungszwecke) oder *spezielle Varianten* (z.B. bestimmte Art der Ein-/ Ausgabe) leicht zusammengebaut werden können. Aber auch eine *Erweiterung* des Gesamtsystems ist insoweit leichter möglich, als in dem bausteinkastenartig aufgebauten System bereits die Stellen des Hinzufügens weiterer Bausteine vorgesehen sein müssen.

In unserer *Architekturmodellierungswelt* haben wir insbesondere zwei *Konzepte* kennengelernt, die sich für diese Strategie gut *einsetzen lassen*. Zum einen besteht die Möglichkeit, mithilfe von Teilsystemen und innerhalb von Teilsystemen Bausteine additiv zusammenzufügen (vgl. die Diskussion von Teilsystemen und der Summationsbeziehung in Abschnitt 5.3). Zum zweiten ist die objektorientierte Architekturmodellierung ein Konzept, das diese Strategie unterstützt, da deren Charakteristikum darin besteht, zu Bausteinen, die untereinander ähnlich sind, weitere Bausteine über die Spezialisierung hinzuzufügen.

Diese *Strategie trägt* offensichtlich sowohl zur *Wartbarkeit* von Softwaresystemen als auch zur *Wiederverwendbarkeit* von Bausteinen *bei*. Die Wartbarkeit wird dadurch erhöht, daß Bausteine leicht herausgenommen, ausgetauscht oder hinzugefügt werden können. Die Wiederverwendbarkeitssteigerung ergibt sich daraus, daß diese Teile für die wahlweise Hinzunahme gebaut sind, d.h., daß sie als wiederverwendbare Bausteine konzipiert sind. Diese Bausteine sind hier jedoch i.a. anwendungsbezogen, im Gegensatz zu denen der ersten Strategie.

Allgemeine und anwendungsunabhängige Beispiele, die dieser zweiten Strategie folgen, lassen sich kaum angeben, weil die Eigenschaft eines Softwaresystems, teilweise oder weitgehend ein Bausteinkasten zu sein, sich in jedem Fall anders darstellt. Wir wollen deshalb zwei bestimmte Anwendungen betrachten. Die erste *Anwendung* ist die eines *Mehrphasencompilers*. Hier können zum einen bestimmte Phasen herausgenommen werden, wenn man an den Compiler geringere Anforderungen stellt, nämlich die Optimierung auf den Zwischencode und die Postoptimierung auf den Maschinencode. Es können andererseits Bausteine, nämlich Phasen, zusammengefügt werden, wenn sie entsprechend angepaßt sind. Zum Beispiel kann ein neues Compiler-Vorderteil (lexikalische Analyse, kontextfreie Syntaxanalyse, kontextsensitive Analyse, Zwischencode-Erzeugung) hinzugenommen werden, wobei das Compiler-Hinterteil unverändert bleibt. Dies ist der Fall, wenn wir eine neue Sprache in eine Compilerfamilie aufnehmen. Ein anderer Fall ist der, daß wir einen Compiler für eine bestimmte Sprache für eine neue Maschine anpassen. Hier ist das Compiler-Hinterteil neu zu erstellen, wobei das Vorderteil unverändert bleibt. Somit ist der Mehrphasencompiler ein klassisches Beispiel eines Softwaresystems nach dem Baukastenprinzip, insbesondere dann, wenn dieser einer Compilerfamilie entstammt.

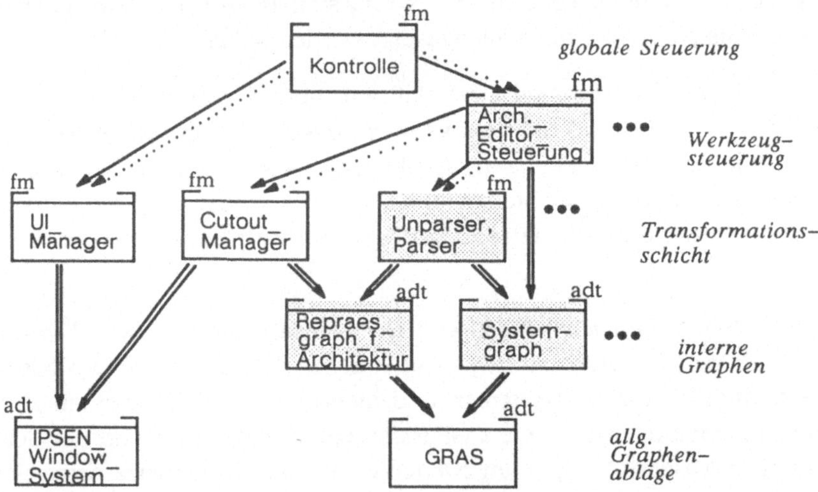

Fig. 8.3:   Stellen der IPSEN-Architektur mit Bausteinkasten-Charakter

In der zweiten *Anwendung*, der *Softwareentwicklungs-Umgebung* von Abschnitt 7.4, finden sich ebenfalls Anwendungen dieser Strategie des Baukastensystems an verschiedenen Stellen (vgl. Fig. 8.3). Wir finden sie auf der Ebene der problembezogenen Datenstrukturen zu einzelnen Arbeitsbereichen (Programmieren im Kleinen, Programmieren im Großen, Dokumentationsunterstützung, Projektmanagement etc.), in der darüberliegenden Schicht zur Steuerung dieser Werkzeuge und auf der Ebene der

Transformatoren zu diesen verschiedenen Werkzeugen sowie auf der Ebene der Erzeugung verschiedener Sichten eines Dokuments, einschließlich der dazu gehörigen und speziellen Graphikprimitive. An allen diesen Stellen muß geändert, nämlich hinzu– oder weggenommen werden, letzteres beispielsweise, wenn wir eine abgemagerte Entwicklungs–Umgebung nur für das Programmieren im Kleinen realisieren wollen, oder wenn wir ein spezielles System mit ausschließlich graphischer Ausgabe realisieren wollen. Schließlich, und das ist noch bedeutsamer, können an diesen Stellen auch weitere Werkzeuge für weitere Arbeitsbereiche hinzugefügt werden (vgl. Aufgabe 1).

Die *dritte Strategie*, die wir angeben wollen, ist diejenige, *veränderliche Teile* eines Programmsystems *in* Form von *Daten* (z.B. Tabellen) in ein Softwaresystem einzugliedern. Der Grund dafür ist der, daß diese veränderlichen Teile nicht innerhalb des Codes der Rümpfe des Softwaresystems "verdrahtet" sein sollten, sondern leicht auswechselbare Daten darstellen. Das widerspricht keineswegs der im Zusammenhang mit der Datenabstraktion gemachten Aussage, daß alle komplexen Teile, und somit auch Daten, in Form von Programmbausteinen vorhanden sind. Diese Daten finden sich nämlich in Form von Datenabstraktionsbausteinen (Modulen, Teilsystemen) in der Systemarchitektur wieder. Wenn wir also im folgenden die Unterscheidung "Programmcode versus Daten" diskutieren, so befinden sich beide in Bausteinen, die auf der Architekturebene leicht identifizierbar sind. Diese dritte Strategie läßt sich auf alle Teile eines Softwaresystems anwenden und damit auch auf die Basisbausteine der ersten Strategie sowie auf die Bausteine eines Bausteinskastens der zweiten Strategie.

Allgemeine Beispiele für die *Anwendung dieser Strategie* finden sich zuhauf. Man kann z.B. Tabellen benutzen, um jeweils Fehlermeldungen, Warnungen oder Systemmeldungen zusammenzufassen. Weitere Beispiele finden sich, falls Eigenschaften zugeordnet werden sollen, die sich leicht ändern können. Dies ist etwa für Layout–Eigenschaften, die einem bestimmten logischen Konstrukt zugewiesen werden sollen (z.B. ein Absatz beginnt mit Einrücken, hat eine Leerzeile vorne und hinten), oder bei der Zuordnung bestimmter Steuerzeichen eines E–/A–Gerätes zu bestimmten Layout–Angaben (vgl. Aufgabe 3) der Fall. Klassische Beispiele für Tabellen finden sich für die Angabe der Übergänge endlicher Automaten, z.B. bei der lexikalischen Analyse (Scanner–Tabelle), sowie für Kellerautomaten, z.B. bei der kontextfreien Syntaxanalyse (Parser–Tabelle).

In dem *Beispiel* der *Softwareentwicklungs–Umgebung* aus Abschnitt 7.3 haben wir an verschiedenen Stellen der Architektur von der *Umwandlung* von *Programmtext in Tabellen* Gebrauch gemacht. So wurden zum einen Fehlermeldungen, Warnungen oder Systemmeldungen in Tabellen eingeschlossen. Es wurden die zulässigen Kommandos zu bestimmten logischen Inkrementen in einer Tabelle zusammengestellt. Der Parser der Texteingabe arbeitet tabellengesteuert. Die Ausgabe durch den Unparser sieht Tabellensteuerung vor, indem die Repräsentationsfestlegung zu den einzelnen Inkrementen innerhalb von Tabellen erfolgt. Die Umwandlung von Layoutfestlegungen innerhalb des Repräsentationsdokuments in bestimmte Primitive einer Ausgabe (Text, Graphik) geschieht ebenfalls so, daß diese leicht austauschbar sind.

Die Beispiele sind über die gesamte Architektur der Softwareentwicklungs-Umgebung verstreut und äußern sich hier eher auf Modul- als auf Teilsystemebene. Sie wären also nur festzustellen, wenn wir die Teilsysteme von Fig. 7.6 bis auf Modulebene modelliert hätten. Wir haben deshalb auf die Angabe einer Abbildung zur dritten Strategie verzichtet.

Die *Umwandlung* eines *Programms*, dessen veränderliche Teile sich im Code befinden, in eines mit veränderlichen Teilen in einer speziellen Tabelle, kann nun *verschieden* aussehen. Im Fall von Warnungen oder Fehlermeldungen bzw. im Fall von Eigenschaftszuordnung sieht die Umwandlung lediglich so aus, daß Aufrufe von Ausgabeprozeduren abgeändert werden. So enthält eine Prozedur zur Ausgabe von Warnungen/ Fehlermeldungen jetzt nicht mehr direkt den Text der Warnung oder Fehlermeldung , sondern nur noch einen Verweis auf die entsprechende Tabelle. (Natürlich sollten dabei weder Spezifika der Layoutaufbereitung von solchen Warnungen oder Fehlern (vgl. Aufgabe 4) noch Spezifika von E-/A-Geräten benutzt werden).

Die Umwandlung eines Programms zur Syntaxanalyse in ein tabellengesteuertes haben wir als Architekturtransformation in Abschnitt 7.3 kennengelernt. Dort wurde ein Syntaxanalysator nach dem rekursiven Abstieg in einen tabellengesteuerten umgewandelt. Dabei wurde durch die Einführung der Parser-Tabelle als Datenobjektmodul der funktionale Teil des Syntaxanalysators kleiner (Steuerung mithilfe der Tabelle durch einen Treiber/ Interpreterbaustein). Wir haben dies deshalb als "Herausziehen von Code und Umwandlung in Datenstrukturen" bezeichnet. Dabei ergab sich die Notwendigkeit, weitere Bausteine einzuführen (hier Übersetzungskeller, Fehlerbehandlung, vgl. Aufgabe 5).

Wie wir in der obigen Diskussion bereits gesehen haben (vgl. auch Aufgaben 4 und 5), haben wir in unserer *Architekturbeschreibungssprache* alle *Konzepte* für die *Umwandlung* eines *"hart verdrahteten"* Programms *in* ein *datengesteuertes* zur Verfügung. Diese Umwandlung bedeutet im wesentlichen die Einführung entsprechender Datenabstraktionsbausteine, die Verkleinerung des funktionalen Teils der Architektur und das Hinzufügen weiterer Bausteine.

Was bedeutet diese *Umwandlung* für die *Wartbarkeit* eines Programms und für die *Wiederverwendbarkeit* seiner Bausteine? Die Wartbarkeit eines Programms wird wesentlich erhöht, weil die stark veränderlichen Teile jetzt in einzelnen Bausteinen, nämlich in Datenstrukturen und zwar in Form von Datenabstraktions-Modulen oder -Teilsystemen, eingeschlossen werden. Diese Datenstrukturen können darüber hinaus leicht verändert oder ausgetauscht werden, ohne daß dies den Rest des Softwaresystems berührt. Die Wiederverwendbarkeit ist nicht unbedingt durch die Umwandlung der veränderlichen Teile gegeben. Diese bleiben meist speziell und somit nicht allgemein verwendbar. Wie wir aus der Diskussion des Übergangs zu einem tabellengesteuerten Programm in Abschnitt 7.3 gesehen haben, werden bei dieser Umwandlung neben den eigentlichen Tabellen weitere Bausteine eingeführt, die allgemeinen Charakter haben und die damit auch wiederverwendbar sind. Diese Bausteine erhöhen somit wiederum die Wartbarkeit eines Softwaresystems (vgl. Aufgabe 6).

Die *vierte Strategie*, die hier erläutert werden soll, ist das *Bootstrapping*. Das Bootstrapping stammt ebenfalls aus dem Compilerbau. Es erinnert jemanden, der zum ersten Mal damit konfrontiert wird, daran, wie sich Münchhausen an seinem Schopf aus dem Sumpf zog. Da diese Idee in diesem Buch noch nicht erschien, werden wir sie im folgenden kurz erläutern. Diese Erläuterung ist nur ein kurzer Abriß, der nur zur Einführung der Idee dient. Der Leser sei z.B. auf /1. Wi 84/ für eine gründlichere Diskussion verwiesen.

Bootstrapping kann für *verschiedene Aufgaben* benutzt werden: Man kann (1) diese Technik dafür einsetzen, Sprach- und infolgedessen Compilererweiterungen zu realisieren. Ferner kann man (2) damit Compiler von einer Maschine auf eine andere portieren. Schließlich kann man damit sogar (3) Compiler verbessern. Wir werden die ersten zwei Anwendungen kurz skizzieren.

Hierzu führen wir die *Notation* des *T–Diagramms* ein (vgl. Fig. 8.4.a). Diese Notation charakterisiert einen Compiler, d.h. ein Transformationsprogramm, das Sätze einer formalen Quellsprache Q in Sätze einer formalen Zielsprache Z übersetzt und das selbst in der Implementierungssprache I realisiert ist. Alle diese Sprachen können verschieden sein. Wenn der Compiler auf einer Maschine läuft und Code für eine andere erzeugt, nennt man ihn einen Cross–Compiler. Ein solcher $Q_M Z$–Compiler ($Q_M Z$ steht als Abkürzung für das obige T–Diagramm) ist auf einer M–Maschine ausführbar, wenn ein Interpreter für M in Hardware oder Software zur Verfügung steht.

Solche *T–Diagramme* können *zusammengefügt* werden (vgl. Fig. 8.4.b.): Nehmen wir an, wir hätten einen in M–Assembler geschriebenen Compiler, der aus I–Programmen M–Programme macht, und wir besäßen ferner einen in I geschriebenen Compiler für Q nach Z. Dann kann der erste Compiler auf der M–Maschine laufen und den zweiten Compiler als Eingabe benutzen. Er erzeugt daraus einen Compiler, der wieder Q–Programme in Z–Programme übersetzt, der aber jetzt in Assembler M formuliert ist. Beim Zusammenfügen von T–Diagrammen sehen wir, daß die Implementierungssprache des als Eingabe benutzten Compilers mit der Quellsprache des übersetzenden Compilers übereinstimmen muß. Das gleiche gilt für die Zielsprache des übersetzenden Compilers und für die Implementierungssprache des erzeugten Compilers. Eine solche Zusammenfassung von drei T's ist also so zu lesen, daß ein $Q_I Z$–Compiler und ein lauffähiger $I_M M$–Compiler einen $Q_M Z$–Compiler ergibt.

Ausgangspunkt jeder Bootstrapping–Technik ist, daß man einen Compiler für eine Sprache S in dieser Sprache selbst schreibt. Wir wollen nun, um die Tragfähigkeit der Bootstrapping–Technik zu demonstrieren, die ersten beiden der obigen Anwendungen skizzieren. In der ersten Anwendung (vgl. Fig. 8.4.c) wollen wir eine *Erweiterung* der *Sprache* S zu einer Sprache S' vornehmen. Anders formuliert, wir zeigen, wie eine Realisierung von S' auf die Realisierung einer Teilmenge S zurückgespielt werden kann. Wir modifizieren als ersten Schritt (1) den gegebenen $S_S M$–Compiler zu einem $S'_S M$–Compiler. Dieser liefert als Eingabe eines $S_M M$–Compilers einen $S'_M M$–Compiler im nächsten Schritt (2). Im folgenden Schritt (3) modifizieren wir den $S'_S M$–Com-

Wenn wir die Ergebnisse des *Bootstrapping* und seiner Anwendungen zusammen-
piler zu einem S'_SM–Compiler. Dieser kann in den in Schritt (2) erzeugten Compiler
gesteckt werden und liefert nun den gewünschten S'_MM–Compiler.

Die zweite Bootstrapping–Anwendung zeigt, wie ein *Compiler* von einer M–Maschine auf eine M'–Maschine *übertragen* werden kann, indem ein existierender Compiler, der auf der M–Maschine läuft, benutzt wird. Wir zeigen, daß sich der Aufwand
darauf reduziert, die Code–Erzeugung neu zu schreiben. Die hier vorgestellte Technik
geht davon aus, daß die Portierung auf der M–Maschine durchgeführt wird. Das Vorgehen ist wieder ähnlich zu oben: Wir modifizieren den S_SM–Compiler zu einem
S_SM'–Compiler und erzeugen durch Übersetzung desselben mithilfe des S_MM–Compilers einen S_MM'–Compiler. In diesen stecken wir den S_SM'–Compiler noch einmal hinein, woraus der gewünschte S_M·M'–Compiler resultiert. Soll dieser auf der M–Maschine getestet werden, so ist ein M'–>M–Emulator zu schreiben.

Ausgangspunkt aller Überlegungen zum Bootstrapping ist also ein in S geschriebe-
ner Compiler für die Sprache S, der geeignet modifiziert werden muß. Ferner benötigten wir als *Initialschritt* einen S_MM–Compiler. Dieser muß nun keineswegs in M–Assembler herunterprogrammiert werden. Auch hier können wir eine bereits verfügbare
höhere Programmiersprache auf M benutzen (vgl. Aufgabe 7). Ebenso wie diesen Initialschritt wollen wir auch den dritten Anwendungsfall, nämlich die *Verbesserung* eines
Compilers, dem Leser überlassen (vgl. Aufgabe 8).

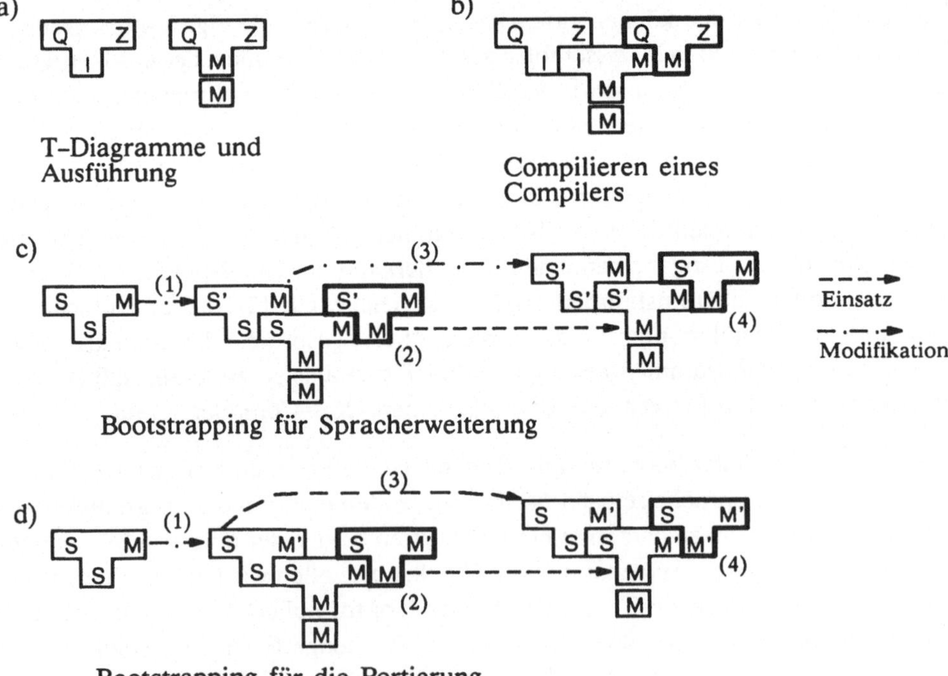

Fig. 8.4:   Bootstrapping und Anwendungen

fassen, so stellen wir fest, daß die wesentliche Idee diejenige ist, möglichst viel von dem vorhandenen S_SM-Compiler zu nutzen, um einen weiteren Compiler zu erzeugen. Bei dem Anwendungsfall Spracherweiterung mußte dieser zweimal modifiziert werden, bei der Portierung nur einmal. Hier wird Aufwandsreduktion durch *Wiederverwendung* einer vorhandenen Compilerstruktur erzeugt, die aber entsprechend anzupassen ist. Die oben eingangs angegebenen Anwendungsfälle für das Bootstrapping sind die typischen *Wartungsprobleme* eines Compilers.

Wie wir bereits oben gesehen haben, besteht die Kernaussage des Bootstrapping darin, daß wir eine Sprache für ihre eigene Übersetzung einsetzen. Wir wollen diese *Definition verallgemeinern: Bootstrapping* ist die Entwicklung von Konzepten, Methoden, Sprachen oder Regeln, die für ihre eigene Realisierung einsetzbar sind und eingesetzt werden.

Bis auf den Standard–Anwendungsfall Compilerbau, dessen Literatur hinlänglich bekannt ist, ist es schwer, allgemeine Beispiele für die Anwendung der Bootstrapping–Strategie zu finden. Wir wollen uns deshalb in diesem Buch auf die Angabe von *Beispielen* aus der *Softwareentwicklungs–Umgebung* IPSEN von Abschnitt 7.4 beschränken.

Eine naheliegende Anwendung des Bootstrapping ist diejenige, für die Realisierung der Programmieren–im–Großen–Konzepte diese Ideen selbst einzusetzen. Wie wir bereits erwähnt haben, wurde ein strukturbezogener Editor für das einfache Modulkonzept von Kap. 4 realisiert /7. Le 88 a,b/. Die *Architektur* des gesamten IPSEN–Systems und somit auch die des *strukturbezogenen Editors* für die beiden Architekturbeschreibungssprachen wurden mit den *Architekturbeschreibungssprachen* dieses Buches erstellt. Ein noch weitergehendes Bootstrapping in dem Sinne, daß ein Rumpfsystem von IPSEN für eine Fortentwicklung desselben eingesetzt wird, ist für die Zukunft geplant.

In Abschnitt 7.4 wurde nur kurz angedeutet, daß die internen Dokumente zu den einzelnen Arbeitsbereichen (Requirements Engineering, Programmieren im Großen etc.) in Form von Graphen, die zu bestimmten Graphenklassen gehören, abgelegt sind. Die Operationen auf diesen Graphen wurden durch Graph–Grammatiken spezifiziert (vgl. z.B. /1. Na 79/, /1. ELS 87/, /1. Sc 89, 90/). Für die aktuell angewandte Graph–Grammatik–Spezifikationsmethode PROGRESS /1. Sc 89, 90/ wird z.Z. eine *Spezifikations–Umgebung* erstellt. Diese Spezifikations–Umgebung besteht aus einem strukturbezogenen Editor zur Eingabe/ Veränderung von Graph–Grammatik–Spezifikationen, Analysewerkzeugen und einem Werkzeug zur direkten Ausführung solcher Spezifikationen. Diese Spezifikations–Umgebung wird nach der gleichen Gedankenlinie wie IPSEN realisiert. Somit werden die Graph–Grammatik–Spezifikationen intern wieder als Graphen einer Graphenklasse abgelegt (Grammatik–Graph), deren strukturbezogene Editor–Operationen wiederum mit *Graph–Grammatiken spezifiziert* werden. Darüber hinaus wurden die Architekturüberlegungen von Abschnitt 7.4 sowie die externen Charakteristika der Werkzeuge übernommen.

Nach der Fertigstellung des Graph–Grammatik–Ausführers kann eine Graph–Grammatik–Spezifikation für eine Anwendung (zusammen mit dem Ausführer und den anderen Teilen der IPSEN–Umgebung für die Ein-/ Ausgabe, Steuerung, Datenablage etc.) als Rapid Prototype dieser interaktiven Anwendung realisiert werden. Da der Graph–Grammatik–Interpreter Regelanwendungen aktiviert, ist es denkbar (es wurde aber nicht so gemacht), daß eine prototypische Version des Graph–Grammatik–Editors mithilfe dieses Interpreters realisiert wird.

Die *beiden letzten noch zu erläuternden Strategien* liegen auf einer höheren Abstraktionsebene. Wir hatten zu Beginn des Kapitels bereits ausgeführt, daß sich alle Strategien auf der Meta–Ebene der Modellierungs–Problematik befinden, und zwar in dem Sinne, daß sie Rahmen für Architekturmodellierungs–Vorgehensweisen darstellen. Die letzten beiden Strategien liegen nun noch einmal *auf der nächsten Meta–Ebene*, da es verschiedene Strategien im bisherigen Sinne gibt, die diesen beiden Strategien "genügen".

Die *fünfte Strategie*, die wir nun erläutern, ist, *Softwaresysteme zu "erzeugen"*. Dabei verstehen wir unter "Erzeugen" die Abkehr von dem Versuch, ein Softwaresystem völlig neu zu programmieren, und zwar unter der Verwendung von Überlegungen, die ausschließlich auf die Realisierung dieses Softwaresystems gerichtet sind. Wir wollen statt dessen von der handgefertigten Vorgehensweise abrücken, um durch den Einsatz *zusätzlicher Überlegungen* zu einer *mechanischen Realisierung* oder Teilrealisierung zu gelangen. Dabei wollen wir das Herausziehen von Basisbausteinen, die sich in verschiedenen Softwaresystemen einsetzen lassen und die den speziellen Teil verkleinern, nicht bereits als eine Vorgehensweise zu dieser Strategie betrachten. Somit ist das Erzeugen eher auf die spezifischen Teile gerichtet, die nicht durch Basisbausteine abgedeckt sind. Natürlich setzt dieses Vorgehen voraus, daß wir die Verwendung von Basisbausteinen vorab erkannt haben.

Die beiden bereits erläuterten Strategien, ein *System als Bausteinkasten* aufzufassen und das *Bootstrapping*, können in gewisser Weise als eine *Möglichkeit zur Erzeugung* aufgefaßt werden. Im ersten Fall ist das Erzeugen im Idealfall dadurch realisiert, daß in eine Schublade mit vorgefertigten Teilen gegriffen wird und daß die Teile nur noch geeignet kombiniert werden müssen. Es ergibt sich ggf. ein geringer zusätzlicher Programmieraufwand für diese Kombination. Im zweiten Fall ist eine Rumpfversion, auf die wir die Realisierung zurückführen können, bereits implementiert, so daß der ganze Realisierungsaufwand dramatisch verringert wird. Wir wollen nun im folgenden die anderen Strategieausprägungen des "Erzeugens" abhandeln.

Die erste Möglichkeit des Erzeugens ist die, ein Programmsystem durch *methodische* und *mechanische Vorgehensweise* aus einer Problembeschreibung abzuleiten. Die Ableitung selbst ist *"handgefertigt"*, aber schon so mechanisiert, daß keine großen speziellen Überlegungen zu der gestellten Aufgabe nötig sind. Diese Handfertigung ließe sich damit auch durch spezielle Werkzeuge unterstützen. Wir haben diese Art der Erzeugung in Abschnitt 7.3 mit der Erläuterung des rekursiven Abstiegscompilers im Detail kennengelernt. Die gleiche Art der Erzeugung findet sich bei JSP/JSD /4. Ja 83/. In letzter Zeit wird untersucht, ob diese Technik auch allgemeiner einsetzbar ist, und nicht nur auf Transformationsprobleme beschränkt ist. Der Ansatz ist dabei, zu versuchen, aus einer beliebigen Anforderungsdefinition durch mechanische Transformationen zu einer Softwarearchitektur zu gelangen /4. Ja 90/. Wir kommen auf die damit zusammenhängenden Probleme im nächsten Kapitel zurück.

Die zweite Möglichkeit der Erzeugung ist die, ein spezielles Generierungsprogramm zu schreiben, das eine Problembeschreibung automatisch in ein Programm oder in einen Teil eines Programms umsetzt. Der Ansatz kommt ebenfalls aus dem Übersetzerbau und heißt dort *Compiler–Compiler–Ansatz*. Dabei kann der erzeugte Teil Programmcode sein, wie dies bei den bekannten Beispielen LEX und YACC /1. ASU 86/ der Fall ist. Eine andere Möglichkeit ist die, daß die Tabelle eines tabellengesteuerten Programms erzeugt wird. Die klassischen Beispiele hierfür sind hier die Tafeln von Syntaxanalysatoren, wie z.B. solche, die dem LL(1)– oder LALR(1)–Syntaxanalyseverfahren /1. ASU 86/ folgen. Die Vorgehensweise ist bisher auf Transformationsprobleme mit formal definierter Ein- und Ausgabe bzw. auf Teile hiervon beschränkt, wie sie etwa durch die Phase eines Compilers dargestellt werden. Allerdings ist man heute schon weitgehend in der Lage, auf diese Art alle Phasen eines Compilers aus formalen Beschreibungen zu erzeugen und diese dann nach dem Baukastenprinzip zusammenzusetzen. Kleinere Anwendungen dieser Strategie sind die Erzeugung von Masken aus formalen Beschreibungen der Struktur und des Layouts derselben.

Eine dritte Möglichkeit der Erzeugung besteht darin, eine *formale Problem-Spezifikation direkt auszuführen*, was nur bei einer operationalen Spezifikation möglich ist. Wir haben diese Idee bereits in Abschnitt 1.3 im Zusammenhang mit den kontinuierlichen Lebenszyklusmodellen kennengelernt (vgl. Fig. 1.3). Die Anwendung dieser Vorgehensweise ist entweder auf sehr spezielle Probleme beschränkt, oder sie führt nur dann zu einem ausführbaren Programmsystem, wenn ein Rahmen im Sinne einer Ansammlung von Basisbausteinen vorhanden ist, in dem die direkt ausführbare (Teil-)Problemspezifikation eingebettet ist. In diesem Sinne ist die direkte Ausführung einer Spezifikation eine Möglichkeit des Rapid Prototyping. Wir haben dies bereits in der Erläuterung der letzten Strategie am Beispiel der Ausführung von Graph-Grammatik-Spezifikationen kennengelernt. Die direkt ausführbare Spezifikation kann dann später in ein effizientes Programmsystem umgesetzt werden. Dabei kann einer der anderen Erzeugungsmechanismen eingesetzt werden. Der Idealfall ist, daß diese Umwandlung vollständig durch einen Übersetzer geschieht, wie wir dies als Vision bei den kontinuierlichen Lebenszyklusmodellen kennengelernt haben. In dieser Vision verschmilzt der Compiler-Compiler-Ansatz (effiziente Übersetzung der Spezifikation) mit der direkten Ausführung einer Spezifikation (vgl. Fig. 1.3).

Während die bisher besprochenen Erzeugungsmechanismen ein gesamtes Softwaresystem oder zumindest große Teile desselben erzeugen, sind die folgenden Mechanismen auf die Erzeugung bestimmter Teile eines Softwaresystems beschränkt.

Für die Erzeugung im Sinne einer Anpassung einer Schablone an eine spezifische Situation haben wir in Abschnitt 5.7 den *generischen Mechanismus* kennengelernt. Die Erzeugung ist hier durch eine generische Exemplarerzeugung mit der Zuordnung aktueller zu formalen generischen Parametern gegeben. Sie wird i.a. durch eine Makroersetzung realisiert, nämlich durch die Ersetzung spezieller Konstanten, Typen und Prozeduren.

Eine weitere Möglichkeit der Erzeugung stellt die direkte Eingabe einer Lösung dar, ohne dafür ein Programm zu schreiben (*programming by doing*). Das ist im Zusammenhang mit Maskendefinitionen von interaktiven Systemen möglich und üblich. Nötig ist hierfür ein Programm, das die direkte Eingabe des Benutzers (Struktur und Layoutangaben) entweder in ein Programm oder in eine Tabelle umsetzt, die mithilfe eines Interpreter–Programms ausgeführt·wird.

Welche *Konzepte* und welche entsprechenden *Sprachkonstrukte* haben wir in unserer *Architekturbeschreibungssprache* kennengelernt, um die oben angesprochenen *Erzeugungsmechanismen* zu *unterstützen*? Für die Generizität gibt es eine direkte Ausdrucksmöglichkeit. Diese soll hier nicht noch einmal wiederholt werden. Für die mechanische, aber handgefertigte Vorgehensweise haben wir am Beispiel des rekursiven Abstiegscompilers gesehen, das wir für einige Probleme auf der Architekturebene eine direkte Abbildung der Problemspezifikation erzeugen können. Beim Compiler–Compiler–Ansatz können wir die Überlegungen einerseits dazu verwenden, um den Compiler–Compiler zu strukturieren, als auch andererseits, um die Struktur des Ergebnisses des Compiler-Compilers (Programmcode, Tabellen) zu beschreiben. Im Fall von erzeugten Tabellen haben wir gezeigt, wie diese als Datenabstraktionsbausteine in eine Architektur eingepaßt werden müssen, damit ein Programmsystem entsteht (Hinzufügung eines Interpreterbausteins und weiterer Module). Werden mehrere generierte Teile zusammengefügt, wie dies bei den Phasen eines Compilers gemacht wird, so ist dieser Zusammenbau über dazwischenliegende Datenabstraktionsbausteine für die Zwischendatenstrukturen möglich (vgl. Fig. 5.4). Für die direkte Ausführung einer Spezifikation können wir zum einen die formale Spezifikation in Datenabstraktionsmodule kleiden (diese sind formale Beschreibungen im Sinne von Regeln für einen Interpreter), den zugehörigen Interpreter strukturieren und mit den Datenabstraktionsbausteinen für diese Regeln kombinieren. Ist diese direkte Ausführung der Problemspezifikation dann ein Teil einer zu erstellenden Lösung, dann muß dieser Teil in einen Rahmen eingefügt werden, der aus Basisbausteinen besteht (z.B. zur Kontrolle des Dialogs, zur Ein–/ Ausgabe, zur Datenablage etc.). Im Fall des "Programming by Doing" ist die Architektur des Bausteins zu beschreiben, der eine interaktive Benutzereingabe in einen Programmbaustein umsetzt, der dann wiederum in eine Architektur einzufügen ist. Wir sehen an dieser Erläuterung, daß sowohl generierende Programme als auch deren Ergebnisse strukturiert werden können, und daß diese Ergebnisse in Architekturen eingebettet werden können. Die hier so lapidar beschriebenen Vorgehensweisen können im Einzelfall tiefgehende Überlegungen erfordern. Wenn schon handgefertigte und "gute" Architekturen schwer zu erstellen sind, dann gilt dies erst recht für Architekturen, die Erzeugungsmechanismen realisieren, für erzeugte Architekturen und ebenso für die Verknüpfung von erzeugten Teilen mit vorgegebenen Bauteilen.

Die Fig. 8.5 *faßt* die verschiedenen *Erzeugungsmöglichkeiten* noch einmal *zusammen*: Im Fall der methodischen, handgefertigten Erzeugung gibt es keinen Erzeugungsbaustein. Das erzeugte Programm ist direkt durch eine Programmiersprachenmaschine, z.B. die Ada–Maschine, ausführbar. Im Fall des Compiler–Compilers haben wir ein Programm (z.B. ein Ada–Programm), das ein anderes Programm, z.B. für die Ada–Maschine, erzeugt. Bei der Maskengenerierung ist das erzeugte Programm Teil eines umfassenden. Bei der generischen Exemplarerzeugung trifft dies ebenfalls zu. Das Erzeugungsprogramm wird hier durch die Sprachimplementation (Makromechanismus innerhalb des Ada–Compilers) oder durch ein Makrogenerator–Werkzeug zur Verfügung gestellt. Im Fall der direkten Ausführung haben wir ein Interpreterprogramm in einer höheren Programmiersprache, das eine Problemspezifikation direkt ausführt. Beides zusammen ist wiederum Teil eines Programmsystems.

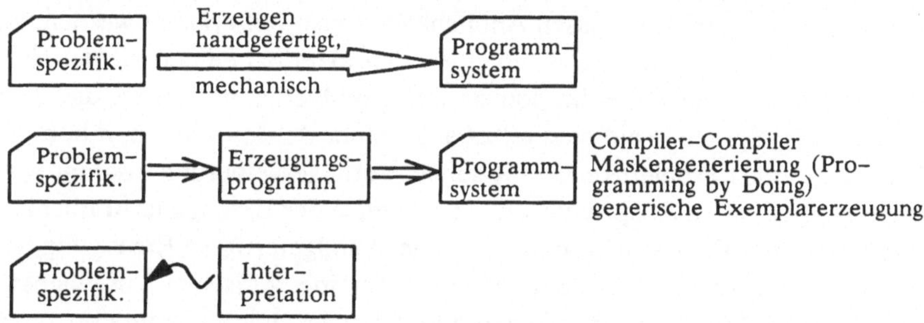

Fig. 8.5:   Zusammenfassende Darstellung von Erzeugungsmechanismen

Inwieweit trägt die *Strategie* der *Erzeugung* zur *Wartbarkeit* und zur *Wiederverwendbarkeit* bei? Bei der Generizität ergibt sich die Unterstützung der Wartbarkeit insofern, als der Anpassungsvorgang bei der Erstellung spezifischer Bausteine wesentlich erleichtert wird. Die wiederverwendbaren Bausteine sind dabei die generischen Bausteine. Im Fall der mechanischen Fertigung aus einer Problemstellung, wie beim rekursiven Abstiegscompiler, ist die Unterstützung der Wartung durch den Mechanismus gegeben, der, bei Änderung der Problemspezifikation, mit vertretbarem Aufwand zu einer neuen Lösung führt. Wiederverwendbar ist hier die mechanische Vorgehensweise, die nicht nur für ein Problem, sondern für eine ganze Klasse von Problemen gilt. Ferner sind die zu dieser Problemklasse gehörenden Basisbausteine wiederverwendbar (Eingabe, Ausgabe, allgemeine Zwischendatenstrukturen etc.). Im Fall des Compiler–Compiler–Ansatzes gilt ähnliches: Die Wartung wird durch eine Aufwandsreduktion für die veränderte Lösung unterstützt. Der Compiler–Compiler ist der wiederverwendbare Baustein. Dieser gehört zum Entwicklungsprozeß und nicht zur generierten Lösung. Die Argumentation für "Programming by Doing" ist völlig gleich. Bei der direkten Ausführung von Spezifikationen wird die Wartung insofern einfacher, als es weniger Aufwand erfordert, eine modifizierte Problemspezifikation zu schreiben, als ein Softwaresystem zu verändern. Die Bausteine zur Ausführung dieser Spezifikation sind wiederverwendbar und sind hier Teile des zu modifizierenden Systems.

Die *letzte* hierzu erläuternde *Strategie* und die zweite der Strategien auf Meta–Ebene ist diejenige, *"Ähnlichkeiten herauszufinden"*, um darauf aufbauend Überlegungen zur Reduktion des Erstellungsaufwands anzustellen. Diese Strategie klingt banal. Ihr gemäß zu verfahren, kann aber äußerst schwierig sein. Natürlich setzt sie intensive geistige Auseinandersetzung des Entwerfers/ der Entwerfer mit einer gegebenen Aufgabenstellung voraus, sowie entsprechende Kommunikation, wenn es sich um mehrere Entwerfer handelt.

Eigentlich sind *alle bisher aufgefundenen Strategien Spezialfälle dieser Globalstrategie*. Um Basisbausteine zu erkennen, muß festgestellt werden, daß die Notwendigkeit für diese in verschiedenen Softwaresystemen vorliegt. Um ein Softwaresystem als Bausteinkasten zu entwerfen, muß ein globaler Rahmen erkannt werden, der das Hinzufügen und das Wegnehmen von Bausteinen ermöglicht. Im Fall des Auslagerns veränderlicher Teile in Tabellen müssen Ähnlichkeiten insoweit erkannt werden, als zusätzliche Bausteine nötig sind, die allgemeinen Charakter haben und die der Handhabung solcher Tabellen dienen. Beim Bootstrapping muß erkannt werden, daß Konzepte, Methoden oder Sprachen auf sich selbst angewandt werden können, d.h. hier muß die Ähnlichkeit eines Problemkerns mit seiner Verallgemeinerung erkannt werden. Schließlich sind bei allen Ausprägungen der Strategie der Erzeugung Ähnlichkeitserkennungen im Spiel: Bei der methodischen, aber handgefertigten Erzeugung besteht diese Ähnlichkeitserkennung in dem Erkennen der methodischen Vorgehensweise, die für eine ganze Klasse von Problemen einsetzbar ist. Beim Compiler–Compiler–Ansatz manifestiert sich diese Ähnlichkeit in einem Programmsystem, nämlich dem Compiler–Compiler selbst. Die direkte Ausführung von Spezifikationen setzt einen einheitlichen Ausführungsmechanismus für eine bestimmte formale Spezifikationssprache voraus, mit dem verschiedene Probleme spezifiziert und ausgeführt werden können. Beim generischen Mechanismus steckt die Ähnlichkeitserkennung schließlich im Auffinden generischer Bausteine, d.h. von Schablonen.

Eine direkte *Ausprägung* dieser Strategie haben wir auf der Architekturebene in den Abschnitten 5.8 und 5.9 mit der *objektorientierten Modellierung* bereits kennengelernt. Das Erkennen von Ähnlichkeiten bedeutet hier das Aufsetzen auf vorhandene Klassen oder das Schaffen neuer, allgemeiner Klassen, so daß sich geeignete Spezialisierungen finden lassen, die für das aktuelle Problem erforderlich sind.

Ein weiteres allgemeines Beispiel für diese Strategie ist das Streben, bei dem Auftauchen einer Anforderungsdefinition nicht nur über deren Realisierung nachzudenken, sondern gleich zu überlegen, ob nicht ein Ansatz gefunden werden kann, der auch auf andere, ähnliche Probleme anwendbar ist. Wendet man diese Teilstrategie auf die Architekturmodellierung an, so bedeutet dies, daß wir stets nach Architekturen für eine Problemklasse und nicht nur nach solchen für einen Einzelfall suchen.

Diese Vorgehensweise bedeutet somit, daß wir *Standardarchitekturen für* bestimmte *Problemklassen* festlegen. Der Autor hat schon des öfteren darauf hingewiesen, daß er dieses Suchen nach Standardarchitekturen für Problemklassen für einen erfolgversprechenden Weg zur Lösung der Wartungs– und Wiederverwendbarkeitsproblematik von Software hält.

Eine solche Standardarchitektur sollte natürlich unter Berücksichtigung der oben genannten Strategien erstellt worden sein, also z.B. nach dem Bausteinkastenprinzip. Liegt eine solche Standardarchitektur, d.h. eine Strukturierung von Architekturen einer ganzen Problemklasse, vor, dann erhält die Forderung der ersten Strategie nach *Basisbausteinen* eine ganz *andere Qualität*. Diese werden nicht nur größer an Umfang und in der Anzahl sein, da die Ähnlichkeitserkennung weitergetrieben worden ist. Sie sind auch einheitlich für alle Architekturen, die sich beim Lösen eines Problems der Klasse dieser Standardarchitektur bedienen. So lassen sich nicht nur Basisbausteine, sondern sogar *Standardbausteine* festlegen. In einigen Problemfeldern stellen diese einen großen Teil der Lösung dar. Ein Beispiel sind Transaktionssysteme, in denen ein bestimmtes Datenbanksystem, auf das man aufsetzt, einen Großteil der Lösung darstellt. Es kann sogar noch weitere Hilfsmittel geben, um den Anschluß zu diesen Standardbausteinen zur Verfügung zu stellen (z.B. die Sprachen der 4. Generation für bestimmte Datenbankanwendungen).

Unsere Architekturbeschreibungssprachen stellen keine direkten Hilfsmittel zur Ermittlung von *Standardarchitekturen* zur Verfügung. Man kann keine Klassen von Architekturen festlegen, sondern nur einzelne Architekturen. Es bedarf des detaillierten Nachweises, daß diese Architektur Standardcharakter hat. Bei diesem Nachweis sind insbesondere Wartbarkeits– und Wiederverwendbarkeitsüberlegungen nötig. Falls diese Bausteine Klassen einer Vererbungshierarchie sind, gibt es hingegen für die Festlegung von *Standardbausteinen* direkte entsprechende *Ausdrucksmittel* auf der Ebene der Architekturbeschreibungssprachen.

Wir wollen nun klären, inwieweit die Befolgung der Strategie *Ähnlichkeiten herauszufinden* die *Wartbarkeit* und *Wiederverwendbarkeit fördert*: Bei der objektorientierten Modellierung ergibt sich die Änderbarkeit aus der Änderbarkeit der Klassen–Vererbungsstruktur und die Wiederverwendbarkeit aus dem Vorhandensein einer solchen Klassen–Vererbungsstruktur. Bei Standardarchitekturen müssen diese erst einmal den Veränderbarkeitsnachweis erbracht haben, bevor sie als Standard anerkannt werden. Die Wiederverwendbarkeit liegt somit in der Wiederverwendbarkeit eines Rahmens und der darin enthaltenen Standardbausteine.

Wir wollen nun einige Beispiele für die *Anwendung dieser Strategie* in der *Software-entwicklungs–Umgebung* von Abschnitt 7.4 angeben. Wir beschränken uns dabei auf solche, die nicht bereits erwähnt wurden (vgl. Absätze zu IPSEN nach der Erläuterung der ersten 4 Strategien "Basisbausteine erkennen", "System als Bausteinkasten", "veränderliche Teile in Datenstrukturen" und "Bootstrapping"). Eine Anwendung der Strategie *Ähnlichkeitserkennung* besteht darin, daß in verschiedenen Arbeitsbereichen der Softwaretechnik stets gleichartige Werkzeuge nützlich sind (Editoren, Analysatoren, Instrumentierungswerkzeuge, Transformatoren, Ausführungswerkzeuge). Die zweite Anwendung besteht darin, daß diese Werkzeuge stets die gleichen externen Charakteristika haben. Die nächste Anwendung ist das Erkennen eines einheitlichen Transformationsschemas (logische Datenstruktur, Repräsentationsdatenstruktur, Parser, Unparser, vgl. Fig. 7.18). Schließlich erfolgte die formale Spezifikation, die einer Realisierung vorausging, stets nach dem gleichen Schema (Graph–Grammatik–Engineering /1. ELS 87/), was wir in diesem Buch nicht erläutern konnten. Schließlich ist die Architektur aller dieser Werkzeuge bei verschiedenen Arbeitsbereichen ähnlich (vgl. Fig. 7.21), bei Verwendung der gleichen Basisbausteine. Letztlich gibt es eine Reihe weiterer kleinerer Anwendungen dieser Strategie: So wurde beispielsweise die Instrumentierung eines Programmieren–im–Kleinen–Dokuments (z.B. bedingte Unterbrechungspunkte setzen) auf Editoroperationen zurückgespielt, ebenso wie die Codeerzeugung des Parsers.

Die Fig. 8.6 *faßt* die in diesem Kapitel eingeführten *Regeln/ Strategien zusammen*. Wir sehen an dieser Abbildung zum einen, daß die Strategien nicht alle auf dem gleichen logischen Niveau angesiedelt sind. Einige haben Detailcharakter, während andere Globalcharakter besitzen, da sie weitere Stategien umfassen. Wir erkennen anhand dieser Abbildung auch Querbezüge zwischen beiden Arten von Strategien: So kann z.B. die Strategie "ein Softwaresystem als Bausteinkasten entwerfen" auch als ein Teil der Strategien "Erzeugen von Softwaresystemen" oder "Ähnlichkeiten herausfinden" betrachtet werden. Der Autor erhebt nicht den Anspruch, daß die in diesem Abschnitt gegebene Aufzählung von Strategien vollständig ist und daß alle Querbezüge erläutert wurden.

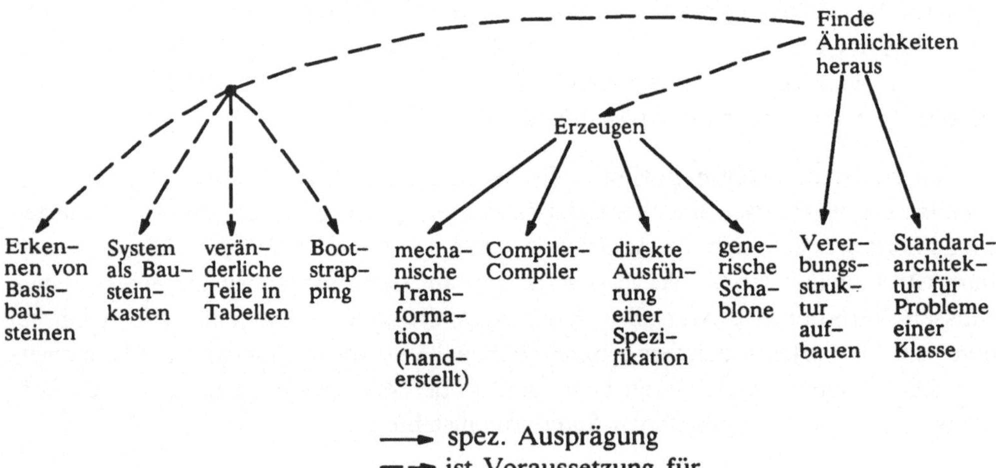

Fig. 8.6: Strategien zur Adaptabilität und Wiederverwendbarkeit: Zusammenfassung

Am Ende dieses Abschnitts können wir noch eine Reihe *weiterer Beispiele* für die *erste Strategie* "Basisbausteine auffinden" nachtragen: So ist eine Interpreter für eine

Tabelle natürlich ein allgemeiner Baustein, weil er nicht nur für eine bestimmte Tabelle eingesetzt werden kann. Natürlich müssen die Tabellen, für die der Interpreter realisiert wird, bestimmte Strukturmerkmale erfüllen (z.B. LALR (1)-Tabellen für Parser). Des weiteren ist ein Interpreter für die direkte Ausführung einer Spezifikation ein allgemeiner Baustein. Eine generische Schablone oder ein Generierungsprogramm ist zwar auch ein allgemeiner Baustein, diese tauchen aber, im Gegensatz zu den ersten Beispielen, in dem fertigen Programm nicht mehr auf. Es handelt sich also um einen Baustein für den Herstellungsprozeß.

8.3 Zusammenfassung

Wir haben in diesem Kapitel erläutert, was die bisherigen Überlegungen zur Architekturmodellierung gebracht haben, um einer Lösung der Softwarekrise näher zu kommen: Die *Architekturfestlegung* eines Softwaresystems ist die *Grundlage* für jegliche *Qualitätsüberlegungen* eines Softwaresystems als auch für die Gewinnung von *Strukturaussagen*.

Ferner haben wir eine Reihe von Regeln/ Strategien aufgestellt, die befolgt werden sollten, wenn qualitativ höherwertige Softwaresysteme erstellt werden sollen. Die Überlegungen dieses Kapitels waren somit darauf gerichtet, *globale Vorgehensweisen* für Architekturüberlegungen festzulegen und ihren Sinn zu begründen. Alle diese Strategien sind darauf gerichtet, von der *"handgestrickten"* und *unüberlegten Softwareerstellung Abstand* zu nehmen. Die Überlegungen dieses Kapitels waren somit nicht auf einzelne Architekturen gerichtet, sondern auf die Architekturmodellierung an sich.

Das *Generalthema* dieses Kapitels waren *Wartbarkeit* und *Wiederverwendbarkeit*. So wurde zum einen die Bedeutung der Architekturfestlegung für diese beiden Zielsetzungen betont. Zum anderen wurde in jeder eingeführten Strategie aufgezeigt, inwieweit sie zu diesen Zielsetzungen beiträgt.

Aufgaben zu Kapitel 8

1. Überlegen Sie anhand der Grobarchitektur der Softwareentwicklungs-Umgebung aus Abschnitt 7.4, wie diese geändert werden muß, (1) wenn aus der Softwareentwicklungs-Umgebung eine Programmier-Umgebung (beschränkt auf das Programmieren im Kleinen) wird, (2) wenn die Softwareentwicklungs-Umgebung ausschließlich graphische Ausgabe von Dokumenten erlaubt und (3) wenn ein weiterer Problemkreis mit entsprechenden Werkzeugen hinzukommt, wie etwa das Requirements Engineering.

2. Betrachten Sie das Beispiel des Mehrphasencompilers, das wir kurz in Abschnitt 8.2 erläutert haben. Grenzen Sie die Bausteine, die Basisbausteine darstellen und die damit jedem Mehrphasencompiler zur Verfügung stehen, von denjenigen ab, die Bausteinkasten-Charakter haben, indem sie auswechselbar und kombinierbar sind.

3. In Abschnitt 8.2 wurden ferner Beispiele für Tabellen angegeben, nämlich für die Zuordnung von Struktur zu Layout und für die Zuordnung von Layout zu bestimmten Steuerzeichen eines E/A–Geräts. Wenn wir uns an die in Kapitel 7 gemachten Aussagen erinnern, so sind beide Angaben jeweils in Datenabstraktions–Modulen zu verkapseln (Layoutrepräsentations–Verkapselung in Modulen einer bestimmten Schicht, Verkapselung von Gerätespezifika in virtuellen E/ A–Geräten). Wo finden sich somit diese Tabellen in einer Architektur?

4. Die übliche Ausgabe von Warnungen/ Fehlermeldungen sieht so aus, daß direkt die Ein–/ Ausgabe–Operationen eines bestimmten Geräts benutzt werden, die den Text der Warnung oder Fehlermeldung enthalten. Nach den Ausführungen des letzten Kapitels dürfen wir weder die Spezifika eines bestimmten Geräts direkt benutzen (Überlegungen des Übergangs zu einem virtuellen Ein–/ Ausgabegerät) noch die Spezifika einer bestimmten Bedieneroberfläche (Übergang zu layoutunabhängiger Ein–/ Ausgabe, z.B. durch spezielle Bausteine für Warnungen oder Fehlermeldungen). Einem solchen Baustein, dessen Aufgabe darin besteht, solche Warnungen/ Fehlermeldungen anzuzeigen und ferner das Layout der Anzeige zu verkapseln, wird nun nicht mehr der Text der Warnung oder Fehlermeldung übergeben, sondern nur noch ein entsprechender Verweis (die Meldung zu diesem Verweis befindet sich in einer Tabelle, die möglichen Verweise sind als Konstanten in einem Modul für Konstantenansammlung zusammengefaßt). Skizzieren Sie die Architektur dieses Teils der Ein–/ Ausgabe–Handhabung, und zwar so, wie sie aussehen sollte.

5. Vergleichen Sie im Detail die Struktur des Hauptteils eines Syntaxanalysators, der nach der Technik des rekursiven Abstiegs arbeitet, mit der Struktur eines Syntaxanalysators, der tabellengesteuert arbeitet, und zwar anhand der Diskussion aus Abschnitt 7.3.

6. Zeigen Sie im Detail für das Ergebnis der in Aufgabe 5 besprochenen Architekturtransformation: Die Wartbarkeit eines tabellengesteuerten Syntaxanalysators ist wesentlich höher als die eines rekursiven Abstiegs–Syntaxanalysators. Diskutieren Sie dies anhand des Beispiels der Veränderung der zu analysierenden Sprache. Was zahlen wir bei dieser Umwandlung in Bezug auf Effizienz? Was ist ein weiterer Vorteil der Technik des rekursiven Abstiegscompilers (Gesamtübersetzung, Herleitung von Modulrümpfen)?

7. In Fig. 8.4 wurde sowohl für den Bootstrapping-Anwendungsfall Spracherweiterung als auch für den Anwendungsfall Portierung ein $S_M M$-Compiler benötigt. Nun ist es keineswegs nötig, diesen Compiler manuell in M-Assembler zu schreiben. Man kann statt dessen irgendeine, auf der Maschine M verfügbare höhere Programmiersprache benutzen, die für das Schreiben eines Compilers geeignet ist. Skizzieren Sie mithilfe von T–Diagrammen, wie man von dem $S_S M$-Compiler ausgehend über einen Compiler für eine vorhandene Sprache auf der Maschine M zu dem $S_M M$-Compiler gelangt (vgl. /1. Wi 84/).

8. Als letzte der zu erläuternden Bootstrapping-Anwendungen sei das Verbessern eines Compilers behandelt. Zeigen Sie, daß durch einen Bootstrapping-Schritt mithilfe eines "zusammengeschusterten" $S_M M$-Compilers ein verbesserter (bezgl. Übersetzungszeit und/oder Laufzeit) Compiler erzeugt werden kann (vgl. ebenfalls /1. Wi 84).

9 Noch nicht gelöst:
Offene Probleme und Weiterführung

Die *Zielsetzung* dieses *Kapitels* ist es, die z.Z. noch offenen Probleme der Architekturmodellierung aufzuführen bzw. die offenen Probleme anzusprechen, die zwar nicht auf Architekturmodellierungsebene liegen, aber mit solchen Problemen eng verknüpft sind. Dieses Kapitel wird somit zeigen, daß der Arbeitsbereich Programmieren im Großen und die damit zusammenhängenden Arbeitsbereiche noch eine Reihe schwieriger Fragen aufweisen, in die noch einiger Forschungsaufwand zu investieren ist. Wie im Vorwort schon angedeutet, stellt das Buch einen Zwischenzustand des Programmierens im Großen dar, der jetzt aufgrund der Erörterung der offenen Probleme eingeordnet und bewertet werden kann. Die Probleme werden knapp skizziert, da sich für dieses Kapitel in erster Linie Leser interessieren werden, die Genaueres über den Stand dieser Diszplin der Softwaretechnik wissen wollen. Bei der Auflistung der offenen Probleme werden auch einige Möglichkeiten zur Erweiterung der in diesem Buch vorgestellten Konzepte sichtbar.

Der *Inhalt* des *Kapitels* ist der folgende: Wir werden in Abschnitt 9.1 diejenigen offenen Probleme aufführen, die mit der Architekturmodellierung von Softwaresystemen direkt zu tun haben. Der nächste Abschnitt gibt die offenen Probleme für den Entwicklungsprozeß an, der eine Architektur liefert. Dabei werden insbesondere solche Probleme aufgelistet, die mit den Bereichen Wartung von, Wiederverwendbarkeit in/von und Erzeugung von Softwarearchitekturen zu tun haben. Der letzte Abschnitt dient schließlich der Erläuterung der offenen Probleme, die sich dadurch ergeben, daß die Architekturmodellierung mit anderen Arbeitsbereichen verflochten ist.

9.1 Modulkonzept–Ergänzungen und andere Architekturerstellungs–Paradigmen

Wir listen im folgenden die *Probleme* auf, die auf der Ebene der *Softwarearchitektur–Modellierung* u.E. noch bestehen, die Gegenstand aktueller wissenschaftlicher Forschung sein sollten und damit dringend gelöst werden sollten.

1) Ein weites Feld der Betätigung besteht darin, die in diesem Buch angegebenen Standardsituationen in Softwaresystemen, die zu bestimmten Teilarchitekturen führen, zu erweitern. Neben den Eintrags-Kollektions-Situationen, der Ein-/Ausgabe-Modellierung einschließlich des Layouts, der Handhabung von Trans-

formationsvorgängen und der Ermittlung generischer Situationen, die alle in diesem Buch aufgeführt wurden, gibt es sicher noch eine Fülle weiterer *Teilarchitektur-Situationen*, die erkannt und studiert werden müssen.

2) Wie schon des öfteren betont, ist das Studium von *Problemklassen* und die Angabe zugehöriger *Standard-Softwarearchitekturen* der Schlüssel zu einer effizienteren und qualitativ besseren Softwareerstellung und -wartung. Wir haben in diesem Buch zwei solche Klassen detaillierter vorgestellt, nämlich interaktive Systeme und Transformationssysteme. Nebenläufige Systeme haben wir nur gestreift. Hier bleibt noch ein weites Betätigungsfeld im Sinne der Typologie aus Abschnitt 2.5 (Realzeitsysteme, verteilte Systeme, Systeme mit Backtracking, regelbasierte Systeme). Es besteht die Hoffnung, daß auch für diese weiteren Problemklassen die in diesem Buch vorgestellten Konzepte angewandt und daß Standardlösungen angegeben werden können. Der Beweis hierfür ist jedoch noch nicht erbracht.

3) Wir haben in Abschnitt 8.2 verschiedene *Erzeugungsmechanismen* für Softwaresysteme oder für deren Komponenten studiert, die z.Z. hauptsächlich im Bereich der Transformationssysteme anwendbar sind. Somit besteht ein weites Forschungsfeld darin, für die *anderen Problemklassen* ebenfalls *Erzeugungsmechanismen* zu entdecken und entsprechend einzusetzen.

4) Ein Problem aus der Sicht des Autors besteht darin, die Idee der *Objektorientierung* besser zu *verstehen,* und des weiteren zu *klären,* wo sie eingesetzt werden kann und sollte, und wo dies nicht geschehen sollte. So reizvoll und gewinnbringend die objektorientierte Architekturmodellierung ist, so kann sie doch zu sehr unübersichtlichen Strukturen und infolgedessen auch zu Spaghettiprogrammen führen, insbesondere wenn sie an Stellen eingesetzt wird, für die besser andere Modellierungshilfsmittel einzusetzen sind. Diese Gefahr besteht insbesondere dann, wenn versucht wird, alle möglichen Situationen objektorientiert zu modellieren (Situationen mit Transformationscharakter, Eintrags-Kollektions-Situationen, Abstützen auf allgemeine Hilfsmittel).

5) Ein Spezialproblem hierbei ist die Frage der *Abgrenzung* von *Objektorientierung* und *Generizität.* Diese Frage wurde in /4. Me 86/ diskutiert. Wir haben dies in Abschnitt 5.9 skizziert. Es verbleiben jedoch eine Reihe offener Fragen. Insbesondere ergibt sich stets das Problem, ob ein spezieller Baustein als generisches Exemplar oder als Spezialisierung modelliert werden soll, d.h., in welchen Fällen mithilfe von Generizität oder mithilfe von Objektorientierung modelliert werden soll.

6) Ein weiteres Problem in diesem Zusammenhang ist die Frage des *Zusammenspiels* aller in diesem Buch eingeführten *Konzepte,* nämlich der Vererbung, des Abstützens auf andere Bausteine (über lokale oder allgemeine Benutzbarkeit), der Generizität und der Teilsysteme. In welcher Situation wendet man welches Konzept an und vermeidet die Anwendung eines anderen? Wie sehen Architektur-Situationen aus, in denen diese Konzepte zusammenspielen (einige haben wir in Kap. 5 kennengelernt)? Wie sind diese neuen Konzepte in einen einheitlichen Rahmen

einer Architekturbeschreibungssprache eingebettet (einige Ideen hierzu finden sich ebenfalls im Kap. 5)?

7) Wir haben in diesem Buch verschiedene Arten von Benutzbarkeiten eingeführt (lokale und allgemeine Benutzbarkeit, Vererbungsbenutzbarkeit), je nach der Verwendung des zu benutzenden Moduls. Wir haben aber bei diesen Benutzbarkeitsbeziehungen nicht unterschieden (a) die Art des benutzenden bzw. des benutzbaren Moduls (funktionaler Modul, abstrakter Datenobjektmodul, abstrakter Datentypmodul), (b) die Art des Hilfsmittels, das ein Modul darstellt (der Modul B ist nötig für die Definition der Schnittstelle von A oder für die Realisierung des Rumpfs von A), (c) die Art der beteiligten Module in Bezug auf das spätere Laufzeitverhalten des Systems (normale Module oder Prozesse) und (d) die etwaigen Einschränkungen der Verwendbarkeit des importierten Moduls (ausschließlich auf ein bestimmtes Teilprojekt beschränkt, Gesamtprojekt, Abteilung, Firma, Benutzerkreis,..., keine Einschränkung, z.B. wenn Modul dem Sprachstandard angehört). Die letzte Unterscheidung geht vom Programmieren im Großen in das Projektmanagement hinein, stellt aber etwas anderes dar als die Zugriffskontrolle (Recht zum Lesen oder Schreiben). Es handelt sich nämlich um ein mehr oder minder eingeschränktes Recht zur Verwendung. Alle diese Fragen, bis auf die letzte, können wir auf der Architekturmodellierungs–Ebene berücksichtigen, indem ein Teildiagramm des Architekturdiagramms betrachtet wird. Es erhebt sich die Frage, ob diese Betrachtung weiter "lokalisiert" werden sollte, indem wir die in diesem Buch eingeführten *Kantenarten* zwischen Modulen nach obigen Gegebenheiten *weiter unterscheiden*, dadurch daß wir die Architekturbeschreibungssprache hierfür anreichern.

8) Eine weitere Betrachtungsweise ist, ob ein importierter Modul einen Bestandteil der modellierten Softwarearchitektur darstellt, oder ob ein Baustein eingeführt wird, der nur die Verbindung zu anderen, hier nicht modellierten Softwaresystemen herstellt, der selbst aber nicht "Teil" des modellierten Systems ist. Letzteres ist der Fall, wenn wir einen entsprechenden Prozeß zur Kommunikation, zur gemeinsamen Datenablage o.ä. zwischen verschiedenen "unabhängigen" Softwaresystemen einführen. Es muß sich bei einem solchen Baustein um einen Prozeß handeln, da die Aktivierung der Ressourcen dieses Bausteins von den verschiedenen Softwaresystemen nicht vorhersagbar ist. *Wie arbeiten* die als *unabhängig modellierten Softwaresysteme* miteinander *zusammen*? Da diese i.a. auf verschiedenen Rechnern laufen, wird damit auch das Problem der Modellierung verteilter Softwaresysteme angesprochen.

9) Eine weitere Frage ergibt sich bei der Betrachtung von *nebenläufigen Systemen* (Betriebssysteme, Realzeitsysteme etc.). Die bisher von uns gezogenen Kanten in einer Softwarearchitektur spiegeln Benutzbarkeiten wider. Wir haben in erster Linie dabei an die Benutzbarkeit von Ressourcen eines Moduls in einem anderen Modul (für dessen Schnittstelle oder Rumpf) gedacht. Das am Ende von Abschnitt 5.2 skizzierte Beispiel legt nahe, daß man auch bei nebenläufigen Syste-

men von funktionalen Modulen, abstrakten Datenobjektmodulen oder abstrakten Datentypmodulen sprechen kann, weil auch die Prozesse eines nebenläufigen Systems entweder funktionalen oder Datenabstraktionscharakter haben. Bei nebenläufigen Systemen kommt aber neben der Benutzung von Ressourcen im bisherigen Sinne noch eine *andere Art* von *Benutzung* ins Spiel. Prozesse werden aktiviert, suspendiert, beendet, getötet, kreiert, und dies alles geschieht in Abhängigkeit vom Eintreffen bestimmter Ereignisse bzw. in Abhängigkeit von Zuständen anderer Prozesse.

Die Frage ist nun, ob wir hierfür eine *statische Notation* auf der *Architekturebene* einführen müssen, die wieder einen Rahmen für die Möglichkeiten festlegt, die sich zur Laufzeit abspielen können. Prinzipiell kann alles dies unter den Benutzbarkeitsbeziehungen subsumiert werden, indem eine Benutzbarkeitskante zwischen Prozessen A und B jetzt z.B. so gedeutet wird, daß A damit die Berechtigung hat, B zu aktivieren. Eine andere Möglichkeit besteht darin, zwischen Ereignissteuerung, Synchronisation usw. und der normalen Benutzbarkeit von Ressourcen zu unterscheiden.

Dies könnte z.B. in der Textnotation der einzelnen Module geschehen, unter Beibehaltung der bisherigen Architekturdiagramme, indem an der Stelle der Importklausel weitere Einträge gemacht werden, die angeben, daß damit die Berechtigung zum Aktivieren, Suspendieren, ... eines anderen Prozesses eingeräumt wird. Eine zweite Möglichkeit wäre, auf Architekturdiagramm–Ebene weitere Kanten zur Ereignissteuerung, Synchronisation, Prozeßzustandsveränderung und Beeinflussung neben den normalen Benutzbarkeitskanten einzuführen.

Die eben angesprochenen Erweiterungen machen eine Architektur noch aussagekräftiger. Es wurde in diesem Buch schon einige Male die Hoffnung geäußert, daß diese Erweiterungen einer Architektur "im nachhinein" erfolgen können. Das bedeutet, daß die Architektur zunächst weitgehend ohne den Aspekt der Nebenläufigkeit erstellt werden kann.

Die Frage der Architekturmodellierung nebenläufiger Systeme in dem hier skizzierten Sinne hängt mit Sicherheit auch von dem logischen Niveau der Programmiersprache ab, auf die letztlich abgebildet werden soll. In einer Programmiersprache wie Ada, die im Normalfall (Töten von Prozessen, Ausnahmebehandlung von Prozessen nicht betrachtet) nur die implizite Aktivierung und Beendigung lokaler Prozesse vorsieht und in der die Prozeßsynchronisation und der Nachrichtenaustausch ausschließlich über ein semantisch hohes Konzept wie das Rendezvouskonzept läuft, das sich von einem Prozeduraufruf kaum unterscheidet, ist eine Architekturmodellierung in der in diesem Buch eingeführten Weise leicht vorstellbar (vgl. Fig. 5.10).

10) Ähnlich könnte man bei *verteilten Systemen* vorgehen, wenn ein gesamtes System modelliert wird und nicht, wie im Problem 8 dargestellt, das Zusammenspiel bereits vorhandener Systeme betrachtet wird: Man erstelle die Architektur des gesamten Systems zunächst weitgehend ohne Berücksichtigung der Verteilung. Danach kennzeichne man "im nachhinein" die Verteilung auf der Architekturebene.

Hierfür sind in der *Architekturbeschreibungssprache* entsprechende *Erweiterungen* vorzusehen.

11) Wir haben in diesem Buch die Semantikaspekte einer Architekturbeschreibung aufgezählt und diese gegenüber der Semantik eines fertigen Softwaresystems und der Semantik der Architekturbeschreibungssprache sowie der Semantik des Erstellungsprozesses einer Architektur abgegrenzt. Bei dieser Diskussion wurde auch betont, daß die Semantik der Module eines Softwaresystems bisher nur unvollständig beschrieben ist. Wie würde eine *vollständige Architekturbeschreibungssprache* aussehen, die die *Semantik* der *Module* mit *in Betracht* zieht? Denkbar wäre zum einen, daß die Schnittstelle eines Moduls um einen Semantikteil erweitert wird, der in Form algebraischer Gleichungen bei Datenabstraktionsmodulen oder in Form von Vor– und Nachbedingungen bei beliebigen Modulen das Verhalten dieses Moduls beschreibt. An der Stelle des Imports eines Moduls könnten dann spezielle semantische Bedingungen festgelegt werden, indem zusätzlich zum Import bestimmter Ressourcen bestimmte logische Bedingungen für diese Ressourcen angegeben werden können.

12) Wir haben in Abschnitt 2.6 angedeutet, daß es auch ganz *andere Paradigmen* für die Erstellung von Softwaresystemen gibt (Logikprogrammierung, regelbasierte Programmierung, Programmieren ist Spezifizieren (VHLL), Programmieren ist Anwendung von Transformationen etc.). Auch in diesen Fällen hat man bei größeren Problemen die Aufgabe, die Struktur des Programmsystems zu beschreiben. Für dieses Modellieren braucht man ebenfalls "Module", "Teilsysteme" und Beziehungen, um Hierarchien und Strukturen auszudrücken. Können hierfür die *Konzepte* dieses Buchs *angewandt werden*? Für die Anwendbarkeit gibt es insoweit Hinweise, als man sich auch bei der logik– und regelbasierten Programmierung um Modularisierung bemüht, da auch große Logikprogramme oder Regelsätze strukturiert werden müssen (vgl. Literaturabschnitte 4, 5).

13) Für die in diesem Buch vorgestellten Modulkonzeptüberlegungen fehlen bisher jegliche Überlegungen zur quantitativen Bewertung der Architekturen von Softwaresystemen. In solche quantitativen Überlegungen zur Bewertung von Softwaresystemen, d.h. *Metriken von Softwaresystemen*, müssen die Zahl der Module eines Softwaresystems, die Anzahl der Kanten und ihre Art, die Unabhängigkeit von Teilsystemen o.ä. eingehen und gewichtet werden. Beispielsweise könnte die Anzahl der Kanten gezählt und damit die Situation von Fig. 4.26.a als teurer als die von Fig. 4.26.b bewertet werden. Es könnten Kanten auch unterschiedlich gewichtet werden (z.B. Enthaltenseins– plus lokale Benutzbarkeitskante wird zusammen geringer bewertet als die allgemeine Benutzbarkeit, um auf diese Weise dem Lokalitätsprinzip zur Geltung zu verhelfen). Ferner könnte die Bildung von Teilsystemen dadurch gefördert werden, daß ein in eine Gesamtarchitektur eingeführtes Teilsystem als billiger bewertet wird als das "direkte" Auftreten des entsprechenden Teildiagramms. In diesem Fall wird nur die Verbindung zur Schnittstelle des Teilsystems gezählt, die Interna des Teilsystems, d.h. die dort auftreten-

den Module und ihre Verbindungen, werden nicht oder geringer bewertet. Im zweiten Fall werden hingegen alle Module und alle ihre Verbindungen gezählt. Wie könnte eine sinnvolle Metrik für Architekturen der in diesem Buch vorgestellten Architekturbeschreibungssprache aussehen?

14) In /7. Le 88 a/ wurden ein strukturbezogener Editor und ein Analysewerkzeug für die einfache Architekturbeschreibungssprache von Kap. 4 angegeben. Eine Realisierung des erweiterten Modulkonzepts von Kap. 5, das als weitere Konzepte die Generizität, die Objektorientiertheit und die Teilsystembildung beinhaltet, steht noch aus /4. Bö 90/. Bei der Hinzunahme von Teilsystemen müssen die so *erweiterten Werkzeuge* zur *Architekturmodellierung* den Prozeß der Dekomposition eines Gesamtsystems in Teilsysteme, das Bilden eines Teilsystems aus einem Teil eines Architekturdiagramms als auch das Zusammenfügen von Teilsystemen zu größeren Einheiten unterstützen. Die zu erstellenden Werkzeuge sollten die Strukturierung von Architekturen unterstützen, indem sie auf die Syntax der Architekturbeschreibungssprache abgestimmt sind und kommandogesteuert arbeiten. Sie sollten auch in dem Sinne integriert sein, daß sie miteinander und mit Werkzeugen anderer Arbeitsbereiche eng zusammenarbeiten. Sie sollten ferner inkrementell sein, d.h., daß bei Änderungen (Erweiterungen, Veränderungen, Verschmelzen) und daß bei Analysen von Architekturen versucht wird, den Änderungs- und Analyseaufwand insoweit in Grenzen zu halten, als nur die betroffenen Teile betrachtet werden (vgl. Literatur zu IPSEN in Literaturabschnitt 6).

15) Wir haben in diesem Buch viele Stellen kennengelernt, an denen die Architekturbeschreibungssprache methodisch angewandt wurde. So haben wir bestimmte Teilarchitekturen als Standardfälle identifiziert. Die oben angesprochene *Werkzeugunterstützung* kann damit vom Niveau der Architekturbeschreibungssprache auf das *Niveau einer methodischen Anwendung* gehoben werden. Während eine Operation für die Werkzeuge der Architekturbeschreibungssprache etwa Erzeuge einen funktionalen Modul ist, lautet eine solche der methodischen Anwendung beispielsweise Erzeuge ein Eintrags-Kollektions-Teilsystem, welches generisch bezüglich der Eintragsstruktur ist. Solcherart Werkzeugunterstützung brächte eine Größenordnung mehr an Produktivität bei der Architkturmodellierung. Sie setzt allerdings eine weitere Untersuchung und Klärung von Teilarchitekturen und Standardarchitekturen voraus (vgl. offene Probleme 1, 2, 3).

16) Die in diesem Buch vorgestellten Konzepte als auch die hier vorgestellten Methodikhinweise befinden sich noch in einer Phase der Fortentwicklung und Erweiterung. Dies gilt für deren Ausdrucksfähigkeit als auch für deren Grad an Formalisiertheit. Des weiteren werden wir in Abschnitt 9.3 die offenen Probleme der Verzahnung des Programmierens im Großen mit anderen Arbeitsbereichen kennenlernen. Wenn nun Werkzeuge für die Sprache, für den methodischen Umgang mit der Sprache und für die Verzahnung mit anderen Arbeitsbereichen gebaut werden, so muß es ein Ziel der Architekturüberlegungen für diese Werkzeuge sein, diese flexibel zu halten. Damit sollen *Erweiterungen* der Sprache um weitere Kon-

zepte, Erweiterungen der Formalisierung, Erweiterungen der Methodik des Umgangs und schließlich Erweiterungen zum Zwecke der Verzahnung mit anderen Sprachen möglich sein, indem sich die *Werkzeuge* einer solchen Weiterentwicklung leicht *anpassen* lassen. Ansätze in diese Richtung finden sich in /1. Sc 90/.

9.2 Unterstützung des Erstellungs– und Wartungsprozesses auf Architekturebene

Die *Zielsetzung* dieses *Abschnitts* ist es, offene Probleme aufzuführen, die sich ergeben, wenn wir den Prozeß der Erstellung oder Wartung eines Softwaresystems betrachten und nicht dessen Ergebnis oder ein Teilergebnis hiervon. Diese Probleme liegen auf folgenden Ebenen: Zum einen ist zu fragen, ob der Prozeß, in dessen Verlauf ein Softwaresystem erstellt oder modifiziert wird, direkt unterstützt werden kann. Eine spezielle Variante dieser Frage ist die Frage der Wiederverwendbarkeit von Bausteinen. Eine zweite Spezialisierung dieser Frage ist die Unterstützung der Strategien von Abschnitt 8.2, die zu "intelligenteren" Lösungen von Softwaresystemen führen sollen.

1) Die bisherigen Überlegungen waren darauf ausgerichtet, geeignete Konzepte für eine Architektur oder eines Teils hiervon anzugeben, d.h. Konzepte zur Erstellung von Architekturdiagrammen oder von Teildiagrammen. Ein Architekturdiagramm bzw. ein Teildiagramm entsteht aber Stück für Stück. Eine interessante Frage ist somit, ob wir *Konzepte*, *Sprachen* und *Werkzeuge* angeben können, die den *Prozeß des Entwerfens festhalten*, damit beispielsweise bei der Modifikation eines Softwaresystems dieser Prozeß nachgefahren werden kann. Es ist klar, daß solche Hilfsmittel auf einer Architekturbeschreibung aufsetzen müssen, die sowohl die Ebene des Grobentwurfs (Programmieren im Größten) als auch die des Entwerfens bis auf Modulebene (Programmieren im Großen) abdeckt und die es gestattet, diese Ebenen miteinander zu verzahnen.

2) Beim Entwurf werden oft die Strategien Top–down, Bottom–up oder die Mischstrategie Jo–Jo propagiert. Mit jeder der Strategien sind Vor- und Nachteile verbunden. Wir haben uns bereits mit der Frage beschäftigt, daß die entstehenden Architekturdiagramme bei den unterschiedlichen Entwurfstrategien verschieden aussehen können (vgl. die Diskussion am Ende von Abschnitt 4.7). Somit ergibt sich als Spezialfall des letzten Problems die Frage, ob bestimmte Konzepte, Sprachen und Werkzeuge für den Erstellungs- und Wartungsprozeß angegeben werden können, wenn dieser Prozeß einer der angesprochenen *Strategien* folgt. Diese *Hilfsmittel* sollten in erster Linie *darauf ausgerichtet* sein, die *Nachteile* der jeweiligen Strategie *auszugleichen*, indem gezielt Unterstützung angeboten wird, die die jeweiligen Nachteile vermeidet.

3) In der Literatur über Wiederverwendbarkeit wird aus naheliegenden Gründen zwischen der Wiederverwendung von Konzepten, von Werkzeugen und von Teil-

lösungen unterschieden. Wir haben in diesem Buch die Bedeutung der Architekturebene bei der Erstellung von Softwaresystemen hervorgehoben. Ein Beispiel für die Wiederverwendung von Konzepten auf Architekturebene ist die Methodik bei der Erstellung eines rekursiven Abstiegscompilers (vgl. Abschnitt 7.3). Ein Beispiel für die Wiederverwendung von Werkzeugen sind Entwurfswerkzeuge, die auf eine Architekturbeschreibungssprache abgestimmt sind (vgl. /7. Le 88 a/ und Probleme 14, 15, 16 aus 9.1). Eine Teillösung auf Architekturebene ist ein wiederverwendbarer Modul oder ein wiederverwendbares Teilsystem. Ein wiederverwendbares Konzept (wie die Methode zur Erstellung eines rekursiven Abstiegscompilers) wurde in diesem Buch oberhalb der Architekturbeschreibungssprache in umgangssprachlicher Form erläutert. Die Frage ist nun, ob für diese *Wiederverwendung von Konzepten* wieder *Sprachen*, *Methoden* und *Werkzeuge* angegeben werden können. Auf die Wiederverwendung von Modulen und Teilsystemen werden wir im folgenden genauer eingehen.

4)   Für Module und Teilsysteme können alle Qualitätseigenschaften aus Abschnitt 1.6 aufgeführt werden, nämlich Zuverlässigkeit, Bedienerfreundlichkeit, Flexibilität, Lesbarkeit sowie Einfachheit und Effizienz, die dort für das gesamte Softwaresystem angegeben wurden. Natürlich ist die Beurteilung dann auf einen Modul oder ein Teilsystem zu beschränken. So ist beispielsweise die Frage der Bedienerfreundlichkeit nur dann von Bedeutung, wenn ein Modul oder ein Teilsystem mit der Dialoghandhabung beschäftigt ist. Eine Wiederverwendung ergibt sich natürlich in erster Linie bei allgemeinen Bausteinen, d.h. bei Bausteinen, die über die allgemeine Benutzbarkeit oder über die Vererbungsbeziehung in eine Softwarearchitektur eingehängt sind. Die obigen Qualitätseigenschaften haben auf einzelne Bausteine bezogen eine besondere Ausprägung. Beispielsweise hat die Qualitätseigenschaft Flexibilität zwei Aspekte: Zum einen muß ein Baustein überhaupt allgemein genug sein, damit er in einer anderen Architektur verwendet werden kann, und er muß selbst leicht anpaßbar und übertragbar sein. Die Lesbarkeit/ Einfachheit hat auf Bausteinebene drei Ausprägungen /4. Bo 87/: Ein Baustein muß definit sein, d.h. ihm muß eine Abstraktion/ eine Entwurfsentscheidung zugrunde liegen. Er muß ferner vollständig sein, d.h. seine Schnittstelle muß alle Ressourcen enthalten, die der Abstraktion entsprechen und die der Baustein realisiert. Schließlich muß er primitiv sein, d.h. seine Schnittstellenoperationen müssen "orthogonal" zueinander sein. Das bedeutet, daß sich keine der Schnittstellenoperationen als "Linearkombination" der anderen ergeben darf. Es stellt sich nun die Frage, ob man *Charakterisierungen* und in Folge davon auch *Werkzeuge* angeben kann, mit denen man die *Wiederverwendbarkeit* eines *Bausteins entscheiden* kann.

5)   Ein anderes Problem ist, wie man die in einer Problemlösung einzusetzenden *wiederverwendbaren Werkzeuge* und *Bausteine auffindet*. Zum Auffinden von Bausteinen gibt es eine Fülle von Literatur (vgl. Literaturabschnitt 3). An dieser Stelle ist eine vollständige Semantikbeschreibung von Modulen/ Teilsystemen, die im Pro-

blem 11 von Abschnitt 9.1 anklang, sicherlich von Nutzen. Denkbar wäre hier, daß man durch gezielte Anfragen oder durch Browsing (Stöbern) passende Bausteine auffindet. In beiden Fällen sollte man in der Lage sein, aufgrund einer "semantischen Beschreibung" die Erwartungen an den zu suchenden Baustein festzulegen. Diese Beschreibung wird dann z.B. gegen eine Charakterisierung verglichen, die bei der Ablage des Bausteins angegeben wurde.

6) Eine weitere Frage ist, welche *organisatorische Struktur* eine *Ansammlung wiederverwendbarer Bausteine* besitzt, die unabhängig von der im letzten Problem angegebenen Strukturierung zum Zweck der Auffindung ist. Denkbar ist, daß eine Ansammlung auf bestimmte Teilprojekte, Projekte und sonstige Anwendungskontexte (Abteilung, Firma etc.) eingeschränkt ist, oder daß sich andererseits eine allgemeine Vefügbarkeit dieser Ansammlung in einer Sprachimplementation oder sogar in dem Sprachstandard der zugrundeliegenden Programmiersprache ergibt. Wenn die wiederverwendbaren Hilfsmittel so aufgeteilt werden, dann muß es *Werkzeuge* geben, die es gestatten, daß bestimmte Hilfsmittel von einem eingeschränkten Kontext in einen anderen übertragen werden (z.B. weil in einem Teilprojekt die Notwendigkeit besteht, die wiederverwendbaren Hilfsmittel eines anderen zu verwenden).

7) In Abschnitt 7.3 haben wir gesehen, wie ein Syntaxanalysator, der nach der Methode des rekursiven Abstiegs arbeitet, in einen tabellengesteuerten umgewandelt werden kann. Diese Umwandlung läßt sich als eine *Architekturtransformation* formulieren. Es stellt sich nun die Frage, ob neben dem Auffinden von Standard–Architekturen für bestimmte Problemklassen und Teilarchitektur–Situationen auch solche wiederkehrenden Architekturtransformationen aufgefunden werden können. Sind diese problemklassenspezifisch oder sind sie unabhängig von einzelnen Problemklassen auffindbar? Wir haben dieses Problem in diesem Abschnitt aufgeführt, weil solche Architekturtransformationen Schritte darstellen, die im Entwurfs– oder Wartungsprozeß auftreten. Wenn man solche Transformationen aufgefunden hat, dann kann man die Anwendung solcher Transformationen durch *Werkzeuge* unterstützen.

8) Das letzte Problem, das wir ansprechen wollen, ist, wie die in Abschnitt 8.2 aufgefundenen *Strategien* zur *Realisierung "intelligenterer" Softwarearchitekturen* durch *Werkzeuge unterstützt* werden können.

Bei der Strategie "Verwendung allgemeiner Basisbausteine" hatten wir schon festgestellt, daß die Wiederverwendbarkeit eines bestimmten Bausteins erkannt werden muß und daß nach Ablage solcher Bausteine Hilfsmittel angegeben werden müssen, um in einer bestimmten Entwurfssituation den passenden wiederverwendbaren Baustein aufzufinden. Ferner kann die Ansammlung vordefinierter Bausteine in einzelne Gruppen aufgeteilt sein, wobei zuerst zu prüfen ist, ob auf eine bestimmte Gruppe überhaupt zugegriffen werden darf.

Bei der Strategie "ein Softwaresystem als Bausteinkasten zu entwerfen" kann man sich folgende Werkzeugunterstützung vorstellen: Beim Entwurf gibt man das

Zusammenwirken einzelner Bestandteile einer Architektur in Form eines Schemas an (für die Softwareentwicklungs-Umgebung aus Abschnitt 7.4: Werkzeugsteuerung, problembezogene Datenstruktur, Repräsentationsstruktur, Transformatoren zwischen der problembezogenen Datenstruktur und der Repräsentationsstruktur etc.). Beim Bau von abgemagerten Architekturen oder bei der Erweiterung einer Systemarchitektur kann ein Werkzeug dann gezielt Unterstützung geben, indem es darauf hinweist, was ebenfalls zu löschen ist bzw. was noch zusätzlich hinzugefügt werden muß.

Die dritte Strategie "veränderliche Teile in Tabellen zu stecken" ist schwer durch Werkzeuge zu unterstützen, da das Erkennen, was speziell ist, von Problemklasse zu Problemklasse verschieden ist. Zunächst kann man natürlich eine Checkliste erstellen, die dem Entwerfer am Ende des Entwurfsprozesses zur Überprüfung vorgelegt wird, und in der die üblichen Standardanwendungen aufgelistet sind (Fehlermeldungen, Layoutfestlegungen usw.). Ist man bei der Erkennung von Standardarchitekturen für Problemklassen weitergekommen, dann sieht eine solche Standardarchitektur die entsprechenden Tabellenmodule bereits vor.

Eine substantielle Unterstützung der Strategie "Bootstrapping" erscheint dem Autor z.Z. nicht möglich. Um so mehr Unterstützungsmöglichkeiten ergeben sich jedoch bei der nächsten Strategie "Softwaresysteme zu erzeugen". Wir wollen hierzu die einzelnen Erzeugungsmöglichkeiten genauer betrachten.

Bei der "methodischen, aber handgefertigten Erzeugung" können spezielle Werkzeuge für die jeweilige Methode angegeben werden. Im Beispiel des rekursiven Abstiegscompilers kann man sich vielerlei Werkzeuge vorstellen (zur Modifikation der eingegebenen Grammatik zur Erzielung von Fehlerverbesserung; für das Wiederaufsetzen zur Bestimmung der Anfangssymbole nach einem Konstrukt, in dem ein Fehler aufgetreten ist; zur Erzeugung einer Architektur des Gesamtsystems aus der Grammatik; zur Erzeugung von Vorgaben für die Rümpfe der rekursiven Prozeduren etc.). Ähnlich sieht es bei JSP/ JSD /4. Ja 83/ aus. Hier werden eine Reihe von Werkzeugen zur Definition der Ein-/ Ausgabedatenstruktur, zur Zuordnung von Ein- zu Ausgabedatenstrukturen und zur Ableitung des Programmrahmens in einer Pseudocodenotation z.Z. schon kommerziell angeboten. Die Werkzeuge sind somit allesamt auf eine bestimmte Methode abgestimmt. Eine Unterstützung des Erkennens und der Entwicklung einer Methode durch Werkzeuge erscheint hingegen z.Z. nicht möglich.

Ähnlich ist es beim "Compiler-Compiler-Ansatz": Auch hier ist eine "manuelle" Erkennung der Anwendbarkeit dieses Ansatzes für eine Problemklasse nötig sowie die Entwicklung entsprechender Generierungsprogramme. Diese Generierungsprogramme stellen dann natürlich hochwertige Werkzeuge im Sinne der Arbeitsersparnis dar.

Analog ist die Situation bei der "direkten Ausführung von Spezifikationen": Auch hier stellt der Interpreter ein hochwertiges Entwicklungswerkzeug dar, wenn für eine hohe Spezifikationssprache ein solcher Interpreter zur Verfügung steht. Ein Rapid Protyping ist aber i. a. erst dann möglich, wenn ein Architekturrahmen zur Verfügung steht, in den der Interpreter plus Spezifikation eingebettet werden kann. Dies setzt eine entsprechende Standardarchitektur mit vorgegebenen Basisbausteinen voraus.

Die Unterstützung des "generischen Mechanismus" gehört größtenteils zur Wiederverwendbarkeitsproblematik. Als spezielles Werkzeug ist hier ein Werkzeug zur Makroexpansion nötig, welches aber bereits in einigen Programmiersprachen zur Verfügung steht (wie z.B. bei Ada). Allerdings sollte ein solches Werkzeug Generizität auf beliebigen Teilarchitekturen zulassen.

"Programming by Doing" setzt das Vorhandensein spezieller vorgefertigter Werkzeuge voraus, die eine interaktive Eingabe in eine ausführbare Form (Tabelle plus Interpreter, oder andererseits nur Code) umsetzen. Diese Teilstrategie ist damit wieder auf bestimmte Anwendungen beschränkt.

Die letzte Strategie "Ähnlichkeiten herausfinden" läßt sich durch Werkzeuge unterstützen, insbesondere bei der Teilstrategie "objektorientierte Modellierung". Hier gibt es einige Programmiersprachen wie etwa Smalltalk /5. GR 83/, die mit einer reichhaltigen Werkzeugansammlung ausgeliefert werden (einerseits vielfältige, vordefinierte Bausteine und andererseits Werkzeuge zur Programmsystementwicklung). Für die objektorientierte Architekturmodellierung hatten wir die Werkzeugunterstützung bereits angesprochen.

Eine Unterstützung der weiteren Teilstrategie "Standardarchitekturen erkennen und einsetzen" ist erst dann möglich, wenn für eine Problemklasse solche Standardarchitekturen entwickelt sind. Die Unterstützung der Entwicklung von Standardarchitekturen für Problemklassen durch Werkzeuge erscheint z.Z. kaum möglich. In bestimmten Anwendungsbereichen, zu denen diese Standardarchitekturüberlegungen bereits existieren, sind wieder vielerlei spezifische Werkzeuge denkbar (wie etwa für die Entwicklung von Mehrphasencompilern oder von Transaktionssystemen auf Datenbanken).

9.3 Programmieren im Großen und seine Verzahnung mit anderen Arbeitsbereichen

Die *Zielsetzung* dieses *Abschnitts* ist es, offene Probleme zu skizzieren, die sich aus der Verzahnung des Programmierens im Großen mit anderen Arbeitsbereichen ergeben (vgl. hierzu Abschnitt 2.4 und insbesondere Fig. 2.8).

1) Wir haben in Abschnitt 2.4 die überragende Bedeutung des Programmierens im Großen herausgestellt, dabei aber auch die Bedeutung des Requirements Engineering erwähnt. Für das *Requirements Engineering* sind eine Reihe mehr oder minder *formaler Sprachen* bekannt (wie z.B. SA, SADT etc., vgl. Literaturabschnitt 3). Diese sind ein Ansatzpunkt, den *funktionalen Teil* der *Anforderungsdefinition* zu beschreiben.

Dies geschieht in der Regel durch eine Ansammlung hierarchisch angeordneter Diagramme, z.B. von Datenflußdiagrammen in SA, die jeweils die zu den einzelnen Abstraktionsstufen gehörenden Prozeßnetze darstellen. Zwischen den Netzen und den Knoten, aus denen diese durch Verfeinerung hervorgegangen sind, gelten gewisse Balancierungsregeln. Darüber hinaus werden in Datenbankanwendungen die verschiedenen Klassen von Objekten und von Beziehungen beschrieben, beispielsweise durch ER–Diagramme /3. Yo 89/. In Realzeitanwendungen ist es darüber hinaus wichtig, die Steuerungszusammenhänge zwischen den beteiligten Prozessen zu beschreiben. Dadurch wird die funktionale Anforderungsspezifikation aus drei Sichten beschrieben: die funktionale Zerlegung durch Datenflußdiagramme, das Datenbank–Schema durch ER–Diagramme und die Nebenläufigkeit, Synchronisation etc. durch Kontrolldiagramme. Aktuelle Arbeiten /3. Yo 89/, /3. HP 87/, /3. BDH 89/ studieren den Zusammenhang dieser verschiedenen Sichten, die jeweils durch verschiedene Sprachen beschrieben werden, und sie geben Konsistenzbedingungen für die Integration an, ähnlich wie wir dies für das Programmieren im Großen und für das Programmieren im Kleinen in Abschnitt 4.9 gemacht haben. Für diese Integration ist aber noch keine einheitliche Sprache festgelegt, und es gibt erst im Ansatz *Werkzeuge*, die diese *integrierte "Methode" unterstützen*.

Ein weiteres offenes Problem des Requirements Engineering ist die Integration von funktionaler und nichtfunktionaler Anforderungsspezifikation. Während sich Effizienzparameter (Reaktionszeit, Rechenzeit, Speicherplatz, maximale Last, maximaler Durchsatz etc.) schwer formalisieren und schwer mit der funktionalen Anforderungsspezifikation verbinden lassen, ist dies bei der Gestaltung der Bedieneroberfläche eher denkbar. Hier benötigt man eine formale Festlegung der Bildschirmgestaltung und der Beschreibung der Zustandsübergänge beim Dialog.

Die obigen Probleme des Requirements Engineering wurden nur skizziert, damit die nächsten Probleme verständlich werden.

2)   Ein wichtiges Problem ist der Übergang und die *Verzahnung* der beiden Arbeitsbereiche *Requirements Engineering* und *Programmieren im Großen*. Man beachte, daß auf der Ebene des Requirements Engineering das Außenverhalten eines Systems modelliert wird, während auf der Ebene des Programmierens im Großen das Innenleben, aber nur bis zu einer bestimmten Detaillierung, nämlich bis zur Erstellung der Architektur des Systems, betrachtet wird. Diese verschiedenen Niveaus der Betrachtung bezüglich des Grads der Detaillierung (Bausteine der Architektur, die eventuell mit der Beschreibung der Funktionalität des Systems nichts zu tun haben, versus Prozesse, Daten und Kontrolle zur Beschreibung des Außenverhaltens) und bezüglich der Granularität (Module und Teilsysteme versus Entitäten des Außenverhaltens) bedingen, daß die jeweiligen Sprachen zu unterschiedlichen Aufgabenstellungen geeignet sein müssen. Beide Ebenen sind also verschieden und sollen nach dem in diesem Buch eingeführten diskreten Paradigma (vgl. Abschnitt 1.3) auch verschieden bleiben.

Andererseits haben natürlich beide Beschreibungsebenen für ein und dasselbe System etwas miteinander zu tun. Aus diesen Beschreibungen auf verschiedenen Ebenen ergeben sich damit vielerlei Zusammenhänge, die geprüft werden können (für ein Element der Beschreibung des Außenverhaltens muß es realisierende Bausteine geben, ein Baustein dient entweder internen Aufgaben oder der Abdeckung der Aufgabenstellung). Für die Integration zwischen beiden Betrachtungsebenen kann man sich nun eine Fülle von Möglichkeiten vorstellen, die sich in eine Skala einreihen lassen: Das eine Ende der Skala ist, daß die gegenseitigen Konsistenzen nur vage sind und daß sich deshalb nur die Möglichkeit der "manuellen" Plausibilitätsüberprüfung ergibt. Das andere Ende der Skala ist die Vorstellung, daß man aus der Anforderungsdefinition einen Teil der Architektur automatisch ableiten kann und/ oder daß sich umgekehrt die Anforderungsdefinition aus einer fertigen Architektur automatisch gewinnen läßt (ein Teilaspekt des sog. Reverse Engineering). Ein vollständiger Automatismus wird sich sicher nicht realisieren lassen. Ein teilweiser Automatismus bei der Verzahnung zwischen Requirements Engineering und Programmieren im Großen erscheint nach ersten Untersuchungen realistisch. Hierfür können integrierte und inkrementelle Werkzeuge angegeben werden, die an bestimmten Punkten Entscheidungshilfe durch den Entwerfer verlangen /4. Ja 90/.

Interessant für diese Integration ist auch die Frage der Überwachung der eingerichteten Beziehungen, falls sich in der Wartung die Anforderungsdefinition oder die Architektur ändern. Im ersten Fall möchte man alle Stellen der Architektur angezeigt bekommen, die zu ändern sind, und im zweiten Fall möchte man alle Stellen der Anforderungsdefinition erhalten, die von der Architekturänderung berührt sind oder berührt sein könnten.

3) Ein weiterer Arbeitsbereich, der mit dem *Programmieren im Großen eng verzahnt* ist, ist das *Programmieren im Kleinen*. Wir haben in Abschnitt 4.9 einige Konsistenzbedingungen aufgeschrieben, die beide Ebenen berühren. Diese Konsistenzbedingungen lassen sich erweitern, da wir in Kap. 5 weitere Architekturmodellierungskonzepte, nämlich die Teilsysteme, die Generizität und die Objektorientierung betrachtet haben. Des weiteren können für das erweiterte Modulkonzept von Kap. 5 und für eine bestimmte Programmiersprache integrierte Werkzeuge angegeben werden, wie dies für das einfache Modulkonzept von Kap. 4 und Modula–2 bzw. C in /7. Le 88a/ geschah. Es lassen sich zum einen Quelltextvorgaben für die Module erzeugen, die dem Programmierer des Moduls vorgegeben werden und die stets konsistent mit der Architektur des Softwaresystems sind. Darüber hinaus lassen sich Werkzeuge erstellen, die die Änderungen der Architektur in die einzelnen Module "hineinpropagieren" und die in denselben alle Stellen anzeigen, die aufgrund einer Architekturänderung geändert werden müssen. Den umgekehrten Vorgang, nämlich durch Änderungen in einem Modul von seiten des Programmierers Änderungen der Architektur hervorzurufen, halten wir nicht für sinnvoll. Ein Programmierer für einen Modul übersieht nicht unbedingt die Architekturzusammenhänge, wenn er nicht gleichzeitig Entwerfer ist.

4) Ein weiterer Arbeitsbereich, der mit dem *Programmieren im Großen* in enger Bindung zu sehen ist, ist die *Erstellung der technischen Dokumentation*. Diese Verzah-

nung wurde in /7. Le 88a/ bereits so gelöst, wie sie sein sollte: Änderungen in der
Architektur führen zur Anzeige aller Stellen der technischen Dokumentation, die
aufgrund der Architekturänderung zu aktualisieren sind. Auch hier ist eine Beeinflussung in umgekehrte Richtung nicht sinnvoll. Die oben zitierten integrierten
und inkrementellen Werkzeuge müssen allerdings an die Architekturnotation von
Kap. 5 angepaßt werden.

5)   Auch der Arbeitsbereich *Qualitätssicherung* ist mit dem *Programmieren im Großen*
     verzahnt zu sehen. Da in der Praxis die Qualitätssicherung in erster Linie Test
     bedeutet (vgl. Literaturabschnitt 3), ist hier an eine Testunterstützung oberhalb
     des Tests einzelner Module gedacht. Neben Hilfen bei der Erzeugung von Test-
     stummeln und Testtreibern, die auch für den Modultest wichtig sind, kann die Un-
     terstützung des Tests von Teilsystemen und des Gesamtsystems angegangen wer-
     den. (Die Unterstützung für den Modultest, auf die man aufsetzt, sollte auf die
     hier eingeführten Modularten abgestimmt sein.) Es ist in erster Linie an Integra-
     tionsunterstützung gedacht, und zwar für die inkrementelle Integration. Inkre-
     mentelle Integration bedeutet, daß ausgehend von einzelnen Modulen durch die
     Hinzunahme weiterer Module integriert wird, bis man letztendlich das gesamte
     System erhält.

6)   Den Bereich der *Projektorganisation* haben wir im Abschnitt 1.5 in Projektplanung,
     Projektführung und Projektüberwachung eingeteilt. Wir wollen nun einige Proble-
     me skizzieren, die sich aus der Integration mit dem *Programmieren im Großen* erge-
     ben. Das Management des zu erstellenden Produkts, d.h. die Versions- und Kon-
     figurationskontrolle, lassen wir dabei vorläufig außer acht (s.u.). Wir haben stets
     betont, daß das Architekturdokument, das zentrale Dokument der Softwareerstel-
     lung bzw. –wartung ist.

     So läßt sich mithilfe der Architekturdarstellung eine white–box–Projektpla-
     nung unterstützen, indem bei der Längen- und Zeitschätzung des Gesamtsystems
     die Architektur des Systems benutzt wird. Das kommt für eine Revision bzw. Ver-
     feinerung der Aufwandsabschätzung nach der Erstellung bzw. nach einer Modifi-
     kation der Architektur in Betracht. Diese Revision verbessert die Aufwandsab-
     schätzung, die nach der Anforderungsdefinition durchgeführt wurde (black–box–
     Planung). Die Schätzung wird dabei in einer Zusammenarbeit von Entwerfern mit
     Schätzern durchgeführt.

     Ebenso können die in Abschnitt 2.4 eingeführten anderen Teilarbeitsbereiche
     des Projektmanagements, nämlich Verantwortlichkeits-/ Zugriffskontrolle, Frei-
     gabekontrolle, Nachrichten- und Dokumentverteilungskontrolle sowie Erfolgs-
     kontrolle maßgeblich unterstützt werden, wenn man die zentrale Rolle des Archi-
     tekturdokuments erkennt. Alle die hier gehandhabten Einheiten sind nämlich ent-
     weder Teile der Architektur (z.B. ein Teilsystem), lassen sich aus solchen ableiten
     (z.B. die technische Dokumentation zu einem Teilsystem) oder sind mit solchen
     verknüpft (z.B. der einem Teilsystem zugeordnete Teil der Anforderungsdefiniti-
     on). Für den Bereich der Verantwortlichkeits- und Zugriffskontrolle wurden in

/7. Le 88a/ auf das Programmieren im Großen abgestimmte Werkzeuge angegeben.

Schließlich bezieht sich auch die Projektüberwachung stark auf die Architektur, da sie die rechtzeitige Fertigstellung von Modulen und Teilsystemen überwacht bzw. Maßnahmen einleitet, die bei einer Verzögerung bzw. bei Fehlschlägen eingeleitet werden müssen.

7) Der nächste noch mit vielen Problemen behaftete Teilarbeitsbereich ist die *Versions- und Konfigurationskontrolle*. Auch hier muß das zentrale Dokument, nämlich das Architekturdokument, die bedeutende Rolle spielen. Versionen unterscheidet man in Revisionen als die zeitliche Fortentwicklung von Dokumenten bei Änderungen (z.B. von Modulen, Teilsystemen, Gesamtsystemen) und Varianten (zur unterschiedlichen Realisierung von Modulen, Teilsystemen; Betrachtung "ähnlicher" Module bzw. Teilsysteme). Als eine Konfiguration bezeichnet man den Zusammenbau zueinander konsistenter Revisionen. Bisherige Ansätze aus der Literatur (vgl. Literaturabschnitt 3) betrachten meist Dokumentklassen-unspezifische Revisionen/ Varianten/ Konfigurationen (z.B. allgemeine Texte, Bäume etc.). Sie sind deshalb zwar für beliebige Dokumente im Lebenszyklus einsetzbar, bieten aber dadurch auch nicht die nötige und mögliche Unterstützung für diese Dokumente. Bei der Konsistenzproblematik von Konfigurationen ist insbesondere die Konsistenz von Teilsystemen bzw. Modulen in einer Gesamtarchitektur bzw. von Modulen (einschl. Realisierung) in einer Teilarchitektur von Bedeutung. Interessante Fragen aus diesem Themenkomplex sind dabei, (1) was inhaltlich mit einer Revision r_t, etwa eines Teilsystems, passiert, wenn man zu einer neuen Revision r_{t+1} übergeht, (2) wie zwei Revisionen r_t und r'_t, die aus einem gemeinsamen Vorgänger r_{t-1} hervorgegangen sind, zueinander stehen bzw. wie sie zu diesem Vorgänger stehen, oder (3) wie und unter welchen Bedingungen Revisionen r_t und r'_t zu einer neuen Revision r_{t+1} verschmolzen werden können. Einige dieser Fragen werden in /7. We 90/ studiert.

8) Eine *besondere Problematik* ergibt sich bei der Entwicklung und Wartung von *Hardware-/ Softwaresystemen* (Realzeitsysteme, eingebettete Systeme, beide evtl. verteilt). Wir haben bereits in Abschnitt 1.3 skizziert, daß wir für solche Systeme ein erweitertes Lebenszyklusmodell betrachten müssen. Einer Erarbeitung der Anforderungen für das Gesamtsystem folgt ein Entwurf des Hardware-/ Softwaresystems bis auf ein Niveau, auf dem entschieden werden kann, welche Teile in Hardware und welche in Software zu realisieren sind. Wir nennen diese Aktivität im folgenden System-Grobentwurf.

Die hierbei getroffenen Festlegungen für ein in Software zu realisierendes Teilsystem ergeben die Anforderungen an dieses Teilsystem. Danach folgen dann die Entwürfe der Software-Teilsysteme, z.B. mithilfe der in diesem Buch eingeführten Konzepte. Somit ergibt sich, daß der Entwurf des Softwaresystems nicht gegen die Anforderungsdefinition des Gesamtsystems konsistent zu halten ist, sondern gegen die aus dem System-Grobentwurf resultierende Gesamtarchitektur.

Diese Gesamtarchitektur wurde bereits vorher gegen die Anforderungsdefinition überprüft.

Aus dieser Auffassung ergeben sich einige Probleme: Wie sieht eine geeignete Entwurfsnotation oder Entwurfsmethode für Hardware-/ Softwaresysteme aus? Was sind insbesondere die Unterschiede bzw. Gemeinsamkeiten zu der hier vorgestellten Notation für Softwaresysteme? Wie ist das Zusammenspiel zwischen den Arbeitsbereichen Requirements Engineering für das Gesamtsystem bzw. Grobentwurf für das Gesamtsystem und Requirements Engineering für die enthaltenen Software-Teilsysteme bzw. Entwurf derselben? Damit ergibt sich eine Erweiterung der in diesem Abschnitt skizzierten Integrationsprobleme. Wie kann nun dieses Zusammenspiel durch geeignete Werkzeuge unterstützt werden?

Des weiteren ergibt sich bei Hardware-/ Softwaresystemen oft eine Situation, die von der in diesem Buch geschilderten Situation abweicht: Beim Grobentwurf des Gesamtsystems muß so weit heruntergebrochen werden, bis alle vorgegebenen Teilsysteme (der Umgebung, in die das Gesamtsystem eingebettet ist, bzw. des Gesamtsystems selbst, wenn solche Teile von irgendwoher bezogen und in das System eingebaut werden) identifiziert sind. Diese vorgegebenen Teile liegen oft auf einem Niveau, das einer Detailrealisierung zuzuordnen ist (ein Ventil oder ein Modem als Beispiele für Bestandteile der Umgebung; eine bestimmte vorgegebene Steuerungskomponente als Beispiel eines Teils des Innenlebens).

Daraus ergibt sich zweierlei: Einmal sind die Teilsysteme, die in Software zu realisieren sind, manchmal so klein, daß keine aufwendigen Entwurfsüberlegungen mehr nötig sind. Die aufwendigen Überlegungen liegen statt dessen auf der Ebene des Grobentwurfs. Zum zweiten sind die Anforderungen an ein zu realisierendes Software-Teilsystem des Gesamtsystems oft viel detaillierter und viel näher an der Realisierung desselben, als dies bei den Anforderungen an ein Softwaresystem der Fall ist, das nicht in ein Hardware-/ Softwaresystem eingebettet ist. Ein Beispiel für den Unterschied ist etwa: "das Software-Teilsystem bekommt Signale und Daten, die dieses und jenes besagen, von einem Hardwaremodul einer bestimmten Spezifikation" im Vergleich zu der Anforderung "ein interaktives System soll die und die Funktion für einen bestimmten interaktiven Bediener realisieren".

9) Wir hatten in Abschnitt 1.3 in der Fig. 1.3 ein *kontinuierliches Lebenszyklusmodell* eingeführt, das sich von dem diskreten Modell, das in diesem Buch verwandt wurde, grundsätzlich unterschied. Es beruhte darauf, daß wir eine sehr hohe ausführbare Spezifikation entweder durch automatische Übersetzung oder durch eine Sequenz von automatischen (vorher interaktiv eingegebenen) Transformationen in ein effizientes Programm verwandeln. Wir haben auf die Probleme dieser Vorgehensweise bereits hingewiesen (vgl. Aufgabe 3 von Kap. 1 bzw. die Teilstrategie "direktes Ausführen einer Spezifikation" in Abschnitt 8.2). Unabhängig von diesen Problemen scheint ein Vorgehen nach einer solchen kontinuierlichen Vorstellung nur dann denkbar, wenn man in den betroffenen logischen Ebenen (ausführbare Anforderungen, ..., effizientes Programm) nach einem *einheitlichen Program-*

mierparadigma verfährt, also keinen Wechsel des Paradigmas vorsieht. Als Paradigmen kommen hier in Frage: das funktionale Paradigma, das prozeßorientierte Paradigma, das objektorientierte Paradigma und das regelorientierte Paradigma. Welches ist das geeignete? Man beachte, daß für die Architekturmodellierung keines dieser Paradigmen für sich allein als geeignet betrachtet wurde (vgl. Kap. 4 und 5).

10) Wir haben in diesem Buch an verschiedenen Stellen betont, daß die Modellierung die zentrale Aufgabe des Informatikers darstellt. Es ist auf der Requirements-Engineering-Ebene ein Modell eines Ausschnitts aus der realen Welt zu erstellen, auf der Entwurfsebene wird ein Modell der Architektur erarbeitet, in der Projektorganisation ist ein Modell des Projekts zu erstellen usw. Darüber hinaus sehen einige spezielle Anwendungsfelder noch weitere Modellierungsniveaus vor, die nicht oder nur teilweise den oben angesprochenen Ebenen zugeordnet werden können. So wird in Datenbankanwendungen ein Schema modelliert und zwar meist über die Bedürfnisse der Ermittlung der Anforderung hinaus, ohne daß diese Klärungen dem Architekturniveau zuzuordnen wären. Bei Expertensystemen werden große Regelsätze modelliert, die natürlich zu strukturieren sind etc. Diese Überlegungen sind aber oft eine Vorstufe zu den Überlegungen über die Struktur des Programmsystems.

Es stellt sich nun die Frage, ob die zugrundeliegenden Modellierungsprinzipien bei allen diesen Modellierungsebenen verschieden sein müssen, oder ob diese Modellierungsprinzipien statt dessen gleich und universell sind, bisher jedoch noch nicht aufgefunden wurden, oder ob es schließlich gewisse universelle generische Prinzipien gibt, so daß für den jeweiligen Anwendungsbereich nur spezielle Ausprägungen zu entdecken sind. Solche universellen generischen Prinzipien und ihre jeweiligen spezifischen Ausprägungen sind bisher nicht bekannt. Der Autor neigt der Vermutung zu, daß es solche generischen Prinzipien und spezifischen Ausprägungen gibt. Solche zu vermutenden Gemeinsamkeiten werden durch die Begriffe "konzeptuelles Modellieren" oder "konzeptuelle Strukturen" /1. SMS 84/ ausgedrückt. Beispielsweise haben die in der Datenbankwelt auftretenden Modellierungsprinzipien Klassifikation, Aggregation und Generalisierung bestimmte Ausprägungen in der in diesem Buch eingeführten Architekturmodellierung. *Gibt es* also für alle oben skizzierten Arbeitsbereiche eine *allgemeine Modellierungsdisziplin?* Diese ist im Augenblick noch nicht entdeckt, sie ist aber in Ansätzen zu erkennen. Es scheint auch hier so zu sein, daß das Rad in diesen verschiedenen Modellierungsdisziplinen mehrfach erfunden wurde bzw. stets neu erfunden wird.

9.4 Zusammenfassung

Wir haben in diesem Kapitel eine Fülle offener *Probleme* aufgeführt, die sich auf *drei Bereiche* beziehen: Zum einen handelt es sich um Probleme der *Architekturmodellierung*, d.h. um Probleme bei der Fortentwicklung des in diesem Buch vorgestellten

Modulkonzepts und bei der Gewinnung weiterer Erfahrungen damit zum Zweck der Erstellung von Architekturen von Softwaresystemen. Ferner kann der *Prozeß* der Architekturmodellierung geeignet unterstützt werden. Schließlich ist das Programmieren im Großen *mit anderen Arbeitsbereichen verzahnt* (vgl. Fig. 1.7 und 2.8), so daß auch über eine Unterstützung dieser Verzahnung nachgedacht werden muß.

In allen diesen drei Problemfeldern lassen sich *Konzepte* entwickeln, *Sprachen* formulieren, die diese Konzepte zum Ausdruck bringen, *Methoden* entwickeln, wie mit diesen Sprachen umzugehen ist, sowie *Werkzeuge* bauen, die die Sprachen bzw. den methodischen Umgang damit unterstützen.

Durch dieses Kapitel haben wir auch eine Möglichkeit gegeben, den *Stand* der *Technik des Programmierens im Großen* zu *beurteilen*. Diese Beurteilung durch den Leser stützt sich auf die Gegenüberstellung des Hauptteils des Buches zu den offenen Problemen dieses Kapitels. Wir sehen daraus, daß noch eine Menge zu tun bleibt. Gleiches gilt für alle anderen Arbeitsbereiche der Softwaretechnik.

Aufgaben zu Kapitel 9

1. In Kap. 1 Aufg. 7 haben wir den Leser gebeten, vor dem Lesen des Buches seine Erwartungen an dieses anzugeben (Was erwarte ich, was erwarte ich nicht?). Am Ende des Buches sollte sich der Leser diese Erwartungen noch einmal vornehmen und sie daraufhin überprüfen, welche davon eingetroffen sind und welche nicht. Eine Nichterfüllung einer oder mehrerer Erwartungen kann auch bedeuten, daß die Erwartung(en) im nachhinein als unberechtigt erkannt wurde(n). Dieses läßt sich nach dem Lesen des Buches vielleicht besser beurteilen.

2. Greifen Sie noch einmal die Aufg. 3 aus Kap. 1 auf, die die Probleme des alternativen Softwareerstellungs–Paradigmas von Fig. 1.3 behandelte. Geben Sie jetzt, nach dem Lesen dieses Buches, erneut eine Antwort auf die Fragen a) bis e).

Literaturverzeichnis

Inhaltsangabe des Literaturverzeichnisses

1 Hintergrundliteratur

/AHU 87/ A. Aho/J. Hopcroft/J. Ullman: Data Structures and Algorithms, Reading: Addison Wesley (1987).

/ASU 86/ A. Aho/R. Sethi/J. Ullmann: Compilers: Principles, Techniques, and Tools, Reading: Addison Wesley (1986).

/Bi 76/ R. Bird: Programs and Machines, London: J. Wiley (1976).

/BMS 84/ M. Brodie/J. Mylopoulos/J.W. Schmidt (Eds.): On Conceptual Modelling: Perspectives from Artificial Intelligence, Data Bases and Programming Languages, New York: Springer-Verlag (1984).

/BH 77/ P. Brinch Hansen: Betriebssysteme, Hanser-Verlag (1977).

/Dij 72/ E.W. Dijkstra: Notes on Structured Programming, in Dahl/Dijkstra/Hoare: Structured Programming, 1-82, London: Academic Press (1972).

/ELS 87/ G. Engels/C. Lewerentz/W. Schäfer: Graph Grammar Engineering - A Software Specification Method, Lect. Notes in Comp. Sci. 291, 186-201, Berlin: Springer-Verlag (1987).

/Gö 88/ H. Göttler: Graph-Grammatiken in der Softwaretechnik, Informatik-Fachberichte 178, Berlin: Springer-Verlag (1988).

/GW 85/ G. Goos/J. Waite: Compiler Construction, New York: Springer-Verlag (1985).

/KMA 82/ A.J. Kfoury/R.N. Moll/M.A. Arbib: A Programming Approach to Computability, New York: Springer-Verlag (1982).

/Kn 73-81/ D. Knuth: The Art of Computer Programming, Vol. 1,2,3, Reading: Addison-Wesley (1973, 1973, 1981).

/Me 84/ K. Mehlhorn: Data Structures and Algorithms, Vol. 1,2, EATCS Monograph Series, Berlin: Springer-Verlag (1984).

/Na 79/ M. Nagl: Graph-Grammatiken: Theorie, Anwendungen, Implementierung, Braunschweig: Vieweg-Verlag (1979).

/PD 82/ S. Pemberton/M.C. Daniels: Pascal Implementation - The P4 System, Chichester: Ellis Horwood (1984).

/Sc 89/ A. Schürr; Introduction to PROGRESS, an Attribute Graph Grammar Based Specification Language, Lect. Notes in Comp. Sci. 411, 151-165, Berlin: Springer-Verlag (1990).

/Sc 90/   A. Schürr: Eine Spezifikationssprache basierend auf Graph–Grammatiken, Dissertation, RWTH Aachen (1990).

/SMS 84/   J.F. Sowa/J. Mylopoulos/J.W. Schmidt: Conceptual Structures: Information Processing in Mind and Machine, Reading: Addison Wesley (1984).

/Wi 84/   N. Wirth: Compilerbau, 3. Auflage, Stuttgart: Teubner–Verlag (1984).

2 Softwaretechnik: Allgemeines, Begriffsbildung

/Ab 86/   R.J. Abbot: An Integrated Approach to Software Development, New York: J. Wiley (1986).

/Ag 86/   W. Agresti (Ed.): New Paradigms for Software Development, Washington: IEEE Computer Society Press (1986).

/Ba 75a/   F.L. Bauer (Ed.): Software Engineering, An Advanced Course, Lect. Notes in Comp. Science 30, Berlin: Springer–Verlag (1975).

/Ba 75b/   F.L. Bauer: Software Engineering, in /Ba 75a/, 522–543.

/Ba 82/   H. Balzert: Die Entwicklung von Softwaresystemen, Mannheim: Bibl. Institut (1982).

/Ba 86/   R. L. Baber: Software–Reflexionen, Berlin: Springer–Verlag (1986)

/BBL 76/   B.W. Boehm/J.R. Brown/M. Lipow: Quantitative Evaluation of Software Quality, Proc. Int. Conf. on Software Engineering 1976, 592–685, IEEE Computer Society Press (1976).

/BBM 78/   B.W. Boehm/J. R. Brown/G. McLeod/M. Lipow/M. Merrit: Characteristics of Software Quality, Amsterdam: North Holland (1978).

/BCG 83/   R. Balzer/T. Cheatham/C. Green: Software Technology in the 1990's: Using a New Paradigm, IEEE Computer, 11/83, 39–45 (1983).

/Bo 76/   B.W. Boehm: Software Engineering, IEEE Transactions on Computers, C–25, 12, 1226–1241 (1976).

/Bo 82/   B.W. Boehm: Software Engineering Economics, Englewood Cliffs: Prentice Hall (1982).

/Bo 84/   B. W. Boehm: Software Lifecycle Factors, in Vick/Ramamoorthy (Eds.): Handbook on Software Engineering, 494–518, New York: van Nostrand Reinhold (1984).

/Bo 86/   B.W. Boehm: A Spiral Model of Software Development and Enhancement, ACM Software Engineering Notes 11, 4, 22–42 (1986).

/Bo 89/   B. Boehm: Advanced Software Cost Estimating : Featuring the Most Sophisticated Tool Today COCOMO, Seminar Outline, The Higher Silver Video Learning Series No. 2 (1989).

/BR 69/   J.N. Buxton/B. Randell (Eds.): Software Engineering Techniques, Report on a Conference, Rome, 1969, Brussels: NATO Scientific Affairs Division (1969).

/CJ 82/   D.D.McCracken/M.A. Jackson: Life Cycle Concepts Considered Harmful, ACM Software Engineering Notes 7,2, 29–32 (1982).

/De 75/   J.B. Dennis: The Design and Construction of Software Systems, in /Ba 75a/, 12–28.

/Fa 85/   R.E. Fairley: Software Engineering Concepts, New York: McGraw–Hill (1985).

/FGHW 88/   F. Flores/M. Graves/B. Hartfield/T. Winograd: Computer Systems and Design of Organizational Interaction, ACM Trans. Office Inform. Systems 6,2, 153–172 (1988).

/Fl 89/   Ch. Floyd: Software–Entwicklung als Realitätskonstruktion, Fachtagung Software–Entwicklung, Informatik–Fachberichte 212, 1–20 (1989).

/HKLR 84/   W. Hesse/A. Keutgen/A.L. Luft/H.D. Rombach: Ein Begriffssystem für die Software–technik – Vorschlag zur Terminologie, Informatik–Spektrum 7,4, 200–213 (1984).

/KKST 79/   R. Kimm/W. Koch/W. Simonsmeier/F. Tontsch: Einführung in Software Engineering, Berlin: de Gruyter Verlag (1979).

/KS 82/   R. Kling/W. Scacci: The Web of Computing: Computing Technology as Social Organization, in Yovits (Ed.): Advances in Computers, Vol. 21, 1–90, New York: Academic Press (1982).

/Me 86/   L. Meertens (Ed.): Program Specification and Transformation, Amsterdam: North Holland (1986).

/NR 68/   T. Naur/B. Randell (Eds.): Software Engineering, Report on a Conference, Garmisch, 1968, Brussels: NATO Scientific Affairs Division (1968).

/Ra 84/   C.V. Ramamoorthy et al.: Software Engineering – Problems and Perspectives, Computer 10/84, 191–209 (1984).

/ST 83/   The DoD STARS Program, Software Technology for Adaptable, Reliable Systems, Sonderheft, IEEE Computer, November 1983.

/SW 89/   S. Shatz/J.–P. Wang: Distributed Software Engineering, IEEE Comp. Society Press (1989).

/Za 84/   P. Zave: The Operational versus the Conventional Approach to Software Development, Comm. ACM 27,2 104–118, (1984).

/Ze 79/   M. Zelkowitz et al.: Principles of Software Engineering and Design, Englewood Cliffs: Prentice Hall (1979).

3 Softwaretechnik: Andere Spezialgebiete

/AM 81/   R. Abbot/D. Moorhead: Software Requirements and Specifications – A Survey of Needs and Languages, Journ. of Syst. and Softw., 2, 4, 297–316 (1981).

/Ba 86/   W.A. Babich: Software Configuration Management, Reading: Addison Wesley (1986).

/BB 84/   D.S. Batory/A.P. Buchmann: Molecular Objects, Abstract Datatypes, and Data Models: A Framework, Proc. 10th Int. Conf. Very Large Data Bases, 172–184 (1984).

/BDH 89/   M.v.d. Beeck/J. Derissen/P. Hruschka/Th. Janning/M. Nagl: Integrating Structured Analysis and Information Modelling, Aachener Informatik–Berichte 89–17.

/Be 83/   B. Beizer: Software Testing Techniques, New York: van Nostrand (1983).

/Be 84/   B. Beizer: Software System Testing and Quality Assurance, New York: van Nostrand (1984).

/BHS 80/   E.H. Bersoff/V.D. Henderson/S.G. Siegel: Software Configuration Management, Englewood Cliffs: Prentice Hall (1980).

/BKMZ 84/ R. Budde/K. Kuhlenkamp/L. Mathiassen/H. Züllighoven: Approches to Prototyping, Berlin: Springer–Verlag (1984).

/Bo 84/   B.W. Boehm: Verifying and Validating Software Requirements and Design Specifications, IEEE Software 1, 1, 75–88 (1984).

/Bo 89/   B.W. Boehm: Software Risk Management, IEEE Comp. Society Press (1989).

/BS 85/ R.J. Brachman/J.G. Schmolze: An Overview of the KL–ONE Knowledge Representation System, Cognitive Science 9, 2, 171–216 (1985).

/BW 82/ Bartlett/Walter (Eds.): Proc. Intern. Conf. on Systems Documentation, January (1982).

/CDS 86/ S.D. Conte/H.E. Dunsmore/V.Y. Shen: Software Engineering Metrics and Models, Menlo Park: Benjamin Cummings (1986).

/Ch 85/ T.S. Chow: Software Quality Assurance, Silver Spring: IEEE Comp. Society Press (1985).

/CSM 89/ Conference on Software Maintenance 1989, Proceedings, IEEE Comp. Society Press (1989).

/Cu 86/ B. Curtis: Human Factors in Software Development, 2nd ed., Washington: IEEE Computer Society Press (1986).

/DKP 89/ P. De la Cruz/B. Krieg–Brückner/A. Perez Riereo: From Algebraic Specifications to Correct Ada Programs: The Esprit Project PROSPECTRA, in A. Alvarez (Ed.): Proc. Ada '89 Int. Conf., Madrid, 171–182, Cambridge: Cambridge Univ. Press (1989).

/DM 78/ T.DeMarco: Structured Analysis and System Specification, New York: Yourdon Press, (1978).

/DT 90/ M. Dorfman/R.H. Thayer: Standards, Guidelines, and Examples: System and Software Requirements Engineering, IEEE Comp. Society Press (1990).

/EM 85, 89/ H. Ehrig/B. Mahr: Fundamentals of Algebraic Specification , Band 1, Berlin: Springer–Verlag (1985), Band 2, Berlin: Springer–Verlag (1989).

/EM 87/ M.W. Evans/J.J. Marciniak: Software Quality Assurance and Management, New York: John Wiley (1987).

/FBB 82/ W.R. Franta/H.K. Berg/W.E. Boebert/T.G. Moher: Formal Methods of Program Verification and Specification, Englewood Cliffs: Prentice Hall (1982).

/Fr 87/ P. Freeman (Ed.): Software Reusability, Washington: IEEE Computer Society Press (1987).

/FW 83/ P. Freeman/A.J. Wasserman (Eds.): Software Design Techniques, 4th ed., Silver Spring: IEEE Computer Society Press (1983).

/GC 87/ R.B. Grady/D.R. Caswell: Software Metrics: Establishing a Company–wide Program, Englewood Cliffs: Prentice Hall (1987).

/GG 86/ N. Gehani/A. McGettrick (Eds.): Software Specification Techniques, Reading: Addison Wesley (1986).

/Gi 88/ T. Gilb: Principles of Software Engineering Management, Reading: Addison Wesley (1988).

/Ha 77/ H.M. Halstead: Elements of Software Science, New York: Elsevier (1977).

/HH 89/ R.G. Herrtwich/G. Hommel: Kooperation und Konkurrenz – Nebenläufige, verteilte und echtzeitabhängige Programmsysteme, Berlin: Springer–Verlag (1989).

/Ho 87/ W.E. Howden: Functional Program Testing and Analysis, New York: McGraw–Hill (1987).

/HP 87/ D.J. Hatley/I.A. Pirbhai: Strategies for Real–Time Systems, New York: Dorset House (1987).

/IEEE 87/ IEEE: Software Engineering Standards, New York: Wiley Interscience (1987).

/Jn 86/   T.C. Jones: Programming Productivity, New York: McGraw-Hill (1986).

/Jo 86/   C.B. Jones: Systematic Software Development Using VDM, Englewood Cliffs: Prentice Hall (1986).

/Kl 83/   H.A. Klaeren: Algebraische Spezifikation – Eine Einführung, Berlin: Springer-Verlag (1986).

/LG 86/   B. Liskow/J. Guttag: Abstraction and Specification in Program Development, Cambridge: MIT Press (1986).

/LS 84/   J. Loeckx/K. Sieber: The Foundations of Program Verification, New York-Stuttgart: Wiley-Teubner (1984).

/Ma 84/   Y. Mazumoto: Some Experiences in Promoting Reusable Software Representations in Higher Abstract Levels, IEEE Trans. on Software Engineering 10, 5 (1984)

/MH 81/   E. Miller/W.E. Howden (Eds.): Software Testing and Validation Techniques, New York: IEEE Computer Society Press (1981).

/MM 83/   J. Martin/C. McClure: Software Maintenance – The Problem and its Solution, Englewood Cliffs: Prentice Hall (1983).

/MM 88/   J. Martin/C. McClure: Structured Techniques, 2nd Edition, Englewood Cliffs: Prentice Hall (1988).

/MP 84/   S.M. McMenamin/J. F. Palmer: Essential Systems Analysis, New York: Yourdon Press (1984).

/My 79/   G. Myers: The Art of Software Testing, New York: John Wiley (1979).

/NV 83/   J. Nievergelt/A. Ventura: Die Gestaltung interaktiver Programme, Stuttgart: Teubner (1983).

/PSS 81/   A. Perlis/F. Sayward/M. Shaw (Eds.): Software Metrics – An Analysis and Evaluation, Cambridge: MIT Press (1981).

/PZ 83/   G. Parikh/N. Zvegintzov (Eds.): Software Maintenance, Silver Spring: IEEE Computer Society Press (1983).

/Re 86/   B.J. Reifer (Ed.): Software Management, 3rd ed., Washington: IEEE Computer Society Press (1986).

/Ro 85/   G.C. Roman: A Taxonomy of Current Issues in Requirements Engineering, IEEE Computer 18, 4, 14–22 (1985).

/RW 86/   C. Rich/R.C. Waters: Artificial Intelligence and Software Engineering, Los Altos: Morgan Kaufman (1986).

/SBZ 82/   S. Squires/M. Branstad/M. Zelkowitz (Eds.): Proc. ACM SIGSOFT Engineering Workshop on Rapid Prototyping, ACM Software Engineering Notes 7, 5 (1982).

/Sha 86/   M. Shaw: Beyond Programming-in-the-Large: The Next Challenges for Software Engineering, in /6. CDW 86/, 519–535.

/Shn 86/   B. Shneiderman: Designing User Interfaces, Reading: Addison Wesley (1986).

/SP 89/   Fourth International Software Process Workshop, ACM SIGSOFT Software Eng. Notes 14, 4 (1989).

/SS 77/   J.M. Smith/D.C.P. Smith: Database Abstractions: Agrigation and Generalization, ACM Trans. Database Systems 2, 2 105–133 (1977).

/TD 90/   R.H. Thayer/M. Dorfman: System and Software Requirements Engineering, IEEE Comp. Science Press (1990).

/Th 88/   R. Thayer: Software Engineering Project Management, IEEE Comp. Society Press (1988).

/TP 84/   R.H. Thayer/A.B. Pyster: Special Issue on Software Engineering Project Managment, IEEE Trans. Software Engineering SE-10, 1 (1984).

/Tr 86/   W. Tracz (Ed.): Software Reuse – Emerging Technology, Washington: IEEE Computer Society Press (1988).

/WB 89/   M. Wirsing/J.A. Bergstra (Eds.): Algebraic Methods: Theory, Tools, and Applications, Lect. Notes in Comp. Science 394, Berlin: Springer-Verlag (1989).

/Wi 88/   J.F.H. Winkler (Ed.): Proc. 1st Int. Workshop on Software Version and Configuration Control, Bericht 30, German Chapter ACM, Stuttgart: Teubner-Verlag (1988).

/WM 85/   P.T. Ward/S.J. Mellor: Structured Development for Real-Time Systems, Vol. 1, 2, 3, New York: Yourdon Press (1985).

/WT 89/   J.F.H. Winkler/W. Tichy (Eds.): Proceedings 2nd Int. Workshop on Software Configuration Management, ACM Software Engineering Notes 14, 7 (1989).

/Yo 89/   E. Yourdon: Modern Structured Analysis, New York: Yourdon Press (1989).

4 Literatur zu Programmieren im Großen

/Al 78/   W. Altmann: Beschreibung von Programm-Modulen zum Entwurf zuverlässiger Software, Diss. Universität Erlangen, Arbeitsberichte IMMD, 11-16 (1978).

/Al 79/   W. Altmann: A New Module Concept for the Design of Reliable Software, in P. Raulefs (Ed.): Workshop on Reliable Software, 155-166, München: Hanser-Verlag (1979).

/Ar 81/   J.L. Archibald: The External Structure – Experiences with an Automated Module Interconnection Language, Journ. Syst. and Softw. 2 (1981).

/ASM 89/   J.-R. Abrial/S.A. Schuman/B. Meyer: A Specification Language, in R. McNaughton/R.C. McKeag: On the Construction of Programs, Cambridge University Press (1989).

/Bb 86/   D.G. Bobrow et al: Common Loops: Merging Common Lisp and Object-oriented Programming, in /OOPSLA '86/, 17-29.

/BEP 87/   E.K. Blum/H. Ehrig/F. Parisi-Presicce: Algebraic Specification of Modules and Their Basic Interconnection, Techn. Rep., Univ. of Southern Cal., LA (1987).

/BeG 81/   G.D. Bergland/R.D. Gordon: Software Design Strategies, 2nd Ed., New York: Springer-Verlag (1981).

/BG 81/   R.M. Burstall/J.A. Goguen: An Informal Introduction to Specifications Using Clear, in R.S. Boyer/J.S. Moore: The Correctness Problem in Computer Science, 185-213, New York: Springer-Verlag (1981).

/BG 88/   J. Bergin/S. Greenfield: What does Modula-2 Nead to Fully Support Object-oriented Programming, SIGPLAN Notices 23, 3, 73-82 (1988).

/BGH 86/   M. Broy/A. Geser/H. Hussmann: Towards Advanced Programming Environments Based on Algebraic Concepts, in /6. CDW 86/, 454-470.

/Bo 86/   E. Borison: A Model of Software Manufacture, in /6. CDW 86/, 197-220.

/Bo 87/   G. Booch: Software Components with Ada, Menlo Park: Benjamin Cummings (1987).

/Bö 90/   J. Börstler: Dissertationsvorhaben an der RWTH Aachen.

/Bu 84/   R.J.A. Buhr: System Design with Ada, Englewood Cliffs: Prentice Hall (1984).

/BW 81/   H. Balzert/D. Weber: PLASMA/D – Eine Sprache für den Systementwurf, Bericht 5, German Chapter ACM, 175–200, Stuttgart: Teubner-Verlag (1981).

/Ca 89/   J.R. Cameron: JSP & JSD: The Jackson Approach to Software Development, 2nd ed., Washington: IEEE Comp. Society Press (1989).

/CI 85/   J.Czyzowics/M. Iglewski: Implementing Generic Types in Modula–2, SIGPLAN Notices 20, 12, 26–32 (1985).

/Co 79/   L.W. Cooprider: The Representation of Families of Software Systems, Diss. Carnegie-Mellon-University, Techn. Report CMU–CS–79–116 (1979).

/CWW 80/   L.A. Clark/J.C. Wileden/A.L. Wolf: Nesting in Ada is for the Birds, Proc. ACM Symp. on Ada, SIGPLAN Notices 15, 11, 131–145 (1980).

/Di 89/   R. Dietrich: A Preprocessor Based Module System for Prolog, Proc. TAPSOFT, Lect. Notes in Comp. Sci. 351, Vol. II (1989).

/DK 76/   F. DeRemer/H.H. Kron: Programming in the Large versus Programming in the Small, IEEE Transactions on Software Engineering, SE–2, 2, 80–86 (1976).

/EE 88/   J. Ebert/G. Engels: Konzepte einer Software–Architektur–Beschreibungssprache, Informatik–Fachberichte 212, 238–250 (1988).

/EW 86/   H. Ehrig/H. Weber: Specification of Modular Systems, IEEE Trans. on Softw. Eng., SE–12, 7, 784–789 (1986).

/FGJM 85/   K. Futatsugi/J.A. Goguen/J.P. Jouannaud/J. Messeguer: Principles of OBJ2, Proc. 1985 ACM Symp. on Principles of Programming Languages, 52–66 (1985).

/Ga 82/   R. Gall: Structured Development of Modular Software Systems – The Module Graph as Central Data Structure, Proc. WG' 81, Workshop on Graphtheoretic Concepts in Computer Science, 327–338, München: Hanser-Verlag (1982).

/Ga 83/   R. Gall: Formale Beschreibung des Programmierens–im–Großen mit Graph–Grammatiken, Diss. Universität Erlangen, Arbeitsberichte IMMD 16–1 (1983).

/GB 80/   I. Goldstein/D. Bobrow: A Layered Approach to Software Design, Techn. Report CSL–80–5, Xerox PARK (1980).

/GHW 85/   J.V. Guttag/J.J. Horning/J.M. Wing: The Larch Family of Specification Languages, IEEE Software 2,5, 24–36 (1985).

/Go 87/   K.E. Gorlen: An Object–oriented Class Library for C++ Programs, Software Pract. & Exp. 17, 12, 899–922 (1987).

/Gu 76/   J. Guttag: Abstract Data Types and the Development of Data Structures, Conf. on Data, Salt Lake City, 1976, auch Comm. ACM 20, 6, 396–404 (1977).

/HP 80/   H.N. Habermann/D. Perry: Well–formed System Compositions, Technical Report CMU–CS–80–117, Carnegie–Mellon University (1980).

/HO 89/   HOOD Working Group: HOOD Reference Manual, European Space Agency WME 89–173/JB

/Ja 83/   M. Jackson: System Development, Englewood Cliffs: Prentice Hall (1983).

/Ja 90/   Th. Janning: Dissertationsvorhaben an der RWTH Aachen

/JF 88/   R.E. Johnson/B. Foote: Designing Reusable Classes, Journal Obj.-or. Programming, 22–35 (July 88).

/KG 87a/   G. Kaiser/D. Garlan: MELDing Data Flow and Object-oriented Programming, Proc. OOPSLA '87, ACM SIGPLAN Notices 22, 12, 254–267 (1987).

/KG 87b/   G. Kaiser/D. Garlan: Melding Software Systems from Reusable Building Blocks, IEEE Software, July 87, 17–24.

/Le 87/   J. J. Leeson: Type Independent Modules: The Preferred Approach to Generic ADTs in Modula–2, SIGPLAN Notices 22, 3, 65–70 (1987).

/Le 88/   C. Lewerentz: In /7.Le 88a/, Kap. 2 "Modulkonzept".

/LG 86/   B. Liskov/J. Guttag: Abstraction and Specification in Program Design, Cambridge: MIT Press (1986).

/LN 85/   C. Lewerentz/M. Nagl: Incremental Programming in the Large: Syntax–aided Specification Editing, Integration and Maintenance, Proc. 18th Hawaii Int. Conf. on System Sciences, 638–649 (1985).

/LS 79/   H.C. Lauer/E.H. Satherswaite: The Impact of Mesa on System Design, Proc. 4th Int. Conf. on Softw. Eng., 174–182 (1979).

/LS 83/   B. Lampson/E. Schmidt: Organizing Software in a Distributed Environment, Proc. 1983 Symp. on Progr. Lang. Issues in Software Systems, SIGPLAN Notices 18, 6, 1–13 (1983).

/LZ 74/   B. Liskov/S. Zilles: Programming with Abstract Data Types, SIGPLAN Notices 9, 4, 50–59 (1974).

/LZ 75/   B. Liskov/S. Zilles: Specification Techniques for Data Abstractions, Int. Conf. on Reliable Software, Los Angeles, 72–87, New York: IEEE (1975).

/Me 85/   B. Meyer: On Formalisms in Specifications, IEEE Software 2, 1, 6–26 (1985).

/Me 86/   B. Meyer: Genericity versus Inheritance, Proc. OOPSLA '86, ACM SIGPLAN Notices 21, 11, 391–405 (1986).

/Me 88/   B. Meyer: Object–oriented Software Construction, New York: Prentice Hall (1988).

/MS 89/   D.R. Musser/A.A. Stepanow: The Ada Generic Library, Berlin: Springer–Verlag (1989).

/Mü 86/   A.H. Müller: Rigi – A Model for Software System Construction, Integration, and Evolution based on Module Interface Specifications, Dissertation Rice University, Techn. Report COMP.TR 86–36, Houston (1986).

/Na 82/   M. Nagl: Einführung in die Programmiersprache Ada, Kap. 4, 1. Auflage, Braunschweig: Vieweg–Verlag (1982).

/NS 87/   K. Narayasanaswamy/W. Scacci: Maintaining Configurations of Evolving Software Systems, IEEE Trans. on Softw. Eng. 13–3, 324–334 (1987).

/Os 86/   H.L. Ossher: A Mechanism for Specifying the Structure of Large, Layered, Object–oriented Programs, SIGPLAN Notices 21, 10, 143–152 (1986).

/Pa 72/   D.L. Parnas: On the Criteria To Be Used in Decomposing Systems into Modules, Comm. ACM 15, 12, 1053–1058 (1972).

/Pa 78/   D.L. Parnas: Designing Software for Ease of Extension and Contraction, Proc. Intern. Conf. on Software Eng., 264–277, New York: IEEE Comp. Soc. Press (1978).

/PCW 85/   D.L. Parnas/P.C. Clements/D.M. Weiss: The Modular Structure of Complex Systems, IEEE Transactions on Software Eng., Vol SE–11, 3, 259–266 (1985).

/PN 86/   R. Prieto–Diaz/J.M. Neighbor: Module Interconnection Languages, Journ. of Systems and Software 6, 307–334 (1986).

/PS 75/   D.L. Parnas/D.T. Siewiorek: Use of the Concept of Transparency in the Design of Hierarchically Structured Systems, Comm. ACM 18, 7, 401–408 (1975).

/Re 89/   Ch. Read: Elements of Functional Programming, Reading: Addison Wesley (1989).

/SB 82/   W. Swartout/R. Balzer: On the Inevitable Intertwining of Specification and Implementation, Comm. ACM 25, 7, 438–440 (1982).

/Sc 88/   R.S. Scowen (Ed.): Modules in Prolog, A Discussion Paper, ISO/IEC JTC1 SC22, WG 12, Document N 14, July 88.

/WCW 85/   A.L. Wolf/L.A. Clarke/J.C. Wileden: Ada–based Support for Programming-in -the-Large, IEEE Software, 58–71 (March 85).

/YC 79/   E. Yourdon/L. Constantine: Structured Design, Englewood Cliffs: Prentice Hall (1979).

/Zi 75/   S.N. Zilles: Data Algebra: A Specification Technique for Data Structures, Doctoral Dissertation, Project MAC, MIT (1975).

5 Programmiersprachenkonzepte und Programmierparadigmen

/Ba 83/   R. Balzer: A 15 year Perspective on Automatic Programming, IEEE Transactions on Software Engineering, SE–11, 1257–1268 (1985).

/Ba 85,87/   F.L. Bauer et al.: The Munich CIP Project, Vol. I: The Wide Spectrum Language CIP-L, LNCS 183, Vol. II: The Program Transformation System CIP-S, LNCS 292, Berlin: Springer–Verlag (1985, 1987).

/Bb 83/   D. G. Bobrow: The LOOPS Manual, Ranc Xerox Inc., Palo Alto (1983).

/BDMN 73/   G. Birtwistle/O.–J. Dahl/B. Myrhaug/K. Nygaard: Simula Begin, Lundt: Studentliteratur (1973).

/BGN 86/   M. Berzins/M. Gray/D. Neumann: Abstraction-Based Software Development, Comm. ACM 29, 5 402–415 (1986).

/Bh 83/   K. Bashar: How Object–oriented is your System? SIGPLAN Notices 18, 10 (1983).

/BI 82/   A.H. Borning/D.H.H. Ingalls: A Type Declaration and Interference System for Smalltalk, 9th Annual ACM Symposium on Principles of Programming Lanugages (POPL), 133–141 (1982).

/BKK 85/   D. Bobrow/K. Kahn/G. Kiczalas: Common Loops: Merging Common Lisp and Object–oriented Programming, Techn. Report ISL–85–8, Xerox PARC (1985).

/Bo 83/   G. Booch: Software Engineering with Ada, Menlo Park: Benjamin Cummings (1983).

/Br 83/   R.J. Brachmann: What IS–A is and isn't: An Analysis of Taxonomic Links in Semantic Networks, IEEE Computer 16, 10, 67–73 (1983).

/Br 86/   L. Brownston et al.: Programming Expert Systems in OPS–5, Reading: Addison Wesley (1986).

/Br 87/   I. Bratko: Prolog Programming for AI, Reading: Addison Wesley (1987).

/BW 84/   F.L. Bauer/H. Wössner: Algorithmische Sprache und Programmentwicklung, 2. Auflage, Berlin: Springer–Verlag (1984).

/CDG 89/   L. Cardelli/J. Donahue/C. Glassman/M. Jordan/B. Kalsow/G. Nelson: Modula–3 Report (Revised), Digital Systems Research Center, Palo Alto (1989).

/CM 84/   W.F. Clocksin/C.S. Mellish: Programming in Prolog, 2nd Ed., New York: Springer–Verlag (1984).

/Co 86/   B. Cox: Object–oriented Programming – An Evolutionary Approach, Reading: Addison Wesley (1986).

/CW 85/   L. Cardelli/P. Wegner: On Understanding Types, Data Abstraction, and Polymorphism, Computing Surveys 17,4, 471–520 (1985).

/DGLS 79/   R. Dewar/A. Grand/S.C. Lin/J.T. Schwartz: Programming by Refinement, as Exemplified by the SETL Representation Sublanguage, ACM Trans. on Progr. Lang. and Syst. 1, 1, 27–49 (1979).

/DN 66/   O.J. Dahl/K. Nygaard: SIMULA – An Algol–based Simulation Language, Communications ACM 9,9, 671–678 (1966).

/Do 89/   C.M. Donaldson: Dynamic Binding and Inheritance in an Object–oriented Ada Design, in A. Alvarez (Ed.): Proc. Ada Europe '89 Conf., Madrid, 16–25, Cambridge: Cambridge Univ. Press (1989).

/DoD 83/   Department of Defense (USA): Reference Manual for the Ada Programming Language, ANSI–MIL–STD 1815 A.

/DT 88/   S. Danforth/C. Tomlinson: Type Theories and Object–oriented Programming, ACM Computing Surveys 20,1, 29–72 (1988).

/FFF 89/   J.P. Forrestier/C. Fornarino/P. Franchi–Zanettacci: Ada++ – A Class and Inheritance Extension for Ada, in A. Alvarez (Ed.): Proc. Ada Europe '89 Int. Conf. Madrid, 3–15, Cambridge: Cambridge Univ. Press (1989).

/GJ 82/   C. Ghezzi/M. Jazayeri: Programming Language Concepts, New York: J. Wiley (1982).

/GM 86/   J.A.Goguen/J. Messeguer: Extensions and Foundations of Object–oriented Programming, SIGPLAN Notices 21, 10, 153–162 (1986).

/GR 83/   A. Goldberg/D. Robson: Smalltalk–80: The Language and its Implementation, Reading: Addison–Wesley (1983).

/GR 89/   A. Gorgano/C. Romvary: Synthesizing Software Development Using Ada, in A. Alvarez (Ed.): Proc. Ada Europe '89 Int. Conf., Madrid, 256–265, Cambridge: Cambridge Univ. Press (1989).

/Hi 83/   P. Hilfinger: Abstraction Mechanisms and Language Design, Cambridge: MIT Press (1983).

/Ho 87/   H.–J. Hoffmann (Hrsg.): Smalltalk verstehen und anwenden, München: Hanser–Verlag (1987).

/IEEE 88/   Tutorials on object–oriented Computing, Vol. 1, 2, IEEE Comp. Soc. Press (1988).

/ISO 82/   International Organization for Standardization: Programming Language Pascal, ISO/DIS 7185 (1982).

/JW 75/   K. Jensen/N. Wirth: Pascal – User Manual and Report, 3. Auflage, Berlin: Springer–Verlag (1975).

/KR 78/   B.W. Kernighan/R.P. Ritchie: The C Programming Language, Englewood Cliffs: Prentice Hall (1978).

/Li 89/   S. Lippmann: C++ Primer, Addison Wesley (1989).

/Ma 83/   B. MacLennon: Principles of Programming Languages, New York: Holt, Rinehart and Winston (1983).

/Me 88/   B. Meyer: Eiffel – A Language and Environment for Software Engineering, Journal of Systems & Software 8, 199 –246 (1988).

/Na 83/   M. Nagl: Ada und Smalltalk – Ein summarischer Vergleich, Techn. Bericht OSM-I-16, Universität Osnabrück (1983).

/Na 87/   M. Nagl: Smalltalk–80 als Programmiersprache, in /Ho 87/, 5–33.

/Na 88/   M. Nagl: Einführung in die Programmiersprache Ada, 2. erw. und neubearb. Auflage, Wiesbaden:Vieweg-Verlag (1988).

/OOPSLA/   Proceedings Conf. on Object-oriented Programming Systems, Languages and Applications, OOPSLA '86: SIGPLAN Notices 21, 11 (1986), OOPSLA '87: SIGPLAN Notices 22, 12 (1987), OOPSLA '88: SIGPLAN Notices 23, 11 (1988), OOPSLA '89: SIGPLAN Notices 24,10 (1989).

/Pe 88/   E. Perez: Simulating Inheritance with Ada, ACM Ada Letters 8,5, 37–46 (1988).

/Sa 88/   M. Sakkinen: On the darker side of C++, Proc. Europ. Conf. on Object-Oriented Programming ECOOP '88, Lect. Notes Comp. Sci. 322, 162–176 (1988).

/Sc 81/   H. J. Schneider: Problemorientierte Programmiersprachen, Stuttgart:Teubner-Verlag (1981).

/SC 88/   R. Simonian/M. Crone: InnovAda: True Object-oriented Programming in Ada, Journal of Object-oriented Programming 1, 4 (1988).

/SCB 86/   C. Schaffert/T. Cooper/B. Bullis/M. Kilian/C. Wilpolt: An Introduction to Trellis/Owl, in /OPPSLA '86/, 9–16.

/Se 87/   E. Seidewitz: Object-oriented Programming in Smalltalk and Ada, in /OOPSLA '87/, 202–213.

/Sha 84/   M. Shaw: Abstraction Techniques in Modern Programming Languages, IEEE Software 1, 4, (1984).

/Sha 86/   M. Shaw: Beyond Programming in the Large: The Next Challenges for Software Engineering, in /6.CDW 86/, 519–535 (1986).

/St 86/   B. Stroustroup: The C++ Programming Language, Reading: Addison-Wesley (1986).

/St 88/   B. Stroustrup: What is Object-oriented Programming, IEEE Software, May 88, 10–20.

/Sto 88/   H. Stoyan: Programmiermethoden der Künstlichen Intelligenz, Bd. 1, Berlin: Springer-Verlag (1988).

/Str 86/   R. Strom: A Comparison of the Object-oriented and Process Paradigms, OOPSLA '86, 429–433 (1986).

/Su 81/   N. Suzuki: Interferring Types in Smalltalk, 8th Annual ACM Symposium on Principles of Programming Lanuages (POPL), 187–199 (1981).

/SUR 89/   ACM Computing Surveys (Guest Editor P. Wegner): Special Issue on Programming Language Paradigms, Vol. 21,3, 252–510 (1989).

/SUW 88/   G. Schlageter/R. Unland/W. Wilkes/R. Zieschang/G. Maul/M. Nagl/R. Meyer: OOPS An object-oriented Programming System with Integrated Data Management Facility, in J.V. Carlis (Ed.): Proc. 4th Intern. Conf. on Data Engineering, 118–125, IEEE Comp. Soc. Press (1988).

/To 87/   H. Touati: Is Ada an Object-oriented Programming Language, SIGPLAN Notices 22, 5, 23–26 (1987).

/Tu 85/   A. Tucker: Programming Languages, New York: McGraw-Hill (1985).

/Wa 86/   D. Waterman: A Guide to Expert Systems, Reading: Addison Wesley (1986).

/We 87/   P. Wegner: The object-oriented Classification Paradigm, in /WS 87/, 479–550.

/WH 84/   P. Winston/B. Harm: LISP, 2nd Ed., Reading: Addison Wesley (1984).

/Wi 85/   N. Wirth: Programming in Modula-2, Berlin: Springer-Verlag (1985).

/Wi 87/   N. Wirth: From Modula to Oberon and The Programming Language Oberon, Techn. Bericht 82, ETH Zürich.

/WS 87/   P. Wegner/B. Shriver: Research Directions in Object-oriented Programming, Cambridge: MIT Press (1987).

/WZ 88/   P. Wegner/S. Zdonic: Type, Similarity, Inheritance, and Evolution, Brown University Techn. Report, Jan. 88.

/YT 86/   A. Yonezawa/M. Tokoro: Object-oriented Concurrent Programming, Series in Computer Science, Cambridge (USA): MIT Press (1986).

6 Softwareentwicklungsumgebungen: Übersicht

/Ba 85/   W. Balzert (Hrsg.): Moderne Software-Entwicklungssysteme und Werkzeuge, 302 pp., Mannheim: Bibl. Inst. (1985).

/BL 85/   Th. Brandes/C. Lewerentz: GRAS: A Non-Standard Data Base System within a Software Development Environment, in Proc. of the GTE Workshop on Software Engineering Environments for Programming in the Large, Harwichport, June 1985, 113–121.

/Br 88/   P. Brereton (Ed.): Software Engineering Environments, Chichester: Ellis Horwood (1988).

/BSS 84/   D.R. Barstow/H.E. Shrobe/E. Sandewall (Eds.): Interactive Programming Environments, New York: McGraw Hill (1984).

/CDW 86/   R. Conradi/T.M. Didriksen/D.H. Wanvik (Eds.): Advanced Programming Environments, Proc. Intern. Workshop, Trondheim, LNCS 244, Berlin: Springer-Verlag (1986).

/De 85/   L.P. Deutsch (Ed.): Proc. ACM SIGPLAN '85 Symp. on Language Issues in Programming Environments, ACM SIGPLAN Notices 20, 7 (1985).

/ENS 86/   G. Engels/M. Nagl/W. Schäfer: On the Structure of Structure-Oriented Editors for Different Applications, in /He 87/, 190–198.

/ES 89/   G. Engels/W. Schäfer: Programmentwicklungsumgebungen, Konzepte und Realisierung, Stuttgart: Teubner-Verlag (1989).

/Ha 86/   B. Hailpern (Ed.): Special Issue on Multiparadigm Languages and Environments, IEEE Software 3, 1 (1986).

/He 84/   P. Henderson (Ed.): Proc. 1st ACM SIGSOFT/SIGPLAN Software Engineering Symposium on Practical Software Development Environment, ACM SIGPLAN Notices 19, 5 (1984).

/He 87/   P. Henderson (Ed.): Proc. 2nd Symp., ACM SIGPLAN Notices, 23, 1 (1987).

/He 88/   P. Henderson (Ed.): Proc. 3rd Symp., ACM Software Engineering Notes 13, 5 (1988).

/HMS 85/   H.C. Hansen/M. Müllerberg/H.M. Sneed: Softwareproduktions-Umgebungen, 244 pp., Köln: Verlag R. Müller (1985).

/HN 87/   P. Henderson/D. Notkin (Eds.): Special Issue on Software Development Environment, IEEE Computer 20, 11 (1987).

/Hü 81/   H. Hünke (Ed.): Software Engineering Environments, Amsterdam: North Holland (1981).

/Le 88/   C. Lewerentz: Extended Programming in the Large in a Software Development Environment, in /He 87/, 173–182.

/LS 88/   C. Lewerentz/A. Schürr: GRAS, a Managment System for Graph-like Documents, in Proc. 3rd Conf. on Data and Knowledge Bases, Jerusalem, 1988, 19–31, Morgan Kaufmann Publishers Inc. (1988).

/Na 87/   M. Nagl: A Software Development Environment Based on Graph Technology, Lect. Notes in Computer Science 291, 458–478, Berlin: Springer–Verlag (1987).

/Na 89/   M. Nagl: Characterization of the IPSEN–Project, Proc. Int. Conf. on Syst. Dev. Environments and Factories, Berlin, 9.–11. Mai (1989).

/PR 88/   M.H. Penedo/W.E. Riddle (Eds.): Special Issue on Software Engineering Environment Architectures, IEEE Trans. Software Engineering 14, 6 (1988).

/RF 80/   W.E. Riddle/R.E. Fairley (Eds.): Software Development Tools, New York: Springer–Verlag (1980).

/Ri 86/   W.E. Riddle (Ed.): Proc. Software Environments Workshop, ACM Software Engineering Notes 11, 1 (1986).

/Sc 89/   H.–J. Scheibl: Software Entwicklungssysteme und Werkzeuge, 3. Kolloq., Techn. Akademie Esslingen (1989).

/So 88/   I. Somerville: Interacting with an Active, Integrated Environment, in /He 88/, 76–84.

/TOP 86/   Special Issue on Programming Environments, Transaction on Programming Lang. and Systems, 8, 4 (1986).

/TOS 86/   Special Issue on Programming Environments, IEEE Transact. on Software Eng., SE–12, 12 (1986).

/Wa 81/   A.E. Wasserman: Software Development Environments, Los Alamitos (Cal.): IEEE Computer Science Society Press (1981).

7 Werkzeuge für das Programmieren im Großen

/Ca 85/   M. Caplinger: Structured Editor Support for Madularity and Data Abstraction, ACM SIGPLAN Notices 20, 7, 140–147 (1985).

/CT 86/   R.H. Campbell/R.B. Terwilliger: The SAGA Approach to Automated Project Managment, in /6. CDW 86/, 142–155.

/ECK 84/   J. Estublier/S. Choul/S. Krakowiak: Preliminary Experience with a Configuration Control System for Modular Programs, in /6. He 84/, 149–156.

/Fe 79/   S.I.Feldman: Make – A Program for Maintaining Computer Programs, Software Practice & Experience 9, 3, 255–265 (1979).

/GC 84/   N. Giddings/T. Colburn: An Automated Design Evaluator, Proc. ACM '84 Ann. Conf., 109–115 (1984).

/KH 82/   G.E. Kaiser/A.N. Habermann: An Environment for System Version Control, in Dig. Papers Spring Compcon '83, IEEE Comp. Society Press, Nov. '82.

/KK 88/   J. Karimi/B.R. Konsynski: An Automated Software Design Assistant, IEEE Trans. on Softw. Eng. 14, 2, 194–210 (1988).

/Le 88a/   C. Lewerentz: Interaktives Entwerfen großer Programmsysteme – Konzepte und Werkzeuge, Diss. RWTH Aachen, Informatik–Fachberichte 194, Berlin:Springer–Verlag (1988).

/Le 88b/   C. Lewerentz: Extended Programming in the Large within a Software Development Environment, in /6. He 88/, 173–182 (1988).

380

/LGH 85/   J. Ludewig/M. Glinz/H. Huser/G. Matheis/H. Matheis/M.F. Schmidt: SPADES – A Specification and Design System and its Graphical Interface, Proc. 8th IEEE Conf. on Software Engineering, 83–91 (1985).

/LM 85/   D. Leblang/G. McLean: Configuration Management for Large–Scale Software Development Efforts, Proc. on Software Engineering Environments for Programming in the Large, 122–127 (1985).

/MH 86/   M. Moriconi/D.F. Hare: The PegaSys System: Pictures as Formal Documentation of Large Programs, Trans. on Progr. Lang. and Systems 8, 4, 524–546 (1986).

/MW 86/   K. Marzullo/D. Wiebe: Jasmine – A Software System Modelling Facility in /He 86/, 121–130.

/NS 85/   K.H. Narfelt/D. Schefstrom: Extending the Scope of the Program Library, in J.B.P. Barnes/G.A. Fisher (Eds.): Proc. Ada Int. Conf., Spec. Issue Ada Letters 5, 2, 25–40 (1985).

/Ro 75/   M. Rochkind: The Source Code Control System, IEEE Trans. on Software Eng. SE–1, 364–370 (1975).

/Ro 85/   R.E. Robbins: BUILD – A Tool for Maintaining Consistency in Modular Systems, MIT Techn. Rep. A.I. TR 874, (1985).

/Ti 82/   W. Tichy: Design, Implementation, and Evolution of a Revision Control System, Proc. 6th Int. Conf. on Software Eng., 58–67 (1982).

/Ti 86/   W. Tichy: Smart Recompilation, ACM TOPLAS 8, 3, 273–291 (1986).

/VB 87/   V. Varadhrajan/K.D. Baker: Directed Graph Based Representation of Software Systems, Software Engineering Journal 1/87, 21–28.

/WCW 85/   A.L. Wolf/L.A. Clarke/J.G. Wileden: Interface Control and Incremental Development in the PIC Environment, Proc. 8th Int. Conf. Softw. Eng., 75–82, Washington: IEEE Comp. Soc. Press (1985).

/We 89/   B. Westfechtel: Revision Control in an Integrated Software Development Environment, in /3. WT 89/, 96–105.

/We 90/   B. Westfechtel: Revisionskontrolle in einer integrierten Softwareenwicklungs–Umgebung, Dissertationsvorhaben, RWTH Aachen (1990).

/YI 86/   S. Yamamoto/S. Isoda: SOFTDA – A Reuse–Oriented Software Design System, Proc. 10th COMPSAC '86, 284–290 (1986).

/Zd 86/   S.B. Zdonic: Version Mangement in an Object–oriented Database, in /6. CDW 86/, 405–422.

Stichwortverzeichnis

A

Abfrageoperation 91
abstrakte Maschine 78
abstrakte Oberklasse 216
abstrakter Datenobjektmodul 89, 245
abstrakter Datentypmodul 90, 105, 111
abstrakter Datentyp 90, 105, 113, 319
abstraktes Datenobjekt 90, 105, 200
Abstraktion 28, 82, 153, 211, 232, 300
Ada 77, 142, 196, 241, 243, 258
Adaptabilität 24, 93, 276, 293, 312, 327
Ähnlichkeiten herausfinden 344
Änderungen eines Softwaresystems 54, 277,
    312, 327
    bei erweiterter Funktionalität 278, 293
    bei gleicher Funktionalität 278
    in Datenteilen 282, 292
    in funktionalen Teilen 291
Änderungsoperation 91
Änderungsunfreundlichkeit bei Mißachtung
    der Datenabstraktion 283
Aktionsorientiertheit funktionaler Module 85,
    117
aktive Module 85, 117, 159, 165
Aktivitäten bei der Softwareerstellung 6
algebraische Gleichungen/Spezifikation 85,
    113
Algol 60, Algol 68 243, 254
allgemeine Benutzbarkeit 127, 132, 199, 222
allgemeine Benutzbarkeit, Übertragung 250,
    257, 261
allgemeine Hilfsmittel 129, 331
allgemeine Methode 215
alternatives Softwareerstellungsparadigma 12
Analysewerkzeuge 32
Anforderungen an Software 5
Anforderungsdefinition, -spezifikation 6
Anforderungstechnik 17
Angemessenheit von Bedienerfunktionen 24
Anpaßbarkeit 24, 195
Anwendungsklassen für Modularten 117
Anwendungssystem 5
Arbeitsbereiche der Softwareentwicklung 17,
    22
Architektur, mechanisch abgeleitete 303
Architektur, Verständnis von einer 136
Architekturbaustein 8

Architekturbeschreibungssprache,
    Syntax der 44, 140, 143
Architekturdiagramm 135, 139, 143, 284, 328
Architekturmodellierung 79, 116, 134, 143,
    227, 231, 275
Architekturmodellierungs-Umgebung 239
Architekturnotation 45, 135
Architekturparadigma 47, 83
Architekturtransformation 313, 357
Arten von Modulbeziehungen 120, 127
Arten von Modulen 84, 117, 154
Arten von Teilsystemen 173
Assembler 243, 250
Aufeinander-Abstützen von
    Datenabstraktionsmodulen 177
Aufwand für Phasen / Arbeitsbereiche 50
Ausfallsicherheit 24
Ausführung, direkte einer Spezifikation 341
ausführbare Anforderungsdefinition 13
Ausführungswerkzeuge 32
Ausgabeaufbereitung 161
Ausnahmen 95, 247
Austausch von E/A-Geräten 280
Austauschbarkeit von Modulen 83

B

Basic 243, 250
Basisbausteine herausziehen 331, 346
Batch-System 302
Baumstruktur 121, 129
Bausteinkasten 333
Bauplan eines Softwaresystems 5, 43
Bedienerfreundlichkeit 24
Bedieneroberfläche, Änderungen 279, 290
Benutzbarkeit
    allgemeine 127, 132
    lokale 120, 124
    potentielle lokale 122
Benutzbarkeit, lokale, Übertragung 248
Benutzbarkeit, allgemeine, Übertragung 250
Benutzbarkeits-Beziehung 118, 141, 242
Benutzt-Beziehung, statische, dynamische 118
Beziehung, hierarchische 121, 129
Beziehungen zwischen Modulen 118, 138, 242
Bibliothekseinheit 261
Bibliothek vordefinierter Module 169
BLOCKDATA-Unterprogramm 247

Springer Compass

Herausgegeben von M. Nagl, P. Schnupp und H. Strunz

N. Wirth: Programmieren in Modula-2. Übersetzt aus dem Englischen von G. Pfeiffer. Zweite Auflage. XIV, 229 S., 2 Abb. 1990

W. Reisig: Systementwurf mit Netzen. XII, 125 S., 139 Abb. 1985

K. Kurbel: Programmierstil in Pascal, Cobol, Fortran, Basic, PL/1. XII, 328 S., 52 Abb. 1985

J. Nehmer: Softwaretechnik für verteilte Systeme. XIII, 185 S., 66 Abb. 1985

T. Baggenstos, R. Marty, B. Mergler, P. Schnorf: UNIX als Basis für Softwareentwicklung. X. 199 S., 124 Abb. 1985

P. Schnupp, U. Leibrandt: Expertensysteme - Nicht nur für Informatiker. VIII, 140 S., 31 Abb. 1986

J. Bechlars, R. Buhtz: GKS in der Praxis. XIV, 379 S., 50 Abb. 1986

R. Franck: Rechnernetze und Datenkommunikation. XII, 254 S., 75 Abb. 1986

R. L. Baber: Softwarereflexionen. Ideen und Konzepte für die Praxis. XII, 158 S., 10 Abb. 1986

J. Hansel, G. Lomnitz: Projektleiter-Praxis. Erfolgreiche Projektabwicklung durch verbesserte Kommunikation und Kooperation. Ein Arbeitsbuch. XII, 224 S., 23 Abb. 1987

G. Goos, G. Persch, J. Uhl: Programmiermethodik mit Ada. VIII, 160 S., 1987

P. Schnupp. C. T. Nguyen Huu: Expertensystem-Praktikum. X, 360 S., 102 Abb. 1987

Y. Shirota, T. L. Kunii: UNIX für Führungskräfte. Ein umfassender Überblick. XIII, 157 S., 147 überwiegend zweifarbige Abb. 1987

J. Shore: Der Sachertorte-Algorithmus - und andere Mittel gegen die Computerangst. XVIII, 252 S., 7 Abb. 1987

J. Gulbins: UNIX. Eine Einführung in Begriffe und Kommandos von UNIX - Version 7, bis System V. 3. Dritte, überarbeitete und erweiterte Auflage. XI, 773 S. 1988

T. Spitta: Software Engineering und Prototyping. Eine Konstruktionslehre für administrative Softwaresysteme. XIII, 229 S., 68 Abb. 1989

D. Hogrefe: Estelle, LOTOS und SDL. Standard-Spezifikationssprachen für verteilte Systeme. XV, 188 S., 71 Abb. 1989

T. Grams: Denkfallen und Programmierfehler. X, 159 S., 17 Abb. 1990

M. Nagl: Softwaretechnik: Methodisches Programmieren im Großen. XI, 387 S., 136 Abb. 1990